温州市社会科学学术著作出版资金资助出版

温州学研究丛书

吕渭英年谱

林剑丹

郑　全　吕朝晖　编著

厦门大学出版社
XIAMEN UNIVERSITY PRESS
国家一级出版社
全国百佳图书出版单位

图书在版编目(CIP)数据

吕渭英年谱/郑全,吕朝晖编著.—厦门:厦门大学出版社,2021.11
(温州学研究丛书)
ISBN 978-7-5615-8289-3

Ⅰ.①吕… Ⅱ.①郑… ②吕… Ⅲ.①吕渭英(1857—1924)—年谱 Ⅳ.①K825.38

中国版本图书馆 CIP 数据核字(2021)第 137609 号

出 版 人 郑文礼
封面题签 林剑丹
责任编辑 章木良
封面设计 李嘉彬
技术编辑 朱 楷

出版发行 厦门大学出版社
社　　址 厦门市软件园二期望海路 39 号
邮政编码 361008
总　　机 0592-2181111 0592-2181406(传真)
营销中心 0592-2184458 0592-2181365
网　　址 http://www.xmupress.com
邮　　箱 xmup@xmupress.com
印　　刷 厦门集大印刷有限公司

开本 787 mm×1092 mm 1/16
印张 33.25
插页 2
字数 580 千字
版次 2021 年 11 月第 1 版
印次 2021 年 11 月第 1 次印刷
定价 138.00 元

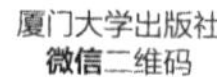

厦门大学出版社
微信二维码

厦门大学出版社
微博二维码

序

吕渭英(1855—1927),字永年,号文起,又作文溪,温州市(当年称永嘉县)晏公殿巷通道桥人,是清末民初一位功绩显赫、誉满乡里的温州先贤。历史记载表明他是19世纪末20世纪初那个年代里一位驰骋于闽、浙、粤、沪、京的叱咤风云人物。在这个特定的历史交替时期,吕渭英的一生所涉及的事业包括在清末为官,民初支持国民革命并积极投身于开创现代事业。为使后人铭记他的功绩,仰慕、激励和学习他的精神,笔者花了七年时间,夜以继日,废寝忘食,奋战在浩瀚的史料中,终于从各种历史档案、私人日记、当年重大事件记述、社会反响和评价中,大海筛金,抽丝剥茧,还原出所研究对象的整个人生,重现他做过的事、走过的路,将其真实的一生跃于纸上,完成此谱,以飨读者。

吕渭英于光绪十一年(1885)中举人,光绪十九年(1893)以候补知县衔指分福建,先后出任惠安、闽县、浦城等知县。由于政绩卓著,被闽浙总督保举为署福州府知府,嗣后又被保以候补道员,赏加二品顶戴。其间还兼掌管财政、洋务、商务、邮政、警察、规划新政等事务。在任因清正刚直,故在福建有吕青天之美誉。光绪三十四年(1908),吕渭英因届满而告归。

吕渭英

辞官后吕渭英可以说是名副其实的中国现代化事业奠基人。他曾先后在北京、上海、广州、福州、杭州、温州等地兴办银号、钱庄银行、电车有限公司、水火保险公司、制革厂、手帕厂等。1915年因兴办实业绩效颇丰，受到北洋政府五等嘉禾勋章表彰。民国初年，吕渭英先后任广州实业银行行长及浙江地方银行经理。当时正值孙中山、廖仲恺、蔡锷等人组织护法运动，以及浙江陈其美组织倒袁运动，军政府及军队开支困难，吕渭英义无反顾、挺身而出，从银行持续调拨巨款予以支持。因此，1920年被广东军政府授予五等嘉禾勋章，1922年北洋政府大总统黎元洪又授予他三等嘉禾勋章。1915年，吕渭英以新政社副社长身份加入中国国民党，并于1918年和徐绍桢、汪精卫等在上海筹办世界和平共进会，该社团后来成为历次反帝反封建运动的急先锋。1919年北京爆发五四爱国运动，5月5日晚消息传到上海，以吕渭英为首的世界和平共进会立即联合国民党人组织的中华工业协会等28个社团连夜召开紧急会议，并通过宣言和决议，声援北京反帝反封建的爱国运动。五四运动是我国新民主主义革命运动的先声，吕渭英的行动表明了其鲜明的政治立场。

民国九年(1920)，年近七旬的吕渭英从广东归来，居住在市区西南二堡纱帽河于园，致力于发展温州实业及慈善事业。面对闭塞落后的温州面貌，吕渭英决心改变这一局面。温州最早的电力电灯业、电话通信业、内河航运业、银行金融业、报刊业，以及一大批文化、医疗、教育事业都由他首先发起创建。当年温州没有自己的地方工业，他创办的中一机制花席厂，规模之宏大(拥有工人2000多人)，产品之远销国内外，为国内首屈一指。尤其值得称颂的是，吕渭英还全力以赴参加当年台风灾害的赈灾事业。民国初年，政局动乱，各地军阀割据，战争连绵。令温州人难以忘怀的是1924年闽浙军阀之争，兵临温州城下，战争一触即发，在这千钧一发之际，吕渭英撑着病体，在平阳、瑞安两地从中斡旋，终于说服了双方，避免了这场战乱之祸，对此考古学家夏鼐在评述《小小十年》时有相关论述。

处于社会转型期的吕渭英，其经历尤其值得关注。而他传奇的一生，放在时代大背景下审视之，或许对今天的我们在学习和工作中有所裨益。往事如昨，岁月如歌！回首吕渭英传奇的一生，会发现他经历丰富，交游广泛，与岑春煊、孙中山、廖仲恺、黎元洪、虞洽卿等政商名人皆有交往，许多事件振臂一呼，闽、浙、沪自然颇有应者。特别是在温州，时人称温州之事非吕公不可！本年谱内容十分丰富，时间跨度七十余年，历经太平天国运动、晚清维新变法、辛亥革命、民国初兴等重要阶段，对于研究福建、浙江、广东等地的近代政治、外交、教育、金融及官僚机构的运转、社会的发展都具有重要研究价值，特别是对福建的外交政策和温州地方发展的动因有较为详细的描述，且为一手资料。历史往往会遇到巧合，《吕渭英年谱》在福建厦门大学出版社出版，也许是一种机缘，抑或是谱主曾经贡献福建的因果回馈。为还原历史，让人记住历史，特纂此谱。

由于时代变迁及客观条件的限制，加之谱主纵横南北，所贡献的事业甚多，本年谱难免有所遗漏，且因笔者水平所限，不足之处祈请鉴谅，也请予以指正，以期将来有机会使年谱更加翔实！

郑　全　吕朝晖

公元二〇二一年辛丑季秋

凡　例

一、本书主要编辑吕渭英有社交往来的人和事，地域涉及温州、杭州、北京、福州、上海、广东，另外还有洋人日记、官方档案、地方史志、史料汇编等若干大类。

二、本年谱从吕渭英出生之年编起。吕渭英去世后，发生与之相关的人与事择其要按年序编入。本年谱采用三种纪年（天干纪年、皇帝年号、公历）方式，加以编辑，内容主要以史料为依据。

三、原文都没有行文标点，皆为编者所加。

三、采用简体横排印刷，其叙时方式以农历为主，部分包括了公历及星期，有的还有天气记录，是原始文献或日记内特有的珍贵记录，为了让读者更深刻地体会谱主所生活的环境与场景及心境，故不删去。

四、难辨文字或无法补正的脱字，以□代替。其他均不在正文中加校改符号，只在校语中加以说明。

四、原本所用异体字、俗体字，凡无关文旨者，均改为通用字。人名、地名中的异体字，不改为通用字。通假字一般不改，必要时可在注释中说明。

五、若有原文避当朝名讳及家讳者，一般不改，若影响理解文义，则出校说明。明清人传刻古书避当朝名讳而改，或引用古书以及称引前代专用名而避当朝名讳者，若有确据均改回原字，并在首见处出校说明，尔后径改，不再一一出校。缺笔字则补足笔画。

六、校注本的校记和注释一般不分列，校注文字一般置于正文每篇（题）之后，编号每篇（题）自为起讫。

七、校语注释力求简明扼要。注释以人物、地名、事件和有关背景材料为主，属于语义、音读方面的内容一般不注。

八、书内谱主每个人生阶段都有简谱，作者将和谱主有关的重大事件择出，再用简明扼要的语言置于正文之前，方便读者不同的需求。

凡已有定论的，按定论介绍；尚无定论的，则采取多种资料并存的方式。例如一种事件不同种记录和评论的，采用并存，不加作者主观看法。

本年谱行文，新编编辑资料，尽可能引用原文，文内吕渭英、吕文起皆指谱主一人，其他则根据语境加以修改；为避免冗长，新中国成立后出版的内容尽量择选其要而辑录。

七年辑录辑佚，纂成此谱，以志对吕渭英敬仰之情，年谱若有遗漏、错误之处，恳请大家指正，以待他日增补改正。

二〇二一年辛丑季秋

目　　录

吕渭英之家世渊源 …… 1

简　谱 …… 8

正　谱 …… 31

清咸丰五年(1855)　岁次乙卯(一岁) …… 31

清咸丰十一年(1861)　岁次辛酉(七岁) …… 31

清同治元年(1862)　岁次壬戌(八岁) …… 32

清同治二年(1863)　岁次癸亥(九岁) …… 33

清同治四年(1865)　岁次乙丑(十一岁) …… 33

清同治六年(1867)　岁次丁卯(十三岁) …… 34

清同治八年(1869)　岁次己巳(十五岁) …… 34

清同治十二年(1873)　岁次癸酉(十九岁) …… 35

清光绪元年(1875)　岁次乙亥(廿一岁) …… 35

清光绪二年(1876)　岁次丙子(廿二岁) …… 35

清光绪三年(1877)　岁次丁丑(廿三岁) …… 35

清光绪六年(1880)　岁次庚辰(廿六岁) …… 36

清光绪七年(1881)　岁次辛巳(廿七岁) …… 36

清光绪八年(1882)　岁次壬午(廿八岁) …… 36

清光绪九年(1883)　岁次癸未(廿九岁) …… 39

清光绪十年(1884)　岁次甲申(卅岁) …… 39

清光绪十一年(1885)　岁次乙酉(卅一岁) …… 40

清光绪十二年(1886)　岁次丙戌(卅二岁) …… 45

清光绪十三年(1887)　岁次丁亥(卅三岁) …… 46

清光绪十四年(1888)　岁次戊子(卅四岁) …… 46

清光绪十五年(1889)　岁次己丑(卅五岁) …… 46

清光绪十六年(1890)　岁次庚寅(卅六岁) …… 47

清光绪十七年(1891)　岁次辛卯(卅七岁) …… 47

清光绪十八年(1892)　岁次壬辰(卅八岁) …… 49

清光绪十九年(1893)　岁次癸巳(卅九岁)……………………… 49
清光绪廿年(1894)　岁次甲午(四十岁)………………………… 50
清光绪廿一年(1895)　岁次乙未(四十一岁)…………………… 51
清光绪廿二年(1896)　岁次丙申(四十二岁)…………………… 52
清光绪廿三年(1897)　岁次丁酉(四十三岁)…………………… 52
清光绪廿四年(1898)　岁次戊戌(四十四岁)…………………… 52
清光绪廿五年(1899)　岁次己亥(四十五岁)…………………… 55
清光绪廿六年(1900)　岁次庚子(四十六岁)…………………… 62
清光绪廿七年(1901)　岁次辛丑(四十七岁)…………………… 70
清光绪廿八年(1902)　岁次壬寅(四十八岁)…………………… 87
清光绪廿九年(1903)　岁次癸卯(四十九岁)…………………… 95
清光绪卅年(1904)　岁次甲辰(五十岁)………………………… 127
清光绪卅一年(1905)　岁次乙巳(五十一岁)…………………… 155
清光绪卅二年(1906)　岁次丙午(五十二岁)…………………… 180
清光绪卅三年(1907)　岁次丁未(五十三岁)…………………… 186
清光绪卅四年(1908)　岁次戊申(五十四岁)…………………… 201
清宣统元年(1909)　岁次己酉(五十五岁)……………………… 208
清宣统二年(1910)　岁次庚戌(五十六岁)……………………… 222
清宣统三年(1911)　岁次辛亥(五十七岁)……………………… 232
民国元年(1912)　岁次辛亥(五十七岁)………………………… 239
民国元年(1912)　岁次壬子(五十八岁)………………………… 247
民国二年(1913)　岁次癸丑(五十九岁)………………………… 256
民国三年(1914)　岁次癸丑(五十九岁)………………………… 260
民国三年(1914)　岁次甲寅(六十岁)…………………………… 260
民国四年(1915)　岁次甲寅(六十岁)…………………………… 267
民国四年(1915)　岁次乙卯(六十一岁)………………………… 268
民国五年(1916)　岁次乙卯(六十一岁)………………………… 275
民国五年(1916)　岁次丙辰(六十二岁)………………………… 276
民国六年(1917)　岁次丁巳(六十三岁)………………………… 282
民国七年(1918)　岁次丁巳(六十三岁)………………………… 289
民国七年(1918)　岁次戊午(六十四岁)………………………… 289
民国八年(1919)　岁次己未(六十五岁)………………………… 302

民国九年(1920) 岁次己未(六十五岁)…… 320
民国九年(1920) 岁次庚申(六十六岁)…… 321
民国十年(1921) 岁次庚申(六十六岁)…… 336
民国十年(1921) 岁次辛酉(六十七岁)…… 337
民国十一年(1922) 岁次壬戌(六十八岁)…… 345
民国十二年(1923) 岁次壬戌(六十八岁)…… 357
民国十二年(1923) 岁次癸亥(六十九岁)…… 360
民国十三年(1924) 岁次癸亥(六十九岁)…… 387
民国十三年(1924) 岁次甲子(七十岁)…… 389
民国十四年(1925) 岁次甲子(七十岁)…… 436
民国十四年(1925) 岁次乙丑(七十一岁)…… 439
民国十五年(1926) 岁次乙丑(七十一岁)…… 453
民国十五年(1926) 岁次丙寅(七十二岁)…… 456
民国十六年(1927) 岁次丙寅(七十二岁)…… 471
民国十六年(1927) 岁次丁卯(七十三岁终)…… 475
民国十七年(1928) 岁次丁卯…… 483
谱 后…… 484
附 录…… 492
吕渭英传…… 492
温州近代实业的重要奠基人——吕渭英…… 493
吕渭英助力永嘉教育…… 496
他推动了地方文教现代化——先贤吕渭英续记…… 499
吕渭英与籀园图书馆…… 502
百年前大战在温州一触即发！是谁力挽狂澜，让乡人幸免于难？
陈黻宸曾说，“温州之事非吕公不可”…… 504
五马街区的于园这么漂亮，你去过吗？带你走访近代温州十大私家
花园之一…… 509
“温州旧影”吕渭英…… 511
吕渭英：创办广东地方实业银行…… 512
于园“重焕新生”讲述纱帽河旧事…… 513
后 记…… 514
跋…… 516

吕渭英之家世渊源

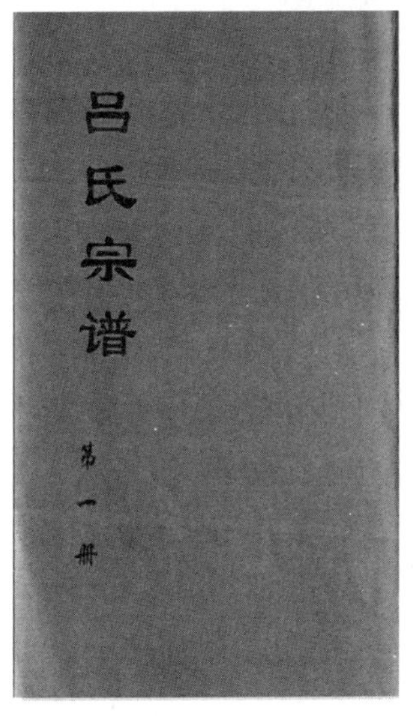

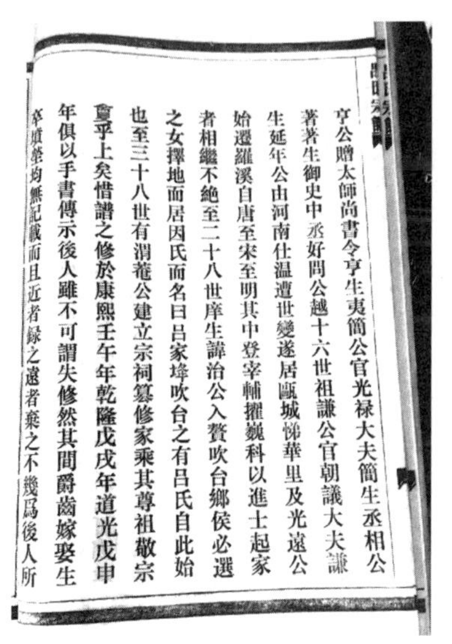

亨公贈太師尚書令亨生夷簡公官光禄大夫簡生丞相公
著著生御史中丞好問公越十六世祖謙公官朝議大夫謙
生延年公由河南仕温遭世變遂居甌城悌華里及光遠公
始遷羅溪自唐至宋至明其中登宰輔擢巍科以進士起家
者相繼不絶至二十八世庠生諱治公入贅吹台鄉侯必選
之女擇地而居因氏而名曰吕家埄吹台之有吕氏自此始
也至三十八世有渭菴公建立宗祠纂修家乘其尊祖敬宗
實乎上矣惜譜之修於康熙壬午年乾隆戊戌年道光戊申
年俱以手書傳示後人雖不可謂失修然其間爵齒嫁娶生
卒墳塋均無記載而且近者録之遠者棄之不幾爲後人所

《吕氏宗谱》

第一世祖吕尚(齐太公姜子牙)→2 世吕伋(齐丁公,齐国国君)→3 世吕得(齐乙公)→4 世吕慈母(齐癸公)→5 世吕山(齐献公)→6 世吕寿(齐武公)→7 世吕无忌(齐厉公)→8 世吕赤(齐文公)→9 世吕脱(齐成公)→10 世吕购(齐前庄公)→11 世吕禄甫(齐僖公)→12 世吕小白(齐桓公)→13 世吕元(齐惠公)→14 世吕无野(齐顷公)→15 世吕环(齐灵公)→16 世吕杵臼(齐景公)→17 世吕阳生(齐悼公)→18 世吕骜(齐平公)→19 世吕积(齐宣公)→20 世吕祁(齐康公吕贷失国后,吕祁隐于民间。注:齐康公再衍五代有吕不韦,而吕不韦非本支吕姓族人)→21 世

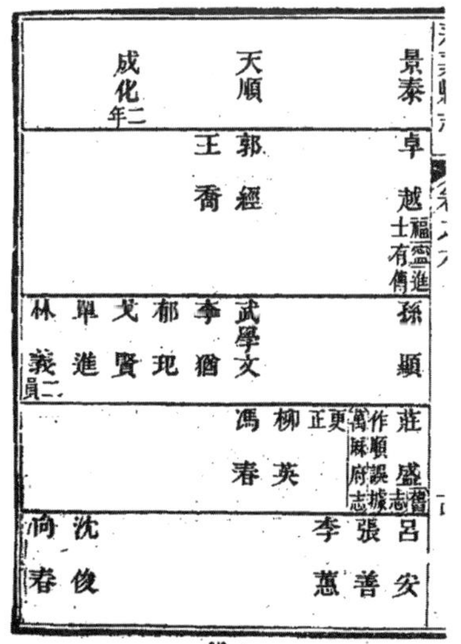

景泰　天順　成化二年
卓越（福靈進士有傳）　郭經　王喬
孫顯　武學文　李猶　郁玘　戈賢　單進　林義（二員）
莊盛（舊志作順誤據萬麻府志更正）　柳英　馮春
呂安　張善　李蕙　沈俊　向春
840

《永嘉县志》中的74世吕安

吕光大→22 世吕敏→23 世吕不伐→24 世吕雍(前北军中候)→25 世吕威→26 世吕文(泗侯)→27 世吕泽(建成侯,其妹妹是汉高后吕雉)→28 世吕台(吕王)→29 世吕嘉(吕王)→30 世吕伯→31 世吕鸽(骠骑将军)→32 世吕徵(尚书长史)→33 世吕陵(太原太守)→34 世吕隆(后汉徐州刺史)→35 世吕微(尚书长史)→36 世吕嶷(征南大将军)→37 世吕泽(南阳太守)→38 世吕远(汝阳太守)→39 世吕德(太守)→40 世吕肇(右将军)→41 世吕虔(封寿亭侯、万年亭侯)→42 世吕鹄(徐州刺史)→43 世吕行均(后魏东平太守)→44 世吕稔(后魏冀州刺史)→45 世吕时→46 世吕瑞→47 世吕应麟→48 世吕雄→49 世吕崇嗣(北魏建宁府通判,以经术闻,征授秘书郎,不就)→50 世吕延之[唐朝开元二十二年(734)中进士,任明州刺史、越州刺史、浙东道节度使、御史大夫]→51 世吕渭[唐乾元二年(759)中进士,官封礼部侍郎、御史中步丞、左仆射。生六子,其中三子吕温、四子吕恭(北宋宰相吕端的远祖)、六子吕让(他的第三个儿子叫吕洞宾)]→52 世吕温[字淑和,唐元和十四年(819)中进士,官封户部郎中,任幽州、衡州、道州刺史,40 岁卒于任]→53 世吕镇[字行安,唐宪宗末年(823)由山西芮城县(河东)迁洛阳东部,为洛阳始祖]→54 世吕顼(徐州刺史、户部郎中)→55 世吕韬[唐朝封莫州郑县令,升辽东御史中丞。乾宁元年(894),赠太师尚书令兼中书令。封燕国公,生二子,梦奇、梦彦]→56 世吕梦奇[后唐长兴中兵部侍郎、河东节度使、北京副留守、太原府令,赠太师尚书令兼中书令,封齐国公,世居河东郡,即长兴侍郎一院也。生二子,龟图、龟祥,分居南北二宅,龟图南宅,龟祥北宅。吕龟图生吕蒙正(北宋宰相)]→57 世吕龟祥[太平兴国二年(977) 登进士及第,官殿中丞,知寿州,有惠政及民,民爱留之,不忍舍去,遂家焉。"从此,这一支吕氏家族便成为淮南人。后赠太师尚书令兼中书令,封代国公,居北宅。娶李氏夫人,生三子,蒙亨、蒙巽、蒙周]→58 世吕蒙亨("举进士高等"。在朝廷廷试时,因为大伯吕龟图之子,即堂兄吕蒙正在朝中担任要职,为避嫌而作罢。后历任下蔡、武平主簿,官至大理寺丞,正五品,赠太师尚书令兼中书令,封魏国公。娶王焕女,封魏国夫人,生三子,夷简、宗简、尧简)→59 世吕夷简(谥文靖,登咸平进士,官至丞相,赠太师,封许国公)→60 世吕公著(字晦叔,是继吕蒙正、吕夷简之后第三位官居相位的吕氏族人,北宋王朝中期的重臣)→61 世吕希哲[兵部尚书,建炎元年(1127)知宣州]→62 世吕好问[随宋南迁定居浙江婺州(金华)]→63 世吕忱中(朝散郎)→64 世吕大渊[忱中公子,字舜民,婺州人。以伯荫补将仕郎,后调中州(今河南郑州)任官。归葬婺州府武义县城东三公里许十八都来苏乡明招山吕氏祖茔。配氏祖光之女，生子名讳吕祖泰]→65 世吕祖泰(字泰然，寿州人，吕夷简六世孙，寓居在常州宜兴。性情通达，崇尚义气友谊，学问广博。遍游江淮地区，结交当代知名人士，得到钱物有时分给他人携带离去，毫无吝啬之气。饮酒至几斗不醉。议论时事无所忌讳，听说的人有的掩耳而走)→66 世吕从训(扶沟令)→67 世吕光远[绍兴二十八年(1158)负母南渡，居温州郡城悌华坊塾林家子]→68 世吕启道(后迁罗溪)→69 世吕饰孚→70 世吕骥→71 世吕墀→72 世吕文→73 世吕康→74 世吕安(县尉)→75 世吕定(七品散官)→76 世吕瑛→77 世吕祖楫→78 世吕永记(从罗溪迁至江头)→79 世吕道隆→80 世吕留满→81 世吕宗经→82 世吕淮川→83 世吕光宗→84 世吕廷辉→85 世吕锡铨(诰封五品由江头转迁郡城)→86 世吕茂选(诰封五品)→87 世吕振镛(五品衔，号玉泉，尽先千总，前署瑞安千总，后署温州左营把总，因军功，封典荣封二代，妻汪氏，太学生秀林公三女、国学生锦文公胞妹，诰封宜人，晋封恭人)→88 世(吕渭英、吕永禄、吕渭璜、吕渭贤、吕渭勋)

注：旁系众多，为避免烦琐，除重要名人，其他概不列入。

84世吕廷辉墓，墓址在永嘉县三江街道

84世吕廷辉墓碑

部分祖先传记

29 世吕嘉因太后吕雉以行为骄横跋扈被废吕王，遁入民间，躲过前 180 年发生的诛吕事件。这次事件，吕氏集团核心人物几乎全部被杀，吕族宗亲也遭无辜戮杀。尤其对单父县吕姑村，不论姓氏，更是斩草除根，连哺孕婴儿也不放过，不留一个活口，残酷悲惨至极。由于大规模的西汉诛吕之役，许多吕氏后裔隐匿四散。

61世吕希哲，字原明，北宋寿州（今安徽凤台）人，听王安石劝告，放弃科举，以门荫入仕，历光禄少卿，知相州事，徙邢州。著有《发明义理》《传讲杂记》。吕希哲于寿州（今安徽寿县）生吕好问，南宋初封东莱郡侯，定居婺州金华（今属浙江），以荫补官。靖康元年（1126）任御史中丞，不久改兵部尚书，建炎元年（1127）知宣州。

63世吕忱中，好问公幼子，又讳坚中，字信复、伟信，婺州人，生于元符三年庚辰（1100）二月十六日。以父荫补将仕郎，两监华州西岳庙，主管崇道观，绍兴十八年戊辰（1148）添差金华府通判，三任主管崇道观，通判信州（今江西上饶市），提举江南东路常平茶盐公事，除右朝奉大夫知江西路饶州，复举祠，出知泰州（今江苏泰兴）不赴，官至朝散郎。绍兴十五年乙丑（1145）后，绍兴丙子岁罢当涂守。在宜兴县，又从达真黄元道求诗，其末句曰："巽岭直下梅家店，福禄难过丑年春。"诸兄相继而逝，唯公未卒。绍兴三十二年壬午（1162）十月十六日公卒，归葬婺州府武义县城东三公里许十二都来苏乡明招山吕氏祖茔（靠竹山）。娶侍郎季学礼女，生二子讳吕大兴（早逝）、吕大渊。

64世吕大渊，忱中公子，字舜民，婺州人。以伯荫补将仕郎，后调中州（今河南郑州）任官。归葬婺州府武义县城东三公里许十八都来苏乡明招山吕氏祖茔。配氏祖光之女，生子名讳吕祖泰。

65世吕祖泰，字泰然，寿州人，吕夷简六世孙，寓居在常州宜兴。性情通达，崇尚义气友谊，学问广博。遍游江淮地区，结交当代知名人士，得到钱物有时分给他们携带离去，毫无吝啬之气。饮酒至几斗不醉。议论时事无所忌讳，听说的人有的掩耳而走。

庆元初年，吕祖俭因言事被贬谪到韶州居住，既而移住瑞州，吕祖泰步行前往省视，逗留了一个多月，告诉他的朋友王深厚说："自从我兄长被贬，各人紧闭嘴巴，我虽然没有职位，亦必以言报国，当稍稍等待，现在不敢因此连累我的兄长。"等到吕祖俭死于贬所，嘉泰元年（1201），周必大降职少保辞官，吕祖泰对此愤恨，就到登闻鼓院上书，论说韩侂胄有无君之心，请求杀之以防止祸乱。其大致说："道学，是从古代就作为国家所凭借的东西。丞相赵汝愚，是现在有很大功勋劳绩的人。树立伪学之禁，贬逐赵汝愚的朋辈，这是将要掏空陛下的国家，而陛下不知醒悟吗？陈自强、韩侂胄以儿童妇人之师，逾越等级到宰相辅臣的位置。陛下旧学大臣，如彭龟年等人，现在在哪里呢？苏师旦，是平江的吏胥，因皇帝即位之前居平江而得到符节和斧钺；周筠，是韩氏的仆役，因皇后亲属得做大官。不知陛下在平江宅邸时果真认识苏师旦吗？后妃的亲属中果真有周筠吗？凡是韩侂胄之徒，自我尊大而卑视朝廷，一下到了这样的地步！希望速诛侂胄及苏师旦、周筠，而且罢免贬逐陈自强之徒。只有周必大可以任用，应该以他代理相位，不然的话，事情将不能预测。”奏书一出，中外大为惊骇。有旨：“吕祖泰挟私怨上书，语言狂妄，发连州拘禁管制。”右谏议大夫程松与吕祖泰亲近友爱，恐惧地说：“人家知道我平素与他交游，岂不以为我预闻吗？”于是独自上奏说：“吕祖泰有当杀之罪，而且他上书一定有教唆的人，现在即使不杀，可当杖脊黥面流窜远方。”殿中侍御史陈谠也这样说。于是杖脊一百，发配钦州牢城收管。开始，监察御史林采说伪习之成，自周必大发端，所以有降为少保的诏命。吕祖泰知道自己必死无疑，希望以自身唤醒朝廷，没有畏惧之色。既到州府堂上，府尹用好话劝诱他说：“是谁教你一起写奏章？你且说出来，我将会宽恕你。”吕祖泰笑着说：“你怎么这样愚蠢地问呢？我本来知道必死，而可以受教于人，又与人议论他人吗？”府尹说：“你丧心病狂了吗？”吕祖泰说：“依我看，像现在依附韩氏得到美官的人，才是丧心病狂。”

吕祖泰已被贬斥，经过潭州，钱文子任醴陵县令，私下赠送给祖泰路费。韩侂胄派人追寻祖泰踪迹之所在，祖泰于是躲藏在襄阳、郢州之间。韩侂胄被杀，朝廷访求得到吕祖泰所在地方，诏令洗雪他的冤屈，特补上州文学，改授迪功郎，监南岳庙。母亲去世无以埋葬，到都城与诸公商量，染上寒病，索取纸张书写说：“我与兄长一起攻击权臣，现在权臣被杀，我死而无憾。唯独我生还无以报国，又没能埋葬我母亲，是可遗憾的事情。”于是去世。府尹王柟替他备办棺材殓尸归葬。

75世吕定(肃政)墓志铭：公讳定，字肃政，号政庵。盖以一家之政言之也，远祖宗宋光丞祖泰，本莱州人也，子从训任扶沟令，居汴梁，系出许国文靖公夷简、申国公正献公公著之后，今家尚供二公像。绍兴戊寅(1158)，南渡时从训之子光远迁永嘉，启道公始迁罗溪遂为永嘉人。曾祖、文祖、康父安俱有阴德，嫡母周氏，生母黄氏。君生有美质，甫九岁失怙，赖二母教育虽幼如老成人，时以长者量之。先是门户繁剧，祖业仅存什一，孑然持立，惕厉勤俭，由是家产日裕，甲于一邑。孝养二母，友诸昆弟无间言，虽或有忤而愉怡无宿怨。族党有饥寒者必推所有衣食之。先世宗祠遭元末兵燹乌有，乃创于祖居之东，有寝宇、堂室，堂列四龛外为两阶，缭以周垣。岁时伏腊祭享

75世吕定碑

极其诚敬,至于祖垅则遍树松楸,蔚然荫映。谨按先世所藏河南世系墨碑手卷,复考先代诸公行实,收拾分派子孙合成一谱。设家塾以课儿孙。维娴礼义课童仆,因时树艺劝责有成。晚岁筑别墅为游适之所。郭有膏映腴田二十余顷,衣食丰饶,性不嗜酒。迂宾则宴或骚人墨客至者往往待之以优礼,饮馔必精洁,留至信宿而去,后远近皆得欢心。即有贫乏者不问识与不识皆周之,病者皆药之,死者棺衾之。恒有言曰:丰年之玉我不与人,荒年之谷与人不勒。见路途阻行,桥梁倾圮则不时待而修补之,以利人来往。尚夜渡江迂溪渡航覆,溺时天寒风烈,公恻然奋棹得援六人,气息几绝载至家,多方调治始醒,乃知其人俱楠溪郑氏兄弟,因德,公称为父矣。其生平急于济人者多数此,景泰甲戌年(1454),饥循例赴京,纳粟八百斛,荣膺宠命冠带还乡。未几复奉诏备荒,二子斌、瑾输粟一千二百石,赐七品散官,父子同此尚义。不幸有疾乃命诸子曰:我死之后丧事一遵俭约,毋受赙奠,毋作佛事,庶生顺没。宁尔等须各孝友安分,循理怜恤孤寡,吾死无憾矣。言讫而逝。公享寿六十有五,生永乐丙戌(1406)十二月二十日吉时,卒成化庚寅(1470)八月三十日吉时,卒明年辛卯十一日庚申,葬本里蒲洋之原。原配洋岙吴氏文升公之女,沛县尹永明胞妹,德性贤淑,内助勤俭,先公二十年而殁。生子一斌,女一,适象山郑宫德,配宜人杨氏生女一,适郡城梅钥侧室。周、潘、孙、黄、程氏生子七:瑾、璨、瑞、瑺、琳、瑛、玖;孙男二十:梓、荣、启、盘、棠、榄、标、楠、樾、楹、椿、栋、柯、柳、桧、森、桂、椙。孙女九，适李议、吴恩、林球、林辅、吴惠、阵陆、方元鸿、林泮、吴信；曾孙二十一：照、勤、圹、耿、煦、烛、炳、灼、焯、烜、熌、焍、焬、丞、炲、耀、暖、焖、灶；曾孙女十三。铭曰：罗川之秀兮，清以驶；维君隐兮，其世美；悦尔亲兮，友昆弟；宏而积兮，普而济；不忘远兮，承先祀；黍稷与兮，岁兴嗣；极危急兮，有道义；腾姓氏兮，膺宠赐；妥厥家兮，永勿替；天将佑兮，于耒世。赐进士出身、正议大夫、资治君南京礼部左侍郎乐清章纶撰。（摘自《四库全书》）

光绪十一年（1885），吕渭英在朱卷上交代自己的简历：

严侍下（母亡父在）授业师以先后恭注：黄裔卿夫子名玉符、杨玉西夫子名庆环、吴琼珊夫子讳作莹、王黼廷夫子讳任忠、朱枫亭夫子名鸿宸、戴鳌峰夫子名咸弼、王仲兰夫子名旬宣、王子庄夫子名棻、陈颐百夫子名寿宽、嘉兴许竹筠名景澄、朱眉山夫子名寿保、李伯质夫子名士彬、王叔雅夫子名彬、郭谷斋夫子名式昌、徐寿蘅夫子名树铭、孙蕖田名锵鸣、何竟山夫子名澄、许瓯卿夫子名文琳、丁濂甫夫子名绍周、费昭甫夫子名裕彰、常仲黼夫子名绂、方子颖夫子名鼎锐、胡筱泉夫子名瑞澜、黄恕皆夫子名倬、梁敬亭夫子名沄卿、张春陔夫子名盛藻、恽杏耘夫子名祖贻、祁子禾夫子名世长、温味秋夫子名忠翰、石渠阁夫子名纶藻、金少春夫子名墉、张静茹夫子名宝琳、陈锵夫子、陈闲村夫子名光荣、胡练溪夫子名元洁、刘叔涛夫子名廷枚、周缉之夫子名熙、刘仲良夫子名秉璋、瞿子久夫子名鸿玑、陈仲山夫子名宗鳌。

胞弟：永禄（黻臣），五品衔，先任温州左哨把总，后任玉环参将（因父亲军功，封典荣封二代），存记外委娶妻林氏；渭璜（永禧），号讱芗，别号静芗、哑老，清封奉政大夫，直隶州知州，五品衔，娶妻陈氏；渭贤（永森），号访溪，业儒，清封奉政大夫，福建候补知县，石马关大使、盐平县盐大使，娶妻吴氏；渭勋（永桂），号苑秋，业儒，钦加三品衔，赏戴花翎，特授温州城守营都司。

胞姐：适仓河巷从九品王名成渠公长子王阶平。

胞妹：字同里邑庠生黄名玉符公长子景畴。

胞侄：鸿昌。

吕渭英娶韩氏，候选县丞讳天芹公三女；国学生，讳南金，候选县丞，名澄川胞妹；通判衔，名元科胞侄女，世居郡城通道桥。1885 年吕渭英尚无子女。

中举以后续配：程氏、张氏、应氏、翁氏、胡氏。

简谱

诞生

清咸丰五年十月廿二日，一个男婴降生于浙江永嘉县城(今温州市)，那一天是公历 1855 年 12 月 1 日。孩子的父亲是吕振镛，母亲汪氏，这个孩子名吕渭英，正是本书的谱主。

吕渭英谱名“熙仁”，字永年，号文溪，又号文起，晚号于园叟，人称“文老”“吕文丈”。其远祖吕光远系出北宋两位宰相吕夷简和吕公著之后。绍兴戊寅(1158)，南渡时吕光远迁永嘉悌华里(今鹿城区三官殿巷)，衍 22 代有吕渭英。

求学

清同治四年(1865)　岁次乙丑(十一岁)

是年，吕渭英与叶墨卿同受业于黄裔卿(玉符)夫子门下，接受启蒙教育，其时同学者不下百余人。

是年十月，吕渭英四弟吕渭贤出生。吕渭贤，字永森，号访溪。

清同治八年(1869)　岁次己巳(十五岁)

是年，吕渭英前期经过县试、府试，于此年由省学政在四顾桥校士馆主持的院试中脱颖而出，以简生补弟子员，旋食饩，设帐于城南巽吉山文昌阁，授课之余，苦心孤诣，专心科举，学生有胡佐鼎等。

清同治十二年(1873)　岁次癸酉(十九岁)

秋，吕渭英父亲吕振镛(玉泉)任温州左营把总。

清光绪六年(1880)　岁次庚辰(廿六岁)

春，吕渭英父亲吕振镛(玉泉)任温州中军把总。

清光绪七年(1881) 岁次辛巳(廿七岁)

夏,吕渭英父亲吕振镛(玉泉)因战功升任瑞安左营千总。

清光绪八年(1882) 岁次壬午(廿八岁)

春,吕渭英在杭州武林诂经精舍与王毓英相遇,一见如故,结为知己交。时在舍读书的尚有吕渭英四弟吕访溪。

是年夏,因天时不正,郁暑交蒸,吕渭英因病而缠绵床笫有数月,称药量水,皆赖王毓英调护之力。

清光绪九年(1883) 岁次癸未(廿九岁)

春,吕渭英与王毓英同时由杭州回温州。

清光绪十年(1884) 岁次甲申(卅岁)

冬,吕渭英领业于朱公眉山教授暨李公百质太守。

是年,吕渭英与王毓英同观摩于章安许雪航、池志澂、陈虬、陈介石诸宿儒硕彦,得以餍饫见闻,俾广智识,而其文骎骎乎益进于粹。

清光绪十一年(1885 年) 岁次乙酉(卅一岁)

八月,吕渭英与乡人池志澂、许雪航、陈虬、陈介石诸君应试杭州,据池回忆在寓见吕渭英“倜傥豪迈,无一毫流俗气”。

吕渭英经过几次科举失败后,于是年秋,再战乡试,同行陈介石诸人皆落榜,唯有吕渭英得中浙江省第一百名举人。

清光绪十二年(1886) 岁次丙戌(卅二岁)

三月,吕渭英赴京参加礼部会试,弗中返乡。

清光绪十三年(1887) 岁次丁亥(卅三岁)

是年,池志澂设教永嘉。吕渭英屡顾之。池亦时谒吕渭英处,而吕渭英复以四弟访溪从池志澂游。

清光绪十四年(1888) 岁次戊子(卅四岁)

夏,吕渭英父亲吕振镛(玉泉)任温州中军左营把总。

清光绪十五年(1889 年) 岁次己丑(卅五岁)

是年春,因温州郡城常有乞丐劫掠、敲索钱米等抢夺之案,吕渭英于郡城设保甲局,以保富安贫,时人皆以为善。

是年,吕渭英再赴京参加礼部会试,又不得中,而后拜直声震天下的翰林四谏之一通政使黄体芳(漱兰)为师,并供职通政使司衙门。当其时,黄体芳与孙衣言方提倡永嘉学,奖掖后进,吕渭英于是大量阅读永嘉前辈著作,结合时务开展研究。永嘉事功学说也成为他从政，一直到兴办实业的指导思想。

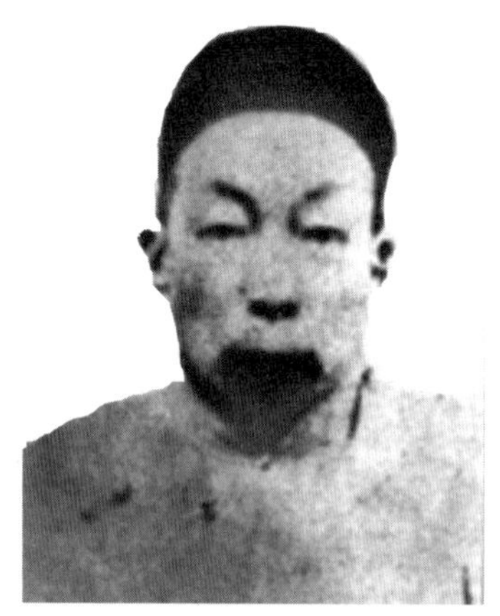

黄体芳

孙衣言

清光绪十六年(1890 年)　岁次庚寅(卅六岁)

秋，吕渭英离开北京，游学于上海、宁波、湖北、南京等地。

清光绪十八年(1892 年)　岁次壬辰(卅八岁)

是年，吕渭英一生最后一次参加会试，终不得第。

步入仕途

光绪十九年(1893)，卅九岁的吕渭英彻底放弃科举晋身之路，于是遵例报捐，以候选知县衔，指分福建试用。十一月十六日至福州，缴凭知府衙门，开始了从政生涯，先后充通商局、官司运局诸差。

清光绪廿一年(1895)　岁次乙未(四十一岁)

六月十一日(8 月 1 日)，福建福州发生震惊中外的“古田教案”，致使英国传教士史荦伯(Robert Stewart)及其妻儿和随行的其他女性教士死伤十余人。经过福建当局包括吕渭英等官员的多次调查处理后，大亚美理驾合众国(即美国)钦命驻扎中华便宜行事全权大臣表示不满，请总督署以不肯实力弹压、办理不善之罪名，分别惩处包括候补知县吕渭英在内的 19 名地方官员。因政府坚持，吕渭英等一干官员得以豁免。

清光绪廿三年(1897)　岁次丁酉(四十三岁)

三月二十日，吕渭英遵例报捐得同知衔。

秋，吕渭英以同知衔充惠安知县。吕渭英之在惠安，其地俗尚强悍，往往以睚眦细故，聚众械斗。虽有条教政令，莫之制止。吕渭英于是设书院，增膏火，进生徒，而谕以礼让，勉以学问，令劝化其乡，桀骜之性潜消默化，而惠安械斗之风遂息。去惠日，父老遮道相率，送于三十里外，尽感化深矣。

清光绪廿四年(1898)　岁次戊戌(四十四岁)

二月，闽浙总督边宝泉向朝廷保举吕渭英任闽县知县，本年秋获准。同年，昭信股票报效案内，吕渭英又被奖给花翎，在闽县任内办理洋务出力，保准俟归直隶州。

九月十四日，慈禧懿旨吕渭英四弟石点福建盐大使吕渭贤照例发往截取。

清光绪廿五年(1899)　岁次己亥(四十五岁)

三月，浦城前知县翁天祐调任南安，吕渭英由闽县转任浦城县署理知县，继续主持《续修浦城县志》锓版事宜。

夏，许督筠帅(许应骙)意欲以海防同知为吕渭英奏请借补衔缺，吏部以不相当，不准。同年吕渭英在浦城县知县内，因洋务保案，许督又奏请为他加知府衔，未获准。

夏，吕渭英因奔驰无少息而病，渐秋始霍然，自感中年衰弱，豪兴全消。

是年，吕渭英在任浦城县署理知县时，发现熊文镛，二人遂结为忘年交。吕渭英将收藏的宋、元、明名画，全给文镛欣赏，使他窥察到其中的妙法，画技日进。

清光绪廿六年(1900年)　岁次庚子(四十六岁)

六月初一日，吕渭英正式署理福防厅事，并开始处理各种交涉案件。

秋，福建福州驻防地方，洪水为灾，仓盐淹没，吕渭英确查灾情，筹款赈灾，疏浚水道，旧课照案缓征，不久闽省奖励办理水灾赈捐出力之福建福防同知吕渭英加知府衔。

十二月二十日，闽浙总督许应骙为吕渭英向朝廷请补授南靖县知县，未获准。

清光绪廿七年(1901)　岁次辛丑(四十七岁)

四月、十月、十一月，闽浙总督许应骙先后三次保举吕渭英实任福防同知，吏部不准。

清光绪廿八年(1902)　岁次壬寅(四十八岁)

四月，闽浙总督许应骙又保举吕渭英实任福防同知，吏部不准。

七月中旬，吕渭英又与温处兵备道童兆蓉诸君筹复永嘉东山书院，首创东山图书馆，延学官郑一夔为掌教，以款绌，掌教并不支修。又经三次葺缮，皆吕渭英一手任之。

八月，奉特旨允准吕渭英实任福防同知。吕渭英在任内兼职历充官运官厘局、银圆局、警察局、洋务局、土药局、振捐局、武备学堂提调。

东山书院图

清光绪廿九年(1903)　岁次癸卯(四十九岁)

二月廿八日，闽浙总督许应骙上折：闽省办理水灾赈捐出力之福建福防同知吕渭英应请将在任候补知府福防同知吕渭英改俟归知府班后，以道员用候补。

是月，吕渭英与陈介石联同留日归国学生姚广福（字泽夫，号养吾）、好友王毓英、项承权（舆卿）与项承椿（寿卿）兄弟等在郡城创办公益学校，借曾宅花园为校舍兴修土木，设有操场、教室、寄宿舍、自修室等。由在上海任职的陈介石遥领总理，姚广福实际负责，聘进步思想家平阳宋恕（宋衡）为该校总教席。

是年冬，福州发生商人张礼记冤案。商人张礼记置有海船，出海和带军火被获，闽浙总督崇善欲倾礼记之产。福防厅正五品同知任内的吕渭英以罪在出海不应累及东家，与从一品福州将军、闽浙署理总督崇善据理辩争，触怒崇善，时人皆为吕渭英前程担忧。吕渭英本欲挂冠北归，幸内阁陈韬庵太傅回乡，主持公论，独揭其隐，事始得白，张礼记冤屈得以洗刷。一时上下莫不服吕渭英之不畏强御也，吕渭英在民间也因此获得青天之美誉。

清光绪卅年（1904）　岁次甲辰（五十岁）

正月初一日，陈虬与世长辞，吕渭英挽陈虬联：

撒手西归，文字长留瓯海派；

侧身南望，医星忽陨太邱门。

——愚弟吕渭英

十月廿六日（12 月 2 日），福州中亭某鱼货店因抗缴鱼捐殴差罢市，警务局及防厅吕渭英亲临弹压，着令各铺户应即照常贸易。

是年，吕渭英兼掌银圆局，开铸光绪元宝，分四种面值：七钱二分、一钱四分四厘、七分二厘、三分六厘。

升任知府

清光绪卅二年（1906）　岁次丙午（五十二岁）

春，洋务局吕渭英观察与署莆田县令林玉麟在福州南台中亭街合伙开汇源银号及南街巨源、隆慎两钱庄（二者作为丰润银号之分号）。

三月初二日，福州府知府高凌汉丁艰卸事，吕渭英被总督崇善命为署福州知府，在任一年百废俱举。其间，吕渭英因在劝募海防报捐案内表现出色，被总督保举为道员衔。

四月，陈宝琛、吕渭英等人极力提倡警务制度，二人游说于布政使、按察使之间，虽几经起伏，终于在光绪卅二年（1906）年四月中旬举行开堂式，开始教学。此时吕渭英还兼掌警察局。

闰四月十三日，慈禧震怒，斥闽浙总督崇善未经奏请，即拣员吕渭英奏请补授福州知府。言向来各省首府出缺，例应奏明请旨简放。朝廷以员缺紧要，每谕令各该督抚于通省知府内拣员调补，何等郑重，乃该署督于此次福州府知府出缺，并未照例奏请，竟以在任候补知府福防同知吕渭英，径请特旨简放，殊属不合。崇善着交部议处。崇善因此次用人不奏请朝廷，朝廷大为震怒，崇善于光绪卅三年六月初一日（1907 年 7 月 10 日）以病解职。

五月初六日，甘肃学政叶昌炽《缘督庐日记》记福州府知府遗缺，崇善请以福防同知吕渭英补授，奉旨不准，着以来秀补授，崇善并着交部议处。

秋，太史林惠亭（炳章）经吕渭英察准，在福州南台苍霞洲铜元局旧址创设“福州电灯公司”。该公司拟发行股票，后因招股受挫，被迫中止。

十二月十六日，吕渭英卸职福州知府。

十二月廿六日，吕渭英等发起福州戒烟演说会。

是年，前因侯官县与闽县是属同城，但仍严格按照行政区划分别编纂，所以由吕渭英督修的《闽县乡土志》《侯官乡土志》，于是年刊刻印刷。

是年，吕渭英长孙吕灵士出生，其父早逝，由吕渭英抚养长大。

清光绪卅三年（1907）　岁次丁未（五十三岁）

二月，南台海防同知吕渭英于福州吉祥山顶创办南台洋头口公立学堂（铺前学堂），并自兼总理。

二月，吕渭英成功处理法国人魏池（Francis Vetch）拐卖华工之事端，总督对吕渭英表现大加赞赏。

是年，吕渭英二弟吕永禄（黼臣）在玉环参将任上逝世。吕渭英刚从丧子之痛摆脱出来，又逢二弟逝世，伤心至极。

清光绪卅四年（1908）　岁次戊申（五十四岁）

三月上旬，黄式苏与朱味温应云南提学使之邀官滇南，道经闽江见黄式苏叔父黄鼎瑞并遇吕渭英，因用兵警耗停留旬日，两误舟期，后经吕渭英护送二人渡台江出榕城。吕渭英在这次会面中向黄式苏与朱味温透露自己将归乡创实业公司的想法。

黄式苏

春，吕渭英与林炳章和英领事交涉“美打售膏（大烟）”事件，其过程颇为曲折。事平，吕渭英支持林炳章办理去毒社，划拨专门经费。是年，2300 人通过戒烟局的帮助戒除烟瘾。

四月十二日，闽浙总督寿松奏，福建候补道吕渭英请仍以道员归候补班以示鼓励。

五月廿九日，闽浙总督松寿上呈光绪帝《闽浙总督兼管闽海关松寿折》：“前署福州府、在任候补知府、本任福防同知吕渭英于光绪卅二年十二月十六日卸职。”

清末民初的广州西门

清末民初的广州小北门

秋，朝廷任官方式开始进行重大调整。其中一项重要决策，就是“停止京外各项选班”。除州县于光绪卅四年(1908)全部留授外，其余道、府、直隶州知州、同知、通判、佐杂、盐务等官缺，重在选班。选班首重正途，选任制度的变革，让吕渭英认识到自己不是进士出身，再加任期届满，遂觉仕途很艰难，于是年底回到温州等缺候补。

他在光绪末年创设全浙会馆于福建(具体年份不可考)。

回乡候补，投身实业

清宣统元年(1909)　岁次己酉(五十五岁)

二月，吕渭英开始投身实业，担任温州府商会最后一任总理。吕渭英在任温州府商会总理期间，成功处置茂生钱庄拖欠案。同时又为温州商会向有司提请“请将永嘉县光绪卅三年(1907)以前积欠倍捐银两，恳请恩准免缴以示体恤”。

四月，温州选举省谘议局议员，吕渭英作为候选人参选。六月被增补为省第二届议员。

七月朔日，温处道郭则沄筹设大清户部银行温州分号始成，并代收瓯海关税，吕渭英短暂负责此事。

是年，吕渭英捐款于温州府中学堂。

清宣统二年(1910)　岁次庚戌(五十六岁)

郭则沄

正月初八日，吕渭英认识到商业发展以交通便利为第一要义，非自办轮船，温州商业难以自立。于是他开办东益公司，购置“鸿发”小火轮，开辟了温州最早的内港客货轮航线。

七月廿五日，为不致使苏杭甬铁路路权丧于英人，吕渭英集众会议于温州商会，发动集股筹款，筹集优先路股273445元。

八月，吕渭英应湘省杨少卿(文鼎)中丞之招，办理清乡交涉，遂力辞温州府商会总理之职。

九月十二日，吕渭英与余朝绅在周宅祠堂创地方自治研究所。

一任广东官银钱局总办

宣统二年(1910)十月，张坚白在奕劻的支持下奉旨接替袁树勋，署理两广总督。是时，吕渭英以水土不服由湘赴沪就医，遇前广东官银钱局总办岑春煊(西林)。岑介绍渭英往，作为总办，总理广东官银钱局。

是月，吕渭英购置嘉宁商轮，往来沪甬。

张坚白

袁树勋

岑春煊

冬，吕渭英创办广东制革厂，并任总理，资本总额500000元，官股数量308460元。

是年，吕渭英当选永嘉地方自治筹备会选举自治员。

清宣统三年(1911)　岁次辛亥(五十七岁)

正月初八日,在吕渭英的努力下,浙江银行在广东省城(广州)开设第二家分行,经理为周永年。

春,蚕桑学堂改名为温州府官立中等农业学堂。又招收一批新生,规模扩大,旨在培养农业技术人员。聘吕文起为校董,委施震泽为监督,潘宣丞为监学。此农业学堂即今温州二中前身。

八月,吕渭英为徐定超所建楠溪学堂捐洋一百元。

九月中旬,辛亥革命爆发,温民七电沪上佛照楼,苦请吕渭英等回瓯。吕渭英因事羁沪。

九月廿四日(11月14日),温州军政分府贴出布告,公推吕渭英任财政部部长。此时吕渭英位在广东银钱总局总办任上,而因公务缠身沪上,不能回瓯。

九月廿五日(11月15日),清早布告即被人撕掉,组府未成。

十一月(12月下旬),吕渭英结识广东军政府财政部廖仲恺,此后吕渭英为恢复、改革、稳定广东财政做出了巨大的努力和贡献。

民国元年(1912)　岁次辛亥(五十七岁)

十一月十三日(1月1日),吕渭英开始兼办《东瓯日报》。此报为温州近代本土报纸之始,具体经办人为陈怀、孙诒棫。

十二月初五日(1月23日),陈介石与六县属各志士等人在温州发起成立民国新政社,初举章炳麟为社长,陈介石为副社长,后因章坚辞不就,1月23日改举陈为社长,吕渭英为副社长,决议先从办《东瓯日报》、筹饷入手,"辅军政府之不逮"。新政社成立前,其筹备事务所曾在《申报》上连登数日广告。(选自1912年2月6日《申报》)

十二月(1月),吕渭英与陈介石设立温州中等医学堂于三角门内小西湖曾氏宗祠,以池志澂(茂才)为监督,将欲大昌医道,以继陈虬未竟之志。

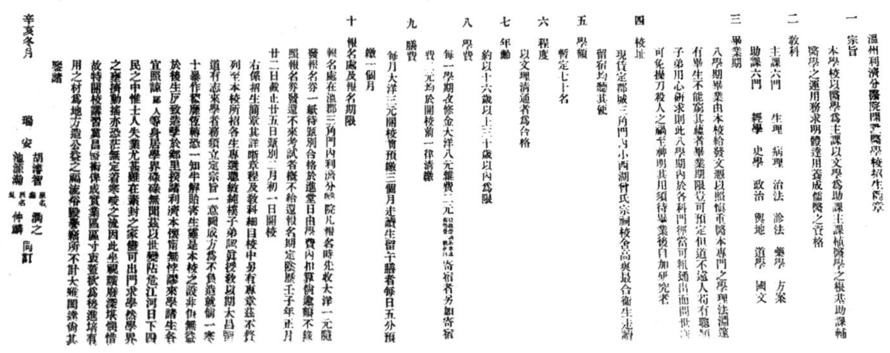
溫州利濟分醫院附設醫學校招生簡章
一 宗旨
本學校以醫學爲主課以文學爲助課主課植醫學之根基助課輔醫學之運用務求明體達用養成儒醫之資格
二 教科
主課六門 生理 病理 治法 診法 藥學 方案
助課六門 經學 史學 政治 輿地 道學 國文
三 畢業期
入學期畢業由本校給發文憑以照慎重醫本專門之學理法淵邃有畢生不能窮其蘊者畢業期限豈可預定但道不遠人苟有聰穎子弟用心研求則此入學期內於各科門徑當可粗通出而問世[illegible]可免操刀殺人之禍至神明其用須待畢業後自加研究者
四 校址
現賃定郡城三角門內小西湖曾氏宗祠校舍高爽最合衛生走[illegible]留宿均聽其便
五 學額
暫定七十名
六 程度
以文理清通者爲合格
七 年齡
約以十六歲以上三十歲以內爲限
八 學費
每一學期收修金大洋八元雜費二元[illegible]寄宿者另加寄宿費二元均於開校前一律清繳
九 膳費
每月大洋三元開校時預繳三個月走讀生留午膳者每日五分預繳一個月
十 報名處及報名期限
報名處在溫郡三角門內利濟分醫院凡報名時先收大洋一元隨發報名券一紙待甄別合格於進堂日由學費內扣算倘逾額不錄照報名券發還不來考試者概不給還報名期定陰曆壬子年正月廿二日截止廿五日甄別二月初一日開校
右係招生簡章其詳晰章程及教科細目校中另有專章茲不贅列至本校所招各生專選聰敏純樸子弟認真授教以期大昌醫道有志來學者務須立定宗旨一意講求方爲不負造就倘一寒十暴作輟靡恆轉恐一知半解貽害生靈是本校之設非但無益於校生抑致造孽於鄉里按諸利濟本懷寧無悖謬來學諸生各宜照諒[illegible]人等身居學界碌碌無聞茲以世變阽危江河日下四民之中惟士人失業尤甚雖在素封之家豈可出門求學然學界之凌擠動搖亦恐茫無定着寒畯之流因此坐視曠廢深堪憫惜故特開校講習冀昌醫術俾成實業區區寸衷蓋欲爲後進培植有用之材爲地方造公益之福流俗毀譽概所不計大雅閎達倘其鑒諸
瑞安 胡濬智 潤之 池源瀚 仲鱗 同訂
辛亥冬月

温州中等医学堂招生简章

民国元年(1912) 岁次壬子(五十八岁)

二月下旬,瓯地大水,吕渭英回瓯办赈,并派人赴无锡购米。

四月初二日,吕渭英登报拟办温州政治研究所,并自任监督。

四月,浙江都督批示徐定超查明吕渭英办赈是否从中渔利,后经查无实据,乃是余姓绅士贪污,与吕渭英无关。

四月,温州军政分府裁撤,永嘉县议会举行第一届常会,决议吕渭英创办县立工艺传习所,以培养工艺技术人才,促进温州实业发展。

秋,宋教仁改组国民党后,吕渭英由民国新政社转而加入中国国民党。

任职浙江银行期间

民国元年五月十六日(1912 年 6 月 30 日),中华民国浙江银行股东会、董事会,朱晓岚董事长函聘吕渭英赴杭,整顿行务。五月十八日(7 月 2 日),浙江银行召开的股东临时会上,总理朱葆三和协理陈朵如、朱衡斋同时辞职,前任浙江财政司司长高子白当选为总理,吕渭英、朱衡斋当选为协理。吕渭英驻杭,朱衡斋驻沪。

不久吕渭英与诸君子审议规复旅杭同乡会,复租羊市街伍姓屋为事务所,经八个月,垫用经费颇巨,事未毕集。

七月十五至十七日(8 月 27—29 日),温处 13 县遭飓风袭击,暴雨成灾。永嘉西溪一带山洪卷走万余人,各县被毁民房 34.61 万余间,被淹田禾 40.1 万余亩,受灾人口 594100 余人。此时,洪水成灾,哀鸿遍野。时在省任筹赈会委员的吕渭英，先携洋两万元、米五千石，航海直抵温州，筹办急赈事宜，几次急电省民政司，汇报灾情，并在城区设立瓯括筹赈事务所，自任会办，分发赈款，又派人去芜湖购米救灾，自己又赶赴上海接应，前后奔走。不料六区董事置嗷嗷哀鸿于不问。为拯救百姓于危难，吕渭英更是奋不顾身，深得百姓的信赖和敬重。事后统计漂没老弱被救护得生者与埋尸骨数量各约及两万人，其中以青田灾情最为严重。

朱葆三

八月，为培养政治学人才，温郡政治研究所正式成立，有所长吕渭英、监学潘德骏等十四名职员，学生148人。

十一月廿八日，吕渭英与江浙财阀蒋百器、高子白、虞洽卿、朱葆三、周金箴、傅筱庵、杨子明、王晓臣、陈星舫等14位发起人，发起筹组北京华商电车有限公司，承包北京内外城全部电车路轨铺设工程。

20世纪初的浙江地方实业银行上海分行

十二月初三日，华商电车有限公司章程出台，其驻沪事务所设在北京路浙江银行内，其上海本埠分收股银处指定浙江银行、兴业银行、通商银行、四明银行、慎裕五金号、福康钱庄。

民国二年(1913)　岁次癸丑(五十九岁)

七月下旬，袁世凯图谋称帝，陈其美在沪以倒袁为名，向浙江银行筹借现款四万元。浙江银行驻杭协理吕渭英悉数拨付。反袁运动结束后，此款始终未予归还，这是浙江银行由于营业以外的关系所受到的第一次亏损。所幸此时业务尚好，此款即由该行行员应得之红利中拨还。倒袁是当时政治上的正义举动，董事经理做此决定，行员亦均乐从。

十月初二日，浙江银行董事会警告总理高子白、驻杭协理吕渭英及杭行两位经理王子球和翁松声，以后官厅用款，丝毫不能垫付，军用钞票不能代发，必须按照议决案切实执行，不得犹豫。倘不经董事会议决，仍然代垫代发，将来董事会不能承认。

虞洽卿

陈其美

民国三年(1914)　岁次甲寅(六十岁)

二月，吕渭英嫁长女吕香卿于乐清富户徐干之子徐堇候(元长)为妻。

五月，浙行与粤银钱局来往纠葛，为数颇巨。粤代表三人来浙，吕渭英与之磋商，经三个月，始藏其事。

闰五月，吕渭英购一船，名宝铭。

八月，吕渭英入股新组织之人寿保险公司。

是年，吕渭英任永嘉县统捐局局长，并得一子，取名弼周。统捐局址在东门外，也是在这个时期杨雨农与吕渭英相识。

民国四年(1915)　岁次甲寅(六十岁)

十二月(1月)，为了发展业务、振兴营业，中华民国浙江银行接受浙江财政厅的意见，改组为浙江地方实业银行，取消了总协理名目，由董事会公推朱葆三、楼景晖(字映斋)、吕渭英、胡济生4人为临时办事董事(即常务董事)，吕渭英仍驻杭行，胡济生仍驻申行。自4月始在总行设立总务处，作为办事总机关，由4名驻行董事实行驻总务处办事。浙江银行此后发展，吕渭英实与有力焉。

十二月(1月)，前因浙江军政府财政部为维持市面，分别于1911年11

浙江地方实业银行铜牌

月21日、1912年5月15日，两次发行总计455万元军用票（全称“浙江军政府军用票”）。这些军用票流通市面，浙江地方当局无基本金以备兑现，兑换的责任全由中华民国浙江银行代理。吕渭英以银行协理身份于1913年3月15日开始主持兑现，一元券可以随时兑现，五元券、十元券须积至1000元以上，向浙江银行划账。此次军用票至甲寅年底（1914年末至1915年初）基本收兑完毕。由于浙江省收回军用钞票办理迅速，大总统袁世凯为此批准浙江巡按使屈映光的请求，允许浙江省当局对有功人员浙江银行协理吕渭英、胡道源两人给予奖励。

民国四年(1915)　岁次乙卯(六十一岁)

三月初八日（4月21日），在原温州军政分府都督徐定超与吕渭英等地方绅士的精心擘画下，温州东瓯王庙举行重修竣工暨开光庆典。

三月，去年籀祠落成，而其中厅室、书籍、器具尚阙如也，现图书馆土建竣工，花费银圆2150圆，不敷350圆，由郭凤诰募建籀祠款补足。吕渭英复与温属诸绅禀省，请准从师范与中学两校原有戏捐、统捐等项每年收入的2000圆中，拨出1000圆，充作图书馆常年经费，至戊午1918年秋而馆事成矣。

春，永嘉诗人祠堂建成。冒鹤亭邀集好友、同僚符璋（笑拈）、陈祖绶（墨农）、陈寿宸（子万）、吕渭英（文起）、徐定超（班侯）、洪炳文（棟园）等七八人共同结社吟诗，共同搜辑永嘉文献，所刊《永嘉诗人祠堂丛刻》，收温州乡哲部分诗、词及文，刻印计12种。其中包括这年四月，吕渭英校稿王开祖之《儒志编》，并正式由永嘉诗人祠堂付梓，书首由冒广生署题。

冒鹤亭（广生）

六月，浙江地方实业银行因业务不振，亏损已达75万元，鉴于此，该行正式宣告改组成立，改组后实收资本77万洋元，性质是官商合办，照旧发行纸币。杭州总行设于太平坊42号，上海分行行址不变，海门分行行址在盐号弄13号，吕渭英不久改任该行总理。

七月十九日至八月十一日（8月29日至9月19日），吕渭英、吕渭贤兄

20世纪末的东瓯王庙

弟被蒙蔽，与朱福诜、蒋邦彦、徐定超、屈爔等 126 人致电北京筹安会，联名劝谏袁世凯称帝。

十月廿二日，吕渭英得知永强旧岁水雹为灾，田禾歉收，以王毓英全权代表代表自己代兴公益，资助将六千余米长的三浃大浦浚通并添建芦礁陡门。整个工程于次年二月动工，历时五个月完成，造福二三各都百姓。田园生殖，岁增巨万，庶二千户之生计得以保全。同时将天马山笑客岩之永瑞之间要冲之路重新整修，方便两地行商客侣交通往来。

十一月初十日（12 月 16 日），署浙江巡按使屈映光奏北京政府，浙绅吕渭英、盛炳伟、何韶均等二十九员兴办实业，颇著效绩，为振兴实业，鼓励人才起见，特群具得力者事实，加以考语，请分别给奖。得北京政府批复，给吕渭英五等嘉禾勋章。

再任广东官银钱局总办

民国四年（1915）冬，张坚白再任广东巡按使，吕渭英复奉召入粤，接替邹鲁，再任广东官银钱局总办。

民国五年（1916）　岁次丙辰（六十二岁）

二月廿二日（3 月 25 日），因前温处赈灾有功，署浙巡按使屈映光向北洋政府荐任六十二岁的吕渭英为文官第六秩少大夫衔。

二月廿五日（3 月 28 日），徐定超与吕渭英禀请浙江巡按使公署，将民国元年（1912）温处工赈余款酌拨公债票四千元作为社仓经费。

十月，广东官银钱局总办吕渭英鉴于财政部饬令取消“广东官银钱局”名义，改由新式银行名称，故建议将该局财产作为官办资本，移作开设广东实业银行。经呈请财政厅转报省长核示、财政部批准后，于 1917 年该行筹备改组事宜。

十月廿二日（11 月 17 日），温州旅沪同乡会成立，第一次干事会推定徐定超、吕渭英、徐寄庼及温属各县商会会长等数十人为名誉会董。

十二月初六日(1916 年 1 月 10 日),吕渭英招集股银二万元于青田设立永昌农林股份有限公司。

是年,吕渭英弟吕渭贤于西南二堡纱帽河建造花园。此园基址不大,然玲珑曲折,亦具匠心。

民国六年(1917)　岁次丁巳(六十三岁)

三月十八日(5 月 8 日),因桂系军阀岑春煊要求将原广东官银钱局改组,接收其所拨物产现款等共 272 万余粤币元,作为官厅存款(开行资本),旋又收到商民附股 3.5 万余元,广东官银钱局改组为广东实业银行,成"官商合办",其资债由广东地方实业银行接收。是日银行开业,总行广州,分行汕头,行长仍由原官银钱局总办吕渭英担任,其开业时资本均为原官银钱局之资产现款,共约毫洋 316 万元。但该行开业后,陆续提还官股 31 万余元,于是营运资金大减,业务逐渐萎缩。

三月三十日(5 月 20 日),中国银行广东分行举行复业礼,重新开兑。复业后,省政府又向中行广东分行提款达 500 万元,而支付现款命令源源而至,加上财部提盐款指拨陆荣廷巡阅使港纸 25 万元,又拨龙济光督办大元券 10 万元,又汇解部款大元券 20 万元。30 万元之大元券遂行售出,因市面难以容纳,致更跌,中行广东分行又重新陷入困境之中。

四月初二日(5 月 22 日),经农商部注册,浙帮大银号濠畔街源丰润老板李蓉航、广州富商陈叔仁、吕渭英、黄少芝、黎泽民、潘盈士、陈述如、张逸山、杨文石、邓荫村、吕静芗、周名舜、亦商亦医的傅星垣、亦贾亦政的杨梅宾等发起成立大安水火保险公司,总公司设在广州濠畔街东中约 124 号,在广州所属各乡设立代理处,通商口岸设分公司。招集资本金广东毫银 100 万元。专保店铺楼房、货物、装修、家具各项物业火险,兼保轮船货物往来各埠水险。公司的组织,设有董事会、总理、经理、协理。所有上列的发起人员,均充董事。

民国六年六月(1917 年 7 月)到民国七年四月(1918 年 5 月),西南护法以粤东为根据地,广东地方实业银行隶属于广东军政府,负责驻粤各军饷需、两院议员薪俸和各机关经费;经办各处款项或筹备或分头汇划手续亦极烦琐。各项工作异常繁重,广东地方实业银行工作人员在吕渭英的带领下,对于诸事皆能悉心计划、勤慎从事,两年以来,毫无贻误,信誉卓著,后凡筹饷集债诸事悉用银行名义。

九月下旬(10 月),吕渭英与温处两府绅商学各界人士余朝绅、叶维同等援崇功报德之典，表景仰膜拜之忱，发起在县署（即原府署前）旷地建设徐公班侯之功德碑。

九月廿五日（11月9日），温州旅沪同乡会前经吕渭英、陈守庸等先后在沪组织，旋因各发起人事务过忙，或远赴别处，即行作罢。是日，温州人朱寿卿、沈芷庭、曹序卿并邀同林鹤溪、林楚雄、杨笃生、包学圃及蔡士达、余韵初等多人，发起组织，暂借南市大盛号内为事务所。后在康衢路巳字第399号购地10余亩建造公所，吕渭英为公所筹募负责人之一。

秋，广东军政府授令身为广东官银钱局总办的吕渭英以官银钱局产业为保证，发行拾元、伍元、壹元三等新币。此币中的壹元毫洋2011年上拍卖行拍卖，单枚起拍价为120000元，预出售价为120000元，实际成交价为598000元。

民国七年（1918）　岁次戊午（六十四岁）

正月初六日（2月16日），广东地方实业银行经理吕渭英等145人一面连名呈请准令招商总局指派新坚大轮往来温沪，一面另订行船章程，严行检查，以重生命而维航业。

三月廿二日（5月2日），中华民国军政府大元帅孙中山联合吕渭英等40人发表《中国人应协助美国红十字会之理由》倡议书，号召全体国民尽力协助红十字会，发展中国慈善事业。

四月初四日（5月13日），因年初粤局再度动荡，各派军队纷向粤中行借款。无奈之下，粤中行再度停兑，副行长贝祖诒离职赴港。粤政府为维持纸币，遂委任吕渭英为代理行长，俞风韶、欧阳荣为正副监理，以资维持。

四月三十日（6月8日），广海兵舰开标，振华公司以120万元夺标，限两星期内交易清楚，一时中行兑换券市价遂由八成二涨至九成。咸以为开兑之期不远，岂料逾期旬日，交易消息渺然，商人失望，市价恐慌，舆论互相指责，兑换券信誉大降。

五月至六月，瓯海道尹黄庆澜商请地方士绅分别劝募育婴堂建筑费，黄君溯初、吕文起首先赞成。吕渭英一人便慨捐巨金三百元。七月，吕渭英被聘为董事，次年育婴堂得以顺利落成。

十一月（12月），吕渭英和徐绍桢、汪精卫等三人在上海一起筹办世界和平共进会，欲拥戴孙中山为理事长，1919年1月为孙所拒绝。该社团后来发展成为全国第一大社团组织，在历次反帝反封建运动中充当了急先锋和统帅。

民国八年(1919)　岁次己未(六十五岁)

二月(3月),广东省财政厅派行长吕渭英赴京沪接洽预用中行钞票,以便扩充该行业务。

三月(4月),温州地方士绅杨雨农赴上海归来,邀集吕渭英、徐之纲(四明银行)、杨直钦(五味和)以及李志竞、林醒民、黄伯蕴等人商议,发起创办东瓯电话公司(1958年并入温州邮电局)。首届董事为杨雨农、徐之纲、吕渭英、杨直钦等五人,公推杨雨农任经理,徐之纲为协助,并建立董事会和监察制度。公司设在城区打锣桥边春花巷。后来吕维周代替吕渭英担任董事。

五月初一日(5月29日),吕渭英当选广东军政府财政委员会委员。

八月,吕渭英谋福建财政厅厅长。因前清四万余银行存款被扣二万六千之仇,为郭则沄所阻。

九月初三日,吕渭英与胡调元等续请瓯海道转省核准在府头门建立《徐公定超功德碑》。

十月(12月),黄庆澜因处理漏海案不当,激起学生不满,是月辞职。鉴于黄庆澜两度呈省恳辞,温州、丽水十六县代表联署致函黄母,祈求她早日来瓯就养,使道尹安心图治。该函由吕渭英领衔,黄群等35人列名。

是年,温属六县联立图书馆(即籀园图书馆)建成开放,藏书仅205种,吕渭英将其于园藏书经史、子、集、丛词、曲部3289册寄存,后全部捐赠,图书馆才粗具规模。

是年,巽吉山文昌阁,亭庙倾圮,古迹将湮,杨雨农商请吕渭英出资重修。吕渭英欣然应允,并于阁左添筑读书处三间,以纪念自己年轻时就学此处。

民国九年(1920)　岁次庚申(六十六岁)

十一月(1920年1月),郑振铎、高觉敷、姜琦、马公愚等创办《新学报》,陆续编辑出版3期,起先在北京后来转到上海印刷,在北京、上海、南京、香港、杭州、厦门、温州等城市发行。永嘉新学会会员中,留学日本的有8人,在北京等高校读书的有21人,而吕渭英则是新学会的捐助人之一。

二月十二日(3月31日),广东财政厅杨永泰、广东地方实业银行吕渭英因广东地方实业银行水灾、留日学费、高师借款,以南海、番禺建筑物和全部财政厅期票担保,以年息12%,时限一年半向台湾银行借款150000日元,实收额80000港元。

归乡兴公益

黄颂英

民国九年六月(1920 年 7 月),广东省银行成立。

七月初七日(8 月 20 日),因筹措军饷、两院议员薪俸和各机关经费有功,广东地方实业银行行长吕渭英为行员李硕襄、黄颂端呈请奖五等嘉禾勋章一案由广东政务会议核议。

8 月下旬,广东地方实业银行奉命归并于广东省银行,吕渭英即办理移交,半月事竣,回乡。后扩建于园,并将屋之西偏园亭拓而颜之曰"于园"。

七月下旬(9 月初),大风雨连续四昼夜。永嘉西溪下游田舍人畜损失甚大,吕渭英开始办赈。

八月,吕渭英当选瓯海医院董事,商请黄颂英将旧宅院让给瓯海医院用于扩建,收取薄酬,供颂英兄弟另行赁屋居住。

是年,吕渭英主持膺符镇水利会,疏通八湫淤塞,保全 24 万亩土地。后来,吕渭英有意投资兴办自来水(福州清末即有自来水),特邀请德国工程师到温溪勘测,做建厂可行性研究,后因工程浩大,遂作罢。

民国十年(1921)　岁次辛酉(六十七岁)

四月初六日(5 月 13 日),吕渭英等请将温属图书馆改隶瓯海道署管辖。

十一月十七日(12 月 15 日),农商部训令称吕渭英等招集股银一万元,在上海县设立建新股份有限公司,以制造手帕及各种日用品为营业。

民国十年 (1921)间,乘抵制热潮激烈之时,由吕渭英等发起,将沈挺杰、郑恻尘与诸同志合资所创办于民国七年(1918)的温州中一机织花席厂(席机只有数十部)改组为股份有限公司,招集股本总额,计国币五万元,开织席机共约有六百部,被雇女工达二千余人。每日出品如花席、三角席、秋席、粗席等,有千余条。销路之广,与出品及工人之多,可称为吾国席业之冠,并可做吾瓯实业界先进之模范。销路则多由上海转销于各处。此厂曾多次赢得农商部、浙江实业厅、福建实业厅组织的各大展览会褒奖。

民国十一年(1922) 岁次壬戌(六十八岁)

春,吴璧华居士自北京归,遂与吕渭英等于城内双忠祠发起成立莲池海会,吕渭英当选理事,入会者多政学界人士,每七日一相聚念佛。吕渭英信佛甚笃,起化家庭,次及亲戚眷属,并常随吴璧华居士到各处演讲,对于弘法之事尽力帮助。时人言:“吕居士之夫人已信佛多年,其女公子亦居家念佛,又有亲眷信佛者数人寄居吕家,每日由吕夫人领众课诵,甚为精进。”是年吕渭英成立温州俭德会,并被推举为会长。

是年,西泠印社为收回和保护浙江省最古老的珍贵历史文物之一——浙东第一石碑“东汉三老忌日碑石”并建碑亭,吕渭英捐银100元,联同吴昌硕、浙江督军卢永祥、省长沈金鉴,浙军第一师长潘国纲、第二师长张载阳、第四师长陈乐山等人募额11270元,办成此事。

潘国纲

张载阳

陈乐山

民国十二年(1923) 岁次癸亥(六十九岁)

二月廿九日(4月14日),为推进全国路政发展,全国道路协会浙江省分会开成立会,瓯海道尹沈致坚被聘为岁华队队长、全国道路协会浙江省分会会员。

三月下旬(5月上旬),吕渭英被沈致坚推举为浙江省道路局岁华队参谋,同时报送龚辉祖、李钟岳、李藩等30人为队员。

四月廿日(6月4日),吕渭英以温州俭德会会长身份致总统黎元洪称:“卷烟为害太深,利权外溢款逾千万,吸受烟毒肺病日多,人民痛恨无法消减。当轴俯顺舆情,寓禁于征,设立特税。”

七月廿五日(9月5日),吕渭英与温州瓯海道尹沈致坚,在当地官绅商学界发起瓯海道署为关东大地震救济会，发动各界人士募集款物，赈济日本灾民和温州籍旅日侨胞。

八月廿三日（10 月 3 日），吕渭英应红十字会请求，接收和安顿日本归国之温州难侨（学生、商人、工人）。

九月，工商界蔡冠夫、陈子明、陶履臣、陈庆新、王文卿等 5 人，各自捐资 640 元（银圆），筹款创办“普安施医施药局”，为贫民诊病施药，概不收费。局址初借民房，次年筹划资金 1 万余元，在扬名坊购地建房。经费赖常年捐与临时捐收入。吕渭英分别于 1924 年捐 100 元，1925 年捐 24 元，1926 年捐 14 元；瓯海实业银行 1925 年捐 24 元，1926 年捐 24 元；普华公司 1925 年捐 14 元，1926 年捐 16 元。

秋，吕渭英开始主持协济善堂及因利局，其间又在近郊山地建筑义冢“百框坟”一片，专做无主死者埋葬场所；同时设立“瘗埋局”，雇用人员，专为无主死者料理掩埋。

黄溯初

秋，为振兴家乡实业，吕渭英与上海通易信托公司总经理黄群（溯初）倡议创办瓯海实业银行，后由黄溯初力劝汪惺时与其父汪晨笙（上海华商证券所原会计主任）回温集资筹办，金融界徐寄庼、周守良等人均表赞同。

十一月十三日（12 月 20 日），王毓英与温属六县代表江步瀛、刘项萱等 12 人呈《为黄吕二家捐助图书拟照章酬报呈瓯海道尹文》。

民国十三年（1924）　岁次甲子（七十岁）

二至三月，温州普华电灯公司因购机资金困难，经理李湄川认为自己力不从心。吕渭英有主持福建新政的经历，认为办好电灯公司，既是营利企业，又是公益事业，鼓励杨雨农大可一显身手。于是年初，杨挺身予以接办，公司改组为普华兴记电汽有限公司。成立新的董事会，吕渭英任董事长，徐致江为办事董事，杨雨农任总理，资本增至 15 万银圆。公司具体改组运作等，由吕渭英之侄吕维周出面代为主持。

三月，吕渭英欲出私财独办《永嘉县志》，方筹划间，病忽作，事辍。

六月，吕渭英鉴于温州、丽水地区连年水患，地方大受损害，皆由滥伐材

徐致江

木所致，代表各属绅民呈请浙江张省长《令瓯海道饬属县禁止柴炭烧运》。

八月，闽浙军阀大战，温州是战场之一，吕渭英凭借自己的威望斡旋两方。浙军退，闽军由是安然抵城，他地生灵涂炭，唯温州无丝毫损失，时人莫不铭记他保护乡邦的恩泽。战前，吕渭英为防不测，组织中国红十字会永嘉分会，并任会长，准备投入江浙战争人道救援之中。调停期间，吕渭英奔走于永嘉、瑞安、平阳等地，安排闽军具体的进城计划。

秋，吕渭英出资修西溪十二峰造路筑亭，修筑韩埠底石路，建造善同桥，炸平雁荡马鞍岭极险峻处岩石，以利游客通行，并出经费以维持西溪接婴处（专接弃婴之场所）。

民国十四年（1925）　岁次乙丑（七十一岁）

八月，艺文学校离校学生以蛟翔巷平水王庙为校舍，创办瓯海公学。吕渭英当时正告老还乡，目睹学生反帝的热情以及谷旸先生毁家兴学的精神，深表同情，并慷慨解囊，援助添办全部课桌椅及其他校具，并将蛟翔巷平水王殿重新检修，辟为校舍，并被推为校董事长。同时，改建蛟翔里之御书亭。

是年，原府城隍庙会舍遭火焚后，叶维周会同吕渭英向各业筹款重建会舍于仓后街（今总商会大厦）。（见《永嘉县政府公报》1929—1930 年）

民国十五年（1926）　岁次丙寅（七十二岁）

二月，吕渭英经杭赴沪，将 26 岁的方介堪介绍给福建名士易熹及自己同科举人鄞县赵叔孺。

十月，吕渭英病稍好转，乡人士亦色然喜。乃摭拾吕渭英生平行事，著其大者，后有任宏中为要删焉之《吕公纪念碑文》。

十二月十六日，浙江省防海陆军司令部陈其蔚部下一张姓军官到吕渭英宅，索款两万，限五分钟缴齐。吕渭英答以“如此，即枪毙亦办不到”，两相冲突，因而病势陡危，医者云脉已空，症在不治，为之焦灼。

十二月十七日，吕渭英与符璋握手诀别，并托付诗稿《于园诗集》。

身后哀荣

民国十六年(1927) 岁次丁卯(七十三岁终)

四月,吕渭英被上海机制国货工厂联合会选为常务委员。

四月初三日夜亥时,吕渭英逝世。定初六卯时大殓,出殡之日乡人遮道,送者塞途,陈庸庵、黄式苏、金炳南、刘绍宽、符璋、张震轩、夏承焘、林同庄等名流纷纷致送哀挽,旅杭温州同乡会、旅沪温州同乡会也开会追悼。其词曰:"瓯路春深,回首家园长托庇……泉唐湖急,惊心砥柱更无人。"

四月至八月,符璋不负吕渭英临终所托,整理完成《于园诗集》。刘绍宽为《于园诗集》作跋,言:"永嘉前辈,所敬事者四公焉:余筱泉太史、徐班侯侍御、陈墨农大令,其一则文起观察吕公也。"

刘绍宽

夏承焘

林同庄

正　谱

清咸丰五年(1855)　岁次乙卯(一岁)

十月廿二日(12月1日),吕渭英出生于永嘉县城,名渭英,谱名[①]熙仁,字永年,号文溪,又号文起,晚号于园老人、于园叟,人称文老。吕渭英,行一,属兔。父历任把总、瑞安千总(团长)、左营(第一桥靠近谢池巷这边)把总(连长)。

注:①谱名,族谱中的名字,也就是没出生就被修族谱的人确定的,死后写在族谱中的名字。

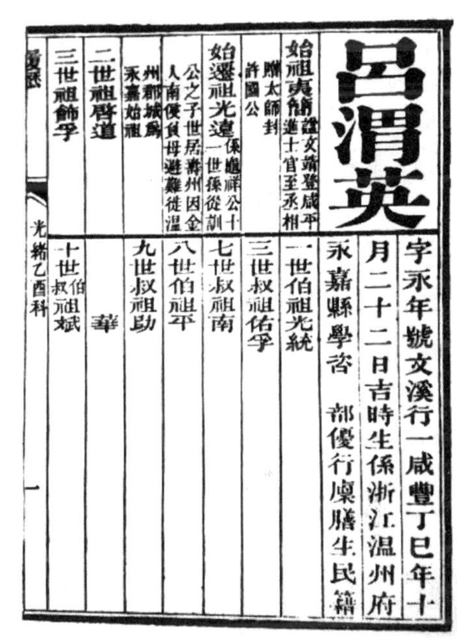
呂渭英
字永年號文溪行一咸豐丁巳年十
月二十二日吉時生係浙江溫州府
永嘉縣學咨　部優行廩膳生民籍
始祖夷簡諡文靖登咸平進士官至丞相
贈太師封許國公
一世伯祖光統
始遷祖光遠係簡祥公十一世孫從訓公之子世居壽州因金人南侵負母避難徙溫州郡城爲永嘉始祖
三世叔祖佑孚
七世叔祖南
八世伯祖平
九世叔祖勋
二世祖啓道
三世祖飾孚
十世伯叔祖斌
光緒乙酉科

吕渭英乡试硃卷

清咸丰十一年(1861)　岁次辛酉(七岁)

四月廿一日(5月30日),温州骤来船数十只,说是太平军与平阳金钱会合谋起事,郡城大门俱闭。(赵钧《过来语》)

五月十四日(6月21日),温州郡城捕获金钱会密探3人,供称后三四日攻城,合城大惊,组织日夜巡逻。(赵钧《过来语》)

八月廿八日(10月2日),赵起、蔡华等率金钱会义军2000人分兵十队由桐岭攻入温州府城,占领道、府、县、署。起义军在道司前试士院(今温八中校址)成立指挥机构,占领道台知府衙门,杀捐输委员徐象贤等数人。温州道志勋逃往乐清,总兵叶炳忠在城外组织台勇、广勇反击。义军死伤400余人,赵起、蔡华等率众夺小南门出。

十二月廿九日(1862 年 1 月 28 日),闽浙总督派秦如虎、张启煊领兵围剿金钱会。(光绪《永嘉县志》)

是年,普鲁士政府提出要求开放温州等地为通商口岸,清政府不曾同意,只给予领事裁判等特权。(《清史稿》卷一五七)

是年,浙海关改称浙海常关,温州海关分口改为浙海常关分口。宁波设立由外国人任税务司的新浙海关。(《温州港史》第 44 页)

清同治元年(1862)　岁次壬戌(八岁)

正月初三日(2 月 1 日),金钱会败,退出平阳县城,赵起走处州向太平军求援。不久,太平军将领白承恩出兵驰援。

正月廿九日(2 月 27 日),太平军侍王李世贤部白承恩率军数万人自青田过天长岭,分攻温州三角门、西门,被官兵秦如虎部队击退,死千余人,屯兵上河乡各村。(光绪《永嘉县志》)

二月初一日(3 月 1 日)夜,太平军三面环攻郡城。

二月初二日(3 月 2 日),城上连开火炮,千总陈连福、生员张镇枢分带团勇截杀,太平军战死数百。5 日,全城出击,太平军退屯 40 里。(光绪《永嘉县志》)

二月十八日(3 月 18 日),太平军久攻温州不下,无奈北撤。秦如虎率清军对金钱会进行搜捕,金钱会受到了残酷镇压。

四月初四日(5 月 2 日),太平军 2 万余众,由瞿溪进攻温州城。温处道支方廉登城指挥各路清军出击,与太平军短兵相接,千总被太平军击毙。太平军牺牲 200 余人,退守瞿溪潘桥。(光绪《永嘉县志》)

四月初八日(5 月 6 日),太平军第四次进攻温州城,人数增加数千,由瞿溪进攻西门、三角门,自晨至未时激战四个时辰,把总姜玉麟、邱廷标阵亡,太平军死数十人而退。(光绪《永嘉县志》)

四月十四日(5 月 12 日),太平军第五次进攻温州城,由太平岭分路而来。其中一支获得小船,扮作农民,欲攻南门清军,清军迎战,太平军退回。(《温州市志》卷八十)

四月廿四日(5 月 22 日),太平军第六次进攻城西门、三角门不胜,死 30 余人。太平军自 2 月底至 5 月间,六次进攻府城,失利。又因天京一带遭清军袭击,形势危急,来温各部遂于五月初七日北撤。(《温州市志》卷八十)

清同治二年(1863)　岁次癸亥(九岁)

六月十七日(8月2日),赵起在乐清塘下被叛徒林宗启出卖并因伤势过重于当日牺牲。之后,金钱会首领赵辛等在平阳麻步组织红布会,准备再起义,事泄,被镇压。金钱会余众被迫退入闽北,继续斗争,直至同治四年(1865)最后失败。此时谱主家住晏公殿巷通道桥。

当其时,吕渭英晏公殿巷老宅对门有旧屋数椽,额署“进士”二字,人称此间为进士第。此明代乡贤王圣木先生瑞楠①故居,沧桑数历,堂构无存。唯门前旧额犹见当年规制,吕渭英少年时常至此玩耍,也激发了他刻苦读书、晋身科举的宏图之志。

注:①《明史》列传第一百六十四有王瑞楠传。光绪《永嘉县志·名臣传》,即据《明史》本传编纂。王瑞楠,天启五年(1625)进士,授苏州推官。崇祯七年(1634),起河间推官,迁工部主事,调兵部转职方员外郎,擢湖广兵备佥事,驻襄阳,以丁忧归。福王时召为太仆少卿,唐王召赴福建,仍故官,及闽地尽失,温州亦不守,避之山中,有欲荐令出者,乃拜辞家庙,从容入室自经死。

清同治四年(1865)　岁次乙丑(十一岁)

十月,吕渭英四弟吕渭贤出生。吕渭贤,字永森,号访溪。

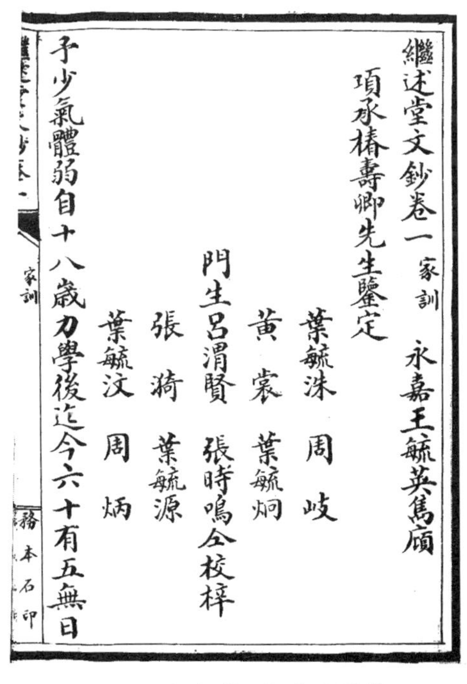
繼述堂文鈔卷一　家訓　永嘉王毓英雋甫

項承椿壽卿先生鑒定

葉毓洙　周　岐

黄　裳　葉毓炯

門生呂渭賢　張時鳴仝校梓

張　漪　葉毓源

葉毓汶　周　炳

予少氣體弱自十八歲力學後迄今六十有五無日

家訓　務本石印

《继述堂文钞》中的吕渭贤

是年，吕渭英与叶墨卿[①]同受业于黄裔卿夫子之门，其时同学者不下百余人。

注：①叶墨卿，名鸿翰，为温州制印大师。

清同治六年(1867)　岁次丁卯(十三岁)

六月，戴盘，字涧邻，莅任温州知府。任职一年间，建造府盈余仓、义仓，重修书院，增设义学，筹添教育经费。道署复出钱三万刊印《座右铭》《三字经》《阴骘文》《四言诗》供蒙童诵习。勤事爱民，百坠俱举，正人心厚风俗，历历著声。

清同治八年(1869)　岁次己巳(十五岁)

是年，吕渭英经过县试、府试，于此年由省学政在四顾桥校士馆主持的院试[①]中脱颖而出，以简生补弟子员，旋食饩，设帐于城南巽吉山文昌阁(学生有胡佐鼎)，苦心孤诣，专心科举，举业之余，讲求先儒有用之学，究心于经济，以求可措所用者。其接人处物，一以诚意相孚。故所交接皆一时名宿，及门受业，半远大材。

注：

院试为童生试之一种。所谓童生试，就是明清两代取得生员(秀才)资格的入学考试，简称童试，也称小考、小试。应考者无论年纪大小，均称童生，或称儒童、文童。童生试包括县试、府试和院试三阶段，其中院试是各省学政主持的考试，因为学政又称提督学院，故名院试。三年内举行两次考试，即岁考和科考。

各府州的考试日期由学政悬牌公布，考生必须在考试那天寅时在考棚(学政的驻扎衙门设为考场，称“考棚”)门口集合，点名进场。在点名簿中，每人的名下详细注明籍贯、年龄、面貌、三代履历，并由认保廪生盖保戳，或必须亲笔画押，以防冒考、顶替等弊端的出现。点名时，认保廪生依次站在学政两旁，如果发现冒考、顶替，当场揭发查实究办。若确系本人领卷的，在唱某人时，认保廪生则必须自报其名，应某人保方能入场。考生入场时所带的笔墨、食物等都必须经过检查，以防夹带，唯有《诗韵》按照规定可以带入场内。考生入场时发给试卷，各人按试卷上的座位号入座。入场完毕，便将考场的大门、仪门封锁。堂击云板后，考场立即肃静。如果考生人数众多，便不发给题目纸，而将题目粘在木板上，派差役执题目牌在甬道上往来行走，使考生自己看题目。若视力有缺陷的考生，可以在原位起立，请教官将题目高声宣读几遍。在考试过程中，有士兵严密监视，如果发现有作弊的情况出现，立即予以查究。每场考试在当日天黑时交卷，不许点蜡烛，答卷及草稿都必须用正楷端正书写。交卷时，考生将卷面上本人姓名的浮签揭下，记明自己的座号。收卷官每收一卷，发给一牌，出场时，收一牌，放一牌。学政阅卷记录，只凭座号。经过两场考试后，被录取的考生的卷子都必须加盖学政的关防，发交提调官拆出卷后编号，经核对与编号册姓名相符，然后添榜发案。录取第一名的，称“院案首”。

院试的录取名额按照各地的文风高下和钱粮丁口多寡而不同。清初，将府、州、县学分为大、中、小3类。1647年规定：大府40名，中州30名，小县20名。但是，这个名额数是不固定的，以后屡有变动。若遇到皇帝巡幸、登基、生日等情况时，还会增加名额。清代末期，录取的名额越来越多了。

院试录取的新生，每人必须填写亲供，也就是书写自己的年龄、籍贯、三代履历，并要注明身材、面色、有无胡须等，由各属教官核实并加盖印章后，汇送给学政。学政在贡院大堂召见新生，并行簪花礼，最初发给新生每人红花一朵，后来不发赏物，仅仅点一下名而已。留县的称“县学生员”，拔入府学的称“府学生员”。学政公布的各府、州、县的新生名单，称“红案”。各府、州、县接到学政发下的新生名单后，立即通告新生于某日着雀顶蓝袍，齐集官署大堂，设宴簪花，并由各府、州、县官率领到文庙拜谒孔子，到学官明伦堂拜见学官，至此才算正式入学了。在府、州、县学的学官中，都有一个圆形的水池，称“泮水”，所以也称府州县学为泮官，称入学为“入泮”。

清同治十二年(1873)　岁次癸酉(十九岁)

秋，吕渭英父亲吕振镛(玉泉)任温州左营把总。

清光绪元年(1875)　岁次乙亥(廿一岁)

是年，吕渭英在温州。

清光绪二年(1876)　岁次丙子(廿二岁)

七月廿六日(9月13日)，英国政府利用“马嘉里事件”，强迫清政府签订了《中英烟台条约》，由中国议准，在湖北宜昌、安徽芜湖、浙江温州、广东北海四处，添开通商口岸，作为领事官驻扎处所。(商务印书馆《中外条约汇编》1935年版、《温州近代史资料》1957年版第88页)。

清光绪三年(1877)　岁次丁丑(廿三岁)

是年，永嘉虫食稻，晚稻歉收，年终连月阴雨少晴，番薯失收，麦不能下种，大荒。

清光绪六年(1880)　岁次庚辰(廿六岁)

春,吕渭英父亲吕振镛(玉泉)任温州中军把总。

清光绪七年(1881)　岁次辛巳(廿七岁)

夏,吕渭英父亲吕振镛(玉泉)因战功升任瑞安左营千总。

注:吕渭英后来在参加科举的朱卷中记载,父亲先任千总,后任把总,而忽略了同治十二年(1873)任把总,在此进行补充说明。

清光绪八年(1882)　岁次壬午(廿八岁)

春,吕渭英在杭州武林诂经精舍求学,与王毓英相遇,一见如故,结为知己交。时在舍读书的尚有吕渭英四弟吕访溪。

夏,因天时不正,郁暑交蒸,吕渭英因病而缠绵床笫有累月,称药量水,皆赖王毓英调护之力。

注:王毓英(1852—1924),字学训,号隽卿,别署大罗山人、罗东愤俗子,浙江省永嘉县永强镇三甲(今属温州市龙湾区天河街道三星村)人,环川王氏第二十一世后裔。当地人尊称他为"学训相"。廪贡生。肄业于杭州诂经精舍。历任温处学务分处职员、广州两广方言学堂监学、永嘉县教育会会长、永强镇自治会董、永嘉县第一平民习艺所所长、旧温属图书馆馆长等。与吕渭英、陈介石、项承权、王啸牧、廖越群、王克生、冯隆杰、徐端甫、刘知事、胡提学、叶子贞等名流善交。

五月廿三日,文成会绅董计开公议新章呈词与温州知府单大经,据呈新章三条是否可行。

文成会"名标会典"牌坊

具呈府学廪生周德馨、严毓珏,永嘉学廪生吕渭英、项世昌等为日久弊生,佥议新章,以免亏折,而裕经费事,切永邑僻处海角,乡会试期路费维艰,经乡前辈训导陈遇春于嘉庆年间创捐文成银两发典生息,以助路费,一切章程刊有《文成纪事》,尽善尽美,永远遵守。其银归院试一等一二名生员承带到省算分,初办何曾不善?奈日久弊生,典付息钱,向庄兑银票汇省,取省庄银,以洋付,两进两出,亏折颇巨,致生疑忌,临分争吵,有伤雅道。现在生等会同文成捐董孟璜、叶俊,暨与考贡生张仲虎、廪生刘元宣、附生徐定伦等从长计议，请谕各典，应交利钱依照市兑交现在通用红洋，生等将洋向庄照数换取洋票汇省照付，应付汇息，郡有县卫衙门汇解银洋息数可对，俾各承带到省，照洋按分，以免亏折。又《纪事》旧载：承带每生，酬银五两，彼时川费尚少，嗣以川费渐加，干系甚重，遂比与考诸生加分一封，由来已有数次。众议承带加分一封，尚不为过，应将酬银五两改作加分一封，补入《文成纪事》，以垂永远。是否有当，伏候钧裁。至文成劝捐已久，另由捐董禀请截止杜扰外，为此开具补议新章三条，呈乞大人俯赐察核，饬学晓谕遵行，诚为杜弊裕费至德，翘切上呈。

五月廿八日，文成会奉府宪陈批，据呈新章三条是否可行，候钞发府学，督饬绅莅核议详夺。

六月初七日，文成会奉府宪陈札府学戴教授（咸弼）知悉。据该学廪生周德鸒、严毓珏，永嘉学廪生吕渭英、项世昌会议文成会新章三条：一系存典各款利息核付现洋；一系现洋汇省，核付汇费；一系承带之人更定酬资。同抄粘《文成纪事》一条，呈请饬学晓谕遵行等情到府。据此，除批示外，合行抄录札饬，札到放学遵照，立将该生周德鸒等所呈新章是否可行，督饬绅董秉公核议，刻日详复察夺，以垂久逮。毋延，切切！

六月十八日，文成会奉府宪陈批，如详办理，仰即刊入《文成纪事》，永远遵行。仍先分移永嘉县学及本科送考教官，遵照毋延。此缴，折存。

计开改议新章

——永邑文成息钱，向由县学按照存典钱数逐款算明，给予各典印收各一纸，交承带诸生携付钱庄，兑换银票汇省，到省按人数匀分，由来已久。今承带诸生禀请以银易洋，照洋按分，以免亏折，所议亦属可行。惟各典原存均系钱款，应提息钱若干亦系钱款，自应仍照钱数申算，现已遵饬公同妥议，各典于奉到印收后，即将典息数目填给钱票，交承带诸生将钱票向郡城钱庄兑汇省庄洋票，则以钱易洋，均归诸生等自行经手。若由各典换给红洋，恐数日之内，时价不同，转多借口，如此一转移间，两无妨碍，可以垂之永久。至英洋时价若干，每佰元汇费若干，并省庄匀分计条笔资若干，预于省中未分之先，据实禀明送考教官，出示晓谕分洋公所，俾与考诸生一体周知，各释疑窦，以昭公允。

——承带诸生四人（包括吕渭英）酬劳之费，《纪事》备载，除坐分川费外，每人另给银五两。彼时川费不及此时之半，原系酌量办理，今川费较多于昔，将向章承带酬资每银五两公同酌改，议照与考诸生股份一封数目之外另加一封，以示慎重。

——此项川费创捐既费苦心，续捐亦非易事。原以助寒士进身之资，如有借考遗为名，希冀分得川费先自返温者，由承带诸生查明有无别故，禀请送考教官分别办理。如果实有急事，仍准分给。否则扣除不给，以免虚冒，而昭核实。

——洋票汇省，如以现洋股份，诚恐低洋搀换，转多费事，仍托省庄照洋分开计条，由与考诸生凭条自行支取，以免饶舌。

——会中钱文存典生息，一切收发事宜系府库房承办，每届乡试时，给润笔钱贰仟捌佰文，以专责成。

——会中全案系府礼房承办，凡一切公牍，均需纸扎。每届乡试时，议给钱贰仟捌佰文，以资润笔。

——两学二书备印收，赴典取息，及到省一切公务，议给钱贰仟捌佰文，以作笔资。

——送考门斗四人（包括谱主），每人向给川资银伍钱，现在经费渐臻，改章以银易洋，议各给英洋壹元，以资旅费。

计开经办续捐文成会绅董姓氏：

在城

四品封职严思聪

补用县丞黄学彬

弟子员严思诚

上乡

五品衔候选训导潘镜墀

下乡

选用知县举人黄书诰

举人丁照

内阁中书举人叶俊

永场

廪贡生张鸣玉

枘溪

四品封职陈承锵

选用知县举人徐清来

廪膳生郑庆祥

西溪

江苏试用布理问孟守廉

恩贡生张徵荃

以上诸人都是资助过吕渭英的绅董。

清光绪九年(1883)　岁次癸未(廿九岁)

春,吕渭英与王毓英同时由杭州回温州,翌年冬,领业于朱公眉山教授暨李公百质太守。

杨青后有诗云:“黄堂犹有小门生,不愧当时月旦评。陈吕樊接踵直起,甲科几辈最文名。”李百质太守亲拔陈墨农、陈经廓、吕文起、樊秋菊、杨冠士、陈子万诸君为小门生,月必亲校,衙中宏奖为多。陈、吕、樊、杨频以文名举于乡。

清光绪十年(1884)　岁次甲申(卅岁)

是年,吕渭英与王毓英同观摩于章安许雪航[1]、池云珊[2]、陈虬、陈介石诸宿儒硕彦,得以餍饫见闻,俾广智识。而其文骎骎乎益进于粹。

陈介石故居

注：

①许雪航(1839—1886)，名启畴，字拙学，瑞安诸生。与陈虬、陈介石诸人创设心兰书社、求志社。工武术，尤好搏击，精书画。

②池云珊(1854—1937)，名志澂，晚号卧庐，瑞安庠生。光绪十八年(1892)任台湾巡抚文案。晚归里，以行医授徒为业。撰有《全台游记》《番社记闻略》《台游雪鸿录》等，《卧庐诗文稿》数卷今佚。瑞安地方文化丛书编委会编校出版《池志澂诗文书法集》(中国文史出版社2008年版)，其楷书有颜鲁公笔意。

清光绪十一年(1885)　岁次乙酉(卅一岁)

正月，法舰队北犯镇海。温州城防空虚，人心惶恐，塞海之策，议论纷纷。邑令张静芗抽买渔船，实以瓦石，将临时凿沉，以杜截江口交通，并令城内每户各办一竹篓，实以瓦石，运至码道，以备塞海。状元桥外口龙湾汛地，屯驻兵勇，增筑炮台。

八月，吕渭英与乡人池志澂、许雪航、陈虬、陈介石诸君应试杭州，据池回忆在寓见吕渭英"倜傥豪迈，无一毫流俗气"。

八月，因本年上半年瑞安吴棣章、王小兰少年佻挞，尝同往看戏，见一家姑、嫂先到，小兰谓棣章："汝自谓胆大，能往与二女接吻乎？"章应曰："能。"遂前抱而强接之。二女羞愤径归，嫂尚含忍，小姑咒骂不休。棣章笑曰："彼若与我无旧，我何敢尔？"小姑闻，遂自缢，其家知之而无如何。棣章赴省试，甫登轮船，则见女红衣立船上，惧而返寓，改由陆路，取道处州，至青田厦河，则见女又已立河下。自是每夜女必来扰，梦大恶。七日抵钱塘，又见女鬼已立马道矣。棣章急奔同乡贾某寓，鬼始不见。及入闱，头场诗文已全艺，忽大叫，监临开门出之。第二场入闱时，同人匿其轿签，阻不许往。盖乡试进场，点名拥挤，士子不能步行，皆豫雇埠轿，舁以往；出场时亦须雇轿。各埠轿夫于其定雇之人各给一签，试场出入时，第认士子所掣之签系本埠字号，即往迎接。棣章既不得签，不能前往。乃同人入闱后，忽见签横床前，遂心动，复雇以往。入场，适与同里鲍某同号。鲍素吸洋烟，棣章忽顾谓鲍："我误吞汝烟盒，甚苦，须急割我喉取出。"时胡榕邨[①]先生亦在旁力禁不可。乃报明监临，放之出。未行十步，号军呼曰："相公不好了，自刎死矣！"众急往视，则以烟盘上铜剪割断气喉，血涌气绝而死。小兰是岁亦赴试，到杭即病，不能入场，云有女鬼五人来扰，见吕文起先生来，则避去，曰："吕知府来矣！"吕曾师事小兰之父仲兰先生[②]。三场试毕，往视小兰，小兰忽云："闻棣章已死，实否？”吕文起应曰：“然。”小兰愀然曰：“然则我死亦不远矣！”吕问其故，乃为悉述前事。吕文起云：“此棣章之过，与汝无与。”曰：“非，我实起议耳。”时仲兰先生在江苏学政署幕，接电信来浙，其至之夜，小兰竟死。[③]（出自刘绍宽《果报征信录》）

戏女获报：刘绍宽言文起先生实于是年中式，后以知县分发福建，果升知府。

注：

①胡榕邨，即胡调元。

②王訚宜，字爱棠，号仲兰，瑞安人，同治六年（1867）举人，与同乡黄体芳交善。体芳督学山东、江苏，聘校试卷。

③集万余人于考场，偶有神经错乱，甚而至于自杀的。闻者每附会事因，认为报应，并且说点名将毕时，有官役举一黑旗，大呼“有冤报冤”云云，皆无稽之谈，但那时候常常听人道及。

科举同年：骆文卿、余寿平、余子韶、黄宣廷、赵叔孺。

吕渭英，中式第一百名举人，浙江温州府永嘉县学咨部优行廪膳生，民籍。同考试官、同知衔、即用知县陈阅荐。

大主考詹事府司经局洗马潘批取，又批：志和音雅经策详明。

大主考都察院左副都御史白批中，又批：锋发韵流经策华赡。

本房原荐批：第一场按史记孔子至卫两主伯玉家，是返鲁时伯玉使来的系五十以后事，文从此得开入手，一提直监题之脑，自然击首应尾，至风华掩映，摇曳多生姿，犹其余事，次三心精力果气，借词诗雄健。第二场运用雅切，考据精确，是不苟于炳炳麟麟者。第三场条对详明。

光绪乙酉科乡试[①]（试卷）（四书文三篇、试帖诗一首）

曰：夫子何为。对曰：夫子欲寡其过而未能也。使者出，子曰：使乎，使乎！

课心而心借以传，使诚异矣。夫曰何为，课其心也。使以寡过未能对，伯玉之心见矣。子能毋神往于使者欤？今将略寻常酬酢而相证以心，是非有深知其心者，不能曲为传；亦非深信其心者，不能默为契。盖相期在德业，一言婉诘，借叩进修；而相证在性情，片语曲陈，已探幽独。千里之过，学问证之；一介之微，赞美深之。而圣贤之心见矣。即善体圣贤之心者，亦倜乎远矣！与坐而问，斯时孔子心在伯玉而已，不觉神游目注于使者矣。盖孔子五十而学易，伯玉五十而知非。固皆期于寡过，而急欲一证其心也。何为之问，其能已乎！曩时风雨一堂，晨夕琢磨，相与力祛。夫尤悔别后功修益密，其得力必有逾于畴昔者，所惜无从告语耳！想象而得之，正可于使者一叩其真也。特未知使者果能喻焉？否也。今日云山迢递，寸衷得失，犹时相印以神明。想数年省察弥严，其抚躬当有不胜惶悚者，终苦无由亲见耳！郑重而询之，因深冀使者一白其隐也。特难必使者果能达焉？否也。何为一问？子固心在伯玉而已，不觉神游目注于使者矣。乃观使者之对曰：夫子欲寡其过而未能。是即孔子学易之心与伯玉知非之心所急欲一证者也。使何人乎？而曲曲传之，乃如是是，必平时刻苦流露于起居食息之余，故亲炙有年，乃得默验藏修而知之倍悉。因而片语形容毕肖其惕厉忧勤之意，故衷怀偶触不觉极为叹赏，而神与俱遥。使者出，子曰：使乎？使乎？盖孔子心在伯玉，而益不觉神游目注于使者矣。使乎？何其善陈主志乎？夫伯玉暮年力学，皇皇若失方寸，常觉不安，斯即知己重逢，此意犹难共喻，而不谓使者已代传之也。极夙夜之黾皇，谁窥其隐；揭半生之学力，与之俱来。斯真不负所使矣。婉曲达主人之意，仆夫有儒者之风，宾筵抑戒之遗，何竟于使者揭之也。谓非出人意计外哉！使乎？何其默印圣心乎？夫吾子晚岁学成，历历在心诣力，方期互证，何日良朋握手，此愿可以不孤，而不谓使者已隐触之也。怅二人之契阔，尺素难宣；证两地之心期，一言已括，斯真无愧于使矣。修途探甘苦之微，词令得谦冲之旨，四牡皇华之什，还当为使者诵之也。何幸晤之几席间乎？夫然而使诚异矣。

本房加批：格律谨严，呼吸灵通，圣贤心事能写得水乳交融，尤见息深达盛。

子曰：吾说夏礼，杞不足征也。吾学殷礼，有宋存焉。吾学周礼，今用之，吾从周。

礼舍二代而从周，不倍之义也。夫夏殷皆有礼，而子必从周者，以今用故也。观子言而不倍之义益信。且我周自有天下以来，继夏殷而议礼即合，愚贱而景从。盖翕然大同之象已数百年于兹矣。降至春秋，王室卑，礼文敝，一二好古者流动思，易文明之治，反忠质之风，准古制以为从，矫今时之所用，而不知其信乎？古者益深而其倍乎今也，益甚则亦未尝奉教于我孔子也。夫孔子者固德足议礼而懔乎？守不倍之义者也。其为学也，博综览乎百王制作，源流悉贯以神明，而非徒以弦诵余闲，亲习本朝之掌故。而其为圣也，时熟悉乎一姓肇兴，因革适权乎运会，初何敢以纂修旧业，侈谈往代之典章。曰者尝自明矣，曰：吾周人也。不及见夏殷之礼矣。吾思夫礼，吾将安从？而或且曰：夏礼可从。夫夏亦周所监也，彼其礼，吾岂未说之者。然而安邑已墟，东楼徒衍，杞不足征，文献亡矣。乌乎从？或且曰：殷礼可从。夫殷又吾之先也。彼其礼，吾岂未学之者。然而禾黍已歌，苴萎徒咏，宋亦仅存，似续微矣。乌乎从！且夫五德推移，功成者退，就令遗书具在，而子孙世守，仅备兴朝损益之资；况乎两朝遗泽，历久就湮，就令考订维殷，而韦布修明，祇率臣下宪章之志。盖在上为用，在下为从。今天子用之，皆今天子议之也。吾学周礼，吾舍周奚从哉？吾非敢有菲薄前人之意，而天之所废，人不能兴，鼎玉苟不至中迁。禹汤虽遥，犹载精神以不朽。乃自宗社之绵延中绝，而访遗文于岣嵝，仅勒残碑；奏雅乐于桑林，文成绝响。虽使二国遗封，皆出神明之胄，而偏隅僻处，犹将降志而遵昭代之章程，而况生长宗邦之地也乎？抑周岂必有求胜前人之意，而天之所兴，人不能废，丰岐苟终于侯服。文武虽圣，岂敢帝制之自为。乃自吴苍之眷顾一新。而鼎铸神奸，适壮声灵于洛邑；裸将肤敏，第供奔走于天家。今即中兴杂卜，徒劳曹桧之思，而玉步未更，犹将翘首而奉王朝之眠色，而况素有春秋之志也乎！子言如此，不可悟不倍之义欤！

批语：切实发挥，风骨道劲，处处紧跟章旨，一语移动不得，是文之从心坎中流出者。

公孙丑问曰：夫子加齐之卿相，得行道焉，虽由此霸王，不异矣。如此，则动心否乎？

设一境以难大贤，因以动心为疑焉。夫为卿相而致霸王何足动孟子，而丑以为不历其境不知也，故设难以问与。且昔孟子抱黜霸崇王之学，久客于齐，而道不行，一时民物无关其心，常若寂然焉。及门公孙氏疑其无所事事，而得以行其素也。因为拟一猝然之遭，震以赫然之任许，以卓然之功，以试其寂然之志。曰者遂以动心之说进曰："丑岂敢轻疑夫子之心哉！顾天下有一境焉，望至尊，任至重，业至大，有令人心易以动者，特惜夫子未历其境耳！夫子邹峄穷居，辅世长民，养其望，就令天人悲悯，而位置既邻于间散，则意境自安；夫子临淄游历仕止久速任其宜，就令，时事艰难，而当路未假以斧柯，则神明自适盖久矣。夫子之道不行，而未有加以卿相以一试夫子之心也，而苟使齐之君虑夫靡靡者之中无主也。冀得一静镇有余者，树坛席神明之望，则将举国而奉之夫子；齐之臣惧夫碌碌者之神易夺也，幸得一指挥若定者，奠邦家磐石之安，则袖手而听之夫子。且夫齐何如国，卿相何如任，而乃以迫，欲行道之夫子，而一旦加之若此。由此而霸，庄、穆、桓、文争，其烈声施之烂，上驾春秋；由此而王，禹、汤、文、武踵，其休熙薛之风，直追三代。霸王不异，丑方为子幸而又若为子虑者，何哉？则以道之行在此，而心之动未始不在此也。天下事日习之，以为常；骤得之，辄以为变。尝有学士空山寄傲，琴书自乐，略天休戚之相关，似亦声色不惊矣。乃畀以宰衡，而顾命仓皇，次其负展，军书旁午，迫似出师，有不俄顷而立形拮据者无他。投之猝，心易动也。纵夫子事半功倍，成券久操，而五百年气运能回，一二日神明或扰。天怀虽定，定者恐有时而摇矣。而子果淡然与否乎？天下事分任之，见其少；总理之，辄苦其繁。尝有名臣百里分司，弦歌在堂，不见簿书之烦冗，似亦从容坐镇矣。迨置之枢要，而兵刑钱谷，杂谢贤劳，水火阴阳，复资调燮，有不自禁而顿涉张皇者无他。责之专，心易动也。纵夫子乘势待时，盱衡早定，而七万户馨香交祝，千百计劈画维劳。局量虽宽，宽者恐有时而迫矣。而子果措之裕如否乎？敢以质之夫子。

批语：侃侃而谈，畅所欲言，想王景略入关见桓司马时，当无此气概。

赋得"涛白雪山来"，得来字五言八韵：

山色青都失，茫茫白作堆。

擘容涛涌出，卷地雪飞来。

影冷寒江泻，声轰隔岸催。

万军惊海倒，六出误花开。
明净光争月，奔腾势走雷。
战酣银世界，幻现玉楼台。
急浪千岩喷，狂澜只手回。
中流谁砥柱，圣代有奇才。
评语：排山倒海，气象万千，结处尤见抱负。

注：①乡试考期在子午卯酉年的八月，故又称“秋闱”；考中者明年在京会试。

八月，考试结束。吕渭英邀池志澂、许雪航、陈虬、陈介石、王隽卿诸君出钱塘门泛舟西湖，遍游六桥、两堤、灵隐诸名胜，颇得诗酒之乐。回舟入文澜阁，忽遇旗营协统贵君翰香在阁观书。贵君有道君子，吕渭英早相识，坐谈甚久，论清廷之政变、科举之得失，伤心处辄泪涔涔下，放声大哭。

九月，发桂榜，同行诸人均落榜，包括后来中进士的陈黼宸（介石），唯吕渭英乡试得中第一百名举人。

陈黼宸

注：除此，本年乡试中式第七十六名举人孟锦涛，永嘉人，字学海，号松如，咸丰丙辰年（1856）生，住第一桥。第八十四名举人黄鼎瑞，字盛征，号菊襟，乐清人，居槐荫里。

十一月十五日，吕渭英赴祖居地永嘉，同时祭拜先祖，以自己考中进士告慰列祖列宗，并赴罗溪参加社饮，回到寓所有感而作《罗溪社饮》一首：

黄童白叟拍肩行，茅屋中多乐岁声。
饮过三杯篓尾酒，大家扶笑出瓜棚。

清光绪十二年（1886）　岁次丙戌（卅二岁）

三月，吕渭英赴京参加礼部会试，弗中返乡。去时路上所作诗文《丙戌计偕北上冒雪过杨村》：

男儿期远大，霜雪赋长征。
野冻狐狸哭，风号沙石惊。
寥天失空阔，一骑独纵横。
聊为行人慰，明朝入帝城。

清光绪十三年(1887)　岁次丁亥(卅三岁)

是年,池志澂设教永嘉。吕渭英屡顾之。池亦时谒吕渭英处,而吕渭英复以四弟访溪从池志徵游。

清光绪十四年(1888)　岁次戊子(卅四岁)

夏,吕渭英父亲吕振镛(玉泉)任温州中军左营把总。

清光绪十五年(1889)　岁次己丑(卅五岁)

春,吕渭英再次参加礼部会试不第,而后拜直声震天下的翰林四谏之一通政使黄体芳(漱兰)为师,供职通政使司衙门。时黄公与孙太仆琴西方提倡永嘉学,奖掖后进。吕渭英于是益习于乡先辈遗书,就其道而扩充之,于国计民生利弊尤所殚习。

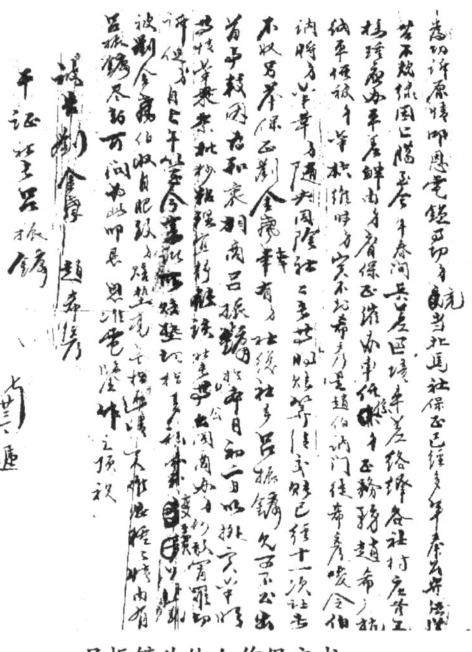

吕振镛为他人作保文书

春,吕渭英于温州郡城设保甲局,陈虬为撰《乐清东西二乡宜急设保甲局议》,提出“谋国以保富为先,保富以安贫为要”,主张推广保甲局。

陈虬

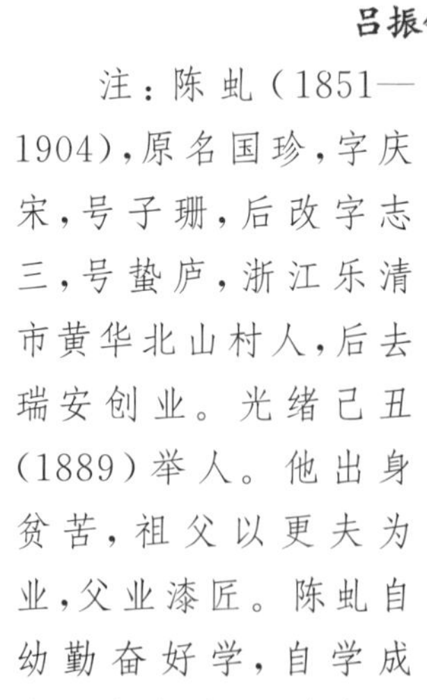

注:陈虬(1851—1904),原名国珍,字庆宋,号子珊,后改字志三,号蛰庐,浙江乐清市黄华北山村人,后去瑞安创业。光绪己丑(1889)举人。他出身贫苦,祖父以更夫为业,父业漆匠。陈虬自幼勤奋好学,自学成才。戊戌变法前和汤

汤寿潜

寿潜(字蛰仙)合称浙东二蛰,和陈介石、宋恕合称东瓯三杰。我国近代著名的改良派思想家,是造诣很深的中医师,也是我国最早的新式中医学校创办人。他的生平以维新变法思想和中医实践两方面的光辉成就载入史册。

五月,温州全月不雨,至七月初二日始雨。

秋,温处俱有水灾。

原文如下:

乐清东西二乡宜急设保甲局议

乐清县分东西二乡:东乡界(天)台、太(平)及永嘉之楠、西溪,民俗犷悍,每多劫掠、敲索、抢夺之案,月有所闻。西乡地多财富,而所苦者则在地痞恶丐,宜各设保甲局以为之卫。

东乡村各为局,局举正副董各一,宁望一人,司更二人,局勇二十名,均带器械,合二十五人,阖村轮值。略筹油烛、火药之费,如何村有警,即令举火为号,鸣金放炮,各局齐应,皆自守隘口,各穿勇衣为识,不必追射。顷刻之间,阖乡齐出堵截,贼难飞越,自无漏网矣。傍山沿海等处宜先约定地段,某处有警,某某等村局勇当抢先齐列。山麓江干,堵其归路。如遇不测;除报官恤请,列入义勇祠外,另行酌劝衰费。其途路被索者,许附近报局查究。

西乡尚无劫掠之风,可数村合设一局,有索赖平民皆畏讼累,忍气被勘。及恶丐衣服若平民,到处凶勒钱米,甚有索去六七千者,后遂视为定额。纠扰者,许报局代为送官究办,免其讼费以杜浇风。而殷富之家亦当于平日以恩义结其村民。

盖谋国以保富为先,保富以安贫为要。人贫而我势不能独富也。欲得守助之益,宜广收受之策,寓井田于保甲,其犹建壮矣哉!近吾友吕文起大令于郡城设立保甲局,人颇称便;惜尚未广之各乡耳。

清光绪十六年(1890)　岁次庚寅(卅六岁)

春,吕渭英参加会试,不中。

五月廿八日,温州飓风大雨,拔木坏屋。

六月初一日,风雨又作,江潮内灌。

秋,吕渭英离开北京,游学于上海、宁波、湖北、南京等地。

清光绪十七年(1891)　岁次辛卯(卅七岁)

六月,受长江一带哥老会捣毁教堂事件影响,瓯江北岸一批群众准备攻击外国人。英政府据领事报告,即派一炮艇抵温保护侨民。

秋，吕渭英离开北京，过于沪上，遇池志徵，赠池多金作为川资。池志徵回忆："池于是之甬之楚之金陵，又不得遇。"在此期间，吕渭英睹景斯古，作《金陵怀石》：

三百年终销王气，龙虎人村尽儿戏。
英雄竖子半无名，桃叶渡头问名妓。
十四楼荒往事遥，风月专归长坂桥。
浩劫兵戈交末运，流芳裙屐说前朝。
闯入燕京明社屋，孝陵先闻鬼夜哭。
江南又见小朝廷，更比赵家疆宇蹙。
天堑茫茫兵未临，蜗角群凶甚蛮触。
二奸日寻党锢仇，四镇各贻墙阋戳。
自相鹬蚌招渔人，不比嬴刘原逐鹿。
须臾化作劫灰飞，遗臭并遗青史辱。
签名降表领名流，红豆尚书工择木。
何如绝代有佳人，金粉南朝当日独。
秦淮水碧腻于油，有妓人人胜莫愁。
爱邻谢傅乌衣巷，帕口张家燕子楼。
就中应数柳第一，愿氏横波亦其匹。
小宛圆圆事更奇，关系与亡家国邑。
妥娘白发女遗民，何异宫人天宝泣。
平康之中多异人，不尽搜罗彤史笔。
板桥杂记信佳书，画舫秦淮录不如。
教坊今胜奄奄气，何望胥勾起越吴。
萧后为厄居梵寺，张嫔报主殉荒井。
皇家遭际不相同，血溅桃花扇留影。
凤凰已去圮高台，莽莽神州倦眼开。
旧院新亭皆一例，子山有赋兴枉哀。

《且瓯歌》书首

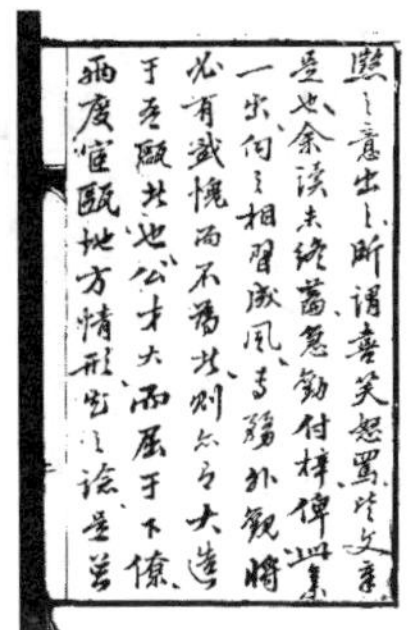

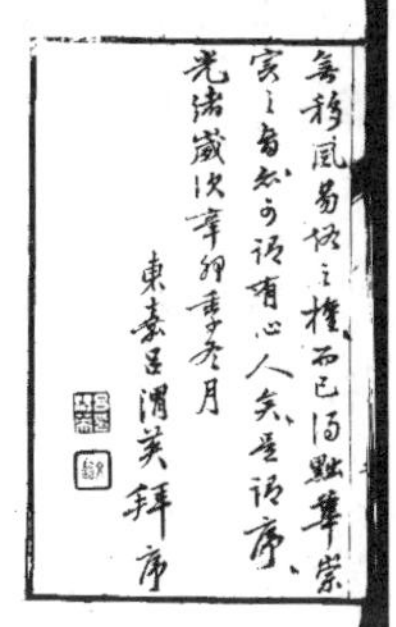

《且瓯歌》序言

十二月，吕渭英为永嘉县丞石方洛《且瓯歌》作篇首序言。序言原文："尝谓岁时伏腊，五方之风气不同处，皆丰阜之象充积而为之。未有本源不裕，而能旁逮亥不急之务者。吾瓯生齿日繁，而产出有限，布帛并粟，甚有籍自外来，则处今日之势，性之恤日用节浮费，以驯致于敦庞之俗庶乎其可。乃后赛会迎神，崇信佛道而婚嫁丧祭。亦每以无益之用，设饰骛外于其间民财日疲，有由来矣，余夙抱杞爰无力以挽之。曰者平江石公。问台出《且瓯歌》一卷见示，虽里谣巷语，一以劝熙之意，出之所谓喜笑怒骂皆文章是也。余读未终篇，急劝付梓，俾此一出，向之相习成风，专务外观，将必有盛愧而不为此，则亦有大造于吾瓯北也，公才大而屈于下僚，两度宦瓯，地方情形，知之谂。是兹无移风易俗之权，而已得黜华崇实之旨，亦可谓有心人矣，是谓序，光绪岁次辛卯季冬月。东嘉吕渭英拜序。"

注：石方洛（1841—1891 后），字仲兰，号问壶，吴地平江人。同治四年（1865）府增生。曾任永嘉县丞之类小官。

清光绪十八年（1892）
岁次壬辰（卅八岁）

春，吕渭英一生最后一次参加会试，弗中。

清光绪十九年（1893）
岁次癸巳（卅九岁）

李希程

六月，吕渭英向北京怀柔裕通号经理施鼎甫借洋数千，遵例报捐，赴吏部领凭以候选知县身份指分福建试用。十一月十六日至福建福州，将凭缴知府衙门，开启了一生的从政生涯。后充税厘、通商局、官司运局诸差，大为当

李慈铭

轴所器，于振捐案叙同知衔，后篆惠安而闽县而浦城。（其间得温州瓯海关文案李希程资助赴闽）

七月十五日，热甚，吕渭英自北京道经绍兴拜会李慈铭。

注：李慈铭（1830—1894），晚清官员，著名文史学家。初名模，字式侯，后改今名，字爱伯，号莼客，室名越缦堂，晚年自署越缦老人。会稽（今浙江绍兴）西郭霞川村人。光绪六年（1880）进士，官至山西道监察御史。数上封事，不避权要。日记三十余年不断，读书心得无不收录。学识渊博，承乾嘉汉学之余绪，治经学、史学，蔚然可观，被称为“旧文学的殿军”。

光绪十九年（1893）分发福建试用人员名录中的吕渭英

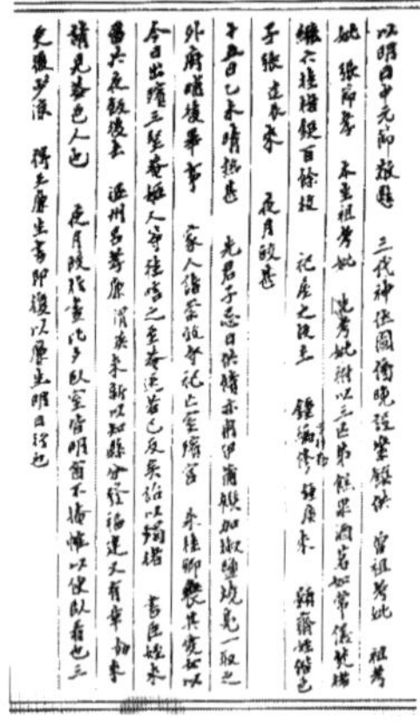
《越缦堂日记》中关于吕渭英的记载

清光绪廿年（1894）　岁次甲午（四十岁）

秋，吕渭英为积谷山下卧树楼制碑，由鄞县吴乾夔书。碑文如下：“老翁乘兴城南游，直上飞霞古洞百尺之高楼。楼前卧树盘涧穿石出，回旋起伏仿佛如蛟虬。长髯巨鳞森欲动，天矫奇崛谁匹俦。枝柯互交叶各态，气压柏桧凌梧楸。只疑是为刘仙谢客亲手种，霜皮斑驳奚止逾千秋。明堂昔需梁栋选，大匠亦纵斧斤求。居然数年卧空谷，林大自古难客收。沧桑历万劫，岁月长悠悠。遂令过客无今古，相与题咏工雕锼。前贤长歌镌石也绝唱，况复我师黄张（黄恕皆宗师、张春陔太守）二公之诗在上头。词源奋迅倒三峡，笔力雄健回万牛。嗟予下薄窘趋步，坐对老干借冥搜。造物宁有意，欲问终无由。根株历久不剥蚀，神呵鬼护非人谋。山灵有知，便合矫渠成直干。庶与扶摇而上，一扫云雾天四周。胡为乎，轮囷几欲佐社栎，至今偃蹇岩壑风飕飕！”

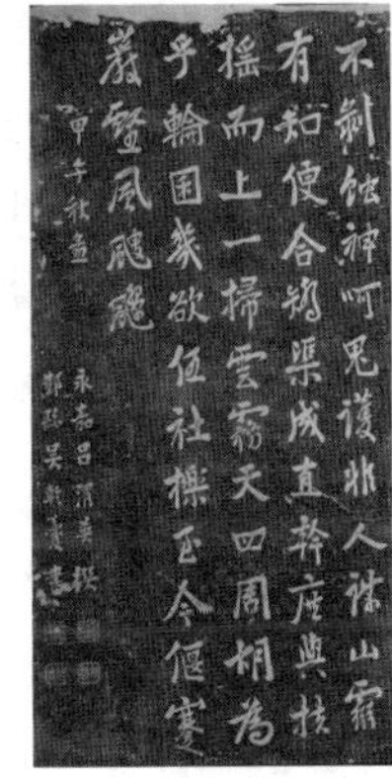

飞霞洞卧树楼歌

注：吴乾夔，清同治至民国间鄞县人，善书法，与画家陈善哉一书一画，世称双绝。与天童寺净心法师友善，天童寺有其所书两碑。事见《墨林挹秀录》。

清光绪廿一年(1895)　岁次乙未(四十一岁)

四月，前因光绪十九年(1893)四月廿日，高满珍在福安穆洋村洋麻巷建筑围墙，村民怏悒，议论不绝，指该地在同治二年(1863)已议定永不再建堂，可又兴土木事，引起民变。教民却又将围墙加高，高满珍并函告刘玉璋，仅筑墙而已，他日若有建堂，必先与之议商再建。刘玉璋只得依意转劝安抚村民。果真光绪廿一年(1895)十月初左右，高满珍遣人商量于刘玉璋，称有新教士来穆洋村，原买定之林宗泰住屋不敷住用，拟再增修小屋数间。刘玉璋考虑再三，因林宗泰屋后与洋麻巷(犯火星最甚)毗连，村民势必力阻，何况自洋麻巷筑墙以来，舆情激动，一旦兴工必造大祸，而提请高满珍缓以时日。高满珍不理，并在福安东门外官洋地方购妥木料即将起运。村民闻知，众议拦阻木料上岸，并由乡耆禀明刘玉璋：一有争端，则料费仅数十千，即要赔数千元，如此谁不兴作，令人愤填胸臆，势必滋祸。恳请迅速阻止，遵照新约毋得擅动，免滋祸端。刘玉璋乃提请高满珍停运，高满珍不仅不遵，木料愈运愈近，且狂称：“穆洋民情多是平允，请着差勇将木料押送到溪填收顿。”福建当局便照请法国方副领事转饬禁止。方副领事照复竟称，当地知县刘玉璋诬控传教士，蒙混上司，怂恿百姓生变。当局见方副领事偏执已深，调解不易，函命刘玉璋力任其艰变通办理。是日，福建当局委派吕渭英前往会同福安知县刘玉璋开导村民，据称，反复劝服之际，有数百村民聚厅，一闻建堂，无不张目切齿，怒形于色。不得已，乃邀高满珍前往履勘前知县王士骏已买定之惠风门地基；高满珍初嫌地低犯水，刘玉璋称代为填高，便又以地在村外辞拒，而询以再择别处，则推说不能擅作主张。村民与高满珍两相争执，此案至次年继刘玉璋位之冯树勋皆了无进展，最终不了了之。此事之前，王士骏、张某某两任县令任内，村民聚众两三千人捉去教民刘春盛等九人，王士骏弹压不住，后来反复开导，教民始得释放，领事谓王令办理不善撤换；张令接署，赴乡劝谕，百姓谓来帮助教民复集聚一千余人围绕掷石，楚勇两哨弹压不住，民教势难两立。

十月十九日，大亚美理驾合众国钦命驻扎中华便宜行事全权大臣为照会事：兹准本国外部来文，以光绪廿一年六月十一日（1895 年 8 月 1 日）古田滋事一案，请中国查核该省各官办理情形，分别惩处有关地方官 19 名，其中包括候补县吕渭英，要求总督署以不肯实力弹压、办理不善之罪名，比照 1895 年 10 月因川案所降逾旨，惩办地方文武大小各员之咎，革及川督之办法惩处。古田教案是光绪廿一年六月十一日发生于福建省古田县的一场教案。当天，古田斋教教徒袭击了其时正于古田华山上避暑的英国传教士史荦伯及其妻儿和随行的其他女性教士，死伤十余人，焚毁房屋两栋。在中国教会历史上能与之相比的只有发生于 1870 年曾国藩处理的天津教案。

清光绪廿二年（1896）　岁次丙申（四十二岁）

是年吕渭英在福建，以候补知县身份处理公务。

清光绪廿三年（1897）　岁次丁酉（四十三岁）

三月二十日，吕渭英遵例报捐得同知衔。

秋，吕渭英以同知衔充惠安知县。吕渭英之在惠安，其地俗尚强悍，往往以睚眦细故，聚众械斗。虽有条教政令，莫之制止。吕渭英于是设书院，增膏火，进生徒，而谕以礼让，勉以学问，令劝化其乡，桀骜之性潜消默化，而惠安械斗之风遂息。去惠日，父老遮道相率，送于三十里外，尽感化深矣。

是年，赵云崧以候补知县分发福建，在省城与吕渭英相善，结下深厚友谊。

清光绪廿四年（1898）　岁次戊戌（四十四岁）

二月初四日，闽浙总督边宝泉奏："再署长乐县知县樊明逵调省，差委遗缺，查有霞浦县知县何绍堂安详勤慎，堪以调署。所遗霞浦县缺，查有现署闽县本任莆田县知县寇宗华，精明干练，堪以调署。递遗闽县知县，查有分缺间用知县吕渭英堪以署理。据藩臬两司会详前来，谨附片，具陈伏乞，圣鉴谨奏。”朝廷批复：吏部知道！

是月，吕渭英代理闽县县政，延请赵云崧帮理学制。

四月，前有王永者，设厂于厦门，营废铁业，会日斯巴尼亚（即今荷兰）商人，有小轮，名小北京，没于惠安洋面。厂遣伙王荣往视，王荣私窃其锅炉等。不久，事为外商所知，致牒于我政府，严重交涉。大吏派大员临厦查办，将王永、王荣传案发押，并将废铁厂标封断，令出洋八千元赔偿了事。严讯旬日，永坚持不服。时值吕渭英在惠安任内，亦奉召到厦门。当道遂委吕渭英复讯，吕渭英提王永、王荣，上堂问之。曰：尔呆乎？痴乎？永曰：小人不痴亦不呆。曰：尔惜此八千元，忍使十万基金之废铁厂听其变卖，岂非失计。永曰：问官以我为贼，严刑逼招，是以不服。公曰：贼是王荣，汝乃代人受过。永曰：我既不是贼，遂甘愿具结。观者大悦。次日即缴款完案。

秋，吕渭英由惠安署理知县转任闽县知县。同年秋，李希程答信吕渭英。

秋，闽县令吕渭英招长乐人陈汤奏入幕，为之代笔。陈汤奏后赠诗云：“笔墨生涯意自贤，无端入幕误华年。可怜身世穷如此，抛却清名换几钱。”（还爽斋怀人诗）。

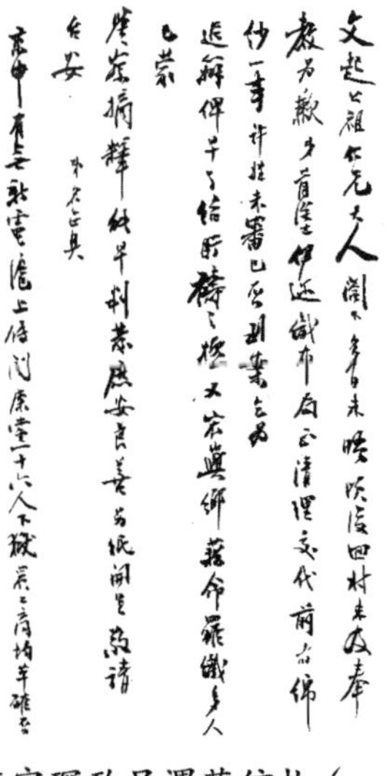

陈宝琛致吕渭英信札（一）

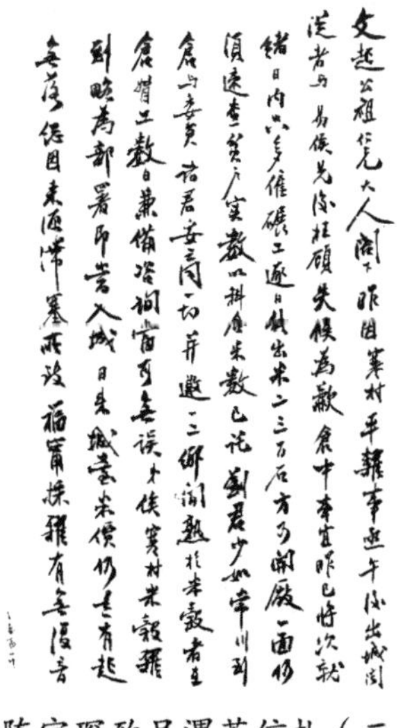

陈宝琛致吕渭英信札（二）

注：陈汤奏（？—1899 在世），字子濩，长乐人。光绪甲午（1894）举人。善山水。

九月十四日，慈禧懿旨："（前无关，从略）石点福建盐大使吕渭贤照例发往截取（后无关，从略）。"

九月下旬，陈宝琛致信吕渭英。

文起公祖仁兄大人阁下：

多日未晤，顷后回村，未及奉教为歉。弟首涂伊迩，织布局正清理交代，前者绵纱一事，许姓未审已否到案？乞为退办，俾早了结，盼祷之极。

又宏屿乡借命罗织多人，已蒙鉴察摘释，能早判发，庶安良善，另纸开呈。敬请台安。弟名正具。

京中有无新电，沪上传闻康党十六人下狱，农工商均革，确否？

注：陈宝琛（1848—1935），字伯潜，号弢庵、陶庵、听水老人。汉族，福建闽县（今福州市）螺洲人。刑部尚书陈若霖曾孙，晚清大臣，学者，官至正红旗汉军副都统、内阁弼德院顾问大臣，为毓庆宫宣统皇帝授读。

陈宝琛十三岁中县学秀才，十八岁中举，同治七年（1868）二十一岁登同治戊辰科进士，授翰林院庶吉士。同治十年（1871）授编修，同治十三年（1874），陈宝琛又被提拔为翰林院侍讲，充日讲起居注官、内阁学士兼礼部侍郎。中法战争后因参与褒举唐炯、徐延投统办军务失当事，遭部议连降九级，从此投闲家居达二十五年之久。赋闲期间，热心家乡教育事业。宣统元年（1909），复调京充礼学馆总裁，辛亥革命后仍为溥仪之师，1935 年卒于京寓，得逊清"文忠"谥号及"太师"觐赠。

陈宝琛早年入翰林，直言敢谏，同张之洞、张佩纶、宝廷被誉称为"枢廷四谏官"，甚得清帝宠信。

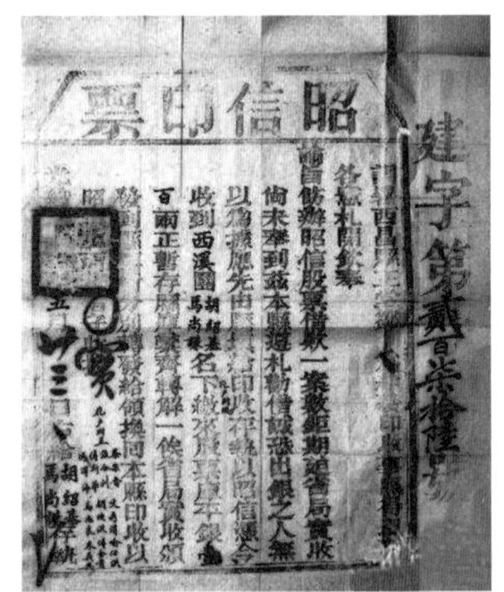
昭信股票

昭信股票1

是年，昭信股票报效案内，吕渭英被奖给花翎。因在闽县任内办理洋务出力，保准俟归直隶州。

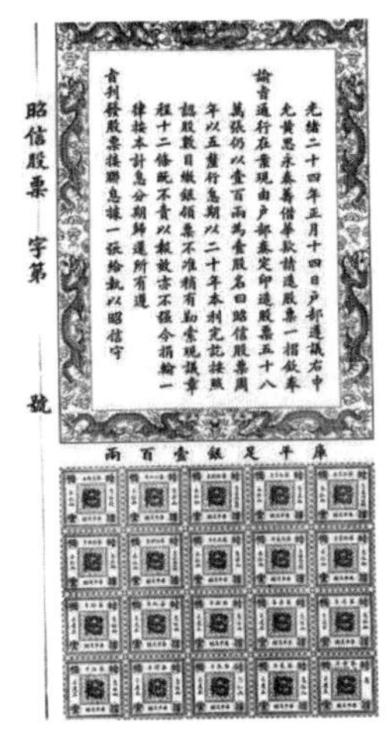

光緒二十四年正月十四日戶部遵議右中
允黃思永奏籌借華款請造股票一摺欽奉
諭旨通行在案現由戶部奏定印造股票五十八
萬張仍以壹百兩為壹股名曰昭信股票周
年以五釐行息期以二十年本利完訖按照
認股數目繳銀領票不准稍有勒索現議章
程十二條既不責以報效亦不強令捐輸一
律按本計息分期歸還所有遵
旨刊發股票按聯息摺一張給執以昭信守

昭信股票　字第　號

庫平足銀壹百兩

光緒二十四年正月十四日戶部遵議右中
允黃思永奏籌借華款請造股票一摺欽奉
諭旨通行在案現由戶部奏定印造股票五十八
萬張仍以壹百兩為壹股名曰昭信股票周
年以五釐行息期以二十年本利完訖按照
認股數目繳銀領票不准稍有勒索現議章
程十二條既不責以報效亦不強令捐輸一
律按本計息分期歸還所有遵
旨刊發股票按聯息摺一張給執以昭信守

昭信股票　字第　號

昭信股票2

昭信股票兑换券

二品顶戴

清光绪廿五年(1899)　岁次己亥(四十五岁)

三月，浦城前知县翁天祐调任南安，知县吕渭英由闽县转任浦城县署理知县，继续主持《续修浦城县志》锓版事宜，至光绪廿六年(1900)九月，太平人赵云崧接任知县。不久，吕渭英又兼任福防厅同知。

吕渭英在任浦城县署理知县时，发现熊文镛，二人结为忘年交。吕渭英遂将收藏的宋、元、明名画，全给文镛欣赏，使他窥察到其中的妙法，画技日进。

注：熊文镛，字声达，清末人，原籍江西丰城，后从父定居浦城，他少时学习八股文，嫌其约束，随改学画。他说："尺幅千里，挥扫自如，吾以适吾志。"他作人物，须眉欲动。吕渭英为浦城县令时，就很器重他。在巴拿马赛会上，文镛的西作《无量寿佛》获得优等奖。各国使者都争购他的画作。后客居上海数年，求他画作的人很多，日不暇接，因病回浦城，不久病卒。

春，吕渭英夫人生得第三个女儿，吕渭英于此年九月在致李希程信中言："諺台百级，今日方庆胱然，赔钱货又没满，前八字劳碌直兀了日。"

注：此女终身未婚，从谱主夫人礼佛。

四月间，英国领事官法垒斯来函，英商吧啲行被潮兴厂该欠粉银，裕昌行被吴珪珪该欠纱银，罗教士被王贺驹欠还地价请饬县办结一查。前件饬据闽县成心中详复潮兴厂欠银一案，已经交还清楚，请销案等由，其余二案先后饬办未结，嗣因交涉议归福防同知吕渭英专办，由县将案移厅，又经福防厅吕渭英饬差陆续追给，尚有短欠尾数，均因贫苦难偿，由厅函又经照案傕，据惠安县卢例等赴县控：陈清银圆约期逃避，买出番客委非被抢等情。当即据情照会领事查照，并先后批府饬县傕提人证到案，訊结迄□，理合登明。

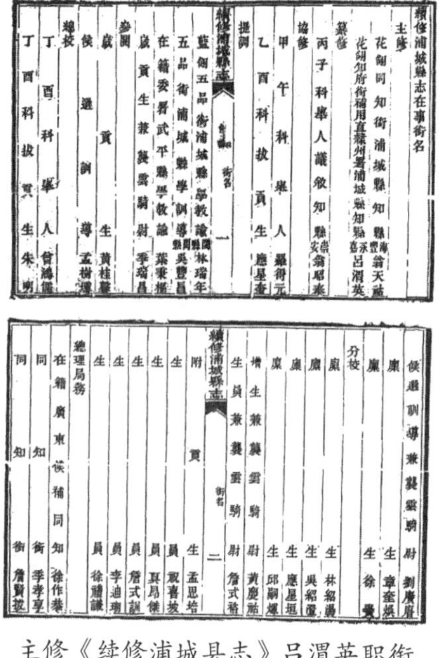
續修浦城縣志在事銜名
主修
花翎同知銜浦城縣知縣海豐翁天祜
花翎知府銜補用直隸州署浦城縣知縣永嘉呂渭英
纂修
丙子科舉人議敘知縣崇安翁昭泰
協修
甲午科舉人聶得元
乙酉科拔貢生應星奎
提調
續修浦城縣志 卷首 銜名 一
藍翎五品銜浦城縣學教諭閩縣林瑞年
五品銜浦城縣學訓導閩縣吳豐昌
在籍委署武平縣學教諭葉秉擢
歲貢生兼襲雲騎尉季瑞昌
參閱
歲貢生黃桂馨
候選訓導孟樹撰
總校
丁酉科舉人曾鴻儀
丁酉科拔貢生朱[illegible]

候選訓導兼襲雲騎尉劉廣府
廩生章奎炳
廩生徐[illegible]
分校
廩生林紹禹
廩生吳紹灃
廩生應星垣
廩生邱嗣煇
增生兼襲雲騎尉黃慶祜
生員兼襲雲騎尉詹式裕
續修浦城縣志 卷首 銜名 二
附貢生孟思培
生員祝喜坡
生員葉昂傑
生員詹式謨
生員李迪瑚
生員徐禮謙
總理局務
在籍廣東候補同知徐作楳
同知銜季孝享
同知銜詹賢拔

主修《续修浦城县志》吕渭英职衔

吕渭英和他的女儿们

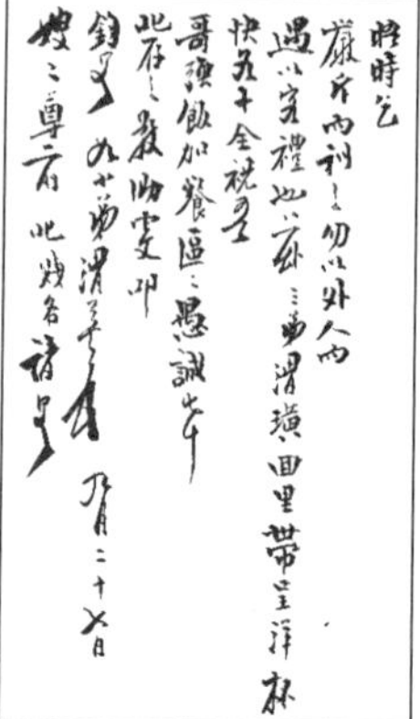

吕渭英致李希程书信

四月下旬，黄绍箕请吕渭英带信予冒广生外祖父周星诒，至五月上旬信始送到。

注：周星诒(1833—1904)，字季贶，清祥符(今河南开封)人。季贶兄星

周星诒

誉官至广东盐运使，借其资财，喜收藏金石书画秘籍，藏书甚富，多前贤手录本、乾嘉名家精校善本及宋元旧椠，若严可均校《北堂书钞》等，所藏甄择甚精，朱黄烂然，皆有题跋，计数万卷。

黄绍箕

四月卅日，吕渭英致信于周星诒，言莲儒直至昨夕才晤，交臬函亦许面呈，探口气后再复云云。

五月下旬，周星诒交吴书与吕文起大令，请帮助传递。

六月廿二日，吕文起大令交部信于周星诒。

夏，许督筠帅（许应骙）意欲以海防同知为吕渭英奏请借补衔缺，吏部以不相当，不准。同年吕渭英在浦城县知县内，因洋务保案，许督又奏请为他加知府衔，未获准。

注：许应骙（1832—1903），字德昌，号筠庵，广东番禺（广州）人，清末大臣，官至礼部尚书、闽浙总督，与李鸿章等清末名臣同朝。

许应骙

夏，吕渭英因奔驰无少息而病，渐秋始霍然，自感中年衰弱，豪兴全消。

秋，吕渭英三弟吕渭璜由浦城返乡，四弟吕渭贤年满例得优调剂，得文案差，吕渭英甚以为慰。五弟吕渭勋少年浮放，吕渭英甚以为忧。

是年，吕渭英在浦城，其地沃衍，宜谷运销各地，为出产大宗。岁歉，黠者每借端于民食求逞其私，扰民滋甚。吕渭英于是置仓庾，稽户口，收获之日，亲莅乡郊，预会其谷额，储以备民食，复以其羡余出运。由是地方无缺米之虞，邻境无□粜之患。迄民国二十七年，未闻有闹米滋事者，吕渭英之牧民所至，必咨其风土人情，见其父老，蔼然如一家人之相接，故下令于流水之原。吕渭英后来回忆此间民俗驯良，讼事稀少，适与绌吏相反。

《续修浦城县志》载：“有志之士无力购书，不免孤陋空疏之叹，诚恨事也，亦缺典也！邑侯吕渭英下车伊始，即以振兴实学培植通才为急务，筹集巨资，广购群书。复虑其后之难为继也，乃于鳌峰余款中按年提拨制钱四十千文（此款在拨充南浦书院三百两之外）为后来添购之资，亦既擘画周详，不遗余力矣。此邦人士乃复共襄美举，乐观厥成，彼此捐助书籍凡数十种，又放经史子集之外，多购国朝政治时务西学各种要籍，遂一旦蔚然成大观焉。鉴于从前藏学之书易于朽蠹且难于翻阅也，乃谋改藏于南浦书院讲堂之左有宋十三子祠光明轩，爽爰制造箱匣橱架庋藏其中安置妥帖，并商订读书规条数则，斟酌书善以期有利无弊可垂久远，尤愿董其事者存公溥之心，持恒久之力，矢勤矢慎，相与维持于勿替，则此举之有造于士林岂曰小补之哉？兹将已购各种书籍目录详列于编，将来陆续增补之书尚有加无已也。”

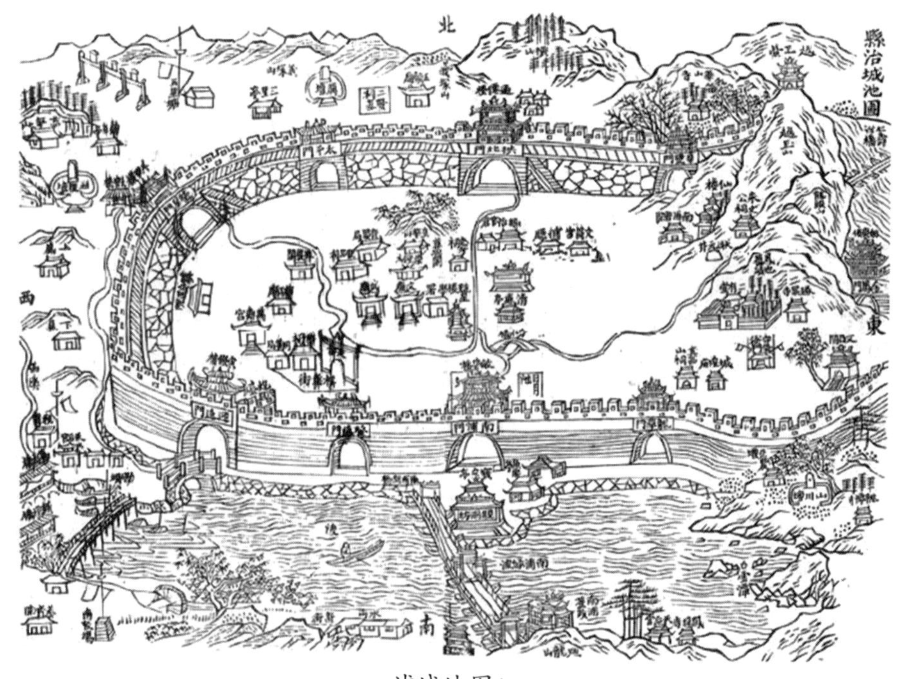

浦城地图1

浦城地图2

署知县吕渭英捐《钦定二十四史》《十三经注疏》《福建通志》《佩文韵府》《榕村全集》《左海文集》《林文忠公政书》《皇清经解续编》等共85种于福建浦城南浦书院。内还包含《西洋兵书》《西政丛书》《富强丛书》等“新学”之书。

孙诒让

应知县吕渭英之劝捐议，福建浦城南浦书院山长翁昭泰捐赠《纪事本末五种》《王文成全书》等两种图书。

吕渭英署县事期间，为浦城县学筹款购书，倡捐图书，计93种1261册，又确定从祝姓捐助给书院的余款中，按年提拨部分做购书之用，商订借阅规则等管理制度，始具图书馆规模。后因管理不善，至光绪三十四年(1908)于尊经阁建立阅书报社时，仅有书61种2627册。

九月，吕渭英致信家乡李希程言及近况，及总督许应骙意欲保举自己以海防同知。

十月，吕渭英请孙诒让代作《续修浦城县志》序。该志书由翁天祐、吕渭英修，翁昭泰纂。

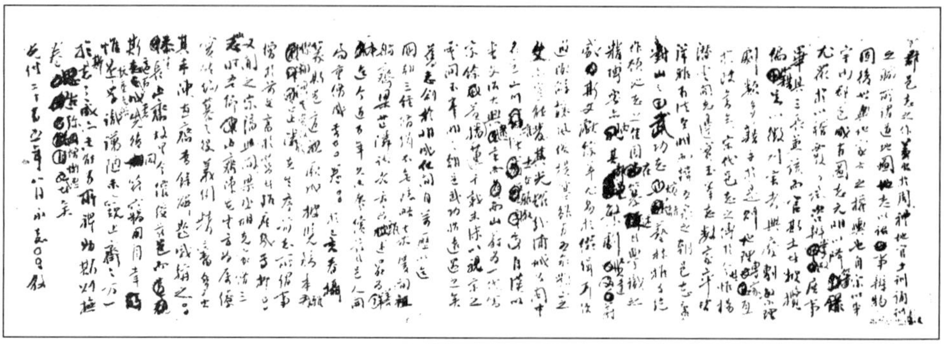

孙诒让代序手稿

序言如下：

郡邑志之作，盖出于《周礼·地官》土训、诵训之职。所谓道地图地志以诏事辨物者，固后世舆地家言之权舆也。

自宋以来，宇内郡邑咸有图志。元明以降，著录尤众。于以稽核方域，咨辨掌故，庶事毕具，三长兼赅。而官斯土者披览编籍，足以征利害，考兴废。割繁理剧，类多借手。于是则地理专家通于政书矣。

宋代邑志之传于今者，惟杨潜《云间志》、边实《玉峰志》数家，率皆详雅有法。至明而韩五泉之《朝邑志》、康对山之《武功志》，煊赫艺林，推为绝作。顾地志之佳，固在纂述者学识之精博，要亦由其都邑繁剧，贤达蔚盛，斯文献综萃，尤易为缀缉耳。使遐陬僻壤，风俗朴塞，虽有五泉、对山之文，亦岂能发其光耀哉！

浦城为闽中名邑，山川雄深，士女雅淑。自汉以来，文治大兴，逮宋而西山蔚为一代儒宗。余芳熏播，千载未沫。以视宋之云间、玉峰，明之朝邑、武功，殆远过之矣。旧志创于明成化间，自万历以迄国朝，三经修辑，不无疏略。嘉庆间，祖舫斋、梁芷邻、朱清如诸老重为甄述，最为善本。迄今近百年，久未赓续。兹者邑人开局重修，成书四十二卷。余于己亥春摄篆斯邑，适观厥成。披览稿本，雅洁翔实，足资考证。芷邻先生序前志所谓事增于前文富于旧者，殆庶几焉。抑余又闻之：宋淳熙间梁丞相克家修《三山志》，时吾乡止斋陈先生方为属僚，实佐编纂之役。义例精审，多出其手，陈直斋《书录解题》盛称之。余忝生长止斋故里，今绾绶兹邑而斯志适又成书，先后同符，窃用自幸。惟是抗尘走俗，学识谫陋，未窥止斋之万一，于斯志之成，亦未能有所裨助，斯则抚卷思古，弥增惭恧者矣！

注：后来此志书收入《续修四库全书》。

十月，署建宁府浦城县知县吕渭英上张曾扬禀文(附批文)：

福建布政使司为札饬复办事，据富领县丞徐家干(该县县丞)禀称，案奉札饬以卑县丞递年议有津贴银两，所有经征黄美中等叛产租谷应即归公召变解司汇报拨用等因，历经遵办在案遵查，卑县丞原额征黄美中等叛产青湿谷一千一百叁拾二石零叁升，内除未经查出，及卑前县丞程勋任内，换佃立领减让，并卑前县丞王汝钦、刘再兴各任内两次禀报被水冲塌不计外，现在每年实收青湿谷肆佰捌拾一石七斗七伍，折干谷三百陆拾一石二斗七合五勺，历经各前任递年征收禀报，解拨各在案。兹卑职于光绪贰拾伍年十间延请绅董派拨丁役督同地保分赴仙阳登后官庄各乡共计收完贰拾伍年分青湿谷肆佰捌拾一石七斗正七五，折干谷三百六拾一石二斗七合五勺。业经卑职暂赁民仓分储各乡诚恐日久有霉变鼠耗之虑，现查该乡市价每石干谷约值番银四钱一二分，能否即照此价变缴之处，卑职未敢擅专理合，禀请察核示遵等由到司。据此查该县丞征收前项叛产租谷折价如是之贱，应札饬该浦城县筹款照价买归积谷存储，毋庸另行变粜，至所称换佃让减，及被水冲塌各节是否实在有无弊端，均应切实复办以昭核实，除分檄饬遵外，合行札饬为。此札仰该县县丞立即遵照前指查明，办理报解，均限十日内分晰禀复察办，均毋违延，千咎切切。

张曾扬

注：张曾扬(1852—1920)，字小帆，又字润生、抑仲，号静渊，直隶南皮(今河北南皮)人，同治七年(1868)进士出身，历任湖南永顺知府、福建按察使、福建盐法道、广西布政使、山西巡抚、浙江巡抚等职。光绪中，整顿福建盐务、广西财赋；镇压后套马贼；治浙江盐枭；参与浙路交涉；1907年秋瑾案发后，遣兵捕杀女革命者秋瑾，迫于舆论压力，被调往江苏、山西，旋辞官归籍。家居十四年，六十九岁而卒。

十月，署建宁府浦城县知县吕渭英谨禀大人阁下(福建布政使张曾扬)，敬禀者窃奉：

宪札富领徐县丞家干禀，经征黄美中等叛产七五折干谷三百六拾一石二斗七合五勺，每石市价干谷约值番银四钱一二分，饬即筹款买归积谷存储，所称换佃让减及被水冲塌各节有无弊端，亦查明禀复等因。奉此卑职遵即备款移将此项租谷买归义仓积存去后，旋据家丁诸福禀报:徐县丞已于三月十三夜病故,呈缴印信,请乞转报委代,并据该家丁面禀,家主征收黄美中等叛产租谷均于去冬变卖,并无现谷存储,现家主母亦同是日逝世,署中仅遗七岁小姐一口,剩存银钱经杜姓官亲备办棺殓外,存亦无多,前项租谷实无力买补。恳仍照旧折价解缴,各等情前来,卑职查该县丞身后萧条,情甚可悯。该家丁面禀,各节均系实情,可否仰恳宪恩俯准照该县丞前禀变价银数,除支销经费外,余银追令解缴之处出自鸿施至前项叛产坐落各处距城均有三四十里之遥,呈报水冲及减让佃租有无弊端由来已久,猝难查悉底蕴,容俟卑职访查明确,再行禀陈,以仰副宪台严杜弊端,实事求是之至意,除将缴到印信,暂封储库并报明本府先行委员代理外,理合先行禀复伏候大人察核,俯赐批示,祇遵肃此具,禀恭请。

钧安伏乞

垂鉴卑职吕渭英谨禀

本司(张曾扬)批:该县丞徐家干既已病故,所征前项叛产租谷,姑准照旧折价解司,仰即遵照,移催清解并造具支销,册结随送核夺,一面仍遵前札,将被水减让田租有无弊端确查具复以后,各任征收租谷仍饬买归积谷存储,毋违切切此缴。

以上是吕渭英呈给福建布政使张曾扬的信件。

是年,吕渭英将女儿阿翘寄养于深坑赵云崧家。

清光绪廿六年(1900)　岁次庚子(四十六岁)

正月,浦城县城隍庙重修竣工,吕渭英为之作序。原文如下:"郡县祀城隍,即王制天子祭天地,诸侯祭境内山川之义。祭法又谓能御火灾则祀之,能捍大患则祀之。郡县受民人之寄一遇旱潦,即有事于城隍精神所通如响乡斯应。朝廷报功崇德,列之祀典礼綦隆也!邑之城隍庙岁久失修,瓦栋败落,余甫至谒神。慨然曰惟神降福庇及一方,顾任栋宇倾圮,风雨不蔽,守土者之心安乎?乃捐廉为之倡,而以鸠工庀材付之。邑董邑之人亦以此举不可缓,皆踊跃输将,惟恐或后,择曰兴作不闲寒暑,陾陾登登,百堵皆兴,严严翼翼,焕然一新,是役也。始于己亥四月,以庚子正月讫,功縻金钱一千余缗。董其事者为熊绅梦飞、黄绅庆祐、徐绅允明凡三人。既成,余喜神有凭,依吾民可以长享庇佑,守土者得与吾民相安于耕凿之,天而无复水旱,兵历患也,岂不幸哉!故乐而为之记!"

正月,吕渭英为檀溪通济桥作记。原文如下:"浦城北负山,东南西带河，山城斗大，东距西不三里许，而长桥横亘红影卧波，凡七道焉，桥在西者，三在南者。一曰南浦桥，旧传为江文通送别处，名最著。沂而东上则有万安桥，再上则为通济桥，浦城通东浙之孔道也。岁己亥，余署斯邑，篆催科东乡道经此桥，见其材木一新，桥东西二亭翼然相望，因暂憩焉。旁有村落数十家，询知为叶姓聚居于此，俄而茂才叶生荣章来谒，具道是桥兴废始末，手一册乞余言为记，镌诸石以垂久远。余惟道路桥梁之修废亦守土者责也。故乐为记之，按册是处旧名杨林渡，道光间徐祖德者醵赀架造木桥，邑令周君培捐入田租二十石，以备岁修，厥后屡圮屡造，生之祖若父及生凡三世经纪其事，虽赀出募捐，亦可谓不辞劳瘁者矣！为约计之无十年不被水冲荡者，光绪廿五年适当修造复于桥东西起构二亭，在东者曰介寿，西曰景福桥。凡纵若千丈，横若千丈，材料坚确，栏栅楯连。于是冬告厥成焉！生且言桥成之日齐洁祭河！忽闻栴檀香扑鼻，历久始散，因名之曰檀溪。噫嘻其信然耶？其诸馨香上，达而神贶之巽耶？余笑而颔之，公余稍暇为记之如此，其续增田亩及出资姓名别具他石，兹不赘。”

三月，《续修浦城县志》由南浦书院出版，彼时吕渭英职衔为花翎知府衔补用直隶州署浦城县知县，县志编纂人员共 81 人。

知县翁天祐、吕渭英 2 人主修，组织修志局：纂修 1 人、协修 2 人、提调 4 人、参阅 2 人、总校 5 人、分校 12 人、总理局务 5 人、采访 38 人、收掌 2 人、缮写 3 人、绘图 2 人、督工监刻 2 人、倡捐 1 人。

新修浦城县志序

清・梁章钜

嘉庆纪元十有四年，祖侍郎师以侍养里居，因与黄兰皋邑侯议修浦城县志。嘱邑人朱清如进士排纂之时，章钜主是邑讲席者三年矣。侍郎师亦授以义例。令斟勘焉，章钜末学鲜识，罔能为役，顾私慕是邦为吾闽望邑，在汉为汉兴，在三国为吴兴，在唐为唐兴，在武周为武宁。弹丸之号，频与一代纪元相系。迄乎有宋，声明文物震耀中州，前徽遗韵，相承未沫，而志乘漫漶，文献阙佚，良用慨然。尝于训课之暇，钧稽群籍，创著《南浦诗话》若干卷，窃谓是邦掌故八九在胸。兹复获襄盛举，遂得出我旧闻，互相参证，以勉副吾师延访之盛心。事增于前，故文亦富于旧，计殚四阅月之勤而授梓焉。

尝闻韩五泉之《朝邑志》（以高简胜者，至嘉靖间，王学谟已续为八卷，我朝王文简公亟称“汉中府志”）载木牛流马之法，《武功县志》载璇巩织锦图。此文士爱博之谈，虽非古法，亦可见踵事增华，自昔如是矣。昔太史公网罗散失旧闻，刘子骏谓与其过而废之，无宁过而存之，斯固载笔者所当知也。吾师之旨亦犹是耳，章钜尝以诗话就正吾师，宠之以叙。今忝与观县志之成，遂亦不敢以不文辞。因谨述吾师之志以贻观者，而仍归其劳于黄邑侯朱进士也。

长乐梁章钜谨叙

新修浦城县志序

清·黄恬

岁辛酉，余奉简发来闽，道经浦城，爱其山水之灵秀。洎壬戌甲子间，两摄邑事，卸篆之暇，留连往迹。慨然想见江令之才藻，与夫杨大年之文章，吴冲卿之相业，何正通之议论，真西山之儒术，流风余韵仿佛遇之丹山碧水间。

壬戌之秋，循次题授，三尹兹土。适少司寇舫斋祖大前辈请养在籍，闲披邑志，病其丛杂轶漏，谆谆以重修为嘱。余稔知乾隆癸亥以前旧志之不无遗议也，而又深惧乾隆癸亥以后文献之日就无征也，碌碌簿书，无须臾间。邑进士朱君清如，夙尝究心于是，嘱以编辑，欣然从事。取前朝两志，本朝两志，与少司寇参互考订，佚者补之，讹者正之，疑者阙之。本之史以寻其端，稽之省郡各志以竟其委；参之群书以考其实；采之舆论以求其当。自沿革、疆域、山川、城垣以及学校、选举、人物、艺文，别其门类，谨其义例，条分件系，犁然秩然，复与仪部长乐梁茝邻山长往复商榷，务臻完善。由是设局于西山祠中，董理者有人，校订者有人，分刊者有人，踊跃襄事，阅两载而书成。证向今古，考镜得失，其词赡，其事核，既可备一方掌故，而于民生之休戚，地方之利病，尤深切乎详言之，试复取旧志对勘焉，则知是编之足以信今传后无疑也。工将竣，有祝徐氏者，愿捐膳产独修全城，盖城之被冲于水也，于今十年矣。利病所关，休戚一体，志之既修，虽妇人女子皆向风慕义如此，而况士大夫之希踪前哲者乎？诗曰："高山仰止，景行行止。竹览是编者，又当知所向往矣。"

嘉庆十六年辛未春正月，文林郎知浦城县事江阴黄恬序

光绪丁酉志序

清・翁昭泰

浦邑有志，人以为始自明成化，窃谓不然。粤稽天下名郡望邑，其志乘多权舆于两宋。浦城在宋，声名文物方驾中州。真文忠公尝谓：有宋南方人物之盛，实始于浦城。遐想邑志之作，当在其时，非臆断也，观胡教谕成化志叙，谓邑志脱落百有余年，则前此早有纪载，凿然可据矣。成化距宋不过二百年，可知宋元之际，典册具存，第元季明初纂述乏人，浸至残缺，成化时纵无所见，当必确有所闻，惟创自何代？作自何人？惜叙文过略，不复更赘一词，遂使前人著述源流，后人罔所考证，得非载笔者蔑古之过耶？

自时厥后，万历乙酉、国朝顺治庚寅、乾隆癸亥、嘉庆辛未，四经重修。今所存者，惟乾隆、嘉庆两志。乾隆李志，承讹袭谬，缺略犹多；嘉庆黄志，经祖舫斋、朱清如、梁茝邻三先生商榷参订，辨讹纠误，补缺拾遗，博洽精详，独臻完善，盖邑志自是始有善本，后有作者，可以无俟改订矣，然既往虽详，方来未续。辛未迄今九十余年，其有待于附益者，不胜偻指。且咸丰戊午之变，忠义节烈之事，足垂不朽者，尤当大书、特书、不一书，及今不亟为之搜辑表章，再阅数十寒暑，窃恐所见、所闻、所传闻，不免将疑将信，若存若亡，必渐归于湮沦澌灭，斯固居是邦者，官师士夫之责也。是以续修之议，一人提倡，莫不同声相应，其意盖皆趋重乎此。

邑侯翁应侯司马，莅浦三年，修城工竣，靡废不举，尤以阐幽彰隐为己任。乃进邑中文学之士，择精任当，延罗捷三孝廉，应聚五明经，及知名诸生等，分授以搜辑之事，而自总其成。经始之明年，泰承乏南浦讲席，侯复以襄助见委。自维饾饤末学，万不敢窥著作之庭。继思是役，体裁义例，悉遵前志，循辙蹈轨，势顺于因。夏有侯总挈其宏纲，诸君分理其列绪，泰即不自揣，亦惟是掇拾豪芒，补苴罅隙，无所加损于全书。遂亦不复固辞，日与诸君展夕孜孜，参稽讨论，鬼贵人非之惧，常懔然于心目间，虽文辞之雅俗工拙，懵然不自知，而取舍之义利公私，则早与同志者盟心夙夜矣。

厥事未藏，吕文起刺史来署邑篆，忻获就正，批却导窾，匡益良多，己亥冬编纂告成，名曰续修，但取辛未以来事，详列备载，分类增补。极知不免烦琐之讥，窃取宁过存无过废之义，聊以供后人之采摭，备他日之遗忘而已。若夫繁简适中，去取允协、行远传后，敬俟博雅大方之君子。

光绪廿六年庚子三月崇安翁昭泰序

四月间，准日本领事官丰岛舍松来函，以日商王翔瑞被宝顺税行拖欠期票一案。函县追支推诿挨延，请饬府提案押追一案。前件先后札饬闽县并委员章景枫会办未结，旋因交涉案件统归福防厅吕渭英办理，由县将案移厅。经福防厅吕渭英查明，此案陈拱三先因樸办宝顺税行亏本，退樸预印税，行空白印票，向行伙陈锡龄图诈该厅，前在闽县任内，业已讯出实情，从宽发落。兹陈拱三又敢串出日商王翔端包讨，经该厅与日本领事反复辩论，领事唯唯，嗣又准其来函，谓该款已经公亲处，令陈拱三自还日商王翔端借款，宝顺税行期票应还，陈拱三自行控告，请将案注销等由，由厅申请销案，理合登明。

注：樸办，福建盐区替县衙征收各种盐税的商人。

五月间，准日本国领事丰岛舍松函，日本人滨田机与福州人刘祖培合伙租船往来三都运货，船到多日刘祖培反悔不交银圆，请饬传追一案。前件当经照抄约字札饬闽县传讯办理，未据办结，旋因交涉案件统归福防厅吕渭英办理，由厅传集讯断，酌偿滨田机洋银捌百元分派刘祖培等，于两礼拜内送交领事转给销案，理合登明。

六月初一日，吕渭英正式署理福防厅事。

秋，福建、福州驻防地方，洪水为灾，仓盐淹没，吕渭英确查灾情，筹款赈灾，疏浚水道，旧课照案缓征。

九月间，福防同知吕渭英呈禀：准英国额领事函，据英商裕昌行禀送，商民复兴号禀词一扣据称，素代裕昌行售卖洋货其银，由行自收被福泰饼店东林细弟拖欠，倒闭逾期无支，函请传追等由一案。前件当经福防同知吕渭英饬传去后，据林细弟禀称，欠款已托人折让理还等情，即经批示在案，迄今日久未准领事函催，照例注销，理合登明。

十月间，福防同知吕渭英呈禀：准日本丰岛领事函，据泰亨洋行禀，被贞记栈东赊欠倒闭等情一案。前件经福防同知吕渭英集讯，贞记栈计欠泰亨洋行台伏捌拾伍元，贞记栈以家贫求让，断令还洋陆拾元，限期缴案给领，完案，理合登明。

十月间，福防同知吕渭英呈禀：准日本丰岛领事来函，陈炳荣被倪彬彬即小山借欠台伏叁千伍百元，立有票据，函请封追一案。前件先经福防同知吕渭英查办未结，随于贰拾柒年五月间，日本领事函，请将案提府封追办理等情，先后到局当经分饬秉公断办去后，旋接领事以案经公亲调处让还，日商甘愿了事，函达销案等因，并据该厅呈禀销案，理合登明。

十一月间，福州将军崇善整顿海关厘务，以吕渭英董其事，以赵云崧为副。

十一月间，吕渭英请闽浙总督许应骙为《续修浦城县志》作序，许督序言如下：

浦城地居三省之冲，当海禁未开时，冠盖往来，商贾辐辏，一雄紧邑也，咸丰戊午，赭寇陷城，乡兵歼焉，邑宰之殉者二。垂五十年元气未复，休养生息之难也如是。盖其地山径四达，民多扑愿，贫富不均，疾耕而不足于食，客籍之蒡趾错乎其间，易以牙孽。夏秋青黄不接，则聚而泮于官。或瞬息而变生，烽燧一举，居民惊徙，动劳捕治。如今夏江山之盗是矣，由是言之，谨陋塞。足仓储，锄非种，非宰斯土者之要务乎？门人翁令天祐续修县志，吕令渭英踵之，书成，请序于余。

余惟宋以来，志乘之善者不多觏。邑志则以明之朝邑、武功为最著。要亦不外乎体例精核，能举其要，为法来者，而非以逞词华较工拙也。是志谨遵前轨，有增而少删，盖其慎也。而于戊午之役，纪之特祥，意在表彰忠烈，备稽关隘守御之得失，以垂示后人。至于版籍仓廪之数，缕晰书之，尤三致意于足食之政。秉笔者其知先所务乎，故乐为之序。

赐进士出身，兵部尚书兼部察院右都御史，总督福建、浙江等处地方军务兼理粮饷盐课兼管福建巡抚事，总理各国事务大臣许应骙

十一月间，福防同知吕渭英呈禀：准日本丰岛领事来函，据日商春成栈禀，被上渡天成号陈泉官等赊去货银，短欠不还，叩恳照追等情，函请饬追一案。前件当经福防同知吕渭英查追去后，旋据该差以大成号已自向春成号求情理楚等情，禀复：函复领事销案，理合登明。

十一月间，福防同知吕渭英呈禀：准日本丰岛领事函，据日商太古洋行禀，同人漆行张国彪向借捧银，届期无偿，交付屋契玖纸求缓，嗣屡催索以屋无买主为辞，复串同高董两姓盘踞，请饬拘追办一案。前件经福防同知吕渭英提集质訊，缘张国彪系同人漆行掌盘，曾托经手人蔡炳耀借洋叁百余元，陆续还过数百元，票未收回，嗣因同人漆行倒闭，蔡炳耀即向张国彪追讨尾

欠，并将其租住房屋霸去。张国彪禀请押搬蔡炳耀，即将同人倒票，请日商出头代追。断令太古洋行借款系蔡炳耀借去，应由蔡炳耀自向理清，蔡炳耀所霸之屋，限半月搬还，大同钱店管业同人漆行欠蔡炳耀经手票款，着张国彪检查簿据还过若干，尚欠若干，妥为减让了清。两造允洽，函复日领事销案，理合登明。

注：捧银是源于清朝时期沙湾何氏一族的传统习俗。在每十年举行一次的敬老宴上，由年纪最大的人双手捧起金银走出宗祠门口，寓意好彩头。

十一月间，福防同知吕渭英呈禀：据义和洋行禀，被鼎记杂货店陈墨墨短欠铜价，屡讨枭还，叩请标封拘追一案。前件经福防同知吕渭英饬差封拘在案，嗣据叶珍以陈墨墨欠款已经理还禀，请启封销案等情，即经批准启封销案，理合登明。

十一月间，福防同知吕渭英呈禀：日商东来质铺禀，金福隆船户陈銮芳托保借洋壹千捌百元，逾限不理等情，函请追办一案。前件经福防同知吕渭英传訊，缘船户陈銮芳因漏私被海关将船扣留关书，陈则贞即绍耕允为调停，着陈銮芳出洋壹千捌百元了事。陈銮芳因无现洋，经柯成顺、陈永操作保立票，嗣奉军宪提訊，谕令陈銮芳罚洋陆百元，释放完结。陈绍耕知事不谐伪托，日商东来质铺将票呈送日领事签字，函厅饬追节訊，柯成顺、陈永操供词先后矛盾，反复究诘，得悉前情，随将供词录复日领事，邀其到署会訊。正在核办间，准丰岛领事函以陈銮芳欠款已据陈永操、柯成顺赔还，请将案注销等由。查陈则贞借案需索，柯成顺、陈永操朋比为奸，均属藐玩，姑念再三吁求，愿报效防捐捌百元从宽免究，陈銮芳漏私被获，希图以财营脱，亦属不合，姑念再三吁求，愿报效防捐壹千元，亦予宽免置议，饬令所立票据，缴案涂销，理合登明。

十二月间，德国领事官温玺来函，以上海德商泰来洋行被买办陈奭欠银不还逃匿福州，请饬严行查拿一案。前件即经分饬福防厅、闽侯县设法查获去后，迄今匝年，既未据具报查拿，又未准领事续催，应即开除，以清尘牍，理合登明。

十二月间，准英国领事官额必廉函，以英商裕太行工人倪永坤被县拘押，请饬县释回工作，候福防厅訊明办理一案。前件已于贰拾柒年三月间，林春发纸班案内办理此案，应行开除，理合登明。

十二月二十日，闽浙总督臣许应骙奏为请补知县以裨地方恭折仰祈圣鉴事：窃照南靖县知县朱之启于光绪二十六年九月二十八日在任病故，业经开缺，留闽另补，照例以病故日作为出缺日期，勒归九月分截缺，另行咨部。所遗南靖县知县系退选缺，应即按班遴员请补。查闽县病故休知县，上次用至大挑本班止，兹所出南靖县知县，闽省裁缺即用，回避即用，撤回即用均无人按班轮，应分缺间用人员到班。查郑工分缺间，无人应用新海防分缺间之人，惟前出归化县，业经请以各项出身分缺间用知县何维楷补授。今南靖县知县应以正途出身人员补用，查有正途出身新海防例分缺间用知县吕渭英，年四十四岁，浙江永嘉县举人，拣选知县，遵例报捐，指分福建试用，领照来闽，光绪十九年十一月十六日到省，试满留用，复遵新海防例，报捐分缺间补用，二十三年三月二十日奉部行文过班，按照限减半计算，应以二十三年四月二十九日作为新海防分缺，间知县到省日期，委署惠安县加捐同知衔，办理洋务出力，保准俟补缺后，以直隶州知州留闽补用，委署闽县、浦城等县，于昭信股票报效案内，奖给花翎，因前在闽县任内办理洋案出力保准俟归直隶州，后加知府衔，委署福防同知，于二十六年六月初一日署事。该员吕渭英才具明敏，以之请补斯缺，洵属人地相宜，与例亦符，合无仰恳，天恩俯准，以分缺间用知县吕渭英补授南靖县知县，俾资治理。如蒙俞允，该员系分缺间知县，请补知县衔缺相当，毋庸送部引见，并免核计参罚据，福建藩司周莲兼署臬司杨文鼎会详前来，除咨部外，理合恭折，具陈伏乞，皇太后、皇上圣鉴，敕部议复施行，谨奏。朝廷批复：吏部议奏。

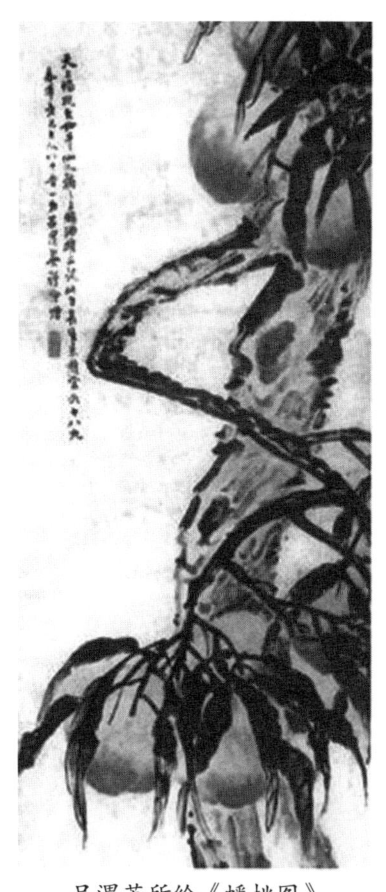

吕渭英所绘《蟠桃图》

是年，福建布政使张曾扬统计于光绪廿四年（1898）浦城县地丁额征银四万一千三百二十四两三分四厘；存留银七千五百四十两一钱一厘；起运银三万三十七百八十四两一钱三分三厘；限完八分七厘银二万九千三百九十二两一钱九分六厘；存留限完共银三万六千九百三十二两二钱九分七厘。

税契限征银数二十四年三千两。

已解银数：二十三年分二千四十五两三钱七分六厘；二十四年分二千七百二十六两

七钱九分七厘;二十五年分已完银二千二百六十九两七钱八分五厘。

拟定限征银三千两。

光绪二十五年己亥(1899)十月至二十六年(1900)闰八月,福建布政使张曾扬谨将各属未结交代短款各员开单呈送察鉴,短交各款除解外,前浦城县吕渭英尚短银四千九百五十二两零。

是年,吕渭英绘《蟠桃图》赠予81岁老叟名"春华"者作为寿礼,作品设色纸本,立轴,纵92厘米,横43厘米,为其中年精心之作。一株桃树斜贯全幅,枝曲似龙,叶茂实硕。左题:"天上蟠桃大如斗,仙人摘之去酿酒。愿公饮此自长生,朱颜常如十八九。春华老兄大人八十晋一,弟吕渭英谨绘赠。"下钤"文起小印"朱文印。

是年,吕渭英以银圆局开铸"光绪元宝"和"大清铜币",面值分别有1文、2文、5文、10文、20文等5种。

福建官银钱局光绪元宝

清光绪廿七年(1901)　岁次辛丑(四十七岁)

正月间,福防同知吕渭英呈禀:准日本丰岛领事函,据大阪公司禀称,海龙丸轮船被宁波广源、裕盛两船撞坏,函请扣留,着赔等由一案。前件当经福防同知吕渭英函告洋务分局高委员,会同日署翻译官勘验估赔了事,理合登明。

正月间,福防同知吕渭英呈禀:准俄国宝领事函,以华民庄炉灶常以污秽之物晒于众往来之处,先经劝谕不遵,送请惩办一案。前件经福防同知吕渭英提訊,严加申斥,着令搬移他处,函复领事销案,理合登明。

二月间,准英国额领事来函,东岐乡黄九九阻害教民,请饬取保具结,以免教民受亏等因一案。前件当即札饬关县密速查办,嗣据该县呈禀:"准英领事以黄九九已具结,不敢拦阻教民,函请销案,理合登明。"

二月间,准荷兰国领事高士□照会,海防前街有天祥洋油店用荷兰公司天祥行所制旧铁矿装下等之油混充,请饬查明禁止,并究明所用招牌是否冒名等因一案。前件先经札饬福防同知吕渭英查传讯办，续准英国额领事以德兴行禀，天祥号油店假冒该行字号有碍生理，照请饬办等因，又经行厅归案办理，随据该厅饬传天祥店东王庆祥，并起同所卖洋油二箱到案，讯明伊店售卖之油均系英商泰兴龙标、日本笋标两号，并不敢假冒等语，取结附卷，随将两号洋油开箱查验，货色各别，送请英领事复验在案，至该店所用天祥字号已非一日，如无冒充情弊，自难勒令撤换，以顺舆情等由，申复到局，即经分别函达英国、荷兰两领事一律销案，理合登明。

二月间，准英国额领事照送，永福县附贡生胡宾瑛控福兴春船头行东潘銮銮假行船票局骗银员禀词一扣，请饬厅从严究办。前件饬据福防同知吕渭英申复案经传讯未到，据公亲武生潘秉杰等以业经调处，潘銮銮已将前收洋银归还认罚，胡宾瑛情愿自讼，禀请销案等由，当经由局照准，英领事复称已饬义和行知照等由，又经行厅销案，理合登明。

二月间，准英国领事官额必廉来函，华民陈连登借典洋牛房银伍百贰拾元，本息无还，请饬厅传追等因一案。前件饬据福防同知吕渭英申复，据民人陈连登呈诉，有公房祭田，先经典与素在洋人牧牛之蔡阿纣，得价肆百贰拾元，期限伍年听赎，后登自己又向纣处借出台伏壹百元，议息壹分陆厘，立有手票，内注如有短少，俟赎田之日，一起认还，现在期限未满，何得勒赎还等情，申复到局，当经函致英领事，饬遵在案，理合登明。

二月间，福防同知吕渭英呈禀：准法国高领事函，以天泰行禀陈保保欠洋银肆拾捌元，屡讨未还，请追办一案。前件经福防同知吕渭英提讯，陈保保家境万难，断令偿洋贰拾元，按月分缴贰元，天泰行东依允遵断，销案，理合登明。

二月间，福防同知吕渭英呈禀：准日本丰岛领事函，据日商张瑞钦禀，伊店屋租与陈源兴等，欠租霸住，请押搬拘追一案。前件经福防同知吕渭英饬令陈源兴、蔡文感将屋搬让，所欠租钱数尚有，限从宽免予追缴，销案，理合登明。

二月间，日本驻厦领事上野专一来函，据日籍商蔡梦星即鉴堂禀称，福州举人郑祖庚、郑祖仁招办膏引，托保立约，议明如不照办，应赔旅费等银。随向伊支银六百元，讵郑祖仁承办膏捐，既属子虚，支款赔费屡讨不还等情，照抄副禀条约送请檄饬究追一案。前件饬据福防同知吕渭英传讯举人郑祖庚具禀，蔡监堂系属厦商顶冒日商蔡梦星，此扣草约系族人郑簪元与蔡监堂同拟请办膏捐，嗣因堂乏款事，即罢论，今以草约，并担保字嫁名影射，请传谕蔡监堂正身来省质訊等情，由厅申报到局。当即函请领事饬令蔡监堂来省质訊断办去后，旋由日本领事函送代理人富田庄藏，由厅传同被告举人郑祖庚等质訊。查校草约，蔡监堂与郑祖庚商同包办膏捐，蔡出资本，郑出斡旋，条订一切。蔡监堂当出台伏六百元充作费用，旋因试办不成，两造各以违约相诘，其实事系收回官办，无所议罚，至于蔡监堂原交台伏六百元，嗣由叶绅在琦商恳列宪，请将郑蕴和前缴财政局押柜，余银提出六百元由厅送交日本领事转给蔡监堂，即梦星具领。业经财政局提款饬厅将交收领完案，应即注销，理合登明。

三月间，准英国领事官额必廉照会义和行，购买海纸，各纸行无一肯卖，请饬查究，毋任各纸行拒绝交易等因一案。前件当经饬行福防同知吕渭英确查禀，复核办复准领事以裕太公司公所被林大斌等纠党毁掠，附送原禀，请饬查究等因，又经饬据该厅吕渭英详复案，缘职员何绍庚祖遗何义和、何义发海纸印号先有，林春发承领监造有年，现因林春发违约滥造低纸，连年欠租，经绍庚召回印号自行监制。林春发冒称，洋商与何绍庚互控，旋经麻翻译查明，案与英商无碍，函请归厅訊办，即经由厅訊明，断令嗣后洋商生理照常交易，何行因何不售许其指名禀，究工匠官淦淦因讨算工钱，在林春发处争闹跌毁物件，并无纠毁裕太公所，已将匠首林大斌笞责押令，同官淦淦将跌毁物件赔还，呈请销案等由，即经据情照会额领事查照销案，理合登明。

三月间，福防同知吕渭英呈禀：准俄国宝领事函，据顺丰洋行禀，送缪长枝请为迅追短缴茶袋一案。前件经福防同知吕渭英提訊，据供茶袋系伊合伙之刘尚藻向领。刘尚藻欠伊洋银在闽县互控有案等情，移取县卷复訊相符，一面函复去后，即准领事回函。兹查晰领袋字据不明，请销案释放等由，当将缪长枝取保销案，理合登明。

三月间，福防同知吕渭英呈禀：准俄国宝领事函，据阜昌行禀，由源顺号等买有大小篓竹被林高容强抢，恳请押放拿究等情，函请查照一案。前件经福防同知吕渭英饬差传訊，并着令先将篓竹运交阜昌行承领去，后旋据公亲郭季昌等禀称，案经处息，恳请察销等情，又经批示，注销在案，理合登明。

三月间，福防同知吕渭英呈禀：准俄国宝领事函，据顺丰行禀，伊由郭宅乡恭记等号购得篓竹被林依三等强抢等情，函请饬退一案。前件当经福防同知吕渭英饬差着令林依三等即将篓竹如数交还顺丰行收领，林依三等与郭恭记另有纠葛，已在闽县控诉，并经移请闽县訊断，厅案先销，理合登明。

三月间，福防同知吕渭英呈禀：据洋务分局高委员禀，德国谢领事以巡勇林兴与篱班郑阿支争殴送厅訊办一案。前件经福防同知吕渭英訊，因戏谑争殴，均不安分，当将巡勇林兴责惩，轿班郑阿支交德领事长班带回发落，函复销案，理合登明。

三月间，福防同知吕渭英呈禀：准日本丰岛领事函，据日商春记洋行禀，伊售货王姓因无现款，以信美钱庄李福源期票贰纸作抵，及期不还，禀请函乞查追一案。前件经福防同知吕渭英訊，因李福源与王文烺款项轇轕，春记洋行欠款应向王文烺追讨，不应代王文烺向李福源帮讨，日本翻译白洲同来观訊，应归入民间词讼，另传王文烺訊断，合将交涉案内剔除，理合登明。

四月初七日，镇守福州等处地方将军兼总理各国事务衙门大臣景星、镇守福州等处地方副都统一等子爵松秀率乡人漳州府知府刘湝焴、时任厦防厅候补知府张兆奎等谨以庶羞清酌致祭于前福州将军镶红旗人费莫。署福防同知吕渭英亦祭幛："是社稷之臣，悲天愤时，遗折数行声泪拜；以国士遇我，感恩知己，抚尸一恸肺肠摧。"

四月廿七日，闽浙总督臣许应骙跪奏：

为海疆要缺同知，办理洋务需人才孔亟，拣员升补以资治理，恭折仰乞圣鉴事：

窃查署福建兴粮通判、本任福防同知温冠春于光绪二十七年正月初五日闻讣丁父忧，应以闻讣丁忧，本日作为出缺日期，归正月分裁缺，所遗福防同知系冲繁难要缺，例应在外拣员请补。查该同知分驻福州南台，该处华洋杂处，商贾盛繁，为各国领事驻扎之区。前经奏明，福州口交涉事件归该同知专办，无论因何出缺，由闽选本班通达洋务之员，不论资格班次酌量补署，或于实缺通判知县拣员升补，奉旨允准在案。臣随督同藩臬两司于闽省现任候补同知本班及实缺通判、知县内逐加遴选，非现居要缺，即人地未宜，惟查有现署斯缺之补用直隶州，请补南靖县知县吕渭英，年四十五岁，浙江永嘉县举人，拣选知县，遵例报捐，指分福建试用，光绪十九年十一月十六日到省，试满留用，复遵新海防例报捐，分缺开补用。二十三年三月二十日，奉部行文过班，按照限减半计算，应以二十三年四月二十九日作为新海防分缺开，知县到省日期委署惠安县，加捐同知衔，办理洋务，出力保准俟补缺，后以直隶州知州留闽补用，复委署闽县、浦城等县。于昭信股票报效内奖给花翎，因前在闽县任内办理洋务出力，保准俟归直隶州，后加知府衔委署福防同知，于二十六年六月初一日到任，旋经请补南靖县知县，该员才具明敏，曾署省会首县，于风土民情最为熟悉，上年委署斯缺，正值北方不靖，闽中谣诼繁与，南台为洋商教士聚集之区，该员均能先事防维弹压、保护。且与各国领事素称联络，遇有交涉事件无不因应咸宜，民教控案亦多持平办结，洵属洋务中不可多得之员，以之请补福防同知实堪胜任。惟该员所补南靖县知县实缺尚未奉准，部复核与奏定新章稍有未符第，人地实在相需，例得据实陈明。据福建藩司周莲兼署臬司杨文鼎，督办洋务局署粮道陈同书会详前来，合无仰恳，天恩俯念，海疆同知员缺紧要，交涉事件日益繁杂，准以现署斯缺之补用直隶州请补南靖县知县吕渭英升补福州府福防同知，实于海防、洋务均有裨益，如蒙俞允，饬令该员请咨赴部引见，并免核计参罚，至所遗南靖县知县员缺，俟准部复，由闽遴员请补，除咨部外，谨恭折，具陈伏乞，皇太后皇上圣鉴训示谨奏。

批示：吏部议奏。

四月间，准英国领事官额必廉照会城内周美二姑娘住屋，近有匪徒抛石掷瓦恐吓生事，并屡次贼入偷窃，请饬保护示禁一案。前件当经由局撰示照送额领事转发悬帖，并分饬府厅（福防厅）县一体示禁，并遴派勇役严密巡缉，暨责成该处铺保认真防护在案，理合登明。

四月间，据职员詹敏功等禀称有行业一座，在冯巷梅坞山之麓。该业前有埕地一块，左畔为天祥洋行之业，与伊埕隔墙为界，现被天祥行开一门路，此埕伊留为起盖门楼，一经天祥行开门即成废地，请照会领事饬令闭塞等由一案。前件饬据福防同知吕渭英勘明，埕地委系詹敏功已业，现系空地借给天祥行开门，颇得其便，于詹敏功尚无所碍，日后如造门楼，天祥行应即将门闭塞，不得异言，劝令詹敏功允许通融了结，除函致德领事查照立案外，详局示遵等由，即经批准销案，理合登明。

四月间，福防同知吕渭英呈禀：准法国高领事函，以洪记号追货累及教民林万连等，为保载请为查究，并先据洋口帮董事蔡恩纶禀，船户林万鱼装运货物，价值壹千捌百余元，捏报失水盗卖，叩请究追及。荷兰国高领事以本行账房有洪记字号糖枣等货雇林万鱼船户装运，林万连等保载往洋口售卖捏称船被撞破，将货盗卖，函请究追各等由一案。前件经福防同知吕渭英传集两造，人证迭次研訊，船户林万鱼因船被撞破，将剩货盗卖属实，断令写立期票，以三折偿还，当将林万连等保释，林万鱼枷号示惩，取结完案，理合登明。

四月间，福防同知吕渭英呈禀：准法国高领事片，送教民陈洪发呈控，牙伙林棠棠透支工资，复卷银逃避，请乞究追一案。前件经福防同知吕渭英饬传集訊，旋据公亲黄寿祉等将陈洪发与林棠棠账目对算清楚，具结销案，理合登明。

四月间，福防同知吕渭英呈禀：据美国沈教士片送教读陈道安禀，伊义塾被贼窃去赃物，粘单叩请缉追一案。前件经福防同知吕渭英饬捕缉获游自自一名，訊追原赃贰拾余件给领。旋据陈道安禀，赃经缴出余已认赔，粘结恳请，宽其既往等情，将游自自责惩，销案，理合登明。

四月间，福防同知吕渭英呈禀：准法国高领事函，以商人魏池招工赴马大嘎司嘎岛工作，所招工人将所给洋银、衣毡等件纷纷卷逃，获送邵承桐等陆名，请追究一案。前件经福防同知吕渭英驰往马江亲为弹压，遂加晓谕，不愿去者缴还银物，听其回家，携资先逃者，饬拿究追，事随帖服，并将送到逃工，分别追洋枷责，保释完案，理合登明。

四月间，福防同知吕渭英呈禀：准美国葛领事片送教民王贤泉禀，伊厝与刘姓合业，刘姓雇工金莲填地需土，将伊一半地内掘去百余担，向阻凶殴请验究一案。前件经福防同知吕渭英传到金莲质訊挑土有限，提验王贤泉尚无伤痕，着令金莲向王贤泉当堂服礼，王贤泉亦允服完案，理合登明。

四月间，福防同知吕渭英呈禀：准美国葛领事片送蒋王氏禀，伊夫在日，在邵武府开设源茂杂货店，被邱桂元赊欠货银枭噬，现在邱桂元办木到省，叩请封追一案。前件经福防同知吕渭英饬封传訊，邱桂元人在原籍，木排亦与他人合伙，未能标封，又经函达葛领事，着令蒋王氏自赴原籍控追在案，应即开除，理合登明。

四月间，福防同知吕渭英呈禀：准俄国宝领事函，以轿班翁鸡弟往泛船浦接客，被禅臣行茶师管事韦吓炳鞭踢一案。前件当经福防同知吕渭英函致德领事，将韦吓炳送訊，旋准函复，韦吓炳业已逃避，又经转致俄领事在案，应即开除，理合登明。

四月间，福防同知吕渭英呈禀：据教民郑鸣雍禀，伊堂中被窃，查赃在郑寔官处等情一案。前件经福防同知吕渭英查明，郑寔官系开代当，除令取赎，一面饬缉，另行惩办外，应先将控案断结，理合登明。

五月间，准日本丰岛领事来函，台湾银行被陈湛照等借欠洋银叁万伍千元，届期告缓，至今未还，请饬押追备抵一案。前件饬据福防同知吕渭英禀复，陈湛照凡弟欠台湾银行洋银，迭求邀中理处，延不应支，请饬县标封店铺等由，当经分行、闽侯两县查明店屋先行标封去后，复由该厅訊明陈湛照共计借欠契押手折叁款，除借款已偿外，实未偿本银壹万柒千元，息银叁千元，断令让息还本，以住屋备抵，并由康泉典东分期认缴，又押款叁千元，限令将产变卖偿还，又折款伍百元，由康泉典铺如数给还，一俟认款缴清，该银行所执叁万伍千元期票一律交还陈湛照销毁，各具限状甘结详请，销案前来，即经函准领事函，复销案，理合登明。

五月间，准法国主教苏玛素来函，教民陈香香与邓波波互争鱼池根业，县断失平，请饬提府訊究一案。前件当查民间控争鱼池与教务无涉，中国地方官有自理之权，此案究竟是何情形，应行县分别訊办，具复并函复苏主教查照，复准该主教以此案实因题修拏公庙挟衅，札县复訊，仍恐苛勒，坚请提府訊办复查。此案争讼专为鱼池，与教务无涉，两造均属中国百姓，地方官照案审办，自有权衡，倘似此明明田土控争，竟可不问案情，强坐以题捐挟衅，不由官断，概指为苛待教民，未免迹同偏袒，事与仇教无干，未便强词牵合，因念苏主教再三陈请，姑予行县将人卷送由福防厅吕渭英提集质訊，秉公断办，并明晰函复苏主教在案。随据闽县申复，查鱼池实系拏公庙公业，先经陈香香之租批穙，年纳池租拾叁千贰百文，嗣后不知因何议减，年只纳租叁千伍百文，由绅董邓克俊等控，经福防厅吕渭英断，加租钱肆千伍百文，邓克俊等以所断不及原额，复赴闽县具控，由县酌量，断令陈香香再加租钱贰千文，每年合纳租钱拾千，尚不及原额之多。邓克俊等业已遵断，而陈香香一味恃教逞刁，抗不遵断，苏主教又一味左袒，致难断结等由，迄今日久，未接主教来函，应即将案注销，倘将来主教再有续渎，仍当据理驳复，理合登明。

五月间，准日本丰岛领事来函，日商震顺洋行托卢成轩赴安平凡轮船提银被匿，并造谣胁阻安平凡运货出口，请饬拿究追办一案。前件即经札饬福防同知吕渭英查明，妥办去后，随准日本翻译来函，震顺行前托驳船提银一案，现经查明，该船东为伍记与卢成轩无干，亦无胁众罢装之事，至该银失落，现颇明白，该轮管舱人似亦难辞失捡之咎，请销案等因，又经行厅吊票销案，理合登明。

五月间，福防同知吕渭英呈禀：据家丁林升禀，伊家主王学孟借与洋关书吏曹忠廉等台伏壹千捌百余元，曹忠廉等意存枭负，恳请拘追等情一案。前件经福防同知吕渭英函准税务司，查复曹忠廉等欠王学孟之款，当饬每月共还台伏拾陆元，王学孟出有亲笔收单，面允销案等由，应即注销，理合登明。

五月间，福防同知吕渭英呈禀：准日本白洲翻译来函，以厨丁被贼窃去首饰物件开单请追一案。前件经福防同知吕渭英饬，据差查系厨丁之弟所取，现已归还等情，禀复当即函复销案，理合登明。

六月间，准洋关税司李华达函，福安轮船搭客带有小孩，该船主询系拐带，及船驶至福州并未禀报，擅将拐犯交地保罗安保领，请饬分别查传讯办一案。前件当经移饬查办，随据三都厅询，据泛弁林逢恩查复，当时轮船搭拐带小孩，除不认识一口，在福州由陈大弟保领外，其余三口由该泛弁传询各家属，委系因贫卖人，劝令各行领回，具结存案，并由福防厅（谱主时任该厅同知）勒提保人陈大弟，未获提訊，地保罗安及保人许荣仕訊明，拐犯黄阿乞系南安县广泽乡人，节经由局分饬查拿解办在案，理合登明。

六月间，准英国额领事照会，泛船浦一带回禄空地拟令各民居、店铺退让地址借宽街道一案。前件即经饬据福防同知吕渭英亲诣勘丈，出示晓谕各业主一律退让，申报在案，理合登明。

六月间，据南台巡查委员高庆铨禀，泛船浦失慎，见有棍徒抢取义兴洋行棉纱，饬差夺回，复被抢去二件，向广兰馨藏匿，禀请饬厅追办一案。前件当经札饬福防同知吕渭英查办，续据该厅呈禀，据广兰馨店主汪仁寿以伊店并无存匿抢棉纱等情，具禀复查无异，应请将案注销，理合登明。

六月间，福防同知吕渭英呈禀：准日本白洲翻译函，据日商陈卜五禀，伊赴粤营商，有跟人张地地在香巷客栈窃取龙洋物件，潜回家中隐匿不认等情一案。前件经福防同知吕渭英饬传并函复，将证据告知去后，续接来函，以该商所控之案尚无实据，请暂将票吊销，应即销案，理合登明。

六月间，福防同知吕渭英呈禀：据教民赵嘉栋禀，林幼敏借欠台伏壹百贰拾元，立票到期无支，叩请饬追一案。前件经福防同知吕渭英饬传去后，旋据公亲以案经理明归结清楚，取具两造息结，禀请销案，即经批准息销，理合登明。

六月间，福防同知吕渭英呈禀：准英国额领事函，据英商义和行禀，伊向协兴隆箱店价订裱箱纸料路过上杭街，被宝兴纸店截抢等情，函请追还一案。前件经福防同知吕渭英饬，据差复，宝兴纸店因协兴隆欠银不还，将纸扣抵，协兴隆亦认欠属实，提訊无异，饬令将纸送交英领事查收转给义和行承领完案，所有协兴隆欠项另行饬追，理合登明。

六月间，福防同知吕渭英呈禀：准日本丰岛领事函，据日商春成栈东禀，伊家被贼窃去衣服等件，函请查追一案。前件经福防同知吕渭英饬据捕役缉获林云江一名，訊认偷窃不讳，追起当票纺绸女衫等拾叁件，送交转给该商承领，一面将贼犯林云江责惩完案，理合登明。

六月间，福防同知吕渭英呈禀：准德国谢领事函，伊往古岭歇凉，带有牸牛壹只，以供牛乳，因在山上受惊，跑践居民茹园时，郭依顺将牧牛人黄登登擒殴，又来凉风亭吵闹，函请訊办一案。前件当经福防同知吕渭英饬传去后，即准领事函，以郭依顺罚洋贰元作黄登登医伤之费，请吊回差票销案等由，应即销案，理合登明。

注：茹园即菜园。

七月间，准洋关李税司来函，下渡巷头街太平巷口至万春巷口各铺户门前货担菜摊排列拥挤，有碍道路，请饬出示晓谕，派勇驱逐一案。前件当经分饬福防厅、县出示晓谕，责成差保认真巡禁，并饬据南台巡查高委员禀，复已经饬派巡勇驱逐，并亲诣查勘，严谕各铺户不得排列菜摊，一面督饬勇头巡勇随时驱逐等由，理合登明。

七月间，福防同知吕渭英呈禀：准日本丰屿领事函，据日商亨洋行禀，公利栈向借台伏一千四百元，订期匀还，到期屡延，栈闭人逃，请饬差点交变抵传案，限还一案。前件经福防同知吕渭英饬传在案，理合登明。

七月间，准英国额领事来函，马尾山英养病院后，民屋多有饮酒、赌博，彻夜叫吵不休，甚碍病院养疴之人，不得安睡，请饬查禁一案。前件当经札饬福防厅吕渭英、闽县知县会派妥差前往查明严禁，理合登明。

七月间，福防同知吕渭英呈禀：准德国谢领事函，据瑞国人孟脑尔禀，伊轿夫王假甚不安分，不从使令，忽然逃走，请查拿一案。前件经福防同知吕渭英饬差查拿，据复王假业已逃往香港，无从获送等情，自应先行注销，理合登明。

七月间，福防同知吕渭英呈禀：准英国额领事函，以义和行被洋驳栈谢曲蹄拖欠轮船载费肆百元玖拾柒两，令请为拘追一案。前件当经福防同知吕渭英差传谢曲蹄之伙陈三弟究追，旋谢曲蹄以五成银两交结义和行收领，并据额领事函请销案，理合登明。

七月间，福防同知吕渭英呈禀：准英国额领事函，据英商太平行禀，恒茂、遂隆等号向伊定购铅条，除已收偿价外，未收各条因价低落，背约不收，开单请饬着令照收一案。前件当经福防同知吕渭英饬，差传谕恒茂等号照约购买给价，旋准英领事函请销案，理合登明。

七月间，福防同知吕渭英呈禀：兴豫洋行魏管事告称，观音井陈则则住屋停棺未葬，墙垣损坏，诚恐不测，请饬分别掩埋修理一案。前件经福防同知吕渭英查明，陈则则柩未葬，该家属因时疫搬避，且家贫无力掩埋，屋业系属公房，当经捐资助葬，一面谕令该公房将屋修整完案，理合登明。

七月间，福防同知吕渭英呈禀：准日本丰岛领事函，据日商震昌洋行禀，陈祥天代福履绥鞋店赊去货银壹百零捌元无支，函请饬追一案。前件经福防同知吕渭英差追陈祥天将欠洋如数清还，准丰岛领事函请销案，理合登明。

七月间，福防同知吕渭英呈禀：准英国额领事函，以英商渣打银行禀，伊买办有铁甲万壹只，于被火时失去，内存物件粘单请为查追一案。前件经福防同知吕渭英饬差查复，买办所失之物已由行内陈细细交回贰拾柒件，请将陈细细送究等情，即函致英领事送案訊究，日久未准送案，无从追究，自应将案注销，理合登明。

七月间，福防同知吕渭英呈禀：准英国额领事函，据英商宝德行禀，观浑天铺林细奴赊去钟表共银陆拾柒元零，店闭人逃，转请传追一案。前件经福防同知吕渭英饬，据差查，林细奴即沈细奴，实已逃避无踪，原告宝德行亦知其故，允准销案等情，即函复领事销案，理合登明。

八月间，奉宪行接李税司函，仓前山税司寓所旁边有英商德兴行修造园墙，适当寓所后门要路，不便行走，且闻有坟墓未买先行园入，恐酿巨案，函请核示饬局行厅诣勘妥办一案。前件当经札饬福防同知吕渭英遵照宪行诣勘，妥办具报在案，理合登明。

八月间，准英国额领事抄送英商裕昌行监生梁慈藩、孟建旺禀词抄白及承聘字声明，已将原禀等件函送福防厅查办一案。前件并准续送裕昌行原禀，当经先后饬据福防同知吕渭英禀复，缘梁泽航向裕昌洋行贩卖铅条，因去年铅价亏折以致无力还款，木客梁慈藩有向梁泽航历借多银采办杉木，今梁泽航无力清还洋款，须俟梁慈藩蕉坑木排到省拨抵，由厅饬令赶紧设法运木还款等由。嗣据该厅呈禀，已经勒提梁泽航追缴现银壹千两其余贰千两限明年贰叁月缴清，业经遵断，将银送交英领事查收，并与商明饬令裕昌号遵照完案，应先销案，理合登明。

八月间，准英国额领事照会，顷闻福州木匠停工有碍洋行工程，请饬查明，倘有其事，务严禁以杜把持一案。前件饬据福防同知吕渭英申复传訊，匠首李矮弟供称，因兴豫行工程接主于各工匠并无加钱，所以各工匠均往加钱各处做工，致兴豫行停工等语，当将查訊情形，函告英领事，并催各工匠赶造等由，应即销案，理合登明。

八月间，福防同知吕渭英呈禀：据洋务分局高委员函据天祥行英商禀，有潘四四偷拔围篱，意存行窃，擒获送局，转送究办一案。前件经福防同知吕渭英提訊，该犯供词狡赖，随将该犯枷号示众，限满交保管束完案，理合登明。

八月间，福防同知吕渭英呈禀：据洋务分局高委员函据美部会教堂禀，被贼窃去锡器等件，拘到林二二送究一案。前件经福防同知吕渭英提訊，犯供狡展，将该犯林二二枷责示众，限满交保管束，销案，理合登明。

八月间，福防同知吕渭英呈禀：准美国葛领事片，送窃贼谢三三壹名，请乞究办一案。前件经福防同知吕渭英訊，认偷窃鸡子壹尾，即被筑见送案等语，当将该犯枷示一日，交保管束，完案，理合登明。

八月间，福防同知吕渭英呈禀：准英国额领事函，据兴豫洋行禀，有华人拨还买物银壹百元在楼上失去后，有卖菜人程天良持票往支，送请彻究一案。前件福防同知吕渭英正在提訊，复准领事以査叶朝正其人甚有可疑，请传訊究等由，复经传訊，叶朝正供认窃取，惟叶朝正年幼无知，应与程天良均从宽免议，银未被支，应即销案，理合登明。

八月间，福防同知吕渭英呈禀：准日本丰岛领事函，据福山洋行禀，有麻疯恶丐数十人在行吵扰，势甚凶猛，请派差弹压驱逐一案。前件当经福防同知吕渭英饬差将丐驱逐，并谕饬嗣后不准强索，一面函复完案，理合登明。

八月间，福防同知吕渭英呈禀：据洋务分局高委员函，据顺丰洋行函称，被贼窃去做茶木料，请乞饬缉，当获陈吓弟起出木料交顺丰行认领，将犯送究一案。前件经福防同知吕渭英提犯訊认，枷号示众，续准俄领事以陈吓弟所窃木料窝存陈有城和兴号店内，请拘究等由，又经传到陈有城，訊因修理店屋有人携板二块，不知误买，应免置议，函复领事销案，理合登明。

八月间，福防同知吕渭英呈禀：准英国额领事函，据德兴行自来水厂禀，有棍徒张容容等闯入水厂意欲攫物，因看管人陈万彦拦阻怀恨，途遇被殴受伤，转请拘究一案。前件经福防同知吕渭英饬拘去后，复准领事来函，以张容容等皆知畏罪，自求罚钱充作医院经费了事，恳请销案，理合登明。

八月间，福防同知吕渭英呈禀：准洋关李税司函，据邮政局英人纪吏申失去表物等件，疑系跟班陈光奎所窃，送请究追一案。前件经福防同知吕渭英提訊陈光奎，据供求限叁日设法寻出赃物，或出钱赔偿，伊自向英人了事等语，当将该犯仍交原差带回完案，理合登明。

八月间，福防同知吕渭英呈禀：据洋务分局高委员函送，小工陈依致即林智智因偷窃阜昌行茶箱旧铅转请究办一案。前件经福防同知吕渭英訊认，偷铅不讳，当将该犯枷示，限满保释完案，理合登明。

八月间，福防同知吕渭英呈禀：准法国高领事函，法商魏池专差林十六寄送矿师洋银被其存匿，函请拘追一案。前件经福防同知吕渭英饬差查提，续准来函，以接矿师回信，林十六送洋业已收到，请将此案注销，理合登明。

八月间，福防同知吕渭英呈禀：准荷兰国高领事函，福安县人郑祥伯由本行揭出茶银，届期不付，请乞拘追一案。前件经福防同知吕渭英饬，据差查，保人林志椿已回原籍，无从传案等情。禀复即经函复高领事在案，请将此案暂行注销，理合登明。

八月间，福防同知吕渭英呈禀：准英国额领事函，据裕昌行禀，华船户宋宝聚被贼林歹歹窃去船锭，请乞究追一案。前件经福防同知吕渭英提訊，据林歹歹供无偷窃情事，原告宋宝聚延不投质，嗣因林歹歹在押患病，且已托人向洋行说明，缴呈签字，取保释放，完案，理合登明。

九月间，据埕浦头乡耆民程亦玉等禀称，乡内墓亭后公山一仑葬有祖坟，讵王凃凃等胆敢盗卖，洋人难免毁坟，后累不浅，恳乞照会英领事谕令各洋商勿被蒙混受买，一面从严示禁等情一案。前件当经檄饬福防同知吕渭英查明办理，续据呈禀先准英领事函，朗姑娘向埕浦头程其泳永租禅臣后山一段，讵有林榜榜等出阻等情，传集訊明，此山实系官山，附近居民准其安葬。程其泳居近是山，葬者子孙托其看管，现在山中坟墓甚多，除饬地保查明分别有无子孙，依限给赀领迁，及由官雇工迁埋外，断令该山仍归朗姑娘租造房屋，已付租价作为程其泳看管之费，未付租价饬令朗姑娘如数缴厅转给完案，理合登明。

九月间，准英国额领事函送华民倪希韶禀称，传道江仲信占地建堂，原禀请饬确切查办一案。前件饬据福防同知吕渭英详复传集訊明，该处填基地方实系倪希韶之业，执有契据呈验，断令将该地退还倪希韶管业，江仲信图占地基，大属不合，唯一经对质，俯首认非，从宽申斥。两造允服，具结完案等由，当经函致领事销案，理合登明。

九月间，福防同知吕渭英呈禀：准日本丰岛领事函，据公同和禀，被万源号买去洋油欠洋叁百叁拾捌元零，订期理还，经手林鉴鉴躲避不见，请传訊究追一案。前件经福防同知吕渭英饬传续准来函，□该欠项已由经手交回，应请销案，理合登明。

九月间，福防同知吕渭英呈禀：准英国麻翻译片，送黄寿利一名系在兴豫行内滋扰，请乞讯究一案。前件经福防同知吕渭英讯，系兴豫行买办与其赊买荔枝结欠银钱，向讨抗还，挟嫌送案。查核供词，似属实情，谕令嗣后安分营生，毋得多事，当将黄寿利保释完案，理合登明。

九月间，福防同知吕渭英呈禀：准洋关李税司函，二十五夜关内洋房锁匙损坏，失去土药，在厨役余依海箱中查出，另有水手江金朋同屋住宿，将余依海、江金朋送请严办一案。前件经福防同知吕渭英提讯，据各俱认偷窃不讳，当将该犯枷责示众，限满保释管束，完案，理合登明。

九月间，福防同知吕渭英呈禀：准日本丰岛领事函，据石幼弟禀，被陈阿朋将伊侄妇拐卖与翁矮仔为妻，叩请拘办一案。前件经福防同知吕渭英饬传被告石等到案，讯明石陈氏夫故属实，陈阿朋系石陈氏之兄，并无拐卖情事，断令石陈氏既经再醮，石阿灿不应过问，惟伊子石阿朋仍交石阿灿领回抚养，石幼弟并非石陈氏亲属，事不干己，冒认帮讼，薄责示儆。两造允服，具结完案，理合登明。

九月间，福防同知吕渭英呈禀：准英国麻翻译函，据管事林绿竹禀，伊被陈芑田借去洋银玖百两，屡讨不还，转请拘追一案。前件经福防同知吕渭英饬差往传，陈芑田早已闻风远避，无从传案，已函复麻翻译，一面仍饬查追，应先销案，理合登明。

十月间，准美国葛领事函，首饰行志义堂公议规约有碍约章，请将第十三条作废，不得勒派教中各工匠捐此神份，并送规约等因一案。前件并准英国领事照会，前饬据福防同知吕渭英传讯行长□□辉等供称，伊等刊刻规约，系为整顿行规起见，并不与教民为难，亦无捐派神份，唯伊等首饰行向来供奉祖师，岁时致祭，以表不忘而已。本年行中回复，工匠数人均因别故，并非勒派神份，呈送规单请阅等语。查规单第十三条所载之言与领事前送规约词意不符，无庸令其删改，谕令嗣后不准勒派教民神份，借辞辞复，唯行内祖师诞日向有礼拜之事，工匠人等自应不分民教一体遵照办理，所有辞复数人仍应雇用该行长，均各允遵，申复到局，即经分别函致英美两领事查照，理合登明。

十月间，福防同知吕渭英呈禀：准俄国贝勒领事函，据茶片末公帮顺和堂华民卓耀五禀，茶片过卡不准勒取，伊等雇人防备，应抽耗费历来照给，讵有义隆号黄同朝等违规抗抽等情，函请讯追一案。前件经福防同知吕渭英饬，据差查，被黄同朝等均已回归福安，原从往传询，据原告卓耀五亦无异说等情，禀复当经移请福安县传訊究追在案，理合登明。

十月间，福防同知吕渭英呈禀：准英国额领事函，据太平行禀，伊行被火焚去洋驳船，铁锭、铁链均被陆百零柒号洋驳船寻获，向赎不允，请饬传一案。前件当经福防同知吕渭英饬传去后，续准来函，以该船锭链均已收回，恳请销案等由，即经将案注销，理合登明。

十月间，福防同知吕渭英呈禀：准英国额领事函，本署麻翻译轿班翁雅申出街买物，被仓前街人扛殴受伤，函请究办一案。前件经福防同知吕渭英传集两造訊，因买物口角，并无争殴情事，断令各安各业，和好如初。两造允服，具结完案，理合登明。

十月间，福防同知吕渭英呈禀：准美国葛领事函，据珠姑娘禀，被轿夫邓余余辞雇不抬，唆阻他人一律辞歇，请乞严谕等情一案。前件经福防同知吕渭英谕饬去后，□□差以该轿夫等情，愿照会□□不敢翻异，并具甘结一纸，叩请存案等情，已函复领事销案，理合登明。

十月间，福防同知吕渭英呈禀：准日本丰岛领事函，据庐山轩禀，林文铨与店伙陈声崧商量有泰美纸店期票壹百两，因期未到，欲先押借现款，讵泰美店东暗串源记纸栈倪嫩嫩即将陈声崧拘留，并率众闯入庐轩将文铨拿去，恳请照会究办一案。前件当经福防同知吕渭英饬差传訊，嗣据倪朝基即嫩嫩，以伊与陈声崧因强支期票纠葛一案，业经公亲魏文康等理息了事，闻因陈声崧前在日署具控，未经声明销案，致被照会饬传。兹已由原中着令自行禀销，叩请函复前来，已据情函，复日本领事销案，理合登明。

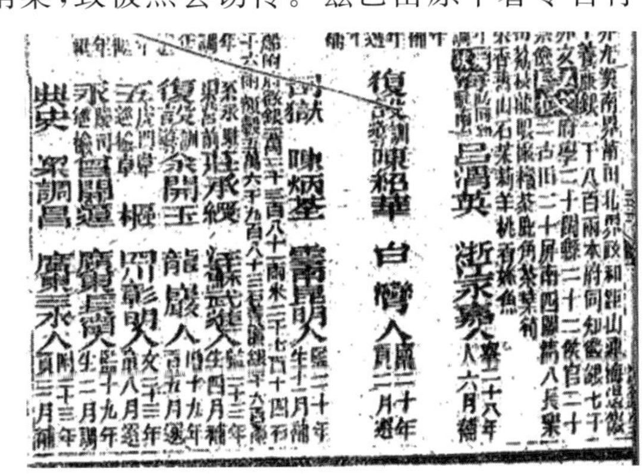

官员名录中的海防同知吕渭英

十月初九日，谕内阁、闽浙总督许应骙奏胪举贤员一折，为吕渭英等请加海防同知实缺，请补福防同知吕渭英。据该督声称吕渭英材堪造就，为通省出色人员，请着传旨嘉奖，以示鼓励。1902 年奉特旨允准。后在任内兼职历充官运官厘局、银圆局、警察局、洋务局、土药局、振捐局、武备学堂提调。

冬十月，福州太守王叔蕃重修九墩十孔的元朝万寿桥（桥长 135 米）。由海防同知吕渭英撰文、江西补用知县孙诒泽书写《重修江南桥记》，并刻有石碑(现移藏于山石碑廊):"福州南台万寿桥之南,旧有小桥,明黄仲昭《八闽通志》所称江南桥者也。盖台江,襟带福州,而万寿江南二桥崇跨其上。南北相望,若垂雯虹,亦会城之巨观也。嘉庆己巳尝一修治。去岁六月,江水尤盛,二桥并圮。王念劬、太守叔蕃念行旅之阻滞,请发官帑二千缗,浙商杨钺、虞振经等复集赀三千缗佐之。先架木以便往来,既复召匠承修三阅月,先万寿告成,渭英吕文起时适承乏福防,实董其成,工蒇为之,清理桥旁官路界域,而禁桥上搭盖贩肆,以为久远之规。所愿浚之,官斯土者相与赓续守护之,弗替者也,监督者为杨钺、虞振纲、王颢,石匠则蒋顺益。集资榷费放汉碑例,别记于浚,俾来者考焉。"

十一月间,准英国领事额必廉来函,华商玉成丰号郭宝林托经手林钟濬向乾记行英商借去捧银二千两,过限无还,照抄揭单,请饬查明传案訊追一案。前件当经饬行福防同知吕渭英立传该商郭宝林及经手之林钟濬到案查訊明确,限令如数照还清款去后,旋据该厅以差传郭宝林、林钟濬均回福安原籍,已移请福安县饬追等由,申复到局,理合登明。

十一月间,福防同知吕渭英呈禀:据永昌行经理人林崧年禀,被木客杨万盛原向伊行领去英洋一千元,约办木植运抵,至今不见株木,询被李寿图混运,未知是何情弊,请封拘究追一案。前件经福防同知吕渭英饬传在案。

十一月间,福防同知吕渭英呈禀:据日震禀,伊双青号布庄郑立慈掌理被陈发发欠共洋一百九十一元九角,向讨图噬,叩乞饬拘究追一案。前件经福防同知吕渭英饬差拘传在案,理合登明。

十一月间,准英国额领事函,刘阿章所设茶饼厂种种危险,早经知会福防厅吕渭英谕禁,讵该厂抗违厅谕,竟敢起火兴造,请饬将该厂机器一并移□□。前件饬据福防同知吕渭英□永泰茶饼厂勘明,该厂与德兴行毗连,所设烟筒与各洋行所设无异,每遇大风煤烟吹入,德兴行屋内实所难免,据称邻近有茶饼厂者不止一家,中外利益同沾,何得独令华人折毁,未免不公,且亦无力转移等语。唯厂内所用水矼有无损坏,禀请选派洋员会勘等由,当经函致船政提调派拨熟悉机器洋员来省会勘。嗣据职员刘永泰禀,以伊厂锅炉现经船政洋员勘验,均极坚新,并为添设铁轴,俾臻坚固。据称可以开用无碍,给有凭单等情,并据厅禀,到局正批示间,额领事又以该商不便请谕停止,当以南台为通商口岸,中外商民均可任便贸易,该茶厂水矼既经洋员勘验,添造坚固可无他虞,倘徒以洋行受烟,小有未便,强词抑勒□□,务恐泰西亦无此办法□□驳英领事复称,目下英京创有灭烟机器,该商如肯购置,即可通融办理,机器未到以前,欲行开工,仍当守候风面,不致烟火吹入德兴住屋,事亦可行等因,又经行厅传谕该商遵办,理合登明。

十一月间,福防同知吕渭英呈禀:据教民陈禹侯禀称,向三县堂传道,前经禀请示禁赌博,在齐尚銮开卖花会谤毁教友,经伊传保劝谕,反毁誉,请乞严办一案。前件即经福防同知吕渭英差传,齐尚銮訊供不承,正在复訊间,准许管带函以齐尚銮与陈禹侯滋闹之事,已令赔偿服礼具结了事等由,即将齐尚銮保释完案,理合登明。

十一月间,福防同知吕渭英呈禀:据家丁杨福禀,伊家主游击杨殿英被台商吴吉执兄弟背约图吞,恳移日本领事提案訊断等情一案。前件经福防同知吕渭英函询日本领事,一面仿差传訊去后,据职员陈瑞萼、日商林寿仁等以船经归结款亦算清,恳请移会销案前来,即经函复销案,理合登明。

十一月间,福防同知吕渭英呈禀:据马尾洋务分局董委员禀,英徐副领事失去印信两颗,洋银五十余元,将更夫郑斌送究一案。前件经福防同知吕渭英提该更夫反复严鞫,据供实无论窃情事,旋准领事来函,以印信业已追回□□,□□亦由听差陈本秀之父准销案,理合登明。

十一月间,福防同知吕渭英呈禀:准英国额领事函,英商与豫行因寿利号采办荔枝干低劣扣留货款,致被乘屿乡人碟碟等将寿利号东擒去不放,请饬押放一案。前件即经福防同知吕渭英饬差,将寿利号东押令放回,訊断完案,理合登明。

十一月间,福防同知吕渭英呈禀:准闽安关委员高丞移据桥尾卡司巡报获假冒日本领事名片,载运虾鲜,讨关扣留,移请拘办一案。前件经福防同知吕渭英差拘船户李有华,訊供属实,嗣准台屿领事函请释放,经该厅反复办论,领事自知理屈,唯请从轻发落,当与高委员面商,将虾鲜充公,船只发还船户,李有华薄惩开释完案,理合登明。

十一月间,福防同知吕渭英呈禀:准英国麻翻译片,送职员郑有庆禀词,据称被德兴号布店林国清托保借洋一白元,立有票据,屡讨不还,请迅追一案。前件当经福防同知吕渭英饬传,据以伊向戚属何积三借□□元,由妻弟林国清代立票据,□已陆续还洋数十元,讵何积三串出郑有庆捏词禀称,蒙饬传訊,伊因难堪讼案,已邀公向其理处,叩请察释等情,应请销案,理合登明。

十一月间,福防同知吕渭英呈禀:准洋关李税务司函,据哨役陈榕等禀,巡哨林岐山、陈西蕙吞匿公款,经本税司亲往该口传集面质,当将林岐山、陈西蕙饬草，迄今并未照缴，请提追一案。前件当经福防同知将林岐山等訊供押追，嗣准李税司以林岐山等已将公款措缴，函请分别开释销案，理合登明。

十二月间，福防同知吕渭英呈禀：准官运局函准洋口官运局函称，省配溪梢陈振安监船驶至黄台下剑滩，被洋商乾记号木排碰破失水，当经饬传木商查訊，扣留木排，讵该排早经开省函请标封着赔一案。前件并准日本丰屿领事函，以木客被监船讹诈夺去油板两片，请饬提案质訊究追等因，业经福防同知吕渭英传訊办理在案，理合登明。

十二月间，准英国额领事照会，以前往百般岛佣工之亲属妇女屡往乾记行吵闹，请饬派勇驱逐等因一案。前件饬据福防同知吕渭英申复，先据高委员函送陈琵琶一名，訊系经手招雇华工往百般岛，佣工因各工托寄洋银，被其侵蚀，致各家属往乾记洋行吵闹，当经訊追洋银分给各家属具领，现因出洋之人日久无信，又值残冬，各妇女均系极贫，致向乾记行借取工资，随由厅按名给发洋银二元，俾得度岁，并着各家属公举一人。由乾记行给发各家信，前往该岛与各酌定，每人工资扣留数元□□雇家，并收取各工平安家信带回，则该妇女身心俱安，不致再往该行吵闹，除函复领事外，申局销案等由，理合登明。

十二月间，福防同知吕渭英呈禀：蒙南台税厘局札，据水亭卡委员禀，有船户装备红枣等物，执持日本领事免单，请验放行。查验货色，系盖日商义昌行戳记，另有乌煤涂抹情形可疑，饬查知系信隆行之货与日商义昌无涉等情，札饬严拘訊办一案。前件当经福防同知吕渭英饬拘，嗣准日本丰屿领事片，称信隆号所存之货系义昌洋行寄顿与信隆无干，应请免传等情，由厅与日领事反复办论，始将信隆行东及义昌行东送案，经该厅严加申斥，并晓以大义，信隆行东愿照章三倍科罚，连同正税共缴洋银五十两，出具以后，不敢再犯，切结，将该行东分别遣回，并将税银移送水亭委员收报，理合登明。

十二月间，福防同知吕渭英呈禀：蒙军督宪札据李税务司申称水亭口植木哨役杨彬、林正查验木植，疑窦丛生请为察鉴等情，饬即传訊究办一案。前件经福防同知吕渭英饬传去后，即准李税务司片，送杨彬、林正二名提訊供称，并无匿报情弊，因伊等欲加工资，税司不允，伊等禀求退役事实有之，现蒙提訊，伊等已向税司处求允，情愿照常当差，不敢舞弊等语，随由该厅商准税司，将该役杨彬、林正仍旧收回供差，一面备文申复在案，应请销案，理合登明。

十二月间，福防同知吕渭英呈禀：据南台洋务分局高委员禀，准荷兰国高领事片，送穷贼张富富一名，转送究办一案。前件经福防同知吕渭英提讯，据供系误入洋行，并无行窃情事，姑念其年轻无知，向未犯案从轻责惩，交保领回，完案，理合登明。

十二月间，福防同知吕渭英呈禀：准日领事函，据梅井公司禀，福隆栈韦星阶先后向□□□计银六百余元，订期理还，讵阶逃避别处。询称落□□死显系有意枭吞等情，查该油尚未售脱，请将油提回交领一案。前件并准英领事函同前，由经福防同知吕渭英饬，据差查福隆栈只剩空屋，韦星阶早已逃脱，生死未知，其家属前被泰兴行逐出，不知搬移何处。至所买洋油，韦星阶当时多系由船起卸，并无囤栈等情禀复，又经函复各领事销案，理合登明。

某月，某行前租地有人谋占搭盖房屋函县日久未结请饬折惩办一案。前件先后檄饬闽县勘明饬折办理未结，嗣因交涉议归福防同知专理，由县将案移厅查办，续准额领事函，以案经福防厅吕司马亲到本署与麻翻译面商办理，业经议定办结等因，业经饬厅将议结情形驰复在案，迄今日久未据复到，亦未准领事续催，自系议结完案，应即注销，理合登明。

清光绪廿八年(1902)　岁次壬寅(四十八岁)

春，黄乃裳由砂捞越国(马来西亚)婆罗洲之英属砂捞越之拉让江流域“新福州”回福建招垦。此次范围稍拓，并招闽县长乐、福清、兴化、延平、泉州等处人，俾其均沾利益，为后日自相招致地步。然自侯官、古田、闽清、屏南以外，各处应招者不及百人，省绅中最热肠于是事者，陈弢庵阁学先助银一千元，郭仲起助赠一千元，龚明仲太守五百元，林伯恭太守五百元，王绍棠、前福防厅同知吕文起观察各一百元，孙幼谷观察二百元，陈松友百五十元。国外星洲邱菽园千元、邱云圃五百元，黄乃裳之长女婿林文庆医生二千五百元。5月24日午，黄乃裳自租一美国公司轮船，载五百余人驶去。

注：黄乃裳(1849—1924)，原名久美(也有写作玖美、九美)，字绂丞，号慕华，晚号退庵居士。福建福州闽清六都湖峰(今坂东镇湖头村)人，基督徒。清末民初华侨领袖、民主革命家、教育家。

黄乃裳在基督教美以美会服务多年，又曾参与公车上书和百日维新运动以及后来建立中华民国的辛亥革命，是清末民初重要的革命家。他同时也是著名的侨领，曾率领福州移民开垦马来西亚砂捞越的诗巫(“新福州”)，诗巫的福州族群繁衍至今。

春，吕渭英简乌石山龚明仲昆季：

来访山房旧，春风拂面香。
一花一世界，双桨双鸳鸯。
阁度画千轴，几横琴一张。
主人真不俗，相对意俱长。

四月初二日，闽浙总督许应骙跪奏：

为拣员请补要缺同知恭折仰祈圣鉴事：窃照福防同知温冠春丁忧，遗缺系冲繁难海疆要缺，例应在外拣补，经臣奏请，以南靖县知县吕渭英请补，接准部咨，以该员请补南靖县缺尚未议准，不得作为现任人员请升，行令于合例人员内拣选等。因臣督同藩臬两司于通省合例人员内逐遴选，均与此缺人地未宜，惟查有现署斯缺。准补南靖县知县吕渭英年四十五岁，浙江温州府永嘉县举人，由福建新海防分缺间知县，于光绪二十二年四月二十九日到省，历署闽县、浦城县等缺，奏补南靖县知县，奉部核准，知照到闽，据藩司周莲、臬司杨文鼎会详仍以该员请补前来，臣查福防同知驻扎省城南台，地方华洋杂处，为各国领事衙署、洋行、教堂广集之所，平时弹压、保护最关紧要，遇有中外交涉事件，尤须洞悉洋情，持平商办，方免别生枝节，非才以出众者弗克胜任，前经奏明凡遇交涉案件在福州口者，统归福防同知专办，无论因何出缺，由闽遴选熟悉洋务之员，不论资格、班次酌量补署，或于实缺通判知县内拣员升补等，因钦奉朱批着照所请，该衙门知道，钦此。在案盖深知该

黄乃裳

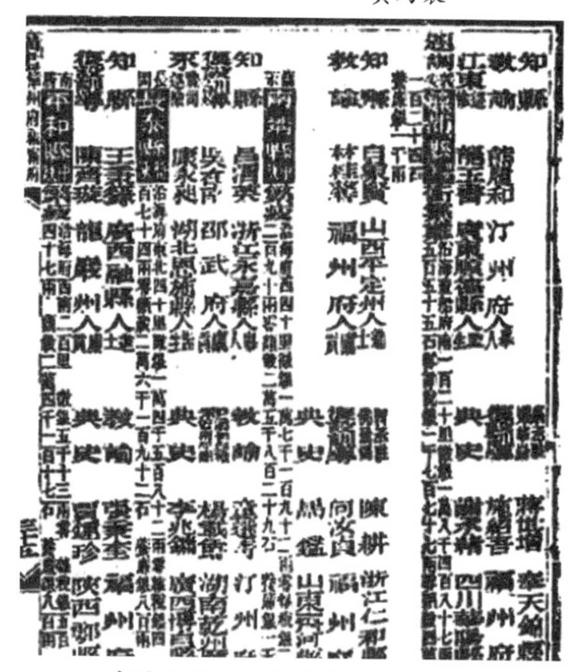

知縣 呂渭英 浙江永嘉縣人

官员名录中的南靖县知县吕渭英

缺之难得其人，未敢拘守旧章，致滋贻误，此次吏部议驳自系按照例章办理，惟该缺系奏明专办洋务，非内地厅县可比，近年交涉之事日益繁难，办理倍形棘手，该员委署斯缺已将三载，每遇中外交涉案件，妥速办结，动协机宜，不特商民信服，各国领事亦交相推许，闽省现任候补同知及实缺厅县内实无堪胜此任之人，即使迁就另补，仍须该员署理，殊难遽行更调，查定例繁要缺出，如果人地相需，准其专折声请。该员奏补南靖县知县，业经部议核准，虽福防同知出缺在先，与例稍有未符，然该缺系专办洋务与寻常缺分不同，方今时局日艰，通才难遴，亟应破格用人，以收群策群力之致，该员吕渭英强干精明，练达时务，为通省出色人员，合无吁恳，天恩俯念，员缺紧要，人地实在相需，特旨允准，出自逾格慈施，臣为要缺择人起见，不得不破除常格，变通办理，其非关涉洋务之缺，自当照例拟补，不敢率行渎请至所遗南靖县缺，闽省现有应补人员应请另行拣补，所有福防同知员缺仍以吕渭英请补缘由，谨恭折陈请伏乞。皇太后皇上圣鉴训示谨奏。

朝廷批复：着照所请吏部知道。

六月初三日，闽江上游溪洪暴发，福州城内平地水深 2～3 米，浸没田园庐舍甚多。

七月十六日，张兆奎禀福建布政使张曾扬文……吕丞渭英准补福防……

七月中旬，中山书院改为中学堂，同时由温处兵备道童芙初、秦小岘、温州府太守王雪庐、张宝琳、永嘉县知县程子良、沈德宽、秦鹿坪、温州府学教谕朱眉山和平阳县学训导吴祈甫两太老师、徐班侯、余筱泉、周仲铭、张文伯、吕文起、项舆卿与严笑儒公及张叔吕诸君筹复永嘉东山书院，首创东山图书馆，地点在东山书院谢公祠内，书两万余卷，报数十种，延学官郑一夔为掌教，以款绌，掌教并不支修。于是年冬正式开馆。又经三

○學務彙志（温州）　（一）郡城中小學堂現爲陳某所盤踞其手段以巴結官場爲主所聘教員半吃鴉片無異從前村學可惜中學年欵四千餘金小學年欵一千餘金竟不能收絲毫之成效也

（二）本年永邑蒙學勃興令人可喜先後建設養正啓蒙求是吉士商務明倫六校中惟明倫學塾教科全備程度最合係由周君孟由慨出巨欵獨力創辦復經張君留菴項君叔莊張君菽廬擔任義務規則秩然開學半年生徒日衆爲府縣官校所不能及

（三）永邑東山書院謝公祠內設書報公會自壬寅冬由呂文起張留菴項叔莊諸君提倡集資創辦又蒙董觀察兆蓉慨捐巨欵極力贊成現計新舊書籍二萬餘卷報數十[illegible]寒士艱於購書逐日來閱者絡繹不絕

光绪二十八年《时报》所载关于永嘉书报公会文字

次葺缮，皆吕渭英一手任之。规画甫完，孙诒让同吕渭英各捐巨册图书助建书院附属永嘉图书新社（永嘉公立通俗图书馆）。一时东山之壁，恍闻丝竹之声，寒士购书逐日来阅者络绎不绝。此图书新社实际就是东山书院图书馆。该图书馆延至民国二十年代末，经费一直由县当局予以保障，馆长由知县或县知事聘任。民国十八年（1929）1月，为推动民众教育，由永嘉县教育局局长王昂千（人驹）将之改作永嘉县立民众教育馆，3月对外开放，馆长王晓梅，馆址在渔丰桥街谯楼之上。

是年，德国军舰来访福建，德国海因里希亲王在福州与福州将军崇善和吕渭英等各级官员合影。

王晓梅

王人驹

八月间，福防同知吕渭英呈禀：准英国佩领事函，据英商永昌行禀，裕和祥茶庄借去洋银壹千元，本息无还，请即饬传追缴一案。前件由福防同知吕渭英传到裕和祥茶庄司事职员杨富祥訊明，借欠属实，断令杨富祥限三日内理还本银壹千元，交永昌行收领。旋据永昌行以款经如数收回等情具禀，即经函复英领事查照，销案，理合登明。

九月十四日，瑞安郑甫（人峻）自闽省吕渭英大令处归乡。

九月间，洋关税务司杜德维函致洋务局帮办彭守，以翻译职员李达璋禀，轿夫误撞郑布，被郑布等将坐轿强行抬毁，送呈原禀，请饬拿訊究一案。前件饬据福防厅吕渭英拿获王孝并郑布贰名，訊系酗酒滋事，一并笞责枷，发犯事地方示众，一面函致税务司销案，理合登明。

1902年，德国海因里希亲王访华期间在福州与各级官员的合影（吕渭英后排左六）

九月间，福防同知吕渭英呈禀：准美国领事葛尔锡函，据耆民蒋郎郎等禀称，伊等祖坟损坏，集族公议，将祖遗粉碓壹间变价移作修坟之需。讵蒋德广、蒋连连抗违阻挠，请饬拘訊办等由一案。前件经福防同知吕渭英饬传蒋德广等到案，谕令遵依族议办理，将此项粉碓变价修坟，取结完案，理合登明。

九月间，福防同知吕渭英呈禀：准日本丰岛领事函，据日商同昌洋行禀称，生琳堂笔店欠台伏肆拾壹元壹角，又恒泰美鞋店欠台票叁拾伍元伍角伍占，屡讨不还等情，函请分别饬追等由一案。前件经福防同知吕渭英差传两造到案，訊明欠款属实，断令折还了事，而两造允服款，已如限缴案给领，函请领事销案，理合登明。

九月间，日本领事官丰屿舍松函，以震昌洋行禀，被大生昌高廷梅借欠银圆，控厅訊认延缓请饬拘保家彭鹤峰勒限催缴一案。前件当即札饬福防厅吕渭英勒限催缴完案去后，迄今日久既未，据该厅具复，亦未准领事续催，应即将案注销，以清尘牍，理合登明。

十月间，福防同知吕渭英呈禀：准英国佩领事函，据英商德兴行禀协兴号赊欠火柴计台票贰百元立有期票，届期无支，请饬追缴一案。（此案后被

列入福州口未结各案之卷宗）

十月间，英国领事官佩福来函，以天祥行被黄泉泰揭欠巨款，届期无还，移厅未办，请饬严催追办一案。前件札饬福防厅吕渭英传訊追办之后，据洋务局帮办彭守禀称："英领事复面称：天祥行货仓被窃木料、蓝教士住屋被窃两案，请饬催办结等语。"饬据该厅查复，天祥行货仓被窃木料一案，已经追赔清楚，当于上年报册内声明在案。旋据该厅以茶商黄泉泰所欠天祥行买办林鹏飞茶银，已将祖遗产业肆座约值贰万余银为质，因无人承买，商之领事即归林鹏飞承受，所得房租作为利息，林鹏飞亦已情愿面立约据，俟将契盖印销案等由，申报到局，经即函请领事销案，至蓝教士业已回国，其住屋被窃一案应一并注销，以清尘牍，理合登明。

十月间，福防同知吕渭英呈禀：准英国佩领事函，据厦门高英商禀，被裁缝匠刘仁仁偷去白纱等件，逃回福州，其堂弟刘学镛在省开设成衣铺，请即饬拘跟追等由一案。前件经福防同知吕渭英勒传去后，据迈妇刘陈氏禀称，伊夫侄刘仁仁于光绪廿六年间，被翁孝忠等诱去厦门，并无回省，前在高英商处工作，必有保荐之人，如果偷物潜逃，尽可就近着保跟交，伊子刘学镛既非知情，往厦人地生疏，亦属无处追寻，徒被连累，禀乞察释等情，即经函复英领事查照，转饬高英商就近着保跟交在案，应请开除，理合登明。

十月间，福防同知吕渭英呈禀：据洋务分局禀，据日商同昌行刘登同禀，伊有抚院前店屋壹座租与陈朗轩居住，被欠租钱屡讨不还，并将该屋转租人住，恳请押搬等情一案。前件经福防同知吕渭英勒差传到陈朗轩，訊供属实，押令陈朗轩搬离，将屋交还刘登同收管，取具领状完案，理合登明。

十月廿二日，好友池志徵以医事赴闽，吕渭英适任福防同知。十年阔别，相见甚欢，僚属方制称锦觞为吕渭英作五十寿。池志徵亦作文补祝。时已腊暮，吕渭英欲留池过岁，而池急欲归。吕渭英遂以百金资日本赴沪商轮绕海航。

十一月廿二日，闽浙总督臣许应骙跪奏：

为请补知县以裨地方恭折仰祈圣鉴事：窃查光绪二十八年八月初一日准吏部咨准将请补南靖县知县吕渭英升补福防同知，二十八年五月初十日奉朱批着照所请，吏部知道，钦此！坐五月十五日行文，按闽省照限减半计算，扣至二十八年六月二十四日作为开缺日期，勒归六月分裁缺，所遗南靖县知县系选缺，应即按班遴员，请补闽省升调，所遗知县一项上缺福鼎县，因孝廉方正本班，知县无人过班，用至教习尽先止，兹所出南靖县知县，闽省裁缺，即用回避，即用留省，另补郑工新海防遇缺，先及海防先用即用各班均无人按班轮，应插用第二正途出身新海防分缺先用人员，缘该班无人，应以各项出身新海防分缺先用人员补用，查有新海防分缺先用知县黄鼎翰年四十岁，湖南善化县附贡生遵例报捐知县，指分福建试用，光绪十九年六月二十七日领照到省，试用期满，甄别留用，复遵新海防例加捐分缺先补用，二十二年八月二十日奉部行文过班序补，按照限减半计算，应扣至九月二十九日作为新海防分缺，先知县到省日期照章早已扣满一年，委署罗源县复调署闽县知县，查该员公事历练，心细才长，以之清补南靖县知县，洵属人缺相宜，与例亦符，合无仰恳，天恩俯准，以分缺先用知县黄鼎翰补授南靖县知县，俾资治理，如蒙俞允，该员系分缺先知县，请补知县，衔缺相当毋庸送部引见，并免核计参罚，据福建藩司周莲、臬司杨文鼎会详前来，除咨部外，理合。恭折具陈伏乞皇太后皇上圣鉴。

批阅：吏部议奏。

十一月间，英国领事官佩福来照会，大东电线局董事禀，本局所设闽口海线相去川石捌里之遥，被匪割断，不能通电，请饬缉拿究治一案。前件移行地方文武勒缉无获，应俟获日另结，暂行将案注销，理合登明。

十二月间，兼办常关税务司杜德维函，以仓后口司事禀，有载运茅竹船由江南桥出口，恃众行凶，闯关漏税，请速设法饬拿訊办一案。前件饬据福防厅吕渭英以差查逞凶闯关人等杳无踪迹，询据仓后口司事声称，该棍等均系福清县人，是何姓名，均不知悉，俟伊撞见再行指获究等情，申复到局，当经函知税务司查照，在案应即暂行注销，理合登明。

十二月间，福安县钮承藩禀称：日商东升洋行东林洪涛在安辖罗家港地方开设咸鲜鱼货私牙，挂秤抽仲，有背约章，请照会饬令闭歇一案。前件屡经按约照会禁阻，日本丰岛领事一味强辩不允，迨经饬县查取，该日商东升洋行东林洪涛所设之鱼店发货往来手折，并抽仲行单送局，当以证据确凿，照请速饬闭歇。并饬由福防同知吕渭英更与领事商办，该行借口亏折，酌给津贴，允即收歇，销案。乃该行伙王孙庚辄复假冒日商更名义成鱼牙，仍在该处挂秤抽仲。据该县禀报，经即饬令查明据将该栈标封，一面将王孙庚拘送到省，饬发福防同知吕丞渭英送交日署查收，彻底訊究。王孙庚情虚捏报重伤，复经由局先后诘驳。嗣由日本中村领事查明该商系属移病作伤，严加申斥，所有该商违约抽仲之处，应由领事自行酌办完案，理合登明。

十二月间，日本领事官丰岛舍松照会大阪轮船公司，禀步云信局林金龙假造安平丸船票，请饬拘办一案。前件饬据福防厅吕渭英申复传到林金龙讯，据供称，伊开步云信局售卖安平丸船票。去年十一月间，有搭客俞幼松、林则云贰人于轮船开后执持收银副票向伊索回原银不遂，因托大阪公司唐买办令伊到行诬控安平丸轮船买办创造假票，愿给谢银壹百伍拾元，伊以此等昧良之事，辞不肯为，遂赴日本领事诬伊假造船票，实无其事，堂呈船票求鉴等语，函请日本领事饬令唐买办质讯，而大阪公司以唐买办外出，俟传到再行送讯等由。旋据该厅呈禀，迭经饬催未准送到，似属捏诬，除函请日本领事查究注销外，应请开除，理合登明。

十二月间，福防同知吕渭英呈禀：准日本丰岛领事函，据东瀛会馆协办黄成章称，被复安酱园借去台伏贰百元，立票炳据，屡讨不还，函请饬追等由一案。前件经福防同知吕渭英饬传两造到案，谕令复安酱园店东将所欠银款折数归还，以清纠葛，均已允服，取具遵结完案，理合登明。

十二月间，福防同知吕渭英呈禀：准英领事函，据教会平姑娘禀称，椿利染店任水水承领布匹染色，店闭人逃，函请饬传究追等由一案。前件经福防同知吕渭英饬差查，传任水水逃避无获，谕令该铺地保前往任水水家中，着将平姑娘所染布匹，如数交还完案，理合登明。

十二月间，福防同知吕渭英呈禀：准日本丰岛领事函，据春兴公司禀称，雇工林济济等挑糟油陆箱，价值叁拾伍元，将货藏匿，函请查拿究办等由一案。前件经福防同知吕渭英饬，据差禀林济济等逃避无踪，据原告春兴行东声称林济济等既已逃避无从传追，先请销案，俟其来省由伊行另行禀追等情，由厅批示销案，应请开除，理合登明。

十二月间，福防同知吕渭英呈禀：准日本领事函，据日商恒泰洋行禀，被协裕木行短欠捧银一千两，逾期不还，函请拘追等由一案。前件经福防同知吕渭英勒差严催，业将欠款理还，函请日本领事将案注销，应请开除，理合登明。

十二月间，福防同知吕渭英呈禀：准英领事函，据德兴洋行禀，被福记洋油栈赊欠油银玖百陆拾叁元，届期屡延，函请饬追等由一案。前件经福防同知吕渭英差传福记栈东史玉官到案，讯认赊欠属实，勒限严追，兹据德兴行以款经收楚等情具禀，即经函复英领事，将案注销，应请开除，理合登明。

十二月间，据闽侯邑典商宝聚号等禀称，华民串同日商在闽辖水部门外，开设日商福泰号小押，禀请照会禁革，并饬封究等情一案。前件即经饬查复办去后，现在该典铺闻已迁移停歇，应毋庸议，理合登明。

十二月间，据福安县钮承藩禀称，日商林洪涛在卑辖罗家港地方开设东升行栈，采办咸鲜鱼货，贩运进口销售。查卑邑赛岐、罗家港两处，地属对岸，本有设立鱼牙领贴偷税，今日商林洪涛持游历护照，率带福州人忽欲于罗家港内地开设私牙，实属违背约章，并干例禁，禀请照会，饬速停止等由。当即按纷照会日本领事，饬商遵照，并经饬县据官牙池锡清禀缴东升行付给鱼店发货往来手折并抽仲行单壹纸，内戏过秤抽仲，敷目确据，禀送到局，节与领事照商办理，勒饬闭歇在案。

清光绪廿九年(1903)　岁次癸卯(四十九岁)

正月间，日本领事官丰岛舍松函，日商建安洋行国坞木排被协裕行东章晓楼率抢，请饬押放拿究一案。前件饬据福防厅吕渭英传集訊明，章晓楼集伙黄金德等在延郡采办木排，先由协裕垫银，原议木归协裕售卖，嗣因协裕无银续缴，复由黄金德向建宁府协丰店借银，议明木归建安洋行售抵，迨木排到省，协裕以有约在先，出面拦阻，以致涉讼。断将现到木排陆拾连归建安洋行售卖，以抵协丰借款，提出贰拾玖连仲钱归协裕承收。如果建安洋行不肯，即着黄金德等公摊理还，另有木排尚在水口，他日到省，应归协裕售卖，以昭公允。两造遵结完案申报到局，当经函准日本领事销案，理合登明。

正月间，福防同知吕渭英呈禀：据训叶导际昌禀称，江麻四等挟嫌撞船，恳请拘究，并准日本领事函，以日商金晋益帆船被远泰船撞破函请拘赔一案。前件经福防同知吕渭英饬传两造到案，訊系两船对面行驶不及收缆，以致互有损伤，谕令各自赔修，允遵完案，并函复日领事销案，应请开除，理合登明。

正月间，福防同知吕渭英呈禀：据家丁林升禀称，伊家主前办泰宁官运，有长泰号木商托保江来臣到局，兑去柒四番银伍百员，立有期票，向洋口局支清。讵长泰号欺伊家主病故，届期不付。现查长泰号运有木排肆拾捌连，即义甡和字号已至日商泉茂木行销售，向讨不理，叩请扣留木价等情一案。前件经福防同知吕渭英函告日本领事转饬该洋行扣留木价。旋准领事复称，已饬将木排壹厂扣留，抵款完案，应请开除，理合登明。

正月间，福防同知吕渭英呈禀：据天主堂函称，教民陈天国开张广泉利字号，素作实福局军装、器具，被附近铁店张正顺等勒派神份，恃众毁辱，请即拘究一案。前件经福防同知吕渭英饬提该处地保陈福唐到案，訊明两造系因口角起衅，并无勒派神份情事，谕令秉公理处，旋据该保以事经公亲处息，禀请销案，当经函复天主教苏玛素知照，将案注销，理合登明。

正月间，福防同知吕渭英呈禀：准日本领事函，据日商杨坎禀称，杨文镛谋占屋业，函请究办一案。前件经福防同知吕渭英提集两造，訉明此项屋业系属杨文镛胞兄杨文焜之产，因其子大弟身故，族议以杨文镛叁子人杰与杨文焜为嗣，该屋即交承管，杨坎房分疏远，难容争执，断令该屋仍归杨文镛叁子人杰收管。两造遵结完案，即经函复日领事查照，一体销案，理合登明。

正月间，福防同知吕渭英呈禀：准闽海关杜税司函送漏私排夫翁歹弟、林振铨、张依四，即和兴叁名，请即訉究等由，并小账簿一本、报关单贰纸一案。前件经福防同知吕渭英提訉，据翁歹弟等坚称并无漏私情事，查其所报之木核与原数相符，函准税务司查明，函复以该排夫等，情有可原，请即开释，并将账簿、报关单移还等因，当将翁歹弟等保释，函复销案，理合登明。

正月间，福防同知吕渭英呈禀：据天主堂董事陈寿祺禀称，公祥号木梳店东陈品辉侵占吉祥铺屋基，恳乞究追一案。前件经福防同知吕渭英传集訉明，谕令公祥号将该处地基退还陈寿祺管业，不得再有侵占。两造遵结完案，理合登明。

二月间，日本领事官丰岛舍松照会福山洋行，在建安辖南才里采办杉木贰万余节，运经南才之登仙里阳泽村被乡民拦阻需索，请饬押运拘究一案。前件即经电致建宁镇府訉饬营县会同查办去后，即据建宁府谢启华、建安县周光煦先后文电禀称，案经由县会同守备余文斌勘明，该处溪河经民间筑坝蓄水，一经运木有碍水利。自道光年间，迄今数十载，该溪从未运木。光绪拾叁年，曾有华商希圆放运案，搁拾数年之久，始经玉前守断定谳词，虽有每年冬季拾月拾伍起至次年春季叁月拾伍止，德各木商装排放运之语，当时村民即未遵结，今福山洋行为省费起见，不欲通行陆路，而由该溪放运，恐酿事端，请照会商阻，当经由局叠商领事，无如该洋商坚以事经官准，意在必行，相持不下。领事因派翻译官野口多内前往确查，本局亦委候补通判王寿衡驰往勘办，因恐案情各执，收束无期，饬由福防同知吕渭英与福山洋行设法商办，立约议结，贴还该洋商必由陆运之费及厘金、排脚，一切计台伏壹万肆千元。并据吕丞（谱主）附禀，实只给银肆千贰百两，余系福山行情愿自行赔贴了案，原禀未便声叙等语，前项赔款先向藩库借给，饬由府县于壹月内照数解还归款，并准领事照局销案，当经报明，并饬令委员回省销差，移行一体销案，理合登明。

二月间，南平县姚步瀛禀称，木行泰裕及木客李一泰控金发号假手厘局标封木排，抵伊所欠局款一案，奉饬将排运交售抵，被排夫陈兴发盗放伍连卖与美国萌教士包揽，庇匿禀请照会勒令该教士将夫头陈兴义并木排伍连一并交出，以便解省訊办一案。前件照会美国葛领事严饬遵照，旋据福防厅吕渭英详报：萌教士上省经与辩论，该教士愿贴木价洋银贰百元，由领事送厅，并由厅将运省木排变售统核，全案分自拟结，即经照会葛领事销案，理合登明。

二月间，福防同知吕渭英呈禀：准官运局函开，据漳湖坂关委员骆燕生函称，浦城邦客哨尹全顺船内装盐陆拾包，驶至马鞍滩地方，被协顺号木排撞破，计浸失盐肆拾四包玖角。查该号木客黄云友系投日商建安洋行售卖，着赔不理，将船哨尹全顺解省，函请传訊断赔等由一案。前件经福防同知吕渭英饬，据木客黄金德即云友投案供称，木排与盐船撞遇属实，惟仅失去舱面盐数包，并准日本领事函，请免赔前来。质之船梢尹全顺，供词各执，酌量断令黄云友赔偿台伏捌拾元，据该木客如数清缴，当将缴到台伏捌拾元函送官运局委员收领，并接准函复准予完案，应请开除，理合登明。

二月间，福防同知吕渭英呈禀：准天主堂教士廉玛铃函称，伊堂置有吉祥铺店屋壹间，后进地基被公祥梳店陈品辉父子侵占，并前立父母会之郑依细等业已报故，钱经领去，按月应纳之款，抗延不交，又郑宜栋等负欠，屡讨不还，请分别饬差究追一案。前件经福防同知吕渭英差查属实，押令陈品辉父子将侵占搭盖之屋拆除交还，所有郑依细并郑宜栋等借欠各款亦经照数追给，函复教士廉玛铃查照完案，应请开除，理合登明。

二月间，福防同知吕渭英呈禀：准法国高领事函，称据天主堂教士禀称，堂内因育婴过多，欲添买左边地基改造花园为婴孩避暑之所，讵地主陈燮侯允而复悔，请传谕遵办一案。前件经福防同知吕渭英传到陈燮侯，谕令该堂系为善举起见，断给屋价柒拾元，当堂立契出卖，函告领事查照，并移送契据存堂完案，应请开除，理合登明。

二月间，福防同知吕渭英呈禀：准英国佩领事函，据英商义和行禀称，森记店东刘细细同弟刘会会欠银陆拾贰元伍角肆拾肆文；双兴号店东周开淦欠银壹拾伍元贰角贰仙；又由万兴行拨卖欠银肆拾叁元玖角贰仙，合利号不识姓焕焕经手；林阿流欠银壹百柒拾捌元捌百伍拾伍文；玉山号店东赵细弟欠银陆拾元，恳赐转请拘追等情，函请分别标封拘追一案。前件经福防同知吕渭英饬，据差查刘细细、刘会会、周开淦均已逃往外洋新架坡等处，无从追缴，焕焕欠款经手林阿流认还，赵细弟亦愿归还等情，禀复到厅，除函请领事销案外，应请开除，理合登明。

二月间，福防同知吕渭英呈禀：据英医生管事陈烈焜禀称，伊于贰拾柒年间，用价银贰拾贰千贰百贰拾文向林捷江买耕田亩，轮年收割无异，被林登年恃势欺噬翻犁霸占，叩乞拘究一案。前件经福防同知吕渭英饬提两造到案，訊明陈烈焜所禀属实，断令林登年将应轮田亩交还陈烈焜收管。两造允服，取结完案，应请开除，理合登明。

二月间，福防同知吕渭英呈禀：准日本丰岛领事函，据曾承洋驳公司卢约甫禀称，谢红猴串同卢榕榕假冒公司名目撞骗银钱，叩请转达查拿究办等情，函请拘究一案。前件经福防同知吕渭英传訊，缘卢榕榕系卢约甫胞侄，伊家先开洋驳栈，嗣由卢约甫承接，立约言明，日后备价回赎，现因各怀意见，谢红猴串同卢榕榕等理论，致成讼端。断令卢榕榕，如果价已备齐，卢约甫应听回赎，仍前和好，所有生理照约合做。两造允服，具结完案，谢红猴事不干己，当堂申斥示儆，应请开除，理合登明。

二月间，福防同知吕渭英呈禀：准日本丰岛领事函，据林贤登禀称，萧常耿兄弟枭欠银款等情，函请饬差拘追一案。前件经福防同知吕渭英饬传到案，訊明萧常耿兄弟欠银属实。萧常耿业已病故，断令伊弟萧常霖折还了事。两造允服，具结完案，除函复领事销案外，应请开除，理合登明。

二月间，福防同知吕渭英呈禀：准俄国书领事函，据俄商阜昌行禀称，棍徒林四四潜入茶砖厂唆使各工人勒加工资停工散去，将林四四送请重办一案。前件经福防同知吕渭英提訊，阜昌行控词属实，即将主唆之林四四枷发该行门首示儆，嗣据阜昌行以枷犯患病，恳请从宽释放等情，除将该犯林四四开释，并函复俄领事销案外，应请开除，理合登明。

二月间，福防同知吕渭英呈禀：据英商义和洋行禀称，长丰号建宁栈陈素锋同子奋一赊欠洋糖肆拾包，计银叁百捌拾余元，期订贰月拾柒日支清，立票确据，期尚未届，该栈倒闭，叩乞标封拘追一案。前件经福防同知吕渭英饬传陈素锋父子到案，訊明赊欠义和行货银属实，谕令如数筹款分期归还，并将期票检还作废。两造允服，具结完案，应请开除，理合登明。

二月间，福防同知吕渭英呈禀：准英国佩领事函，据胡总教士面送教徒王穀诒禀，金泰成溪行林长福忌教赖欠等情，折略一扣，附缴谦裕号兑票伍百两壹纸粘抄折票，送请訊追一案。前件经福防同知吕渭英饬传两造到案訊，据王穀诒供称，林长福开张金泰成溪行，向伊父借银伍百两，订期捌月初拾日向协裕支取，当时过印无误，现因伊父病故，有意图吞。訊据林长福供称，款已交割，当时系协裕过印，应向协裕追讨各等语。酌中定断，谕令林长福折还王穀诒洋银叁百元，前票收回作废。两造允服，具结完案，除函请领事销案外，应请开除，理合登明。

二月间，福防同知吕渭英呈禀：准东瀛会馆函称，日商震昌行东伍翔瑞家住北园乡，于贰月初四夜四更时候被窃，查系陈连江俤所偷，赃物藏匿芦下乡郑德树显家中，请即饬拿追办一案。前件经福防同知吕渭英饬缉去后，旋据该差以陈连江俤患疫身故，窝主郑德树显早经远避等情。禀复，因查此案窃贼陈连江俤既已患疫身故，应毋庸议，窝主郑德树显应俟饬缉获日另结，函请东瀛会馆先行销案，应请开除，理合登明。

二月间，福防同知吕渭英呈禀：据日商刘长登禀称，官口乡冯宗捷等拦夺船货，叩乞押起拿办一案。前件经福防同知吕渭英迭饬差传，冯宗捷避不到案，现查此案已经冯宗捷等自行邀公理还息事，除函告日领事外，应请开除，理合登明。

二月廿八日，闽浙总督许应骙上折：

闽省办理水灾赈捐出力之福建福防同知吕渭英请俟补缺后，以知府留省补用；分发试用县丞陈文溥请俟补缺后，以知县留省补用。经部议准具，奏于光绪二十八年十二月二十五日，奉旨依议，钦此钦遵。兹查吕渭英已于二十八年福建洋务案内保以知府在任，候补陈文溥亦于是年奏晋捐输案内保免补本班以知县用，今本案所保，均属重复，应请将在任候补知府福防同知吕渭英改俟归知府班后，以道员用候补，知县陈文溥改俟补知县缺后，以直隶州用据赈捐局司道详请改奖前来合无仰恳。

天恩敕部复奖以示鼓励除咨部外谨附片具奏伏乞

圣鉴谨奏

皇帝批阅：吏部议奏。

二月廿八日，闽浙总督臣许应骙跪奏：

为请补知县以裨地方恭折仰祈圣鉴事：窃查光绪二十八年八月初一日准吏部咨准将请补南靖县知县吕渭英升补福防同知等，因二十八年五月初十日奉朱批着照所请，吏部知道，钦此！坐五月十五日行文，按闽省照限减半计算，扣至二十八年六月二十四日作为开缺日期，应勒归六月分裁缺，所遗南靖县知县系选缺，应即按班遴员，请补闽省升调，所遗知县缺出，遇轮补、拔贡、教习、教职各项到班时，本班无人准以进士即用，尽先与即用本班人员，酌量抵补各等语上，缺福鼎县知县，请以各项出身分缺先用，知县黄鼎翰更补，兹所出南靖县知县，闽省裁缺，即用回避，即用留省，另补郑工新海防遇缺，先及海防先用即用各班均无人轮，应教习本班到班，查教习班内之试用知县廖鸿绪现患足疾，业已专咨，扣补姜定保现已丁忧，林叔芬亦经病故，王乃钧到省，尚未扣满，未便请补，此外该班无人照例，应以即用尽先与即用本班人员酌量抵补，查有即用知县彭光湛年五十八岁，广东南海县举人，庚辰科会试挑取，誊录派充国史馆当差，旋应光绪己丑科会试中式贡士保和殿复试三等，殿试三甲朝考二等引见，奉旨以知县即用，钦此签分福建，请假回籍修墓由，籍起程于光绪十六年四月，到省历委署代仙游、连城等县知县，卸事查该员老成稳练，明干有为，以之请补南靖县知县，洵属人缺相宜，与例亦符，合无仰恳，天恩俯准，以即用知县彭光湛补授南靖县知县，俾资治理，如蒙俞允，该员系进士，即用知县，请补知县衔缺相当，毋庸送部引见，并免核计参罚，据福建藩司周莲、臬司杨文鼎会详前来，除咨部外，理合。恭折具陈伏乞皇太后皇上圣鉴。

批阅：吏部议奏。

清末英国人所拍的曾园（怡园）

二月，吕渭英、陈介石联同留日归国学生姚广福（字泽夫，号养吾）、好友王毓英、项承权（舆卿）、项承椿（寿卿）兄弟等于郡城创办公益学校，借曾宅花园为校舍兴修土木，设有操场、教室、寄宿舍、自修室等。由在上海任职的陈介石遥领总理，姚广福实际负责，聘进步思想家平阳宋恕（宋衡）为该校总教席。宋恕所住房间，陈设一新，窗板全部新作，开合自由，床、桌、椅子也一律新作，床心定作藤棚，柔软适体。初到时伙食由别处厨人包饭，远远送来；后因菜品多不适口，改由校内自作，每日连点心食五次，饭菜合味，因此宋衡心情甚为舒畅。住校期间，温处道童兆蓉曾于三月十六日（4 月 13 日）在署内花园设宴款待，“亲自敬茶敬酒”，同席作陪的有余朝绅、刘秉彝等社会名流。开学后不久，因筹捐收入不敷开办支出，学校债台高筑，连宋衡的修金也未能按原订合约偿付，以致宋衡乘兴而来，败兴而去，于四月十八日（5月14日）离校回瑞安。阴历五月底，宋离温游学日本。宋在家书中亦谈及王毓英、姚广福、项承椿和项承权四人之筹办学校经过及最后之窘况与受谤，王与二项三人“为债所逼，着急莫名，欲进不能，欲退不得”（宋信中语）。学校也就跟着人心涣散，被迫解体。该校设立“宗旨”，据《公益学校章程》草稿，原先是“本学校以精神教育为宗旨，力矫革命流血、平等自由之流弊”，续改为“本学校以德智体三育为要旨，力矫革命流血、平等自由之流弊以为公益基础”，再改为“本学校以德智体三育为要旨，无偏重偏废，致生流弊”，最后写成“本学校遵奉朝旨：‘学校无论官私，一例并重’，因集同志募捐创办，以期开通风气。”根据这一条，它是私立学校。

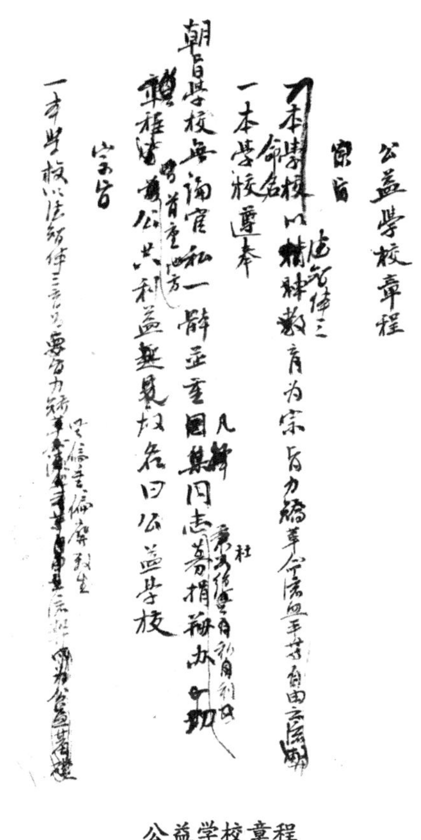

公益学校章程

该校的命名系因“本学校一切办法都为公共利益起见，故名曰公益学校”。其场所，章程原作：“本校内楼宇敞爽，花木繁茂，岩石亭榭，俱擅名胜，非但益学，并宜卫生。兼有西河外塾，房舍均极宽豁。”后改为：“本学校现租曾氏怡园开办。该园宿称名胜，著于全国，学问、卫生两有裨益。操场及教室、寄宿舍、自修室颇完备，俟经费裕时再行扩充。”其《办法》是：“本校首重教育普及，特设普通中小学科，又议于此科外添设师范科及日本语文科。”其经费来源于捐助，《捐例》规定：“捐金至五十圆者，无论何科，许由本捐人保送子弟一名；百金者二名，多则照数增送；不愿保送者，当将名衔姓氏刊入题名碑，一面遍登各报以志盛德。”《学额》规定：“本校学额不能预定，先由保送生，余补津贴生。”《学期》规定：“本校普通科学期自本年四月一日至次年三月一日为一学期，来学者至少以一学期为限。”《学规》规定：“生徒入学，不拘年限，须身体健全、品行端方、能通浅近文义者方准报名。”《学级》规定：“本校学级视学力浅深。”

孙锵鸣

注：宋恕（1862—1910），即宋衡，近代启蒙思想家，与陈介石、陈虬并称浙东三杰。原名存礼，字燕生，号谨斋；改名恕，字平子，号六斋；后又改名衡。生于浙江省温州市平阳县万全乡鲍阳村（今万全镇下薛村）。父名宾家，廪生。家有良田两千来亩，宅旁有花园、假山，号称万全首富。自幼资质颖异，有神童之誉。浙江瑞安孙锵鸣奇其才，以小女许为婚姻。

三月间，日本领事官丰岛舍松函，以日商新隆行在连江地方被劫靛青于福清龙田地方，协成号店内查获真赃，控县延办，请饬解省讯追一案。前件当经分饬连江、福清两县分别缉拿讯办去后，据福清县以提讯协成号东吴姓，据供前项靛青系买自牙户余江江等语。饬拘余江江无获，先令吴协成赔缴靛价台伏叁百元，详解到局，即经照送日本领事查收给领，一面分饬严拿跟交讯办在案。兹准日本中村领事以福防厅吕司马函称此案现由防署林委员与东瀛会馆董事沈君面商，请追给陆百元作为了事，除前由福清县追缴叁百元给商领回外，兹准福清县续追叁百元移送给领前来，除函复并给该商收领外，函请销案等由，到局应即先行销案，盗犯照案缉拿，理合登明。

三月间，福防同知吕渭英呈禀：据生员魏培林禀称，光绪拾陆年间，在闽辖对湖地方，向金信龙买地起盖，兴天祥洋行东住屋毗连，被该行东将伊家门前走路统围墙内，勒令出卖，叩请照会谕止一案。前件经福防同知吕渭英函告英领事谕饬天祥行东让还原路，旋准英领事函送天祥行东来案，传同魏培林讯断，一面委员诣勘，断令天祥行东将所围魏姓屋地让还魏培林管掌。两造允服完案，除函复英领事查照外，应请开除，理合登明。

三月间，福防同知吕渭英呈禀：准美国葛领事函，据地主赵郑氏禀，被乡长赵老鸦十、赵礼明嫂细细、嫂施正俤等人，在山上阻挠并率众屠毁，将施正俤送请传集讯究一案。前件经福防同知吕渭英提讯赵老鸦十等。据供山上坟墓甚多，必须墓主应允迁移方可出卖，并非无故阻挠等语。查该处山内既有坟墓，自应由各墓主领迁，酌给迁费，以示体恤，当将赵老鸦十等释回安业，施正俤一并取保，一面出示晓谕遵照在案，除函复美领事查照外，应请开除，理合登明。

三月间，福防同知吕渭英呈禀：准德国谢领事函，据本署看门翁思孝禀，失去上海鸡等件，已函达高委员饬追。昨见巡勇张安携彼所失之椅，现在椅已追回，其余物件未追，函请传訊究追一案。前件经福防同知吕渭英饬捕查追，旋据德领事将翁思孝送厅，饬据巡勇张安投案质訊，供情各执。翁思孝失窃属实，赃未追回，巡勇张安难免怠缉之咎。谕令先筹钱贰千文赔给翁思孝收领，俟追出原赃仍将赔款归还。两造允服，取结完案，除函复德领事外，应请开除，理合登明。

三月间，福防同知吕渭英呈禀：据木行怡昌号禀称，木客林启宝领借本银，并息共计柒百两，约造协顺发木排售抵。旧腊，该木到省别投建安洋行。经伊叮留，被其伙黄金德把持抗拨，叩迄谕交一案。前件经福防同知吕渭英饬传两造到案，訊据黄金德等供认，怡昌借本属实，并无柒百两之多，断令归还伍百余两，收本免息。两造允服，取结完案，应请开除，理合登明。

三月间，福防同知吕渭英呈禀：准英国佩领事函，据英商义和行禀称，伊行内被陈金环行窃，粘单恳赐转请拘究等情，函请拘追一案。前件经福防同知吕渭英饬传看更林银四到案，訊据供称，是日，并无别人往来，只有陈金环因其父在行，曾有来过，其为窃取无疑，当将陈金环拘获责惩，枷示限满开释，所失物件由陈金环之父工资扣还，除函复英领事销案外，应请开除，理合登明。

三月间，福防同知吕渭英呈禀：准英国佩领事函，据德兴行禀，被义记栈赊欠火柴值台伏壹百伍拾元，届期无还，粘票恳赐转请追给等情，函请拘追一案。前件经福防同知吕渭英饬传去后，旋据义记托由公亲向德兴行理还息事，准英领事函请销案前来，除饬承销案并函复外，应请开除，理合登明。”

三月间，福防同知吕渭英呈禀：准英领事署毕翻译片送，监生曾兆如禀，被黄岁岁兄弟领借船本造船，胆敢盗卖强噬，忿讨凶辱，叩乞会拿追究等情，原禀送请究追一案。前件经福防同知吕渭英饬传两造到案，訊据黄岁岁供认，借领船本属实，因装载鱼货投赴该行售卖，该行不照市价申算，累伊亏本，致将船只卖去。质诸曾兆如则称，船已被卖，即除应补货价所欠尚多，求速追给各等供。当堂谕令算明账目，由黄岁岁将欠缴船本找还曾兆如清款。两造遵断，取结完案，应请开除，理合登明。

三月间，福防同知吕渭英呈禀：准英国佩领事函，据英商义和行禀福记洋油店伙王德麟兄弟欠伊油糖价银壹百肆拾元，立有票据，因其店闭向讨。

店东王邦用抗不清还，叩请传追等情，函请拘追一案。前件经福防同知吕渭英饬传两造到案，訊据福记店东及店伙王德麟供认，身买油糖欠款属实，惟店已亏闭，无力全还等情。查义和洋行与福记系属多年交易，当堂断令让减伍拾元，还以玖拾元清账。两造允服，具结完案，除函复领事销案外，应请开除，理合登明。

三月间，福防同知吕渭英呈禀：准英国佩领事函，送英商德兴行禀，被林香香赊欠洋油银五百八十元，立票届期不还，恳乞转请饬追等情，函请拘追等由一案。前件经福防同知吕渭英传集质訊，据林香香称，伊代油容向德兴行议买洋油当时，虽经立票，旋因德兴行倒闭，货未起出，油客不肯认账，德兴行被各油商控追欠款，是以控词混禀，冀图抵塞等语。两造供词各执，查林香香向德兴定买洋油先付期票，如果德兴倒闭所定洋油并未取出，当时林香香即应向德兴将期票收回，方为正办，乃置若罔闻，直待德兴控追，始行供办，且查阅英商德兴洋行账簿，此项洋油出栈之时，均有月日可稽，显系林香香因德兴倒闭借词推诿，本应惩催，姑念无力还款，从轻断令五折归还了事。两造愿遵具结完案，理合登明。

四月间，福防同知吕渭英呈禀：准俄国书领事函，据俄商阜昌行禀，被公记茶栈东李雨亭拖欠银柒千余两，屡讨不还，请即移追等情，函请拘追等由一案。前件经福防同知吕渭英饬拘訊追在案，理合登明。（此案后被列入福州口未结各案之卷宗）

四月间，建宁府谢启华禀，据松溪县陈增禀，日商郑开清来县办米，运至江干，被人拦截，派勇弹压，并婉商该商将米留存归还米价，该商坚执不允，禀府转禀照会一案。前件当即照请日本丰岛领事饬令该商将所办谷石应价若干及购自何处切实开单送局以凭，饬县照数备价给领去后，旋由日本中村领事饬商赴县妥商，并函请该县设法护运，以重邦谊等因，当经由县权行通融一次，派差护运出境，申报到局，核准照办。仍照会领事，嗣后不得援以为例在案，理合登明。

四月间，奉前兼署督宪崇牌，开接日本福州丰岛领事照会台湾总督府，咨查台湾岛中行用伪造银圆系福建长乐、福州水部等处地方铸模，经承饬拿解交厅县收訊，请饬将所获各犯研究，一面饬属严密防禁等由，行局遵照办理等因一案。前件先奉饬，由营务处孙道督饬厅县拿获伪造银圆之黄兆英、林俊典、张祥本等犯解府收訊，不承奉行前因，当经会同臬司通饬遵照办理去后，旋据福州府报明黄兆英、林俊典贰犯先后瘐毙，又经照会日本领事查照，张祥本壹犯，据称俟訉有确供，再行详报剔归中律办理，应即开除，理合登明。

四月间，美国领事官葛尔锡函以蛎蛹蛏蛤官牙吴永成传单不合，请饬另行传布，并向各领事认错等因一案。前件饬由福防厅吕渭英传，据官牙吴永成禀，伊认课给帖，准开官牙，代客售卖，被私牙恶党借挂洋商字号希图讹诈。伙友通单报明各国此项生理系属中国与外国无涉，讵料单内错写各国签字，疏忽之咎，自当往美署，吁恳各领事认错更正等情，并准葛领事函，以已据吴永成到署认非，传单内声明更正妥帖，应请销案等由，申报查销，理合登明。

四月间，福防同知吕渭英呈禀：准美国葛领事函，据弼教士禀，以亦乐天店内悬有对联擅用姓名，请即标封拘办等情，函请拘究一案。前件经福防同知吕渭英饬查，据亦乐天店东声称，此联系吴姓联名送来，在彼当时借列其名，原为体面起见等情，既非亦乐天擅自冒名，情有可原。当谕令该店东前赴弼教士处服礼息事去后，即准美领事函，请销案前来，除将案注销外，应请开除，理合登明。

四月间，福防同知吕渭英呈禀：准日本丰岛领事函，据日商洪雍裕禀，伊与刘枩英由浙来闽，刘枩英财物失落，云系跟丁私夺，禀请台江訉擒拿，致将伊之行装扣留，恳转追究等情，函请饬訉交还一案。前件经福防同知吕渭英饬差查，据复称，洪雍裕与刘枩英由浙来闽，因其伙偷窃刘枩英箱银逃避，经刘枩英控经台江訉，保外调处，嗣因刘枩英赴邵武有事，将其行李封存步云信局林阿霖处，旋由洪雍裕带人到信局认明行李，悉数携去，并赴台江訉，具有收条存案等情，函据台江訉，查复情节相符，除函复日领事销案外，应请开除，理合登明。

四月间，福防同知吕渭英呈禀：准英国巴教士函称，去年运铁售卖剩交教徒陈鸿铟所开大生、永顺两号卖与宝顺号廖思华，短银立票，至期不还抄票，函请饬追等由一案。前件经福防同知吕渭英饬传两造到案，訉据廖思华供认，仅欠陆拾捌元，立票贰纸，还过小洋壹百角，其余无力措还。当堂断令先缴还钱玖千肆百文，将贰拾元期票壹纸涂销，更有壹纸肆拾捌元，匀作叁期清缴。两造遵依，将缴到钱文饬交大生号先行领回，取结完案，除函复巴教士外，应请开除，理合登明。

四月间，福防同知吕渭英呈禀：准东瀛会馆函称，日商福山木行有尤溪木客被外洲道头粪船户纠众殴伤，请饬查拿究惩一案。前件经福防同知吕渭英查明，尤溪木客周吓恺被外洲道头粪船户王鸟鸭纠殴属实，饬传该船户到案訊认，责惩完案，除函复东瀛会馆外，应请开除，理合登明。

四月间，福防同知吕渭英呈禀：准美国葛领事函，据美会禀称，现在梅坞山买地壹区盖造学塾，已由该乡长林守发立有约据等情，函请示谕将坟起迁一案。前件经福防同知吕渭英查，该处山场系属公禁之地，坟墓甚多，不能谕迁，未便听该美会盖造房屋，当经函请美领事谕劝退买，准复照办。旋查该山有美以美会木界牌肆块系不识姓长乐柒所立，饬差严拘无获，该地既经公禁，界址不清，诚恐日久滋弊，应立碑示禁，冀垂久远。正在议勘间，迭准荷兰国高领事来函，以正行与梅坞山毗连，此山多墓，公禁有年，中外官商教士均不得私相买卖，请即勘明，立界示禁。并据观音井梅坞绅耆柯兆棠等绘图呈请分界，出示勒石，永禁各前来，当经会同洋务分局高委员前往勘明，除出示分界勒石永禁，并函复(美、荷兰)国两领事查照销案外，应请开除，理合登明。

四月间，福防同知吕渭英呈禀：据洋务分局高委员禀，送教妇施林氏禀称，施登魁借款不还，伊子施任书向讨遭殴等情原禀一扣，并送施登魁一名，请提訊察办一案。前件经福防同知吕渭英提集两造，訊据施林氏之子施任书供称，施登魁欠伊小洋叁百角，并无立票等语。质诸施登魁供认，只欠小洋玖拾叁角。当堂断令还洋壹百贰拾角给施任书收回了事。两造允服，取具遵结完案，应请开除，理合登明。

四月间，福防同知吕渭英呈禀：准法国高领事函，据天泰洋行禀，被翁九皋等借款，耗费共合洋银陆拾伍元，屡讨弗还，恳即转请查追等情，函请饬追一案。前件经福防同知吕渭英饬差追缴去后，嗣查翁九皋系属赤贫之人，无力归还，现已谕令赶紧设筹，量予折减，一面函告领事转饬该洋行遵照在案，应请开除，理合登明。

四月间，福防同知吕渭英呈禀：准俄国书领事函，据俄商阜昌行禀称，蔡文利与李雨亭合伙办茶，借欠伊行银壹千两，屡讨不还，恳转追究等情，函请饬追一案。前件经福防同知吕渭英饬查，蔡文利早经病故，无从传訊，应归入该阜昌行另追李雨亭欠款内，并案办理，应请开除，理合登明。

四月间，据福安县陈秀钟禀称，卑前县钮令任内有日商林洪涛在罗家港开设东升私牙一案，节经钮令缕晰禀陈，暨会同福防同知吕渭英与半岛领事商允贴费饬令闭歇在案，卑职抵任，速据官牙池锡清禀控东升私牙收招牌，另外又有义成依然抽仲，请为封办。饬差查复，以东升行栈招牌虽已拆去，牙秤尚未收歇，该处另外新设一行，门首灰壁写义成字号，亦挂秤抽仲，询据谊牙福州闽县人王孙庚等称，系日商领有游历护照，直认开行，向劝不理等情。正在劝谕，复据该差密报，有教民多人，纷纷聚集，欲往罗家港与义成私牙拼斗，请速弹压到县，当即迅速弹压，一面速往罗家港，勘得谊处有义成私牙一间，开在罗家港街与东升仅隔数间店面，实系设牙挂秤，白手抽仲，代客揽售鱼货，并无购运出口，亦与东升无异，卑职因事势所迫，劝令王孙庚闭歇不从，只得借标封为保护，带同王孙庚、陈鸣和点明行内物件，封交地保差役看管，其抽仲簿据、牙秤，携田储库，禀请察核等情，现经批饬解省，执约照会领事办理在案。

五月间，福防同知吕渭英呈禀：准日本中村领事函，据日商林道康禀，德兴店东潘细尾托经手，杨文瑞买去黄丝七把，欠银二百零，店货卷逃，函请饬追一案。前件经福防同知吕渭英提訊，潘细尾短欠丝价二百十一两八钱一分，断令如绸缎出给还林道康收领完案，理合登明。

五月间，福防同知吕渭英呈禀：准英领事函，据英商人祥行禀称，伊行鸭㳥洲木厂被贼窃去皮带等物，恳转查追等情，函请派捕缉追一案。前件经福防同知吕渭英饬据捕役缉获，此案窃贼黄嫩麘壹名，訊认偷窃属实，惟皮带现卖在机器局等语，当经函致机器局赎回，饬传天祥行给领，并将该窃贼惩办完案，除函复英领事将案注销外，应请开除，理合登明。

五月间，福防同知吕渭英呈禀：据小轮公司职员林庆澜禀称，伊公司轮船开驶洪册桥至水口，沿途按埠议樸，立约永归行驶，现有华商串通洋人争揽生意，恐酿事端，请照会英、日两领事谕饬，嗣后均须按照章程行驶等情一案。前件经福防同知吕渭英查，此案系因日商租出和美小轮聘英商永昌洋行为代理，在洪山桥一带行驶，争揽生意，难免不与该公司有意寻衅，当经函告英、日两领事查照，分别谕饬永昌洋行和美小轮，嗣后往来行驶以及停泊地方，均须按照章程办理，免酿事端在案，应请开除，理合登明。

五月间，福防同知吕渭英呈禀：准日本中村领事函，据日商云章洋行禀称，本月初四夜，洋驳船驶往马江停泊鳌头乡，失去船具等件，查系吴依孙等所窃，恳转移追等情，函请缉追一案。前件经福防同知吕渭英饬拘去后，旋据吴依孙等将原物缴还云章洋行，并准领事复请销案前来，除将案注销外，应请开除，理合登明。

五月间，福防同知吕渭英呈禀：据职商立成春号禀称，本月拾叁日，有不识姓名肆人将广成向公盛号钱店所给过期废单一纸到栈强支，内有一人复于次日邀天泰洋行洋妇人到栈支票，叩请照会法领事谕止等情一案。前件经福防同知吕渭英函请法领事查照，转饬天泰洋行洋妇人勿听人串骗前赴立成春号代支废票，以免滋事在案，应请开除，理合登明。

五月间，福防同知吕渭英呈禀：准大阪商船公司函称账房陈存孙祖坟山地被齐佃佃私卖，请即拘究一案。前件经福防同知吕渭英饬传去后，旋据该差禀据，齐佃佃声称此地系陈存孙族伯陈维标欲购葬坟，今已由伊自行挽同公亲向陈存孙调处清楚等语，询诸陈存孙亦无异词等情前来，除将案注销外，应请开除，理合登明。

五月间，福防同知吕渭英呈禀：准美国葛领事函，据美部会宋姑娘禀称，福山女塾帮工林黄氏之夫林长瑞不务正业，屡次带子到堂肆扰，恳转请谕止等情，函请查办一案。前件经福防同知吕渭英饬传林长瑞到案，谕令嗣后毋得再往该处学堂肆扰，取具遵结完案，除函复美领事外，应请开除，理合登明。

五月间，福防同知吕渭英呈禀：准日本中村领事函，据日商三野玻璃行禀称，德记杂货店托经手葛风年购买玻璃器具，计价拾玖元，屡讨不送还，恳转移追等情，函请饬传追缴一案。前件经福防同知吕渭英饬传两造到案，讯据德记店东暨经手葛风年供认，欠款屡实，断令折还了事。两造允遵，旋据还银拾伍元息事，除函复日本领事查照销案外，应请开除，理合登明。

五月间，福防同知吕渭英呈禀：准英国徐领事函，据英商兴豫行禀称，协泰号钱店伙将砖石抛入伊行，伤及行伙，恳转拘究等情，函请饬传讯责一案。前件经福防同知吕渭英查，案情甚属细微，着令协泰号钱店伙向兴豫行认非服礼，旋又接准领事来函，以此案非服礼所可息事，复经酌量断令协泰号罚银拾两，允作医院经费。两造遵依完案，除函复英领事将案注销外，应请开除，理合登明。

五月间，福防同知吕渭英呈禀：准日本中村领事函，据庐山轩照相馆禀称，收有宝泉小洋票肆拾叁纸，计小洋四百零柒角，往支不付，恳转照追等情，函请饬追一案。前件经福防同知吕渭英饬差查明，该店早已倒闭，店东亦经身故，只有寡妇幼孩一贫如洗，无从追取，业经函复日领事，并将原票发还在案，应请开除，理合登明。

五月间，福防同知吕渭英呈禀：准英国徐领事来函，据帮理邮务英贝格理禀称，陈雁斌四开设赌场，冒挂英水行字样等情，请即拿办一案。前件经福防同知吕渭英饬差密拿赌棍陈雁斌四到案，并将赌屋标封。讯据陈雁斌四供认，聚赌不讳，从重笞责，枷示以儆尤，应请开除，理合登明。

五月间，福防同知吕渭英呈禀：准日本中村领事函，据饶春波禀，被刘崇渤即登榜短欠货价陆拾肆千零，立票逾期不还，恳转照追等情，函请饬追一案。前件经福防同知吕渭英饬传，刘登榜避不到案，移请侯官县并营訊会拘在案。兹据饶春波禀称，刘登榜已经邀公理还，恳请销案前来，除将案注销，并函告日领事外，应请开除，理合登明。

五月间，福防同知吕渭英呈禀：据洋务分局委员禀称，准杜税务司函，送工首郑春记禀称，郭云魁等把持工作，毁除厂物等由，请即拿办一案。前件经福防同知吕渭英饬传两造到案，訊据郭云魁等供称，前受郑春记雇往东涌地方，与造海关灯塔，议定工资被扣，以致众情不服，停工争闹，毁及厂物。质诸工首郑春记则称，郭云魁等不肯勤作，退回另雇，虽未照包定工价发给，所余亦属无几，不应捣毁厂物各等语。当查郭云魁等以惰工被退，争执工资，甚敢毁坏厂物，殊属非是。郑春记身为工首于遣退小工不照原议给资，亦有不合，当堂分别严斥，谕令郑春记将应补郭云魁等工钱抵作赔偿之费，以免缠讼。两造遵断，具结完案，除分别函复外，应请开除，理合登明。

五月间，福防同知吕渭英呈禀：准荷兰国高领事函，伊行煤油向托复兴、兴记两号代售，现被大丰米行另开之泰盛延平货栈遣伙黄廷栋先后向该两号赊欠洋银陆百贰拾元，栈闭人逃，请即饬追等由一案。前件经福防同知吕渭英饬传两造到案，訊据泰盛栈东詹依发即绍鸿供称，伊于贰拾玖年正月间，被黄步雯、黄廷栋等串谋令其伙开泰盛货栈。嗣因见黄步雯等狡猾，即与退股，栈中货物已与黄步雯等分清，立有退字为据等语。查阅退据，黄步雯并不在场，不过詹依发自写一纸，草草数十语，令黄廷栋代押，其间盈亏账目，以及人欠欠人各款应归何人收付，均未登载明白，此等字据自难作凭，当堂断令詹依发回家赶紧筹款归还复兴、兴记两号清账，给限缴款在案。兹准荷兰国领事以詹依发已向复兴、兴记两号归款清楚，函请销案前来，除饬承将案注销外，应请开除，理合登明。

闰五月间，日本领事官中村巍照会日商恒泰行采办木排，两厂到省突有怡昌行请法商魏池函厅。已经本领事函准福防厅吕渭英查明，将木排交公帮收管，秉公訊断，乃恒泰行竟将日商旗号抛弃，率众图抢，饬厅訊办一案。前件并准法领事以法商魏池向怡昌号所购之木，因日商无端阻挠，请饬厅即为交还等因，暨由日本领事照奉前兼署督宪崇行局，均经先后饬厅查办。嗣据福防厅吕渭英查明，此项木排系采顺栈店东吴瑞周之木，因欠怡昌等行多款,恐木排到省,售价不敷分还,且一路厘金、排脚又须借款垫用,乃串出王文采即国宾出名向恒泰行借缴银两,沿途又向另家借用数千金,约明到省将木售抵,一应汇票,皆由恒泰认付过印。当时怡昌闻知立即往阻,告其中纠葛,乃恒泰自恃日商明知故犯,怡昌因被彩顺欠缴最钜,一闻日商恒泰包缴,亦挂法商排号,托魏池出头代争,且恒泰亦即华商协记托名,其实皆系华商,平日亦均照公帮规矩,当将该木排发交公帮售卖,秉公匀分去后,现据禀称,已经公亲理明,以陆千陆百两归还怡昌了案,余银分还恒泰等行缴本,彼此允愿,取具甘结,函告法、日两领事一体销案,理合登明。

闰五月间,福防同知吕渭英呈禀:准日本中村领事函,据薛天和禀称,和茂布店伙姚学曾串诱卖奸挟嫌纠殴等情,请即拘究一案。前件经福防同知吕渭英饬查,两造系因妒奸挟嫌,互相擒殴,控县有案,无关交涉,因将原卷移交闽县归办,除函复日领事外,应请开除,理合登明。

闰五月间,福防同知吕渭英呈禀:据英商义和、万兴两洋行禀,被益丰栈东马瓜瓜串同经手陈屏官赊买洋糖,立票订支,栈闭人逃,恳饬封追一案。前件经福防同知吕渭英饬差标封,饬传被告马瓜瓜到案,訊认欠款属实,除将货物备抵外,谕令克日变价清偿,取具遵结完案,应请开除,理合登明。

闰五月间,福防同知吕渭英呈禀:据乡耆黄颖基等禀称,黄成章串同日商王翔端侵占洲地,插立日本旗号等情一案。前件经福防同知吕渭英据情函告日本领事,旋准复函,以此事已由黄成章等禀县有案,该地系向业主稞来,并非霸占等由,复经函准闽县罗令将往来公牍申请查照各在案,黄颖基后未禀催,应请开除,理合登明。

闰五月间,福防同知吕渭英呈禀:准桥南保甲分局拿获私用假票之高伊庚壹名,送请訊究一案。前件经福防同知吕渭英訊据供称,假票贰元系由别处取回,一时不知误用属实等语,再叁研诘矢口不移,当将高伊庚薄责示惩,一面涂销票据完案,应请开除,理合登明。

闰五月间,福防同知吕渭英呈禀:准日本中村领事函,据朱伯芗禀,伊婶母朱王氏被陈依妹托保林贰嫂借去台伏壹百元,限期立票不还,恳请查追等情,函请拘追等由一案。前件经福防同知吕渭英饬差传訊在案,兹查是案已由两造邀公理明完案,除函告日领事外,应请开除,理合登明。

闰五月间,福防同知吕渭英呈禀:准日本中村领事函,据怡和行林肇书禀称,广回春药店陈能鉴负约抗搬,请即拘究一案。前件经福防同知吕渭英饬查传訊在案,兹据差禀,是案已由两造邀同公亲理明息事等情前来,除函请日本领事销案外，应请开除，理合登明。

六月间，新关税务司杜德维函，以本关文案赵承禹屋地被同德茶栈吴姓占筑围墙，并送原禀一扣，请饬县断办一案。前件当经札饬福防厅吕渭英查办去后，旋据该厅呈禀，是案业经赵文案就近禀明南台洋务分局派差谕止在先，当由该分局高委员勘量界址，绘图禀送，迭经饬传在案。兹据两造邀经公亲理息，恳请销案，应即开除，理合登明。

六月间，美国领事官葛尔函，以匠首林宝兴等石料堆积华记行前，有碍行人，请饬谕令遵移科罚一案。前件饬据福防同知吕渭英以此案先准德国谢领事、美国葛领事先后来函，迭经饬差勒限迁移在案。该匠首林宝兴旋将路上石块搬移清楚，其屋旁无碍之处，恳听暂堆从缓，陆续移运。嗣因该匠屡次违限，并经酌令罚洋伍拾元，以贰拾伍元送交美领事发充医院经费，其余贰拾伍元发交南台蒙养学堂充费，申报到局，当经函达美领事完案，理合登明。

六月间，福防同知吕渭英呈禀：准洋关杜税司函称，坡尾地新道地方木桥被水漂流，有周土沙弟设立木透，借索渡资，伊妻推倒邮差请即拿办等由一案。前件经福防同知吕渭英差传周土沙弟到案，讯供属实，查周土沙弟之妻推倒邮差固有不合，当堂薄责，饬差带回周土沙弟前往邮局认非服礼，一面将该处木桥饬匠兴修完固，旋准杜税司来函，以此案业经周土沙弟亲到服礼，请即注销等由，除由厅函复，并饬承销案外，应请开除，理合登明。

六月间，福防同知吕渭英呈禀：据美国医馆帮理医生陈长华禀，被天一号铁器店东郑发发兄弟短欠货银，屡讨不还，叩请饬差究追等由一案。前件经福防同知吕渭英饬差如数追缴清款，该医士禀请销案，业经由厅开除，理合登明。

六月间，福防同知吕渭英呈禀：日本中村领事函，福山洋行采运木排到西河地方，被乡众截夺，澳保不肯，指出姓名，恳转拘究等由一案。前件经福防同知吕渭英饬差拘追去后，旋据差查，福山洋行因风散失木植，业已追出送还，内少大木桶木共贰拾伍根，亦经该西河乡民与澳保照数赔还了事等情，禀复当即由厅函请日本领事销案，应请开除，理合登明。

六月间，福防同知吕渭英呈禀：准英国金女教士函，据看守书院迈妇齐陈氏禀，被齐文锐兄弟偷窃茉莉认还，抗赔等情，函请拘追一案。前件经福防同知吕渭英饬传两造到案，讯据齐陈氏之子齐荣光供称，有茉莉秧壹百捌拾株被齐文锐强拔。质诸齐文锐等则称，并无其事，再三审诘，供词各执，齐荣光与齐文锐系属一本之亲，断令由族中公款内提出钱贰千文交与齐荣光收领，作为赔偿之费，以全族谊，而免缠讼。两造遵断，具结完案，厅函复英女教士销案，理合登明。

六月间，福防同知吕渭英呈禀：准东瀛会馆函称日商黄永灼禀称，金兴化俤串卖青果等情，函请传追一案。前件经福防同知吕渭英饬传两造到案，訊据金兴化俤供称，青果是先说定卖给黄永灼，后因价长改售与王廷蕃。查货价涨落，本无一定，金兴化俤先经收受定钱后，因价长改售，殊属欠理，当堂断令金兴化俤按照先定价值核算，提出所售多款各半匀分。两造允服，取具遵结完案，除由厅函复销案，应请开除，理合登明。

六月间，福防同知吕渭英呈禀：准日本中村领事函，据小园江隆哉禀，被中亭街福泰成短伊货款贰百肆拾元，立票，屡讨不还，请即移追等情一案。前件经福防同知吕渭英饬传到案，訊据福泰成店东毛道香供认欠款属实，惟当时买来扇子系装箱内，及开看都是鼠咬虫蛀，退回不肯，以致亏本不少。质诸小园江隆哉则称，伊货系托经手洪学学卖与福泰成，断价立票，应请凭票追还各等，供查两造系属多年交易，今福泰成因扇破坏以致亏本，小园江隆哉当时既不准退回，亦应折让减价，方昭公允，当堂断令折还壹百捌拾元清账。两造均愿遵断，当着毛道香限两礼拜内付给清楚，具结认款完案，当即函复日本领事销案，应请开除，理合登明。

六月间，福防同知吕渭英呈禀：准日本中村领事函，据日商钊记洋行等禀称，德成号倒欠货银等情，函请拘追一案。前件经福防同知吕渭英差传集訊，据德成号东监生黄起供认，各欠款属实，惟歇业后，家产中落，无力全还，求折让措缴各等语。当堂核算账目，德成号实欠刘记行货银二百五十元，欠福震生一百六十元，欠同昌号八十元，兹酌中断令七折归还，着黄起赶紧筹缴现银分别给还该三行收领。两造遵断完案，理合登明。

七月间，福防同知吕渭英呈禀：准英国毕翻译片，送迈妇林黄氏禀，被林元金之子显汉等派伊田水与较遭殴，叩乞拘究等情一案。前件经福防同知吕渭英饬查去后，旋据林黄氏禀称，林显汉已经邀公调处，服礼了事，恳请销案，业经由厅将案注销，理合登明。

七月间，福防同知吕渭英呈禀：据南台洋务分局高委员禀，送偷窃太平行棉纸正贼陈角角壹名，请即訊办等情一案。前件经福防同知吕渭英訊据供认，偷窃不讳，惟贼已卖与万兴箱店。随又饬传去后，旋据万兴店东唐安兴禀称，所买赃纸已经太平行管栈严病哑取回，伊已赴县剖诬在案等情，当即移准闽县将案卷送厅，提集两造讯供尚符，惟唐安兴私买贼赃，虽不知情，究属不合，当堂谕令罚洋陆拾元充作南台蒙学堂公款，一面将窃贼陈角角重责示惩。两造允服，取具遵结，由厅分别移复完案，理合登明。

七月间，福防同知吕渭英呈禀：准防营万管带片，送江帮旺、陈登发、邹其旺、李中仁等肆名请即讯办等由一案。前件经福防同知吕渭英查，据邮政局翻译容利福以江帮旺假作字据，冒赊物件。禀请南台洋务分局在先，当据高委员检禀呈送前来。随即提讯帮旺供认，冒赊物件不讳，当堂重责，枷号示众。陈登发、邹其旺、李中仁等不遵差查，亦属可恶，一并笞责示惩，由厅分别移复完案，理合登明。

七月间，福防同知吕渭英呈禀：据天祥洋行乳嬷之子郑新宝禀称，隔邻卢木木兄弟殴伊徒郑三妹，叩乞提验拘究等情一案。前件经福防同知吕渭英提验郑三妹，并饬传卢木木兄弟到案，讯供殴伤属实，惟两造系属邻居，均为口角起见，当堂着令卢木木罚缴医费拾元给郑三妹领回调治，一面薄责示惩。两造允服，出具遵结，并据卢木木缴到台伏拾元给发郑三妹领回，取具领状，附卷完案，理合登明。

七月间，福防同知吕渭英呈禀：准英国雷领事函，据英商天祥行禀称，伊行鸭姆洲自来水厂男工与女工争闹，突被女工亲串拥入厂内掳掠工伙两人等情，请即押放等由一案。前件经福防同知吕渭英饬派干役前往押放去后，旋据该役等禀复，往查男工枝枝、海水贰名，并利斧两把均由女工之父翁细弟擒送闽县无凭押放等情。查此案男工既已送交闽县，应即归案，核断以免两歧，除移请闽县查照办理外，应请开除，理合登明。

七月间，福防同知吕渭英呈禀：准东瀛会馆函称，日商泰亨、泰兴、泰和行等被永兴号倒欠货银，逃匿不还，请即拘追等由一案。前件经福防同知吕渭英饬追去后，旋准东瀛会馆以永兴号东已经邀公向泰亨行等处理认还清楚，函请销案，由厅函复销案，应请开除，理合登明。

七月间，福防同知吕渭英呈禀：准美国葛领事函，送排棹陈泉官之母陈何氏禀称，伊夫在日，被林叁哥同弟林耳聋伍串同保家林福清借去台伏壹百元，往讨不还，叩乞拘追等情一案。前件经福防同知吕渭英饬追去后，旋准美领事函，以保家林福清已经愿赔了事，请即销案，由厅函复将案注销，应请开除，理合登明。

七月间，福防同知吕渭英呈禀：准英国雷领事函，据英商天祥洋行禀，以鸭姆洲锯木厂工伙回家，被杨东良、张来俤等拦途凶殴，本厂无人工作，几致散乱等情,请即派差弹压等由一案。前件经福防同知吕渭英饬差驰往弹压去后,旋据差查杨东良系因木匠在途掳人,经伊往阻,并无争殴情事,张来俤实无其人,现在事已解散,工伙照常工作等情禀复。又复出示谕令该厂工匠务须照常到厂工作,不得借端多事在案,嗣准英领事函请销案,当即由厅函复注销,应请开除,理合登明。

七月间,福防同知吕渭英呈禀:准日本中村领事函,据日商慎源行禀称,伊向林天俤购定白枣付定翻卖等情,请即传讯等由一案。前件经福防同知吕渭英饬,据差禀,林天俤已邀公亲向慎源行理明息事,由厅函请日本领事销案,应请开除,理合登明。

七月间,德国领事官谢弥沈照会香港德商顺全隆被福州恒茂栈积欠货银,旋因恒茂栈东马焜声病故,栈内存货被豫大、恒宜等钱庄搬去,请饬将货追出,分匀折还等因一案。前件当即札饬福防厅吕渭英查办,旋准日本代理领事野口多内函,以台湾银行代理人欧阳寿荪兼为豫大钱庄拨借广东怡和号之伙。马焜声、陈鹤巢在闽开恒茂号布栈,共欠银八千七百余两,因该伙马焜声病故,所有欠款,怡和号东竟不承认,反假声欠伊款称豫大强搬栈货,并改捏德商声请德领事照会查办,请饬拘究办等因,又经饬,据该厅详提讯两造,供词各执,业已谕令豫大店伙与陈鹤巢先将实欠豫大账目核算清楚,一面将押抵货物邀同经手,三面照凭市价发售,得价存储。一面谕令陈鹤巢赶怡和东家到案,再行传质明确,分别定断详销等由,当即批饬催令陈鹤巢速赶怡和栈东到案讯办去后,续准日本领事函,催及,奉前督宪礼饬,均经饬催速办各在案。现据福防厅吕丞渭英饬据商会董事秉公查理,议令豫大等措三千元给与怡和具领了事,惟怡和所派伙友冯勉予不能主意,怡和号东远在香港,由厅查得乾记洋行买办蔡敏骥系怡和号东本家,当经面与商议,蔡敏骥顾为致函,劝处已接怡和号东回音,遵依完结,当令豫大将款缴案,函送德领事转给完案,申报察核前来,当即照请德领事查照销案,理合登明。

七月间,福防同知吕渭英呈禀:准日本中村领事函,据日商泰昌号禀称,康泰号东何占鳌即朝宾倒欠票款逃匿不还,函请标封拘追一案。前件并据南北帮董事教谕陈俊暨、铺户永兴隆等号均以何占鳌留言枭欠货银等情,来案具控。当经福防同知吕渭英饬差传讯,一面详请将何占鳌把总职衔先行斥革,以便押追在案,兹准闽县申据,尽先把总何占鳌呈诈各情申请,将案送县讯办等由,除函复,并将卷宗移送闽县归案讯办外,应请开除,理合登明。

八月间,日本代理领事官野口多内函以慎源行办枣一事,前已函县不意侯邑差率众将该行东凶殴重伤，更将行伙擒获，请即派医前往调治，并将该差究办等因一案。前件饬据侯官县查明，案缘陈邦哑弟串同日商慎源行东吴等强买贡枣不遂。据柒都地保吴仁禀，经饬拿陈邦哑弟訊供，被拿系在南台横街，同伴并无吴等其人，亦无被差凶殴之事，并经饬由福防厅吕渭英带同西医前赴日署会验，委系病淋，并无伤痕，由厅与日本领事及翻译会商议结，该地保吴仁串役索费，应即由县革外差役，林胜等办事玩误，分别杖责，慎源行东供词不实，由日本领事严加申斥，并由县将邦哑弟交其母保回了事等由，详报到局，当经批准销案，理合登明。

八月间，福防同知吕渭英呈禀：准日本中村领事函，据日商陈熟禀称，路过上渡被该乡陈柱柱等率众殴抢等情，请即拘追等由一案。前件经福防同知吕渭英饬传去后，旋据陈柱柱等邀公理处，将原物送还，并向陈熟认非服礼，由日本领事函请销案，除由厅饬承销案，并函复外，应请开除，理合登明。

八月间，福防同知吕渭英呈禀：准英国雷领事函，据胡总教士禀称，有本会汉姑娘在海坛居住传教，其管事林会会雇林康康船运物被窃认赔，不缴等情，请即拘追等由一案。前件经福防同知吕渭英传訊林康康供称，前受林会会雇装行李等件，因途中停泊，致被人窃去物件，早经认赔，现在设筹应付。质诸林会会则称，认赔数月，尚无着落，请速追给各等情，当堂着令林康康将认偿款项取保认限，付清息事。两造均原遵断，具结完案，由厅函复英领事一并销案，应请开除，理合登明。

八月间，福防同知吕渭英呈禀：准代理日本领事野口翻译函，据林贤登禀称，伊托经手向许铿铿稞定橄榄，现被翻约另卖，请即拘追等由一案。前件经福防同知吕渭英饬查去后，旋准侯官县以许朝朝即铿铿等呈控洪正霖串逞林贤登借势强稞等情，检卷申请归案訊办，并据许铿铿等禀诉及差复前来。复经饬据差禀，已由两造邀同公亲理明息事等情，当即由厅函致日本领事销案，应请开除，理合登明。

八月间，福防同知吕渭英呈禀：准杜税司函，据钤字手聂生禀称，被雇里香弟吞银逃避等情，请即拘追等由一案。前件经福防同知吕渭英饬差查追去后，兹据该差禀复，雇里香弟私吞钤字手聂生派送屈臣氏药房账款洋陆元贰角伍仙，业已由伊自行送还息事等情前来，除由厅函复杜税司，并饬承销案外，应请开除，理合登明。

注：仙，小于角的货币单位。

八月间，福防同知吕渭英呈禀：准德国谢领事片，送齐章团禀称，吴勤仁率众屠殴等情一案。前件经福防同知吕渭英饬查去后，旋据差复及吴寅亮即勤仁等各具禀诉，并闽县申称，此案齐伯奇赴县控准差传，现查其弟齐章团复捏情赴厅歧控，请发县归案，核訊各等情，当即由厅将案卷移送闽县归案訊办，应请开除，理合登明。

八月间，福防同知吕渭英呈禀：准日本中村领事函送薛包包禀称，林细弟奸拐卷逃，叩请拘究等情一案。前件经福防同知吕渭英饬查传訊去后，旋据差查薛包包夫妻反目自行走失，并无林细弟奸拐等情。查询戚邻，俱称无异，现伊妻在仓前山洋姑娘处佣工，已带同薛包包及其岳母当面交还带回等情，禀复由厅函请日本领事销案，应请开除，理合登明。

九月间，福防同知吕渭英呈禀：准德国谢领事片，送米商恭丰号禀称，林阿婆等卷运豆货，收吞逃避，叩请拘追等情一案。前件经福防同知吕渭英传訊林阿婆供称，前与恭丰合做豆货，后因价跌脱售，理应匀派，亏本向算不依，故未还伊代付买货票款。质诸恭丰号东则称，豆货既系合做，买价亦应各出一半，合已统由伊垫，而林阿婆将豆全数私卖，声称亏本，延不归款，求速追给各等。供查两造合做豆货无论盈亏自应照股匀派，林阿婆当售卖时是否跌价自有一定市值可查，当堂谕令邀公算明账目，限叁日内由林阿婆付还恭丰号清款，旋据两造禀以账算款清具结，恳请销案，当即由厅批示饬承销案，应请开除，理合登明。

九月间，福防同知吕渭英呈禀：准台江汛移，据栈商施正顺禀称，日商春成行合伙之泉福利船户先后向买桐皮，短少银玖拾陆元零，向讨枭还，叩乞扣留船只等情，请即传訊等由一案。前件经福防同知吕渭英传訊泉福利船主黄羊仔供称，向买桐皮属实，因该皮中间朽腐不堪，发售当时，受其欺蒙，原货尚存，愿求退回还本。质诸施正顺则称，货售多日，照章不能退还，且货色高低系按照时值售价，并无欺蒙情节，求将续款追给各等语。查黄羊仔向施正顺购买桐皮系在夏间事，隔数月始言货低退还，殊属不合，而施正顺于售货时，并不说明中有朽腐之处，亦属欠理，当堂断令各听一半，将短款让作伍成折收。两造允服，取具遵结，由厅饬承销案，应请开除，理合登明。

九月间，福防同知吕渭英呈禀：准美国葛领事函，称美会契买岭后山地迭被该乡妇女到场肆扰，致难工作，请即传谕禁止等由一案。前件经福防同知吕渭英饬差协保前往，押令妇女退回，并谕令嗣后毋得多事去后，该妇女均各遵照退散，并称不敢再往工场肆扰等情，据差禀复由厅函复美领事销案，应请开除，理合登明。

九月间，福防同知吕渭英呈禀：准日本中村领事函，据东瀛会馆禀送陈刘氏禀称，王水水赊欠抗还，率众摔毁家私货物，粘单叩乞拘追等情一案。前件经福防同知吕渭英传讯王水水供称，因核算往来账目内多轇轕不清，以致争闹。质诸陈刘氏则称，王水水欠伊货款有账可算，不应将店内物件捣毁各等。供查两造系属邻居，均为算账口角细故，当堂谕令邀公算明账目还款，一面并由王水水出洋伍元交陈刘氏作为赔偿之费。两造具结遵断，由厅函复，并饬承销案，应请开除，理合登明。

九月间，福防同知吕渭英呈禀：准日本中村领事函，称新租领事分馆雇木匠齐齐盖起轿班房，被聚发号率众擒勒停工，请即押放拘惩等由一案。前件经福防同知吕渭英饬差前往押放，并以面传讯去后，旋准日本领事以木匠齐齐业经放还，聚发柴房亦已认非服礼，函请销案，当即由厅函复将案注销，应请开除，理合登明。

九月间，福防同知吕渭英呈禀：准日本中村领事函，据日商道通会社禀称，金同福船主程四四中途盗卖纸货计值陆百余元，叩请移饬追究等情，函请差追等由一案。前件经福防同知吕渭英传讯程四四供称，受雇装纸赴台驶至苏澳地方，遭风纸被飘湿，嗣将湿纸四百块售价贰百余元等情。查纸货果系遭风飘湿，亦应报明货主听凭发落，程四四并不报验，擅将纸货售脱，大属不合，当堂断令赔还纸价肆百伍拾元，程四四认肆百元，保家程有水认伍拾元，限期缴款给领，均愿具结遵断，由厅函复日本领事销案，应请开除，理合登明。

九月间，福防同知吕渭英呈禀：准德国谢领事函，送商民张溪溪禀称，蔡铨泉毁夺木榨，叩乞究追等情一案。前件经福防同知吕渭英饬查去后，旋准日本野口翻译函送蔡铨泉诉禀，传讯蔡铨泉供称，木榨系伊之物，放在他处，因用往扛，反被合泰号殴辱。质诸张溪溪则称，系在旧年用价肆元买来，木榨全坏，修理用去拾余元，伊竞率众强搬，实不近理各等情。查两造本属同行旧伙，现已各营各业，显系争揽生意借端寻衅，当堂谕令张溪溪出台伏陆元贴蔡铨泉将木榨扛回，各安生理，均愿具结遵断，由厅分别函复，应请开除，理合等明。

九月间，福防同知吕渭英呈禀：准德国谢领事函，据商民林济臣禀，伊兄与资生堂药店交易，被欠货银捌拾贰零，店闭人逃，叩请标封究追等情，请即封追等由一案。前件经福防同知吕渭英传讯资生堂店东，供认所欠属实，惟现在店已倒闭，无力全还，求折归款，质诸林济臣亦只望速清欠款，情愿减让，当堂断令陆折归还，并着资生堂店东限期偿楚。两造具结遵断，由厅函复销案，应请开除，理合登明。

九月间，福防同知吕渭英呈禀：准日本翻译野口片送台湾银行小介卓永俤禀称，德兴号东林国清借银枭还，叩乞提追等情一案。前件经福防同知吕渭英饬查去后，旋据林国清之母林曹氏禀称，此票系伊店伙罗容容向伊子暂借抵用，言明届期自行备钱应付，旋因该伙退辞出店，屡向追取，一味宕延，乞传环质等情。当即传訊罗容容供认，借票属实，因生意辞歇，无力备付，现在筹措，求缓归款。质诸卓永俤则称，逾期已久，势难再延，应请凭票追给各等。供查林国清开张德兴布庄先既代出票据借给罗容容付人抵用，则卓永俤凭票讨钱理无不合，且林国清与罗容容有多年东伙之谊，款有着落亦应暂代垫付，免滋口实，当堂断令先将票款垫付卓永俤，以省缠讼，一面谕令罗容容限伍日内悉数筹还归款，均愿遵断办理，并着罗容容具结取报认款，由厅饬承销案，应请开除，理合登明。

九月间，福防同知吕渭英呈禀：准东瀛会馆函称，日商怡和等号被义记号先后赊欠货银，倒闭卷逃，该掌监陈仲濂送请提訊追究一案。前件经福防同知吕渭英移提该号东郭阿楷到案，当堂结算账目，郭阿楷应欠怡和等号货款，除店内货底对抵外，实短银二百两，据郭阿楷吁求减让，断令八折交还，陈仲濂訊非串同倒闭，应毋庸议，理合登明。

九月间，福防同知吕渭英呈禀：准日本中村领事函，据日商昆记栈、太生仪禀称，周水水等赊欠货银店闭人逃一案，前件经福防同知吕渭英訊缘周水水等短欠昆记货银六十五元，短欠太生仪三十七元。旋因亏本歇业，无力归还，现在察看周水水等，实属一贫如洗，由厅劝令昆记、太生仪两栈东推情折让作为六折归还，着周水水等措还昆记栈台伏三十九元，太生仪台伏二十二元，赶紧筹缴给领，取保认款完案，理合登明。

九月间，福清县胡之桢禀称：台湾商船金庆源驶赴莲河内地采买食盐、土货等件，运经福清莲盘澳，避风触礁。旋该处小船乘机纠夺等情，饬差查勘，绘图禀缴，除会营比差勒缉各犯，务获究报外，先将该船出海人等及船牌运单等件一并禀缴，派员转交日署复訊等由一案。前件经查，食盐禁运出口，各国一律遵行，日本商船不准驶赴内地私做买卖亦复明载约章，此次金庆源商船报领台湾牌照，竟敢擅赴泉州内地采办私盐，至玖万余斤之多，按照约章已于船货入官之例，况该船出口曾否载有他货运往内地售卖？此次私买食盐各货有无报完内地税厘？自应切实查明，分别按约核办，当将出海人等饬派福防厅吕渭英约会该县亲自带赴日署，会同日本领事当面查询该船运货失事细情，以及毁失货物确数，以凭按约分别追办，并移行遵照，旋奉督宪批饬司道会同本局移行文武一体认真严拿追办各在案，理合登明。（此案后被列入福州口未结各案之卷宗）

十月间，福防同知吕渭英呈禀：据日本领事署文案黄天霖禀称，陈坤坤在伊家充当家丁，进门后时有物件遗失，旋经撞见，反敢肆凶殴辱，并带同保荐人等前来肆扰，叩乞提究等情一案。前件经福防同知吕渭英传訊陈坤坤供称，并无偷窃物件，因诬指为贼，心实不甘，邀同保荐人等前往理论，以致吵扰等语，惟陈坤坤在黄天霖家身充家丁，遗失物件即非所偷，分关主仆，亦应好言剖论，乃竟带同保荐人等前往肆扰行凶，殊属欠理，当堂重责示惩。两造允服，由厅取具遵结，饬承销案，应请开除，理合登明。

十月间，福防同知吕渭英呈禀：日本中村领事函，送管事王永茂禀称，显马四等搜夺伊兄永波洋钱衣服等件，叩请提追等情一案。前件经福防同知吕渭英传訊显马四供称，王永波欠钱不还，屡次躲避，故前在途中相遇，将其身上衣服脱来，并无洋钱在内。质诸王永波则称，欠钱属实，业已托人向说，俟到月底归还，伊将衣服剥去实在不应各等情。查王永茂欠债拖延躲避不还，固属不合，而显马四当街剥衣亦为欠理，当堂断令王永波将钱款限在月底偿清，一面由显马四送还衣服，登门认非。两造允服，取具遵结完案，由厅函复日本领事，并饬承销案，应请开除，理合登明。

十月间，福防同知吕渭英呈禀：准日本中村领事面交台商泉顺行伙庄益成禀称，金得利船主林邦邦盗卖盐斤，叩乞提追等情一案。前件经福防同知吕渭英传訊林邦邦，供认私卖属实，当时因船只途中碰坏，行经福州，亟须修理，故将盐先行卸卖，现愿将该泉顺行交来购盐资本壹佰陆拾元筹措归还等语。质诸庄益成亦愿收回资本就此息事，当堂谕令林邦邦将还款限叁日内付交清楚，由厅取具遵结，并函复日本领事完案，应请开除，理合登明。

十月间，福防同知吕渭英呈禀：准日本中村领事函，据日商同仁洋行禀称，伊所开下杭街同仁杂货栈遣伙巫颐俣到船起货，被周敦然等纠众拦阻围殴失物等情，请即传訊等由一案。前件经福防同知吕渭英饬，据差查，此案业经两造在商务局控告有案，并已由局提訊，谕令巫颐俣回栈医治等情。禀复查此案既在商务局控告有案应归商务局核办，以免纷歧，由厅牒商务局，并函复日本领事查照，应请开除，理合登明。

十月间，福防同知吕渭英呈禀：准法领事函，据天主堂廉教士函送王加禄等禀称，马天喜等借蛮占业，叩乞押搬提究等情一案。前件经福防同知吕渭英传訊王加禄供称，伊屋租给木匠杨炳生居住，系凭地保马天喜作中，因拖欠房租令其迁移不允，叩请饬差押搬。质诸马天喜、杨炳生等则称，欠租属实，因一时觅屋不得，致未迁让各等语。查杨炳生短欠房租延不搬让，殊属非是，当堂断令赶速另觅房屋，限伍日内迁移，并将前欠租款悉数付交王加禄收领，以免缠讼。两造遵断，当着杨炳生具结认款，由厅函复廉教士销案，应请开除，理合登明。

十月间，福防同知吕渭英呈禀：准日本领事函，据日商杜克立禀称，成兴行施厚舍恃强扣留船只，请即查追一案。前件经福防同知吕渭英訊，缘施厚舍开张成兴船行，前年有金晋发船尘郭流水同出海，林培司舵工郭屋向施厚舍借银一百元，年久未还，本年该船复驶福建，施厚舍向前索讨借款，该舵工郭屋答以郭流水、林培司业已病故，伊一时无力偿还，施厚舍虑款无着，将船扣留，交保看管，适日商杜克立搭坐该船，推系施厚舍无故强留，勒令支还，施厚舍不肯，致有是控。当即补传该舵工郭屋到案质訊，断令郭屋等措台伏一百元缴施厚舍承领，船仍交郭屋领回。两造遵断完案，理合登明。

十月间，福防同知吕渭英呈禀：准日本中村领事函，据日商泰亨洋行禀称，正高升帽店赊欠货银歇业卷逃等情，请即拘追一案。前件经福防同知吕渭英差传集訊，据高细弟供称，欠款属实，伊因歇业后，光景为难，曾托公亲向泰亨行调处，陆折归还，嗣因一时无从出筹措，以致宕延，并非有心枭赖，求宽限措还各等语。察看高细弟人尚诚实，据供无力全完，尚属可信，断令高细弟仍照公亲原处陆折归还，先缴现银壹半给泰亨洋行收领，余限两月内缴清。两造均愿遵断，取保认款，完案理合登明。

十一月间，日本领事官中村巍来函，以福山公司木排湾泊竹崎关被匪割去，获犯萧其财、程显仔二名。经竹崎巡检訊，供写赃李药司、叶合兴二家。该巡检不行拿究，请即申斥，并着将贼犯萧其财、程显仔二名解交福防厅吕渭英惩办，一面檄饬侯官县签拿李药司、叶合兴，冀二犯到案惩治，着赔赃木等因一案。前件当经札饬侯官县遵照，并饬据竹崎巡检陈藩申复福山杉木被盗割窃，准日本领事来函，当着总巡至溪，带同乃役拿获萧其财、程显仔贰各，并称窝主系侯官市李药司，尚无叶合兴之名，搜获赃木计板伍十伍片，短节桐无节已交看排之过溪代收转送公司收领，并将贼犯萧其财、程显仔枷责示儆，现已申解侯官县收訊究办等由，又札饬侯官县遵办去后，续据该县详报萧其财在押病故，其李药司、叶合兴等曾否获案，訊究未据，具报唯赃物早已追给，穷贼亦已责惩，迄今日久，领事亦无续催，应即将案注销，理合登明。

十一月间，法国领事官高乐待照会现有美国女教士李翁欲占西人所造之路，请为悉力阻止等因一案。前件即经照准法领事查明该路系在岭后乡土，名对湖山，绘图送阅，并准美国葛领事以良女医妇幼医馆拟换地址。法领事既以辩论，请饬县或派员约同路会董事往勘各等因，当经饬由福防厅吕渭英、闽县知县会勘。美会医馆门口系通行路径，路外系一小阜，该医馆现将路外小阜买围门内，相离旧路拾壹丈外，另开一路来往不便，以致路会不许，嗣与美领事妥商，于离旧路叁丈叁尺之间开一条平路于行人均无妨碍。会商议定具禀到局，当经批准照办，由厅函致法、美两领事一体查照，仍随函声明通商口岸道路本由中国自行管理，此后遇有此等事件，务须随时报候地方官勘明裁决，以重主权在案，理合登明。

十一月间，福防同知吕渭英呈禀：准美部会教堂函送教民陈纪禀，被公生和串同经手不识姓阿连买货，欠银讨遭殴夺，叩乞拘究等情一案。前件经福防同知吕渭英传訊，公生和栈东供称，前凭阿连经手向福兴隆订买蛎干、虾皮均立议单，后因蛎干改售别人，仅交虾皮，除付过价银肆拾元外，只欠尾找拾元零。与其理论追取砺干，该行自知理屈，辄逞陈纪率同数人前来索取找银，肆闹捣毁。质诸陈纪则称，福兴隆系伊所开，公生和前定蛎干因价涨向加不允，当时即经言明，退议另售所欠虾皮找款，屡讨不付致与争闹各等情。查福兴隆既凭经手，将蛎干订售与公生和，即因价涨向加不允，言明退议另售，何以议单仍未涂销，显系福兴隆翻约改卖，殊属不合，而公生和掩欠找款不付，亦非贸易正理，当堂断令福兴隆将蛎干按照先定价值核算，提出所售多款各半匀分，一面由公生和将欠找虾皮尾款付清，以示公平。两造具结遵断，由厅函复，并饬承销案，应请开除，理合登明。

十一月间，福防同知吕渭英呈禀：据本商黄金和禀称，英商森华本行背卖吞银等情一案。前件经福防同知吕渭英饬查去后，旋据黄金和禀称，已经公亲调处清楚，恳请销案当即由厅批示，并饬承销案，应请开除，理合登明。

十一月间，福防同知吕渭英呈禀：据洋务分局高委员禀，以英国毕翻译送江西船梢李义兴、叶明高贰名，因检匿妙教士物件，请即迅追等情一案。前件经福防同知吕渭英訊，据船梢供称，前在延平下面见有本地上水船打破，伊等拾得木箱肆个，并延平罐肆个，押箱之福州人即趁伊船同至三保，停泊说木箱是缪洋人之物，嘱即挑送过桥去领酒钱，讵将箱物送还即被擒送，应乞传质等情。查此案该船户拾箱之处，系在侯官县地界，业经由县差查在先，且据李义兴等供称，有押箱之人自应传案质訊，由厅函请毕翻译将原告送县质訊，并一面将李义兴等贰名移送侯官县归案訊办，应请开除，理合登明。

十一月间，福防同知吕渭英呈禀：准法国谢领事函，据林来猴禀称，泰成号东伙在街戏弄伊兄，黄仔抬轿路过被其推跌倒地，反忿不合，秽骂殴打，率党凶闹等情，请即提究等由一案。前件经福防同知吕渭英饬查传訊去后，旋据差查，两造邀公理处，息事等情，禀复由厅函复销案，应请开除，理合登明。

十一月间，福防同知吕渭英呈禀：据洋务分局高委员禀，准美国葛领事函送厨子魏三三因偷窃师范学堂物件，请即迅追等情一案。前件经福防同知吕渭英提訊，供词狡辩，不肯承认，惟查魏三三在师范学堂充当厨子，常带外人进内观看，且该学堂失物已非一次，既不自知避嫌，即非偷窃，难保不无知情，当堂重责示惩，并令赔洋拾捌元分陆个月缴交该学堂，取具保结，由厅函复销案，应请开除，理合登明。

十一月间，福防同知吕渭英呈禀：准德国谢领事函，称义屿乡人黄乾一、黄兵兵假托领事之名往宁波会馆索取宁波船道租，请即拘究等由一案。前件经福防同知吕渭英传訊，供称并无假托领事之名索取宁波船道租情事。惟查黄乾一、黄兵兵均系素行不端，当堂责惩，取具安分甘结，由厅函复领事完案，应请开除，理合登明。

十一月间，福防同知吕渭英呈禀：准日本中村领事函，据日商柯依细等禀称，柯依伍等率党围殴拾夺台伏龙洋等情，函请拘追等由一案。前件经福防同知吕渭英传訊，柯依伍供称，柯依细欠钱不还，日前在途相遇，向讨不服，致相争殴，并无夺取洋银情事。质诸柯依细则称，欠款属实，当街殴辱实是不应各等。供查柯依细欠款避匿殊属非是，柯依伍当街殴夺亦为欠理，惟两造系属一本当堂，断令柯依细将欠款付还，一面由柯依伍登门服礼，以全族谊，而免缠讼，均愿遵断，由厅函复销案，应请开除，理合登明。

十一月间，福防同知吕渭英呈禀：准日本中村领事函，据日商通余号禀称，遣伙郭嫩弟等往长乐县收账，遭凶棍游铁铁等抢去银圆小洋铜片，并被禁殴，恳请照会拿究等情，函请移查究办等由一案。前件经福防同知吕渭英移查去后，旋准长乐县以此案先据日商通余号函称，遣伙郭嫩弟、王阿樟等分赴坑田、竹田各地方收账，被游铁铁等掳殴，函请押放拘办。当经饬差押放拿办，旋据游兄和即铁铁以郭嫩弟前托伊向林弥金代借小洋一百角，届期枭还等情具诉，并据差禀两造因借债纠葛起衅，王阿樟一名查无其人，提訊郭嫩弟供称，伊往坑田收账，被游铁铁等掳殴等语，提验受有微伤，饬令医治在案等由，申复到厅，伏查王阿樟一名，业经长乐县饬查，并无其人，而郭嫩弟到案亦无供及王阿樟被掳情事，显系捏饰，且被告游铁铁等均隶长乐，无从传质，当即由厅移请长乐县就近催传訊究，应请开除，理合登明。

十一月十三日（12 月 31 日），身为福建洋务总局会办的吕渭英题“西来扁鹊”匾一方，派人送予美国基督教美部会传教士雅丹金（H. N.Kinnear），以感谢近来为自己所做的外科手术使得身体痊愈。

“西来扁鹊”匾

十二月间，新关税务司杜德维函称：闽江大屿地方复有渔船拦江撒网，阻碍行轮，请饬厅县照案示禁等因一案。前件当经饬据福防厅吕渭英、闽县知县札饬闽安巡检就近稽查劝谕，并照案会同出示谕，禁送呈告示伍道，随即函送税务司查收，晓谕在案，理合登明。

十二月间，福防同知吕渭英呈禀：准法国领事署翻译赵长庆禀称，起盖寓馆被土石匠林发金领银挨延，送请究追等情一案。前件经福防同知吕渭英提訊，林发金供称，包承赵翻译房屋工程约定土工料贰百壹拾元，已做围墙篱笆叁拾伍丈，赵翻译忽令折去改换，亏本太大，向其补价不允，以致停工逾限等语。查该工程既已有约在先，忽令折去改筑，又不补给工价，自属无力赔偿，酌令林发金将所支工料洋贰百壹拾元，除已做工价外，缴还洋捌拾元交由赵翻译另雇别匠筑造，以免争端。两造遵断，由厅销案，应请开除，理合登明。

十二月间，福防同知吕渭英呈禀：准法国高领事函送法商天泰洋行禀称，伊行伙友张其煊与信发锡箔行交易，被欠避匿，请即封等由一案。前件经福防同知吕渭英传訊，信发行东供认欠款属实，惟店已闭歇，一时无从措缴现洋，愿将锡箔存货抵付清账。质诸张其煊则称，既无现洋亦愿领受锡箔各等语。当堂谕限两日内邀中算明账目，将锡箔按照市值交收抵清。旋据天泰洋行禀，以账结款清，恳请销案前来，由厅将案注销，除函复法领事外，应请开除，理合登明。

十二月间，福防同知吕渭英呈禀：准英国雷领事片，送英商木行协裕号禀称，王郁齐之子王幼郁私收行账，叩乞封追等情一案。前件经福防同知吕渭英传讯，协裕行东供称，王幼郁前在伊行掌管副盘，私收行账壹千肆百元。查知向追其父王郁齐愿认归还，现在屡讨不偿，叩请悉数追给。质诸王郁齐父子则称，认还属实，惟为数过钜，一时无力全完，求宽限筹缴各等语。查王幼郁私收协裕行账本属不合，既经其父王郁齐愿认归还，且协裕与王幼郁亦有多年东伙之谊，款有着落，不妨暂宽日期，陆续归收，免滋讼累，当堂断令限拾日内先还现洋一半，余分作叁个月立票按期清缴归款。两造遵断，并着王郁齐具结认款，除由厅函复领事完案，应请开除，理合登明。

十二月间，福防同知吕渭英呈禀：准日本中村领事函，据东大、协余等洋行禀，被仁丰号箔行东董骏声多收定银，短交锡箔，延欠不还，叩请拘究等情，函请究追等由一案。前件经福防同知吕渭英传讯，董骏声供称，前收东大、协余两洋行定购锡箔银柒百两，因货到稀少，除付抵外，尚欠银叁百壹拾两，退款不允。质诸东大、协余等行东则称，前定锡箔立有议单，今董骏声因价涨不肯照交，叩乞追给各等语。查董骏声收受定银不照原约交货殊属欠理，惟市面锡箔稀少，无可抵付情尚可原，当堂断令董骏声将欠银叁百贰拾两付还，一面按照市值核算贴还价银，以示公平。两造具结遵断，由厅函复领事完案，应请开除，理合登明。

十二月间，福防同知吕渭英呈禀：据洋务分局高委员禀，准德领事片送禅臣洋行做箱工人郑三弟壹名，请即讯办等情一案。前件经福防同知吕渭英提讯，据供在禅臣洋行做箱，因同帮工作栋栋失去铁斧一柄，接主谓伊拿去，致相争闹等语。查郑三弟在厂工作既未取人铁斧，尽可好言剖辩，乃竟与人争闹，殊属不合，当堂薄责示惩，交保领回，由厅函复德领事暨高委员完案，应请开除，理合登明。

十二月间，福防同知吕渭英呈禀：据洋务分局高委员禀送木匠林香香壹名，因接起美国林翻译房屋延搁，请即讯办等靖一案。前件经福防同知吕渭英提讯，据供前包林翻译房屋土墙工程，立有约字，今土墙已成叁面，因工料昂贵定价不敷，且墙又被飓风吹倒数丈，家贫无力赔垫，致逾限期等语。查该匠承办此项工程有约在先，即使亏本亦属不得翻异，惟被风吹倒数丈，事出意外，无力赔偿亦属实情，若令照约完工，势必更延时日，当堂断令由林翻译另雇工作，一面即着林香香将多支工料洋款照算归还，具结取保，由厅函复销案，应请开除，理合登明。

十二月间，福防同知吕渭英呈禀：准美国葛领事函称，林翻译买地被华人白保罗用英商之名肆扰争端，请即究办等由一案。前件经福防同知吕渭英饬查传讯去后，旋据林翻译以白保罗已愿退买，亲向服礼息事，函请销案，由厅函复将案注销，应请开除，理合登明。

十二月间，福防同知吕渭英呈禀：准日本中村领事函，据日商陈炳晃往坞尾春成栈路，由前进升记米栈而入，遭该店东率伙围殴等情，函请拘办等由一案。前件经福防同知吕渭英饬传两造到案讯，据升记店供称，陈炳晃是于拾捌夜到店打门进内春成栈时已熄灯安睡，因栈内无人答应，店伙起而开门，陈炳晃以等有片刻，迁怒辱骂以致争闹。质诸陈炳晃禀称，升记东伙无故留阻，率伙围殴，致将伊身上银包连同台伏贰拾元小洋贰拾贰角一并失去，求为追还各等情。查陈炳晃因开门稍迟迁怒辱骂，殊为欠理，升记店东率伙围殴，亦属非是，惟两造均为口角细故起衅，当堂断令升记店东将陈炳晃失换落银包洋票一并送还了事。两造遵断具结，由厅函复日本领事完案，应请开除，理合登明。

十二月间，福防同知吕渭英呈禀：准日本中村领事函，据日商陈红弟禀，被青铺乡和兴杂货店方欺头弟方期亨借洋壹百贰拾元，向讨被殴，控经尚干保甲局提验饬传避匿，叩乞照会讯究等情，函请查办等由一案。前件经福防同知吕渭英移查去后，旋准尚干保甲局以检查案卷，并无陈红俤。禀称，方欺头弟等追讨钱债之事。惟查有拾月初四日，据方闷弟禀，方欺头弟越畔耕种，迨晚稻收成时，方闷弟将其越畔所种之谷割回打晒，方欺头弟前往夺取，方闷弟之妻林氏向阻被殴，经前委员批令自赴闽县投验，并一面饬差谕止。嗣据公亲林三冬等佥禀，以此案业经调处明白，恳请移县一体销案前来，业经分别移销在案等由，牒复由厅函复日本领事销案，应请开除，理合登明。

十二月间，福防同知吕渭英呈禀：奉陆军武备学堂函以副教习务川信彦君雇一小船往看船政局，失落皮包，内存重洋拾玖元、金丝眼镜一副并名片等物，请即拿追等由一案。前件经福防同知吕渭英饬据捕役查获原失皮包一个，内装重洋拾玖元、金丝眼镜一副、连合小刀一把、名牌拾张，由该捕役等呈缴前来，由厅禀送武备学堂转交务川教习，查收销案，应请开除，理合登明。

十二月间，福防同知吕渭英呈禀：准日本中村领事函，据福山洋行禀称，郑喜司等率党抢去杉木，并掳禁排夫刘元钱，叩请押放拘究等情，函请查办等由一案。前件经福防同知吕渭英饬差前往，将排夫刘元钱押放，并传郑喜司到案。讯供当时误认该木系为私货，至将排夫刘元钱及杉木捌根带回公帮与之理论，现悉并非私货，自知理错，求恩从宽发落等语。查郑喜司因查禁私货，误认带人，情尚可原，当堂断令将杉木捌根交还，一面亲赴福山洋行认非，遵断具结，旋据该洋行禀由日本领事函请销案，由厅函复将案注销，应请开除，理合登明。

十二月间，日本中村领事照会荣运丸商船，由台载运煤炭出口驶来福州，至今三十余日未到口，消息全无，想系中途遭难，请饬地方官查明，如遇有前项船只，立即通知等因一案。前件当即札饬福州府通饬沿海各地方官与福防厅吕渭英一体遵照，续准领事照催又经分行饬催遵办各在案，迄今日久，既未据地方收查复，亦未准领事续催，事越多日，应即将案注销，以清尘牍，理合登明。

十二月间，福防同知吕渭英呈禀：准日本中村领事函，据日商泰亨洋行禀，被唐玉堂赊欠货银，约期避匿，叩乞封追等情，函请拘追等由一案。前件经福防同知吕渭英查，唐玉堂系日商泰亨洋行禀控正高陆帽庄赊欠货银案内之经手，自应归入本业办理以昭划一，除并案催传，讯断具报外，应请开除，理合登明。

十二月间，福防同知吕渭英呈禀：准英国雷领事函，据英商义和行禀称，公源和记赊欠油糖货银，倒闭不还等情，函请封追一案。前件经福防同知吕渭英饬差将公源和记货底器具标封备抵去后，旋据英商万兴洋行华商职员冯英彦等具禀，以伊等被公源和记号东宋和泰倒欠货价银项，请乞加封拘追，又经饬差加封，嗣据英商义和洋行以货底器具归伊变抵，所有公源外欠账项归由各商收抵匀还，并据职员冯英彦等挽出公亲洋糖公帮董事倪钦村等督同公源店伙协收账目匀抵及。据该董事等开列公源号人欠欠人各账目各具禀，前来复经出示晓谕在案，兹据公亲郑锡昌等以此案已由伊等力为理处，禀请销案前来，除函复英领事外，应请开除，理合登明。

十二月间，福防同知吕渭英呈禀：准日本中村领事函，据日商福震生遣伙林鹍光收账，遭林贞灼挥拳辱殴纠众抢夺，请饬查拿究办一案。前件经福防同知吕渭英讯，缘林鹍光因往各处收账，路遇伊堂侄林贞灼拦途求借。据称并无抢夺情事，彼此叔侄至亲未便，因此计讼从宽，薄责着令林贞灼当堂向其叔林鹍光叩头服礼。两造允遵，究案，理合登明。

十二月间，福防同知吕渭英呈禀：准日本中村领事函，据日商捷泰号禀称，采办杉木装运台南，讵至马尾因风漂流被该处船只乘机抢夺杉木七百十七株等情，函请追办一案。前件经福防同知吕渭英节次催差会营拘究，并提严科黎弟讯供保释，饬令传谕各乡人迅将捞拾杉木一一交还在案，嗣有台湾辩护士来闽商办。此案着令该乡民等赔缴台伏二千六百元了事，又经出示严谕该乡民等迅即遵传投案，听候讯断匀派，旋据公亲陈绅翊昌出为秉公，酌定各乡民均愿赔还了案，并据该乡民等先后缴到台伏一千元，先行还交日领事查收转给，尚有余款，除催还缴齐送还外，应请开除，理合登明。

十二月间，福防同知吕渭英呈禀：据法商天泰洋行禀控，石为钊等各欠票款粘单请即传追一案，前件经福防同知吕渭英饬查理追去后，旋天泰洋行以叶登丰、陈麻秋均已略还欠款，余约贰月还清，惟石为钊、廖任华抗不交还，乞为催传讯追等情，续禀前来，勒据差集两造到案。讯据天泰洋行供称，伊被长来号石为钊欠去期票银壹百拾伍元，被宝顺号廖任华欠去台伏叁拾陆元捌百伍拾陆文，求追给领质之。石为钊、廖任华则称，欠款属实，因外欠均未收回，无从筹措并非有意挨延各等语，当即断令石为钊、廖仕华赶将天泰行欠款悉数缴还给领，当堂取具，切实妥保，限伍日内缴款，各具遵结完案，理合登明。

冬，福州发生商人张礼记冤案，吕渭英身在福防厅正五品同知任内，为给张礼记洗刷冤屈，与从一品福州将军、闽浙署理总督崇善据理辩争，触怒崇善，时人皆为吕渭英前程担忧。吕渭英本欲挂冠北归，幸内阁陈韬庵太傅回乡，主持公论，独揭其隐，事始得白，故此吕渭英在民间得青天之美誉。（商人张礼记置有海船，出海私带军火，被获。大吏欲倾礼记之产，公以罪在出海不应累及东家。大吏怒，谱主辩之益力，卒保其家。一时上下莫不服谱主之不畏强御也，吕青天之美名即来于此。）

是年，吕渭英开始自学作诗。

清光绪卅年(1904)　岁次甲辰(五十岁)

正月初一日，陈虬与世长辞，吕渭英挽陈虬联：

撒手西归，文字长留瓯海派；

侧身南望，医星忽陨太邱门。（见《陈虬集》第 396 页）

正月廿四日，署理闽浙总督、江西巡抚臣李兴锐跪奏：

为更补知县以裨地方恭折仰祈圣鉴事：窃查光绪二十八年八月初一日准吏部咨准将请补南靖县知县吕渭英升补福防同知等，因二十八年五月初十日奉坐五月十五日行文，按闽省照限减半计算，扣至二十八年六月二十四日作为开缺日期，应勒归六月分裁缺，又归化县知县张振寅于光绪二十九年六月初三日病故，业经具奏开缺留闽另补，照例以病故日作为出缺日期，归七月分裁缺声明，勒归六月分裁缺，所遗南靖县知县系升调，遗缺轮应教习本班知县到班，该班无人，例应以即用尽先，与即用本班人员酌量抵补，当经请以即用知县刘衍茂补授，又归化县知县系病故所遗选缺，轮应进士即用本班知县到班，当经请以即用知县朱云从补授，各在案，兹于光绪二十九年十一月初四日，准吏部咨复，查教习、知县无人，准其将进士即用班前，与进士即用本班人员抵补，如以即用本班人员抵补，以科分甲第名次先后为序，今请以进士即用知县刘衍茂酌补系属误会，例意查该省进士，即用知县科分名次在前，尚有合例，应补之员，例应先尽请补所请，以进士即用知县刘衍茂补授南靖县知县之处，应毋庸议，又于二十九年十二月二十七日准吏部咨复病故休所，遗之归化县知县一缺，据请以进士即用知县科分在先，朱云从补授，查朱云从例应更补升调，所遗之南靖县知县所请补授归化县应毋庸议，均令另行更补各等因，自应遵照，更换请补，查有即用知县朱云从年四十九岁，江西瑞昌县举人，壬辰科会试中式进士引见，奉旨以知县即用签掣福建，十八年十一月十八日到省，捐加同知衔，二十三年丁母忧，服满起复，二委署武平县知县，该员志趣端谨，为守兼优，应请更补南靖县知县，又查有即用知县冯绍斌，年四十四岁，广东顺德县举人，甲午科中式进士，以知县即用签掣湖北，亲老告近，启掣福建，光绪二十二年八月二十一日领照到省，委署长汀县，知县卸事该员年方强仕，才堪剧任，应请更补归化县知县，均属人缺相宜，与例亦符合，无仰恳天恩俯准，以即用知县朱云从更补南靖县知县，冯绍斌更补归化县知县，俾资治理，如蒙俞允，该员等均系进士，即用知县，请补知县衔缺相当，毋庸送部引见，并免核计参罚，据福建藩司周莲、臬司朱其煊会详前来，除咨部外，理合。恭折具陈伏乞皇太后、皇上圣鉴，敕部议复施行谨奏。

批阅：吏部议奏。

正月间，福防同知吕渭英呈禀：据东瀛会馆片送，日商钊记号禀被宝聚和赊货，倒闭逃匿，恳乞拘追等情一案。前件经福防同知吕渭英提訊宝聚和店东龚鸿禧认明欠款属实，因店已亏闭，无力全还，唯有剩货可抵，求恩断折让等语，当经断令钊记号折收八成，由宝聚和邀公将存货按照市值核算归抵清款。两造允遵，具结完案，理合登明。

正月间，福防同知吕渭英呈禀：据英商义和洋行禀称，邓步銮父子在南台开设协盛隆字号，先后赊欠油糖银价八百四十两，立票逃匿，叩乞拘追等情一案。前件经福防同知吕渭英饬传经手人王文信，訊供伊前代沙邑邓步銮所开之协盛隆栈向义和洋行买货积欠台伏一千二百元，立票订期交付，讵邓步銮届期闭栈逃匿，本年正月间，伊探知邓步銮之子邓德潜来省往与晤商，允将此项欠款函赶其父理楚等语，复经饬差往传，讵邓德潜畏訊远飏，无从传案。兹据义和行禀，请移归沙县就近追办，当经移归沙县，传訊究追在案，理合登明。

二月间，建安县王令宗猛禀称：日商翁子模即鸿猷持照游历来建，辄与吴承荣包揽吴方婢，伪造票张，执向叶文英索诈事，经告发集訊，尤敢逞刁挟制，将该日商连同伪票护照一并解送到局，禀请饬送日领事惩办一案。前件当即解送翁子模即鸿猷，连同护照饬由福防同知吕丞渭英送赴日署，一面由局补文，照请日本领事，按约惩办在案，理合登明。

二月间，福防同知吕渭英呈禀：据日商云章洋行禀称，旧伙梁敬友至行借宿，乘间窃取钱庄手折，盗支洋银伍百元，叩乞拘追究办一案。前件经福防同知吕渭英饬提梁敬友到案訊，据供认窃折支银不讳，并称已还肆百余元，仅短玖拾元等语，当予责惩押追。嗣准日本中村领事函，据云章洋行禀称，梁敬友尚有行窃湖绉纺绸等物，并有余款寄存其妻父潘灿灿家，函请分别补传追办等由，当以湖绉等物云章原禀所无，梁敬友亦供未行窃，无凭核追，至潘灿灿等与梁敬友谊关戚属，律得容隐，应免致议，函复去后。兹据梁敬友再三吁求，据称情愿变产赔偿，恳求保外限缴。伏查梁敬友窃折支银本应照律究办，姑念一经到案，即据俯首认错，尚有悔惧之心，且业已责押示惩从宽，准予保外变产赔偿，延即提案押追不贷，取保认领完案，除函复日领事外，应请开除，理合登明。

二月间，俄国领事书思齐函，以俄商阜昌行被公记茶栈李雨亭先后借去办茶本银，除来货抵还外，尚欠实银七千四百二十二两六钱三分，又代晋顺茶栈已故蔡文利担保借款银一千两，任催不还，所有单据业已送厅，请饬福防厅吕渭英传訊追办等因一案。前件饬据福防同知吕渭英带同两造齐到南台商会，经会董多人委婉调停，劝令阜昌行买办刘世逸体念李雨亭亏累为难，将所欠茶银核计减让，连同代蔡文利担保借款一并在内，由李雨亭备银一千七百两还阜昌行买办刘世逸了事，先由商会设法代筹现银一千两交该买办查收，余款立票分还完案，理合登明。

二月间，福防同知吕渭英呈禀：准日本中村领事函，据日商泰和、泰兴两洋行禀,被三保敦承号赊欠货银二百六十七两七钱,倒闭逃匿,函请拘追一案。前件经福防同知吕渭英传集讯明,当堂核算账目。敦承号实欠泰和行货银二百六十七两七钱,欠泰兴号二百五十九两二钱,其店内所存器具货底约值一百十余两,已由泰和行收存封抵外,断令敦承号东刘松松等再还泰和行银一百两,泰兴行银一百两,余劝该两行情让,限日缴款。两造允遵完案,理合登明。

二月间,福防同知吕渭英呈禀:准福安县移开以福安官脑分局日本技师松山滋大郎函称,伊南台凭媒罗林氏买得陈姚氏寡妇关氏名二妹为妻,嗣妹诈病回省,遣佣何林氏赴安报称已死,索银埋葬,伊查像串局,请即移提等情,移请饬差提解等由一案。前件经福防同知吕渭英饬传何林氏,即原媒薛林氏提同福安局勇陈水洋质讯,据何林氏供称,伊在日本洋人处佣工,上年跟随洋人眷属陈关氏同往福安,此次陈关氏返省,经领事派勇随送到省时,即将伊辞不用,旋即因归。陈关氏现在何处,伊不知情,亦无往福安控索情事。质之陈水洋则称,伊送陈关氏来省,已交何林氏家中,现在查无下落,应着何林氏及其夫何依妹跟交各等语。查核供词游移,当将何林氏移送福安县归案,办理在案,理合登明。

注:官脑分局,以管理樟脑业为主要职责。

二月间,福防同知吕渭英呈禀:准法商魏函,以瑞锦公司采办各货经同泰、镇记两布庄代售,现被祥美号赊欠市银,倒闭卷逃,即拘追等由一案。前件经福防同知吕渭英饬差传集两造讯明,当堂核算账目,祥美号实欠同泰号布银一百十四两,欠镇记号七十五两。惟查该店东曾依三妹委属贫无之锥,若必欲令全完,无非徒事比追。兹劝令瑞锦公司看破,情让作为四折归还,先着曾依三妹措缴现银一半,余两期匀缴。两造均愿遵断完案,兹据曾依三妹先后将余款清缴来案,除函送法商魏池转给外,应请开除,理合登明。

二月间,福防同知吕渭英呈禀:准日本中村领事函,据商人李永年禀称,张永香、张永贺二人阻留盘运,价买张孟伙松柴,函请查追一案。前件经福防同知吕渭英讯,缘张永香等系张孟伙小功服叔,张孟伙因贫,将祖遗公共山木邀同族房作证卖与李永年造作火柴。张永香闻知,即备价五十元托中向赎。李永年以此项木价及一切耗费共去洋银八十元对除外尚短三十元,不肯依允随往砍伐,张永香出面阻留,致有是控。张永香前既备价五十元,断令再出二十元,统交李永年承领字据,当堂涂销,取具张孟伙,嗣后不得觊觎砍卖切结。两造遵断完案,理合登明。

二月间，福防同知吕渭英呈禀：准英国雷领事函，据天祥行禀称，赵波波之子赵茂春假冒地主售卖屋地，呈缴假契收单，函请拘追等由一案。前件经福防同知吕渭英差查，赵茂春业已畏罪远飏，节次比催，查拘迄无影响，现在天祥亦知无从传质，愿甘息讼销案，理合登明。

二月间，福防同知吕渭英呈禀：准日本中村领事函，据慎源行禀称，雇力吴贻迟假遗图章盗收货银函请追办一案。前件经福防同知吕渭英訊，据慎源行东供称，吴贻迟在伊行内工作，系其胞兄英贻佃保荐，不料吴贻迟假造图章，私收行账一百余元，逃匿无踪。质之吴贻佃则称，吴贻迟所为之事，伊委不知情，现逃何处无从查悉，情愿认还账款，惟为数过多，求宽限等缴，当经从宽断，限十日内先还一半现洋，余作三个月立票清款。两造均愿遵断，具结取保，认款完案，理合登明。

二月间，福防同知吕渭英呈禀：准日本中村领事函，据日商丸一洋行禀，被源春号赊货闭逃，叩请照会将当事黄阿五拘追等情，函请传追一案。前件经福防同知吕渭英訊，缘黄阿五与侯春年、洪耐耐伙开源春米栈兼作南京杂货生理，近因乏本歇业，倒欠各账，业经结算清楚，所欠源春洋行之款系黄阿五经手，唯据供一时无力清还，酌断先还现银五十元，余作四个月立票缴清。两造遵依，具结完案，理合登明。

二月间，福防同知吕渭英呈禀：准日本中村领事函，据日商泰兴洋行禀称，所雇增记号驳船户翁增增运货出口，遭厘金局差妄拿溺私搜查物件擒送警务局委员责押函请查办一案。前件并准警务局解送船户翁增增一名到厅，经福防同知吕渭英饬提哨丁黄喜等到案訊，缘黄喜等系在水亭厘卡充当哨丁，本月二十八夜，该哨丁等巡缉漏私，适翁增增驳船停泊圣君庙前，装备泰兴行米、木、沙、藤等货。该哨丁等疑有偷漏，登船开箱验搜，翁增增不取，互相口角。翁增增之子翁春喜恐父受伤，负气擒殴该哨丁等，随即喊同警务局勇将翁增增擒获送局，訊悉前情，当将翁增增薄责示惩，哨丁黄喜姑念受有微伤，从宽免议，俱各交保领回完案，理合登明。

二月间，福防同知吕渭英呈禀：准日本中村领事函，据同仁洋行禀称，遣伙程二妹往收账款遭游炎炎等恃强殴夺函请查办一案。前件经福防同知吕渭英訊，缘游炎炎曾欠程二妹洋银三元，本月十三夜相遇烟馆，因索讨争殴，致有是控。断令游炎炎措缴洋银三元给还程二妹，嗣后务宜和好，俱各允遵，具结完案，理合登明。

二月间，福防同知吕渭英呈禀：准英国雷领事函，据英商森华行禀称，木客邹金顺等短欠木银，约俟成春和木排来省归还，立票担保，违约别投，请照会封追等情一案。前件经福防同知吕渭英饬差将木标封，交保看管，一面集讯两造，谕令邹金顺等赶紧在外筹款归还森华洋行，清账去后，旋据该洋行以此款业已收清，禀由雷领事函，请启封销案，理合登明。

二月间，福防同知吕渭英呈禀：准英国雷领事函，据英商裕昌行东禀称，伊代许绍琛运售煤炭，结算账目被长支银七十两，向讨推诿，函请追办一案。前件经福防同知吕渭英差传集讯，催提要证间，即准雷领事函，以此案已由公亲理明，其款业经饬发，该行收领，请即销案，理合登明。

三月间，福防同知吕渭英呈禀：准日本中村领事函，据台湾银行吉源洋三郎禀称，下杭街裕源钱庄系施琢琪伙开，康庄、豫记等号用各铺期票抵借银两，施琢琪等将票转向伊行抵借，现康庄、豫记倒闭逃匿抄票，叩请移追等情，请即查追一案。前件经福防同知吕渭英饬差谕支去后，旋据染坊董事杨文德禀称，康庄号掌盘杨阿杰混造伪票，朦押借款，各钱商被其闭逃，业经禀控商政局转饬追办在案。查裕源庄所收康庄抵票玖纸中，惟和生彬记期票壹纸计捧银伍拾肆两捌钱是真，余皆是假粘抄。恳乞吊销差票，以免各商遭扰等情，又经据情函告日本领事，请即饬将期票真据缴验，一面谕令南台商会董事查复，嗣准日领事函送期票玖纸，并据商会董事面禀，与杨文德词相同，即经验明票据假造属实，沥函达复。一面饬差携票驰往和生彬记支取，即据禀缴台伏伍拾元，余请宽限等情，又经饬差催支在案，伏查裕源庄向台湾银行押抵期票虽由银庄掌盘杨阿杰伪造，现在杨阿杰避匿下游，仍应各清各款，着令裕源庄自各台湾银行理清康庄号短欠，裕源之款应归巨源各钱庄，控追康庄倒欠案内，并追给领，除将差票吊销，并函复日领事外，应请开除，理合登明。

三月间，日本领事官中村巍照会商妇高桥麻子及其二子由长岐出口要到福州，被人诓到福清地方，现在福清县大坵村杨汝应屋内，请饬县将该商妇并两孩子妥为护送来署等因一案。前件饬据福清县原令鸿达饬差查明，高桥麻子并非杨汝应媒娶，高桥麻子之子亦非杨汝应所生，将该商妇及二子连同护照行李派差禀送到局，当即札发福防厅吕渭英将该商妇母子亲自送赴日署，会同日本领事查讯。该商妇供称，因贫带同二子由长岐来关，意在谋食，被人诓到福清大坵村杨汝应家内，伊现愿回籍等语，业经面交日本领事，饬令赶紧回籍等由，申报到局，又经行县遵照在案，理合登明。

三月间，福防同知吕渭英呈禀：准法国高领事函，据葡萄国亚美打禀称，伊付银托与陈昌英办谷，经英向林升丰商买，业已付定十元，往讨无还，函请追办一案。前件经福防同知吕渭英差查，亚美打付陈昌英台伏二百三十元，托其代办占谷。陈昌英因贪图贱价，向升丰号议买付银二百二十元，讵该号收洋后，店闭人逃，饬查该店东林路都等远出外洋，家仅老母幼子，贫苦不堪，而陈昌英系属受人欺骗，本难责令归还。第目下，林路都回闽无期，此案何时得了，惟有通融办理，着令陈昌英先还一半，将来林路都等回籍再行提訊究追，以昭公允，除函复法领事外，应请开除，理合登明。

三月间，福防同知吕渭英呈禀：准日本中村领事函，据日商泰记禀遣伙林三三往收账款，遭谢塘狮、谢庆铨等率众扭殴，失去账簿等物，函请查办一案。前件经福防同知吕渭英差查谢塘狮并无其人，林三三亦无失去账簿以及被殴等情，所控谢庆铨系属挟嫌诬告，兹经訊明，姑念一经到案，即据俯首认非，从宽申斥谕令，嗣后仍修睦谊，不得再行寻衅。两造允遵，具结完案，理合登明。

三月间，福防同知吕渭英呈禀：准水师炮船管带徐先后移送恒泰洋行拿获乘机抢夺木排林木香、张明俤二名，请即訊办一案。前件经福防同知吕渭英訊，系日商恒泰祥记两号木排同时漂失，林木香受祥记行雇往赎木，并不认明烙号，致将恒泰号漂木混赎在内，其时东仁、协余两行遣伙张明俤陆续买得大小杉木四连零，不免亦有恒泰之木，恒泰号并不向赎，辙行拦阻，殊属非是，谕令当堂向祥记号等三行服礼，祥记所购恒泰之木，据称已经遵谕备价认赎，均免置议。两造允遵，具结完案，理合登明。

三月间，福防同知吕渭英呈禀：准日本中村领事函，据日商林道礼禀称，卢烺烺强占田界，向较被殴，函请提验饬拘訊究一案。前件经福防同知吕渭英訊，缘林道礼有田一坵与卢烺烺田亩毗连。卢烺烺因田塍倾塌，雇工修筑致将林道礼田界侵越数寸，林道礼前向较论，卢烺烺自知理短，甘愿贴给钱文。林道礼坚执不允，互相争闹，卢烺烺一时气忿，举拳殴伤林道礼左胳膊，致有是控。随即提验伤痕，填单拘究，嗣复訊验林道礼伤已平复，当时卢烺烺照律折责发落，断令将田塍照旧改筑，各立界限，以期永远相安，并取具，嗣后不得挟嫌寻衅，切结交保领回，完案，理合登明。

三月间，福防同知吕渭英呈禀：准日本中村领事函，据日商沈溥即粟园禀称，船户江水旺短欠柴银，请即提追一案。前件经福防同知吕渭英饬差传案訊，据日商沈溥供称，伊于上年九月间，与陈忠运合伙批买新溪尾松柴一山，共去资本三百元，嗣由陈忠运经手，将该山松柴卖与江水旺运售，除陆续收过价银外，尚短洋一百八十七元零，不料江水旺有心枭欠，屡讨无偿。质之江水旺则称，伊前向柴主陈忠运议买柴把四百余元，随拨随付，并无短欠等语，提集环质，核算均无短欠，唯据陈忠运供此项柴把原议挑工出水，看工栈租等款，应归买主所出。江水旺忽称，须伊包送不肯认还，是以日商禀请究追误作价银，并非有心妄诬等语，究竟该柴把是否包送，据内并未载明，无从核实，酌中断令江水旺缴出一半，计台伏六十五元，尅日缴款给领。两造均愿遵缴完案，理合登明。

三月间，福防同知吕渭英呈禀：准水亭税厘分局李委员片，送船户翁成德一名，请即讯办一案。前件经福防同知吕渭英查，系船户殴阿牳等因，厘局哨丁妄拿翁增增驳船漏私为首倡议罢载，旋因闻拿悔罪，即行开载，姑为宽恕其翁成德一名，讯非同恶，相济亟应释回安业，分别函复销案，理合登明。

三月间，福防同知吕渭英呈禀：准日本中村领事函，据徐发臣禀，伊妻弟熊文聚前在伊店赊欠玉器银两，嗣聚病故，其妻林氏情愿将屋抵押，现林氏不肯承认，反在侯邑捏控叩乞究追等情，函请差查等由一案。前件先经福防同知吕渭英差查，此案熊林氏已在侯官县控告有案，随将案奏，移归讯办，并函复领事外，应即开除，理合登明。

三月间，福防同知吕渭英呈禀：准日本中村领事函，据日商泰亨号禀，被下杭街东美号负欠货银一百九十五元，请即追究等由一案。前件经福防同知吕渭英传到东美店东关灿灿讯，认欠款属实，因歇业后，家景艰难，一时无力措还，以致负约，求为减让措缴等言，当经劝令泰亨号推情折让，着关灿灿等还银一百元，赶紧措缴给领。两造遵断，取保认款，完案，理合登明。

四月间，福防同知吕渭英呈禀：准日本中村领事函，据日商三野洋行禀称，伊夥林灶灶被曹良田欺弱偷窃，向讨争殴函请拘究一案。前件经福防同知吕渭英讯，缘林灶灶与曹良田谊关一本，居复比邻，因林灶灶幼子失落银链，向曹良田查问。曹良田疑系诬窃争闹致控，均属不明大义，各予从宽申饬，谕令两造仍敦和好，俱各允遵，完案，理合登明。

四月间，福防同知吕渭英呈禀：准马江保甲局赖委员函，准船政交案处片，准洋员那戴尔片称被跟丁金豫窃银表等件，恳请移会饬拘，函请查办等由一案。前件经福防同知吕渭英饬，据金豫到案讯。据供称，伊随那洋员当差，并无过犯，此次洋员所失时表一只小洋十余角，不知何人偷窃，伊实不知情，洋员疑伊行窃，任意呵詈，不服争辩，伊就托保甲局移会拘办，今蒙提讯，委无行窃情事。查该洋员遗失物件，虽非金豫偷窃，然既为跟丁，则疏忽之咎亦属难辞，唯据其交来案，吁求情愿带同金豫向那洋员叩头服礼，并将失物按值赔还，自应俯如所请，当堂取结完案，理合登明。

四月间，福防同知吕渭英呈禀：准日本中村领事函，据商春成号被魏生春协记、衡仪斋、仁记等号各欠货银，倒闭无还，恳即照请一并拘追等情，函请饬拘訉追一案。前件经福防同知吕渭英饬差，谕令魏春生等号赶紧设法归还去后，旋据该差以魏生春各号已央公亲向春成号约期清款等情，禀请销案前来，除函复并饬承销案外，理合登明。

四月间，福防同知吕渭英呈禀：准日本中村领事函，据日商谢嫩嫩禀称刘二妹等肆凶擒殴等情，函请拘完一案。前件经福防同知吕渭英訉，缘谢嫩嫩行路适当田塍窄狭之处，遇见刘二妹之子幼孩刘弟弟满身污浊，令其让开。刘弟弟惧怕生人放声啼哭，刘二妹闻声疑系谢嫩嫩擒打伊子，肆骂争殴，殊属不合，谕令刘二妹当堂向谢嫩嫩服礼，并取具，嗣后不敢寻衅，切结，交保释回，完案，理合登明。

四月间，福防同知吕渭英呈禀：据洋务分司高委员禀，送持刀行凶郑溪弟、翁振隆二名，请即訉办一案。前件经福防同知吕渭英訉，据郑溪弟供称，伊在蒲律吉洋人充当轿班，因伊弟郑阿东与英文书馆教读陈宝钦因买两靴口角，适伊在街购买菜刀，闻知赶向帮护，维时高委员正在该处弹压，见伊持有菜刀，当饬局勇拿护送案等语，质之翁振隆系因路过查问，亦被护送各等。供查阅高委员来禀，谓郑溪弟持刀将陈宝钦同寓之洋衣店门窗砍毁，翁振隆亦有在场帮护，今郑溪弟坚不承认，显系避重就轻，郑溪弟着重责枷号示众，限满保释，翁振隆笞责发落，当堂取保释回安业，后再有犯加等治罪。各具悔过，切结完案，理合登明。

四月间，福防同知吕渭英呈禀：准新关杜税司先后购线缉获窃贼林歹弟、江大旺二名请即訉办等由一案。前件经福防同知吕渭英提訉，江大旺供称，海关哨役水手住宿船内，失去衫裤等件，杜税司购线，将伊拿获。伊委尢偷窃，嗣因受刑变指林歹弟三四年前曾有刊发伪单，私收规例。质之林歹弟则称，六七年前虽有收受规费，不过数十文，现在并无其事。其为不安本分之人可知，当堂笞责管押，江大旺交差暂带，一面出示招告谕候复訉。旋准杜税司以江大旺系无干小氏，函请送关当将江大旺一名派差送还在案。兹查林歹弟招告多日，并无被害之人控发，应即枷号海关前示众，十四天后再行押赴洲头分关犯事处示众，限满保释，取具悔过，切结完案，理合登明。

四月间，福防同知吕渭英呈禀：准日本中村领事函，据日商林道康禀称，林红红兄弟向伊采买栏干杂货，用集余号向单票一百六十元，届期抗支，叩乞照会拘究函请传追一案。前件经福防同知吕渭英分别提訊林红红等，断令赶特货物变卖，限期缴款给领去后，旋据日领事以林红红等款已交楚，函请销案前来，除饬承销案外，理合登明。

四月间，福防同知吕渭英呈禀：准美国领事署林翻译函，据接主李柱柱禀称，林嫩妹率党肆凶持械殴骂等情，函请拘办一案。前件经福防同知吕渭英訊，缘林嫩妹素业木匠李柱柱雇令修理房屋，原议工资二十千文，李柱柱因见工程草率，不肯照付，仅给台伏十五元，彼此争办，致有是控。当经断令李柱柱即将短交工资五千文悉数缴出给林嫩妹领回，林嫩妹等备具烛炮，着原差带往李柱柱家中服礼赔罪。两造允遵完案，理合登明。

闽浙总督崇善与福建官员会见欧美及日本领事合影（吕渭英三排左四）

五月，闽浙总督崇善与福建官员李兴锐、周莲、朱其煊、启约、鹿学良、玉贵、孙传兖、王纯、罗汝泽、吕渭英等会见欧美及日本领事并合影。

五月间，福防同知吕渭英呈禀：日商陈清泉禀称，林振来商船出海，林科婆盗卖甘蔗等情一案。前件经福防同知吕渭英訊，缘陈清泉采办甘蔗，雇由商船出海，林科婆揽载，据陈清泉供，以林科婆驳抵海门竟将船货逃匿。质之林科婆则以此项甘蔗到浙后，因货低霉烂，不能护价，有陈维芳眼见为证，伊委无逃匿情事。两造供词各执，当经谕令将陈维芳交案备质，旋据职员郭曾滋以案已由伊为调处，两造均愿听处息讼，叩请销案前来，除取具息结附卷外，应请开除，理合登明。

五月间，福防同知吕渭英呈禀：准日商义昌洋行函称，伊行杂差翁子发被恶棍陈安安掳匿，请即押，旋拘究等由一案。前件经福防同知吕渭英讯，缘翁子发偷窃陈安安水烟筒一把，被其搜出，原赃送交地保看管。其母翁刘氏随即捏词控讼，实属糊涂，兹经讯悉前情，当将翁子发照律折责，交其母领回，管束陈安安，讯无掳匿情事，应毋庸议，各具切结完案，理合登明。

五月间，福防同知吕渭英呈禀：据洋务分局高委员片，准英国雷领事护送不肖子弟萨谋一名，转送到厅，请即讯办一案。前件经福防同知吕渭英提讯，萨谋系游荡无业之徒，因其弟在英领事署内当差，向其讨钱口角争闹，致被获送。现据其母萨杨氏禀求，送入工艺局，核与定章相符，当经禀蒙批准，移送在案，理合登明。

五月间，福防同知吕渭英呈禀：准法国献教士函，上浦传道何依金保土匠毛开波修理水匮，立约包用三年，限内崩倒，不肯再造，抄约函请追究一案。前件经福防同知吕渭英提讯，该土匠供认，立约属实，唯现在该水匮全行倒塌，估计工料所费甚钜，伊系手艺之人，委属无力赔修等语。当经谕令该土匠赶紧前往修造，应需作料劝令献教士自行备买，该土匠仅止出工。两造遵断完案，理合登明。

五月间，福防同知吕渭英呈禀：据洋务分局片，送李锯锯一名，请即讯追一案。前件经福防同知吕渭英提讯，李锯锯供称，伊素业洋衣工艺，因端节前，东交给兑伏二十元，代还布店账款，不料中途遗失，伊缘光景为难，无力赔偿，委非有意侵吞，求宽限措缴等语。当即断令先于五日内缴出台伏十元，给洋东收领，尚有一半限六月内悉数缴清，当堂取保认款在案，理合登明。

六月间，鼓山涌泉寺监院僧莲茂禀，有不识姓名日本国客人寄宿寺舍，捏称失物，任意毁闹，希图赖赔，禀请照会饬查押逐，追赔摔毁物件等情一案。前件当经照请日本领事勒令该日人即日回省管束，一面秉公查办去后，即准照复以饬。据该日本人织田登诉称，伊往鼓山涌泉寺游玩，被寺僧莲茂等窃取物件，反被诬控等情，请饬赔偿失物，并赔偿名誉等因，即经札饬福防厅吕渭英传同两造前赴日署会讯，酌量着令该寺僧赔偿洋银二十元，以为织田登回国川费，余俱免议。两造遵愿，完案了结，禀复察核等由，又经照请日本领事一体销案在案，理合登明。

六月间，新关杜税司函，以阜昌洋行后土名后街地方，有英商公昌空地让与公司以为各官商来往公路，讵被茶商郁恒泰私占筑墙，请饬厅严限拆卸等因一案。前件饬据福防同知吕丞渭英申复，正在订期查勘，现准杜税司以该茶商所筑墙基自行拆卸归还，谅可寝事，勿烦往勘，函复前来，申请察核等由，又经函询杜税司，查明曾否拆卸，见复销案在案，理合登明。

六月间，福防同知吕渭英呈禀：据英商义和洋行禀称，被李作霖代古田帮仁泰号协昌号议买洋糖一百四十余元，推避无还，叩乞拘追一案。前件经福防同知吕渭英集讯，据义和洋行伙陆成章供称，李作霖代古田帮仁泰、协昌两号向伊行赊买洋糖十五包，共计台伏一百四十余元，仁泰号等已将此款托李作霖转交，被李作霖侵吞花用仅还台伏二十元，求追给。质之李作霖则称，仁泰号等曾有欠伊账项伊是以扣除，并非有意干没所欠糖银，义和行应自向仁泰号等追讨，与伊无干各等语。查此项糖银既系李作霖经手，自不能置身事外，着李作霖于十日内将此款了清，不得违延。两造愿遵，具结完案，理合登明。

六月间，福防同知吕渭英呈禀：准日本中村领事函，据日商李乞福禀称，崇裕号抗支汇票，叩乞照会等情，请即传追等由一案。前件经福防同知吕渭英传集两造齐赴南台商会公同评议。据李乞福面称，伊在厦门资元号汇过吉祥庄人单，两认汇票一纸，计载台伏五百元，由裕兴福信局递至福建永和裕信局交伊本镒记栈代理人黄家铭亲收。向崇裕钱庄支领，不料此票遗失，被人冒领。据省局永和裕称，并无前项信件，而原寄之局又远在厦门，何处遗失，无从悬揣。查汇寄银票必用正副两函，同时寄发，适函遗失，副函一到，便可订失，今李乞福并不另备副函以致被人冒领，系属自误，惟此票既系人单两认，崇裕钱庄并不问明来历，贸然应付，亦属疏忽，议令三股派认，崇裕庄应赔一股，缴出台伏一百六十五元给李乞福收领，李乞福自认一股，尚有一股应归原寄局裕兴福赔还，由野口翻译函致厦门上野领事就近将此一股理还了事。两造允遵，取结完案，除函复日本领事销案外，应请开除，理合登明。

六月间，福防同知吕渭英呈禀：准日本中村领事函，据日商春成号禀称，林连火等掠抢麦豆，叩乞照会拘追等情，函请拘追等由一案。前件经福防同知吕渭英查，是日，大风为虐，船货沉没，小民乘流捞拾在所不免，只好谕令听赎，未便拘拿。当经移准营前分县牒复，谓已牒请闽县派差查办等由，此案既经由县饬差查办，实有端倪，且该乡本系闽县管辖之区，自应归县办理，以昭划一，除函复日领事外，应请开除，理合登明。

六月间，福防同知吕渭英呈禀：准日本中村领事函，据新隆洋行禀称，陈端深等赊欠靛青八十二两零，又埥头同文号潘贤敬短欠靛银一百一拾一拾七两零，立有期票，届期不还，函请饬追一案。前件经福防同知吕渭英传集质讯，着令潘贤敬限十日内如数措缴给领，陈端深家景艰难，新隆行情愿折让，随即断令六折缴还台伏七十元，先缴三十元，余匀两期清款。两造遵断，取保认款完案，理合登明。

六月间，福防同知吕渭英呈禀：准法国高领事函，法商瑞锦公司有银三千存在源泰钱庄，被源昌号木行借欠延不付款，函请饬提讯追一案。前件并据木商董事林修龄以源昌行木排停滞，以致各欠款，届期不能应付，现央林如山代筹巨款，以应接济，所有源泰钱庄票款，俟源昌木排运售后，再行分别归款等由，当经福防同知吕渭英据情函复高领事，旋准派令法商魏池到厅催办，并由源昌经手人向源泰钱庄央缓，据源泰店东要源昌先还一半，余照大众一样俟木排售出陆续匀还，当据源昌筹措台伏一千五百元交源泰钱庄收领，其余一千五百元仍照原议陆续清还。瑞锦公司所存之款，应由源泰钱庄自行支付以免另生枝节。两造均愿，就此完案，理合登明。

六月间，福防同知吕渭英呈禀：准日本中村领事函，据日商怡和行东林肇书禀称，王贻鎏背约翻异等由请即拘追一案。前件经福防同知吕渭英讯，缘王贻鎏擅将公共库屋典卖林肇书，已收定银三十五两，旋因族从不肯，致有是控。当经断令王贻鎏即将前收定银悉数缴还林肇书收领，该屋既系公产，应仍归王姓管业，约字涂销，以断葛藤。两造愿遵，具结完案，理合登明。

六月间，福防同知吕渭英呈禀："准日本中村领事函，据日商林道康禀称，曾元志拴殴等情，函请饬传究办一案。前件经福防同知吕渭英差传集讯，缘林道康因事出街，适与曾元志酒醉相遇，曾元志恃醉混骂赶殴，幸经旁人劝阻等情，惟彼此同乡共井未便，令其因此结怨，从宽当堂申饬，谕令曾元志备买烛炮向林道康服礼了事，嗣后不得挟嫌寻衅，俱各允遵，具结完案，理合登明。

六月间，福防同知吕渭英呈禀：准法领事函，送天泰洋行禀，被鸠尾铺郭乌嘴等抢伊花蛤、船只，请即饬差追办等由一案。前件先经福防同知吕渭英以花蛤向有，官牙、洋人不得干预驳斥去后，嗣闻天泰行纠率多人强相争夺，不得不就近派差弹压，兹据原差以郭乌嘴等拦去花蛤、船只，业已押令归还，天泰行亦愿就此息讼，并称嗣后不愿再做此项生理等情，禀请销案前来，除饬承将案注销外，应请开除，理合登明。

六月间，福防同知吕渭英呈禀：洋转商林记号禀称，英商兴隆行买办蔡伦忠等抗支载资，强留船只，叩乞拘追等情一案。前件经福防同知吕渭英饬差传讯去后，旋准英国雷领事来函，据英商隆兴行禀称，林记驳船栈本与福兴公司合约在马江转运，箱茶与伊行毫无关涉，现在福兴公司停歇，所有盈亏各款应归该公司理还，伊与买办蔡伦忠既无伙开公司，林记栈何得指鹿为马，函请吊票止差，以免扰累等由。查林记驳船栈欠款，如果应归福兴公司理还，与隆兴行无涉，该栈岂有不知，何以舍此控，彼其中恐有纠葛别情，惟既据英领事函，请吊销，姑准照办，一面谕饬兴隆行赶速自向林记栈说明了事，除函复英领事外，应请开除，理合登明。

六月间，福防同知吕渭英呈禀：据洋务分局高委员禀送，黄发旺禀称，黄孝恩等借众生风阻挠贩卖荷兰水等情禀词二扣，并黄孝恩禀词一扣，请即察办一案。前件经福防同知吕渭英饬差集讯，黄孝恩供称，伊堂弟黄孝愈开张仁寿堂药店，近因乏本歇业。黄孝旺谋接不遂，疑伊从中阻止，捏以阻卖荷兰水，耸令水厂洋商函请高委员查办，伊现在闽县，具控有案，求移县归办。质之黄发旺则称，仁寿药店究竟有无出接，伊不知情，黄孝愈冀图霸占，平空诬伊接开纠众拦途侦殴，致伊不能生理等语。惟黄孝恩已赴闽县具控，自应移案办理，以昭划一，除移请闽县归案讯断外，应请开除，理合登明。

六月间，日本领事官中村巍函以慎安洋行黄礼炤交由洋口裕亨义栈中兑省货，银柒百壹拾陆两捌钱，立有兑票，迨裕亨义改换裕亨仁字号，该栈东林翰文即政卿同伙张开发转，托该行伙友许藩垣求情说缓换立期票，届期又不应支，该东伙现已逃回洋口，抄票请饬拘押封追一案。前件饬据上洋厅龚锡传讯裕亨隆号东林桢邦，以裕亨仁即亨义系潘玉堂、潘绍堂、黄荣灿、张开发等所开，与伊子翰文即政卿毫无干涉，前项欠款应由潘玉堂传追等情，并据领事所派之日人黄成章查明前情，请传潘玉堂等追办等情，申复到局，均经批饬，速传潘玉堂到案，吊验票据，分别断追究结在案，迄今日久，领事并无续催，应先将案注销，以清积牍，理合登明。

六月下旬，福建洋务局总办孙传兖和福建洋务局会办吕渭英接到福建口杜税务司申呈："窃于本年六月十九日，据本口英商义和行即怡和行禀称，按光绪廿八年(1902)新订中英通商行船条约内续议内港行轮修改章程第七条内载，内港行轮，风气未开，内地居民，宜令其少受惊扰。故凡内港其向未经轮船行驶者，须审察商人之便，并轮船东实见生意有利可图，方可渐次开驶。如有商人有意于商船未经到之内港设轮行驶，须先向最近口岸之税务司报明，以便转禀商务大臣，会同该省督抚体察情形。怡和洋行拟设一轮船名甘露者，由福州通商口岸开驶至福宁府之沙埕及浙江嘉兴府之乍浦两处不通商内地，搭客载货，常川来往贸易，应请照约转禀，只候迅速批准等情前来。”顷此，福建洋务局孙传兖与吕渭英会同财政局司道详禀闽海关监督福州将军崇善以详情。

七月间，福防同知吕渭英呈禀：准日本中村领事函，据日商云章洋行禀称，捷春号陈馨馨赊欠绸缎货银等情，函请传追一案。前件经福防同知吕渭英饬，据差查，捷春号东业已病故，其子陈馨馨又远赴北洋，家仅迈妇、幼女皆系无知等情，禀复前来，伏查陈馨馨既已远在北洋，归期末定，自应先行将案注销，以清尘牍，一俟陈馨馨回闽，再行另作新案，饬传訊追，除函复日领事外，应请开除，理合登明。

七月间，福防同知吕渭英呈禀：准日本中村领事函，据日商泰兴洋行禀称，金顺森山东船伙友踏翻小船，失落鱼皮，叩乞照会扣留等情，函请传追一案。前件经福防同知吕渭英饬差提集訊明，金顺森山东船水手等实有踏翻小船，所失鱼皮业经泰兴行东雇工打捞，尚少一件。惟事无心，情实可原，兹酌中罚令该水手等缴出台伏十二元给泰兴行东收领，以作雇工捞拾之资。两造均愿遵断，各具依结完案，理合登明。

七月间，福防同知吕渭英呈禀：准日本中村领事函，据东瀛会馆馆丁黄木池禀称，陈锦锦等恃强逞殴等情，请即拘究一案。前件经福防同知吕渭英饬差提集訊，缘陈锦锦等因三和米栈肩米路经泗洲佛道地方，适黄木池对面走来，陈锦锦不及相让，将黄木池撞倒地上，黄木池斥骂争闹，陈锦锦同伙举拳帮殴，致有是控。兹经訊明，提验黄木池受有微伤，查陈锦锦等恃强殴人，蛮横已极，当堂照律折责发落取具，嗣后不敢寻衅，切结，交保释回完案，理合登明。

七月间，福防同知吕渭英呈禀：准日本中村领事函，送东瀛会馆禀据许细弟禀称，许居官等恃摘苜莉，率党擒殴请即传訊一案。前件经福防同知吕渭英差传集訊，缘许细弟有祖遗苜莉园一所，坐落西门外渡船乡地方，该乡许居官兄弟时有偷窃。五月二十七日，复往偷摘，经园丁萧仁境瞥见，上前拿捕，许居官等冀图脱身，举拳喝殴，旋经公亲处令服礼，许居官等允而复翻，致有是控。兹经訊明前情，惟彼此系属同宗未便科罪从宽，当申饬，谕令许居官等仍照原处向许细弟认罪服礼，后敢再偷，加等惩处。两造允遵，具结完案，理合登明。

七月间，福防同知吕渭英呈禀：准日本中村领事函，据三野洋行伙友蔡善荣等禀称，乡恶许华豚兄弟偷网池鱼等情，请即拘究一案。前件经福防同知吕渭英饬差传集訊明，许华豚兄弟窃捕蔡善荣池鱼属实，惟彼此同村居住，以和为贵，从宽申饬，谕令许华豚等当堂向蔡善荣等服礼，嗣后仍修睦谊，不得挟嫌寻衅，许华豚等倘敢再往窃捕，严究不贷。两造允遵，具结完案，理合登明。

七月间，福防同知吕渭英呈禀：据警务军巡目项戴扬禀称，伊同侄项诗搭英水厂小火轮船上省，被管驾林俊等辱骂，叩乞訊究等情一案。前件经福防同知吕渭英饬差传訊去后，旋据原差查复，以该轮船系林溪溪管驾，并无林俊其人，无从传案，且闻两造衅起细微，已经公亲出为调处，禀请销案前来，除饬承将案注销外，应请开除，理合登明。

七月间，福防同知吕渭英呈禀：准杜税司函，送拦江撒网渔民林贵贵等四名请即訊办一案。前件经福防同知吕渭英提訊，据渔民林贵贵等同供，伊等捕鱼为业素安本分，金门牌江面不准撒网捕鱼，虽沐示谕，伊等均不识字，委非有心故犯，求恩开释各等语，并准杜税司续函，以此次拿获该渔民等系特顾轮船，所有回费应着该渔民等赔还等由，查该渔民等因不识文字以致误犯禁令，情有可原，从宽罚令缴出番银一十两交还杜税司收领，以作雇用轮船之费，一面饬差谕令该处各渔民等，嗣后恪遵禁令，不得再有违犯，致碍轮船进出在案，除函复杜税司外应请开除，理合登明。

八月间，福防同知吕渭英呈禀：准日本中村领事函，据高田裕太郎禀称，陈和智有妾熊喜珠生女燕燕，被张春香拐逃等情，函请差追等由一案。前件并据张春香禀诉，当经福防同知吕渭英饬差传訊去后，旋准日领事约期訊断，并饬野口翻译官到厅会审，随即会同提訊两造，供词各执，谕俟复訊定断，旋据公亲陈宝鼎、杨寿山等以张春香已自知悔罪，央求伊等亲向陈和智说情，愿将喜珠之女燕燕送还陈寓，并赔偿辩护士费用，释案后，仍亲向陈寓服礼等语，当经伊等向陈和智婉言商允，唯喜珠实系陈和智之弃妾，请即递解江西原籍，以免再落烟花。两造均愿息事，叩乞分别开释，递解完案等情，前来查此案既经该公亲等出为理处明白，自应准如所请，当将张春香申斥交保，熊喜珠递解回籍，陈和智之女燕燕送还陈家收领，即此完案，除据情函复日领事外，应请开除，理合登明。

八月间，福防同知吕渭英呈禀：准日本中村领事函，据日商庄苏禀称，柯福生诱拐伊女，并将细软物件席卷逃匿等情，请即提訊究追等由一案。前件福防同知吕渭英正在饬提间，即据商民柯福生来案禀剖，以伊堂弟吉亭在日娶庄苏之女为妻，遗有一子，旋亦殀殇，伊念孀妇未便在外计维，挈带回家，讵庄氏已被其父改醮，伊于上年五月间，呈请闽邑主押令归宗，庄苏闻控捏以奸拐等情，混请存案，并蒙闽邑主提集质訊，谕候移查庄氏着落，再行复訊定断，庄苏恐女传案败露，是以捏情歧控，以图先发制人等情。查此案先既控经闽县，提訊在案，自应归县办理，以昭划一，除函复日领事，并将案卷移送闽县归办外，应请开除，理合登明。

八月间，福防同知吕渭英呈禀：准南台警务第四局转送棍徒欧景登一名，请即訊究等由一案。前件经福防同知吕渭英訊，缘欧景登之侄欧元元游荡度日，近因手中乏用，知伊叔欧景登在义和行夹板船为伙，颇有积蓄，前往告借，不料伊叔景登是日请假回家，船主海海斥骂不应上船，欧元元一时气忿，见桌上放有银手镯一对、镶金骨簪一个，乘便攫取上岸，海海追赶不及，疑伊主唆控，经警局获送等情。查欧元元攫人财务，实属行同无赖，当堂笞责示惩，原物追起给还海海收领，欧景登訊不知情，宽免置议，一并取保释回，并谕令欧景登将其侄元元严加管束，不得再行滋事，当堂具结完案，理合登明。

八月间，福防同知吕渭英呈禀：准日本中村领事函，据日商三野玻璃厂禀称，林大发等牵掳伊伙黄学流等人船等情，请即押放拘究等由一案。前件经福防同知吕渭英饬差，并移请闽县派役协同查明押放去后，旋据三野玻璃厂以林大发等赴县混禀，并将伊伙黄学流等送县差带，禀请移提归办等情，随即集訊。据黄学流等供称，伊等由永福采买松柴船泊螺江南港地方，被该乡林大发等将伊船货扣留，并将伊等掳禁，旋乂擒送赴县。质之林大发等则称，伊等向黄学流等议买松柴争价口角，互相詈骂，黄学流等将伊家椅桌摔碎，致犯众怒，将其扭送，委无掳禁情事，现在船已放还各等语。供词各执，但此等口角细故，林大发等辄将黄学流等扭送，实属好讼，当堂掌责示惩完案，理合登明。

八月间，福防同知吕渭英呈禀：准杜税务司函，称义顺兴来本邮局两次，混领邮包，请即传究等由一案。前件经福防同知吕渭英饬，提义顺兴栈东到案訊认，本年七月间，有邮局伙有交到领帖一纸，另有丰利号领帖一份，伊当着栈中管账黄松松前往送还，黄松松如何作弊赴领，伊不知情，现在黄松松因病身故，丰利号领帖亦经交还等语。查黄松松既为该栈司账，其人平日自必可靠，此项领帖，如果该栈东已令送还，并无通同作弊，黄松松何敢私往冒领，显系持无质证，狡供诿卸，本应严办，姑念赃未入手，而冒领之黄松松又经身故，与杜税司当面商酌从宽，罚出台伏五十元，充作善举。该栈东自知理短，情愿遵缴，函送杜税务司查收，发充善举销案，理合登明。

八月间，福防同知吕渭英呈禀：据商人卢猷卿禀称，林来皋等诡串揽载粘抄，叩乞拘追等情一案。前件并准英国佩领事来函以屈臣氏药店东禀被司账卢猷卿私挪账款肆百余元，延不归还，请为追究等由，经福防同知吕渭英訊，据卢猷卿供称，伊与陈为鉴、林来皋伙开驳船栈生理，每股出资壹百元，林来皋仅交股本肆拾元，尚短陆拾先，复将账款盗收壹百元，另有瑞春康账银壹百零叁元亦被订留，又有驳船户杨歞歞将驳船照向伊押措台伏柒拾元，其船改换伊之名姓，并说明毋须开栈喜金。今杨歞歞装运京帮裕兴盛茶叶，短少叁百余斤，谓系杨歞歞偷窃将抵代给税项壹百零元，概被扣抵，致伊受累，是以店东处挪用之款，无力归还，求分别追给。质之林来皋供词各执，然有股友陈为鉴到案供明，林来皋盗收短交属实，即可照众证确凿之例科断，着令林来皋缴出洋银壹百元了事，瑞春康账款壹百零叁元饬差传谕该店东照数交还。杨歞歞装茶短斤系在天津发觉，不能指定为杨歞歞所窃，裕兴盛不应将载资扣抵，兹酌中断令裕兴盛缴还伍拾，至卢猷卿供指杨歞歞借款柒拾元系作喜金，驳价应毋庸议，以上各款除抵屈臣氏外，尚短账款，着卢猷卿自向理还，就此具给完案，理合登明。

八月廿六日，为拒绝英人请开闽浙航路，闽抚咨为英商强行索求与破坏中国内港内河航权事呈外务部。十月十七日，北京来电云，中国外务部知照驻京各国公使云，顷接闽浙总督李兴锐来电言，怡和洋行向该总督申请许其开通从福州达福宁府及浙江省乍浦之轮船航路，经此间洋务局审议后，因萨隉（译音）、乍浦二港均系沿海之未开港，并非内港，与光绪廿四年（1898）所订定之内河航行章程及新定之中英通商条约与其附则均不相符合，当即拒其所请，且请各国将来亦勿有所误会云云。十一月廿一日杜税务司接准回文，以此事已咨南洋大臣查明核办。光绪卅一年（1905）乙巳三月初四，福建英国领事官见福州将军崇善谈判，二人辩论很久，崇善仍不准怡和行所请。1905 年为照会事，英国驻福州领事官因怡和行所请不被批准，合请贵亲王电咨福州将军，速行发给甘露轮船内港行驶之执照，以免后来索赔亏累，是为至要。（《清代外务部中外关系档案》，中英关系，第0724号卷，中国第一历史档案馆藏）

九月间，美国领事官葛尔锡函据美国面粉公司代理人裕昌洋行禀：观音井公记售卖熊标洋粉，货色甚低，酌议示罚，执意不允，请饬传公记到案，罚洋五百元等因一案。前件饬据福防同知吕丞渭英详以传履新所称，公记假冒商标，传訊两造，供词各执。且传履新向公记买粉，当时并未指明，追公记遣伙收账，始称假冒，因向议罚不允，辄行禀控，实非正办。旋据公记缴洋三百元，称伊生意中人，情愿吃亏省事，以免缠讼受累等语，业已转送美领事查收充公完案等情，详报当即批准销案，理合登明。

九月间，福防同知吕渭英呈禀：准德国温领事函，据德商禅臣锯木厂禀称，刘顺利等领办松木挨延不付，请即饬追一案。前件经福防同知吕渭英传集质訊，据刘顺利等供称，伊等领办之木业已到齐，求在外邀公理处等语，旋据禅臣锯木厂及刘顺利等以此案业由公亲理息，禀请销案前来，除函复德领事，并取具息结附卷外，应请开除，理合登明。

九月间，福防同知吕渭英呈禀：准德国温领事函，据马江洋巡捕爱尔师禀称，洽丰号钱庄抗支银票等情，请即饬追等由一案。前件经福防同知吕渭英饬差传集訊，据爱尔师供称，伊有洽丰钱店零星票番肆百元。七月间，洽丰停歇，伊遣伙往支，屡次约缓。质之洽丰号东李士根则称，伊在岐乡开张钱铺，与素识江钱钱互有往来，江钱钱存放银项，伊出具花篮票付执，江钱钱支用银钱及代人保款各款亦有账簿手折为凭，对抵外所差无多，伊钱铺停歇时，曾与江钱钱言明约俟，人欠各款收回，彼此核算归结，不料江钱钱存心狡诈，将花篮票肆百元假手爱尔师出头支取其自欠并保支各款，冀图拖延各等语。随即补传集訊江钱钱款项已由公亲调处，应毋庸议，爱尔师一款李士根供愿认还，惟据称歇业后，光景为难，无力全缴，酌中断令柒伍折归还，先缴现银壹百元给爱尔师收领，尚有贰百元取具铺户保结，分立期票两纸，限两个月清款延，惟保是问。两造允遵，具结完案，应请开除，理合登明。

九月间，福防同知吕渭英呈禀：准日本翻译官野口函，送日署清书朱紫封禀称，王百四摔毁等情，禀词一扣，请即传究一案。前件经福防同知吕渭英差提集訊，缘朱紫封之弟仲轩出街买物，道经盐仓地方，适王百四因饮酒过醉，匆匆走来，将朱仲轩撞倒地上，朱仲轩斥骂不应，王百四举拳赶殴，朱仲轩逃回家中，王百四跟踪追往，并将家物件摔毁，致有是控。查王百四酗酒滋事，殊属不应，惟朱仲轩亦未受伤，从宽当堂申饬，并着缴出台伏肆元给朱紫封赔修物件。两造均愿遵断，具结完案，除函复外，应请开除，理合登明。

九月间，福防同知吕渭英呈禀：准日本中村领事函，据日商陈锡福禀称，朱阿山借银枭还等情，请即饬差拘追一案。前件经福防同知吕渭英差提集讯，朱阿山欠款属实，当时曾托亲友向陈锡福言明还本让利，历年曾还台伏叁百叁拾元，现在陈锡福欲将寄还之款半作利银，因朱阿山不允，致有是控。当经断令朱阿山再行缴出台伏壹百贰拾元给陈锡福收领，以清前款，不得复算利息。两造均愿遵断，具结完案，除函复日领事外，应请开除，理合登明。

九月间，福防同知吕渭英呈禀：准日本中村领事函，据明治洋行禀称，有华民刘青芝假造伊行旗号招摇撞骗等情，请即拿办一案。前件经福防同知吕渭英饬差提集讯，据刘青芝供称，伊前在明治洋行作伙，嗣因出息菲薄，辞工回家，此次收卖折毁旧屋，仍用该洋行旗号自知理错等语。当将刘青芝薄责示惩，并将旗号销毁，谕令嗣后不得再用。两造允遵，具结完案，除函复日领事外，应请开除，理合登明。

九月间，福防同知吕渭英呈禀：奉军宪（闽浙总督）札开，据福州口杜税务司申启，据常关洋员边德禀称，查获闯关走私咆哮喝骂之货主陈组新，申请饬厅传讯等情，札饬传案讯明，究办等因一案。前件经福防同知吕渭英查此案，先据该货主陈组新来案禀诉，正在办理间，奉饬前因遵经饬传陈组新到案。讯据供称，伊由上海购买呢布等件，附轮晋省，伊因不谙规章，以为所带各类皆家用之物可免税课，是以向洋哨理论，委非有心偷漏，亦无咆哮情事，现在情愿照章补完，求察追给领等语。当经函商杜税务司将扣留物件查明其中应纳税者，饬令补完，仍将原货给还，嗣后面议，除将各货照章补完正税外，另罚洋银叁拾元充作善举，原货给发领回，并据该货主陈组新遵缴补纳正课，并缴罚款洋银，将货领回在案，除另文详请军宪销案外，应请开除，理合登明。

九月间，福防同知吕渭英呈禀：准德领事署许文案函长发羊肉店伙友殴伤轿夫，请即拘惩等由一案。前件经福防同知吕渭英差提集讯，缘许文案由霞浦街郑氏祠乘轿回署，路经长发羊肉店门首，将该店招牌撞落，该店伙等与轿夫互相争殴，致有是控。查该轿夫误撞招牌究系无心之过，乃该店伙等辄敢恃强逞殴，殊属不应，本应照律责惩，惟查其平日均尚安分，且该轿夫亦无受伤，从宽断令该店伙等往向德署许文案处认非服礼，嗣后不得因此挟嫌寻衅。两造允遵，具结完案应请开除，理合登明。

九月间，福防同知吕渭英呈禀：准日本中村领事函，据日商大阪公司禀称，黄登灼偷窃木标等情，请即拿办一案。前件经福防同知吕渭英饬差提集訊，据日商大阪公司供称，邵岐乡地方有暗礁甚险，伊恐轮船出入触碰，故于水上标木为记，并雇黄白白看守，近有该乡黄登灼因与黄白白挟嫌，辄将该木窃去冀图陷害，请从严究办。质之黄登灼则称，系黄白白挟嫌捏诬，而黄白白坚称黄登灼偷窃各等语。查此项标木究竟是否黄登灼所窃，抑系被水漂失，黄白白既非目击，殊难悬揣。惟黄登灼与黄白白系同族兄弟，挟嫌肇衅，均属非是，当堂严加申饬，谕令嗣后仍敦和好，各释前嫌。该处标木，大阪公司业已另设，应毋庸议，黄白白务宜小心看守，倘再遗失，责令黄白白赔偿。两造允遵，具结完案，除函复日领事外，应请开除，理合登明。

九月间，福防同知吕渭英呈禀：据日商德馨洋行陈红弟禀称，岳顺和等翻约私卖不守行规，叩乞拘追等情一案。前件经福防同知吕渭英正在饬办间，即据太和号岳顺和等来厅禀诉，以伊等开设炒花生行栈。徐挺顺等辄敢买逞挂日商德馨洋牌之台湾人陈红弟勒令各号贩卖花生须向顺等转买出售，不准自炒。当经控蒙闽邑主饬差，谕令各自营生，不得妄生事端在案，讵陈红弟知县中不能准理，复捏情赴厅歧控，冀图耸准，叩乞移县办理等情。经福防同知吕渭英查此案，太和号等既已具控闽县，有案自应归县办理，以昭划一，除将卷宗移县规办外，应请开除，理合登明。

九月间，福防同知吕渭英呈禀：准日本中村领事函，送日商张村禀称，经手魏五私收茶款一案。前件经福防同知吕渭英差传集訊，据张村供称，伊办有福茂隆字号茶末壹百伍拾肆包，由经手魏五售与悦兴隆茶饼厂，应找台伏叁百叁拾捌元。月前，往收茶银只有壹百玖拾元，余被魏五私收，屡讨不还，恳乞追给。质之魏五则称，此项茶末因货色太抵，斤数不足，致被悦兴隆退价，并无私收情事，系张村捏词混控各等语。察核两造供词各执，当即谕候查询悦兴隆再行定断，旋据公亲王天赐等以此案业已调处清楚，取具两造息结，禀请销案前来，除函复，并饬承将案注销外，应请开除，理合登明。

下半年，吕渭英作追怀李勉林制军（李兴锐）五古：

> 人生百年身，难得一知己。我闻虞翻言，人息不自已。占人不可追，今人谁复是。休休如李公，青盼到贱子。我躬无媚骨，蹇直以自矢。公视侪辈中，于我最密迩。至今述恩遇，涕泗不能止。公为闽方伯，励

精求治理，首县剧繁难。以我特超委。嗣复开府来，时益亲杖几。

福防乃分府，命我如前旨。惶恐不敢辞，拜命公始喜。移节督江左，留别诗累纸。檄我小得往，坐误祇拊髀。下生感公恩，推挽终及始。廿载劳仕途，碌碌竟无似。思君即作歌，悲音忽变征。少陵两首诗，漳滨欢逝水。哭衬余白头，却为尚书李。我今将何同，自梦见冠履。夜台丫闭春，还疑公未死。醒来诵八哀，援翰不忍拟。

十月廿六日（12月2日），福州中亭罢市，南台中亭街某鱼货店因抗缴鱼捐，由福防厅出差前来追取，需索酒礼，为无厌之求，店中人遂与龃龉，差人即时将家私打毁，店主即挥拳擒殴，有一差头颅打伤。该街一带均是鱼行，多半下府人，彼此有同业同乡之谊，深防差人将来以抗捐殴差相制，遂佥议闭门罢市。警务局及防厅吕文起司马亲临弹压，着令各铺户应即照常贸易。至如何殴差，孰曲孰直，候再环集讯办。众遂遵谕开店云。［选自《中外日报》光绪卅年十月廿六日（1904年12月2日）］

十月间，福防同知吕渭英呈禀：准日本中村领事函，据同和公司禀称，游显发等截留船货等情，函请饬差押起追办等由一案。前件经福防同知吕渭英饬差传讯，追办未结，理合登明。（此案后被列入福州口未结各案之卷宗）

十月间，福防同知吕渭英呈禀：准美国葛领事函，据教士华雅各等禀控林顶发欠银无还等情，请即拘追一案。前件经福防同知吕渭英訊，缘林顶发托保张生元向华雅各等借用台伏伍拾元，按月贰分行息，立有手票为凭，查阅票据载明，如有短欠系保认赔，现在林顶发远在上游，归期未定，自应责成张生元先为赔垫，兹断令张生元措缴台伏伍拾元给华雅各等匀领，短欠息银为数无多，应毋庸议，至张生元垫缴之款，将来由林顶发归还，如敢枭负，准予禀请押追，以昭公允。两造愿遵，具结完案，理合登明。

十月间，福防同知吕渭英呈禀：准日本中村领事函，据同和公司禀控游歘发等截留船货等情，函请押起拘办等由一案。前件即经福防同知吕渭英饬差将船货一并押起，并催差集訊，缘有闽清麻雀船壹只装载货物来省，冒插日商旗号，不听船埠头林德指使，彼此争闹，游歘发等将其船货一并扣留，林德即赴侯官县以该船户，假冒日商等情控，准饬差传訊该船户籍有同和公司带装糖鱼等件，朦耸该公司出为具控。兹经訊悉前情，查该船户系属华民，虽有带装公司货物，何得擅插日商旗号，显非安分之徒，惟游歘发等辄将船货扣留，该船埠头林德竟行赴县具控，亦属非是，姑从宽申斥，谕令该船户嗣后不得混插日商旗号，该船埠头林德亦须约束，游歘发等勿再滋事，前起船只货物均发该船户领回，分别取具甘结，附卷完案，理合登明。

十月间，日本领事官中村巍照会公成洋行田中滋之助酿造酱油售卖，被本地酱园造谣散布，照送告白叁纸，请饬出示晓谕等由，并准另文以该告白查系观音井酱园店东李善谋兄弟所为，拟请着令赔偿，及保全名誉各办法等因一案。前件当经饬由福防同知吕渭英传集一干人证，会同日本野口翻译官訊明前项，告白实非兴利酱园店东李善谋兄弟所为，释回安业。该店东因系经纪小民，恐结怨于人，情愿向公成行放炮挂彩，表明心迹，并保全公成行名誉，公成洋行亦已心悦，彼此均已各安生业，并由厅会县出示谕禁，详请销案前来，当经照准日本领事销案在案，理合登明。

十月间，福防同知吕渭英呈禀：据日商裕源洋行禀称，经手傅生华私收账银，叩乞拘追等由一案。前件并据傅生华来案具诉，当经福防同知吕渭英饬差传集訊，据裕源行管事马以通供称，伊行内货物由傅生华经手售与森记号等八家，所有账银均被先后盗收私用，经伊查知诘问，傅生华仅认福生春一号，其余诿为马荣官收用。质之傅生华则称，森记、和生两号实系马荣官持簿私收，因马荣官系行东内侄，故能偷取簿，据伊委无串收情事。诘诸马荣官供称，私收两号账款属实，惟此项账银系傅生华向其挪借，言明当即归还，伊年轻无知，受其欺骗，不料傅生华将钱花用，久不归偿，致伊无力归账各等语。察核两造供词均有不实不尽，惟查森记、和生两款既系马荣官持簿往收，应惟马荣官是问，至福春生等各户欠账訊系傅生华经手，应责傅生华赔偿，据称光景为难，从宽断还洋银壹百两了事，分作三期缴清取保认款完案，理合登明。

十月间，福防同知吕渭英呈禀：据日商陈衍禀称，陈承源等代垫洋银逾期不还，叩乞传追等情一案。前件经福防同知吕渭英差传集訊，缘陈承源等向在苏歧塘设立官牙，前因日商德馨行采办海蜇互相争闹，禀经日领事谕饬东瀛会馆干事人等出为调处，着陈承源等罚款了事，维时陈承源等不及筹措，经该日商陈衍代为垫给台伏拾肆元，约在叁日内归还，现陈承源等逾期不交，致有是控。当即着令陈承源等当堂缴出台伏拾肆元给陈衍领回归垫，两造允遵，具结完案，理合登明。

十月间，福防同知吕渭英呈禀：准日本中村领事函，据日商三野洋行禀，伊行伙陈菜头与闽安关巡丁王福口角，被殴受伤，请即饬传质訊一案。前件并准闽安关韩委员移送王福壹名，过厅訊据供称，伊与排夫陈菜头因收税口角争闹，陈菜头撒赖倒地，自称受伤，伊实并无殴打等语。饬提陈菜头，延不到案。旋准日领事以此案已由公亲调处，三野洋行亦愿息讼，函请销案前来，除饬承将案注销外，应请开除，理合登明。

十月间，福防同知吕渭英呈禀：准美国葛领事函，称女书院唐姑娘被宋陈氏肆扰等情，请即饬差谕止一案。前件并将宋陈氏带案，经福防同知吕渭英訊，据供称，伊甥女步英父母早故，家无伯叔兄弟，不知被何人送入书院。伊查知，屡往认领，唐姑娘坚不允从，以致互相口角，伊并无滋扰情事，求訊断给领等语。查步英究竟是否宋陈氏甥女殊难凭信，且当步英父母身故时，该氏何不领回抚养，现在相隔多年，忽来认领，难保无别项情弊，且步英既系美国唐姑娘自幼抚养，应听仍在书院肄业，宋陈氏不得再行往闹，违即究办不贷，当堂取结完案，除函复美领事外，应请开除，理合登明。

十月间，福防同知吕渭英呈禀：准法领事函，送方耀西禀称，吴朱氏等恃蛮滋扰，叩乞谕止拘办等情一案。前件经福防同知吕渭英饬差传集訊，缘方耀西与吴春霖在壹江村伙开天安堂药店，共出资本台伏壹百元，方耀西两股，吴春霖壹股。未及半年吴春霖因病身故，结算账目，吴春霖长支台伏叁拾余元，方耀西因资本菲薄，另招股伙改立长回春字号，吴春霖之母吴朱氏查知不依，向其支取股本，方耀西答以吴春霖在日曾经支用，不肯付给，吴朱氏疑其欺瞒，带令幼子吴春发时往滋闹，致有是控。訊悉前情，当堂核算账目，吴春霖长支钱项，实已溢于资本之外，惟彼此多年至好，吴朱氏委属家贫子幼，自应酌量帮贴，以全友谊，劝令方耀西再给台伏拾伍元交吴朱氏收领，以断葛藤，嗣后该店盈亏吴朱氏不得与闻。两造均愿遵断，具结完案，除函复法领事外，应请开除，理合登明。

十月间，福防同知吕渭英呈禀：准英国佩领事函，据英商森华洋行禀称，木客张乞食借银别投，叩乞移厅标封拘究函请照办等由一案。前件经福防同知吕渭英饬差传集訊，据森华洋行供称，光绪贰拾年，木客张乞食向伊领借本钱叁百元，赴上游造办木植，言明运省投行售抵，讵张乞食领银后音信杳无，嗣又托洋口恒春缴水店复向伊凑借本银叁百伍拾两；造木拾捌连，盖烙公成和字号，该木运至延平，伊又代付厘金、排脚洋银伍拾元，不料张乞食竟将该木改投慎记木行，显系图枭借款，求訊追给领。质之张乞食则称，前次所造木排，因被水漂散，此次木排拾捌连系与友人伙造，是以不由自主，委非有心枭负各等语。查张乞食所造木排既向森华领本，何得改投别行。据称与人伙造，殊难听信，断令张乞食将该木排仍投森华行售抵，按照时价算，惟对除外，尚短森华行洋银叁百元，着令再缴现洋壹百元给森华行收领，余款俟将来运水到省再行投抵。两造均愿遵断,各具依结完案,除函复英领事外,应请开除,理合登明。

十月间,福防同知吕渭英呈禀:准美国葛领事函,称花司陈藕弟过桥支票被警务局勇诬拿到局,搜取向单请即提訊等由一案。前件并准南台警务第四分局委员丁令先达移送巡兵卓庆升,并准美领事派令林翻译带同花司陈藕弟过厅,随提集訊,缘该巡兵卓庆升于本月拾玖日巡见一人肩袋前跑,二人在后赶追,口称袋内系私贩枪子,彼此争夺扭擒,该巡丁进前弹压,正向擒拿,适美国花匠陈藕弟在店剃头,平空披头散发走出,声称此系美领事衙门之人,将巡丁推开,致负袋之人亦被逃脱。经该巡丁将陈藕弟送局经委员訊问,并无訊及向票被抢,直至领事派人持片,保释始据说出向票叁拾元被抢等语。经福防同知吕渭英訊明,种种情节均滋疑窦,抢票一节虚诬无疑,应无庸议,惟巡兵卓庆升不能妥为弹压,致滋事端,自应严斥。该花匠陈藕弟事非干己,出头干预,又敢捏情诬诈亦大不应,除将陈藕弟交林翻译带回,函请美领事查照,惩儆销案,并申报警务局完外,应请开除,理合登明。

十月间,福防同知吕渭英呈禀:准法国天主堂苏主教函称,堂丁梁益经被林阿妹恃强逞殴,请即拘办等由一案。前件经福防同知吕渭英差传集訊,缘天主堂侧傍田亩四面筑有篱笆,林阿妹行经该处抽取篱竹一枝,被堂丁梁益经撞遇,着令赔修,不服争詈,致将梁益经推跌倒地,殊属非是,惟提验梁益经并无伤痕,从宽薄责示惩,并取具嗣后不敢寻衅,切结完案,应请开除,理合登明。

十一月间,福防同知吕渭英呈禀:据洋务分局高委员禀,济医院管事阮家杰禀称,林盛盛等借款无还,请即饬传訊追等情一案。前件经福防同知吕渭英传集质訊,缘林伯镐因与阮家杰赌博输洋将契押抵,并央林植桐写立票据,亲笔列押等情,其原告则指此项票据系属借款,两造供词各执,无从定断,补传代笔之金福泉质訊。而阮家杰串出郑世英冒顶金福泉上堂,藐玩已极,即此一端,此票之非正路已可想见,惟林伯镐既已出票画押又将契据抵人,应将票款缴案发交连医生充作医院经费,林伯镐当堂严加申斥,交其父林盛盛领回,管束林植桐代人写票,并不将钱数填入,显有串局情弊,与冒名之郑世英分别笞责发落,阮家杰控情失实,本应究诬,姑念愚民无知,从宽薄责示惩。据各具结完案,应请开除,理合登明。

十一月间,福防同知吕渭英呈禀:据洋务分局高委员申送英商万兴洋行禀称,泰和号等赊欠货银订期无还,请即追办等由一案。前件经福防同知吕渭英饬差传集讯明，泰和号、乾元号供认欠款属实，唯据称伊等因小本经营，加之近年生意淡薄，一时无力筹措，并非有心延欠，求折让指缴各等语。察看情形，该两号东委属力有未逮，劝令万兴洋行推情折让，作为七折归还，着泰和号措还台伏柒拾元，乾元号措还台伏肆拾元，先缴现钱一半给万兴洋行承领，余限明年正月末清还，延即押追不贷。两造允遵，分别取保认款完案，应请开除，理合登明。

十一月间，福防同知吕渭英呈禀：准日本中村领事函，据日商李永年禀称，何见弟纠众摔毁等情，函请查办一案。前件经福防同知吕渭英讯，缘李永年向何道禄租住房屋半所，月约租钱叁元。本年六月间，何道禄夫妇先后因病身故，其子何德发无力筹措丧费，将该屋契据向李永年押借台伏柒拾元，按月行息壹元，由房租内扣，除彼此相安无异，何德发之同族何见弟上年曾代何道禄借有钱项，除付还外，尚短台伏陆元，屡讨无偿。此次何见弟带领借主前往索讨，何德发避匿不见，何见弟气忿斥骂。李永年出面劝阻，因与何见弟争闹，随手将椅桌摔倒，致有是控。当即着令何见弟当堂向李永年认非服礼。何道禄在日，短欠之数无多，谕令何德发赶紧在外筹措给领，以断葛藤。两造允遵，具结完案，除函复日领事外，应请开除，理合登明。

十一月间，福防同知吕渭英呈禀：日本中村领事函，据日商陈炳端禀称，同和米店东陈秋秋率众毁伤等情，函请查追一案。前件经福防同知吕渭英饬差传集讯，缘陈炳端由台北奔丧回闽，路经新亭乡地方，适同和米店雇工陈金在肩米转回，该处街道狭窄，陈炳端让避不及，致被撞跌倒地。陈金在并不用言安慰，自行进店。陈炳端跟往理较，该店东陈秋秋不知前情，斥其不应来店滋闹。陈炳端疑护，混骂。陈金在将其推出店外，经旁人劝散。陈炳端被辱不甘，致有是控。讯明断令该店东陈秋秋备买烛炮，着令陈金在往陈炳端家认非服礼，嗣后不得因此挟嫌寻衅。两造允遵，具结完案，除函复日领事外，应请开除，理合登明。

十一月间，福防同知吕渭英呈禀：准日本中村领事函，据寡妇陈林氏禀称，林依品兄弟将伊子福官捞殴等情，请即饬传讯究等由一案。前件经福防同知吕渭英讯，缘陈福官与林依品兄弟均属幼孩，同村居住，因彼此嬉笑口角，林依品出言不逊，陈福官举拳掷打林依品，随走随詈，陈福官跟踪往追。林依品见其崛强，喝令幼弟林依妹帮同争殴。陈福官倒地撒赖，经旁人劝回，陈福官随向其母陈林氏哭告前情，陈林氏遂往林依品家中争论。林依品之母并斥其溺爱不明，陈林氏负气控讼。讯明前情，事甚细微，不应涉讼，当堂申饬，并谕令嗣敦和好，以睦邻里。两造允遵，具结完案，除函复日领事外，应请开除，理合登明。

十一月福防同知吕渭英呈禀：据日商三野洋行禀称，林海三等赊欠货银，订期无还，粘票叩乞拘追等情一案。前件经福防同知吕渭英訊，缘三野洋行与林海三素无交易，本年三月间，林海三向该行购买灯笋共计台伏贰拾元，系胜兰号李伊妹作保，立有期票，付执盖印胜兰号图记。三野洋行届期往支，李伊妹因林海三款未付给，屡次诿延，致有是控。兹经訊悉前情，并据林海三供称，伊光景委属为难，求酌量折让等语。查此项账款为数不多，且林海三与该洋行素无交易，何得妄思折让，惟李伊妹既作保，人自难置身事外，酌中断令李伊妹代筹台伏拾元给三野洋行收领，尚有拾元着林海三设法筹措，限拾日内缴案。李伊妹代筹之款应归林海三陆续措还，不得以款已代筹，置若罔闻也。两造允遵，具结完案，应请开除，理合登明。

十一月间，福防同知吕渭英接到日本领事官中村巍函，以日商慎源行禀，被洋口曾锦成及连江县辖丹杨万利号并晋江举人黄启泰所开之黄康庄豫记船头行负欠货银，请即分饬勒追一案。前件当经分饬福防、上洋两厅及运江县分别传訊追办在案，理合登明。（此案后被列入福州口未结各案之卷宗）

十一月间，福防同知吕渭英呈禀：据日商东隆行东陈天兴禀称，永兴号李时同兄弟图枭借项，店闭人逃，叩乞饬追一案。前件经福防同知吕渭英差传集訊，缘李时同及弟李时启向陈天兴借用捧银叁百伍拾两立票订期，躲避不还，致有是控。兹经訊明，李时同实系为景所迫，酌中定断劝令陈天兴情让，作为伍折归还，限拾日内先缴银柒拾伍两给领，尚短壹百两着具切实铺保，另立期票两纸，按期匀缴，如有延宕，惟保是问。两造愿遵，具结完案，理合登明。

十二月间，福防同知吕渭英呈禀：准日本中村领事函送日商泰亨行管账王拙波禀称，瑞和号东张子榆托借银两，倒闭枭还，抄票并送禀词，函请查办等由一案。前件经福防同知吕渭英差传集訊，缘王拙波与张子榆素识，张子榆在中亭街开设瑞和号棉苎店生理，央托王拙波代向公和、厚源两钱庄立折支银，计欠公和庄兑伏壹百元、厚源庄兑伏陆拾元。张子榆旋将该店另招股东，添设团记字号，其所欠公和等款并不理清，公和等向王拙波追索，王拙波即向张子榆理论，张子榆随立手票两纸，期约捌月内归款，王拙波届期往讨，张子榆延不交还，致有是控。兹经訊明，断令张子榆赶紧缴出台伏壹百陆拾元，王拙波领回转给，不得再有延宕，致干押追。

据各允遵，具结完案，理合登明。

十二月间，福防同知吕渭英呈禀：准日本中村领事函据日商怡和号禀，被德兴号橘饼厂东李阿朝倒欠糖银贰百余元等情，函请查办一案。前件经福防同知吕渭英饬差将德兴号厂内家私货底查点标封，交保看管，一面查传质讯，据李阿朝供称，伊因近年生意亏累，以致无力支持，并非有意倒欠，求折让措缴各等语，即经劝令怡和号推情折让，作为柒折归还，着李阿朝缴出台伏壹百伍拾元给怡合号收领，票封各物仍归李阿朝收管。两造均愿遵断，各具依结完案，理合登明。

十二月间，福防同知吕渭英呈禀：据乾记洋行禀称，潘璈序积欠货银，屡讨不还，叩乞饬追等情一案。前件经福防同知吕渭英饬差传集讯，据潘璈序供认，欠款属实，伊因货未销售，一时无从措筹，并非有心延宕，求宽限保外措缴各等语。查潘璈序人尚诚实，自应准予取保，限令壹个月筹款清还，延即提案押追不贷，当堂取具保结在案。旋据乾记行以潘璈序欠款业经仁厚号立有期票，两纸分作两个月清款等情，禀请销案前来，除饬承将案注销外，应请开除，理合登明。

十二月间，法国领事官高乐待照会法商纯记小轮船行驶小口洪山桥一带，突于本月贰拾肆日被江济小轮攻击。其船主名林子东，所有启衅情由另具清折，请将在事之林庆澜等拘获惩办等因一案。前件当即抄禀札饬福防厅吕渭英传集两造讯明，实在情形分别秉公，妥办完结，并照复高领事查照在案，理合登明。(此案后被列入福州口未结各案之卷宗)

是年，吕渭英兼掌银圆局，开铸光绪元宝，分四种面值：七钱二分、一钱四分四厘、七分二厘、三分六厘。

是年，我国考古学奠基人、中科院院士夏鼐先祖家中大火，二房存积价值二万元之丝线归之一炬，损失最大。五房以本人在瑞安，抢救物资乏人，损失亦巨。夏鼐二伯是时在杭州，返家后始知损失如是之重。适在杭州结识一世袭云龙骑尉夏金标之遗孀，遂以夏金标之名字营谋仕途。至1905年吕文起(时在福建为知府)之从中设法，居然谋得温州右营游击。发达后，即在大房家中设行营，每日有吹班，钟鸣鼎食，两厢设烟榻，时尚未禁烟也。如是半月，始办移交。是时夏鼐二伯疯病又发，勉强成礼。二伯原为商人出身，为接印榜文上签“准”字，即练习半月有余，进衙门全副仪仗，先送游击太太进衙门，由千总为顶马，仪仗返家后，老太爷及老太太进衙门，本官自为顶马，官轿后为弟侄辈，威风凛凛。是年，少如二哥出世，其螟蛉子贵哥上学，坐亢甫二哥陪之坐轿遍拜访亲友，前面四亲兵，后面二迓客。不久闻杭州姘妇将来温，二婶已患病，竟因之不起，丧事排场甚大，开吊日除道台及总兵二员品级较高，遣少爷致祭，其余官员皆亲自来吊祭，出丧由府城庙巷经信和街、百里坊，然后由大街直接出南门，地绅如余筱泉太史等皆随丧。[余朝绅（筱泉）系烟鬼，至百里坊即返家过瘾，其余多送至南门外。]二伯在任不过一年，以审问玉环盗案，擅自释放，遭上司参奏免职。

夏鼐

注：夏鼐（1910—1985），原名作铭，浙江温州人，考古学家、社会活动家，新中国考古工作的主要指导者和组织者，中国现代考古学的奠基人之一，中国科学院院士。

清光绪卅一年（1905）　岁次乙巳（五十一岁）

正月，军督崇善、学台秦绶章、都统文桂、布政使周莲、按察使朱其煊、盐道鹿学良、洋务局总办孙传兖、会办武备学堂章景枫、船政提调高凌汉、粮道启约、福宁镇总兵孙道仁、闽县裴汝钦、福防厅吕渭英、福州府严良勋、庆典总办王纯和王家驹、校士馆郑锡光等出席“校士馆”成立庆典。

正月间，福防同知吕渭英呈禀：准日本中村领事函，据日商益记会社禀，被正记栈托经手张福容赊欠货银，订期无还等情，函请传追一案。前件经福防同知吕渭英差传集訊，缘正记栈向日商益记赊价蛏干贰百拾叁斤，系由张福容经手，除付现银外，短欠台伏陆拾壹元零伍拾文，旋因正记栈歇业，益记遣伙往讨，屡约无还，致有是控。兹经訊明，断令照数指还，延即提案押追。两造允遵，具结完案，理合登明。

正月间，福防同知吕渭英呈禀：准法国何代理领事函，据通源号米店东林云麒禀，被张宝珠赊欠米账尾银拾肆元，向讨抗还等情，函请拘追一案。前件经福防同知吕渭英差传集訊，系缘张宝珠结欠林云麒米银叁拾肆元，只肯交还贰拾元，余图减让，致有是控。兹经訊明，断令张宝珠缴出台伏拾肆元给林云麒收领，以断葛藤。两造允遵，具结完案，理合登明。

正月间福防同知吕渭英呈禀：准美国葛领事片，送嘉教士来函，以文山铺轿馆主淦淦勒加轿价刁难把持，请即饬提訊究一案。前件经福防同知吕渭英饬提淦淦壹名到案訊，因本年正月间，嘉教士进城拜客，雇坐洋轿壹把，轿夫严红红等因系新年向其索取酒钱，事所不免，并无勒加轿价等语。察核供情尚属可信，谕令该夫头嗣后不得额外需索，违即提究不贷，取具依结完案，理合登明。

正月间，福防同知吕渭英呈禀：准杜税务司函，送窃匿信件邮差杨绍秀、陈孔鼎、李红桃叁名请即訊办一案。前件经福防同知吕渭英提同陈孔鼎、杨绍秀等分别质訊，供词推诿。查该革差等前因窃匿邮件送案訊供枷责，乃并不将窃赃交出，辄敢扶同隐匿，实属不知悛改，现在赃经起获，证据确凿，未便遽从宽，典商准杜税司将该革差陈孔鼎、杨绍秀贰名发交工艺局罚作苦工陆个月，新兴春烟馆查无受寄赃物，毋庸置议，看门李红桃訊不知情，释回安业，旋又准杜税务司来函，以该贰犯家属再三哀求，请予从轻发落，取保释回等由，业将该贰名当堂开释销案，理合登明。

春，军督崇善与藩台周莲、县台朱其煊、粮道启约、福防厅吕渭英等会见日本海军军官与德国军官。

二月间，据惠安县张雯禀报，有自称法国传教司铎员督顾姓率领教士安姓、石姓自厦来惠，乘坐捌名夫及肆名夫大轿，又小轿拾余乘，马拾余匹，舆前排列洋枪队贰百名开锣，唱道入城，并放排抢张威，次日仍列仪仗出城，民心惊扰，几致生事等情一案。前件经查，教士按约只准领照到内地安分传教，该司铎并非中国官员，辄于舆前排列枪队甚复鸣枪示威，实属悖谬违约，即经电请驻厦法领事，将该司铎等从严惩办，饬令迅速回厦，将所存洋枪全数交出充公，一面由洋务局吕渭英详奉督宪转咨外务部，照会法国驻京公使，按约严行禁止去后，旋奉外务部照准，法使称为已往之事，毋庸深究，嗣后教士游历务当循规蹈矩，不可再有鸣锣放枪等事，抄录往来照会，行闽遵照等因，当经曲局移饬一体遵照在案，理合登明。

二月间，福防同知吕渭英呈禀：准美国葛领事函，据美国星架公司经理人谢天禧禀控，朱华丰延欠车银柒拾捌元等情函请饬追等情一案。前件经福防同知吕渭英差传朱华丰訊认，欠款属实，近因生理停歇，无力措还，拟将皮车退还，邀公理处，讵谢天禧已来案控追，兹蒙提訊，求察断各等语。查所供各节似属可信，断令朱华丰即将原车退还，星架公司收领，其已付价银伍拾贰元，着星架公司给还一半，余作租车之费，已照平允。两造遵断，具结完案，理合登明。

二月间，福防同知吕渭英呈禀：准日本中村领事函，据日商建安行禀控，陈俤俤等乘机割抢木植，经伊认获交保看管等情，函请饬差拘追一案。前件

1905年校士馆成立庆典（吕渭英三排右五）

经福防同知吕渭英差传集讯，据建安行东供，木排遭水冲散，被陈俤俤等恃众强夺，查系窝存源记酒店，经行伙邀同地保前往该店认获原木叁根，又截断木植拾肆节，向其理较，该店东反敢勒索重价，求严追究办。据源记号东供称，此项木植系伊店伙在河面捞来，共计拾根，内有柒根因木料过长无处安放，是以截成两节，伊并无窝存情事，至陈俤俤等有无捞获，伊委不知情，建安行因见该木截断，借图不给续价，是以来案混控。质之陈俤俤等则称，捞获漂木属实，并非恃众强夺，源记号之木系该店伙自己检捞，伊等所捞木植现均放在家中，建安行因图省赎费，反谓伊等抢夺，求察断各等语。当经断令源记号即将该木植还建安行收领，以免讼累，陈俤俤等所捞木植应听建安备价认赎，不得居奇勒索，致干提究。两造遵断，具结完案，理合登明。

二月间福防同知吕渭英呈禀：据日商陈清泉禀控，董康康等借银枭还，

1905年春，闽浙总督崇善与福建官员会见日本及德国海军军官（吕渭英三排左三）

叩乞拘追等情一案。前件经福防同知吕渭英差传集訊，缘董康康与纪荣裕均在南台开设纸栈，董康康向陈清泉借用台伏柒百元，纪荣裕向陈清泉借用台伏伍百元，按月分半行息，各立票据付执。纪荣裕身故，其子纪依五无力支持，将店闭歇，托出公亲陈云才向陈清泉折让议还台伏叁百元，约俟货底售脱即行归款，当将存货点交董康康开设之庆春号代为销售。嗣因庆春号被火沿烧，纪依五寄售之货亦被烧尽，董康康本有亏累，不能重开，陈清泉往讨欠项，董康康等约缓措还，陈清泉不允，董康康等随即避匿，致有是控。查董康康等遭火后，光景委属为难，未能全还，况陈清泉历年收过利息，已逾本钱之外，兹劝令陈清泉推情折让，作为叁折归偿，着董康康还银贰百壹拾元，纪依五前已折让，自应仍按原借伍百元之数折算着还，银伍拾元均先缴现银半给陈清泉收领，余限两月清还。双方遵断，取保认款完案，理合登明。

二月间，福防同知吕渭英呈禀：准法国何领事函，据法商怡昌洋行禀称，宜昌号杨雪澄拦夺木排等情，请即饬差押还提究一案。前件经福防同知饬差，将所压木排捌连先行标封，一面传集两造质訊，据怡昌行东供，伊缴客王仁卿、张贞茂运到泰顺茂字号木排壹厂，被宜昌号东杨雪澄夺去捌连。质之宜昌号东杨雪澄则称，木客张贞茂曾有欠伊账项，屡讨无还，此次张贞茂运木到省，伊先不知为怡昌行所缴之木，是以将其拦回捌连，以抵欠款，并作平空拦夺各等语。当将该木捌连启封交管，谕令杨雪澄不得再行预，闻至张贞茂短欠之款究有若干，既不供明数目，又无字据，呈验无凭核追，应自向张贞茂理清。两造均愿遵断，具结完案，理合登明。

二月间，福防同知吕渭英呈禀：准英国佩领事函，据英商森华行禀称，杨维实检捞木植恃强抗赎等情，函请饬差标封提究一案。前件经福防同知吕渭英传集质訊，断令森华行备缴台伏贰拾元给杨维实领回，杨维实亦将所捞福记森字号木植壹百余根逐一检还，森华行收领。两造均愿遵断，具结完案，理合登明。

二月间，福防同知吕渭英呈禀：准法国苏主教函，据教民江贞祥禀称，张万年恃强逞凶等情，请即饬提訊究一案。前件经福防同知吕渭英差传集訊，缘江贞祥在苏主教公所看守树木，因张万年之妻前往采折柳枝，为江贞祥之妻撞遇，被斥耸令其夫与江贞祥理较，并将椅桌摔倒，致有是控。兹经訊明，断令张万年亲往教堂服礼了事，嗣后务宜和好修睦。据各允遵，取具，依结完案，理合登明。

二月间，福防同知吕渭英呈禀：据英华书院正教习陈孟仁禀称，俊记号项礼由即木木欠租霸屋，粘抄曲契，叩乞饬追等情一案。前件经福防同知吕渭英饬差传集訊，缘项礼由有祖遗店屋壹所，坐观音井地衣，开设俊记号肉铺，嗣因项礼由缺乏资本，将该屋典给陈孟仁为业，得价台伏壹百元，其屋仍归项礼由开张，按月付给租洋贰元，历年无异。光绪廿九年十二月间，项礼由歇业，拖欠租钱贰拾余千，陈孟仁令其搬移，项礼由暗将该屋租与刘姓居住，并预收房租拾元，陈孟仁查知，理讨项礼由，延不交给，致有是控。兹经訊明，断令项礼由将预收租款拾元悉数交出给陈孟仁收领，嗣后刘姓应纳房租统归陈孟仁承收，项礼由不得预，闻项礼由拖欠旧租，劝陈孟仁看破，以全友谊。据各允遵，具结完案，理合登明。

二月间，福防同知吕渭英呈禀：蒙财政局宪札，准杜税务司照会，永福县童生陈承球诬控黄丙吓等假造海关印花牌纸贴卖假药，细核禀尾，有住潭尾街福亨栈字样，饬即派差查拿，陈承球解县究办一案。前件经福防同知吕渭英派拨干役查拿去，旋据福亨号栈东禀称，伊在潭尾街开设永福栈，代客售货，并作专寓客商栈内，委无永福县童生陈承球其人等情，并据原差，以伊等奉票查拿，陈承球四处寻访，杳无下落，闻已畏罪远飏，无从查拿，禀复前来，查该童生陈承球省垣既无踪迹，自必潜回原籍，除移知永福县严拿到案訊办外，应请开除，理合登明。

二月间，福防同知吕渭英呈禀：据台湾银行吉原洋三郎禀称，伊行管事林王氏被侄林牳牳等欺寡枭噬，私召轮田，请即拘追一案。前件经福防同知吕渭英差传林猪猪壹名，正在提訊间，据长乐县童生林文治即牳牳等以林王氏前曾听唆歧控侯官县衙门，经侯禀请，移籍訊办在案，兹林王氏复瞒情歧渎，叩乞移归等情前来，除将此案卷宗移送长乐县，归案訊断外，应请开除，理合登明。

三月间，福防同知吕渭英呈禀：准杜税务司函，送棍徒林武代壹名，请即提訊枷责一案。前件经福防同知吕渭英提訊林武代，据供上年春间，有梅花道渔妇之女金莲说要改业从良，向伊求助兑伏拾元，伊当即允付现，闻金莲仍旧为娼，移居中洲街鞋店楼上，伊心中不服，前往责备，以致互相争吵。适常关办公之张文镕亦在该处，斥伊不应滋扰，伊气忿回詈，口不择言，张文镕就托税务司将伊拿获送案，兹蒙提訊求恩典等语。查金莲已否从良事，与林武代风马牛不相及，乃竟往与争闹，复敢辱骂他人，可见平日不安本分，当堂枷责示惩，限满保释，取具悔过，切结付卷，妓女金莲饬差严行驱逐，毋任逗留生事，理合登明。

三月间，福防同知吕渭英呈禀：准日本中村领事函，据日商东来质铺禀称，林木炎强当破衣吵扰毁殴等情，函送林木炎壹名请即訊办一案。前件经福防同知吕渭英提訊林木炎，据供认强当破衣，其为平日之不安本分可知，当堂枷责示惩，取具，嗣后不敢寻衅，切结交保领回安业，除函复领事外，应即开除，理合登明。

三月间，福防同知吕渭英呈禀：据洋务分局高委员禀准美国林翻译函，据林寿南称，店屋被金灿灿赖欠，请为转禀到厅等由，禀请察办一案。前件经福防同知吕渭英差传集訊，缘林寿南有祖遗店屋壹所，租给金灿灿居住，金灿灿延欠租钱，屡讨不还，林寿南令其搬离，金灿灿因有自手添盖木板，必要林寿南重价接受，林寿南不允，金灿灿抗不出屋，致有是控。兹经訊明，断令金灿灿限伍日内立即搬离，归管其自手添置木板，应着一并折回，所有短欠租钱，悉数缴给林寿南收领，违即提究不贷。两造允遵，具结完案，理合登明。

三月间，福防同知吕渭英呈禀：准日本中村领事函，据日商陈锡福禀控，振发号铁店东陈戆引擅卖寄物，抗交售款等情，即饬差拘追一案。前件经福防同知吕渭英饬差传集訊，据陈锡福供称，伊有锚练肆拾捌担寄存陈戆引铁店，言明如有人购买，须先知会，嗣因回籍省亲，讵陈戆引将该锚练私自出售，伊今年回闽，向其查问售价，陈戆引混称物已朽坏，仅得价银数拾元，核与原置价值大相悬殊，显有瞒匿情弊，且售款又延不交还，求追办质之。陈戆引则称，此项锚练本有破损，伊恐年久愈坏，是以先为代售，当时实止售银陆拾元，今年陈锡福来闽，取讨售款，伊适将该款用去，一时不能付给，并非有意延欠，亦无瞒价情事，求详察各等语。查擅卖受寄物件，本属不应。惟陈锡福回台陆年之久，陈戆引恐锚练朽坏先为出售其事，亦在情理之中，兹断令陈戆引赶将售价陆拾元先交现银一半给陈锡福收领，余限半个月内悉数还清，违即提案押追不贷。两造愿遵，具结完案，理合登明。

三月间，福防同知吕渭英呈禀：据美部会教民林鹏钦禀称，林仁山挟嫌纠抢，叩乞拘究等情一案。前件经福防同知吕渭英差传集訊，缘林鹏钦素作铺纸经手，因匿价私肥，各行东查出，辞歇，另延林仁山经理，林鹏钦因此挟嫌，途遇林仁山口角争闹，经旁人劝散，林鹏钦忿无可泄，随以林仁山纠众拦夺等情来案混控。兹经訊悉前情，查林鹏钦挟嫌肇衅，复敢捏词控讼，实属刁诈已极，本应坐诬，姑念一经到案，即据俯首认非，尚与始终固执者有间，从宽薄责，未惩取具，嗣后不敢寻衅，切结交保领回完案，理合登明。

三月间，福防同知吕渭英呈禀，据洋务分局高委员禀送三海关通事陈子卿禀称，林乃乃串同张厝诱拐依妾妹妹，并串卷服饰等件，粘抄婚约赃单，叩乞拘追等情禀词一扣，请即究办一案。前件经福防同知吕渭英饬差提集訊，据陈子卿、张林氏彼此供词各执，随传张二妹来案投质訊，据供称伊嫁陈子卿为妾，并无媒妁，亦无身价，先因见其人尚诚，实是以相从，不料陈子卿行止不端，屡次将伊衣饰典当，伊气忿不过出外佣趁，现闻陈子卿捏词具控致义母张林氏受累，伊随即赶回，兹蒙提訊，求察断等语。伏查张二妹所供各节亦系一面之词，碍难凭信，惟张二妹本非清白身家，陈子卿若不诱之以利，安肯相从，现又私自逃匿，断难期其久处，自应照律断离。兹酌中定断，着张林氏缴还身价钱伍拾千文给陈子卿收领，两造永断葛藤，张二妹当堂交张林氏领回，听其另行择配婚约，涂销互控，诱拐訊无其事，应毋庸议。据各允遵，具结完案，理合登明。

三月间，福防同知吕渭英呈禀：准英国佩领事函，据英商宝德行禀，被司账陈维瑞私支汇票，窃取银表逃避不回等情，函请饬提保家韩天爵跟追一案。前件经福防同知吕渭英差传集讯，据韩天爵供，以陈维瑞非伊保荐，巴安乐则称陈维瑞实系韩天爵保荐，当进行时，有行伙赖南希、叶智钦目睹，两造供词各执。质之赖南希、叶智钦则言语支吾，但保荐既无字据，指证自属虚诬，若令韩天爵赔偿，何足以昭折服，且陈维瑞现又远逸无踪，未便拖累无辜，应即释回安业，一面函复英领事在案除俟，陈维瑞回省，另行饬提讯追外，应请开除，理合登明。

四月间，新关税务司杜德维函，以延平正泰绸庄朱汉贤倒欠延平邮政分局存放公款肆百陆拾员，请饬追办一案。前件当即札饬延平府传讯追办，并先行札饬福防厅吕渭英查拿，该庄东解办暨饬，延平府遵照各去后续，据南平县以此案，现据邮政分局禀称，业经该号东朱汉贤托公向局认限叁个月，匀期还清，不致短少，业已电请总局复准，函请转详察销等由，转禀完案到局，即经函达杜税司查明销案，理合登明。

四月间福防同知吕渭英呈禀：准日本中村领事函，据日商华英号禀控，王和卿延欠货银，向讨推诿等情，函请查追一案。前件经福防同知吕渭英差传集讯，缘王和卿向华英号赊买货物积欠台伏贰拾元，华英号前往催讨，适值王和卿因事外出，华英号疑系有心避匿，致有是控。兹经讯明，并据王和卿当堂缴出台伏贰拾元，着交华英号收领完案，理合登明。

四月间，福防同知吕渭英呈禀：准日本中村领事函，据日商裕源洋行禀称，伊遣栈伙陈连连出街支票，被甲夫黄歇弟等拦途逞殴等情，函请饬拘究办一案。前件经福防同知吕渭英差提集讯，缘黄歇弟等与陈连连素识，本年三月间裕源洋行雇令黄歇弟等往河下起货，黄歇弟等将货起回停放该洋行门口，陈连连令其扛进行内，黄歇弟等不允，陈连连唆使行东将黄歇弟等工资短给拾分之叁，黄歇弟等因此挟恨途遇陈连连口角争闹，黄歇弟举拳殴伤陈连连左脸颊等处，致有是控，当提验伤填单拘究。兹集讯明，复验陈连连伤已平复，查黄歇弟挟嫌殴人，实属蛮横，当堂照律折责发落，取具。嗣后不敢寻衅切结交保领回完案，理合登明。

四月间，福防同知吕渭英呈禀：准法国福领事函，据天泰洋行禀控，刘相官私用印费延不交还等情，函请饬提追究一案。前件经福防同知吕渭英差传集讯，据刘相官供认，用款属实，伊因家中急需万分，不得已将此款暂行挪用，原期另筹补还，至天泰行东遣伙来家追讨，伊实外出未归，并非有心避匿等语，随即当堂严加申饬，断令刘相官即将收用印费叁拾元缴给天泰洋行收领。两造允遵，具结完案，理合登明。

四月间，福防同知吕渭英呈禀：准日本中村领事函，据日本花司禀称，陈杰杰恃强逞殴等情，函送陈杰杰壹名，请即提究等由一案。前件经福防同知吕渭英饬提陈杰杰讯供差带，一面饬传日本花司到案备质，实因陈杰杰酒醉糊涂，既将日本花司撞殴，复又肆口混詈，查其平日，常有与人争闹，显非安分之徒，当堂枷责发落，限满保释，并取具，嗣后不敢寻衅，切结函复领事完案，理合登明。

四月间，福防同知吕渭英呈禀："据日商义昌行禀称，欧鸭栂等拦木勒休，叩乞饬差谕止拘追等情一案。前件经福防同知差传集讯，缘欧鸭栂等系两浙木商雇令巡查木植。肆月拾肆夜，有义昌行旧伙姚萼在三县洲地方运放木排被欧鸭栂等查获，劈印木植叁拾余株，系山行坞内所窃，欧鸭栂等当将该木阻留，姚萼萼自知情虚，央托看江翁天成出为调处，情愿罚出台伏捌拾元了事，其款约俟次日交清，由翁天成担保认款，欧鸭栂等听处允从，即将该木放行，姚萼萼事后翻异，欧鸭栂等心不甘愿，前往索讨，互相口角，姚萼萼随饰词央求义昌行来案具控。兹经讯明，即将姚萼萼当堂笞责示惩，欧鸭栂等从宽申饬，所窃木植给主认领，其议罚之款，讯未过付，应毋庸议，除取具依结附卷外，应请开除，理合登明。

五月间，日本领事官中村巍照会，敝商徐发臣因与熊林氏控诈枭欠一案，已沐福防厅断讼理还，讵伊复弄归，侯邑新任姚大令办理，该令于堂讯时不由分说以臣系日商，竟行笞责叁百大板，并将伊所呈护照掷弃不阅，实属显悖约章，有伤国体，照请从严参办一案。前件并据照会督宪行局核办，当经饬据闽县裴令查明，掷弃护照一层并无其事，并经由局查明，该被告徐发臣系闽县浦下乡人，向在福州府城内宫巷与原告熊林氏同居，本年伍月初捌日，徐发臣亲自赴县具状明称，民人住东门外，其非日本籍民，确有证据，是徐发臣本系中国百姓，因案涉讼应由地方官审理，尚无不合。唯此案曾经日本领事函达福防厅吕渭英，并据徐发臣供称，因赴台贸易，曾向日本领事请给护照，其实未入日籍，以交际仪文，而论该令似应先行知会领事，说述缘由，再行按例惩办，方昭周到，事前未及通知，实属疏忽，详奉督宪批，以此等钱债细故，该令擅用刑讯，实属粗率，应先记大过叁次，以示惩儆。去后乃日本领事复又照请严行参办，又奉督宪札饬司局会议，拟按不应重律请再将姚令罚俸陆个月，以为地方官审理案件轻率发落者戒，详奉批准，照复领事查照完案，理合登明。

五月间，福防同知吕渭英呈禀：准法国何领事函，据法邮政管事黄朝秦禀称，黄观志父子局借伊寡嫂台伏壹百元，本息无还等情，函请传追一案。前件经福防同知吕渭英饬差传集訊，据黄天迪供称，伊父在日，向族内黄继滂曾供台伏壹百元，已于父手清还，黄继滂因将手票遗失，当立收字付执，迄今事隔叁拾年，黄朝秦不知何处检拾此票，混控图诈，求察断各等语。查远年期票本不足据，黄朝秦又系代堂嫂陈氏控追，而陈氏又经物故，尤属无从质，实自未便，令黄天迪再行还钱，当堂谕令黄朝秦就此息讼，毋再贪利代控，致滋讼累，黄朝秦自知理屈，情愿遵断，原票涂销，以杜纠葛。各具依结完案，理合登明。

五月间，福防同知吕渭英呈禀：准英国佩领事函，据英商天祥行禀控，吴金同等纠抢松木等情，函请查追一案。前件经福防同知吕渭英饬差传集訊，据天祥行供称，伊在尤溪县采办松木，肆月贰拾捌夜，运至水口停泊，讵该处棍徒吴金同等纠众抢去松木贰拾壹件。次日，向其理论，吴金同等抗不交还，求严追究办。质之吴金同等，则称此项松木系被溪水冲散，伊等乘便捞拾，原待失主认赎，不料天祥行图省赎费，反谓伊等纠抢，求详察各等语。查木排被水冲散，经乡人捞拾，与乘机抢夺不同，自应备价认赎，兹断令天祥行酌给赎价，以作酬劳之费，吴金同等所捞松木亦即交还天祥行领回，不得居奇勒索。两造均愿遵断，各具依结完案，理合登明。

五月间，福防同知吕渭英呈禀：准德国谢领事片，送轿馆主林炮花壹名请即提訊跟交窃逃轿夫林嫩弟等由一案。前件经福防同知吕渭英提訊，据林炮花供称，轿夫林嫩弟系福清县人，先在伊轿馆帮抬，窃物逃走，后来不知何人引荐禅臣行抬轿致复被窃，逃与伊无干等语，随即移请福清县饬差查拘解訊去后，旋据福清县申复，以饬拘林嫩弟并无其人，又不知其何乡人民，无的确所在，委实无从解訊等情，查林嫩弟既已远飏，骤难获案，林炮花訊系无干，未便着令跟交，自应释回安业，以省拖累，除函复德领事外，理合登明。

五月间，福防同知吕渭英呈禀，准德国谢领事函，据禅臣行工伙鄢依五禀称，吴二二借款无还，托赊枭负等情，请即查办一案。前件经福防同知吕渭英差传集訊，鄢依五与吴二二邻居素识，吴二二向鄢依五借用台伏叁元，又托鄢依五赊买白米叁元，鄢依五旋向索讨前款，吴二二以鄢依五尚有账项轇轕，不肯交还，鄢依五负气争辩，致相口角，吴二二随捏词赴闽县具控，鄢依五亦来厅控追。兹经訊悉前情，当堂核算账目，鄢依五实有短欠吴二二旧账陆元余角，应着就此对抵，以杜纠葛。据各允遵，具结完案，理合登明。

五月间，福防同知吕渭英呈禀：据洋务分局高委员转解德国温领事片，送舞弊船夫刘菜头壹名，请即提訊一案。前件经福防同知吕渭英訊，据刘菜头供称，伊向在工程船上为伙，安分趁食，此次代禅臣行起茶肆拾件，不料提单失落，被人拾取，将字码挖改，致行东疑伊舞弊，伊委无挖改情事，求明察等语。再三究诘，坚不承认，显系恃无质证，任意诿卸，殊属狡诈，当堂笞责发落，并枷发禅臣行门前示众，交保看管，嗣据禀报患病，提验属实，除提释医调，并函告德领事外，应请开除，理合登明。

五月间，福防同知吕渭英呈禀：据东瀛会馆黄成章禀称，有不识姓名华民一伙在茗水居茶室谣言惑众，今将范席珍壹名擒送来案，请即訊办等情一案。前件经福防同知吕渭英訊，据范席珍供称，伊系北洋船政学生，此次告假回籍，寓居江姓戚家，本月贰拾玖日，同江姓在南台茗水居茶室吃茶闲谈，适有旁人谈及侯官县责打日商案件，问伊有无闻见，讵料日籍春成细等指为侯邑差役纠众擒殴，破衣鳞伤，拥至东瀛会馆，用索吊拷，幸馆内日人看见斥阻，始免缚吊，兹蒙提訊，求验明伤痕，照会日领事严究惩办等语。查该学生范席珍在茗水居茶室吃茶闲谈多言招尤，固属自取其咎，但春成细等如果听闻不悦，自应禀请饬提訊究，何得擅行擒殴，实属蛮横，查验范席珍受伤属实，谕令自行医调，一面函达日本中村领事饬提行凶之春成细等到案，严加惩办，以儆将来，并着令赔偿医费，送厅给领。嗣晤中村领事面谈此事，已据许为严行申斥，议令罚出台伏拾元给范席珍领回，完案。旋据该学生范席珍备状请领前来，除将该款给领，并饬承销案外，理合登明。

六月间，福防同知吕渭英呈禀：准日本中村领事函，据日商云章洋行禀称，陈鹤巢殴伤掌柜等情，函请拘办一案。前件经福防同知吕渭英饬差传集提验，两造各受微伤，訊系因争货价高下，致相扭殴，查两造均系生理中人，当谕赴商会，秉公核算理处了事，经商会公议，将各货统盘核算，云章行应找若干缴交商会转给具领，至互殴各受微伤，宽免置议，惟陈鹤巢谕赴商会，秉公核算之后，复敢到云章行内吵闹，大属无理，始念业已知错，从轻罚令，炮烛服礼，并谕令嗣后不得再与云章行伙寻衅多事。两造均愿遵断，各照此签字完案，理合登明。

六月间，福防同知吕渭英呈禀：准日本中村领事函，据日商东信洋行禀称，花贩郑四四偷窃兜肚请即饬拿究追一案。前件并据东信行林寿椿扭送郑四四壹名到厅，经福防同知吕渭英提訊，据供伊名王四四，做厨营生，伍月贰拾伍日，路过下杭街口，拾得兜肚期票物件，伊当托亲戚林木水向万宜楼支取期票，讵已订失，伊与林举人对门居住，其子嘱将所拾锁匙叁肆把携往讨赏，伊即付给，不料失主带同多人将伊擒去拷打，然后送案，伊并非偷窃，亦非花贩等语。查王四四所供拾物情形自属可信，且失主系开福泰茶行，先经公亲调处，自应照律半分，乃林寿椿事不干己，辄敢主令将王四四擒去凌虐，又复出头代控，大属不合，王四四訊系无辜，释回安业，除函复日领事严斥林寿椿不得干预，并谕令失主即将失物照律平分外，应请开除，理合登明。

六月间，福防同知吕渭英呈禀：准日本中村领事函，据日商仁山杉木行禀控，顺发号张鉴鉴窝存窃本，经认抗还，叩乞照会拘追等情，函请传追一案。前件经福防同知吕渭英饬差传集訊，据仁山行东供称，陆月贰拾壹夜，被贼窃去杉木肆根，经看堆工人在上渡顺发号木栈查获原赃，向其理讨，该栈东张鉴鉴抗不交还，求严追究办。质之张鉴鉴，则称此项杉木伊系用价购买，并不知为贼赃，求察断各等语。查张鉴鉴误买贼赃，情尚可原，从宽断令将所买杉木肆根交还仁山行收领，嗣后不得贪利混买，致干提究。两造允遵，具结完案，理合登明。

六月间，福防同知吕渭英呈禀：准日本中村领事函，据东瀛会馆日籍商禀称，陆月贰拾玖夜，突有匪徒叁人破扉滋事等情，函请拿办一案。前件经福防同知吕渭英饬差查拘去后，旋据差获刘吓四壹名到案，訊据供称，伊素摆茶桌营生，因东瀛会馆工人屡在伊茶桌吃茶，积欠茶钱壹百余文。陆月拾玖夜，伊同戚友路经东瀛会馆门口，适遇该工人在门前乘凉，伊向其索讨茶钱，以致互相争闹，伊并非无端寻衅，亦无破扉滋闹情事，求详察等语。查两造起衅情形，事甚细微，未便。因此涉讼刘吓四当堂保释安业，谕令嗣后不得挟嫌寻衅，取具依结，附卷除函，复日领事，传谕该工人将所欠茶钱交还刘吓四收领了事外，应请开除，理合登明。

七月初十日，晴，疏雨。瑞安林骏代吕渭英为郑德馨父亲郑峻甫作寿文：

郑峻甫绮峦先生六十寿言

（代吕文起太守）

光绪壬寅，渭英官南闽，老友乐成郑君峻甫，自瓯航海来访。予忆在瓯与君比舍居，无晨夕不相接，余故深知君。即我先大夫亦甚器重之。君后迁瑞安，余亦赋宦游，倥偬尘务，南北异辙，岁月如驶，盖暌隔已二十余载矣。今忽异乡聚首，欢道平生，相对之时，见君之须鬓已斑白，因询君年，亦已周甲。七月望日，为君悬弧之期，渭英曰："天假之缘，重逢旧友，不才如余，进一言以侑觞可乎？"独是贡谀之词，流俗之见也。余之寿君，将以表君之隐，且以志喜焉耳。

君性仁慈，且慷慨喜任事。咸丰辛酉，平阳钱匪扑瑞城，被围十昼夜，君时年十八，与邑人士婴城固守无少懈，未几援至，寇歼，全城无恙。明年，又在闽之大田县襄办剿匪。事定，疆吏援例，由国子监生奏保得八品职衔，乡里称之。瑞安旧有育婴善堂，婴至日多，而经费益绌，猝无以应。君患之，亟商于侍郎孙公，议拨郡婴堂涂租之在瑞港乡一带者，归之瑞堂以济不足。侍郎韪之，函商郡绅，往返数月，事未就绪，君犹子小谷茂才，又力请于余，余素知君，代为婉请德峻臣太守，准予拨瑞，瑞婴堂之有郡堂租，君与有力焉。君为人善排解，邻里有龃龉，得君片言即帖服，时比之鲁连。君先时家无恒产，与宜人陈氏勤俭相持，躬操井臼，家因是得小康。嗣君一山，少负文名，旋以游痒食饩，援例贡成均。昔从余游，为及门诸子之冠。君之有令子，非义方之训使然欤？近余在南台，奉上宪命，购运西贡米，君来，留为襄办，事竣，详请大吏，君亦得奖叙五品职衔，以酬其劳。又台江万寿、江南二桥，岁久倾圮，行旅苦之，君为督匠，不数月而工蒇。平日干济多类此，使君出为世用，其成就当有可观。今身居乡曲，手不握尺寸柄，犹力能持危，慈能逮众，于小中见大。推君之量，未始非寿之征，门庭聚顺，兰玉满前，有至乐焉。语曰："仁者寿。"君有之矣。余与君交至深，故为君质言之，倘以虚词为君寿，是亲之适以疏之也。君之寿固可祝，君千里远来，而不期相遇，尤可祝也。案牍余暇，为君约略诠次之，以为寿君者之吭引云尔！不文之诮，仆奚敢辞？谨序。

七月间，福防同知吕渭英呈禀：据洋务分局高委员禀送窃折银信之英署听差王荣壹名，请即訊办一案。前件并准英国翟领事函请惩办，经福防同知吕渭英提訊，据供伊在英署驿务局充当听差，素安本分，此项银信，伊实系检拾，当时持往汇丰支银即被扣留送案，伊委无窃折情事，求恩典等语。查王荣身为局差，即有检拾银信亦不应私自往支，显系恃无质证，狡供诿卸，惟事虽不应，赃未入手，从轻发落，量予枷号示惩，限满保释后，再有犯加等治罪，并取具悔过切结，附卷除函复英领事外，应请开除，理合登明。

七月间，福防同知吕渭英呈禀：准日本中村领事函，据日商张红记禀称，马猪屎挖掘池藕等情，函请查办一案。前件经福防同知吕渭英差传集訊，缘张红记买有池藕半片，坐落北门外长河地方，去价台伏肆百贰拾伍元。柒月贰拾壹日，马猪屎见该处池藕无人看管，乘便挖掘，适被张红记撞遇，斥其不应偷掘，马猪屎恼羞成怒，强将池藕携回家中，致有是控。兹经訊悉前情，断令马猪屎即将所掘池藕交还张红记领回，嗣后不得再往挖掘，如违，提究不贷。两造允遵，具结完案，理合登明。

七月间，福防同知吕渭英呈禀：准日本中村领事函，据日商泰古洋行禀称，黄宝弟等擒殴伊伙黄杏仁，并夺去衣色等情，函请查办一案。前件经福防同知吕渭英差提集訊，缘泰古洋行遣伙黄杏仁前往水馆起货，路经鸭牳洲地方，适该处酬神演戏，人众拥挤，黄杏仁向黄宝弟等让路，黄宝弟等不允，口角争殴，黄杏仁带有衣色壹个，被黄宝弟等乘间夺去，致有是控。兹经訊明提验，黄杏仁并无受伤，当将黄宝弟从宽薄责示惩，所夺衣色查点各物并无遗失，着令将原物交还黄杏仁收领，并嗣后不敢寻衅切结。据各允遵，具结完案，理合登明。

七月间，福防同知呈禀：据日商吉田伊太郎函称伊友人田中滋之助路过三通桥被殴受伤，叩乞查办一案。前件经福防同知吕渭英饬差传集訊，缘吉田伊太郎与瑞春栈同是日商，柒月贰拾陆日，吉田伊太郎与瑞春栈伙陈炳钊因信件纠葛口角争闹，吉田伊太郎将陈炳钊扭送到厅，瑞春栈东闻知即托东瀛会馆来案保释，因此挟嫌。是日晚上，吉田伊太郎偕友人田中滋之助往三通桥买物，适遇瑞春栈东亦在该处，触起前嫌，互相争论，田中滋之助上前劝解，瑞春栈东疑护，混骂，田中滋之助不服回詈，以致扭殴吉田伊太郎，即来案喊控。查瑞春栈东恃强殴人，实属不应，惟两造同是日商，理合和睦，从宽申饬，断令瑞春栈东备买烛炮向田中滋之助服礼了事，嗣后毋再挟嫌寻衅。据各允遵，具结完案，理合登明。

七月间，邵武县刘衍茂详蒙道饬，据法商魏池函，木客益昌和在水口寨退造杉木数厂，向伊借缴银款，现既成排，敢串匪徒诈勒，请饬押放等情，并据干寨官运局韩委员以该木商借欠课银壹千陆百元，约明将木售抵，讵木排运到，延不还款，当将木排暂行标封，饬查益昌和所造木排，委因商伙林家懋欠有债款，各债主沿途索取未准放运各等情，禀请察核一案。前件即经批饬，勒追所欠课款缴清，延即将木变抵去后，旋准法国福领事照会，以魏池缴办益昌和木排被该帮手林家懋串通捏欠课款，请饬将排放行解省，以免漂失等因，暨据该木客陈步先等亦以林家懋串通局员捏欠课款，将木标封，倘有漂流盗失，则缴借洋商巨款用何抵偿等情，赴局具禀，随即移行饬县，先将益昌和木植叁厂，派差押运来省，发交南台木帮董事看管，一面将人证、卷宗一并解省，饬由福防厅吕渭英彻查，究办完结，以免拖延，并照请领事转饬怡昌行，听由该木客自行控理，毋得干预，嗣据该木客先后续控，并准法领事照会，当复电移饬县速将木排人卷解省訊办，各在案，理合登明。

七月间，福防同知吕渭英呈禀：准英国翟领事函，据英商义和行禀，被云章号多起货物查询驳船，彼此推诿，函请饬传船户陈鼎福等訊究一案。前件经福防同知吕渭英饬传訊办未结，理合登明。

八月初十日，署理两江总督臣周馥跪奏："再江南因工赈紧要需款浩繁，经臣援照直隶、山东成案，奏蒙恩准，开办赈捐以资接济，当在江宁省城设局饬委江宁布政使黄建笎奏调两江。降补道员，前福建按察使杨文鼎总理局务，督饬各地方官实力筹捐，并分委江苏候补道温灏、许炳榛驻粤；河南候补道胡翔林驻豫；浙江候补道万福康驻浙；安徽候补知府杨综清驻皖；福建候补知府正任福防同知吕渭英驻闽；湖北候补知府正任武黄同知陈世卿驻鄂；会督员绅分投劝办，南洋各岛亦派员驰往，设法广募俾资集腋，惟近来捐务久成弩末，筹劝实属为难，所有办捐出力各员绅应请援照光绪三十年七月吏部议奏山东等省劝捐请奖通行之案，核其捐数多寡分别异常、寻常劳绩酌予奖叙，籍示鼓励，理合附片，陈明伏乞，圣鉴敕部查照谨奏。"朝廷批复：知道了。

八月二十日（9月18日），记厦门因苛税罢市后办理情形，厦门商人因洋关苛索，致于初一闹事，旋经洋兵上岸保护，夜又继以大风雨，不然不堪设想矣。初三早，经道厅及中府挨户劝令开市，得以照常。然税未改良，人心终未悦服，谣言时起，仍有冲突之势。崇督特委洋务总办龚仙舟观察、吕文起太守及常关委员明协领，于初五早到厦，住商政局内，近日会同道厅、洋税司及商会协理各议员，筹商改良税章事宜，以为善后之策。

未罢市前，招商、太古咸电告上海，请勿装货来厦，姑待开市后冉行定局。近虽照常贸易，然海面来轮甚稀，间有来者，厦商以税章未改，行家及挑工均不起货。洋税司于初八日特出示安慰众商。日本税司昨得督宪电示，已委龚道来厦商改税章，免除苛例，希即劝谕众商，照常安业，勿得再滋事端等因。为此出示，晓谕各商知悉，以前先出单后下货，商多不便，已改为声明单，尽先下货，如货出不及，待至明日再出者，准过日来关领单，完纳税厘，唯不得多延时日。此为本代理税务司格外体恤商人起见，仰商民船户人等，一体知悉。特示。

十一日，税司又出示云，以后税章照后开列办理，仰各船户商贩人等知照。一、零碎货不准登载。一、无税货物准免声明。一、常关礼单钱(即红包费)，照念六年旧章办理。一、司巡如再苛索，准被害人赴关察控，或赴地方官、商会投诉。其示如此，然人心犹仍怀观望也。

闽厦商人咸云：洋关苛例实出于闽人邓书门及账房王某媚外肥私，致有此病商害民之举，不然洋关西人来自外洋，安知厦商行径。邓、王等定此苛罚，坐分其利，每人月薪七八十金，连罚款共一二百元，为己则得计，为商则不堪其苛暴矣。众怨咸归于王、邓，必欲得而甘心，大有不共戴天之势。商会俯顺舆情，函请税司将其革办，税司不允，厦众益忿，商会当电商部允为饬令革除严办，以平众怒。

厦道以此次罢市办理不善，省台特令与漳州道互易。闻漳道李观察定十天来厦，大约不久即择吉接印矣。[选自《中外日报》光绪三十一年八月二十日(1905 年 9 月 18 日)]

八月间，美国领事官葛尔锡函，据教士王多马禀，德化冷窟教友赖札并伊妻冯氏因不出神份，被乡众凶殴，物产霸占，请饬县迅速秉公办结等因一案。前件当即札饬德化县录案具复核夺，一面秉公妥办，完结具报，旋据该县以此案曾据教士王多马及生员赖宗河等在县控诉，业已批令教民赖杞自行投案听訊，乃教民匿不出头，差传不理，以致案悬未结，除俟催传訊断，另文详报等情，申复在案，理合登明。

八月间，福防同知吕渭英呈禀：准日本中村领事函，据日商昆记号禀称，万源顺店东方篮仔福寿等倒欠水银价银等情，函请封追一案。前件经福防同知吕渭英饬传訊办未结，理合登明。

八月间，福防同知吕渭英呈禀：准日本中村领事函，据日商泰和行禀称，永和号杂货店东石唐唐欠去货银壹百零元，向讨避延，叩乞照会拘追等情，函请訊追等由一案。前件经福防同知差传集訊，当据石唐唐供称，此项货款伊系代客担保，现愿先行垫还，并据如数缴给泰和行收领完案，理合登明。

八月间福防同知吕渭英呈禀：准日本中村领事函，据日商陈本山禀，伊伙黄三俤回家路过中亭街，适逢赛会，躲避德余京果店，被该店伙斥逐殴伤一案。前件经福防同知吕渭英饬差查理去后，旋据京果帮董事生员薛俨具诉并称德余号，现赴闽县具禀，叩乞移案归办等情，暨据原差禀复，除移县归办外，应请开除，理合登明。

八月间，福防同知吕渭英呈禀：准日本中村领事函，据跟丁薛天顺等禀，伊等路经打索埕，闻清唱寓中哄闹，黄鲁鲁入视，误撞致被殴辱，身上物件均遭遗失，开单叩乞照会拘究等情，函请查办一案。前件续准领事来函，以此案已由公亲调处，请为销案等由，除饬承将案注销外，理合登明。

八月间，福防同知吕渭英呈禀：准常关杜税务司函，以已革闽龙水手江义旺逞凶蛮横，请即饬差拘办一案。前件经福防同知吕渭英饬提江义旺壹名到案，訊据供称，伊前在常关充当闽龙水手，因与同伙不睦屡被挑唆，将伊斥革，是以挟恨与同伙争启，此外并无另犯不法，求恩典等语。随即当堂笞责示惩取具，嗣后不敢寻衅，切结释回完案，理合登明。

八月间，福州将军崇善、闽浙总督李兴锐、光绪三十一年(1905)福建省乡试主考李联芳、副主考刘学谦、学台秦绶章、都统文桂、钦差船务大臣魏瀚、布政使周莲、按察使朱其煊、福防厅吕渭英、福州知府玉贵、城守协王书选、候补道黎国廉、候补道聂元龙、盐道鹿学良、粮道启约、闽县知县罗汝泽等莅临乡试考场。

九月间，福防同知吕渭英呈禀：准英国翟领事函，据英商德兴行禀称，何侣鱼托保何作田借去洋银壹千伍百元，屡讨无还等情，函请传追一案。前件经福防同知吕渭英差传集訊，据何侣鱼供称，伊因今年生意清淡，存货未售，以致德兴行欠款，无力筹还，曾托保人何作田向该行求缓。质之何作田则称，保支属实，余与何侣鱼供同各等语。查何作田家尚殷实，既为保支，自不能置身事外，此项欠款应着何作田代筹一半，何侣鱼自筹一半，给德兴行收领，息银尚差半年，饬令德兴行作让，其何作田代筹之款责成何侣鱼归还，如敢宕延，准何作田禀请提追，以昭平允。两造遵断，具结完案，理合登明。

九月间，福防同知吕渭英呈禀：准日本中村领事函，据日商林金海禀称，陈城城兄弟先后赊欠货银陆拾余元，向讨抗还等情，函请饬追一案。前件经福防同知吕渭英差传集訊，据陈城城供认，欠款属实，因一时无力筹措，以致延欠，求宽限措还各等语。察看陈城城兄弟二人均尚诚实，据供无力筹措，似属实情，兹断令陈城城等先缴现银贰拾叁元玖角给林金海领回，余作两期分缴，限壹月内清款，如延提案押追。据各允遵，取保认款完案，理合登明。

九月间，福防同知吕渭英呈禀：准日本中村领事函，据日商林仁通禀控，金钗夺伊篙夫杨依青物件，叩乞照会拘究等情，函请查办一案。前件经福防

1905年福建各级官员在校士馆合影（吕渭英二排左二）

同知吕渭英差提集訊，缘金钗之夫系扛篙度日，本非清白之家。玖月初肆日，杨依青往其家中付洋图奸金钗不允，彼此争闹口角，并无抢物情事，邻佑见证，确实杨依青恼羞成怒，朦其雇主林仁通代为禀，究泄忿致有是控。兹经訊悉前情查该，篙夫杨依青砌捏抢情，朦耸林仁通遽为控讼，均属不合，姑念一经到案，即据俯首认错，从宽当堂申斥取具，嗣后不敢寻衅，切结完案，理合登明。

九月间，福防同知吕渭英呈禀：准常关税务司函，送渔户李乌乌、林欺弟、陈家标叁名请即訊办一案。前件经福防同知吕渭英提訊李乌乌等供称，伊等捕鱼为业，置有小船两艘。玖月拾壹日，伊等将船湾泊长门港口，撒网捕鱼，致被洋关将人船一并获送来案，该处港口不准布网，伊等先不知情，系属误犯，现在情愿改业谋生，求从轻发落等语。查长门内外江心一带，为轮船出入，不准设网捕鱼，业经示禁在案，该渔民李乌乌等无知误犯，与有心故犯者不同，既据再三吁求从宽，取具改业，切结释放安业，惟

闽浙总督崇善等巡视乡试考场合影（吕渭英后排左七）

起回船网，若免其充公，实不足以儆将来，酌中断令罚出洋银伍拾元，准予领回船网，是于惩儆之中，仍寓体恤之意。当经函复杜税务司去后，旋准回函，以李乌乌等罚款请着呈缴罗星塔理船厅收领船网，准即发还等由，业经该渔民遵照办理在案，应请开除，理合登明。

九月间，日本领事官中村巍函，以日商高美等因赴罗源途经连江县宿干春号客栈，被龙瑞寺僧达本乘机窃洋陆百角，控县未办，请为转行查明追办等因一案。前件即经福防同知吕渭英札饬连江县查明办理，具复核夺，在案理合登明。

九月间，福防同知吕渭英呈禀：准日本村领事函，据日商泰亨等洋行禀，经元昌号布店东刘十三倒欠货银等情，函请封追一案。前件经福防同知吕渭英饬传訊办未结，理合登明。

九月间，福防同知吕渭英呈禀：准日本中村领事函，据日商太生仪等洋行禀称，万宜楼倒欠货银等情，函请查办一案。前件经福防同知吕渭英饬传訊办未结，理合登明。

秋，军督崇善、藩台周莲、臬台朱其煊、粮道启约、盐道鹿学良、福宁镇总兵孙道仁、洋务总办孙传兖、福州府严良勋、福防厅吕渭英、闽县裴汝钦等在福建洋务局会见日本驻福州领事馆中村巍领事及美国人爱德华·邦斯德鲁、格雷塞和法国领事等。

闽浙总督崇善等在福建洋务局会见外宾(吕渭英二排右三)

明治天皇

十月初七日(11月3日)明治天皇寿辰,将军崇善、布政使周莲、内阁学士陈宝琛、道台统领孙道仁、按察使朱其煊、内阁学士陈宝琛、福防厅同知吕渭英等前往祝贺,日本驻福州领事馆中村巍领事接待。

十月间,罗源县李荣绅禀称:现有日本商人吉田备路、富罗嘉亚贰人禀,请追办罗民杜谓根、郑庆茂欠款,饬查杜谓根等系向光裕纸栈领借纸本,因索讨无偿,杨光裕暗串该商禀追等情,谕候查办。该日商既不服理谕,尚欲赴乡折焚民房,诚恐生事禀请照会,先将该日商饬回,以杜衅端等由一案。前件当即照请日本领事,先行电饬该日人吉田备路、富罗嘉亚贰人克日回省究办,并批县勒传杜谓根等彻訊究断去后,复据罗源县禀,该日人现竟率众持刀赴乡砍毁民房,尚敢捏造抢夺图诈等情,当又照准中村领事复称,吉田备路、富罗嘉亚想系吉田伊太郎所谓备路、富罗嘉亚等字系译音相似,并非贰人,该商在内地干讼妄为,如果属实,殊属有违约章,

日本领事馆庆祝明治天皇寿辰，福州官员前往祝贺（吕渭英二排右五）

兹特饬本署警官传谕该商，严加训戒俟，查明实情，再行照请办理等语，照送函谕壹纸到局，随即饬县转交，乃该日人吉田伊太郎复敢朦领事谓伊所带翻译田井潘一郎被县拘押由领事函请释放，当据该县查明此案欠款实系杜谓根、郑庆茂等向光裕栈东领作纸本，传訊被告郑云瑞供系杨子达串逞日商包讨，其实前项欠款并非借自日人，期票又非立与洋商，分明代人包揽，且田井潘一郎来去自由，县中并未拘送，唯其在县缴验护照，查系贰拾玖年拾贰月所给，已逾执照限期，实与无照私入内地干犯条约无异各等情，先后禀复，又经按约照请日本领事速饬田井潘一郎等克日回省，分别诘訊究办去后，即准照复除即飞檄该日商克日回省究问等因，又经行县遵照各在案，理合登明。

十月间，福防同知吕渭英呈禀：准日本中村领事函，据日商益记会社祥瑞洋行禀称，义盛号鲜鱼牙倒欠无还等情，饬差拘追一案。前件经福防同知吕渭英饬传訊办未结，理合登明。

十月间，英国领事官翟比南函，以英商裕昌行经手陈杰士前向建邑刘有备买得杉木柒千余根，先砍贰千根，余划裕昌字号，突出在地，刘圭仔串同魏老四用强盗买擅将记号砍灭，又将已砍贰千余根截为肆段，案经控县歧断，现木被运水口，请照会派勇将木押运到省扣留訊办等情一案。前件当即札饬建安县录案，具复并饬福防厅吕渭英俟木运省暂行扣留去后，旋准日本领事函，以福山公司派伙魏老四采办，刘声荣木植烙印福山春字号，被土恶陈杰士串同刘有备冒认盗卖一案，请饬厅吕渭英拿棍惩办，将木先交该公司售卖等因，又经函复，案已饬县查复，应俟复到再行核办，即据建安县录案，具复以此案业经由县集訊，刘家标等所有原批魏老四下筲窠山木执有印契缴验确凿，其刘有备批卖陈杰士之磨盘窠等处山木既无实据缴验，则是盗卖混争，毫无疑义，且陈杰士始终避不到案，叠呈请追批价，究竟该批价若干有无证据，又不赴质訊，自属无从着追，当经断令魏老四山木照旧造运等情，具复到局，随即饬厅吕渭英将运省木排，分别交领，并函致日本领事查照，暨函请英领事速饬裕昌行迅令陈杰士将批价若干，赶紧检据赴县投质，追办在案，理合登明。

十月间，福防同知吕渭英呈禀：准日本中村领事函，据日商李猷禀称，陈逢年借欠无还函请訊追一案。前件经福防同知吕渭英催差传集訊，据李猷供称，陈逢年起盖房屋托保庄玉田向伊借去台伏贰百肆拾元，将屋契作押，议明按月贰分行息，讵陈逢年有心枭负，至今本利无还，向讨抗延，求追究。据陈逢年供称，此项欠款伊向王阿荣所借，与李猷风马牛不相及，至息银前均按月付给，嗣因房屋停租，无款应付，以致积欠，伊现愿将房屋变价缴还，求宽限。质之王阿荣则称，陈逢年前向李猷押借钱项，不过系伊妻弟庄玉田作保与伊无干各等语，当即断令陈逢年共还本利台伏叁百元，限壹月内将房屋变价缴给李猷收领，延即押追不贷。两造均愿遵断，取保认款完案，理合登明。

十月间，福防同知吕渭英呈禀：据英商义和行禀称，经手林家彬串同铺户义升号局款抗货叩乞拘追等情一案。前件经福防同知吕渭英差传集询，据义和行供称，伊向义升号议买樟脑壹百斤，由林家彬经手讲定价值，写立议单，当付订价台伏叁拾元，嗣伊备足原价，遣伙往取货物，义升号借词抗交，显因近日脑价昂贵，冀图另售，求追断。质之义升号则称，义和行议买樟脑，当时并未约明何日来取，是以未曾存储，现在货已销尽，只好将订价缴还，求详察各等语。查此项樟脑义和行既经议买在先，义升号自应留以待领，况现在脑价昂贵，较议买时每斤约增壹百余文，兹酌中断令义升号除缴还前收台伏叁拾元外，再贴出台伏拾元给义和行收领。两造均愿遵断，具结完案，理合登明。

十月间，福防同知吕渭英呈禀：准日本中村领事函，据日商吉原银行厨子林依弟禀称，炳利号鱼货店逞凶殴夺等情，函请查办一案。前件经福防同知吕渭英差提集讯，据林依弟供称，伊炳利号买鱼壹尾，因臭腐不堪，向其退换，被号东殴打，并夺去银表壹只，求追办。质之炳利号东则称，林伊弟所买之鱼是否伊店购买，并无记认，是以不允退换，并无殴辱夺表情事，求察断各等语。查林伊弟买鱼一日之久，始以臭腐退换，并敢捏词混控，大属不合，姑念再三吁求从宽，保释并取具悔过，切结附卷，除函复日领事严行申斥外应请开除，理合登明。

十月间，福防同知吕渭英呈禀：准荷兰国高领事洋文照会，据太兴洋行禀称，升记栈东林观标伪造向单购买洋油等情，照请拘追一案。前件经福防同知吕渭英差传集讯，据太兴行东供称，升记栈掌盘梁书宝来仓购买洋油陆拾连，计英洋壹百叁拾玖元捌角，当付向单壹纸，伊旋将向单携往钱庄支取，不肯付给。查系升记栈伪造，前往取讨，林观标、梁书宝一味推诿，显系有意枭吞，求追究。质之林观标则称，此项向单曾遣掌盘梁书宝向钱庄说明，届期代付，讵该钱庄不肯通融，致太兴行疑系伪造，日前太兴行到栈索取，适值无款应付，随被控追各等语。查核林观标所供尚属实情，姑准宽限拾天，如数措缴给太兴行收领，不得宕延，致干押追，向单当堂涂销，以杜纠葛。据各允遵，具结完案，理合登明。

十月间，福防同知吕渭英呈禀：准法国福领事函，据法商魏池洋行邱翻译禀称，郑金童等殴辱掳抢等情，函请拘究一案。前件经福防同知吕渭英差提集讯，缘邱翻译向郑金童柴店购买松柴拾担，郑金童遣弟郑鹤年等分挑跟往，邱翻译因嫌柴把大小不等，不肯照原样价值给发，致相口角，邱翻译斥令挑回，郑金童一时气忿，将其桌上时辰钟壹架携回店中抵作柴价，松柴亦不挑回，致有是控。兹经讯明，查邱翻译图减柴价，故意挑剔，固属非是，郑金童擅携物件亦属颟顸，当堂严行申斥，断令郑金童即将时辰钟送还邱翻译收领，邱翻译应给柴价亦着如数交还，嗣后不得因此挟嫌寻衅。据各允遵，具结完案，理合登明。

十一月间，新关税务司杜德维函，以供事林钟仙壹名前调汉口不往，私将关缺鬻卖得赃，擅令别人冒名顶替，现经江汉关查出，该假冒之人逃逸，请饬提取保人按例追赔罚款，并跟交林钟仙究办等因一案。前件即经札饬福防厅吕渭英查拘办理去后，旋准杜税司续函，以此案已据林钟仙家属代具保之茂利店及陈步瀛贰人呈缴保项银叁百两，业经照章充公造报，函请转饬，免为深究，准予注销等因，又经行厅遵照在案，理合登明。

十一月间，福防同知吕渭英呈禀：准英国雷领事函，据英水行东贝格理禀称，伊行小轮船伙唐大睇被林春莲率众纠掳等情，函请查办一案。前件经福防同知吕渭英饬差押放提訊，迨据差复，此案业经公亲在警务二局具结调处等情，移准南台警务二局查复无异，除抄结移复英领事外，应请开除，理合登明。

十一月间，福防同知吕渭英呈禀：准日本领事函，据日商义昌行卢道德禀称，郭借借抢夺篷堵等情，函请查办一案。前件经福防同知吕渭英饬差集訊，缘卢道德前向郭借借定做篷堵尚有短欠工资壹千余文，此次向其取讨，卢道德抗不付给，郭借借遂将篷堵扣留，并非平空抢夺。查卢道德欠钱不还，郭借借留物作抵，均有不合，当堂分别申斥，断令郭借借即将扣留篷堵交还卢道德收领，卢道德短少郭借借工资亦着悉数清偿，以昭公允。两造允遵，具结完案，理合登明。

十一月间，福防同知吕渭英呈禀：准日本中村领事函，据新隆号禀称，林日焜等赊欠靛银，函请查追一案。前件经福防同知吕渭英饬差传集訊，据新隆号东供称，伊被瑞兴号林日焜等及增新号林江江等积欠靛银，遣伙催讨，讵该两号抗不理还。质之林日焜、林江江等则称，欠款属实，因外欠均未收回，以致无款应付，并非有意挨延各等语。查林日焜等均在尚干乡开设染坑生理，家颇小康，非无力措还者可比，何得因外欠未收将欠款置之不理，兹断令林日焜、林江江等赶将新隆号账款悉数缴还，新隆号给领，当堂取具，切实妥保，限伍日内缴款，延即押追不贷。据各允遵，具结完案，理合登明。

十一月间，福防同知吕渭英呈禀：准德国温领事片，送德署书记林元奎禀词一扣，据控，集碧店东石全中即红红倒欠药银壹百玖拾余两，叩乞拘追等情一案。前件经福防同知吕渭英饬差传集訊明，欠款属实，因据石全中供已托公调处陆折归还，随即断令仍照原处陆折归还，着石全中缴出番银壹百壹拾两给林元奎收领，以断瓜葛。两造均愿遵断，具结完案，理合登明。

十一月间，福防同知吕渭英呈禀：准日本高桥领事函，据日商王起禄禀称，元利号东王起品枭吞寄款函请查追一案。前件经福防同知吕渭英饬差传集訊，据王起品供，因生意清淡致将王起禄存款用去，今王起禄向其取讨，一时无力措还，并非有心枭负，求宽限措缴等语。察看王起品人尚诚实，据供一时无力措还，似属可信，兹断令王起品先还现银一半，余限一月内如数清缴，不得再行延宕。两造均愿遵断，具结取保，认款完案，理合登明。

十一月间，福防同知吕渭英呈禀：准日本高桥领事函，据日商陈荣琳禀称，金腾发船主庄歪面图财酿命等情，函达扣牌拘究一案。前件经福防同知吕渭英饬传庄歪面到案，訊据供称，伊船于上年四月间，驶至台湾东石港贸易，该处烟禁极严，伊戒船伙勿犯禁令，讵陈钟一人私行上岸吃烟，被警兵捕追，凫水逃逸，失足溺毙，经厅官捞验，给有证明单付执为凭，缴呈察阅，陈钟在船，衣被不周，赤贫无聊，船众共知，陈荣琳何肯以大批洋银托带，其理甚明，即有此款托带，当时何以不向船主说明，求究诬等语。察核所供并阅，东石厅所给证明单据陈钟为犯禁捕逃，自行溺毙，并非庄歪面图银计诱所致，自属可信，陈荣琳捏诬图诈毫无疑义，除将庄歪面当堂释放，并函达日领事饬传陈荣琳严斥惩儆以杜讹诈外，应请开除，理合登明。

十一月，福防同知吕渭英为乐清谢华庭先生作寿文：

家距乐成仅隔一江水，山川多雄区，风俗称仁里，民皆聚族居，礼让循先轨。儒者甘守璞跉，伏老案几，独予同年生，江夏推奇士，远志羞家食，随于海外仕听鼓，遇余闻津津，谈桑梓，云有尚家翁，幽居敦素履樊，重拥厚赀富，无愧君子身，既擅康强天，尤锡福祉。予闻而慕慕，如作天人，企今冬开寿觞，边孙合卺喜欢声腾，满门贺客，填如市，千里邮书来特征诗一纸，予亦寄诗祝词句，羞俚鄙窃闻大年人，每讲将迎枝九转，服金液三先餐石，髓翁今登寿车，毋亦得斯旨，他日谓翁游可乞残膏，舐黄生闻而笑曰：君立误矣！养寿由德，修延年本意美气，机相感召，古今无异理，何必求丹砂？乃能葆暮齿，谓予言勿信请观尚翁耳。

同年黄菊襟司马与予同官闽中听鼓，余闻遇谓甚欢，当亡其令咸尚华庭先生隐居高风，予闻而慕之。今冬，先生边开七十寿觞，并为今孙合卺，黄君内予征诗同赋此寄祝，非敢云：善颂善祷！亦聊以申其景仰之私之尔。

华庭先生大人雅鉴，愚弟吕渭英顿首！

时光绪乙巳仲冬，作榕垣南台海防署中，渭英印

十二月间，福防同知吕渭英呈禀：准日本高桥领事函，据日商杨国庆禀称，洪源当铺东陈阜生借伏无还抄票函追一案。前件经福防同知吕渭英饬传訊，办未结，理合登明。

十二月间，福防同知吕渭英呈禀：准日本高桥领事函，据日商陈清泉禀称，宝与成记行东谢德水托掌盘蔡柳转托中保杨仁取向伊借伏叁千元过期无还抄票，函请标封提追等由一案。前件经福防同知吕渭英先后提集质訊，并访查明确，此案实系陈清泉恃隶日籍挟谢德水不分花红余利之嫌，串出蔡柳、杨仁取假票包讨，毫无疑义，当将蔡柳、杨仁取管押候办，并将察訊情形泐达

日领事，将陈国水即老六、陈清泉贰名籍名革除送厅归案，究办在案，旋准日领事以此案已由公亲张琛等理息，籍民陈清泉等已经从严斥逐，函请销案等由前来，除将蔡柳、杨仁取分别保释，并饬承将案注销外，应请开除，理合登明。

十二月间，福防同知吕渭英呈禀：准日本高桥领事函，据日商赵仲年禀称，赛玉亭枭欠租银伍拾元，函请查追一案。前件经福防同知吕渭英饬差传集訊，缘赵仲年有房屋壹座，坐落南台安乐铺地方，租给赛玉亭开张酒馆，每月租钱拾元，历交无异，嗣因赵仲年之弟积欠赛玉亭账款贰拾伍元，赛玉亭拟将房屋租内扣除，赵仲年不允，致有是控。兹经訊明断令赛玉亭除扣除账款外，计少租钱贰拾伍元如数缴给赵仲年收领。两造均愿遵断，具结完案，理合登明。

十二月间，福防同知吕渭英呈禀：据日商裕原行禀称，康记号纠伙迫讨夺票毁物叩乞提訊究办等情一案。前件经福防同知吕渭英差提集訊，缘裕源行向康记号赊买锡箔台伏肆百叁拾元，届期无还，经托公亲央缓，约在年底归还。拾贰月贰拾柒日，康记号遣张朝康前往催讨，裕源行无款应付，张朝康坐索不去，口角争闹，裕源行恼羞变怒遂装点情节，来案具控。兹经訊明，断令裕源行即将箔价台伏肆百叁拾元如数缴给康记号收领，以断葛藤。据各允遵，具结完案，理合登明。

是年，吕渭英购得《出使四国日记》六卷，系晚清著名外交家薛福成奉命于光绪十六年(1890)正月至十七年(1891)二月出使欧洲四国时期所写的日记。

清光绪卅二年(1906)　岁次丙午(五十二岁)

春，洋务局吕渭英观察与署莆田县林令玉麟在福州南台中亭街合伙开汇源银号及南街巨源、隆慎两钱庄(二者作为丰润银号之分号)。

二月廿五日，闽抚为咨外商强行索求与破坏中国内港内河航权事呈外务部："据福建财政、洋务两局司道会详，奉札开，正月十九日按外务部电，沙埕行轮事据总税司复称，闽关理船厅查复该处行一轮，实与河堤农田民船无碍，该总税司以此按理内港行轮章程小轮来往该处，无应行禁止之理，惟与向往来三都之挑夫生计，不无关系。然轮船所至，贸易必盛，该挑夫等亦不致无事可为等语。查此事照约既无可驳阻，不必徒费磋磨。若为利权起见，尽可设法提倡，多准华商行轮，以资抵制。至挑夫等仍可为轮船起卸货物，自不致全无生计，希即定夺办理，并电复外(巧)等因前来。查此案既经外务部电复，饬即会同妥筹遵办，详候电复等因，到本财政局奉此，本司道等遵查此案前据英商义和行即怡和行甘露轮船，请驶福宁府属之沙埕，节奉宪台将有碍该处一带产茶之地运茶贫民生计情形，详晰电复外务部，照商英使婉阻在案，兹奉准前因，自应遵照办理。所有该英商甘露小轮请由福州沙埕往来，准予试行，应完福州沙埕两处进出税厘，获费一切，按照内港行轮章程，应先议定两头总征办法，该轮由福州载货运往沙埕，应由福州口轮船新局核明，应完出厘金及沙埕进口厘金，获费概应照章先行总收，发给总征厘票，赍赴沿途闽安馆头厘局停轮，呈验盖戳，俟到地后呈交沙埕厘局查验放行。……外商强行索求与破坏中国内港内河航权，因朝廷不相干亲王干预，使得福建洋务局等不得不让步。”

许崇智

三月初二日，福州府知府高凌汉丁艰卸事，吕渭英被总督崇善命为署福州知府，在任一年百废俱举，至是年十二月十六日卸任。其间，吕渭英因在劝募海防报捐案内表现出色，被总督保举为道员衔，并兼任福建武备学堂[①]提调，潘国纲即在此时投奔吕渭英并顺利入学。当是时，许崇智[②]由日本学成归来在堂任教习，念于其祖父对自己有知遇之恩，吕渭英提拔其为学堂总教习。

注：

①福建武备学堂光绪二十八年(1902)立，于右任曾任教习。

②许崇智为原任闽浙总督许应骙之孙，民国后任一级上将。

上任不久，吕渭英率领僚属野外郊游，回署后作《迎春词》：

雨泽沾足风和柔，草木萌动土膏浮。
载稽月令立春至，帝始耕籍逮诸侯。
我时冶城忝作守，劝农故事于焉修。
六街无尘天宇霁，彩仗林立呵前驺。
分曹列队竞笳鼓，音乐几欲同箦桴。
僚官以次出郊外，嬉春一路鞭春牛。
糊纸为皮竹为骨，辨色预喜今有秋。
东方苍帝实为主，坛壝祼献躬伛偻。

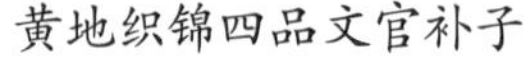
黄地织锦四品文官补子

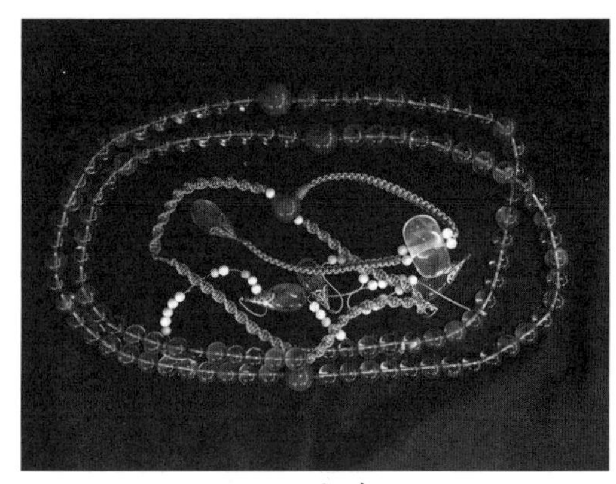
四品朝珠

舆服礼教循旧典，万人空巷看遨头。
前者有举后莫废，兹事何用多推求。
须和为民虔请命，铺张扬厉宁无由。
青幡乍立风应律，时和岁稔纾吾忧。
更期明年春更好，谷熟满车复满篝。
归来亦日簪彩胜，一阕歌罢呼新答。

四月，陈宝琛、吕渭英等人极力提倡警务制度，二人游说于布政使、按察使之间，虽几经起伏，终于在1906年四月中旬举行开堂式，开始教学。学堂有日本教习1名、中国教习3名、翻译1名、事务员6名、学生100名，年龄在18岁以上，修业2年，习日本刑法、警察学、法学泛论、警务要项以及地理、历史、算术、体操、击剑、日文等。毕业后在市内各处设立的警务署充作巡长、巡目或一般巡兵的监督。(此时谱主还兼掌警察局)

陈宝琛

闰四月十三日，闽浙总督崇善未经奏请，即拣员吕渭英奏请补授福州知府。为此慈禧大怒，向来各省首府出缺，例应奏明请旨简放。朝廷以员缺紧要，每谕令各该督抚于通省知府内拣员调补，何等郑重。乃该署督于此次福州府知府出缺，并未照例奏请，竟以在任候补知府福防同知吕渭英，径请特旨简放，殊属不合。崇善着交部议处。崇善因此次用人不奏请朝廷，僭越侵犯皇权之罪，于光绪卅三年六月初一日(1907年7月10日)以病解职。

崇善

注："首府例"与题缺、调缺、题调缺不同。题缺、调缺、题调缺均是固定的官缺，遇有缺出，该督抚即可拣选官员题升或调补，此为督抚法定的权力，不须再经皇帝授权。而"首府例"中，首府缺的性质始终未变，一直是请旨缺，只有皇帝才是法定的授官主体。皇帝可以亲自简放，也可以把权力下放给该省督抚，令该督抚拣选调补。换句话说，遇首府缺出，该督抚必先奏明请旨简放，只有在接到明令该督抚拣选的谕旨后，才可以拣选调补，否则就是侵犯君权。《清实录》中即记载了一宗侵权例。

五月初六日，甘肃学政叶昌炽《缘督庐日记》记福州府知府遗缺，崇善请以福防同知吕渭英补授，奉旨不准，着以来秀补授，崇善并着交部议处。

五月中旬，吕渭英游西禅寺作诗：

我来治南访古刹，三伏正值炎蒸天。
出城傍湖行迤逦，仰瞻有寺曰西禅。
闽稽志乘疑未载，本为长庆石曾镌。
懒安和尚乃开祖，创于唐代靡万钱。
自是厥后有成坏，缙绅修复来联翩。
梵堂原属怡山地，暹老驻锡群称贤。
撰传行世成语录，为之作序黄庭坚。
乾嘉前辈多吟咏，诗卷散失如云烟。
搜求遗集不可得，皱眉扼腕徒慨然。
同遭有荔三百本，宁存十一沙塘边。
山僧手摘供佳客，颓珠火实堆满前。
锋囊徐剖吸沆瀣，宿酲可解疴亦痊。
持与粤蜀较高下，竹垞多事分始妍。
至今法堂余四树，识者犹传开平年。

八月，军督崇善、布政使周莲、按察使朱其煊、粮道启约、盐道鹿学良、会办武备学堂章景枫、船政提调马庆麒、福州府吕渭英、福防厅张文治、闽县舒钧等与日本驻福州领事中村及德国海军军官会晤。

秋，吕渭英游乌石山作《游乌石山》：

秋炎炙毛发，郡斋坐鲜适。幸叨案牍闲，蜡我游山屐。
冶城山嵯峨，乌石为巨擘。维时敛阳光，徒步岸纱帻。
微云随风飞，细泉垂窦白。一路森古榕，浓阴转深碧。
菊花着意开，插鬓供手摘。清涧育龟鱼，见影即避迹。
禽鸟多变声，钓舟复格磔。物态足怡情，余兴理吟策。
望耕亭上登，禾稼满阡陌。歉岁昔曾经，丰稔滋悦怿。
拜谒范公祠，读碑想毅魄。沈祠在左方，乡哲溯遗泽。
双骖与涛园，分列山之脊。退富营菟裘，俯仰殊今昔。
我祖纯阳仙，琳宫尚丹赤。寻常祈祷者，十中九有获。
吾非求福人，亦持杯致掷。但愿民有秋，借兹神赫奕。
最吉余难得，私冀慰旦夕。阳来纪清游，游事宁无益。

秋，太史林惠亭（炳章）经吕渭英观察准，在福州南台苍霞洲铜元局旧址创设福州电灯公司。该公司拟发行股票，后因招股受挫，被迫中止。

十二月十六日，吕渭英卸职福州知府。

十二月廿六日，吕渭英等发起福州戒烟演说会。

是年，内阁学士陈宝琛致信吕渭英："来教慰悉。仁人之言，其利溥哉！惟有代教十村穷黎泥首而已！霪潦可虑。斋祷贤劳，伏惟。自玉敬请文起父台大人台安。弟宝琛顿首！"

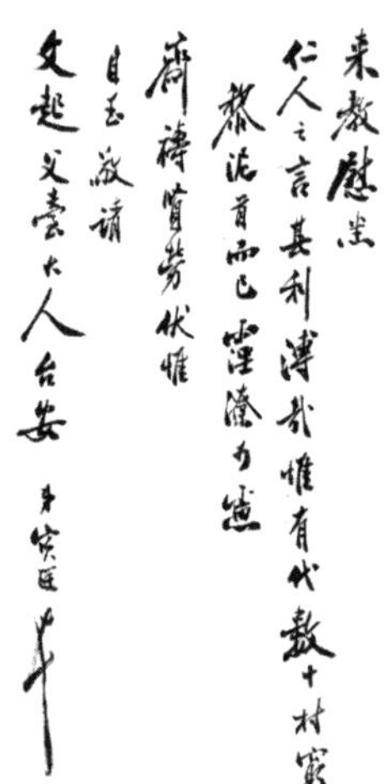
來教慰悉
仁人之言其利溥哉惟有代教十村窮
黎泥首而已霪潦可慮
齋禱賢勞伏惟
自玉敬請
文起父臺大人台安 弟寶琛頓首

陈宝琛致吕渭英信札（一）

1900年出版的《戒烟醒世图》（哈佛大学图书馆藏）

是年，施士洁至福州，住在旧识胡询如广文家里，经常与龚达舟文学、吕文起观察、吴偲园明经、林景商唱和。此时吕渭英任职福防同知，施士洁则负责贡燕业务，两人时有接触。

施士洁《吕文起观察手绘浙友悼亡第二图索题》原文：

苦从蠢里唤真真，谁乞名香为返魂。侬有天然化工笔，扫除烦恼付烟云。文窗一角玉台虚，悄忆披纱却扇初。眉史年来修不得，镜中零落女相如。眼底东风不是春，剧怜奉倩太伤神。鬓丝憔悴腰围减，燕子桃花解笑人。官斋夜冷客灯孤，拟写崔徽第二图。从此艺林添爪迹，玉箫可有再生无。银汉红墙逝水流，骚人例有悼亡愁。寄将同病相怜意，满纸商声正暮秋。

是年，前因侯官县与闽县是属同城，但严格仍按照行政区划分别编纂，所以由吕渭英修、郑祖庚主持撰修《闽县乡土志》《侯官乡土志》，是年该志印刷出版。彼时吕渭英职衔：新撰《闽县乡土志》审定者督修福州府知府补用道，永嘉吕渭英。后历任榷务局、商政局会办、财政局、洋务局、电报局、樟脑局总办。闽省当变法之初，先后新政多吕渭英所规划，而以所学验之于实用，亦吕渭英所乐为也。吕渭英之处事以精思相贯彻，其待人以诚挚相感通。遇簿书鞅掌事，几丛脞，得公从容一言，则纠纷立解，然绝无矫饰之行杂乎其间。世亦以是多之无不叹其明，而服其敏也。

是年，吕渭英长孙吕灵士出生，其父早逝，由吕渭英抚养长大。

是年，吕渭英作《登鼓山》：

我登崱屴峰之东，凭高招手来天风。
下视全闽东形势，纷然邱壑难为雄。
自午达酉时渐暮，四山一白月微蒙。
凉烟袅袅淡木末，攒宫啁唧多秋虫。
揽衣少待坐片石，欲晓未晓犹醵瞳。
须臾海沧水如沸，金轮三丈弥天红。
我于斯时恣雄览，底须变幻疑苍穹。
忆初拾掇窘趋步，扶行山半资双僮。
当时若教中道止，胜景百态将焉穷。
卒能摩崖看飞瀑，快游追蹑前贤踪。
听水斋头感桑海，迎眸泡影俱禅宗。
晏国禅师亦多事，无端喝水矜神功。

新撰閩縣鄉土志
審定者
督修福州府知府補用道　永嘉呂渭英
贊成者
籌辦同知銜閩縣知縣　平湖朱景星
總理同知銜知縣戊子科經魁　閩縣李駿斌
纂修者
總纂戊子科舉人　閩縣鄭祖庚
副纂汀州府教授己丑科舉人　侯官陳永鑫

19

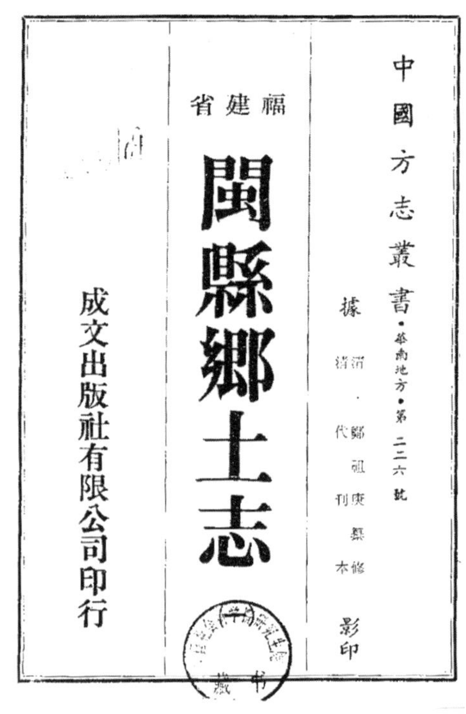
中國方志叢書・華南地方・第二二六號
福建省
閩縣鄉土志
成文出版社有限公司印行

《闽县乡土志》

涓滴不能作霖雨，偏洒下界飞青空。
年来我忝守此土，话庇天佑民和丰。
长官风流愧欧九，作亭未敢方醉翁。
他时再来重选胜，道旁松桂应成业。

清光绪卅三年(1907)　岁次丁未(五十三岁)

二月，南台海防同知吕渭英于福州吉祥山顶创办南台洋头口公立学堂(铺前学堂)，吕渭英自兼总理，聘郑忾辰(德元)兼充名誉协理，后来以郑忾辰充第二任堂长，以办“铺前学堂”为掩护，秘密宣传革命，进行革命启蒙教育。郑君籍隶福清，游学日本法政学校毕业，于革命运动非常积极，后充众议院议员。

二月，吕渭英卸任知府后，闲暇时作诗两首：

宜园藕榭在福州府署

案牍劳劳苦此身，偷闲爱住水之滨。
有时风送藕香至，吹醒昨宵醉倒人。

福州府署宜园有小沼可泛舟

夕阳西下月初弦，一叶随风曳柳边。

仿佛故乡河上景，动人归思是秋天。

二月，因闽省濒海，船舶利便，居民越重洋以求生海外者，岁计数千。而外人招募华工，舍粤省外亦以闽为最。法国人魏池因在福建包揽矿业失利而从事拐卖华工活动，华工被拐卖者达数千人之众。被拐者名为赴巴西，实际则被送往马大格斯格（马达哥斯加）及巴拿马运河工作，其间被大施虐待，并扣折工资。福州人民得知此事群情激愤，福州去毒社、商务总会、教育总会等团体组织“同胞救援会”，揭露魏池贩卖华工的骗局。适法公使来闽，崇善宴之于南台洋务局。工人家属聚至数千人，围绕洋务局，要求放回工人，并补给工资。又声言要毁领事署及魏池洋行，大吏临以兵，弗散。吕渭英驰往，谕该家属等到署听候谕话。吕渭英回署，该家属等尾随而来，至者不及千人，给以茶饼并每人先给一元，令归听办理，一面由林翻译到法领事署商准，法公使电法政府勒令该公司将工人放回，并补给工资。事平，大吏对吕渭英的表现大加赞赏。

概括地说，吕渭英第一时间满足了各社团代表的要求，以洋务局名义发出10道告示、12件通行文，还上报军宪，要求“电饬本口（马尾口）及厦门、三都两口统禁之”。为杜绝贩卖“猪仔”事件的发生，吕渭英上书总督解散“猪仔馆”（被贩卖的华工集中地）及各地聚集的华工，查办“猪仔贩”。魏池所办的“猪仔馆”被解散，福州将军崇善对“猪仔贩”实行“严密查拿，务获究办”，并严令魏池不得诱招华工，“如再抗违，即饬印委照约拘送领者惩办”。在各界协同下，全部被拐人员终于获救。

以上事件经过，细情见下文：

> 二月十三日（3月26日）准二句钟，福州各界民众在上杭街建宁会馆开“同胞求援会”，反对法国商人魏池私自拐骗福州苦力1825人（窝藏于各洋行烟馆内），企图于十六日乘加美打船劫往巴拿马运河当苦工。林惠亭（炳章）太史以外间对招工事有违言，且舆情汹涌，来拜见洋务局吕文起观察，交涉“猪仔事件”，后林惠亭函询洋务局，以觇洋务局与魏池有无成约，得吕观察复书，知尚未坠魏池之术。同胞求援会要求总局及崇督致电法使法领，陈魏池违约之罪状，并知照海关截留该船出口，及分饬沿江之文武营汛，分截小船之载“猪仔”到比轮者，再辅以社会各举代表，分途实行调查遣散，以补官方所不及。众皆赞成，群推林

太史以会中所拟要求诸条件转告洋务总局。林太史即于当晚驰入城，诣吕观察述其事，且熟商之。

请发告示及通行文，并述会中所拟办法，吕文起观察甚赞成之。而会中诸员，即于是晚分派赴马江、闽安、琯头一带，力任侦探遣散之责。如教育总会、商务总会、去毒社、说报社、茶亭公益社、乐群社、爱国社、益闻社、琼水公益社、逊业学堂、宫巷两等学堂、时术学堂、台江两等学堂、美教会、黄人自立会、英华自治会、福音书院、开智学堂，各举代表，从会中所拟办法而行。

是夕十下钟，各社团代表得吕观察复书及电稿一纸，告示十道，通行文十二件，一切如请办理，并禀军宪（崇善），电饬本口及厦门、三都两口统禁之。自来官文书之发行多以延缓称，未见有如此次之迅速者。观吕观察十三日复林太史函云："连奉两谕，并附各件，和平周密，钦佩无已（中略）。顷间又点来已将敝局日来禁阻之法详告之，并告以社会办法可辅官力所不及者数层，公晤时请与熟商。敝局与领事及税务司来往文牍，已饬承赶录，少顷即送到建宁馆求宣布，俾众知官意在必禁阻。（下略）"林太史致吕观察函则云："（上略）闻载工比轮提早于十五日出口，诚恐乘机私运，阻止不及，公请再电税司查禁，一面通饬沿江文武，传知各船户，不得私载华工上轮出口，并请将禁工局示及通饬文件，检交在会诸同人，亲赴各处分投请办。（下略）"观此先后不及数时，林惠亭大史、王又点孝廉各一诣洋务局，林太史与观察之函信往来且至三四。加以林太史与同胞求援会函、同胞求援会与连方伯函、连方伯与吕观察函、吕观察复连方伯函、诸同人互相警告函、军署致各处电、洋务局致各处电、同胞求援会致各处电，函电纷驰，顷刻立办，亦可谓一洗中国人办事疲缓之习矣。虽然，函电之发，非徒发此函电已也，其目的在实行函电之所云，计此时办事之人，可分为三股言之：

（甲）商学界公议派定人员，分为两项。一项人员担任调查，分赴各地详查报告。如方君声铣、陈君莲光、黄君荫午、郑君兰孙、王君少禹等之随时报告是也。一项人员派赴马江、闽安、琯头一带，实行解散工人，如林君芝轩、谢君宝璋、庄君涛松、吕君洞观、许君囊侯、林君温如、王君少禹、林君筱蔚、曾君季友、魏君仁同、孙君东卿、欧君雪观、吴君家钧、庄君子襄、杨君预元、郑君惠安、吴君养基、钟君祺羊、曹君霭如、陈君莲光、黄君漪午、陈君莲舟、王君振如、某君凤尧之十数人者，来往福马或五六次,或数昼夜,竭侦探造散之力,亦云劳矣。而在马江与洋务分局及水师协威营妥商办法,则以芝轩、宝璋之力为多。

(乙)官界之实行阻止,亦可分为两项。一项则直进与税司领事交涉。(十六日早,洋务提调赖墨樵太守奉总局之命,谒比国领事,告其违约招工,不可任比轮加美打装载工人,并谒税务司,申前请,令其比轮出口,果有工人,即行扣留。)一项则马江水巡捕及各处防营,沿江出巡,禁止舢板船盘运工人也。(如威海、镇海营等是。)

(丙)绅界此项人员,最为不可缺之机关。盖商学界之任调查、任解散者,凡有所闻有所见,皆告之于此也。官界之任缉拿、任截阻者,或言之而未行,或行之而不实,而此实敦促之也。以各处函电考之,则躬此机关之任者,推林惠亭太史为独多。

绅之与官议办,始于洋务局,继且径达军署,观学会会员郑友其太史、林惠亭太史等与林君芝轩函云:"晚间晤及丁静斋太守,允为由督部径达税司,今夕已发电,同人拟请足下明早谒孟总税务司妥商办法,遣散工人等费请就近挪垫,学会商会必公认公等。"又林太史与王又点孝廉合致某君函云:"议办各节,即函达丁静斋太守照办。静斋复函,拟电饬船政水师营汛地等,沿岸邀截,并查拿代为招工之人。"观此,知阻止违约招工一事,吕文起观察既赞成之于前,丁静斋、赖墨樵二太守复赞成之于后。吾国旧习,官绅意见每多不合,而此次独如此合力者,华工惨状,人所共悯,万无所容其意见之歧也。兹将洋务局及军署致税司等处要电汇录如左。

洋务总局第一次禀由军署致福州孟税司电:"闽海关孟税司鉴:顷接沪电,法商魏池诱招闽工千余人,定十六日出口,请速查禁,并闻有比轮船来口装运等情。查魏池此次招工前往何处,并未亲由领事知照本部堂会定章程,辄自私行诱致,实属违约妄为。应请速电马江轮船主,勿得擅载华工出口。即刻电复,速即扣留。军督。"

孟家美复军署电:"福州军督宪崇鉴:来电敬悉。魏池招工事,税司早有所闻,已早知照洋务总局,并迭次函电商办。前日准局电复,请为查禁华工出口,若来船仅运对象,可以照章办理。并据云法领事亦允禁阻等语。本关已饬马江理船厅严行查阻工人上船,若仅运物件,自可放行。其船尚未离口。孟家美。"

洋务局致闽海关电:"闽海关税司孟鉴:得马尾分局电,工有三百,理船厅候文阻止，请速电饬遵办。洋务局。”

军署致船政提调电：“船政提调鉴：电悉。工人如在驳船，应即实行遣散，由船政派水师船多号分装，交商会绅董照料登岸。魏池如致恃强或动用凶器，即行拘交洋务董委员押解法领事署，并将凶器一并解交，惟不得凌辱，切切。如已登大轮，应即会同理船厅先向该轮主声明后，再行照前法办理。已分别电法领事及代理比领暨孟税务司知照矣，并转知印委暨商会绅董。督院。”

军署致法国领事电：“法国领事鉴：魏池违约招工，贵领事本不认可，现竟招至一千八百名之多，改装比国轮船，定于十八日出口。似此行为，大属悖谬，本部堂为中国人民生命起见，不得不实行保护，已饬印委商董水陆单兵堵截遣散。魏池如敢恃强，即行拘送贵领事署。希查照。总督崇。”

此外，又有商学会致电厦门商会，以图由厦堵截，亦甚得厦门商会之赞成，兹将其来往电文录下：“厦门商会鉴：法商在闽招工往美，恐陆续开船，到厦时，恳合官绅查察，遇有工人扣留，并请出示严禁。电复。闽商学会。”厦门商会复商学会电：“商学会鉴：电悉，已转请厦道台会同照办。厦商会。”

马江洋务分局来电，知各工人尚未载于他轮。手定办法数条：

(一)请对马江“猪仔馆”，而解散其诱致之苦工。

(二)查拿有凭据之洋伥某某。

(三)悬示各地，以止后来。

(四)请官加札派会中人协同解散。

(五)多觅奸商诱招工人实据，如簿折等，以备后日举发。

闽邑大令由洋务总局檄委船政弁勇，沿江一带形迹可疑之人概不得登舟。

据十五日夜同胞求援会报告书，盛称魏池散布谣言，谓彼已电致法京，要求终成招工事，又或以电致法使，与我国外务部交涉为言；又或以电致法国总领事要求襄助为言。实则违约招工，彼法政府使法总领事亦知非理，早不承认矣，而魏池犹复大言不惭，欺煽徒党，以为事在必成。然郑资喜被擒，而洋伥之魄褫，大言之不足以成也明甚。彼乃狡变策略，多延洋客，罗列运艇，遍插商旗，冀以壮彼声援，弛我志虑，庶几成之。然而酒阑兴尽，宾客星散，狡智之谋愈深，即穷蹙之情愈见。各洋商又多不直之，乃不得不变其恫喝之手段，而继之以乞哀，遂星夜逾城入，将以运动官场，俾遂其谋也。然一谒而为洋务总局吕会办所痛驳，再谒则见拒而不纳，以函来则驳斥之，复函立由法国领事转谕使知矣。呜呼！事败垂成，彼魏池者，无亦深自恨耶！

军署致代理比领事电："代理比国领事鉴：魏池违约诱招华工一千八百名，装贵国轮船出口，已派理船厅会同印委兵弁商董分别截堵遣散，希贵领事电知轮主，如有此项工人，勿得装运出口，印委各员登轮查验遣散，勿得干预拦阻为望。总督崇。"

税务司来电："洋务总局鉴：顷接代理比领事复云本日接税司文，已照办。一面严谕该轮主不准擅载一工人上船，致违中国地方官之禁令等语。本关既得此切实文凭，自可俟魏池来关结清一切税项，给予放行单出口。孟家美。"

（一）商学会派遣绅董之协助。以本地之人调查本地，则事半而功倍。故彼查仓前松利鸦片馆有工人二三百，此又查南台斗中街、坞尾一带各饮食店、洋药栈集有工人二三百，警报交达于林太史，因乏得以飞函告之警务提调赖墨樵太守，勒令解散。此查有工人自福安来者最为多数，而通告福安董事，为该董事所解散。彼又查得瑁头、连江、长乐各地遍有招贴，谋所以防止之。总之，任调查解散者人数极多，随地昔有，诚如林太吏函所云四面掩围者也。

（二）马江水师营之效力。"猪仔厂"以马江为最多，中岐之"猪仔厂"虽经解散，而马限之"猪仔厂"尚集多人，且恃下北顺洋行势力，虽官民协谋援出之，而目的卒不易达。十九日，镇海营水师统带吴君少岩派某水勇四人扮装工人，阑入魏池洋行"猪仔厂"中。四人分司劝导之任，谕工人以必不可往之理由，工人中有一罗钦安者，颇有胆智，潜约相助，苦劝告众工人曰："江中现备飞捷轮船，专候运载各工回籍，以轮船中汽笛为号。"届时汽笛鸣，各工溃而出者百余入。洋行中经理人急召木匠钉闭门户，吴君阴嘱木匠使弛之。众工见彼以锁闭门户锢我族，始性悟异族虐待之惨，目前即是，遂协同夺关而出。已登轮者，各以手招之，但闻呼者、应者，人声四沸，瞬息间尽数瓦解。每人各给川资，视其道路远近而差。当时任事诸同人与惠亭太史函，述其情况如此，且云此次解散之功，于省恒则推足下，于马江则推吴君少岩也。兹将遣散工人回籍表录示于左。其十七日以前零星给费遣散，未经特派专船者，约计其数有五百数十人云。

时日	派船号	工人原籍	人数
十七日	第一号船	长乐	十七人
十七日	第二号船	长门、连江、东岱、管头	二十六人
十七日	第三号船	长乐	十九人
十七日	第四号船	琯头、连江、罗源、亭头	三十五人
十七日	第五号船	长乐、福州	三十六人
十七日	第六号船	长乐	二十四人
十八日	第七号船	温州、林浦	三十五人
十八日	第八号船	连江、福安	四十八人
十八日	第九号船	长乐	二十六人
十八日	第十号船	长乐	一十六人
十九日	第十一号船	长乐、福州、湖南、宁德、屏南	六十九人
十九日	第十二号船	福州	七十五人
二十日	飞捷轮船	罗源、福宁、福安、连江、福鼎、宁德	四百人
二十日	飞捷轮船	古田、温州、管头	

计四日共遣散八百二十余人。

遣散之功既告成矣，然惊弓之鸟，不能无疑。有闻魏池之徒党，为谋人给一船票者，因是函达林太史言善旨策者颇不乏人，太史商之洋务总局，得其致税司等处电文，录之如左：

洋务总局致关税司电："闽海关税务司孟鉴：闻比轮明日开，魏池马尾行内尚有工人甚多，恐仍私运出口，请始终相助，立电理船厅立查禁阻，勿任上轮为祷。洋务局。"

洋务局电马尾分局文："马尾洋务分局董鉴：闻比轮明日开，魏池马尾行内工人尚多，恐仍私运出口，已电税司饬理船厅查禁，请会同严查，勿任上轮。如何情形，请电复。洋务局。"

嗣得马尾洋务分局来电，知倚有工人及比轮瞬将开行之风说，系魏之徒党布散谣言，蛊惑众听。各社会正在疑讶，其次日又得赵承禹函云："现本关接代理比领事函称：昨接比轮船之本行由英京伦敦来电称，该轮船原租与装运华工往巴西之合同已经注销，作为废纸，请准该轮主报关出口等语。又指比轮来关请给放行单，并不装运华工，定于明日由马尾开轮，前赴香港口经税务司移会地方官查照办理。一面仍饬令马尾理船厅严行查验。"云云。(下略)近者,各地社会发达,对于此事极知注意,虽魏池已成弩末之势,而福州说报社代表人蒋筠等,同签禀督宪,呼恳由咨外务部照会法使,饬令魏池即日回国,并严究其党羽王奇年等,以儆效尤。崇军帅亦已电致外务部,略云:"法人魏池,在闽招工赴罗西里,死亡殆尽。嗣已将约作废。兹复诱招闽工前赴巴西,并未与地方官立约。前经饬局照会法领禁阻,法领照复,亦斥其违例妄举。(中略)查魏池借包办延建汀矿务为名,乃不以矿务为事,而迭次私招工人,诱敌绝地,行同无赖,应请钧部照会法使,电饬法领严行约束,此后不准再有诱招华工情事,如违,驱遣回国,庶免滋生事端,以敦睦谊等语。"旋得外务部复电,录之如左:"福州制台鉴:电悉。现经本部以魏池诱招华工,潜行装运,经地方官查知禁阻,复有强词恫喝情事,实属妄为,应请转劳驻闽法领严行约束。如再有此项举动,应由地方官照约解交领事官驱逐出境等语,照会法使在案,希查照。外漾。"

观此,知魏池若复恃恶不悛,吾国政府定照国际法上外人扰害治安行吾之放逐权。且商学界诸君子,日以一时遣散未尽根株为惧,则自今以往,所以为侦察为设备者,正未有已。彼为虎作伥者,日被缉捕,虽或幸免于网,当亦自知敛迹,而不敢仍循故辙云。

三月,福建盐法道鹿学良、福建候补道吕渭英告领事从宽销案呈禀:"局应准开除,理合登明。"

三月十八日,侍郎衔督办各省土药统税事宜臣柯逢时、候补四品京堂帮办、各省土药统税事宜程仪洛折奏:"为添派各省正办土税委员并原派各员衔名,缮具清单恭折仰乞圣鉴事:窃臣逢时上年奉旨推广各省土药统税,曾经遴委道班九员,分办十八省分局事务开单具奏,并声明如须添派再行奏,闻在案该员等陆续到差,先后开办。臣等察看情形,各省分局事务繁多,其间以一员兼办两三省者实难顾及,必须每省派委正办一员,以专责成,而免贻误。当与度支部往复电商,酌量添派,除两广现议划办,仍由原派道员丁乃扬兼理;福建收不敷支,暂由原委提调(武备学堂)补用知府吕渭英办理外,合将添派各员并原委各员衔名一并开列清单,恭呈御览,伏乞皇太后、皇上圣鉴训示谨。"

朝廷批复:奏度支部知道,单并发。

七月初八日,陈宝琛致信吕渭英:

文起大公祖大人阁下:

灿华街条送上，渠近在警务，非洋务也。弟日内当赴厦，尊处股款一千元拟即由厚坤拔兄带厦，以便拆换优先股票，望函致该号为幸。敬请台安。弟宝琛顿首，初八日。

八月廿日（9月27日），《时报》载："求援会解散之原因。福建求援会解散之历史当纪前报，兹闻十二日洋务局会办吕文起与其同僚云：我闻外间有人殷立求援会抵制日俄、日法协约问题，我已禀过大帅，现派幕僚往查发起之人。云云某君又闻官场中人云：松帅于吕道言请查究此事之后，递提学司姚观察审□。松帅因对姚观察云：吕道言此事恐起国际交涉，归时亦当有求援会之传单一纸。因指单上所言平和，对付一语谓不至惹起国际交涉，故松帅仅意解散此会而已。而吕道必要查究之者。其原有□□。欲顾其权力于僚友使莫不趋承一时逞其私愤于闽人，使无敢再行攻击。盖吕曾为闽人揭其恶于各报，故欲挈起大题目冀窃此以泻愤怒。"

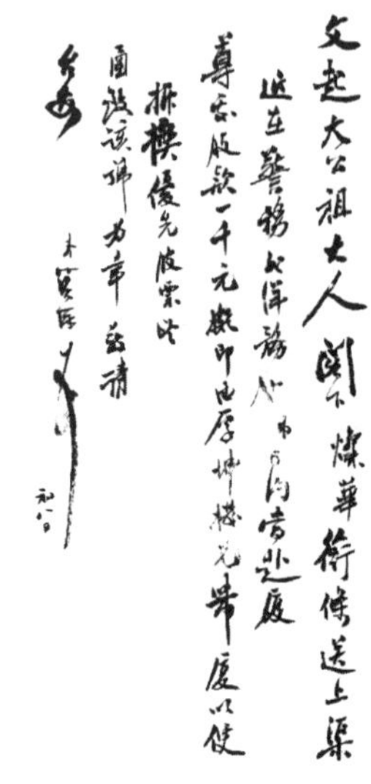
文起大公祖大人阁下 灿华街条送上渠
近在警务非洋务也弟日内当赴厦
尊处股款一千元拟即由厚坤拔兄带厦以便
拆换优先股票
函致该号为幸 敬请
台安 弟宝琛顿首 初八日

陈宝琛致吕渭英信札（三）

是年某月，陈宝琛致信吕渭英：

文起公祖大人阁下：

在厦即闻公兼电局，喜樾荫之常留也。顷甫归少憩，当再趋诣。古田罗峰学堂为人构讼，来总会申诉曲直，正在未定。闻王大令以学宪批语有所偏重，颇涉为难，幸公转致，请少缓其事，弟到城再研究兹事也。此请勋安。弟名正具，十七日。

是年某月，陈宝琛致信吕渭英：

文起大公祖大人阁下：

有亲串来言，南街郎官巷口（似是汉章衣店）竖立电竿，当其店前正中，致多不便，谁实司此，乞饬其移植偏旁而无所妨。即请裁夺。手此，敬请台安。弟宝琛顿首，初八。

秋，福建"财政局以厉禁于征，详办膏捐，每两加抽捐三百文"，经福州官绅筹议，从1908年2月7日起征。一些商人为谋取鸦片暴利，因外商可免税，便借用外商名义销售膏土，逃避膏捐，从而出现"美打售膏"事件。美打公司是一所英人开设的洋行，一向不售卖鸦片清膏，而杨文意、张万万、林沛

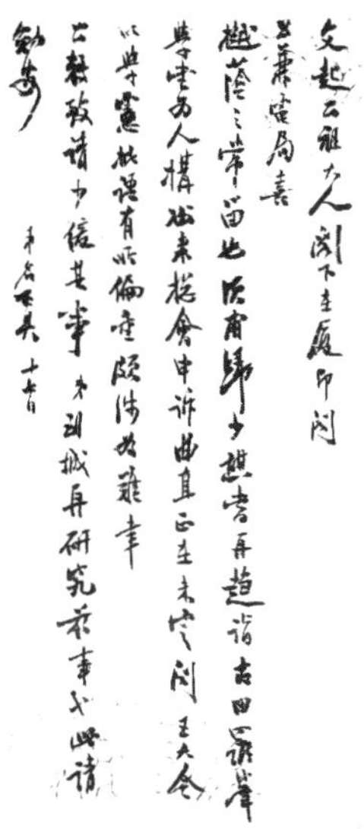

陈宝琛致吕渭英信札（四） 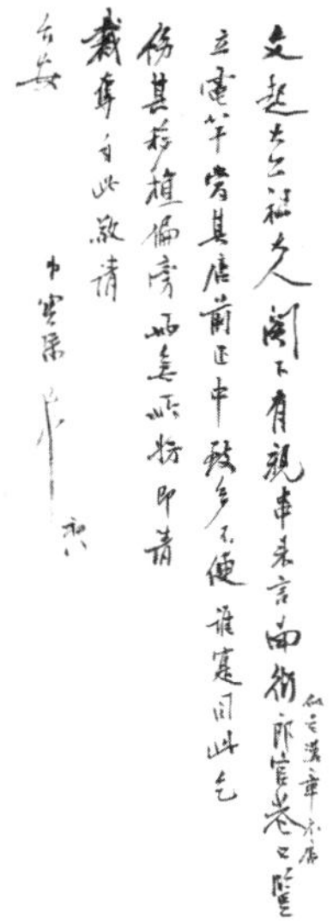　　陈宝琛致吕渭英信札（五） 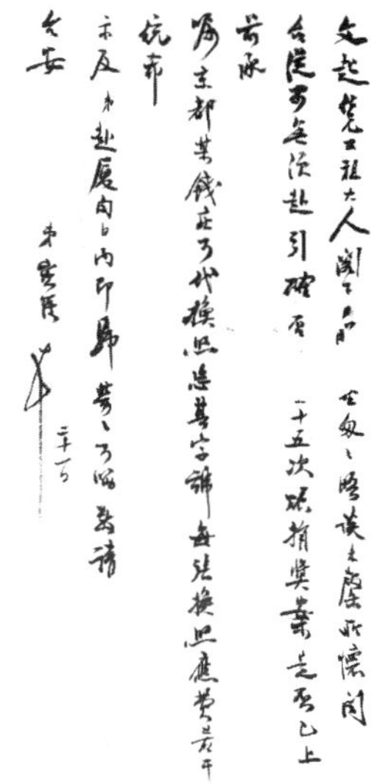　　陈宝琛致吕渭英信札（六）

Groupes d'habitants de Fou-Tchéou convoqués pour assister à l'incinération en grande pompe du matériel des fumeurs d'opium.

1903年福州的禁烟活动（哈佛大学图书馆藏）

然三位商人串通美打公司经理白选里，以美打洋行名义零售鸦片清膏，引起社会愤忿。林炳章认为，“此举将破裂福建禁烟大局，恐将来所有清膏店均将盛挂洋牌贱售种毒，不独美打一行也。卖膏不已，渐而开灯，则捐失有形之捐款者害犹小，破坏已成之公益事者害正大”，便于去毒社召开临时大会，商议解决办法。

九月，身为福建商务议员的吕渭英上报农工商部《福建金银机关近年消长情形》：

窃维握贸易之管钥，制商业之生命者是为金银机关。机关灵通则百业胥通，机关塞滞则百业皆滞，不特兴商界有绝大关系，其影响且及于农工，闽省之为金银机关者，厥惟钱庄北号票号，而旁及于洋商之洋行银行。盖闽商营业办货无不恃钱庄票币，以周转。钱庄则惟票号，洋行为委输。在昔相孚，以信持盈。保泰商务借以相维，今则商情变幻，巧伪日生。各庄号恒有不凭真本虚出票张，但计取息之丰盈罔计，倒闭之损害。由是奸商猾贩乘间滥贷空盘，倒欠之案层见叠出，每次多则百万，少亦数十万，一家负账牵动数家大号受亏，波及全埠信用，既失枢机，为之不灵，无论集钜款以兴实业，有所不能，即欲保全固有之利源，亦不可得。际此商战世界，实业兴替，关乎国权，金银机关尤其根据。欲言整顿，则不能不悉心研究，以解决此问题为第一义，议员仕闽有年，任福防同知者十载，处商务荟萃之区，曾已略闻梗概，近复仰邀委任，加意访求，并遴选熟悉商务之员，随同调查考察于近年福州贸易进出盈虚消长之情形与乎市面金银票币通窒之现象。兹颇得其涯略，谨济缕陈之。闽地处海筮山陬，产物无多，所借以维持商务者，仅有茶、木、纸、笋四项为大宗。近十年来茶利既为印锡所夺，纸货又为日英所攘，近山木植取，伐垂尽深箐之中，转运维艰，闽浙商人之业木植逐日减少，竹笋消数亦日寝衰，以昔较今出口货物数目比较，已减其半，而茶叶锐减尤甚。十仅存其二三，而进口各货如土药、洋药、洋纱、洋布、洋油、洋糖诸种则与年加增，方未有艾。就近三年，洋关进出口总册计之每年出口货价较进口货价所亏皆二百万以外，进出不能相抵，则金银之外溢者日多，销运逐见衰征，则货币之流通亦滞，此近数年银根日紧之总原因，也查城台流通银币之总汇。本有英商汇丰、渣打两银行，然信用只及各洋行，而各洋行贷用之款又以转贷茶帮为钜数，每年茶市将起茶，客入山则贷款于闽粤各商之茶栈。茶栈则贷款于英、德、俄商各洋行，各洋行则转贷于汇丰、渣打以资周转。查光绪三十年茶帮贷出之款一百七十二万，三十一年一百五十四万，三十二年一百三十万，至本年则减而为一百一十五万。虽茶帮贩房地产评估资本不专贷自洋行，然贷款既年有所减，足证茶务之年有所减，而银币之滞塞，直影响于英商各银行。虽银行信用洋行之款，又不仅在于茶帮，然此款既年有所绌，他款又未见岁有所盈，故汇丰、渣打两银行藏储之银溢于汇兑之数，综计每年茶帮起季时，由外埠运入之现银多者不过一二十万，而土药、纱布、煤油、洋糖销售运出之现银每岁均逾百万，此议员调查义和洋行、招商闽局轮船进出载运金银之总数，信而可征者，也若夫山、陕西商票号，实为吾国交通银币之一大机关。囊者轮船未通，运输周折，此省所供恒不应彼省之所求，输转綦难，而贸迁亦因而蹇塞，自有票号而呼应灵捷，脉络斯通，此二十一行省皆然。不独闽省为然，亦百十年来皆然，而不独今日为然者也，近日输路大通，邮电四达，各埠往来之商款不专汇自西商，而彼号进出之凭单，遂亦与年而递减，惟是减于商款者实增于官款，溯闽省自庚子以后，汇解京师协饷，赔款常年新增数约百余万两，而彼号遂借汇解之溢费为盈余之大宗。盖闽省度支部银行未经分设，若专员汇解靡费转多，此又揆度时宜而不得不予，彼商以优利之独占者，查省会票号现只蔚泰、厚新、泰厚、源丰润等四家，除汇兑款项外，又以贷放资本为子母之权，与而贷放之指归又以钱庄北号为钜数，查城台钱庄北号大小约十号多由闽浙殷商富户或独资或集股而成，然年来商情巨测，巧伪滋生，滥竽贷空，盘时所恒，有故彼号之放四款，苟或不慎则一岁之所获，不逮一日之所亡，但彼既以流通为机关又不得不计盈取丰，延揽招徕与群号角胜即慎重操之，而蹉跌间终不免。其中虽有系不凭真本虚出票张自取之祸，然而按本求息代人受累者，亦复多多，良由无规定严密，律法以维持之，所以皆处必败之地也，至若钱庄北号实总握省会钞币之特权，即官铸小洋、铜圆。亦不得不俯而就彼之范围，曰钱庄，闽省商人设庄而行钞票者也，曰北号，浙宁商人设庄而行钞票者也，二者之外又有所谓钱样店，略如日人两替号，凡商民以整换散，以散换整，以银钱易票，以票易银钱者，悉取资之，每换票至一元银钱至千文则酌取用钱数文，略如日人之手数，料时其多寡，而酌增之。盖资本微薄，无自出钞票之利权，惟纳本于钱庄北号供兑换，而助其输转。盖虽自立商号，实不啻隶，为附庸矣！兹经调查城台钱庄之数计共三十三家，北号之数计共七家，钱样店之数计共一百一十家，虽棋布星罗，支取利便，然综核城台钞票之大数，多或七八十万，少则仅四五十万，非由各号之能计本发票，而不敢虚出以轻尝也。查十年以前，城台市面之行用不过钞票、重洋、铜钱三宗，而无小洋、铜圆以资辅助，故各号多出一角至六角一百至六百之小票为交换之易中，盖以票易票，则票张可冀其久，行以散易整，则现银不虞其缺乏。闻其时市面流行之票张多或百余万少亦九十万，偶受市民之刺击，则应付支绌，而倒闭频闻，近者小洋、铜圆充斥尘市，各号发出之钞票不旋踵而持取洋，查光绪二十八年银圆局铸出之小洋、铜圆值库平银一百一十一万，二十九年六十四万三十年二百零五万，三十一年集合闽关西厂系二百一十万，统计四年之所铸共值库平银五百九十万。虽邻省外府销运恒逾大半，然省会之所积数亦逾二百万有奇，此则票张减少之原因，而亦银钱贱落之原因，所可参观而互证者也。近者市面之小洋、铜圆充斥极矣，价值之贱落亦极矣。官中银行久未分设，无一定之本位，准折以维持，而钱庄北号之钞票又复从而低，抑之恐图法日坏物，价日昂闾关生计，一一默受其影响。英计学家亚丹氏有言，供过于求则数苦有余，求过于供，则数苦不足，银圆鼓铸之多寡应视市面之盈歉以为衡，今者充斥已极，贱落已极，法当持其盈，而无烦剂其虚，挽回币政之通病，实关保商之本源。总而言之，闽省银根吃紧，实业不兴，虽缘农工，素昧讲求，土货未能多出，亦因商界中巧诈甚，倒欠多为今之计，固不外于茶、木、纸、笋四项加意讲求，抉其弊以剔除，择其尤而振刷，使复固有之权利。然而土货即能增盛，而金银机关仍不能流畅，商家诚信仍不能相孚，则虽有车载斗量之货物，亦复何裨于商战之竞争，苟不求补救，无论矣！欲求补救似非严定，债律以惩，倒欠虽有良法，未易收其效也，抑议员更有虑者，外国人设立银行，于中国非仅为商业之竞争，实隐寓扩张国权之目的，现闽省如渣打、汇丰各银行外，日本人复设有台湾银行，自光绪二十五年分设初，仅在豫大钱庄悬挂一招牌，并无大宗交易，至三十年渐渐扩充，现有与汇丰、渣打鼎峙而三。其与市上交易，照本省钱庄办法，而规则及用事员役则仍守日本银行章程，其手腕灵活尤足操纵利权，本省金银机关已渐入洋人之手，不特于商界为一大阻力，实于国际有绝大关系，虚室来风，思之可畏。现在度支部银行各行省既经分设，而闽中事同一体，如能克期开办，先行清厘，图法并附，以劝业储蓄，各端不特可永杜市侩垄断之风，并可隐制外人觊觎之渐，而农工商界受其辅助周转有裨于前途，正无限量，是望在上者，因时举行，有非一得之愚，所敢妄参末议者也。

十月，台湾银行福州分行向洋务局会办吕渭英观察提出要求发行番票，吕渭英没有答复。台湾银行认为是默许，便发行了番票，由台湾人杜季商所经营之裕泉钱庄代理。福州官绅、教育界人士付诸不问，独在日本之福建留学生及在上海之福建学生逼迫福州商务总会及前任布政使连甲讲求对抗之策。到同年十二月，各钱庄联合，决定拒收台湾银行纸币，违者课以三百元罚金，如有不服罚之钱庄，则拒收该钱庄之所有票据，如有收取者，则永不与该钱庄交易。加入该契约之钱庄如下面所列：承源、恒宜、福怡、晋和、同源、恒春、泰裕、天泉、永升、钜潭、信余、长美、谦隆、恒坤、源余、永康、公益、恒余、豫茂、涵康、恒和、厚坤、宝源、盈聚、崇宜、进源、协益、汇源、升余、敦昌、崇豫、恒昌、大生、慎源、源生、源春、厚余、裕泉、开泰、瑞康、永美、升和。

裕泉钱庄之掌柜潘孝柽，依恃东家为日本籍，攫受纸币，然商会却不按契约处罚，而是诚恳劝说，于是在光绪三十三年(1907)正月，裕泉亦不再授受纸币。

注：从光绪三十三年(1907)以后，在市场流通之台湾银行番票受到影响，逐渐减少，只在兑换店暗中授受，数量大有减少。于是台湾银行设法笼络，不时大摆宴席以飨各钱庄，且对可靠钱庄提供大量低息贷款，以讨各钱庄欢心。在福建财政局向台湾银行借外债之时，台湾银行趁机将七钱番票贷给官府，要求官府让有台湾银行存款之各钱庄进行兑换，而各钱庄得存款之惠，最终愿意使用。现将得到台湾银行存款而使用番票之钱庄揭示如下：

厚坤、恒余、涵康(均在下杭街)

汇源、协益(均在中亭街)

源生、仁元、崇余(均在观音街)

协裕(马江船政局附近)

由此，台湾银行发行之纸币流通又逐渐多起来。

光绪三十三年(1907)六月，在上海之福建学生会及商业公所致信福州商务总会及上面所列钱庄，表示抗议，但商会会长张秋舫乃厚坤钱庄东家，将该信匿而不宣，故在北京之福建籍官员正多方设法抵制。[福州流通之纸币称“新议七钱票”(一名“番票”)，较之于鹰洋价低七十六文至九十六文，由各钱庄发行，仅在福州市流通，在其他府县不通用。]

十一月廿八日，吕渭英作《和黄益三五十晋三初度述怀》：

十载佗城别，江河苦忆君。
人疑黄叔度，诗逼鲍参军。
忽枉琼瑶什，弥怀鸥鹭群。
皋兰堪寄远，一为采芳芬。

灵运登山屐，陶潜漉酒巾。

田君能跌宕，令我感风尘。

五十人初度，八千岁是春。

相期金石寿，行乐趁芳辰。

十二月，农工商部咨出使英、俄、德、法、美、意国大臣整顿茶业办法文："十一月初二日，据福建商务议员吕渭英声称：闽省出口之茶，久为环球所同嗜，当通商伊始，每年出口三百余万箱，至光绪初年犹销二百余万箱，迩年出口之数锐减至三十余万箱，揆其原因，西人以民族主义行之于茶业，谤毁华茶，以为抵制。今欲整顿茶务，亟宜改良制艺、营运两端。近三年闽茶销数大减，今年较前稍有起色，盖因汉口英商业茶者，虑华茶败坏，彼将失业，乃鸠资刊登布告于欧美市场，夸奖华茶，在闽各商亦议集资并办。又片末一项，前经粤商创设悦兴隆公司制造茶砖，俄商业此者失败，遂亦遍颁报告以谤之。是非建设大公司合力维持不可，恳请通咨出使各国大臣，督饬商务随员，劝谕各地茶商及各埠华侨，纠集资本联络闽、粤、汉口各茶商通力合作，特立公司设总汇于我国产茶地方，而分设于伦敦、纽约、圣彼得堡各处，再于内地讲求种植、采制诸新理，庶几操纵自由，免受层层掣肘，申请察核等情前来。查华茶为出口大宗，近年销场日渐减色，于中国商业前途关系甚巨，该道所陈整顿维持诸法，颇有见地，亟应内外协力，妥筹办法，以冀挽回利权。除札复外，相应节抄原禀咨行贵大臣查照转饬遵照，仍将嗣后办理情形随时声复本部可也，须至咨也。"

是年，吕渭英二弟吕永禄（黼臣）[①] 在玉环参将任上逝。吕渭英刚从丧子之痛[②] 摆脱出来，又逢二弟逝世，伤心至极。

注：

①吕黼臣，永禄将军，为文溪渭英太守仲弟，以军功累保至玉环参将，卒于任。僚友挽联，如黄万清守戎联云："君与贤昆季齐名，方期露布折冲，汗血赤驹酬远志；我是故将军无状，讵料云江话别，回头黄鹄失仙踪。"许方荪苞联云："官于本郡，任自异人，井里树奇勋，方期援手艰危，细柳营中，雄论独标新世策；兄夙循良，弟亦理治，门庭增宠誉，何遽只身归去，秋风海上，遗灵空挟怒涛声。"徐郁哉秉文联云："久与伯季交，羡君磊落雄才，丰剑光含，异日锋芒应射斗；正在比邻住，对此萧条秋夜，苏篪响绝，一门春相尽停声。"杨青亦联云："将军方北阙承恩，长城半壁赖支撑，叹息鲸波东海；太守正西河抱痛，千里两家同涕泪，复惊雁影南天。"（杨青言：盖将军任玉环参将未

久，太守亦适丧子。）

②后来吕渭英又得一子，在周岁时，为一身材高大之仆人担于肩上，不慎撞至门楣而亡。实际这第二子被撞后未当场死亡，后经治无效而夭折。治疗期间，吕渭英曾致信杨伯畴：“嘉贶大鲥鱼一尾，感感！小儿病甚绌，医少见效，顺以奉闻。复谢并颂早安，弟渭英顿首！”

是年，福州电报局发展为福建省电报总局，总办陈同书，局址在仓山东窑（今信早路省邮电器材公司处），除经营当地业务外，内辖全省4个分局、1个子局、3个支店和6个报房。光绪卅四年（1908），清政府赎买商股，收归国有。

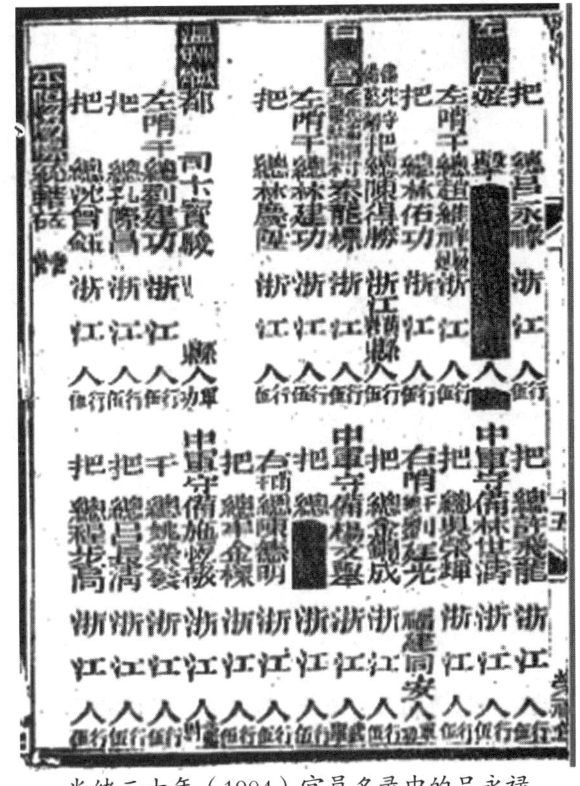
左營
把總呂永祿　浙江人　行伍
把總林佑功　浙江人　行伍
把總陳得勝　浙江人　行伍
右營
左哨千總林建功　浙江人　行伍
溫州城守營
左哨千總劉建功　浙江人　行伍
把總孔際昌　浙江人　行伍
右哨千總劉廷光　福建同安人　軍功
把總呂長清　浙江人　行伍

光绪三十年（1904）官员名录中的吕永禄

清光绪卅四年（1908）　岁次戊申（五十四岁）

三月，淮扬道员兼领总赈务杨文鼎又电福州：“洋务局吕文起观察：淮海春荒，民食不敷接济。拟于闽省采购山芋干二万石，即俗呼地瓜，由闽用轮运沪，转至镇江接收。每斤价若干，乞查明电示。因宁波、温州均禁出口，闽省想可通融也。鼎，霰。”

三月上旬，黄式苏与朱味温应云南提学使之邀，官滇南，道经闽江，见黄式苏叔父黄鼎瑞，并遇吕渭英，因用兵警耗停留旬日，两误舟期，后经吕渭英护送二人渡台江出榕城。

其间，黄式苏作《吕观察文起年伯招饮，归后赋呈二律》：

轻车草草驻榕城，来听讴歌载道声。瓯海文章尊斗宿，皤溪勋业小经营。马郊置驿千宾客，凤翼摩天五弟兄（观察昆季皆挂名朝籍）。愧我出山初学锦，敢将治谱乞先生。（其一）

龙门此日幸追陪，谈笑春风酒一杯。推毂不忘臣叔旧（家叔父与观

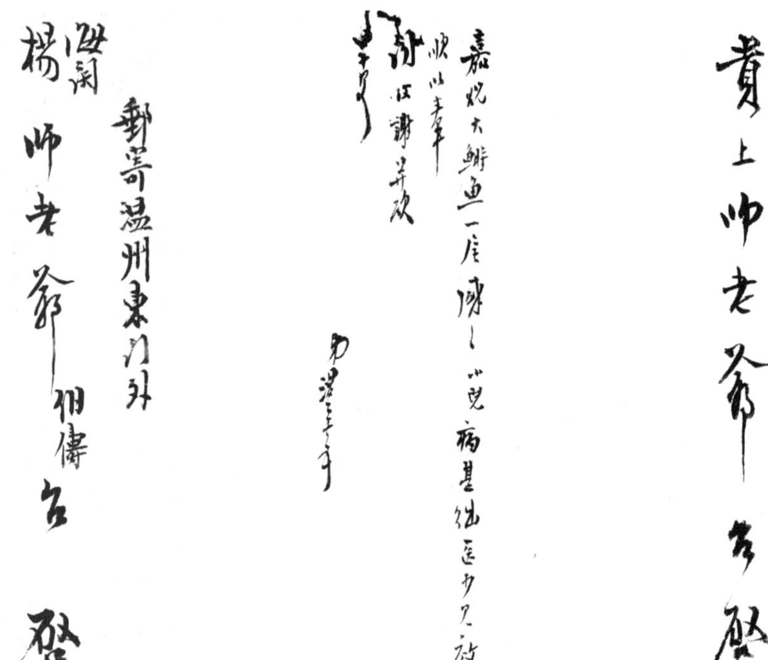

吕渭英致杨伯畴信札（一）　吕渭英致杨伯畴信札（二）　吕渭英致杨伯畴信札（三）

察同年，以州司马并宦此间，屡承垂眷），折冲端仗使君才（时会办洋务局）。海南棠树留春在，天上觚陵入梦来（观察将北上陛见）。我祝大云还出岫，莫开绿野老娱裴（自言陛见后欲返里门，不复出山，故云）。（其二）

吕文起有和韵之作：

敢说弦歌比武城，频年宦海盗虚声。新阴乔木都慵择（予过遗班久未晋引），老去菟裘愿早营。无事围棋且寻乐，有时拜石欲呼兄。永嘉山水应无恙，好把渔樵寄此生。（其一）

阮家大小久叨陪（菊襟令卞忝予同年），心醉瑜醪漫引杯。春草题诗灵运梦，秋风作赋仲宣才。愿看健翮扶鹏上，应有乡思逐雁来。佳士那堪三日别，玉山朗朗最钦裴。（其二）

朱鹏作《呈文起观察，兼送其北上陛见二律》（二首）：

孤帆夜半泊江城，卧听舟人笑语评（予初抵闽，夜泊台江，闻隔舟有诵观察惠政者，故云）。争说鹿城名下士，竭来闽峤好官声。论才跟底无余子，御外胸中有甲兵。我正西行公北上，匆匆一见别双旌。（其一）

剑佩星驰陛见臣，声名早已达枫宸。定膺温语来天上，喜听舆歌满海滨圆。大泽龙蛇思徙窟，寓园花木盼回春（观察拟改官他省，同乡衔次此间者，恐失所倚，不能无封公再来之望）。年来王粲飘零甚，未遂依刘怅此身。（其二）

注：朱鹏（1874—1933），号味温。

吕文起有和韵之作《奉和朱复戡见赠二律，并次原韵》：

下帷十载拥书城，拔帜喧传月旦评。宝剑干霄腾夜气，高文掷地作金声。依人尘海同为客，余盗潢池尚弄兵（时滇中余盗未平）。会短离长难一别，不堪江上送别旌。（其一）

归去还称草莽臣，觚棱梦远恋丹宸。愧无棠芨歌江左，且把桑麻课海滨（予将归里，创实业公司①）。杨柳莫牵官道根，梅花先报故园春。不才与世终无补，抽得清闲及早身。（其二）

注：①从此可以看出谱主对为官已萌生退意。

朱鹏

春，吕渭英与林炳章和英领事交涉“美打售膏”（大烟）事件，其过程颇为曲折。林炳章先和洋务局吕渭英观察商议，请洋务局“照会英领事，请其转谕英商，仍旧发售整箱烟土，即行停止零卖熬熟之清膏”。然而英国领事函复洋务局，把去毒社的正义行为诬为无赖行径，以禁烟为借口，“常到商行滋扰，难堪希图，率党掠夺抢散银货”。面对英领事的无理行为，洋务局据理力争，“请贵领事饬令该商停售清膏专运洋药，顺应当地福州舆情”。吕渭英全权委托林炳章以士绅名义从中斡旋。林炳章亲自致函英国领事，请英国领事传谕美打公司停卖清膏，且上书邮传部尚书陈璧，望其从中斡旋，“将闽美打售膏事件转告外部照会英使饬闽英领，谕令英商照旧售土勿再卖膏”。除此，林炳章邀请各国教士和美国领事协助，禁止美打公司售膏。在各方的斡旋与交涉下，“英领事柬邀社长（注：林炳章）入署，议结美打之事”，“英使海士格卒……令美打停售清膏，以所余清膏一百二十斤归华清膏店买受”。至此，“美打售膏”事件得以解决，其他清膏店欲借洋商名义售卖清膏的计划也被打断且都自觉认领膏捐。

林炳章为交涉“美打售膏”所做的努力得到吕渭英的嘉许，支持办理去毒社，划拨专门经费，“十成中就财政局详定三成充戒烟经费”。从 1908 年开始，财政局按月拨膏捐三成充当去毒社办理禁烟费用。1908年，有2300人通过戒烟局的帮助戒除烟瘾。1909年己酉，《闽督奏报禁烟成绩》中写道："计自开社之日起，先后具报全闽人民吸食洋烟者共二十三万有奇，戒断者五万四千二百余人，时仅年余，已戒去四分之一。"由此可见戒烟局的戒烟人数之多。

就禁售方面言之，合邑烟馆林立，一经调查员破获，往往滋生事端，而县城尤甚。有著名开灯如银哥嫂及江陵细嫂者，烟具破获之后，或佯为服毒而肆意拼赖者，或当场阻挠而公然殴辱者，尤以朱某一家，经社长为霖同社员等协警破获烟具缴官，朱率其家人戚属多人拦街饱殴，几于身无完肤，犹幸为霖素娴拳术，差免毙命。卢令对于各案分别惩办，惟于朱某一案，大震雷霆，立将朱等拘办，一并标封房屋，以儆效尤，更就提前禁运方面言之，闽南土商当时在县城者为东兴号，东兴号在杉洋者为和源号、宝源号，多则日售五六百金，少亦一二百金。尝赂某国洋行之在会城仓前山者，出面干预禁运之事，谓古田售膏之店系其洋行分设售土之所，遂附会通商条约，照会洋务局以恫吓我局总办吕渭英，使之怵，不敢辩，遽缴县不得封禁某某膏店。邑民因而公愤，为之罢市。本支社公推为霖等数人驰诣会城，上书大史，力陈古田人民情愿垫捐禁烟，实为特别办法，并援据通商条约，谓古田非条约内所载之通商口岸，洋人何碍有分店售土之事。洋洋千余言，词理激切。书入，总督松寿韪之，立檄县令卢家驹如法封蒙各膏店。本社尤以东兴店东某某尚在县狱中，虑其死灰复燃也，固请卢令递解回籍，以绝根株。而洋人之闻吾邑垫捐繁烟事者，咸诧焉，因索取其办法，以译本寄其国云。（见《古田县志》）

三月二十日（4月20日），同盟会福建支会以福州绅商各界的名义认为本地人烟稠密，木屋毗连，为预防火患和便于及时进行抢救，设立闽南救火会，会址设在桥南天安铺天安山的天安寺内。早在咸丰五年（1855），英国领事曾直接向天安铺居民李光第等租用天安寺双江台后面的空旷山园两段，盖造领事署。租约中四至界址十分明确，与天安寺毫不相关，"中间经过五十四年，双方均照约履行，相安无事"。但因寺内的藏六庵先被英领署职员曹士元（定丰）、齐伯祺占住，寺内厨房又被英领署听差张泉泉霸住，曹、齐、张三人暗中朦耸英领事与救火会混争，英领竟不顾事实公然向地方官发出照会，诬赖我们"擅行侵占大英国汉府之租界……犯有极大背约之重罪"。在任吕渭英观察和司马支恒恭却出面劝导救火会暂时迁离天安寺，或更换名称，以缓和英领的逼迫。救火会既婉辞辩复，又把前后租约绘成图说，呈请有关部门派员履勘。

五月廿二日(6月20日)，曹士元纠众至闽南救火会，不由分说，逞凶殴打该会坐办员，并摔毁全部器具。一时桥南各界动起公愤，正欲联呈指控，21日早晨，恰巧闽浙总督到亭下山日本领事署回拜新任日领事，路经仓前街，当有桥南公益社社员林雨时、郑守馨，乐群社吴家瑜，举监生员王成球、王鸿意等会同救火会的许襄侯、刘光栋等多人临时发动街坊群众，手执白旗，鹄候路旁，等待总督回舆时，一拥上前，同声控诉，请"大帅"顺道亲临救火会履勘，喊声四围响应。斯时所谓"大帅"看到这汹涌的行列，听到这强烈的吼声，面对突如其来的紧张局面，仓促之间没有主意，只得乘舆登山，巡视一周后，当众宣布此案即交地方官从严处理，众感满意。而曹氏叔侄眼见情势不妙，急央公亲陈佶斋等出面调解，自愿限期迁离该寺，立约存会，其事遂息，但不免怀恨在心。

又寺内厨房被英领署听差张泉泉霸住，该会请张搬离。张抗拒，反而诈传英领事命，勒限救火会迁出。经该会函询英领，首次得复，承认是听差之误。以后，不知曹、张两人如何播弄，英领事也认为中国人容易对付，竟于8月17日叫张差来传命，呼召该会当事人到领事署问话。该会怀疑又是张差弄鬼，当再去函询问，英领事竟这样答复："兹维来禀，所称情由，本领事合行特饬贵执事知悉，倘非贵执事及许赞国即速到案申诉，尔等何故擅行侵占大英国汉府之租界情由，本领事不得不照会地方官严勒尔等遵照。尔等犯有极大背约之重罪，但尔等犯罪，或系无知所致，且尔等胆敢不理本署听差所传本领署之谕，诚大获罪于本领事也。"云云，措辞蛮横，无理已极。

救火会接函后，明知英领违理背约，有意混争，但仍再三容忍，婉辞辩复，一面把前后租约绘成图说，呈请有关衙门派员履勘，据理交涉，但始终迁延不决。英领事更看透清廷官吏腐败无能，因即先发制人，接二连三函向办理对外事务的福建洋务总局做颠倒是非、强词夺理的反诬。其来函称："本署后之藏六庵，现被桥南救火会横行占住，吵扰难堪……天安寺内地址系在本国汉府租界之内，岂容救火会在此强抗肆扰，如不立饬搬离，必致酿成巨案……"尽情恫吓，无理至极。地方各界联名公禀各级衙门，请根据租约与英领事辨明界址，严重交涉。当局迫于舆论，派县令高庆俭到寺履勘，认为藏六庵确在租约之外，与英领署毫无关涉，详复核办。在无可辩驳的事实面前，洋务局却畏首畏尾，只以“天安寺藏六庵地址，既经商务总会详查，并经高庆铨委员逐细勘明，实在租约之外，与英领署本非相连，未便指为占据，且系办理地方公益，自可彼此相安”函复英领署，同时请求“通融办理”。

英领钻了空子，马上来函说：“据请通融办理一节，本领事尤无此权，如请通融，非饬搬离亦无可商之处，希即限该救火会赶于一礼拜内务必移搬别所，如再迟延，定即照会督宪严办。”此讯传出后，救火会直接上总督一文，着重指出：“根据租约，明载天安寺双江台后面空旷山园租与英领事建造，四至亦经详列，是今日之英署即当日之空园。”又该约尾载：“寺后门户，应行堵塞，领事署另行开门出入。寺后之门尚不得出入，寺内非英领租地已无疑义。再，英领租地是在咸丰年间，而此寺于光绪庚寅年经仓前乡董重行修整，有碑为记。倘此处系英署租地，则修整时必被阻挠，其中道理不辩自明。伏思天安寺系闽中公产，英领所租之地乃寺后空园，两不相涉，如迫令救火会迁移，则不啻默认该寺为英领所租之界址……确凿的租约，尚不足为凭，则后此交涉不知以何为根据。”于是督署又指令洋务会办吕渭英、福州分府支恒恭及绅士林炳章等到寺复勘，佥以界址分明，据实上复。洋务局再函英领事：“租地界址，应以租约为凭，贵领前次抄送租约，载明天安寺双江台后圃围墙内空旷山园两段，东、西、南三面均以围墙为界，北以内围墙为限。藏六庵松风堂在内围墙之外，证明寺后门路应行堵塞，英官署另行开门出入等字，可见英署所租之址在天安寺后之空旷园地，寺内之藏六庵并无统租在内，显而有征。且该寺供有万岁牌，官禁不能住家，自无租与贵署之理。今贵署谓已租用五十余年，不知租约之外有无别项凭据？且既系贵署租用，何以贵署文案曹氏兄弟住居藏六庵三十余年皆向该寺住持僧纳租，此节又不可解。检查租约，悉心细核，并调查往日实在情形，当必有以破解怀疑，和衷了事也。”此函措辞比较明彻，可是英领不予理睬，转向总督纠缠不已。总督饬洋务局从速结案，勿再拖延，而洋务局即转请宪台查案核示，一体驳复。就这样此推彼诿，尽在不着边际的公文里兜圈子。这充分说明当局一面慑于英领蛮横态度，无法应付，一面又怕激起群众公愤不好收拾，因此各怀鬼胎，谁都不敢做出决定。

在救火会与英领僵持时期，现任吕渭英观察和支恒恭司马二人出面劝救火会暂时迁离天安寺，或更换名称，以缓和英领的逼迫。该会召集各界开会公议，一致认为：“租约确凿尚无理要求，口实既贻，能保不公然强占？如果暂时迁徙，则英领必据为成案，是救火会迁出之日即天安寺失地之时。当场答复不能屈从，请执约力争，以保主权。”这两位地方官扑了一鼻子灰，只得嘿然而退。但英领事则向我方进一步逼迫，同时嗾使领署人员逐步向寺内实行侵占。

当时主持桥南各社团的中心人物，多半是孙中山先生领导下的福州同盟会中坚分子，他们觉悟高，有坚强的斗争性，认为本省官吏对本案的处理是不可依赖的，因又联名向中央外务部申诉，除历陈本案事实和交涉经过外，文中记有：“以福建之公产，办福建人之公益，官吏当尽其保护之义务，外人自敛其吞噬之野心，乃曹士元狡比城狐，已官箴之有玷，张泉泉身为虎伥，复人格之无存，致使公法弁髦。英公使听肤受之诉，两端鼠首，交涉家存姑息之私，此地为戎，谁尸其咎……请准派员莅闽查勘，以存公产，拒绝侵占。”此呈发后，很久没有下文。大抵过去所称的外交家，对外交涉事项，不是与外国签订丧权辱国的不平等条约，就是把案件有意识地拖下去，不了了之。此案是非曲直十分明显，但拖延年余不能合理解决，实在令人齿冷。

此时当地报纸不断把交涉情况及时披露，同时救火会也将全案经过印发了《福州英领事混争天安寺纪实》的小册子分寄省内外，请求援助，争回国权。首先是上海环球学生会特举代表陈丙台回闽协助，省外福州同乡会也函电交驰，互相声援，于是各界特别是青年学生、码头工人和商店店员群情激奋，以罢市、罢工的实际行动来推动政府进行强硬交涉，以绝英人吞噬的野心。学生张希瑜、施秉政等人为首组织“反抗英领事侵占天安寺地址宣传队”，各执旗帜，散发标语、传单，沿途宣讲，听者动容，同声抗议，一时全城群众情绪激昂，如决江河不可遏止。消息传到北京后，英国驻华公使特派参赞英斯克兼道来闽，调查真相，并约会当地社团代表，同往天安寺做了十分精细的履勘工作。核对租约及图说以后，在人证物证无可指驳的情况下，该参赞面红耳赤，无词可答。同时鉴于中国民情不可侮，为缓和中国人民的反英情绪，当即承认确有侵占行为，据实报由驻华公使电令驻闽英领立即恢复天安寺界址，归还救火会，轩然大波遂告平息。本案自发生至结案，历时一年又三个月之久，此时已是宣统元年(1909)九月、十月了。这个胜利是近百年来对外交涉案件中所不易得到的一次胜利，所以值得追记。(见《清末福州人民反帝斗争史话》)

四月十二日，奉闽浙总督寿松奏：“闽省密迩台澎近年交涉之繁，教案之多，实为各省所未有，而因应之难，较之二十年前何啻百倍，查有二品顶戴福建盐法通鹿学良、二品顶戴福建候补道吕渭英，经前兼署督臣崇善饬委总办通省洋务局事宜，到差以来，遇有交涉及教民争控事件，均能督率在事各员按照公法条约相机应付，不激不随，洞中窥要，用能，彼此相安（中略）。悉当查从前洋务常年保案，均照寻常劳绩给奖，现奉变通洋务保奖章程准予酌保异常劳绩，凡此破格奖励无非重视外交，兹吕渭英等在事异常出力，自应分别酌予奖叙以厉勤劳，合无仰恳。天恩俯准将二品顶戴福建盐法道鹿学良俟升缺后，赏加头品顶戴；（后略）福建候补道吕渭英请仍以道员归候补班以示鼓励，出自逾格鸿施谨附片陈请伏乞圣鉴训示谨！”

五月廿九日，闽浙总督松寿上呈光绪帝《闽浙总督兼管闽海关松寿折》："前署福州府、在任候补知府、本任福防同知吕渭英于光绪卅二年十二月十六日卸职。"

七月，驻福州英国领事屡向福建洋务局诉称，该城诸多铜铺号"仿制油灯，显犯彼国专业章程"。因此事福州商务总会特地移函福建洋务总局，力辩"各工人所制各式之灯，确无假冒英国商标情事"；并指出1906年的商会简明章程第二十六款，"凡商人能将中外原有货品改制精良者，即报商会考核，准其察部酌给专照，以示鼓励"。各铜铺号制造赛光灯与商律显然并无违背。"况所制之灯，其中机件亦非处处尽同，且无假冒商标"，"此事上关国权，下系工业，自应移请理论"。要求洋务局与英国领事进行严正交涉，拒绝其无理要求。

秋，朝廷任官方式开始进行重大调整。其中一项重要决策，就是"停止京外各项选班"。除州县于光绪卅四年（1908）全部留授外，其余道、府、直隶州知州、同知、通判、佐杂和盐务等官缺，重在选班。选班首重正途，选任制度的变革，让吕渭英认识到自己非是进士出身，再加任期届满，觉得仕途很难突破，遂于年底回乡等缺候补。

另有吕渭英在光绪末年，创设全浙会馆于福建（具体年份不可考）。

十一月十四日，时任两江总督兼南洋通商大臣的端方与江苏巡抚陈启泰联名上奏《筹办南洋劝业会折》，倡议在江宁城创办南洋第一次劝业会，"以振兴实业，开通民智"，得到清廷准奏。

清宣统元年（1909）　岁次己酉（五十五岁）

一月廿一日，晴。午后，刘绍宽谒吕渭英。

一月廿三日，晴。吕渭英回拜刘绍宽。

一月廿五日，雨。午刻，张棡在周宅陪吕渭英、刘渠川两观察饮酒。同席者尚有戴君丹坪、项君渭卿、潘君子承诸人。

二月廿六日(3 月 17 日),《浙江日报》载:温州茂生钱庄“近被陈元元纸行并应某等拖欠甚巨,以至倒闭,亏空六万元。该庄经手已发押粮厅长,现由商会代理吕渭英观察与宁波公所董事史君春芳等出为理处倒账,以四折归还,将次就结”。再行“择期开会,宣布另举总理”。

注:因前任商会总理王岳崧已连续任职四年,按照章程须另举贤能,之前王岳崧呈请吕渭英代理总理之职权。

二月,因瑞安项湘藻学务办理不善学款及办学效果不佳,陈介石寻求吕渭英帮助说服知府吴学庄停办瑞安中学堂。

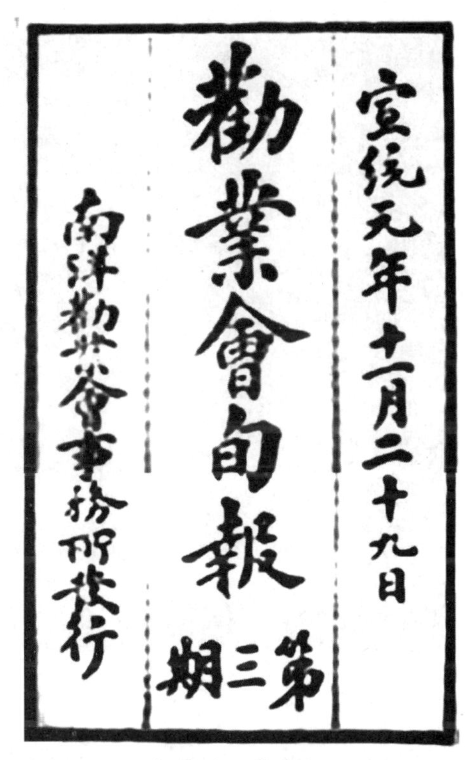
宣統元年十一月二十九日
勸業會旬報
第三期
南洋勸業會事務所發行

南洋劝业会旬报

项湘藻

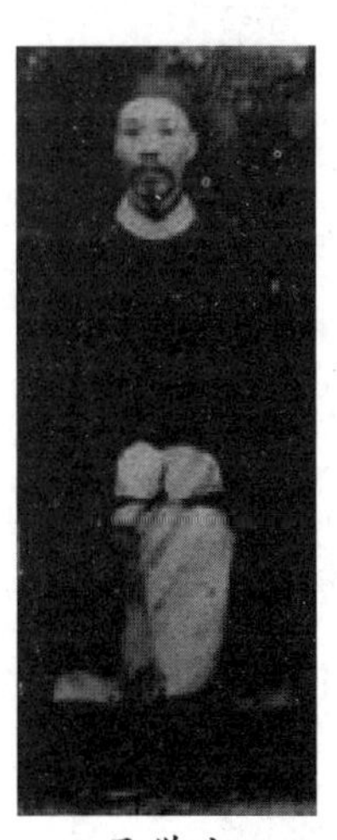
吴学庄

朱子常所雕济癫和尚

欽命都察院副都御史巡撫浙江部院節制水陸各鎮會辦鹽政大臣增
加給奬憑事案照南洋第一次勸業會所
有會場陳列各品業經
審查總長楊分別頒給超等優等文憑暨
金銀各牌由本部院召集各出品人行正
式給憑禮查該出品人留心製造既由
審查總長核定量與褒奬本部院良深嘉
許應再分別加給奬憑以示勸勵茲查有
本雕刻人物
經審查官公同評議並呈由
審查總長核奬除將原給奬憑發給外合
行加填奬憑以昭奬勵須至憑者
右給温州府商會 收執
宣統三年四月拾陸日
温州府商會轉給出品人朱子常收執

宣统三年（1911）钦命都察院副都御史通过温州府商会转送给朱子常的奖凭

欽命都察院副都御史巡撫浙江部院節制水陸各鎮會辦鹽政大臣增
加給奬憑事案照南洋第一次勸業會所
有會場陳列各品業經
審查總長楊分別頒給超等優等文憑暨
金銀各牌由本部院召集各出品人行正
式給憑禮查該出品人留心製造既由
審查總長核定量與褒奬本部院良深嘉
許應再分別加給奬憑以示勸勵茲查有
本雕刻人物
經審查官公同評議並呈由
審查總長核奬除將原給奬憑發給外合
行加填奬憑以昭奬勵須至憑者
右給温州府商會 收執
宣統三年四月拾陸日
温州府商會轉給出品人朱子常收執

宣统三年（1911）钦命都察院副都御史通过温州府商会转送给朱子常的奖凭

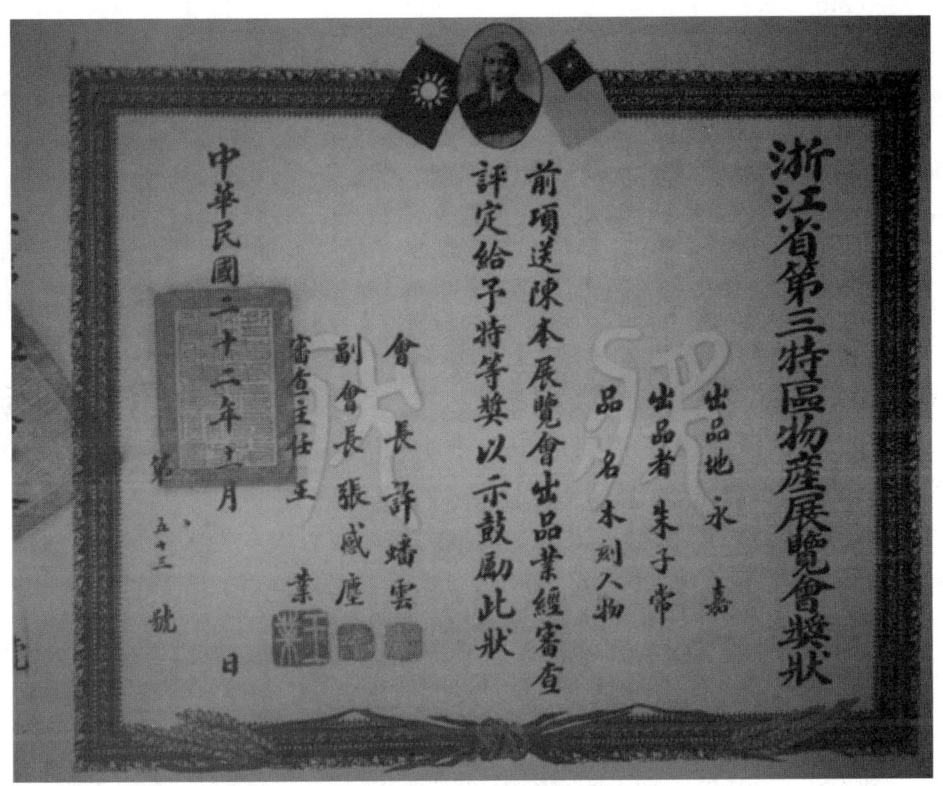
浙江省第三特區物產展覽會獎狀
出品地 永嘉
出品者 朱子常
品名 木刻人物
前項送陳本展覽會出品業經審查
評定給予特等獎以示鼓勵此狀
會長 許蟠雲
副會長 張威塵
審查主任 王 業
中華民國二十二年 月 日
第五十三號

浙江省第三特区物产展览会奖给朱子常的奖状

二月，清廷下谕批准以官商联办形式举办南洋劝业会，并在南京设劝业会事务所，具体负责筹办运作。新任两江总督兼南洋大臣张人骏担任正会长，虞洽卿任副会长，陈琪任坐办，向瑞琨任帮办，李哲浚任会办，具体负责筹备工作。瑞安郭凤鸣参与其中。同时吕渭英因能力强，威望高，被选举为南洋劝业会温州出品协赞会协赞。为征集物品参展和撰写《温州府属调查报告》，郭凤鸣于是年返回温州，请担任温州商会总理的吕渭英帮助调查和搜罗展品。吕渭英认为温州能有幸参加此等盛会，实在难得，固慨然应允，为郭凤鸣引荐各界名流，最终以温州商会名义推荐黄杨木雕师傅朱子常作品——“济癫和尚”参加第一次南洋劝业会。宣统二年四月廿八日(1910年6月5日)南洋劝业会于江宁(今南京)丁家桥隆重开幕，十月廿八日(11月29日)圆满闭幕。“济癫和尚”博得好评，最终获得了仅次于超等奖的优等奖，可以说吕渭英是温州黄杨木雕大师朱子常的伯乐。朱子常因此传徒甚众，对近代温州木雕艺术的形成和发展影响甚巨。

注：郭凤鸣(1871—1938)，字漱霞，瑞安县城人。郭凤诰弟。资质聪颖，

才思敏捷，邑诸生，毕业于浙江政法学堂。历任瑞安利济医院医生兼《利济学报》总校、瑞安普通学堂学监、温宁大新轮船公司及大富铅矿公司总经理、浙江渔业公司副经理、浙江全省渔团局局长等职。四游欧美，两渡日本，回国后任国家农林部、农商部司长，代理财政部部长，全国经济委员会委员等要职。为人耿直善良，生活俭朴，清正廉明，富于开拓精神，为我国经济、实业做出重要贡献。

郭凤鸣

闰二月廿一日，晴。温州府中学堂十时举行毕业式，吕渭英、温州知府吴学庄、黄观察祖经、朱学师寿保、余筱泉太史、陈经廓大令、黄仲荃孝廉均在座。毕业生计最优等三名：任宏中、潘云路、陈闳恕；优等三名：崔陈鸿、李廷镳、陈慕琳。

1909年2月，温州府中学堂举行第一次毕业式

三月初三日，阴，微雨。孟筱鹤招游仙岩，八点钟出小南门登舟，用小轮拖带，到者仅吕渭英与符璋和彭儿父子、厚生庄东张某及同居戴松波数人。水程五十余里，抵岸，先至圣寿禅寺，后至梅雨潭。飞瀑劈空，山石巉削，景颇奇异，不亚青田之石门洞。憩赏数刻，回舟燕饮。船至甘澍禅院桥边候轮，盖郡境与瑞安分界处也。符璋归寓，尚未上灯。

注：符璋(1853—1929)，字聘之，一字笑拈，号蜕庵，晚号江东生，江西宜黄人，宣统元年(1909)充温处道署文牍，辛亥革命后曾任瑞安县民事长。

梅雨亭

1915 年，冒广生聘为瓯海关幕僚，道尹林鲲翔聘为咨议，从此寓居永嘉。善诗文，辑有《范子》，著有《蜕庵文集》《蜕庵剩稿》《蜕庵续稿》。

三月，吕渭英作《己酉三月三日仙岩纪游》：

夙闻仙岩名，卅年抱遐想，非无山水，缘缰锁苦羁鞅，上巳逢禊辰莺花日，骀荡绮筵，狎时彦壶榼恣欢猛雨宵蓦来，申旦吁，清朗南浦缘已，波绪风动兰桨，蜿蜒卅里程，山翠压蓬榜峨峨。见浮图梵宫一何敞象，教久凌夷佞佛犹合掌，导游入梅潭，领仄挟僧上，远闻雷瀑喧，未到神已爽，倒流翻银河，高崖越千丈，不劳巨灵劈一峡，自成两孤亭百尺，遥飞沫溅人颣觅。长接齐厨碓轰覆，棚厂煮茶洗铛杓，浇花挈瓶盎严寒，云懒栖泉奔硐留，响清源归浊流。万古同一往深林，啸鼯鼪阴壑踞，魍魉凿险窥洞天，买勇谢畴，曩摩崖雪鸿爪，姓氏存想，像桑下戒三宿，婴缠刿尘网散，人无町畦，屡驾不嫌枉。宋朱与陈遗，构在林莽，高躅邈千祺，坐冷，后生仰良朋惬，嘉招肯靳屐几緉，名山让僧占此事，愧吾党裹粮行，独来山灵盟息壤。（《蜕盦剩稿》五）

三月初五日，晴。上午，符璋来拜谒吕渭英，未面。

三月初八日，阴，微雨，天气蒸闷。吕渭英答拜符璋。

三月下旬，出现“徐思文包揽典价，纠荡学舍”，甚至殴伤教习伍梅茎事。陈介石急电余朝绅、吕文起二大绅出面主持，并推余朝绅任医学堂监督，以便“破群议而招众助”。

注：余朝绅（1855—1917），字播敷，号筱泉，又号绶伯，乐清人，徙居永嘉（今鹿城区丁字桥巷）。聪颖好学，博闻强记。清光绪元年（1875）中举人，九年成进士，十二年为翰林院庶吉士，十五年散馆授编修，历任国史馆纂修、编书处协修、会典馆纂修等职。1917 年 10 月卒，享年 63 岁。遗著未曾结集，其论弈诗 30 首已佚，现存《地方利弊论》及《感事诗》12 首。

陈怀(孟聪)

三月末(5月中旬),陈介石致函与陈孟聪(陈怀)言,吕渭英与余朝绅为陈孟聪揄扬颇力,为荐举某科地。陈介石颇感激。

四月,温州选举省谘议局议员,吕渭英作为候选人参选。

六月初一日,晴。省谘议局议员复选举期,投票于师范学堂,刘绍宽为监察员。

六月初二日,晴。省谘议局复选举开票:徐象严八票,王理孚七票,贾燊七票,黄式苏七票,陈介石六票,项湘藻六票。候补二名:吕文起五票,陈锡琛五票。尚少二名,另开再选次多数二名:陈巨成四票,许燊二票。后因王理孚①被选为会议厅审查员,吕渭英增补为省第二届议员。②《申报》1909年7月23日有报道。

王理孚

注:

①王理孚,字志澄(1876—1950),又名虬髯、髯翁,龙港镇陈营里(今江山办事处周家车九板桥一带)人,在此生活了20年,21岁迁鳌江居住。王理孚晚年自编《海髯诗》,请人抄写后自加校对。抄本和一些删余诗由其家族保存下来,至20世纪末由其子王载纮复印成册。1950年病殁于永嘉县城(今温州市鹿城区),终年75岁。

②宣统元年末(1910年初)陈介石致刘次饶书:前电已达。公此次被选,为我郡极生色。王志澄亦在选列。志澄已开去谘议局议员缺,归吕观察补入,已电沪催到杭。如观察在家,即请一出,祷切。

六月初九日,晴。符璋拜吕文起,未晤。

六月初十日,晴。吕文起答拜符璋。

六月廿八日,晴。上午,符璋拜吕文起。是日午刻,公宴新就任道台郭则沄及旧任贺云彬道台于四明公所,因时值光绪帝忌日,颇遭訾议。未申间大雨如注,吕文起答拜符璋,未面。

注:郭则沄,字蛰云,号啸麓,又号龙顾山人,福建侯官(今福州)人,任温处道兼领海关监商税。宣统二年(1910)秋代理浙江提学使。创办农业学校

和贫民习艺所。辛亥春，回温处道任。武昌起义后离温。徐世昌任总统，郭被委为铨叙局局长、国务院总统府秘书、侨务局总裁。著有《龙顾山人集》。（见《温州城区历代人物录》）

七月初十日，晴。夏君正起访张震轩，谈及大房阿同、阿周为妄抢福建大盐事，被其向道宪控诉，现新道郭则沄也是福建人，已答应赔之，闻议罚上码局万金，否则照例办罪。阿周等已恳吕文起出为调停，已酌赔他五千金，而福建人尚不肯，正不知如何了局也。

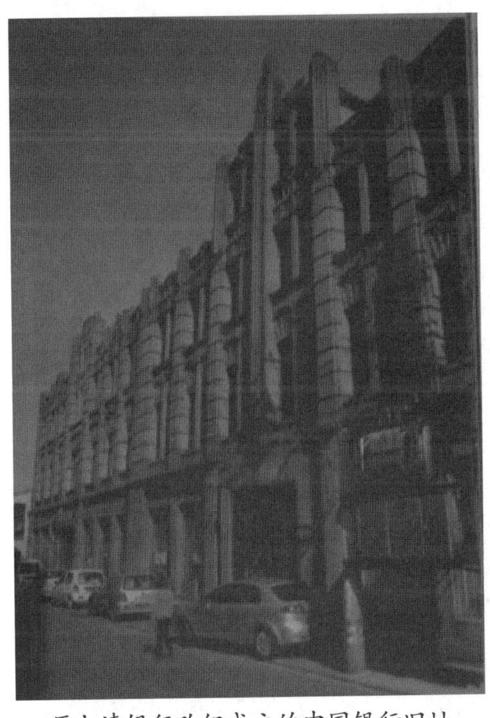

原大清银行改组成立的中国银行旧址

咨稅務處中國銀行設立溫州分號請代收關稅希轉飭遵照文 三年十二月七日

爲咨行事。據中國銀行詳稱浙省溫州地方本行業經設立分號。并遵章代理該地支金庫事宜。現據該分號陳報組織成立前來。并稱溫州向有甌海關所收稅現由該關郵匯滬行。本支庫現經成立。援照總行前領總稅司所定代理關稅合同九條辦法。與該關立約代理稅款。惟事關稅務。應候轉詳示遵等情。查該分號所請代收關稅。自屬支庫應辦事宜。備文請部鑒核。伏候咨行稅務處飭令甌海關監督稅務司遵照。議立合同以便接收等情。相應咨請　貴處飭總稅務司轉飭遵照辦理。此咨

中国银行设立温州分号请代收关税转饬遵照文

七月朔日，前温处道郭则沄于四月开始筹设大清户部银行温州分号，至此始成。海关税收均存储其中，吕渭英负责其事。1913 年底，大清银行改组为中国银行，次年温州设立分行。（见《永嘉乡土地理志》）

七月廿八日（9 月 12 日），浙江巡抚增韫提前召集议员，“互选假定正副议长”并“主管事务官署，调查全省应草事务，设立审查议案委员会”，陈介石当选。

七月廿九日（9 月 13 日），陈介石以省谘议局议长名义，和副议长、议员等 51 人为浙路事呈请浙抚开临时会，原文：“本局立于代表舆论之地位，内疚人言，外虞暴动，应视为紧急事件，呈请召集临时会。”浙抚增韫迟迟不敢上奏，甚至两下“停会命令”，直至 10 月 31 日陈介石致书质问：“议员虽不以

解散为心，然究不能不以停会为辱。介石既未能晓然于执事停会之由，更何敢任议员悛改不悛改之责。”抚院旋即被迫出奏。盛宣怀见众怒难犯，和英使朱尔典密谋，终于将沪杭甬铁路借款合同废止，把借款移作开封徐州铁路的借款。至此，苏浙的保路运动方才取得最后胜利。

七月，温处道郭则沄致函吕渭英，原文：

文起世叔大公祖大人阁下：

日昨骖从枉临，畅聆棨诲为快。兹有恳者：仆人邓诚曾在如瓯两处供役，兹因事乞假回里，拟就闽，图一枝栖。侄久未旋乡，官界中熟人甚罕，不揣冒昧，仰乞长者随便酌予一书，但愿得一噉饭之所，想索阴所在，当可量为推荐。屋乌之爱，纫感靡涯矣。肃叩崇安。

治世小侄则沄顿首

八月初五日，晴。清晨郭道台及官亲、幕友四五人晋省，乘丰顺来，同寓泰安栈。吕渭英及伊戚叶步瀛大令、孟少隺优贡均至。与诸人一谈，郭公盖为擢署提学司一事入省面辞也。晚间，约赴雅叙园小饮。饮毕观剧，三鼓回寓。

八月初六日，晴。天气蒸闷。郭则沄早车赴杭。午刻雨。符璋夜招吕渭英、叶、孟、蓝小饮。

九月初一日（10月14日），吕渭英到杭州赴省谘议局第一日会议，沈钧儒被选为临时议长，陈介石和陈叔通为副议长。下午继续投票，陈介石以76票当选正议长，陈时夏与沈钧儒当选副议长。九月初十日正式开幕。

九月初五日，阴，天气蒸闷异常。午后符璋拜谒吕渭英，未晤。

九月初六日，阴。午后，符璋来拜，吕渭英言及道台海防所入，岁约三万元，可得万数千元，办公经费五千元。

林玉麟

九月初七日，阴。下午，吕渭英交符璋《来致杭道启约》一函。温州府收发员王耕九夜间交符璋《吕文起致黄仲荃》一函。

九月十二日，阴。据张震轩女儿云：“今日叶墨山婿两兄弟均在郡考自治研究科。”张震轩于饭后即登舟上郡城。十一点钟到周宅，闻地方自治研究所系余筱泉、吕渭英二位先生创办，即在周宅祠堂。是日招生考试，道、府、县三宪道台郭则沄、知府吴学庄、知县林玉麟均到，来考者约二百人。张震轩乃俟叶墨山考毕，即邀之到周宅午饭。下午同叶墨山到周祠看自治研究所。据上海《申报》载该研究所于民国元年(1912)九月廿八日改办法政学堂,从周氏祠堂搬至道署后农业学堂基址。吕渭英于民国二年(1913),荐举好友王毓英接任所长。

周宅祠巷天主堂

吕渭英所办自治研究所上学期课程设置:法学通论、宪法纲要、地方自治章程并选举章程、国家原理、行政法、经济大意、财政要论;明年春,即自治研究所下学期课程设置:政治学大意、地方自治章程及选举章程性、自治筹办处所定各项筹办方法、谘议局章程并选举章程、调查户口章程、现行法制大意、其他奏定有关自治及选举各项法律章程。

十月廿三日,晴。午后符璋拜晤吕渭英。

十月,《浙江地方自治筹办处文报》第二册载:"浙江地方自治筹办处批温州府详吕渭英等禀设立永嘉自治研究所由据详已悉,该绅等能提前组织永嘉自治研究所,殊堪嘉尚!惟查阅简章,所长、讲员之资格及听讲员城镇乡如何分配讲授,共分几班,每班若干人,预算经费应需若干,均未规定。且查部章及本处所定办法,所长只一员,以讲员兼充,并无正副名目。原拟第四条核与定章未符,至编辑员度,系专为部定自治研究所章程第九条而设。

然编订此项白话，应即由各讲员担任，毋庸另设专员，以期撙节。仰该府札饬永嘉县转知该绅等将简章另行增改，并将职员及听讲员姓名资格详细造册，仍呈由永嘉县查照本处前次通饬各厅州县自治研究所详请立案应行声明各事项复核无异，再行转详本处立案。仍候抚宪暨藩司衙门批示。缴。简章存。”

十一月初二日，符璋夜赴吕渭英之招，座中有委员、曾太守及朱寿保、郑啸云二广文，徐、沈、黄、顾诸君。

十一月初四日，晴。吕渭英夜赴冯念勤中府之招，在坐为平、瑞两协，符璋、朱寿保、郑啸云、刘诸公。

十一月，京城内画壶四大高手之一马少宣为吕渭英作带有吕渭英画像的内画鼻烟壶。壶身内题《九月九日忆山东兄弟》：“独在异乡为异客，每逢佳节倍思亲。遥知兄弟登高处，遍插茱萸少一人。”

鼻烟壶上的正面吕渭英

鼻烟壶上背面诗

十二月初三日，雨。符璋夜赴师范学堂饮，主人为黄、徐、刘、徐四人，徐定超、余朝绅、吕渭英均在坐。郭则沄交来致袁学使一函。

十二月初四日（1910 年 1 月 14 日），浙江地方自治筹办处札催永嘉县迅速查明该县自治研究所遵照前令批札逐一遵章详复文：

为札催事。前据温州府详在籍福建候补道吕渭英等禀设永嘉自治研究所并呈清折立案，当以该绅等所拟简章所长、讲员之资格及听讲员城镇乡如何分配讲授，共分几班，每班若干人，预算经费应需若干，均未配定。且查部章及本处所定办法，所长只一员，以讲员兼充，并无正副名目。原拟第四条，核与部章未符。至编辑员度，系专为部定自治研究所章程第九条而设。然编订此项白话，应即由各讲员担任，毋庸另设专员，以期撙节，是经批府转饬该县知照，该绅等将简章另行增改，并将职员及听讲员姓名资格详细造册，仍呈由该县查照本处前次通饬各厅州县自治研究所详请立案应行声明各事项复核无异，再行转详本处立案在案。现经数月之久，该县并未遵饬详复，殊属延玩。合亟札催札到，仰该县迅速查照前今批札，查明吕绅等所办永嘉自治研究所简章已否照改，并造具职员及听讲员名册，迅速详复，以凭核夺。事关自治始基，办理勤惰，功过随之。毋再延误，致干未便，切切！

十二月初七日（1910年1月17日），宋平子致函《瑞安先哲孙太仆墓遭盗发，温台处绅士公恳浙抚宪饬司从严办理此案禀稿》示与吕文起，请求联名致电浙抚宪饬司从严办理。原文如下：

晚学宋平子谨拟，恭呈诸先生、侍者！可用与否，伏候鉴裁！季冬七日拟稿。

宋恕

为确具名宦、乡贤人格之故绅，惨遗伙盗发墓，佥恳据察饬司，比照乡隧墓迢盗发律例，从严办理，以劝廉吏而助法政之改良、慰真儒而谋教育之进步事：

窃绅等籍温台处，上月下旬，温属之瑞安县出有故太仆寺卿孙绅墓遭盗发一案，行路闻之，莫不流涕。业经该县署理知县朱令桐于本月初二日临场，勘得拜坛毁坏，棺开骸乱，决为伙发是实，检有发墓遗械之，益为呜咽。

盖缘向来温台等郡，土匪横行，剽掠椎埋，其风孔炽。彼伙盗殆以为该故绅曾作藩司，其资必雄，其殓必厚，故起意发墓分赃。而岂知该故绅虽曾作藩司，而以矢志为廉吏、为真儒之故，赀不逾中户，殓若是其薄哉！彼伙盗当亦悔劳别颊，奢望竟虚；在瑞令自必照例察详，悬赏购犯；而绅等佥以此案有关于法政及教育之前途甚巨，决非寻常大绅墓遭盗发，惨止一门，无关全局者比，诚有万不能已于上恳者。不揣冒昧，敢为我大公祖披沥陈之：

谨按：故太仆寺卿孙衣言，字劭闻，号琴西，晚号逊学，浙江瑞安县人也。崛起草茅，坚苦卓绝。学追陈叶，文逼韩欧。内班清华，外任□□。琉球传道，皇孙受经。商笔大名，震海内外。湘乡使相，赠句手书。曾文正公手书赠先生句云："高笔大名海内外，君来我去天东南。"今尚存本宅，遗折忧时，般般举达。曾文正公遗折保举海内人才六人，先生与焉。曲园居士，濂亭主人，东南大师，一时鼎足。皖有冤狱，行贿已周。独拒重金，力雪沈恨。长淮南北，颂以二天。江左财区，藩司要职。差缺索价，支销浮开，往往幕丁，且致豪富。该故绅异常峻洁，不染丝毫。掸属慈氓，抗院惜赋，去官之日，点验库银，计两交存，逾二百万。归装何有？但书五车。陋宅瘠田，萧然林下。饭蔬衣布，刻己惠人。辟塾招英，诲而兼食。提倡朴学，斥抑靡文。永嘉丛书，辛勤校梓。表章先哲，尤著伟功。日域求遗，宋椠知贵。天荒首破，曙光乃来。教子义方，俱成不朽：长日诒榖，以死勤民。次日诒让，博通冠世，疏《姬》诂《墨》，述《政》原《名》。谷饮岩栖，尽瘁兴校。发扬亚粹，吸引欧源。解女足缠，集农听演。义宁湘抚，长沙邮书，时望华嵩，成尝特荐。国史立传，天语曾宣。

伏查名宦乡贤，墓遭盗发，森森三尺，加重寻常，列圣所以劝廉吏、慰典儒，意至切也。绅等于该故绅宦绩所留，多曾游历，金陵父老、皖鄂衣冠，传说清风，口碑未断，每聆谈轶，景仰弥深。虽各该省已未将该故绅请祀名宦，道远骤难询周访确，而该故绅之确具名宦人格，固各该省官民所久经公认者矣！

该故绅卒于光绪甲午，请祀乡贤，年未及限。乡人不能忍待，先共私奉其神主于澄江贤祠而馨香之，并及其子，故学部二等谘议官诒让。顷者，瑞安民智稍辟，宦途积弊，渐多略知，敬慕前修，因之倍众，且有建议为该故绅父子铸铜像、立专祠、筑纪念亭者。是乡贤之祀虽滞于卒后年限，有待上闻；而该故绅之确具乡贤人格，则岂独温郡士大夫所公认者耶？然则就本案论本案，若不获比照名宦乡贤墓遭盗发律例办理，将何以劝廉吏而慰真儒？矧恭值亲贤摄政，罔治牧孜，朝野胜流方群焉为法政改良、教育进步计，则于劝廉吏、慰真儒二大要素尤宜三致意焉。

昔敖子负薪，楚怀廉吏，郑君表里，汉式真儒，故能铸屈宋之忠魂，培齐鲁之元气。岂况丹黄万卷，手泽犹新，数郡文明，皆蒙输灌。而惨睹暴骨，不为一言，狐兔纵横，任其凌虐，白杨荒草，夜哭幽灵，尚复谈何自治？谋何普及？非不知我大公祖荩筹所运，巨细无遗，夫岂犹俟绅等献曝！惟伏念绅等或本有言责，或现充议员，或助理桑梓一切新机关，际此豫备立宪时代，苟见有关于法政及教育前途甚巨之事，均未便自同寒蝉，蹈放弃义务之咎，相应金恳大公祖大人恩准：据察札饬臬司，将宣统元年十一月分瑞安县孙故绅墓遭伙盗惨发一案，比照名宦乡贤墓进盗发律例从严办理，以上剐列圣劝廉吏、慰真儒之德意，以助法政之改良，以谋教育之进步，温台处幸甚！全浙亦幸甚！绅等不胜悲愤企祷之至！

据另纸列名“具禀温、台、处绅士”的，依次为“浙江谘议局议长兼教育总会会董、度支郎主事陈黼宸，谘议局议员、前给事中杨晨，省城两级师范学堂监督、丁忧京畿道监察御史徐定超，财政议绅、翰林院编修余朝绅，翰林院检讨章梫，陆军部员外郎王恭爵，法部主事陈国钧，法传部主书何奏篪，邮传郎主事徐象先，前署理湖北盐法道黄绍第，福建候补道吕渭英，湖北候补道刘秉彝，江苏候补通陈万言，广东候补道王舟瑶，前署理安徽凤阳府知府王咏霓，进士王岳崧、洪锦标、何庆辅，学务议绅、举人兼谘议局议员黄式苏，温属谘议局议员徐象严、项湘藻、王理孚，举人章楷、唐黼墀，拔贡生刘绍宽、李炳光、王佑宸，吉林提学司一等科员、职贡生郭凤诰，温州府中学堂教员、廪生陈怀，附生林文藻，前山东院委学务议员、非陆军学堂总教习、职贡生宋衡等”。

十二月初十日，阴雨。符璋至吕宅道喜。

平子先生大人有道一别二十年矣想望
音塵時殷洄溯何期
高賢偎辱
垂教蕙函中紙惟若平生承
示盗發　孫太僕墓壙聆之怵心保護維持後死之
責分應署名公牘嚴請緝追以妥　鄉先達幽靈
於地下也春间得間尚當躬候
起居一傾積愫

吕渭英致宋平子信札（一）

吕渭英致宋平子信札（二）

十二月(1910年1月下旬),吕渭英为宣统元年十一月廿九日,故太仆寺卿孙衣言墓被盗发事致信宋恕。原文如下:

平子先生大人有道:

一别二十年矣,想望音尘,时殷回溯。何期高贤偎辱垂教,发函申纸,欢若平生。承示盗发孙太仆墓圹,聆之怵心,保护维持,后死之责,分应署名公牍,严请缉追,以妥乡先达幽灵于地下也。

春间得闲,尚当躬候起居,一倾积愫。华标在望,谅或不我遐弃耶!肃复,敬请道安,并贺年禧不具

小弟吕渭英顿首

是年,浙江选贡第一名郑绍钧,永嘉人,字百鸿,号守墨。光绪戊寅(1878)年生,住铁井栏街洞桥头。曾游学日本,著《说文简字》。吕渭英与其岳丈陈子万(寿宸)、余筱泉、陈墨农等均为其业师。

鄭紹鈞

譜名朝江幼名匯江字百鴻號守墨行一光緒戊寅年九月十六日吉時生嘗游學日本歷掌永嘉高等小學堂國文教席兼辦勸學所事宜著有說文簡字擬刊浙江溫州永嘉縣學優行附生民籍

始遷祖伯熊宋紹興乙丑進士龍圖閣學士扈從
高宗至溫遂居郡之鯉魚橋
謚文肅入鄉賢祠嘗奉瞿
學使文
錄後

二世祖桂紹興甲戌進士嘗遷淮安嗣授縉雲縣尹
因而置墓縉邑士大夫爲建留思牌樓人名宦祠

三世祖壽孫教諭

四世祖道行教授

一世叔祖伯英隆興癸未進士理學著有歸愚翁集人鄉賢祠 伯海與紹
辛未進士理學人
邑志忠孝義行傳

二世叔祖秀生 潤生

三世叔祖德孫 鼎孫

四世叔祖中行號肅菴當時推爲名醫名偏壽八十八

五世叔祖尚 紅 璉 瑾

六世叔祖壽 康 阜 華

履歷

郑绍钧硃卷

是年,吕渭英为温州商会"请将永嘉县光绪卅三年(1907)以前积欠倍捐银两,恳请恩准免缴以示体恤"。

是年,吕渭英捐款于温州府中学堂。

是年,吕渭英主持修府城隍庙。

清宣统二年(1910)
岁次庚戌(五十六岁)

正月,浙江巡抚增韫奏筹拨厅州县自治研究所事务所经费。

正月初七日,晴。吴太尊、余筱泉、吕文起拜谒刘绍宽处。夜,吕文起观察、郑绍平少尹招饮符璋,符璋未赴。

正月初八日,吕渭英购小轮名"洪福",专走虹桥、坎门一带内洋,是日开行,公司名曰"东益",隔天开行一次。此为温州最早的内港客货轮航线,源于吕渭英认为商业发展要以交通便利为第一要义,非自办轮船,温州商业难

以自立。

正月初九日，晴。午刻吕文起赴徐木初部郎之招，同座为吴太尊、梅统领、符璋、余朝绅，叶、瞿二大令及木初之兄端甫。下午赴章喆士之招，皆符璋等道署中人，及海关司事魏某谈及吕文起购船之事。

正月十三日，雨，霰。万寿日。吕文起拜谒符璋，符璋以农业学堂文件面交吕文起。午刻吕文起赴余筱泉先生招饮之约，陈介石、陈经廓、刘绍宽均在座。夜符璋公宴诸绅于府学，到者为吕文起、余、陈、叶、孟诸人，徐氏昆仲及周绅未到。

正月十五日，阴，微雨。上元佳节。丰顺、宝华先后进口，上海日本总领事派巡官阳基清治来瓯查办日人演出中滋闹打伤中国群众一事。道台嘱与洋务员熊令同办交涉。午后符璋谒太尊，拜首县，面商一切。夜间县中送信，云已借定自治公所，十七日三句钟开谈。符璋拜吕文起，又未晤。

正月十六日，雨。清晨符璋到署。午刻日人来，改于本日三点钟开谈。遂约熊大令至自治公所，吕文起、伊大令先后到。少顷，阳基清治带同日人中谷德造及一本地人同来。巡官及巡警总董周绅亦至，由吕文起邀一能通东语之王慈夫者来，所谈始较洽。日人仅任查访，不任办理，一切诿之领事，而言语尚和平，订伊令明日至医院验明该家丁伤痕。议散已晚，即回寓。

正月廿一日，雨。清晨符璋拜吕文起，未晤，即入署。

正月廿二日，阴。吕渭英去拜符璋，交给文件两种。

二月初一日(3 月 11 日)，浙江地方自治筹办处札催永嘉县迅速查明吕绅等所办永嘉自治研究所简章已否照改："为札催事，前据温州府详在籍福建候补道吕渭英等禀设永嘉自治研究所并呈清折立案，当经本处批府转饬该县知照该绅等改订章程，呈由该县复核转详。嗣以该县延不详复，复经本处札催各在案。现距前次札催之日复剩两月，仍未遵饬详复，殊属玩延已极。为此再行札催到该县，迅速查照前今批札，查明吕绅等所办永嘉自治研究所简章已否照改，并造具职员及听讲员名册，迅速详复，以凭核夺。如再玩延，定即详请惩处，以为玩视宪政者戒。切切，此札。"

二月初三日，晴。清晨，符璋拜吕渭英，未晤。

二月初四日，晴暖。清晨，符璋至自治局晤吕渭英。

二月二十日(3 月 30 日)，浙江地方自治筹办处批永嘉县禀报事务所研究所成立并选派各员由："禀及表悉！据称选派事务所研究所各员，均准分别照充。该县吕绅去岁设立之研究所，据该县禀称，所长讲员均未齐备，授课钟点亦日仅四小时，与定章未符。现在改为官立，一切遵照定章，归事务所筹办，办法甚是。此外应办各事，仰该县督同该绅等按照筹办清单次序。妥速依限办理具报。毋延。缴。表存。”

是月，浙江地方自治筹办处派考核科科员方壮猷赴温州。永嘉县详送各该管境内假定城镇乡自治区域图表、说明书、城镇乡议事会议员额数及其自治区域。

春，道台郭则沄与吕文起、余筱泉、吴君博游茶山，作《茶山探梅记》。

三月十八日，晴。吕渭英给符璋家送鲥鱼一尾，颇佳。

三月二十日，阴。符璋拜谒吕渭英，未面。

四月二十日(5 月 28 日)，浙江地方自治筹办处批永嘉县禀送自治区域表说明书舆图清册由："禀及图说表册均悉。查该县前送人口表未列村庄人口数，并于禀内声明'各庄人口多寡，无从确注，但填每都人口总数'等语。此次分划区域有一都所辖之庄而分隶于数自治区者，各庄人口之分析标准若何？又查所呈清册无三十七都，前人口表亦未载，是否遗漏？又人口表内四十二都仅列烘头一庄，现分为烘头上、烘头中、烘头下三庄四都。东林庄现名东村三十都，坛头洋庄现名坛洋头三十六都，卢池庄现名卢田五十都，小陈庄现名小东，是否均以此次所报为准？仰即明白禀复。毋延。此缴。各件存。"

杨伯畴

五月初五日，端午节，阴。符璋言海关进口司事杨伯畴，即李希程之内侄，与吕渭英亦有瓜葛。

五月《浙江地方自治筹办处文报》第九册载浙江地方自治筹办处函复永嘉事务所：

> （一）查谘议局章程规定，选举资格，系以资望、学识、名位、财产为标准。自治章程规定，选民资格系注重于捐税，无论有无资望、学识、名位，均以所纳捐税为断。两章程所取主义不同，不容牵混。
>
> （二）自治章程规定，选民资格论捐税，不论资产。调查时苟有所纳税捐已及法定数目，又合乎他项资格，而无十七条所列情事者，即为本城镇乡选民，应将其姓名人册，其资产估值若干不问也。
>
> （三）甲户之田售归乙户，而粮号仍在甲户完纳，是所有权之移转手

续尚未完全,应为别一问题。至此次调查选民资格时,应查照本处颁发文报第四内调查须知第十三项所定办理。

(四)查津捐一项,系由兼理衙所各县经征批解粮库兑收作正开销,前经奏咨有案,自应与饷银并算。苟已及法定数目,即已合选民资格之一,不得以田价仅值二三十元而歧视之也。查此问题与第三问题同一误会,须知调查选民资格,但当查其所纳捐税是否合格,其资产所值若干不必问也。

(五)调查时如遇有嗜好嫌疑,致起争论者,自可由监督调验。

六月初一日,清廷实行预备立宪,诏各省设立谘议局。浙江筹设谘议局,年初即已部署,遂于四月间令各县组织选举。六月初一复选投票,初二开票,初四揭晓,即温州议员六名:徐象严(永嘉)、王理孚(平阳)、贾燊(瑞安)、黄式苏(乐清)、陈介石(瑞安)、项湘藻(瑞安)。后补议员二名:吕渭英(永嘉)、陈锡琛(平阳)。

六月初一日,晴。吕渭英拜谒符璋,未晤。夜热极。

六月初二日,晴。符璋答拜吕渭英,未晤。傍晚大雨一阵。

六月初八日,晴。下午吕渭英来探望符璋受暑情况。

六月初九日,晴。符璋答拜谒吕渭英,未面。

六月十六日(7月22日),浙江地方自治筹办处批永嘉县禀办理研究所毕业情形并造送研究所事务所报销清册由:"禀及表册均悉!据称该所改归官办于五月间办竣,应余剩一个月经费洋一百四十三元。又该所系提前设立,开办费洋一百二十元亦应免支。两共余洋二百六十三元。惟所址系租用民房,应需五个月租洋五十元。拟就此项余款内照数扣除,余悉缴还本处,应即照准。惟事务所开办至五月杪止,一切办理情形未据详报,本处无从核夺。仰该县迅即督同坐办,将开办以来一切详情分晰呈报。并以后调查选民及办理选举各事宜,应由该县责成办事各员,依限切实办理,随时详报。毋违,切切。缴。表册存。"

六月廿六日,晴。吕渭英与徐班侯函致刘绍宽,荐潘家骥为中学监学,潘亦自致一函。潘号伯陶,因刘绍宽未识其人,遂未用之,聘黄笃生为下学期监学。

是月,永嘉县禀称,自治研究所自去年十月由余朝绅与吕渭英共同发起开办,于本年正月归为官办。照章增加钟点,讲授时间日见完密。办至五月中旬,已届六个月毕业之期,应讲各科均已讲竣,由吕渭英与教员分科试验,并经永嘉县亲加校核。除中途退学暨考验不到外,实有学员八十四名,成绩尚各可观。计最优等费直民等十四名、优等钱铣等五十四名、中等姜兆熊等十六名,应请照章准予毕业,于五月十八日给发文凭。

七月廿五日,为浙江拒款保路运动,吕渭英集众会议于温州商会,为不致使苏杭甬铁路路权丧于英人,发动集股筹款。温州府成立浙江保路拒款分会,筹集优先路股273445元,占全省筹款的34.91%。

苏杭甬铁路

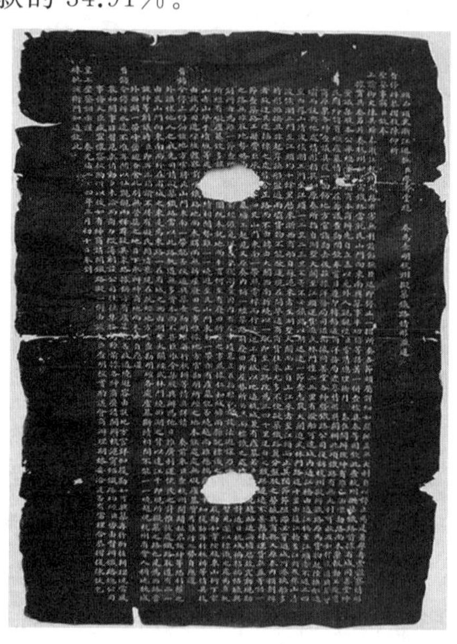

浙江巡抚廖寿丰《为查明杭州拟筑铁路情形折》碑文拓片

注:1905年,苏杭甬铁路开始勘测设计,以上海为起点,绕道海宁,再由嘉善过境。经江苏、浙江两省协议,江浙两省公司联合建造沪(上海)杭(杭州)甬(宁波)铁路,以松江的枫泾为界,各自分段修筑苏路和浙路。1906年10月,沪杭甬铁路浙江段开工。翌年3月,江苏段开工。1908年3月6日,清廷不顾全国反对,令外务部、邮传部与中英公司签订沪杭甬铁路借款合同,款额为一百五十万英镑,实收一百三十九万五千镑,专做建造沪杭甬铁路购办车辆等用。利息五厘,每年交付一次,十年后逐年还本,三十年为限。1898年,英使窦纳乐向清廷请准由英商承造苏杭甬等五条铁路之权,英商怡和洋行据此与清铁路总办大臣盛宣怀秘密签订草约,拟向英借款修筑苏杭甬铁路。然在全国人民的强烈反对下,清廷一直未敢签订正约。

消息传出,江苏铁路协会分别致电清军机处、资政院、外务部、邮传部、都察院，指出在苏浙路事中盛宣怀、汪大燮卖国卖乡，其罪状较山西矿务胡聘之、贾景仁尤甚，要求对盛宣怀、汪大燮两人分别惩处。

八月初八日，晴。郡蚕桑学堂改为实业学堂，本日开校。

余朝绅

八月，吕渭英应湘省杨少卿（文鼎）中丞之招，办理清乡交涉，遂力辞温州府商会总理之职，由永嘉教谕宁波人郑一夔（啸云）接任。外间舆论以郑为外府人不甚允洽，重新推举余朝绅为总理，余不受。于是商界联名电禀抚宪，由其再行电聘，约中秋后接事。

注：杨文鼎，宣统二年（1910）五月至三年六月任湖南巡抚。

徐定超

九月初五日，徐定超宴请吕渭英，约刘祝群作陪。《疚庼日记》当日称："永嘉吕文起来访，徐班老宴吕邀余坐陪。"时刘祝群在杭任两级师范学堂教习。

刘祝群

九月初九日，晴。十钟时，吕渭英至师范学堂，盖三学堂合开欢送会送道台也，官绅界至者七八人，颂词颇切当，鼓掌者不绝声。

九月廿四日，晴。午后符璋拜谒吕渭英略谈。

九月廿五日，阴。吕渭英答拜符璋。

九月廿七日，晴。日间，符璋至吕渭英处拜寿。夜，符璋至吕宅宴。

十月二十日（11月21日），浙江地方自治筹办处批永嘉县禀办理城镇乡议事会选举情形并缮折呈请察核由：

禀及清折均悉。据称九月十五以前，各区选民正册方得查造完竣。遂先从城区入手，于九月二十四、二十五两日举行城议事会选举。查城镇乡地方自治选举章程第十一条，选民正册查造完竣后，应即宣示以二十日为期。如本人以为错误遗漏，准于宣示期内声请更正。又第十二条，自接到前条移知之日起，应于十日以内断定准否，是前后共有三十日期限。该县城区调查起讫日期迄未据报，本处无从核夺，仰该县迅即补报备查。仍将各镇乡调查起讫日期，甲乙级选民数目及应需经费于地方何项公款内筹拨济用，一并详晰具报。至议事会戳记式样，已另檄饬发矣。仰即知照。缴。清折存。

十月廿三日，晴。是日公祝吕渭英寿，瞿大令承办。

十月廿五日，阴。清晨符璋代道宪至戒烟公所，官界两三人，绅界三五人，殊无意味。吕渭英云，嘉宁轮船明日开班。（嘉宁商轮，往来沪甬为吕渭英所经营，盖鉴于吕渭英观点：商业以交通利便为第一要义，非自办轮船吾温商业难期自立。惜同志者之鲜其人也。）

是年，温州商会统计全年温州进口洋货 1335285 海关两，进口土货 398258 海关两，出口土货 988708 海关两，共计 2722251 海关两。

十月，吕渭英作《登岳阳楼》：

并天而峙湖边楼，为刊一记悬当头。
记游篇帙古充栋，所重天下关乐忧。
江山各占形胜地，名贤所至海内异。
北间如不遇希文，觞谅群公便雄视。
谪宦不必皆遐陬，稍隔京师如窜流。
登仙景倩望尘感，重内轻外唐宋侔。
乐天九江尚怨叹，闻琶揾泪溢浦州。
朱崖远近李太尉，著书能不名穷愁。
南楚去汴几何里，之官往往悲歌起。
旷怀如公独不然，见之文字揭腑肺。
不分廊庙与江湖，浩然盛气真丈夫。
数行抒写怀技卷，登楼自愿身胥衢。
柳州刺史昔居柳，山水归尽记中有。
但论文字岂不工，试问胸襟如此否。
湘君愁黛舒双蛾，风传楚些兼巴歌。
洞庭供我一杯吸，八九云梦何足多。

十月，吕渭英作《长沙怀古》：

长沙自来谪宦地，鹏入座隅悲贾谊。
江城五月笛飞花，诗中有骚意千百。
年来□□扬楚氛，九嶷三湘交氤氲。
韩公精神通帝座，虔祷一壑衡山云。
楚材盛衰本无定，最盛咸同谁与并。
戡除大乱出勋臣，歌颂中兴辅冲圣。
三四十载气寖衰，先后何其霄壤甚。
潢池弄兵坌辍来，抵掌人人谈革命。
挽枪象应朱鸟封，蚩尤毒雾围凶锋。
岩疆一气通粤桂，奚事引虎招群雄。
闭门天子古有例，短衣楚制无非戎。
舞袖拂墀戈入室，战场所化皆沙虫。
弭兵庶几救兵劫，兵气销时光日月。
好武何如更好文，屈宋词章古今绝。
浪游偶一及斯乡，兰芷芳馨爱沅湘。
读罢离骚哀郢句，昭王毕竟胜吴王。

十月，吕渭英作《过洞庭湖》：

一槎万里轻沧溟，濯足未及洞庭湖。
娥皇埽黛久延伫，到眼忽送君山青。
水缩深秋风略绉，不见鱼龙夹舟斗。
萧萧落木闻淮南，霜气丹黄垂橘柚。
分明身入图画中，岳阳城郭横天空。
杜诗孟句摄形气，浚来安能造化工。
吴郡洞庭擅名最，梅花雪海交西东。
楚吴千里不阻阂，地下孔穴原相通。
不劳终南诩捷径，蜿蜒洞府多玲珑。
图经此说传已久，包山禹书丈人守。
琅嬛福地护乘龙，怪事古今无不有。
吾乡去此几驿遥，瓯骆偏隅称越纽。
娃宫虽废尉墓存，岂肯游踪落人后。
奈何屡载吴娘船，裹粮未及邱壑穿。
名山往往失交臂，何况舣棹游楚天。

沧浪风月钱可买，未易收取潇湘烟。
洞庭本是张乐地，移下钧天享天帝。
鼓瑟湘灵偕二妃，更遣鳞鳞媵鱼婢。
得遭佳境未嫌迟，异日定慰长相思。
有暇更考水经注，信笔先裁七字诗。

十月，吕渭英于汉阳结识盛炳纬(竹书)。十年后，时逢三月，吕渭英作《盛竹书先生双寿》，为盛竹书夫妇作寿：

造化无偏私，积善必获报。君子胞与怀，穷达不改操。
惟其三乐全，五福非虚冒。此理亘千秋，难与俗人道。
先生少劬学，庠序早蜚声。中年出游幕，廉介而精明。
非但论处事，兴学独拄撑。鸠资创善举，贫者赖以生。
商会肩钜艰，迄今犹颂德。任恤与睦姻，事事可为则。
又复长理财，谟猷足富国。夫人能俭约，内助不失职。
固宜跻大年，祝嘏贡悃幅。吾乡有硕彦，闻名生耿光。
吾慕公才德，识公自汉阳。交情垂十载，一一知其详。
愿公名不朽，卜公寿无疆。镇海山水好，鹊起多贤良。
还颂公四子，继武成余庆。

盛竹书

注：盛炳纬(？—1927)，号竹书，浙江镇海人。汉口商会协理，创办汉丰面粉厂。

十月，张坚白[①]在奕劻的支持下奉旨接替袁树勋，署理两广总督。适时，吕渭英以水土不服由湘赴沪就医，极客中友朋之乐，原为广东官银钱局总办的岑春煊[②](西林)介渭英往，作为总办，总理广东官银钱局[③]。吕渭英之去仕宦掌度支，一意实业，盖自此始。

注：

①张坚白(1875—1945)，名鸣岐，山东人。1894年甲午科举人。1898年师从名举岑春煊，颇得赏识。1900年后，随岑春煊赴陕西、四川、两广等地，历任两广学务、营务处、广西布政使、广西巡抚等职。1910年因贿赂庆亲王奕劻而升任两广总督兼署广州将军，顽固拥护帝制，反对民主共和，大肆捕杀革命党人。1911年4月指挥镇压黄花岗起义。辛亥革命成功后，携款潜逃日本。袁世凯执政后回国，1915年因拥护

袁世凯复辟帝制而被封为一等伯爵。袁世凯死后,张鸣岐逃往天津。

②岑春煊(1861—1933),原名春泽,字云阶,广西西林县人,山西大学堂(今山西大学)创建者之一。壮族,云贵总督岑毓英之子。1900 年八国联军进犯京津地区,岑春煊率兵勤王有功,成为清末重臣,与袁世凯势力抗衡,史称南岑北袁。

③官银钱局内部设提调 1 人、坐办 1 人、稽核 1 人,为局一级官员;一般司事有司理 1 人、司账 3 人、誊清 1 人、管库 2 人、文案 2 人、启书 1 人、管理银票兼签字 2 人、签字 1 人、管理售票收票关纹外账各柜并监平 5 人、编票 3 人、杂役 4 人、守门 1 人。

清末民初的广州城

十一月初九日,雨。夜,符璋赴吕渭英宴饮,客廿余人。席间谈及林鲁生住杭州三桥趾灵寿巷。初二日上谕,设海军部、陆军部大臣、副大臣,裁尚、侍、丞、参各官。

十一月,吕渭英送吕银仓妻冯氏七旬"任恤可风"匾。匾上署有钦命二品赏戴花翎兼办福建省洋务、财政、电报总局正,任福州府正堂加三级纪录十二次吕为,后署"恩赉吕银仓、妻冯氏七旬双寿荣庆",上刻有吕渭英印信"吕渭英印"。落款宣统二年(1910),岁在庚戌冬月谷旦。

十二月廿七日,晴。上午,符璋拜吕渭英,夜雨。

宣统年间，行人通行于广州城大北门内外

十二月，广东官银钱局自设立至宣统二年十二月底止，溢利46.7万两。

冬，吕渭英创办广东制革厂，并任总理，资本总额500000元，官股数量308460元，制革厂于1917年11月28日改名为"商办福兴皮革公司"，并仍由实业银行行长吕渭英兼办。1920年1月27日，实业银行停闭，公司改归广东省银行清理处监管。1923年，广东银行倒闭，公司改由福建省财政厅接管。1926年，财政部部长宋子文饬将公司移交实业委员会接管，后又移交广东省曹正厅。

年末，徐定超请刘绍宽来杭协助办学，因吕渭英传话有误，刘未果行。

是年，永嘉地方自治筹备会选举自治员(即地方行政长官之辅佐)，梅佐羹同吕渭英、余朝绅、陈寿宸等人同时当选。

清宣统三年(1911)　岁次辛亥(五十七岁)

正月初八日，在吕渭英的努力下，浙江银行在广东省城(广州)开设第二家分行，经理为周永年。

正月十七日，雨止。辰刻道台、巳刻本府接印，符璋到贺，并拜谒吕渭英家道喜。晚间符璋来吕渭英家饮，甫入席，道宪招陪徐班侯侍御饮，徐亦赴省。

正月廿一日，晴。午后，刘绍宽邀吕渭英、余筱泉太史、陈子万、郭次干、孟公亮、樊巽卿、叶晓南(正度)、刘冠三、陈宸笙、黄仲荃诸君，并请金鉴三厅长来堂，会商学堂基址事。

正月廿三日，晴。午后，审判厅厅长金鉴三邀商审判厅与学堂划界事，吕渭英、余筱泉、刘赞文、刘绍宽诸公均在座。

春，蚕桑学堂改名为温州府官立中等农业学堂，又招收一批新生，规模扩大，旨在培养农业技术人员。吕文起受聘为校董，委施震泽为监督，潘宣丞为监学。在预科第一年级教学内容，学科分为修身(品行)、文学、历史、地理、经学、英文、算术、物理、化学、植物、图画、体操等十二科，与普通中学科目大都相同。育蚕另设技术课，由蔡冠群担任。办理一年，无显著成效。学生郑振铎转温州府中学，陈经转府师范学校，包容、夏铣转法政学校。辛亥革命后停止招生。校舍划归自治研究所改制成的法政学堂使用。不久，蚕校恢复，仍由施震泽任校长。

三月廿九日，黄花岗起义爆发，起义者焚烧了督府，政局动荡，加之收回路权，有人提议不用官发纸币，市民纷纷持票到广东官银钱局要求兑现，度支部为维持该局信用，只好拿出 200 万两做兑现之用，官银钱局将收回纸币 794.5 万元，全部寄存藩库，才平息了风潮，这时在市面上流通的官银钱局纸币只剩下 200 万元。政府当局为保全市面安宁起见，便决定向几家外资银行（台湾银行、汇丰银行、汇理银行、德华银行）借款，借得日金 160 万元、港纸 500 万元以资周转，并拟由官银钱局在余利项下归还本息，风潮始告平息。

广东官银钱局

广东省银行兑换券

四月，永嘉县镇乡自治成立。

六月十二日，晴。戴丹坪谈余筱泉，家资不过二百余亩田，房屋数处；吕渭英家赀亦不过十余万。

七月初五、初六（8 月 28、29 日），特大台风袭击府城，淹没房屋，瓯江上尸骸漂流。降水量超过 290 毫米，为历史最高纪录，平地水溢达七八尺近丈不等。永嘉、乐清、瑞安、平阳稻禾颗粒无收，居民数万被淹，括苍山民随溪流而下，浮尸蔽江，灾情惨

1912年永嘉西溪受水灾图

重，民食窘乏，朝不保夕，而富户、米商乘机抬价，致有抢米风潮。时温州防营梅占魁力主武装镇压，商民大罢市三天，捣毁审判厅衙，将审判官抬出丢入泥涂。余朝绅闻讯后，挺身而出，力争不已，以为民以食为天，饥寒至极，所以夺粮。其出面向府衙交涉，府署出示安民"升米四十（文），既往不咎"，遂复市。建言：一开仓平粜，二筹款购运米谷，三施粥赈民。是时，吕渭英为家乡遭遇水灾而开始办赈。（见《温州师范学院学报》1988 年第 2 期《余朝绅小传》）

筹赈会的灾民

灾情详情：

温州：七月初瓯江大水为害，江南沙头全村田屋俱冲毁。林福、梅岙、小荆等处受灾亦重。

乐清：从六月十三日经闰六月至七月初十日约两个月，除大荆区外，其余各地未见滴雨，晚禾枯槁，沿海一带受害尤甚；七月十一日狂风，十四日继以大雨，山洪暴发，城内没灶，两乡没膝，晚禾漂根浮叶，除大荆外，其他平原、海边不见寸稻，全县十余万亩颗粒无收。

瑞安：是年六月旱，地上焦灼。七月、八月两次飓风暴雨。来安乡、嘉安乡、广镇、南岸镇共有十五个乡，受灾最严重。瀑没居民数万之多，浮尸蔽江，喊救得生者不过少数。田园、房屋、牲畜、器具漂失都难以统计。

平阳：七月初三日飓风大水。

八月，福建候补道吕公渭英为徐定超所建楠溪学堂捐洋一百元；清宣统三年(1911)辛亥《明溪县志》：吕鸿昌，宣统辛亥贡。(吕鸿昌可能为吕渭英侄，亦或重名。)

九月十四日夜，省垣杭州光复。

九月十六日(11 月 6 日)，温州的革命人员开始行动，而温州人有自称沪派敢死队者，已由沪持炸药数十起，到瓯驱逐，配合杭州革命人员的行动。温处道郭则沄、知府李前潘、防营统领梅占魁曾召集地方士绅会议应变。七日，各界大会议在师范学堂召开，意见不一。

楠溪高等小学堂碑记

九月十七日，晚温州城接省电，谓省城十四日业由民军占领，着即传知各州县自治会云云。

九月十八日，道台郭则沄、知府李前潘逃亡，公举梅统领(占魁，汉族人)为新政府领袖，梅占魁当日剪辫，市铺商民皆挂白旗，宣告独立。数日间，新旧各派绅士纷起活动。(见《温州文史资料》第七辑之冯烈鸿《辛亥革命温州散记》)

九月十八至二十日，温民七电沪上四马路佛照楼旅馆，苦请介石与徐班侯、吕文起回瓯，大约言官逃民团未就，危在旦夕，且有“如公不来，瓯民尽死”之语。徐班侯、吕文起因事羁沪。此三日陈介石曾五次复电，皆力促先悬白旗，急维治安。是时温州统领梅占魁已自称瓯军都督，秩序甚紊，土匪乘之四起，有岌岌不可终日之势。陈介石遂辞浙江民政部部长赴沪候船回温。温人闻介石来，不期而集者千余人。介石当众邀请梅占魁来商。公推徐班侯为分府都督，改占魁为司令，人心大定。

九月十九日，民军已到郡，止数人。郡中悬挂白旗欢迎，顷出发，过瑞安布置一切，明早当可来平阳。

九月廿四日(11 月 14 日)下午，陈怀和章献猷访晤陈守庸，提出“将温州军政分府让给陈(介石)先生来担任”，守庸因陈“年高德劭”，“提倡新学”，“对他非常敬重”，当“即表示首肯”。晚上 7 时，陈介石邀集刘绍宽、黄式苏、刘项萱、陈守庸以及陈怀、章献猷、薛楷等多人在余朝绅家开会,“深以武人梅占魁握全府军政为非”,刘绍宽、黄式苏、刘项萱都“不敢赞成”。其余的人一致同意,“决定由陈先生为首成立温州分府,推定章味三(献猷)为秘书长,陈孟聪(怀)为副秘书长”,陈介石“拟好布告,在当日晚间十一时左右贴出”。全文是:

陈守庸

本军政分府业已成立,首先编制,公推地方德望素孚、才识练达若干员,分部办事,宣布如左:

民政部长陈介石

民政部副部长章味三、徐端甫

财政部长吕文起

财政部副部长王筱牧、林式言

教育部长黄叔领

教育部副部长刘次饶、黄仲荃

交通部长余筱泉

交通部副部长钱伯吹、陈经孚

交涉部长吕文起

交涉部副部长王鲁璐、陈守庸

执法部长项雨臣

执法部副部长杨子凯、殷叔祥

所有各部各科办事人员,由各部长开单,本军政分府备文派任,并此通告。

温州军政分府都督白总司令

九月廿四日

此时吕渭英在广东银钱总局总办任上,而因公务缠身沪上。时值温州光复,布告贴出次日,即是九月廿五日(11月15日)清早即被人撕掉。梅占魁的支持者和反对陈介石的势力迅即联合起来反击,发布《告白》:“近有被杭垣追拿陈介石,觊觎权利,推翻全局,私行组织,居然榜示,目下全体概不承认,佥议以强硬手段对付此等无耻之徒,一面公推徐班侯先生为总代表,筹办善后事宜,前榜即行取消”,“温州军政分府已举定徐班侯先生、梅占魁统领维持大局，保护地方治安，众皆赞成公认，各无异词”。

唯有自称敢死队及失职之徒，忿介石主和平光复，不得遂其邀功图利之心，愤愤不平。而夙挟仇隙于介石者，益复因缘为奸，横加陷害，率众占据电局，一日捏电四五起，控介石反对独立，改竖红旗。商民电皆被阻，不得发，然控介石电，皆不列名。至省电瓯查办，瓯民始大诧骇，商会、自治会、中学堂、师范学堂及各团体，争迂道赴海门发电辨明。事既败露，仇者复派某某赴省，伪为梅占魁函陈巨成禀，捏告介石反对独立，请见褚政事部长面递。褚政事部长立移咨梅占魁拿辨。占魁、巨成皆言无此函禀。由是瓯民益大愤，人人切齿于捏函捏禀之人矣。

陈介石在权力斗争中失势，组府未成。

注：1911 年，温州陈介石平日主张民权，著述宏富，屡被仇人构陷，几濒于危。自被举浙江谘议局议长后，忌者益众，官场咸指介石为革命党魁，防范备至。光复后汤都督委任为民政部部长，介石力主申明法律，保卫民人。二三喜事之徒，与介石意见颇深，复有求为民政部部长而不得者，布散流言，欲杀之而代其位。

九月廿九日（11 月 19 日），徐定超从上海回温，出任温州军政分府临时都督。半月间，分府连出告示安民，平米价，禁漏海，裁厘捐，拿办纵火横掠的凶顽，以纾民困。梅占魁仍掌管军队。同时都督府宣布，自本月起，免钱粮厘金一足年。并示谕，限一个月内（夏历年底止）所有人一律剪去发辫，如预期不剪，剥夺公民权利。

十月廿二日，雨。符璋代吕文起发七号瓯信。吕文起日前自沪来函致与符璋，谓汇款寄杨汉汀代收，转寄温州浙江银行分理处董声垣照转云云。来十一月份薪水七十四元六角零。

十月，吕渭英致信杨伯畴：“手毕敬悉，英洋十元嘱购别直参，当照办。令姑母又赐多珍，并望代道谢忱，复颂伯畴仁兄大人暑安，弟渭英顿首。”

1912年温州军政分府诸同志合影

冬，吕渭英听闻严君星季辛亥冬在湘被难，众论哗然，当道上其事，特邀褒曲，沉冤大白，爰书其事，以志不朽：

严陵公子神仙客，怀抱奇才欲拓戟。
应官走马来三湘，极浦舲扬烟水碧。
屈贾祠前秋月高，时时痛饮读离骚。
青霜紫电官书简，火色鸢肩意气豪。
谁知祸变有仓卒，转眼旌旗连楚粤。
蛟鳄才惊汉水翻，烟尘又见衡山没。
职守匆匆代及瓜，江山何事不还家。
磨牙吮血纷豺虎，化碧飞霜一叹嗟。
惟君节操甚正真，不奈宵人工罗织。
记取冤沈稿席时，天日无光昼阴里。
十载遥遥池草青，鸰原抱痛乃兄情。
辨诬好记金陀集，殉难翻成玉友名。
我思蛮夷当自灭，黠者贪功恣攘窃。
腥膻洗涤固同仇，兰熏莸夷是何说。
凭谁健笔懔冰霜，青史能回潜德光。
满地红心长旖旎，千秋藁葬自沧凉。

吕渭英致杨伯畴信札（四）

十一月初三日（12 月 22 日），浙江银行第三次股东会，浙江军政府财政部（后改称财政司、财政厅）作为新官股股东出席会议。

吕渭英致杨伯畴信札（五）

十一月初六日，吕渭英致信杨伯畴。原文如下：

伯畴仁兄世大人阁下：

顷承翰简，奖许过当，愧甚！粤乱虽平，而遗焰飞散，星星遍地，散必复合，合必复发，流血风潮，不可阻遏，亦无从防范。时局至此，可胜痛哭！鄙人谬充官银总号总经理，自问理财无学，恐难胜任，且拔诸乱邦不入之义，计亦非得，惟责任太重，未便遽言去耳！部署稍稍就绪，秋天当归理一切再去，明年或调上海，亦未可知，因吉林有调往接办银行之消息。鄙人以此间甫经接手，未可遽离，一年以后或可变通，量移食禄有方，究亦非人力所能操纵也。知会顺告令姑母，想安好，乞代候令表弟体已复元，甚慰。嘱事当照达。匆复不尽所言，并颂台安。

弟渭英顿首，初六

邵纫翁想常见并代达拳拳

注：任宏中撰写吕公纪念碑云政变初，粤省各局所文卷皆散漫无纪，独银钱局簿据齐备，粤申报章因此称道公之处利薮而不取，不以苟得玷其操守，于此可见。

十一月(12 月下旬)，吕渭英结识广东军政府财政部廖仲恺，此后吕渭英为恢复、改革、稳定广东财政做出了巨大的努力和贡献。

廖仲恺

民国元年(1912)　岁次辛亥(五十七岁)

十一月十三日(1912 年 1 月 1 日)，中华民国成立，悬五色旗志庆。广东军政府因一时未能发行新纸币，便让市民将未盖印的旧纸币拿到该府财政部盖印通行，但纸币低折已成趋势，连商场交易每百元也减 1 元 7 毫，商人买港纸，交毫银与交广纸比较，每千元广纸常补加七八元不等，到民国元年(1912)1 月，已补至 20 余元，并出现拒用现象。

是日，吕文起开始办《东瓯日报》，此报为温州近代本土报纸之始。该报为陈怀、孙诒棫具体经办。

十一月廿四日(1 月 12 日)，浙江银行特别股东会，议决将浙江银行改组为中华民国浙江银行，并订立新银行章程。

十一月廿八日(1 月 16 日)，中华民国浙江银行先于杭州、上海两处成立开办，总理为朱佩珍(葆三)，协理为陈选珍(朵如)、朱钧(衡斋)。杭州总行设于杭州荐桥23号，内外经理为毛兴鹏（浩甄）和何春熙（敬安）；上海分行行址不变，内外经理为杨宝铭（汉汀）和李铭（馥荪）。

東甌日報草章

第一条 宗旨 本報以振作國民精神 鼓吹共和政修 為宗旨

第二条 定名 本報定名為東甌日報

第三条 處所 本報附設民國新聞社內

第四条 門類 分為十一門如左

一㕍言 二電報 三緊要新聞 四內地新聞 五外地新聞 六專件 七雜俎 八文苑 九小說 十商情 十一閑評

第五条 張數 本報擬辦之始 股本未足 每日暫出一張 俟股份招足後再行增充

第六条 職員 總編輯一人 分編輯二人 校對一人 書記一人 訪事無定額 告白兼發行一人 庶務會計一人 以民國新聞社庶務會計兼任之

第七条 經費 由集股合辦 每整股定洋拾元 每零股一元（細章另訂）
開辦經費先由發起人及贊成人担任

第八条 印刷 暫用日新印刷所 俟資本充足 銷路發達 自行購機印刷

第九条 價目 定價每張一分 每月二角七分 半年一元五角 全年三元

第十条 告白 第一日每字三厘 第二日至第十日每字二厘 第十一日起每字一厘半 行以二百字起碼 多則以十字遞加 封面加倍 新聞中縫再加半 半年 全年 另議

《东瓯日报》草章

中華民國元年壬子四月初二日 星期六
東甌日報
協豐布莊大減價廣告
中國同盟會浙江省支部溫州分事務所通告
何君渭英追悼會改期通告
協利電燈有限公司催繳股欵廣告
東甌政治研究所招生試驗廣告
敬告未入黨會諸君
敬告白者鑒
請看蠶書項運弟之諧序
敬謝倪逸玉先生著手回春

东瓯日报

章炳麟

十二月初五日(1 月 23 日),陈介石与六县属各志士等人在温州发起成立民国新政社,初举章炳麟为社长,陈介石为副社长,后因章坚辞不就,1 月 23 日改举陈为社长,吕渭英为副社长,决议先从办报、筹饷入手,"辅军政府之不逮"。新政社成立前,其筹备事务所曾在《申报》上连登数日广告。

浙江军政府政事部长褚辅成屡电温州军政分府民事部长徐定超仍以前事为言,迭次干涉,饬令解散。徐在《致褚辅成电》里予以抵制,认为:"新政社查系六属志士发起组织……未便解散。"

兹将关系温州光复及新社往来各件汇录如下:

褚辅成

温州商会自治会致省都督电:陈介石君由全体绅商电促回瓯,光复汉帜,维持地方,居功甚伟,安有反对独立之事?何人构陷,请查明严办。

温州中学堂师范学堂致都督电:温州光复,全恃陈君介石竭力维持。闻控反对独立,显系仇陷,令人发指。速乞严究虚诬,以安人心。

温州梅占魁咨复政事部文:(上略)等因准比。查温郡自九月十八日光复,因电致徐班侯、陈介石、吕文起诸绅未到,由众公推占魁为临时分府。办理甫有端倪,迨陈介石回温,重行组织,集众公推徐定超为分府都督。占魁为分府司令,列榜示众,以期完备。当时惟与未得位置之人;意见颇有龃龉,现已早经埋明,陈介石并无反对情事。所查占魁函件,并不知情,兹准前由拟合将查明大形,备文咨复省政事部长,请烦查照来咨希即将前函销案,以静地方,而维大局。

温州军政分府徐咨呈都督照会政事部文:温州军致分府为咨呈事,现据梅司令申复,奉省政事部长文开(中略,已见上文),理合备由具文,申报分府察核施行,并据陈巨成面称不认各等因因,据此查陈君介石、朱君慈夫、易君宗周,均系有志光复之,并无违犯情事。梅司令函既捏造，陈巨成禀亦背签，今者世变日亟，端赖正人君子出面维持，共挽危局，若任令凭空攻讦，不严为惩治，恐洁己者皆将独善其身，置地方大局而不问，沧海横流，曷其有极。定超当即密查捏造之人，再行详请严办，以为诬控者儆。据报各情，理合具文照请贵都督政事部长察须至申者。

浙军政府汤督都致温州军政分府电：分府徐筱电悉。前有不列名攻陈介石四五次，事同前情，知为构陷，特斥不准。今复假梅司令陈巨成名，以揭于政事部。既承询明，均无此件，照例注销。世变方亟，士夫亦努此鬼蜮之事，吾不知税驾之所矣。潜啸。

褚政事部长与徐分府电：电悉。临时组织法第六条所指人民，当然为受民国保护之人民而言。查陈介石于光复前告密民军各据，本应严拿治罪，民国宽大为怀，存而不论。新政社确系举章太炎、陈介石为正会长，查该社规约第三条，有“与本社同意，由本社一人以上之介绍，经本社许可，得为社员”等语。试问章太炎与该社有何同意，由何人介绍？倘以章君为发起人，何以章君指陈介石为冒称；倘该社与陈介石为同意，而共举之，其该社为反对民军之政社可知，何能受民国法律之保障？即其求颇多正直人员，亦宜晓令另行组织，所有民国新政社希速取消，盼切。

温州徐分府致政事部电：政事部鉴，虞电悉。陈介石平日主张民权尽人皆知告密事，曾诘问介石，激烈辨明，真切可信。此事须有确实笔迹，未便轻入人罪。光复后，介石横被仇陷，捏登报章，甚至捏禀捏函，皆查无影响。且介石于温州光复，维持甚力，敝府就地查察甚确，其非反对民军可知。至该社举太炎、介石为社长，二君皆非发起，皆由该社推为名誉赞成员。依该社选举细则举为社长，太炎如以为未合，自可诘责该社，何遽指为介石冒名？该社宗旨，赞助共和政治，不得指为反对民军之政社。际此共和建国，民气宜伸，善类宜保，该社当然受民国法律之保护，人心所系，敝府未便取消。定超佳。

褚民政司长致温州军政分府徐电：徐分府鉴，两电均悉。陈介石如与政社组织确无关系，则政团与个人系两问题，政社宗旨既系正大，自应保存。惟太炎既未接洽，该社即举为社长，揆诸法理，殊有未合。盖政社即为政党，合同人为社会，其领袖之人，非可以素昧社情者充之，致来借名之口实也。希饬令该社，鉴戒前车，修完善规则存案，以便保护。至介石个人，辅亦知之有素。惟众言有据，不得不以干涉为保全，光复之际，所有现象谅介石亦当知之，民政司长褚印。

温州徐分府致政事部电：署杭州民政司长褚鉴，电敬悉。具见维持政党，保全善类之心，莫名敬佩。陈介石品学纯粹，主张民权，非独府敝稔悉其为人，贵司亦言之之有素，则介石此次横被浮害诬陷，贵司与敝府均应任昭雪之责。共和建始，公论宜伸，谅贵司不以超言为冒昧也。所以保护新政社一节，已宣布盛意，各深感激。该社规则一遵修完善具报军政分府。超谨复。

徐分府咨呈都督府政事部文：为咨呈事，前据民国新政社社员公函，内称顷阅新元二十五号全浙公报，载有省政事部照会，解散敝社文。敝社设立郡城，为贵分府管辖之地，所有组织以及成立一切情形，贵分府耳闻目见咫尺之内，必详必确。敝社宗旨赞勘共和政治，增进人民幸福，具见简章。同人等兢兢守民国法律，政事部乃指为不正当之政团，窃所未解。政事部所指当然解散之二理由，一为陈公介石冒章公太炎名，组织此社。陈章二公，同为敝社被举之人，当时二公均不在会。章公自谓本不知情，陈公初亦忝知情也，章公此语何来？同人等已具函诘问，乃政事部不问虚实，遽斥为不应成立；非徒事实不符，于论理又嫌欠缺。一为陈公反对民军，迭被控告嫌疑中人，不宜举为社长。陈平日主张民权，不遗余力，此次横被匿名捏陷，曾经贵分府切实查明，报告省都督府及政事部，是非昭著，何有嫌疑。陈公道德学问，卓越群流，同人等奉为表率，实出钦仰至诚。政事部以为私党巨魁，不便任令号召党徒，公然结集，而并谓务令此等结党之私人，不得于政治上稍有活动能力。闻之共和之国，凡在一民之数，皆当有政治活动能力，何况陈公充浙江谘议局长有年，参议政治，补救地方不鲜。政事部无正当理由，而遽下解散政社之命令。如敝社果有不正当情事，即请贵分府遵政事部照会，急行解散，同人等当待命司败负稾受罪。不然则共和之治，结社自由，贵分府提倡风气，无微不至，何忍令抗衡米佛之堂堂新民国，而复见昔日专制时代禁锢党人罗织清流之弊政。同人等用敢披沥肝鬲，昧死上陈等因前来。当即切实由敝分府查明，民国新政社确由温州六属志士发起组织，设立郡城，辅助共和政治，宗旨纯正，并无不正当情形，陈介石与章太炎均系被举之八人，并无假章太炎名义。该社既无违法，自应遵临时政府组织法第六条，人民集会结社自由之规定保护，未便解散。据情电达政事贵部察核在案。旋奉政事贵部电复：内开电悉。临时组织第六条所指人民，当然为受民国法律保护之人民而言。查陈介石于光复前告密民军各据，本应严拿治罪，民国宽大为怀，存而不论。新政社既确系举章太炎、陈介石为正会长，查该社规约第三条，有“与本社同意，由本社一人以上介绍，本社许可，得为社员”等语。试问章太炎与该社有何同意，由何人介绍？倘以章君为发起人，何以章君指陈介石为冒称？倘该社与陈介石为同意，而共举之，其该社为反对民军之政社可知，何能受民国法律之保障？即其中颇多正直人员，亦宜晓令另行组织。所以民国新政社希速取消，盼切。等因奉此。再查陈介石品优学粹，平日主张民权，尽人皆知。政事贵部所指光复前告密民军一节，当即诘明介石。介石指日自誓，激烈动人。此事关系重大，必有切实笔迹，始可坐实人罪。以介石生平为人面观，敝分府信其必无告密民军之事。介石于温州光复后，横被仇人构陷，捏电、捏禀、捏函、捏登报章，不一而足。敝分府先后确查，报告在案，陈介石并无反对民军，黑白昭然，实无嫌疑可言。且介石于温州光复不遗余力，维持地方，赖以安谧。敝分府就地查察，见闻甚确。至该社举太炎、介石为社长，查二君皆非该社发起人，皆由该社社员推为名誉赞成员，依该社选举细则，举为社长。太炎如以力未合，自可诘责该社，何遽指为介石冒名？至既该社主发展民国主义，实无反对民军，与民国人民集会结社自由之法律，确不相背。际此共和建国，人人有研究共和政治之责任，即人人应受民国法律之保障，为治当顺人心，善类自宜爱护。敝分府为民国政治前途计，惟有力图进行，奖励风气。陈介石既无反对民军，新政社又系正当政团，敝分府只尽维持之责，未便饬令取消，致拂舆情。为此理合备由具文咨呈贵都督贵部长察夺施行，以申民气，而固政体，须至呈者。

十二月（1月），因好友陈虬殁，利济医院将倾，吕文起复与陈介石设立温州中等医学堂于三角门内小西湖曾氏宗祠利济医院院中，以池志澂（茂才）为监督，将欲大昌医道，以继陈虬未竟之志。定民国元年（1912）农历二月开学，学生百余人，分两班授课。课目除医学六门外，另有助课：经学、史学、政治、舆地、道学、国文六门。

學以書爲名利之羔雁浮漂不歸貽禍後世推翰大錯甚弊
服凡言釋著述者必斥之顏氏爲救世之言斯亦痛矣然其弊
將廢書或曰然則子路所謂何必讀書然後爲學宋陸聞所謂
學爲聖賢豈專在讀書非歟曰讀書且未足爲學況不讀書乎
是時浙江始設優級師範學堂公舉公爲監督電告之日兩廣
生徒千餘人相率遮道力挽公辭亦不果來後卒聘永嘉徐班
侯御史定超任焉
嘗與永嘉呂文起觀察渭英設溫州中等醫學於郡利濟醫院
延同縣池茂才臥廬主其事　池志澂詠詞云鬱廬既歿醫院
將傾君又與永嘉呂文起設立溫州中等醫學於院中遂以余
監督醫事將欲以繼鬱廬未竟之志不意又爲二三僨事者所
介石先生年譜

《介石先生年谱》中的吕文起

蒋尊簋

池源瀚、胡浚智共起草章程，入学期毕由利济医学堂给发文凭，以照慎重，医本专门之学，理法渊邃，有毕生不能穷其蕴者，毕业期限岂可预定，但道不远，人苟有聪颖，子弟用心研求，则此入学期内，于各科门径当可粗通，出而问世，庶可免操刀杀人之祸，至神明其用须待毕业，后自加研究者。校址：现赁定郡城三角门内，小西湖曾氏宗祠，校舍高爽最合卫生走读；留宿均听其便；学额：暂定七十名；阴历壬子年正月廿二日截至廿五日甄别，二月初一日开校。

不意池志澂又为二三同事者所偾、诽谤。交与累败千余金，而吕文起竟无一愠于池志徵。

利济学堂

利济医院教室

十二月（2月），浙江都督蒋尊簋向中华民国南京临时政府财政部咨文，请求对中华民国浙江银行章程准予立案。

十二月十九日（2月6日），《申报》载《中国银行成立大会记》：

本月五号，中国银行开始营业，特于上午十时开茶话会，各界领袖、华侨代表暨股东到者百余人，跄济一堂，共表祝忱。先由监督吴达诠君述开会辞，大致谓：满清政府惟一之金融机关，幸得南北股东之同意、财政总长之大力，今日改为民国惟一之金融机关，是最为可贺之事。将来招集股本以雄财力，改良办法以谋进步，中国银行之前途必有希望云云。次由财政总长陈瑚[澜]生君演说，大致谓：满清之办理中央银行，有政治上种种不良之原因，故中央银行亦受其影响，未易改良。现在共和国体业已确定，本尽行将来于统一纸币、办理国库两事，股东必得绝大利益。且外固人欲来购股者甚多，现均一律谢绝，惟恳我国民不失此好机会云云。（众鼓掌）次由股东代表何范之君演说，大致谓：本行成立以全体股东之一致，呈蒙大总统准行，并陈总长批示，使股东等得保有正当之权利，无任感谢，况政体改良，则因政治而得之一切结果必摹完好，本银行适于此时成立，实有无穷之希望。又得陈、王两部长，吴、薛两监督提倡指导，发达有期，是以日来股票虽尚未发行，而询问购买者已争先恐后，是可见人心之信赖民国、渴望共和矣。成立以后尤望部长、监督赞助维持，庶股东等于定法范围内得事营业之利益，不第股东之幸，抑亦各商业之幸云云。（众鼓掌）次由来宾代表、通商交涉使温效甫宣言，大致谓：中央银行应有经收国家税课之职权，鄙人承乏交涉，前由陈总长委托，通告沪关税务司将税款改归中国银行经收，是即统一财政之起点，兼为实行中央银行办法之基础。财政之学，鄙人虽罕所经验，而于中国银行则可预决其将来利益之大，实乐观厥成，并尽为之尽力，谅诸君亦皆有同情也。（众复鼓掌）旋由吴达诠君致谢各界，宣告闭会。

十二月廿三日（2月10日），《申报》载中华民国浙江银行招股广告：

本银行系旧有浙江银行改设，旧行为官商合办，原有资本库平银六十万两，光复后经财政司派员查账，嗣于阴历十一月二十四日在杭开股东大会，由财政司暨股东公同议决，改为中华民国浙江银行，作为省立银行，呈准财政部立案，定元年一月二十号开办，连任朱葆三君为总理，其旧有股本，以本年八月后百货停滞、账款迟延，公议削减二十万两作为公积金，以固基础。所削股本由旧股东补足，仍为银六十万两。嗣由董事会议决，改资本额为三百万元，除旧有股本暂拟作九十万元，俟下次股东会议决，照折价计算足数外，应添招新股二百十万元，以期足额，而便扩充。新旧股东权利均等，合并声明。谨将招股简章开列于左：一、本银行系公商合办，股本以三百万元为准，作为二万股，除已有股本库平银六十万两暂作九十万元外，应再招股二百十万元。又除财政部认缴，应添招商股洋一百零五万元，作七千股，每股计洋一百五十元正。一、本银行为股份有限公司，股东责任以股本为限。一、本银行设总行于杭州，设分行于上海，其余浙省各府、县渐次设立分行。一、本银行系省立银行，由财政司委任经理全省库款、公债等项。一、本银行呈准财政部有发行纸币之特权。一、本银行不收外国人股份，凡购本银行股票者，应各书明姓名、籍贯，购买后不得转售于外国人。一、奉银行资本金分为四期募集：第一期，元年六月底止，缴四成，即阴历五月十六日；第二期，九月底止，缴二成，八月二十日；第三期，十二月底止，缴二成，十一月念三日；第四期，翌年三月底止，缴二成。如欲一次缴足者亦可。一、本银行股份官息按周年六厘计算，即以交股之次日起扣至来年是日止，为一周年，前项官息每年分二期给发，上半年自七月一日起至八月终日止，下半年自翌年正月一日起至二月终日止。以上为招股简章，如欲阅详细章程，请移至本行取阅，此启。本行地址：杭州太平坊塘工局旧址，分行：上海后马路北京路。中华民国浙江银行谨启。

十二月三十日(2月17日)，中华民国浙江银行正式改组成立。

民国元年(1912)　岁次壬子(五十八岁)

二月下旬，吕渭英办赈。21日，呈请浙江都督电请沪军都督发给护照，并准免税，以便赴无锡购米赈济。

二月，浙江都督、民政司、财政司致温州银行拨赈电："温州银行吕文起君鉴龙泉续电报灾情，希查明拨给急赈一千元。"

二月，浙江民政司复电龙泉县知县拨赈电："缙云转龙泉县朱知事，该邑再被水灾悯甚！已电吕君文起查明拨给急赈一千元，到时希核实散放，详呈都督、民政司、财政司。"

致温州银行吕文起急赈电

三月廿一日，据温州军政分府永嘉县知事兼执法长徐定超呈称："温郡自上年水灾以后，田禾歉收，为十数年所未有，永嘉西、南两处及永嘉场一带被淹尤甚，现在城乡饥民遍地皆是，甚至有食糠粕、啃树皮而饿死道路者，睹此情形，惨不堪状，前两月间曾由知事十城乡筹设粥厂施放。青黄不接，为日方长，若非设法赈济，则庶庶元黎，实难自治。兹据米业公会总理徐象先、孟鸣皋禀称，筹设赈济会，劝各殷商富户捐集巨款，购运粮米，分道赈济，惟本地无米可购，宁台一带亦属荒歉，拟派人赴无锡购办食米二万石，呈请省都督电请沪军都督发给护照，准予免税饬关查验放行，并饬招商总局减轻水脚等情。理合据情呈请，伏乞恩准，俯赐电请沪军都督发给护照并准免饬关查验放行，以凭运温赈济，阖郡人民感戴无已等情到本军府。据此，除批示外，相应咨请贵都督，请烦查照，发给护照，并准免税饬关验收，实纫公谊。望切施行。此咨。”

四月初二日，温州政治研究所在《东瓯日报》登招生试验广告，广告云：“本所开办宗旨业已登报声明，招生不日截止，现拟旧历四月初六日试验，初十日开课，凡是热心向学者请速至府学巷周氏宗祠报名可也。”吕渭英在报示牌言：“本所招生报名业截止，凡报名诸生须先将到所，听候考试，并希证金未缴，着限三日前一律缴齐，以便预备试卷……示仰诸生一体遵照，慎勿观望自误，切切特示。”

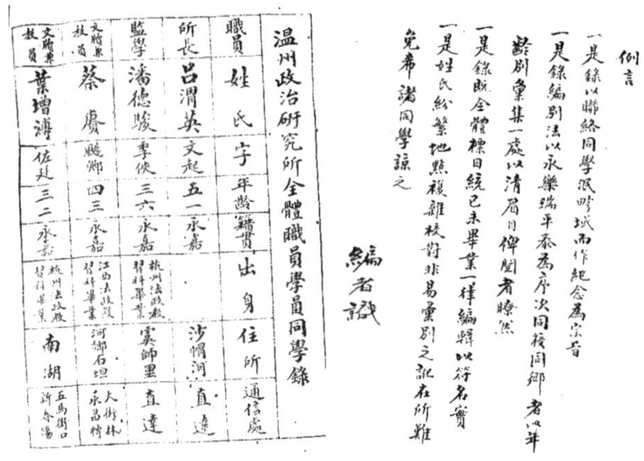

温州政治研究所全體職員學員同學録

職員	姓氏	字	年齡	籍貫	出身	住所	通信處
所長	吕渭英	文起	五一	永嘉		涉帽河	直達
監學	潘德駿	季俠	三六	永嘉	杭州法政教習科畢業	竇師里	直達
文牘兼教員	蔡賡	颺卿	四三	永嘉	江西法政教習科畢業	河鄉石坦	大街林永昌轉
文牘兼教員	葉增溥	佐廷	三二	永嘉	杭州法政教習科畢業	南湖	五馬街口沂春湯

例言

一是録以聯絡同學泯畛域而作紀念爲宗旨

一是録編列法以永樂瑞平泰爲序次同校同鄉者以年齡别彙集一處以清眉目俾閲者瞭然

一是録斷全體標目統已未畢業一律編輯以符名實

一是姓氏紛繁地點複雜校對非易彙别之訛在所難免希諸同學諒之

編者識

温州政治研究所通讯录

四月初六日（5 月 22 日），上午八时，温州政治研究所所长吕渭英主持考试，甄别新生。

四月，浙江都督批示徐定超查明吕渭英办赈是否从中渔利。《温州商民张振发等禀吕文起赈米渔利批》：“呈悉。吕绅文起以办赈为名从中渔利，本都督蒋尊簋已微有所闻，只以悠悠之口未足凭信，故该绅前请咨商沪交涉司准予赈米出口，曾予照办。兹据来禀，所称各节虽系一面之词，惟米价贵贱，岂凭空所能捏造？仰民政司转饬永嘉知事查明，无许该绅任意居奇，是为至要。毋延切切。抄禀批发。”后查无实据。

四月，温州军政分府裁撤，永嘉县议会举行第一届常会，决议创办县立工艺传习所，以培养工艺技术人才，促进温州实业发展。具体筹创由吕渭英兼任。

五月，浙江银行董事会议决不答应代理第二次军用票，迫于地方当局压力方才就范。

春夏之间，吕渭英与李蓉舫在佗城南结识，握手交好，问年孰先后，遂结为金兰之好。

五月十六日（6 月 30 日），中华民国浙江银行股东会、董事会及朱晓岚董事长函聘吕渭英赴杭，整顿行务。

五月十八日（7 月 2 日），浙江银行召开的股东临时会上，总理朱葆三和

永嘉县工商联旧址

协理陈朵如、朱衡斋同时辞职，前任浙江财政司司长高子白当选为总理，吕文起、朱衡斋当选为协理。吕文起驻杭，朱衡斋驻沪。因朱衡斋告病一月，暂以选举票次多数者胡济生代理驻沪协理。至九月银行开股东常会，正式认可上述任命。

六月，台风暴雨，瓯江中浮尸近千，千余民众被困江心屿，灾民高达数万。徐定超急令子侄设救生局于东城郊外，抢救孤屿难民，募款救灾。

七月十六日至八月初一日(8月28日至9月11日)，温处两地先后同时遭到两次强台风袭击，瓯江沿岸和附近许多地方发生数百年罕见的特大洪水。濒江等处200余村庐舍漂荡，田园坍坏，哀鸿遍野，西溪一带山洪暴发，漂流无数，老弱男女蔽流而下，溺者多逾巨万，数日之内海外港捞获尸体不下千具，惨不忍闻。永嘉县议会第一次常会议决拨本年县税1万元购运外米接济民食，瓯海道尹公署办理水灾赈济，上海华洋义赈会与温州天主教会皆拨助巨款或进行劝募。(《永嘉县议会第一届常会议决案》)

灾情详细：

永嘉：八月二十八日、二十九日、三十日飓风暴雨，西溪一带山洪暴发，漂流无算，老弱男女蔽流而下，溺死者多逾巨万，数日之内海外港捞获死尸不下千具。

瑞安：八月大水。七月十七日大风雨，夜间水没檐际。港乡一带人畜田禾淹没无算，较一九一一年七月尤甚。八月二十八日、二十九日飓风大雨，镇乡各区山水横溢，人、房屋及什粮，损失甚巨。三十日飞云江横厂蔽江。

平阳：八月二十七日至九月十七日大风雨凡五次，四乡山水暴发，田庐冲没，平地水淹三四日，至六七日，岁收大歉。七月十五日至八月七日大风雨凡五次，四乡山洪暴发，田庐冲没，平地水淹三四日至六七日，岁收大歉，八月二十八、二十九日两日飓风暴发，大雨如注，城内外一片汪洋。平阳八区受灾，以南港镇为最重。

八月初四日(9月14日)，《新闻报》第二张第一版报道《温处水灾赈济记略》：浙省青田大水为灾，全邑荡然淹毙者十余万命，损失在数百万以上，水势下流，侵入永嘉、瑞安两县，损失亦钜。业经温绅筹办赈务，然灾情过重，断非数万金所能救济，由县知事连电都督乞赈，旋蒙朱都督拨银洋二万元、米石五千担，星夜饬委押解温州，托由吕文起代为施给，复由都督电致吕绅随时由就地统捐局动款拨助。近青田叶知事报告都督有云虽急于办赈用款为难，盐务分局随波漂没，而局员周与兰迄今不知下落，包盐五万余斤亦均化为乌有。现时水尚高与檐齐，人民登山而居，吃食树草以充饥，尸身逐水而流，到处皆是。刻朱都督已派委员四人由中华银行解款前往，会同青邑叶知事急施赈济矣。

八月，中华民国浙江银行开股东会。

八月，为培养政治学人才，温郡政治研究所正式成立，有所长吕渭英、监学潘德骏等 14 名职员，学生 148 人。

秋，宋教仁改组国民党，吕渭英由民国新政社转而加入中国国民党。

九月初八日，晴。符璋为汇款事致信吕渭英。

九月初九日，时在省任筹赈会委员的吕渭英，奉钧司照会，奉都督命，先携洋二万元、米五千石，会同吕君东升，驰往急赈瓯括各属灾黎。并奉钧司面授办法，于永嘉适中地方设立筹赈公所，办理转运米石，接收赈款。一面会同各县属切实调查灾情轻重，分别支配，为瓯括两属筹赈之一总机关。

九月十三日，吕渭英由省城驰抵瓯郡，当即电报到地日期在案。并即会晤永嘉县金知事暨绅商、各善团等，接洽一切，随在永嘉城内设立瓯括筹赈事务所。所内酌设文牍、会计、庶务、调查各职员共六人，公役四人。各职员均尽义务，酌送夫马。并刊筹办瓯括水灾赈济事务所图记一颗，即日启用，以照信守。其各属已设之赈务机关，并经函致照旧设立。同时，吕君东升由陆行，自上游缙云各县属顺查，至青田抵永嘉，渭英则携带银米航海，直抵永嘉，筹办急赈事宜。

屈映光

九月廿三日，吕渭英向民政司司长屈映光汇报灾情：

> 连日调查灾情，就永嘉论，当以西溪沿江一带与青田毗连各地受灾最重。百里之内，空无居人。生命财产之损失，难以数计。金知事、绅商、各善团，闻灾集议，漏夜

分驰沿江一带，设法拯救。死者，不令暴露；生者，资遣回家。其无家可归者，给衣给食，期不至填于沟壑。旬日之间，已用洋在万元以上，皆系就地捐募之款。惟灾区广阔，来日方长，费绌用繁，正苦难乎为继。今经渭英携带此项银米来筹接济，在事诸人益加奋勉，灾民得所，更不待言。当月赶办篷厂、棉衣、散米、施粥诸事，费各不赀要，不可漫无限制，因特与永邑官绅商定用款。调查西溪一带，一洗而空者，四十余村庄；流离失所之灾民，约一万二千零。每人给米五升，需米六百石，合海斛五百石。给棉衣一件，计洋四角，需洋四千八百元。搭厂六百间，每间五元，需洋三千元。又每人给洋一元，俾置锅灶、农具，需洋一万二千元左右。以上米共五百石，洋二万元。至永邑蒲州地方势处下游，大水冲激，已将重修，正备埭倾坍殆尽。此埭当永瑞两邑水道之冲，农田水利所关甚钜。自上年被水冲刷后，旋筑旋圮，财力均疲，着手速行修复，力求完固，使荒涸不至立见，晚禾得保。此项工程，虽似于水赈无涉，而淹没之余，复遭枯竭，受害恐更加重。吕渭英拟请于此次赈款内，拨助埭工洋一万元余。听就地自筹，限期修筑，且可使孑遗灾黎往供埭工之役，未始非以工代赈之法。此外惟瑞安高楼等处，水灾至重，约计损失较之永属，有过之而无不及。是月十六日当由该邑孙参事举代表、商会总理池君志澂等来所请款，当即拨给银米运回，赶办急赈，再俟会查确切，酌定用款。呈请核给。余如乐、平、泰、玉邑虽有水灾，各不甚重。尚未据报告到所，将来即有补助，数必无多。青田与永嘉接壤，此次全城倾没，为从来未有之奇灾。一切急赈事宜，不分畛域，均由永嘉一律举办。该邑士绅现亦设有驻瓯赈务所，在永嘉西门外。渭英到日，业已发给银米，交该所运往散放。至如何受灾详情，以及丽、遂、景、庆等属，应行分别赈济之处，统俟吕东升君确查会核后，再行呈报。总求款无滥费，惠得均沾，上无负官厅委任之心，下可纾梓里颠连之惨。此则渭英所兢兢自懔，而不敢以一息安也。所有筹办瓯括两属赈务，大略情形拟合备文呈明。除呈都督暨财政司长外，仰乞司长察核迅赐批示。只遵再正详报，间十七日又风雨狂发，上游漂下什物无算，当即商同金知事派员调查，灾情如何，容再详呈。至前携之款，现已动用过半，应请再行续发若干，以便储拨。合并声明。此呈民政司长屈。

九月三十日，筹赈委员吕渭英等呈民政司司长文：

案缘本月十七、八两日，飓风大雨又成水灾，业经报明在案。现查处属各县溪山，及永嘉上游西溪各港如小源、韩埠、上戍、菰溪四港，以及楠溪、上河乡诸腹地，前此灾情较轻者，经此一番风雨，皆成灾区矣。幸惊弓之鸟，知先趋避，伤人尚不甚多。而山崩地塌，砂石随波冲塞近港，沃壤悉成石田。晚禾收成必至大减，将来荒歉之患不堪设想。哀此孑遗，兵荒之余复遭浩劫，言之可胜痛哭。业经会同金知事派员携带银米，分头前往赈抚，一面调查受灾轻重，再行分别详细呈报。温属大概灾情，以永嘉、瑞安两县最重，平阳次之，泰顺受灾较轻。但与瑞安毗连各镇不无波及。据该县士绅函请，拨赈款一千元，数虽不多，应俟调查切实再行，详请拨给。乐清、玉环灾情甚轻，均由在地赈抚，无须动拨公款。处属各县均有受灾，惟青田全城覆没，最为可惨，景宁次之(中略)。合将二次被灾大略情形具文呈报。除呈都督暨财政司外，仰乞司长察核，此呈民政司长屈。

十月中旬，《温州全府公产公事业议事会呈控余朝绅等匿报仓谷私擢干没批》："查温属盈余仓谷迭送经蒋前都督暨褚前民政司电饬永嘉县知事酌拨各属办赈，秋后筹还在案，究竟此项仓谷如何分拨，未据县知事呈报查核，兹据民等以仓董余朝绅等匿报干没，私擢赖款，请派员会同各县代表彻底盘查。案开仓储要政，亟应妥善法，以厚民生而重公产。仰民政司迅即查明，呈候查夺。此批，呈抄发。"

十一月初九日，瓯括赈务吕渭英、永嘉县知事呈永邑两次被水灾区甚广，请颁给巨款接济批！查前因该县两次被水灾情甚重，叠经饬司拨发洋元米石，散放急赈在案，据呈灾区广阔不敷赈济，自是实情，惟省垣财政异常困难，前次拨给温处赈款实已罗掘一空，所请发款三万元以资接济，为数颇巨，能否照行，仰民政司会同财政司核饬永嘉县知事遵照办理，此批。

十一月初七日(12月15日)，筹赈委员吕渭英暨义赈会姚宪会致函民政司司长屈映光：

文六司长惠鉴敬启者：

渭英前准台端照会，会商上海筹募温处义赈会，将平粜事宜，筹备一切，等因遵即驰抵上海，会同筹商，以目前芜湖米价最为合宜，商由义赈会推定宪会会同渭英与夏君次崖偕往筹办。一切业经王君亦梅会函先请执事，转请都督发给护照，交由夏君带沪，以便克期办理在案。且查宁、绍旅芜同乡会，兼办义赈分会李君吉生热心公益，于办米情形尤极熟悉，此次采办所有评选米价、米色，一均拟托其帮同料理，决不致销有吃亏，并可由李君劝令米行减收一半行用，作为助赈。其招商局船载亦拟商减半价，通盘核计，节省为数颇钜。该处官厅一方面得夏君次崖接洽，诸事自可简捷。拟留夏君一人在芜办理一切，渭英等即可回沪。将来运米到沪，当由渭英会商议赈会，经收存储，即将栈单，按向庄号借款腾挪周转，冀以少数之款，办多数之米。王君业经赴瓯，其沪上义赈会事宜，即由宪会接洽。此后米运到瓯各灾区，备价承领时则由王君亦梅与备属知事直接分配。如此备分责任办理，似较妥洽。此议决之大要也。伏思此次赈务，仰蒙台端笃念桑梓，力拯流离，仁粟义浆，源源相继。百万灾黎，同声感戴。现需米款，恳即俯赐，迅筹五万元汇沪。若一时筹措不及，或请先拨若干，其余陆续汇拨，亦无不可。统希查核办理，是所盼祷。专此布达。

敬颂台祉

吕渭英、姚宪会谨启

注：池志徵言，宣统之末，温处大水两次为灾，吕渭英奉大吏为十六属水灾筹赈总理，而池忝在董事会总董，亦为瑞安六区水灾筹赈总主任。一纸公文君即拨英洋三千六百元、袋米六百石，先为灾民衣食住三者之急。不料六区董事半归已蚀，置嗷嗷哀鸿于不问，吕渭英恐负，力辞其任。而吕渭英尤殷殷以催册续赈为念，我邑之民无不德君，而池更有感于君也。

十一月廿八日，江浙财阀蒋百器、高子白、虞洽卿、朱葆三、周金箴、傅筱庵、杨子明、王晓臣、吕渭英、陈星舫、沈蔼苍等14位发起人，发起筹组北京华商电车有限公司，承包北京内外城全部电车路轨铺设工程。是日公布驻沪事务所通告。

申報
SHUN PAO
傳單
北京華商電車有限公司招股簡章
復旦公學招生

《申报》载北京华商电车有限公司招股简章

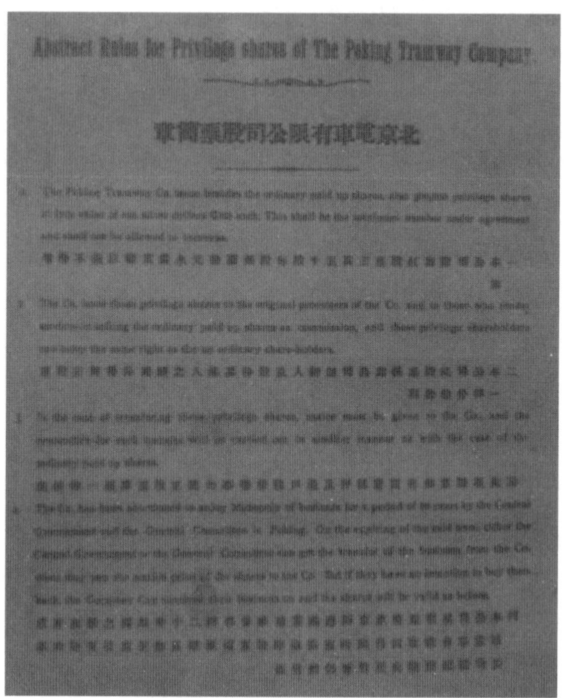
Abstract Rules for Privilege shares of The Peking Tramway Company

北京電車有限公司股票簡章

北京华商电车有限公司招股简章

北京华商电车有限公司股票

浙江兴业银行旧址（郑越摄）

十二月初三日（1913 年 1 月 9 日），北京华商电车有限公司章程出台，其驻沪事务所设在北京路浙江银行内，其上海本埠分收股银处指定浙江银行、兴业银行、通商银行、四明银行、慎裕五金号、福康钱庄。

是年，温州府商会改称永嘉县商会，总理改称会长，始为民间的同业组织。首任会长为吕文起之弟吕渭贤，在任约三年。吕渭贤光绪间曾随同吕渭英做过福建延平县盐大使。会长继任者有朱寿保、叶维周、杨雨农、唐伯寅、蔡冠夫、徐缙卿、邱百川、王纯候、张一鸣等。

是年，吕渭英来杭州经理浙江实业银行，与诸君子审议规复旅杭同乡会。复租羊市街伍姓屋为事务所，经八个月，垫用经费颇钜，事未毕集。

是年，浙江都督发文《松阳县船户施有谷等禀吕渭勋私立巡局强索埠费请革除批》："禀悉据称温州土棍吕渭勋（谱主五弟）在温溪庄地方私立巡江捐局强索埠费等情，舟人倚船为生，出入风涛，以博蝇头，何堪任若辈任意索扰，禀果非虚非惟，扰害行旅，实属目无法纪，仰松阳县知事按照指控各节，迅即提案严惩，将埠费立行禁革该庄，如系温州辖境，即移邻县会同办理，以安行旅，而靖地方，切切，此批呈抄发。"

年终，综计民国元年（1912），中华民国浙江银行杭州总行盈余八万余元，上海分行盈余四万余元，除宁波分理处亏耗八百余元外，盈余洋十三万零，照章提四分之三为公积金及股东红利，尚有四分之一为办事人酬劳，至股东红利，每股匀派洋十二元。其时，因代办金库，由财政司提议，可将本行改作地方银行，官商股本设法集足三百万元，是以董事会议决：元年份股东既有红利，凡未及一股者，发给现洋；其已及一股者，即留作地方银行新股，填给收据。计收入新股五万余元，另款存储。

是年，法政讲习所别科毕业的陈叔平经吕渭英介绍兼任杭州体专学校教师，与永嘉人胡公冕同事。

是年，永嘉自治会成立，公推余朝绅为议长。民国初年，温州船商董事会及温州甲种商业学校之建立，余氏出力最多。

民国二年(1913) 岁次癸丑(五十九岁)

正月初四日(2月9日)夜，吕渭英、郭小梅信致刘绍宽处，为王志澄与严慕初涉讼事(去年冬竞选国会议员，徐象先等“运动百出”，王志澄、刘祝群等当场抓住其重复投票，宣告作弊无效，于是徐、林等率众乱殴志澄，致引起诉讼，2月3日晚已预审)催刘绍宽与小垞同赴郡，因同来者过小垞。小垞允以初八九日到郡，遂函复小梅与订定。该案经徐象先、严慕初等出洋银二千圆，讲和了之，刘绍宽与小垞不复到郡。刘绍宽认为因此永平人士“生此一重严感”，慨叹“选举之为祸烈也”。

正月初五、初十日(2月10日、15日)起，吕渭英等在《时报》分别刊登北京华商电车有限公司招股简章及详细招股章程，确定股本为350万元，分为35万股，除发起人认足100万元外，特“划出股票十万股，尽京畿内外绅民任便购买”，“以昭公允，而均利权”，而承包北京内外城全部电车之铺设。预期一年半内“所有建筑工程一律完竣”，经北京政府批准，由该公司专办20年。

正月十三日(2月18日)，《民立报》公布《北京华商电车有限公司招股章程续》，即董事“有实行监察及建议、评议之权，凡公司营业、工程两部，关于运用大宗款项之事，必经董事考核签允，方可照行，惟以不侵越公司人员照章办事之职务为限”；北京华商电车公司章程规定，“董事会中应公推一人为总董，凡关于股票簿册单据，均由总董会同总理盖章签名，其余任务与他董事同”。1914年，法国准备插手北京的无轨电车业务，当年北洋政府与中法实业银行签订了“五厘金币借款合同”，借款总额为一亿法郎。当时法国在借款合同上附加了许多条件，其中的一项就是法国拥有北京电车的经营权。而中国的一些官僚和资本家，认为在北京兴办电车交通企业有利可图，因而群起反对法国独家经营北京的电车业，北洋政府迫不得已，而与法国进行了交涉，将北京的电车业改为官商合办。后来由于第一次世界大战爆发，西方的资本主义各国纷纷参战，当时的电车设备都要从西方资本主义国家购买，而此时的西方列强已经无暇东顾了，因而在北京兴办电车之事就只好暂时搁浅了。

正月廿二日(2月27日)，中华民国浙江银行临时股东会，讨论改组为地方银行事宜。

正月廿五日(3月2日)，吕渭英等在上海召开北京华商电车有限公司成立大会，并鉴于上海要求入股者“争先恐后”，为“副沪上热心实业家之望，特提出股票百万元，先尽上海本埠绅商暨同志诸君任便购取，倘有余额再向各省外埠发售”。

三月，吕渭英公干广州与王毓英相遇，巧遇戒严，令人耳目一新，后赠金予王毓英由揭阳赴桂林，以壮其行。

春，永嘉赈济会自旧历年底开办施粥厂以来，每天需米20余石，办至阴历五月麦禾成熟为止，尚需三四千石，现近一月，赈米将罄，而灾民日增，纷纷到厂索食。请县参议会公决，并电请都督及民财两司拨米接济，以解眉急。(见《永嘉县参议会议决案》1913年油印本)

春，吕渭英公干陕西蓝田。许炳黎作《吕师文起远行即席赋赠》：

日日江楼饮饯忙，长堤新柳拂轻装。

此行自有非常遇，渭水风高好钓璜。

注：许炳黎(1874—?)，字乙仙，永嘉人。曾与马祝眉等十人在永嘉组织社团。工诗，著有《运甓斋诗集》行世。

五至六月，中华民国浙江银行在海门开设第二家分理处，分理处经理为黄镜三。

七月下旬，袁世凯图谋称帝，陈其美在沪以倒袁为名，向浙江银行筹借现款四万元。浙江银行驻杭协理吕文起悉数拨付。反袁运动结束后，此款始终未予归还，这是浙江银行由于营业以外的关系所受到的第一次亏损。所幸此时业务尚好，此款即由该行行员应得之红利中拨还。倒袁是当时政治上的正义举动，董事经理做此决定，行员亦均乐从。

九月，温州霍乱流行。

九月初九日，吕渭英次韵黄益三九日登高：

岂甘朝汉问荒台，霸国犹多大雅才。

客去海南坡荔在，诗来天外岭梅开。

不须作相关忧乐，已足微醉到定衰。

和杜醉中搔鬓短，蓝田别酒记徘徊。

朱瑞

十月初二日(10月30日)，浙江银行董事会再次议决，自本日起，以后官厅用款，只能暂就收入之数代为支付，其存储该行的军用钞票，亦决定要求不再付出，并将此决议分别告知朱瑞和张寿镛，要求地方当局早日筹措归还该行从前垫付之款。该董事会同时警告总理高子白、驻杭协理吕文起及杭行两位经理王子球和翁松声，以后官厅用款，丝毫不能垫付，军用钞票不能代发，必须按照议决案切实执行，不得犹豫。倘不经董事会议决，仍然代垫代发，将来董事会不能承认。

十月十二日(11月9日)，浙江省公牍函驻瓯办理温处水灾善后总事务所坐办吕渭英君：

径启者：

兹据查办旧处属赈务委员郑鸿猷呈复：以该县急赈银米，据吕东升报册，列发米一千二百五十二袋，又据吕渭英报册列发米一千袋，计共二千二百五十二袋，而据该县船报及查核收据，只领到一千一百四十袋，内除据报运米各船户分食三袋，并到埠被窃一袋，暨续领二百四十袋(查系分发各区被各经董移作平粜局用)外，余均照数放讫。惟所短之数计一千一百十二袋，曾经该县陈知事，并县会吴议长会电，查补结在案，查核呈禀东曾向渭领急赈米五千五百袋，内发景宁一千袋，托渭交由该邑，自运后渭划归自算，胡渭报册列发，东转处属四千五百袋，据此该一千袋之数二吕似有复杂，又据称吕东升报册已结洋三十元，查吕渭英报册又列发二千元，合前财政司饬由松阳捐局拨一千元，共计合洋六千元。而据该县呈禀及查核收款簿据，只领到四千元，所短之数曾经该县陈知事并县会吴议长会电乞查，补给在案，查核二吕报册，东向渭领急账二万零二百元，内提三千元，存瓯托渭代付景宁，嗣渭经付二千元，并将付景之款划归自算。故东报收二万零二百元，渭报付一万七千二百一元复景宁，向东补领一千元，东已照付。据此情形，似出复报，应请分饬，呈复各等情，据此查前准贵坐办在瓯括灾赈事务所案内，造具急赈银米清册内，列发景宁洋二千元，又发景宁米一千袋，嗣据吕东升报销册列发景宁洋三千元，又发景宁赈米一千二百五十二袋，是先后已由贵坐办暨吕东升于办理瓯括灾赈事务所时，发给景宁银圆三千元，又赈米二千二百五十二袋，前经由署专据报销，登载公报，公布在案。旋据景宁县知事暨该县县议会以赈款销册，数目不符先后文电，请饬查追补等情。又经分别令知在案，据呈前情，除训令景宁县知事外，相应函请贵坐办，即烦将委查各节是否确实，逐一复核明确，迅予见复，以凭核办，至荷公谊。

十一月初二日，阴。黄光访吕访溪(谱主四弟)不遇。

十一月廿七日(12月24日)，浙江民政长屈映光签发命令：“夏尔玙以办事人员四散无从造册为词，实属借端推诿，须知此项赈款关系公帑，无论办理何项事务及支出数目多寡，均未便丝毫短缺。该绅等以承办人员，竟敢置之不复或任情诿卸其中，情弊已属显然，亟应从严查究。为此命仰该知事即便将夏尔玙、杜师预等勒限严传到案，由县检齐案据簿册派员偕同来省听候，由署酌委妥员并传集在事员绅三面会同督算，以贵埋楚，毋稍徇违，切切此命。中华民国二年十二月　日民政长屈映光。”

十一月廿七日(12月24日)，民政长屈映光签发浙江行政公署指令第一万六千九百十四号命令《温处水灾善后事务所查夏杜诸绅住址饬夏尔玙将平粜米款支销造册具复由，令驻瓯筹办温处水灾善后总事务所会办吕渭英》：

内务司案呈：

本报十二月五日，据该会办吕渭英呈称青田代表夏尔玙经办粜米短少款项，请在该县应领工赈款内扣回，以清款目，并附收支清折一扣。请察核示遵等情均悉。查该县应领工赈款银，前据该县知事呈称：现在各区要工次第举办，需款孔亟，业经两饬先行拨发现银八千元，俾资应用在案，现在该县工程正在吃紧之际，应领赈银自未便，以夏尔玙经手款项未清，遽予停拨致误工。惟查该夏尔玙办理灾赈自上年迄今经领急赈善后及平粜款银不下二三万，前据查办旧处属赈务委员张公度查复后，以该绅经办衣被及发存农具银圆尚无着落，节经函催，该绅清理来据具复，兹阅来呈：称夏尔玙前领粜米款银万元该会办询以如何归结，该绅竟以无从造册为词，资属借端推诿，要知此项赈款关系公帑，凡属经办员绅，无论支出多寡，均须逐款造销，以昭核实，乃该绅竟一则置之不复，一则任情诿卸，综观前后情弊显然，亟应从严查究，除训令青田县知事严传夏、杜诸绅到案外，仰该会办即便将夏尔玙、杜师预寓所地点严密查明具复，一面仍仰转饬夏绅将前领平粜款项，限本月内列呈禀由该会办转呈核夺无违此令。

中华民国二年十二月　日民政长屈映光

年底，中华民国浙江银行总行在浙东各地调查市场行情，认为宁波、海门、温州三处均为商业繁盛地区，应该设立分行。

民国二年(1913)，中华民国浙江银行总理高子白，协理吕文起、胡济生，杭州总行经理王子球、翁松声，上海分行经理杨汉汀、李馥荪，宁波分理处经理吴梅庵，查账董事邵毅我、钟寅宾、楼映斋、戴登川。

民国二年(1913),中华民国浙江银行董事吕渭英等拟致四明银行董事函稿:

敬启者:

孙君衡甫[①]向在上海浙江分银行充当经理,因做押款贷款为数太滥,外间啧有烦言。经股东诘责,于去年正月间另延杨君汉汀[②]接充经理,并责成孙君将原经手放款料理清楚。不意孙君延宕不理,虽住宿浙行,早出晚归,竟与事外人无异,嗣充贵行总理一席。敝行股东闻之愤愤,迭由董事会议决,仍须责成孙君清理旧账。孙君复以所放之款俱有来头,可以追问云云。现在时将两载,其可清之账,已由杨汉汀、李铭[③]两经理逐一追取,尚有纠葛之户,必须原手方能清晰者,孙君竟不过问。昨日本行开董事会,张财政司长[④]复派代表诘问申行账款情形,无可复答。窃思银行经理一席,责任何等重大,经手放款,总须事有交代,方可卸责,岂能不闻不问,一出行门,便可了事。敝行与贵行同一营业,延聘经理,总须求有终始之人。在贵行延用孙君时,或于前在敝行情形未能深悉。兹特专函奉告,务请董事诸公责成孙君前来敝行,将以前经放之款赶紧清结,或一时不能清结,亦须议有眉目,使后手经理可以接办,报告董事会,经董事认可后,孙君便无责任。倘仍延宕不来,或到行仍不问事,敝行惟有投告商会,听候公判。前局未清,又接他席,恐商界无此成例也。鹄候回示。

敬颂起居

注:

①孙遵法,字衡甫,曾任浙江银行上海分行经理,时任四明银行总理。

②杨宝铭,字汉汀,时任中华民国浙江银行上海分行外经理。

③李铭,字馥荪,时任中华民国浙江银行上海分行内经理。

④张财政司长指张寿镛,字咏霓,时任浙江财政司司长。

民国三年(1914)　岁次癸丑(五十九岁)

十二月初六日(1月1日),政府通令各级自治一律不给薪水,张震轩过庚叔翁处茗谈,询知近政府通令省[议]会、县[议]会、城镇乡自治,均一律不给薪水。是共和国此后永无议会矣,可为浩叹!

民国三年(1914)　岁次甲寅(六十岁)

春,陈祖纶(经廓)卒,吕渭英所撰挽联云:"同学忆少年,宦海归来,最难莼菜秋风相期晨夕;别离才两月,天涯凭吊,正是杏花春雨又近清明。"

二月，浙江行政公署训令第一千零三十一号据总事务所会办吕渭英呈扣发青田工赈款项缘由令青田县署公知事郁振域：

内务司案呈：

本年二月二十八日，据驻瓯筹办温处水灾善后总事务所会办吕渭英呈称：案奉钧长训令内开，青田工赈需款甚急，请查明酌拨等由，奉此查上年钧长在内务司任内拨发大洋五万元交由渭英办理平粜米石，内中提出万元交青田办事人夏尔玙专购青田之米，先后交到米石对抵外，尚欠洋六千二百零九元六角三分。嗣奉钧长令开，所有收回平粜米价尽数分配各县工赈之需，夏尔玙系青田公推办赈代表，夏尔玙欠款抵配青田工赈系属正办，该县知事不加审察以为夏玙尔欠款系渭英个人交涉，一再绩请钧长勒令渭英交款，大属不近情理。渭英与夏尔玙素昧生平，若非奉准钧长，岂肯轻予万元之巨款。当时夏尔玙在钧座索平粜款项每日至三四之时久，推之不去，皆因青田举其代表方能坐索赈款，该知事俱未之知，而漫加入以挪移勒追字样，意气从事实非公允，要之夏尔玙欠款与应拨青田工赈之款，同是公款既奉钧长谕令，酌拨拟先拨与三千元，夏尔玙现在上海垃圾桥居住，当约令来省会同青田在省公正之人会议了结，并请电饬该县知事遵照，勿再误会哓渎，实为公便等情。

二月初八日(3 月 4 日)，民政长屈映光签发浙江行政公署指令第二千六百十一号《令驻瓯筹办温处水灾善后总事务所会办吕渭英呈复扣发青田工赈款项缘由请转饬遵照由》：

内务司案呈：

本年二月二十八日据该会办呈复扣发青田工赈款项，缘由请转饬遵照等情，已悉。查此案前据青田县知事及督办工赈委员先后电称该会办挪欠工赈款项，前来业经电复并函饬该会办，将此项赈款酌量拨济以重要工，在案兹据称，夏尔玙经手款项尚未清结，所有该县应领工赈余款，拟先筹拨三千元俾资应用，各情办法尚无不合，应准照行，其余应解该县款银，仍仰该会办严饬夏尔玙迅即核结清楚，缴由该会办悉数埽解，免误工程。至青田县知事电催饬交赈款，自系为郑重工务起见，惟其小纠葛情形未能明了，致多误会，仰候据情转饬，遵照可也，此命。

二月，吕渭英嫁长女吕香卿于乐清富户徐干之子徐堇候(元长)为妻。

二月，缙云知事刘景晨为核实景宁赈米确数呈民政长屈映光文：

内务司案呈：

本年二月十六日，据该知事呈复，奉传陆通球查明景宁灾赈银米不符情形，并称松阳、庆元等县短领款银确已交付，请予销案等情均悉。此项短领款银，既据陆通球呈明，已经交付叶宗山暨利用公司分别转付，候分饬松阳、庆元两县知事严缉查追，一俟追缴到后，再予销案可也。再查景宁米，仅有一千袋，而吕东升及吕渭英报册合计系二千袋。据委复称，亦系出于复报，是否实在，仰该知事再行转询陆通球，据实具复，以便核办无违等因。奉经知事传询去后，兹据陆通球呈称通球遵查是项赈米，当由吕东升与吕渭英分任调查，按灾情轻重酌量分配，处属除青田另由温事务所就近领放外，原议应得赈米五千五百袋，内支配景宁一千袋。因景宁到温近便，仍存温事务所，托为代付。后温事务所以托付景宁一千袋，作为温支配。似此，吕东升报册内列配景宁一千袋，亦属空虚列领。温事务所五千五百袋，景宁所得赈米只有一千袋，所称合计二千袋之处，实出于复报。兹奉传询前因，理合据实具复，呈请核转等情前来。据此，理合备文呈复，仰祈钧长察核施行。谨呈浙江民政长屈。

刘景晨

三月，中国银行为收解官款并做汇兑，由杭州总行拨出资本金 1 万元、钞票 3 万元，前往温州设立分行，经理张益平。但是由于长期业务不振，有亏无盈，至阴历甲寅年终(1915 年 1—2 月间)，温州分行停业，亏损洋 280 余元，但账目尚有拖欠，一时不能收清，开年后仍委托公一钱庄代办。海门分行也处于半停业状态。

是月，吕渭英四弟吕渭贤与徐德元、陈宝三、曾雨卿等为注重卫生起见商请永嘉县警察事务所所长徐熙、所员林冕、警长姜金林创设菜场，并取缔沿街摆摊、挑卖。因永嘉县警察事务所用事操急，负贩者以有碍生计，遂酿激变。因警署接近街心，弹雨枪林伤及过路之男女二人，以致群情忿激，阖城罢市两次。防营统领梅占魁遂带兵弹压阻止放枪，一面解散闲人，安慰受伤者送院调医，出示安民，人心始定。是月底，县民周昆等以警署与吕渭贤和米业公会等改官斗为公斗，联同创设菜场之事上告浙江省民政长。

五月，为安抚民心起见，北洋政府特派王璟芳来粤组建银行，6 月成立中国银行广东分行，先发行特别券来收换原广东地方纸币作为过渡，继而再正式发行大洋券和毫洋券，流通全境。至此，广东纸币的发行权直接改归中央管辖，而广东官银钱局则成了空架子，其业务也仅是催收旧欠款、代财政司赎买港纸等。

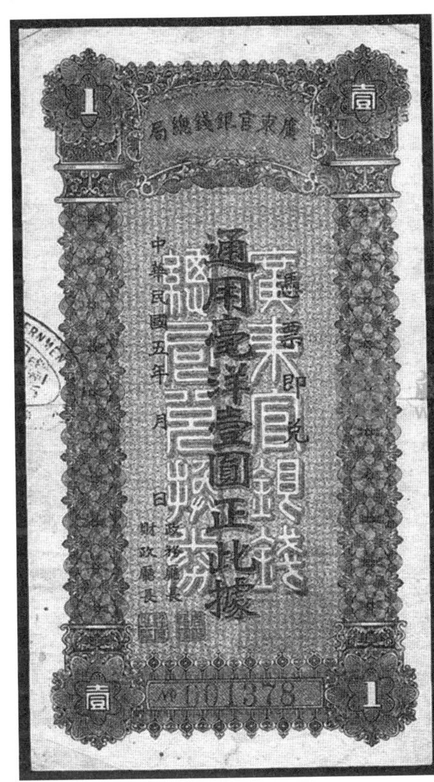

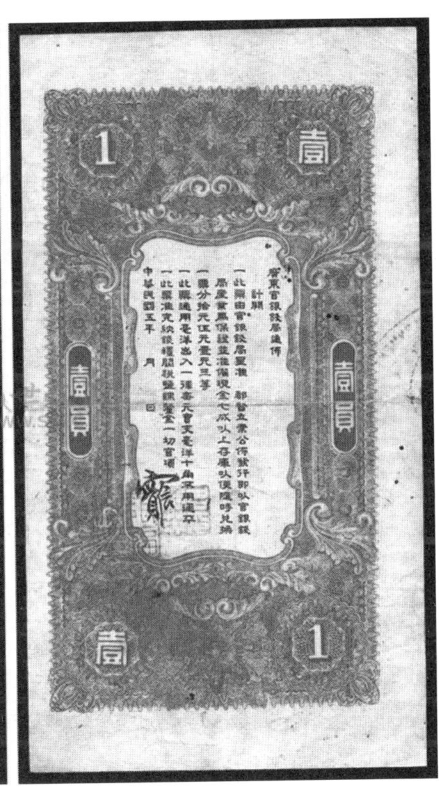

民国五年（1916）广东官银钱局通用毫洋

五月，浙行与粤银钱局来往纠葛，为数颇巨。粤代表三人来浙，吕渭英与之磋商，经三个月，始藏其事。

闰五月十四日，晴。吕渭英新购一船，名宝铭，本日开。

闰五月（7月），代理金库业务的取消，使中华民国浙江银行顿时失去了一大资金来源，对其经营打击很大。浙江财政厅遂提出整改意见，建议该行在国库移交后，应注意营业，尤应改为实业银行。

七月廿二日（9月11日），浙江巡按使屈批委办官米总董吕渭英详为采办官米一切筹尽事宜缮具个章请察核由：

> 核阅所拟办法尚属妥协，惟此项粜米系为接济全省民食起见，若悉数运储省垣，下海颇多不便，应即就沪地先行勘定，存储处所，另由本署

委派精干妥员常川驻沪综司收发事宜,借便转运至所,请分别呈咨及发给护照各节应即由该总董将采购地点查议定后,另案详侯核办。其关于袋费、运费驳力以及采购米价等项案关支出无论何款均须取具凭证单据分批详送来署,以凭审核。再该总董此次奉委采购官米办理平粜虽系地方公益,而劳务所在自不能不量予津贴来详,所称不支公费一节应毋庸议缴。

七月廿七日(9月16日),中国银行温州分行建立,由大清银行改设而成,行址暂在五马街殷姓朝南老屋(原中央大戏院对面)。首任经理王家驹,字鸣卿,本城人,清光绪、宣统年间任福建古田、福清两县知事。本年春,因中国银行上海分行经理张嘉璈(公权)推荐筹设本分行。中国银行在民国十七年(1928)中央银行建立前,具有中央银行职能。中国银行温州支行执温州金融界牛耳,有营业额300万元之钜。1937年秋,抗战全面爆发后两月,晏公殿巷新行舍建成,分行即迁入办公。

七月三十日(9月19日),晴。符璋与吕渭英略谈。

八月初二日(9月21日),阴,微雨。吕渭英至徐班侯处拜寿遇符璋,谈及秦荫涛事,云拟派入新组织之人寿保险公司。

八月十六日(10月5日),王岳崧《寿陈墨农大令六十》其一末联"秋中屡见德星聚,大会耋英瓯海滨"注脚:"时徐班候侍御七十,吕文起观察六十,墨农寿期先吕公半月,后徐公半月,瓯郡传为佳话。"(王岳崧《退思斋诗稿》)

陈祖绶六十大寿,杨青赠联:"(与徐孝穆、吕夷简、吕文起亦同时六十称觞)三寿作朋,独有文章惊左海;历晋太行、皖绩水,一官归隐,更多事业寄东山。"

九月初四日(10月22日),浙江巡按使屈批委办官米总董吕渭英详复委员支领公费由:

详悉!查驻沪委员专司收发转运事,宜并不经手银钱,出入即公文往来亦须由该总董间接,行知事甚简单,并无分设文牍会计之必要。惟将来粜米陆续运到各县纷纷请领之际,收发转运较为烦琐,应由该总董酌量情形就旅沪同乡会中择定一员酌给津贴,俾资襄理,而节浮费仰即转行该委员知照缴。

九月初五日(10月23日),阴。符璋得荫涛来片并信,云事已有成,现暂住谦泰客栈,公司总理为黄少泉,云吕渭英将赴杭。

九月初七日(10月25日),温处旅杭同乡借旧钱塘县学旧址举行周六介追悼会，祭文于其杭县知事任内三年操守与治绩赞誉备至。祭文由夏超领衔，吕渭英致送哀挽。

于园

夏超

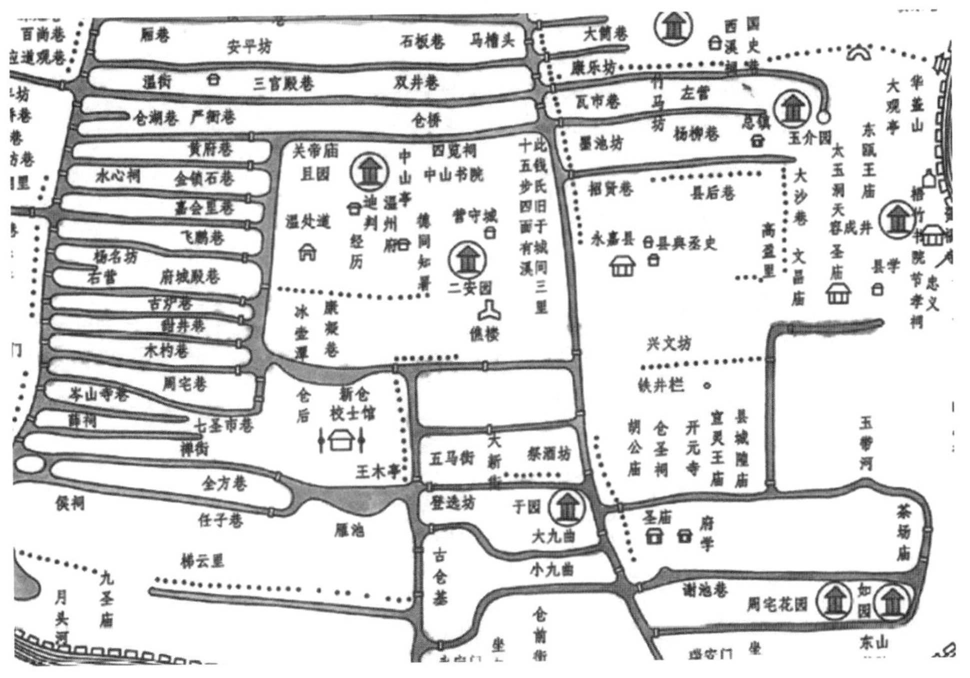

老地图中的于园

九月（10 月），王毓英《看菊于园时主翁客沪未旋感而赋此》：

看菊何须问主人，主人沪上客羁身。篱东有约应回首，明日黄花叙夙因。

春风桃李忆繁华，叙乐天伦共一家。管领秋光谁是主，满园香色问黄花。

名花最好半开时，勒住二分伴竹篱。康乐清芬流泽远，芝兰玉树长孙枝。

满城风雨逼重阳，洪水为灾大地殃。彭泽樽空黄菊酒，天心辜负一园香。

滔滔世局复何之，况值家园松菊时。料理行装归去早，阶前剩有傲霜枝。

花香无酒又无诗，孤负东篱九日期。佳客盈门偏惜墨，狂吟对菊我何辞？

平生心事问谁知，不过寒英不赋诗。人淡如花花似我，荣华富贵一枰棋。

九月，张元奇任奉天巡按使，吕渭英希望谋一合适位置，作《简张巡按使珍午同年》：

少年献赋到明光，老去忧旁爱葛疆。
三沐三熏勤吐握，一官一集费平章。
叙街小筑仙茅坞，左海重开画锦堂。
宇内诗才今有几，颇闻风格重三唐。

注：张元奇（1860—1922），字贞午、珍午，侯官人，光绪十一年（1885）进士，历官监察御史，湖南岳州、奉天、锦州知府。入民国，任福建民政长、奉天巡按使、内务部次长、经济调查局总裁等职。

十一月廿八日，吕渭英作《献黄宣廷六十寿》：

坡公洗眼曾惊喜，为见鸣驺持节郎。
五岳看云携蜡屐，扁舟载石厌轻装。
乍披篇什《潜夫论》，老厌科名选佛场。
回首穆城十年住，倾襟曾共倒吟鹤。

是年，吕渭英为广州张伯璜《文庙纪略》作序：

余读开平张伯璜先生所著《文庙纪略》一书，不禁喟然叹其能尊孔以挽末俗之伦，有功于圣道不浅也。孟氏七篇之末，著列圣道统之传，独推重于孔子，其尊之也至矣！史迁不著孔子于列传，而著于世家，有空前绝后之识。虽王介甫讥以自乱其例，多所抵忤，然能使后世读史者知为生民以来所未有，迁亦可谓能尊孔矣。

自汉而唐而宋，得周程六子阐明，圣道焕然大显于世。历代帝王表章而崇奉之者，未始非在下提倡之力，此吾儒尊孔之功不可没也。夫事先圣于学古也，庙事先圣非古也。然庙事而有祭享奠之礼，所以著其不忘。而起斯民之观感，犹不失行古之道。末世衰薄，视释菜、舞佾为具，文寝久而寝失之。学校之中且将废六经而不读矣，尚何有礼仪度数之求哉！

今先生知末俗之伧，名教纲常将扫地以尽。慨然思所以挽之，因乎辑此书，以行之于世，俾世之人共晓。然于吾国之以儒立国，宜定孔教为一尊，读之者当有所感发而兴起。

圣道之传，庶因此而不坠欤！谨序。

是年，吕渭英任永嘉县统捐局局长。

是年，吕渭英得一子，取名弼周。

浙江军用票

民国四年(1915)　岁次甲寅(六十岁)

十二月(1月)，前因浙江军政府财政部为维持市面，分别于1911年11月21日、1912年5月15日，两次发行总计455万元军用票(全称“浙江军政府军用票”)。这些军用票流通市面，浙江地方当局无基本金以备兑现，兑换的责任全由中华民国浙江银行代理。吕渭英以银行协理身份于1913年3月15日开始主持兑现，一元券可以随时兑现，五元券、十元券须积至1000元以上，向浙江银行划账。此次军用票至阴历甲寅年底(1914年末至1915年初)基本收兑完毕。由于浙江省收回军用钞票办理迅速，大总统袁世凯为此批准浙江巡按使屈映光的请求，允许浙江省当局对有功人员浙江银行协理吕渭英、胡道源两人给予奖励。

十二月(1月)，浙江财政厅(厅长张寿镛)饬知中华民国浙江银行，表扬“该行筹措垫款，维持大局，发行军钞两次，均达二百万，始终不失信用，洵为各省银行之冠”，继而建议“中央现谋统一币制，该行尤应首创，停止发行本行钞票，成为全国第一家主动放弃发行权的省级地方金融机构。国库既已移交，应注意营业；论浙省大局，尤应改为实业银行；更宜扩充股本，削减旧账”，并许诺“该行果能收回纸币，官厅自有相当酬报，所有旧账之削减，当由官股为之发起”。

十二月(1月),为了发展业务、振兴营业,中华民国浙江银行接受浙江财政厅的意见,为筹备改组为浙江地方实业银行,取消了总协理名目,由董事会公推朱葆三、楼景晖(字映斋)、吕文起、胡济生四人为临时办事董事(即常务董事),吕文起仍驻杭行,胡济生仍驻申行。自4月始在总行设立总务处,作为办事总机关,由4名驻行董事实行驻总务处办事。这是该银行在组织机构方面实行的重大调整,总务处的设立使得银行行政管理体制从总行制转变为总务处制(总管理处)。浙江银行回复财政厅称,遵饬改组,统一纸币,愿首先遵办,即放弃发钞权。该行并提出旧账清理方法,即:"削减原有股本二十万元,作为特别公积金,弥补银行损失。按股匀摊,官股(五十一万零三百元)应摊十三万一千余元,商股(二十六万六千七百五十元)应摊六万八千余元。今承官厅相当酬报,即由官股资本内削去,不再削减商股。"浙江银行后此发展,吕渭英实与有力焉。

浙江地方实业银行杭州总行同人合影(1917年12月9日)

民国四年(1915)　岁次乙卯(六十一岁)

二月十六日(3月31日),中华民国浙江银行股东会议决将中华民国浙江银行改组为浙江地方实业银行,并通过《浙江地方实业银行章程》。该章程全文分为七章(总纲、资本及股份、职员、董事会、股东会、营业、计算及诸报告),连同附则共四十六条,其中规定:"本章程施行后,如与民国财政法规有抵触时,或董事会、股东会认为必要修改时,得随时修正,详部立案。"选举朱佩珍(葆三)、朱荣璪(晓南)、施凤翔(载春)、楼景晖(映斋)、朱钧(衡斋)、胡道源(济生)、吕渭英七人为商股董事。该章程订立后详报浙江巡按使屈映光,经屈映光略作改动后转咨财政部报批。此次股东会亦即成为浙江地方实业银行第一届股东常会。

三月初八日(4 月 21 日),在原温州军政分府都督徐定超与吕渭英等地方士绅的精心擘画下,温州东瓯王庙举行重修竣工暨开光庆典。东瓯王庙的中轴线上,依次建有照壁月光池、山门、戏台、放生池、大殿等建筑。山门的上方,镶嵌"东瓯王庙"四个楷体直书的青石匾额。两扇大门外的表面都包着当时流行的洋铁皮,其上并用铁制的大泡钉,钉成既美观又大方的图案。门口的地面设垂带踏跺,两侧青石柱前有一对俗称"石鼓"的扁圆形抱柱石。门台上雕刻着凤戏牡丹、双龙抢珠、狮子捧绣球等精美的青石图案,并有"画野分疆,瓯脱江山开辟早;务农兴业,海隅民物阜康初""报仇雪耻,地辟瓯邦,茅土分封崇祖国;震古烁今,灵昭华盖,城池巩固赖神功"两副楹联,生动勾勒出东瓯王的丰功伟绩。东瓯王庙内外,悬挂着由梁章钜、余朝绅、吕渭英、徐定超、钱伯吹等名人撰写的楹联匾额。徐定超的联语是:"公本以王业肇基,自昔馨香明德远;我曾在是邦守土,若论功罪疚心多。"钱伯吹的联语是:"东海起风云,王气独钟瓯脱晚;大江流日夜,霸才无恙越山多。"吕渭英的联语是:"竹帛冷秦灰,霸统犹存东越传;河山开岛国,部民争拜汉官仪。"还有一联:"汉庭异姓封王,禹后果然明德远。瓯海生民如初,越亡长此世家存。"

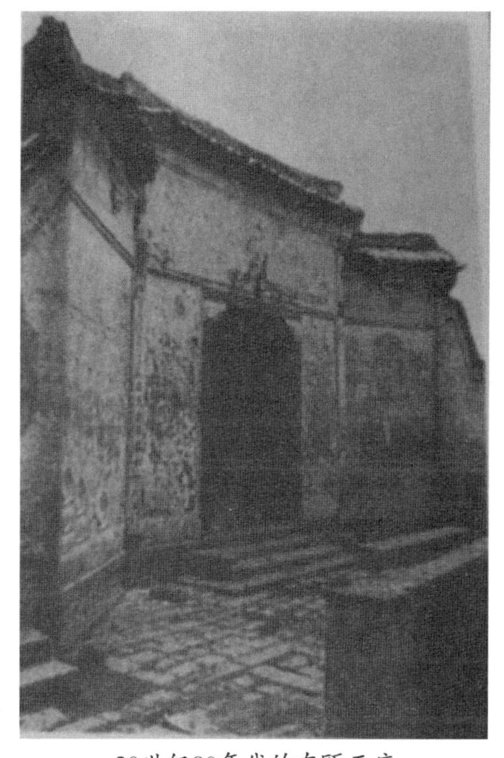

20世纪80年代的东瓯王庙

嗣后,吕渭英又作《东瓯王》一诗,原文如下:

王非刘氏亦忠贞,锄项诛秦助汉兵。
勇奋入关逾信越,封仍故土胜良平。
雄图开拓江山在,霸气销残人代更。
下马荒邱寻古碣,松楸犹带夕阳明。

三月,去年籀祠落成,而其中厅室、书籍、器具尚阙如也,现图书馆土建竣工,花费银圆 2150 圆,不敷 350 圆,由郭凤诰募建籀祠款补足。吕君文起复与温属诸绅禀省，请准从师范与中学两校原有戏捐、统捐等项每年收入的2000圆中拨出1000圆，充作图书馆常年经费，至戊午1918年秋而馆事成矣。

三月廿一日（5月4日），浙江巡按使屈映光朝廷批复瓯海道详永嘉县查明师中两校旧款及处置方法由："藏书室一项应仍照原案，改名为图书馆，并准入馆阅览，妥订章程送核。"

春，冒鹤亭（广生）于去年独资改建原镇台衙门旧址之玉介园为永嘉诗人祠堂，崇祀谢灵运以来历代永嘉诗人，于是年春建成。春夏间邀集友好、同僚符璋（笑拈）、陈祖绶（墨农）、陈寿宸（子万）、吕渭英（文起）、徐定超（班侯）、洪炳文（楝园）等七八人共同结社吟诗。又和吕渭英耆宿共同搜辑永嘉文献，所刊《永嘉诗人祠堂丛刻》，收温州乡哲部分诗、词及文，刻印计12种。

陈夔龙

四月，冒鹤亭作《乙卯春正为吕文起寿兼送其行》，陈夔龙作《和答吕文起观察即送其之广州用元韵》。

注：陈夔龙（1857—1948），又名陈夔鳞，字筱石，一作小石、韶石，号庸庵、庸叟、花近楼主，室名花近楼、松寿堂等，清末民初著名政治人物。贵州贵筑（今贵阳）人，原籍江西省抚州市崇仁县。同治十一年（1872）中秀才，光绪元年（1875）中举人，十二年（1886）中进士。起于寒士，官运亨通，历经同治、光绪、宣统三朝，历官顺天府尹、河南布政使、河南巡抚、江苏巡抚、四川总督、直隶总督。宣统元年（1909）调任直隶总督北洋大臣。张勋复辟时任弼德院顾问大臣，曾反对废除科举。1912年陈夔龙告假辞官，结束了官宦生涯退隐上海。1948年逝世，葬于杭州三台山麓。

三至四月，浙江地方实业银行与中国银行订立第一次领券合同，领用额为100万元。该银行成为中国第一家开办领券业务的银行。

四至五月，浙江财政厅兑现诺言，同意浙江银行提交的削减旧账办法，并批复称："削减股本二十万元，提充公积金，实为巩固银行根基起见。商股免予削减一层，历年银行扶助官厅，保全纸币信用，提创纸币统一，实能力顾大局，自应照准，以示鼓励。应添官股资本，即由厅于地方生息款项内提拨。"

四月，吕文起校稿王开祖之《儒志编》，并正式由永嘉诗人祠堂付梓印刷，书首由冒广生署题，为《永嘉诗人祠堂丛刻》之一卷。

六月，浙江地方实业银行因业务不振，亏损已达75万元，鉴于此，正式宣告改组成立，改组后实收资本77万洋元，性质是官商合办，照旧发行纸币。杭州总行设于太平坊42号，上海分行行址不变，海门分行行址在盐号弄13号，吕渭英不久改任该行总理。

七月十九至八月十一日（8月29日至9月19日），朱福诜、蒋邦彦、徐定超、屈爔、吕渭英、吕渭贤等126人致电筹安会，联名劝谏袁世凯称帝。电文如下：

朱福詵

始遷祖錦 徽國公七世孫明永樂初自江西上猶縣雲子里遷居海鹽澉浦城

支祖文才 明贈文林郎處州府教授鄉飲大賓崇祀鄉賢孝義祠載郡邑志

高祖煨 邑庠生 貤贈文林郎 例晉奉直大夫貴州仁懷縣知縣加三級

高祖妣氏吳 貤贈孺人 例晉宜人

曾祖和春 邑庠生 敕贈文林郎 例晉奉直大夫貴州仁懷縣知縣加三級 著有板橋詩草

世系

光緒己卯科

字叔基號桂卿行三道光甲辰年十一月二十一日吉時生浙江嘉興府海鹽縣拔貢生民籍候選教諭前台州府黃巖縣學訓導

高伯叔祖邦昌 貤文林郎太平縣學訓導 以藥 郡增生 以權 生 優貢 以逢

春 邑庠生 逢吉 邑庠生 焞 烜 煜 以忠 訥 郡廩

邦駿 國學生 邦熙 國學生

曾伯叔祖篆 乾隆壬申恩科舉人揀選知縣大挑二等借補處州府松陽學訓導再補台州府太平學訓導 文熾 邑庠生 伯齡 馨 邑庠生 文煒 文

燦 九品頂戴 航 國學生 振新 桂馨 邑庠生 埜 桂五

蘭九 國學生 埜琳 國學生

伯叔祖源 邑庠生 茂山 九品頂戴 基 國學生 墉 邑庠生 城 邑庠生 昇

文驤 邑庠生 式型 邑廩生 勤學 國學生 鴻賓 國學生 輔

一

朱福诜硃卷

具禀浙江公民朱福诜等：为请愿事，窃以天生烝民不能自治，为之立君，以司牧之此国家之本能政治之原理也。中国建国最古，历代君主相承大统，无君则统绝，无正统则国乱，是以孔子作春秋明尊王之义，考亭著纲目，存正闰之统，天无二日，民无二王，率由偶愆大乱，立召六朝五代，前事可悲，中国数千年相承之君主制，固为一成不易之固定性矣。今之时，何时乎五千年历史之范围，四万万人民之特性？固未尝轶而变为者也，乃举国上下相叙而谋共和，吾不知所谓共和者果欲竞于欧美乎？抑国体既定，未敢昌言改革，姑为此揣头画角之行为也，夫欧美之主张共和久矣，然而美法之共和，英俄不能仿之，瑞比之共和，德奥不能师之。盖各国之风俗形势教化不能尽同，即其所持政策不能强合故也。中国共和之说盛倡于革命，告成之后，当是时也桀骜不驯之军借共和为要挟，以袭据要津。推理剽劫之徒，假共和之名义以鱼肉乡里，士卒不奉令于将帅，百姓不受制于官长，大吏不听命于元首，无上下，无尊卑，毒焰熏天，豺狼当道，国之不亡，殆如一线。幸赖大总统心伤时局，力任艰难，定内乱，御外侮，体天统，物宁济，丞民国，以不亡于兹。四载民生凋敝，有生机矣然，而有司存五日京兆之心，士庶多苟且偷安之想，商贾不敢投资，以营业枭雄，窃欲乘时以侥幸祸机隐伏，国势濒危，抑何故？欤盖以总统改选之期，即举国纷争之日，乱当暴徒，枭心未歹毒，人人有乘风云，俟时会之思想，国本安得不危，人心安得不惧，外患未已当争，既烈何问国家借鉴前车？可为浩叹公民等痛国势之颓危，图救亡之良策，按诸中国历史风俗，政教其宜于共和，抑宜于君主。考之往古，验之今兹，必有明确之征故，非国本固不足以图存，亦非宪法立，不足以救国。窃以为崇君主则国本立，而树不拔之基。尊宪法则人心定，而有共由之轨植，邦基于不敝，弥祸乱于无形，今日切要之图盖，无逾于此者，公民等为国图存，为民请命，悚惶迫切，不暇择言，谨据立法院组织法第三十三条之规定具折陈请，伏维迅议施行。

七月廿六日(9 月 5 日)，浙江地方实业银行临时会通过杭申两行营业报告，讨论官商董事名额比例、削减官股等问题。

七月，浙江地方实业银行将浙江财政厅名下的官股 51.03 万元旧股股票换成 31.03 万元新股股票。

八月十五日，吕渭英贺黄宣廷星使六十一重开汤饼会：

莱子高风嗣伯瑜，斓斑戏彩为亲娱。
珥貂八座茵陈鼎，花烛重谐帆映弧。
五代孙曾亭幔设，双修翁妪沓筵铺。
趋庭舞蹈宫袍锦，曾上蓬瀛据峤壶。
齐年乙榜契金兰，老去名途共解官。
历荚岁新回甲子，炊粱梦过厌邯郸。
旧游寤寐羊城客，乐事团囷燕寝欢。
子舍记开汤饼宴，益传佳话到衣冠。

八月十六日，吕渭英儿女亲家，年仅 42 岁的乐清徐智民(干)去世，吕渭英于是月作挽：

北堂违诗，痛不欲生，泣血兼旬，苫块弥团风烛尽；
报国闻惊，情何能已，放声一恸，树立惨淡海天秋。

九月初四日(10 月 12 日)，浙江地方实业银行与中国银行订立第二次领券合同，领用额为 100 万元。

秋，王毓英作《宗弟对山广文看菊于园和律》：

王粲年来怯远游，朴亭坐我已经秋。黄花有约谁携酒，白首偏难谢束脩。

落月屋梁君重忆，浮云富贵予何求。阶前课罢群儿戏，争把茱萸插满头。

犹忆当时旧比邻，即今看菊亦前因。生逢叔世难谐俗，甫茁孙枝美轶伦。

愧我林泉长作客，笑他虮虱也称臣。满城风雨须收拾，预约园丁试买春。

秋，王毓英作《于园菊花盛开时城内备警正严，因感赋二律赠其西席王君对山》：

少年共学订交游，转瞬经来四十秋。

附骥鲰生缘后至(对山先我订交文翁)，登龙骏望仰前修。

云泥隔壤心相照，孙子同门气自求。

一世金兰三世守，鸡鸣风雨记床头。

秋，柯逢春作《吕文起观察、徐班侯御史公燕于园赏菊》：

(一)

西风冽冽暮凉侵，落叶飘摇秋已深。

每向篱边鏖浊酒，常随园里斗清吟。

高人淡泊方明志，老圃幽闲托静心。

晚节何期经世用，从来乐事是山林。

(二)

群芳灿烂各争妍，天演化工原自然。

注览秋光须有意，怆怀时事最堪怜。

乡愚品精俗难耐，畸士栽花密更鲜。

黄白竞奇多变态，骚坛睹韵仰英贤。

十月廿二日，吕渭英称寿，好友王毓英席间谈及旧岁水雹为灾，三浃大浦上自南潭，下至草涂，江口沿长实计二千丈有奇。自前清光绪乙酉大浚后七载，两坎淤积，渐形浅狭，而芦礁一闸，乙酉由王毓英募建。又不足以敷出水，入此岁来，冯夷为患，田园淹没，六种无收，偏灾屡见，四民苦之。英(王毓英)虽衰老而人心未死，何忍坐视？特迫于经济困难，屡经提倡不果者久矣，无款修筑为歉。吕渭英闻之慨然愿赍二百金为助，以代兴公益。

十月廿二日，王毓英作《祝吕文起观察六十暨令弟访溪五十双庆》：

柯逢春

满园桃李两株椿（新筑于园，故云），棣萼年登五六旬。尊酒论文三十载，联觞介寿八千春。芝兰有室公知己，嵩岳降灵甫及申。醉月筵开时正暖，一门友爱乐天伦。

四美一堂并二难（现昆仲四人，二难同寿，故云），乃兄垂创亦瘢瘅。而今合奏埙篪曲，此后同游日月宽。阴德耳鸣宜福履（运米赐粥，阴德非浅），阳和气暖得春欢。耆英附骥惭司马，虚长数龄只自叹。

共学西湖各着鞭，集枯集菀命由天。云泥地隔情逾洽，花萼楼辉枝自连。文穆夹囊储姓氏，青莲飞羽羡神仙。壶中日月欣同饮，北海樽开祝大年。

连骑交游四十年，逢迎到处结因缘。帡幪士庇欢颜厦，普济人登大愿船。此日东山娱白发，当年闽峤颂青天（公守闽即有吕青天之名）。迄今留有甘棠树，诗咏召南第五篇。

注：吕访溪1865年出生。

十月下旬，杨伯畴《近作寿吕文起诗兼送其行》：

杨伯畴《作近作寿吕文起诗兼送其行》

杯盘草草岁华新，惜别称觞尽此辰。我信使君能了事，天将何地息劳人。重逢岐海头俱白，闲话闽山泽尚寿。近筑于园花石盛，倘能高卧谢游秦。

十一月初十日（12月16日），署浙江巡按使屈映光奏北京政府，浙绅吕渭英、盛炳伟、何韶均等二十九员兴办实业，颇著效绩，为振兴实业，鼓励人才起见，特群具得力者事实，加以考语，请分别给奖。得北京政府批复，给吕渭英五等嘉禾勋章。

十一月（12月），王毓英作《吕文起观察咏菊步韵六章》：

吴江秋老冷丹枫，凡卉争妍一扫空。吾料吾园三径菊，傲枝应不受霜工（工，亦作攻）。

夜半挑灯花吐红，双鱼来自古瓯东。诗中寄托黄花处，饶有商人靖节风。

羡君恬澹又康宁，阅历风霜气早平。惟有看花兴不浅，一歌一咏总多情。（余前作误押宁字，故此和作押有宁字原韵。）

珠江一棹访前游，客里光阴最易秋。开到黄花作重九，满城风雨不胜愁。

何堪禾黍故宫诗，身世沧桑一局棋。喜有黄花香晚节，秋风双鬓感丝丝。

于园赏菊共题诗，海外索居想入痴。写寄惠连图一幅，轻描不事买胭脂。（李星阁太守写水墨《于园赏菊图》见赠，已寄弟访溪。）

十一月（12 月），王毓英作《看菊于园有感》：

严霜病叶染丹枫，万紫丹红一例空。独有寒花香晚节，林园点缀夺天工。

作客他乡忆旧游，黄华无主不成秋。而今且住花迎笑，摇曳篱东直放愁。

去年今日我吟诗，弹指经来一局棋。信是光阴同过客，插花人老鬓成丝。

学惭子同不能诗，见笑方家转自痴（逢鹤右送别诸作，今夏见嗤于张某，故云）。频效推敲殊未已，东施丑妇点胭脂。

冬，张坚白再任广东巡按使，吕渭英复奉召入粤，接替邹鲁，仍任官银钱局总办。

本年下半年，浙江地方实业银行杭州总行在湖墅开办北栈。

民国五年（1916）　岁次乙卯（六十一岁）

十二月初六（1 月 10 日），农商部批吕文起设立永昌农林股份有限公司应再详实声叙具报备核由：

邹鲁

据商人吕文起等禀称，招集股银二万元，在浙江青田县地方设立永昌农林股份有限公司，业将章程概算股东名簿，认股书股票场图，禀县详转注册，另录副本一份，恳予鉴核等情均悉查该商所具章程等件，尚有应行改正，及声叙之处。如原章第十三条，内称本公司僻处一隅，召集股东筹商事件，势多窒碍，总协理得邀请名誉董事会商进行，何以由股东公举之董事并未列入，该条应改正。又第十五条所称，查账员应遵例改为监察人，至股东认股书，所开股东认股，暨已收股银数目，核诸所订股银总额，计有六成，其余四成如何招集，已未有人认股，应再详实声叙具报备核，合行批示遵照，此批。

十二月十五日（1月19日），晴。下午张震轩同张君玉生赴沙帽河吕访溪（谱主四弟）家花园一游，适吕访溪外出，园门下锁不得入。

十二月（1月），王毓英随吕渭英赴青田考察新办公司，王毓英作《宿青田水南早赴大垟农林》："欲访农林事，鸡声梦已阑。轮看红日上，桥认白霜团。三径羊肠道，双筇石子滩。残年经险阻，行路识艰难。"

民国五年（1916）　岁次丙辰（六十二岁）

正月初三日（2月5日），阴。连日暖甚，符璋拜谒吕渭英。

正月初十日（2月12日），国务卿陆征祥奉奏上折：

据铨叙局详称：

本年一月二十一日，奉交署浙江巡按使屈映光奏灾赈一律办理完竣，谨查明先后在事员绅章学谦等援案择优请奖一案，奉批令准如所拟，分别给奖，交政事堂饬铨叙局查照此令等因，并准咨送履历钞折各一件到局，除原奏所请注册升用，暨给奖勋章。各员业已遵照办理，详请奏准在案外，所有准予分别叙官之吕渭英等九员均属临时差务，别无官制，可资比较，拟按照各该员原有资格分别荐委任叙授，是否有当，谨开单，详请转奏前来，理合恭折，具陈伏乞皇上圣鉴训示，遵行谨奏，政事堂奉批令，吕渭英已有令明发，其王树楷等并准如拟授官单，发此令，政事堂印。

正月，王毓英作《于园踏雪》：

雪色满亭台，林花压未开。枝头寒腊信，天意欲催梅。

《雪后探梅于园闻主人翁不日自粤旋里喜作》：

消息林园里，寒梅雪后开。巡檐还索笑，喜报故人来。

二月初一日，王毓英用吕渭英资助款开始浚大浦并添建芦礁陡门，整个工程于七月十五日竣工，造福二三各都百姓。田园生殖，岁增巨万，庶二千户之生计有大幸焉。王毓英言此项利民工程盖吕公之流泽长也。夫吾邑不乏殷富，田园生产，身家攸关，故必如量捐助，出于情难自已者，固理势之所当然耳。若吕公之于吾邑，风马无干，而必仗义急公，出巨赀以为之倡，知其推恩于远近者广矣，原不独吾邑，是举之共沾其泽也，而吾邑自此宁已，即吕公亦自此远已。同时在二百元内提出四元修永强天马山笑客岩之永瑞之间要冲之路。

二月廿二日（3月25日），署浙巡按使屈映光呈前温处水灾会办吕渭英蒙恩授官代陈谢悃由致国务卿徐世昌。批阅：政事堂奉批令，悉此命，大总统印。（署浙巡按使屈映光向北洋政府荐任吕渭英，后吕渭英被授予文官第六秩少大夫衔。）

二月廿三日（3月26日），浙江地方实业银行股东常会通过第一届营业报告，鉴于财政部批文对其中部分条款提出修改意见，《浙江地方实业银行章程》经第二届股东常会第一次修正，选举施载春（凤翔）为商股稽查员；确定发给年度股息日期。此次经选举，吕渭英不再为该行董事。

呂渭英 (Lü Wei—ying)

字 文起　浙江省永嘉縣人

前清中官知府に至る、民國成立後少大夫を授けられ五年六月浙江地方實業銀行總理たり。年齡五十四。

日本谍报机关所编的《中国要人名录》中关于吕渭英的记录

二月廿五日（3月28日），浙江巡按使公署饬第一千二百六十七号《饬财政厅据永嘉县绅徐定超等禀请在工赈余款内酌拨社仓经费并将余存各款一并开单解署由》，同意徐定超与吕渭英的禀请，将民国元年（1912）温处工赈余款酌拨公债票四千元作为社仓经费。永嘉米业义仓就此恢复。

饬称："案查元年份温处水灾工赈余款节据各该县陆续解还，计先后发厅存储公债票银九千九百二元，现银五千一百二十七元六角一分五厘七毫九丝，嗣由本公署在是项现款内饬拨贫儿院开办经费经常各费银三千七十一元，以资举办各在案。兹据永嘉县士绅徐定超、吕渭英等禀请将前项存款酌提若干拨作永嘉县社仓之用等情前来，除以详悉。查温处工赈现已办理结束，所有支余款项亦经逐细清厘，专款储蓄，本拟咨部明声留作全省备荒及各项公益事宜之用，据称该县仓储空虚，劝募为难，自应量予拨给谷款，以示提倡。业经饬行财政厅，在于前项余款项下酌提公债票四千元咨解瓯海道道尹，平均分拨该道署第一第二两道仓妥为存储，俟收回现银运同每次息款一并购谷储仓，以备不虞而溥实惠，希各知照等语。摘由此拨款外，合九饬仰该厅长遵办具复，并将余存公债票银五千九百二元，暨现银二千五十六元六角一分五厘七毫九丝连同每届债票息金一并开单悉数解署，以便拟定用途，咨部核复后分别拨发，仰并遵照。”

三月（4月），龙济光宣布广东独立，吕渭英与王毓英遇于羊城。

清末，广州城大北门内

春，吕文起和王毓英：

看空一切复何求，且饮百杯莫说愁。浮海愿从尼父去，问天空抱杞人忧。我惟游泳同鱼戏，君自清癯与鹤俦。上寿百年俄顷了，山河大地一蜉蝣。

随风咳唾落生珠，喜见朵云出海隅。和句酬难义手捷，裁笺吟到索肠枯。昔年湖畔人俱老，少时与君肄业西湖（今日罗浮愿不幸，请君重游粤东）。应记旧游名胜处，一龛香火奉髯苏。

我生敢说不逢辰，老喜江湖作散人。近状诗狂兼酒癖，故人语重更情真。万山烟雨家园梦，三月莺花海国春。时向白云山上立，搴裳天外寄吟身。

头白天涯三弟兄，依晨夕有余情。闲过二月花朝日，愁听小楼夜雨声。客邸风光饶洞艇，故乡春色满江城。远游辜负于园甚，梦入池塘草自生。

夏五月，身为广东官银钱局总办的吕渭英为好友王毓英《继述堂诗钞》作序，同时为王毓英营造墓地作《寿藏志》，并作《王隽卿寄示〈对酒感怀〉四律并〈继述堂集〉》：

万事不如杯在手，衰颓况已鬓星星。
君惟愤俗宜常醉，我亦谋生不愿醒。
难得糊涂如曲蘖，益无聊赖慰奇零。
夜深古寺钟声近，独自垂帘写佛经。

四月下旬（5月下旬），吕渭英挽陈其美：“孙策渡江，威名动地；来歙被贼，冤愤弥天。”

伯疇仁兄世大人偉鑒昨接
手翰得聆一是即維
侍祺多益
籌祉增佳以欣為慰吾浙獨立以後安堵如常實
為梓桑之福此間近城各鄉間有擾亂而省中秩
序已漸安謐但金融奇絀不免籌措為艱耳
來書殷殷遠注深感無已弟亦早蓄此意危亂
之邦奚敢久戀俟局務稍稍就緒即擬返棹
甌江重聯舊雨一話素衷藕花香裡良晤非
遙手復即頌
暑佳
弟渭英頓首 六月初七

吕渭英致杨伯畴信札（六）

六月初七日，吕渭英致信杨伯畴，原文如下：

伯畴仁兄世大人伟鉴：

昨接手翰，得聆一是。即维侍祺多益，筹祉增佳，以欣为慰！

吾浙独立以后安堵如常，实为梓桑之福。此间近城各乡间有扰乱，而省中秩序已渐安谧，但金融奇绌，不免筹措为艰耳。

来书殷殷远注，深感无已。弟亦早蓄此意，危乱之邦，奚敢久恋，俟局务稍稍就绪，即拟返棹瓯江，重联旧两，一话素衷，藕花香里，良晤非遥。

手复即颂，暑佳

弟渭英顿首

七月（8月），前浙江督都兴武将军朱瑞（介人）于天津于六月初六日（7月5日）逝世，吕渭英致挽幛“上将垂沉”吊唁。

注：朱瑞（1883—1916），浙江海盐人，字介人，称兴武将军，有《朱兴武将军哀挽录》。

八月初六日（9月3日），浙江地方实业银行股东常会议决通过第一次修正银行章程，讨论削减官股问题。浙江地方实业银行董事常会互选周锡经（季纶）、朱佩珍（葆三）、胡道源（济生）、袁钟瑞（仲符）为驻行董事。此时吕渭英已身在广东，故不在董事之列。

九月十八日(10月14日),礼拜六,晴。上午张震轩自大街过第二桥至县城西南二堡纱帽河吕文起司马家中花园一游。

注:晏公殿通道桥老宅仍由吕渭英二弟子嗣与五弟居住,三弟、四弟搬至新居。

于园正门

申報

SHUN PAO

中國銀行股東聯合會通告

中國銀行廣告

中国银行上海分行登报通告照常兑现钞票，抗拒停兑令

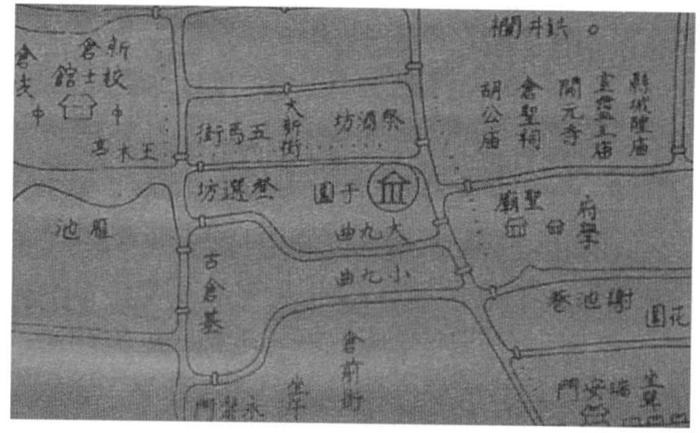

于园位置图

于园俯拍图

九月(10月),王毓英作《寄粤东官银钱局吕总办文起暨其老友王君对山》:

于园小广场

总角交游老不离,他乡白发乱邦羁(时有龙李之战)。海南整旅干戈厄,渭北怀人云树驰。世局何堪棋外劫,客途或系梦中思。关山惟有多情月,相印心心两地知。鸿来鲤去互传书,为报征尘

祝起居。杜甫家乡愁客梦，陶潜松菊爱吾庐。凝思萧艾三秋远，问啖荔支几颗余。消息于园看竹好(公筑有于园)，平安万里寄双鱼。

十月，身为广东官银钱局总办的吕渭英陈述："官银钱局名义早经部令取消，地方实业银行叠奉部咨催办。查地方实业银行各省均已次第成立，而广东尚付缺如。"吕渭英建议："即以官银钱局多余之财产约 150 万元，拨充实业银行资本，作为官股，先行开办，一面再招集商股。"接着，吕渭英开始起草实业银行章程及储蓄简章，并呈请财政部转广东省长核批，次年 5 月，广东省财政厅转发省长批文："奉广东省长公署指令……该局改组地方银行，与广东中国分行(这里指的是中国银行广东分行)收回纸币垫款无关，业经电达财政部，准予设立，规定本月八日开幕，应即照办。"于是，广东地方实业银行正式成立。

广东地方实业银行发行的货币

广东地方实业银行章程的主要内容如下：

本银行由广东财政厅呈经省长转呈，大总统并咨部将广东官银钱局改组为广东地方实业银行。

本银行由中华民国广东官银钱局改组，凡前官银钱局应享权利，统归地方实业银行承受。

本银行为广东全省金融机关，以辅助本省工商实业为目的，凡普通银行业务一律兼营，本银行为股份有限公司。若本银行有亏欠时，各处股东于额定股本以外不负责任。

本银行既为地方金融机关，故对本省官厅有供款之义务，并有经理地方公款之权利。

本银行系官商集股合办，股本以银圆 300 万元为额，作 30000 股，每股 100 元，官厅认 15000 股，由商集招 15000 股。本银行股本官利周息 6 厘。

本银行规定监督1人，由省长委任，财政厅长1董事10人，先由省长委任5人，余5人由商股推选。

行长、副行长由监督呈请省长指派。

广东地方实业银行业务范围如下：（一）经理存款；（二）担任确实之贷款，如货物栈单、金银并各种有价证券；（三）实业厂号之信用贷款；（四）买卖汇票及押汇；（五）拆收商业短期之票及各种钞票；（六）买卖生金生银；（七）代客收款解款；（八）代募各种公债及收买公债；（九）保管贵重物品。广东实业银行成立之后，“当由官银钱局拨来物产现款等合计毫洋3159651.45元，除应代偿债务毫洋1049025.38元外，比对实拨来毫洋2100627.07元，计加拨银61万余元，以备将来财产变卖时，比较原值或有短缺，或放出各款收不足效，即将此项多余之款补足，不使商股少有吃亏，尚有盈余，仍照效作为官厅存款”。此外，商民附股，亦续收35800元。

广东地方实业银行筹备时，广东官银钱局为了扩张业务，拟与上海商业储蓄银行订立来往汇兑合同。5月2日，得到财收厅的批准。该批文内容大致如下：（一）广州银行（广东地方实业银行）有上海收解事件，委托上海银行办理；如有北京、天津、汉口、南京、无锡、常州、蚌埠等处收解事件，亦可委托上海分行，或特约之代理机关办理。（二）上海银行有广东解收事件，委托广州银行办理；如有桂林、南宁、梧州、柳州、钦州、海口、汕头等处收解事件，亦可委托广州银行之分行，或特约之代理机关办理。

十月廿二日（11月17日）下午1时，温州旅沪同乡会成立，第一次干事会推定徐定超、吕渭英、徐寄庼及温属各县商会会长等数十人为名誉会董。（《申报》11月18日第10版）

是年，吕渭英弟吕访溪于西南二堡纱帽河建造花园。此园基址不大，然玲珑曲折，亦具匠心。

民国六年(1917)　岁次丁巳(六十三岁)

正月初六日（1月28日），阴，旋晴。吕渭英拜谒符璋，未晤。

正月初八日（1月30日），晴。午刻，朱眉山宴请吕渭英及符璋等人，谈及吴祁甫广文，初六殁于平阳。吕渭英畅谈广东事，并索取符璋简明履历，颇有推荐之意。席散，符璋拜谒吕渭英家一谈。

正月初九日（1月31日），晴。傍晚吕渭英拜谒符璋，又谈粤事，并嘱秦荫涛去。

正月十三日（2月4日），晴，立春。符璋得知吕渭英充广东官银号总办,该局在广州西门外濠畔街,下设粤海关、琼海关、北海关、三水关、江门关、甘竹关、拱北关、九龙关七处官银号,后又设上海分局。该局为广东官办地方金融机构之伊始。

二月初一日(2 月 22 日),雨。郑知事甫从杭归,云吕渭英尚在沪振华旅馆。

闰二月十三日(4 月 4 日),晴,寒食。符璋发吕文起函。

闰二月十七日(4 月 8 日),星期六,阴,微雨。下午三句钟,张震轩乃同沈渭滨先生赴沙帽河吕家花园一游。夜雨颇大。

三月初二日(4 月 22 日),黄群邀商学界同人组织丁巳俱乐部,后改组为浙江求是社瓯括分社,得到浙江都督府顾问徐定超等三人支持,六十余人联名响应。《瓯海潮》周刊第十一期报道:"邑人黄旭初氏近自京回籍,一时瞻仰丰采者户限为穿。拟为联络感情起见,特邀商学界诸人组织丁巳俱乐部,颇具端倪。嗣以政党竞争旗鼓相当,深有赖夫群策群力,因与浙江求是社通声气,蝉蜕为瓯括分社,闻风参加者愈众。该社简章业已宣布,赞成者有徐定超、余朝绅、吕渭英三大老等,联名发启者共有六十余人之谱。"

黄群

三月初三日(4 月 23 日),王毓英作《上巳登积谷山感怀(时吕公文起客粤招余感而赋此)》:

流觞胜会最佳时,地隔天南梦欲驰。三十年来双契友(时对山偕吕公同羁粤),五千里外两关思。得君何复求知己,偕老还期共养颐。远道怀人愁不极,奈堪白发各丝丝。

积谷山巅引领望,暮云春树色苍茫。鲥鱼樱笋供二月,兄弟友生聚一方(公三昆仲暨对山)。作客联吟诗百咏,他乡叙乐酒千觞。羊城劫后知无恙,道是灯楼不夜光(来函有"灯火楼台庆开不夜"语)。

襟上杭州白首新(壬午同砚两湖),三生有约结前因。樽开北海承高谊(屡蒙招饮),迹寄南天托隐沦。惠普瓯中吟每饭(瓯括被灾,一切饥赈运米粮、工赈修水利,皆赖公以全活之),恩周身外泽如春(除吾身叠经移款,外加永强从前岁饥,蒙助百元,复助高等学校百元,又助浚三甲大浦二百元,迄今口碑载道,水滨一带直将没世不忘云)。口碑载道长留耳，饮水源头问海滨。

近来郚吝我难忘，白眼看人醉更狂。落月相思惟叔度，问津未果似刘郎。生天恨少双翎翼，远海宁云一苇杭。他日荔湾红有信，待占口腹愿分香。

世局蜩螗噪夕阳，纷纷鸡犬亦罹殃。美人醇酒闲消遣，老眼看花喜学狂（公函来，有“老眼看花，以消残年”语）。伐木嘤声思出谷，谈诗风雨会联床。劫余莫下前朝泪，再见沧桑未可量。

留云亭吕渭英所撰楹联

三月十八日（5月8日），因桂系军阀岑春煊要求将原广东官银钱局改组，接收其所拨物产现款等共272万余粤币元，作为官厅存款（开行资本），旋又收到商民附股3.5万余元，广东官银局改组为广东实业银行，成“官商合办”，其总局、分局一并裁撤，资债由广东地方实业银行接收。是日银行开业，总行广州，分行汕头，行长仍由原官银钱局总办吕渭英担任，其开业时资本均为原官银钱局之资产现款，共约毫洋316万元。但该行开业后，陆续提还官股31万参元，于是营运资金大减，业务逐渐萎缩。

广州大北门

广州归德门

三月三十日（5月20日），中行广东分行举行复业礼，重新开兑。复业后，省政府又向中行广东分行提款达500万元，而支付现款命令源源而至，加上财部提盐款指拨陆荣廷[①]巡阅使港纸25万元，又拨龙济光[②]督办大元券10万元，又汇解部款大元券20万元。30万元之大元券遂行售出，因市面难以容纳，致更跌，中行广东分行又重新陷入困境之中。

注：

陆荣廷

①陆荣廷(1859—1928)，中华民国旧桂系军阀领袖。原名亚宋，字干卿，壮族，广西南宁市武鸣区宁武镇雄孟村人，时人称“陆武鸣”，游勇出身。光绪二十年(1894)受清朝招抚，编为健字前营。因镇压会党卖力，历任管带、督带、分统、统领。光绪三十三年(1907)报称驱逐革命军，克复镇南关(今友谊关)，升左江镇总兵。宣统三年(1911)授广西提督。辛亥革命时，被举为副都督；逼走沈秉坤、王芝祥，当上广西都督。又分化瓦解中国同盟会，镇压革命分子，起用旧官僚，建立起旧桂系对广西的统治。二次革命时支持袁世凯，镇压柳州讨袁活动，支持龙济光攻粤，被袁授予宁武将军、耀武上将军衔。护国战争前，因同袁世凯的矛盾激化，密谋讨袁。参加组织两广护国军务院，任抚军，迫使袁世凯取消帝制。旋任广东都督、两广巡阅使，桂系势力扩张到广东。护法运动开始，欢迎孙中山南下广州，陆任广州军政府粤湘桂联军元帅，并出兵攻占湖南抗击北军南侵。民国九年(1920)，驻闽粤军和广东民军将桂系驱逐出粤境。翌年孙中山命粤、滇、赣各军入桂讨陆，陆嫡系谭浩明部退往桂西继续抵抗。民国十二年(1923)，乘陈炯明背叛孙中山粤军撤退，卷土重回广西，次年被叛将沈鸿英围困在桂林3个月，后逃离广西，通电下野，寓居上海，后移居苏州。民国十七年(1928)11月病逝于上海，享年70岁。民国十八年(1929)灵柩运回广西，葬于武鸣区城西的狮子山。

②龙济光(1868—1925)，字子诚(紫宸)，云南蒙自人，彝族，民国初年军阀，陆军上将，曾任广西提督，广东安抚使、都督兼署民政长，两广巡阅使。

四月初二日(5月22日)，经农商部注册，浙帮大银号濠畔街源丰润老板李蓉航、广州富商陈叔仁、吕文起、黄少芝、黎泽民、潘盈士、陈述如、张逸山、杨文石、邓荫村、吕静芗、周名舜、亦商亦医的傅星垣、亦贾亦政的杨梅宾等发起成立大安水火保险公司，总公司设住广州濠畔街东中约124号，在广州所属各乡设立代理处,通商口岸设分公司。招集资本金广东毫银 100 万元。专保店铺楼房、货物、装修、家具各项物业火险,兼保轮船货物往来各埠水险。公司的组织,设有董事会、总理、经理、协理。所有上列的发起人员,均充董事。这些商人,有的在上海、香港等地方也有其他行业经营,人事财力都可称充足,各地均设有分公司,举凡楼宇、轮船、货仓一律受保,且提高经纪佣金 10%～15%,用以争夺生意。

龙济光

六月(7 月)到 1918 年四月(5 月),西南护法以粤东为根据地,广东地方实业银行隶属于广东军政府,负责驻粤各军饷需、两院议员薪俸和各机关经费;经办各处款项或筹备或分头汇划手续亦极烦琐。各项工作异常繁重,广东地方实业银行工作人员在吕渭英的带领下,对于诸事皆能悉心计划、勤慎从事,两年以来,毫无贻误,信誉卓著,后凡筹饷集债诸事悉用银行名义。

六月十三日(7 月 31 日),陈介石未时卒。

七月,吕渭英挽陈介石:"平日难能惟天性,于今名教有完人。"

秋,王毓英作《花朝游于园感怀》:

胜览于园扑蝶辰,那堪回首素心人。诗吟萧艾情何限,月落屋梁望未真。燕子来巢休问主,花枝恨别不成春。坐看荆树知兄弟,睹物兴怀物外身。

团聚天涯诸弟兄,天伦叙乐不胜情。东山丝竹他年事,南海埙篪隔地声。愧我前途剩鸿爪(余前任两广方言监学),怜君几度戒羊城(癸丑、丙辰俱遇粤城戒严)。汪汪千顷人何处,空对芳园鄙吝生。

吕渭英作《和王隽卿花朝过于园原韵》:

我生滥说不逢辰,垂老江湖作散人。
近况诗狂兼酒癖,故交语重更情真。
万山烟雨家園梦,三月莺花海国存。
时向白云山上望,赛裳天外寄吟身。
头白天涯三弟兄,相依晨夕有余情。
别来二月花朝候,笑听连床夜雨身。
客邸风光饶洞艇,故乡春色满江城。

远游辜负于园甚，梦到池塘草已生。

秋，广东军政府授令身为广东官银钱局总办的吕渭英以官银钱局产业为保证，发行票分拾元、伍元、壹元三等新币。此币中的壹元毫洋 2011 年上拍卖行拍卖，单枚起拍价 120000 元，预出售价 120000 元，实际成交价 598000 元。

九月初九日，吕渭英作《重九与三弟静芗登高时客粤》：

兄弟登高望，依依各忆家。

放怀姑一醉，笑插满头花。

是日，吕渭英喜得四弟访溪信作诗：

佳节逢重九，家书特地来。

平安二字外，为报菊花开。

是年，吕渭英作《送三弟静芗四弟访溪南归》：

相视各头白，何堪又远离。

丁宁无别语，切莫寄书迟。

九月下旬(10 月)，吕渭英与温处两府绅商学各界人士余朝绅、叶维同等援崇功报德之典，表景仰膜拜之忱，发起在县署(即原府署前)旷地建设徐公班侯之功德碑，垂之久远。当经报请新任瓯海追尹赵曾藩、温州高等审判厅厅长祝谏等核准，已在募款，即将动工，现已印簿募款，经费仅需千元。当年 11 月间《瓯海潮周刊》曾报道其事。

《夺埠记闻》记："永嘉徐公班侯，晚清历任要职，直声震朝野。辛亥年间，武昌起义，四方响应。吾瓯守吏，弃职潜遗，秩序紊乱，地方惶悚，绅商学各界开会集议，电省吁请先生归里主持军政。其时盗贼滋炽，乡间苦之。先生倡议抚缉，刑一首犯，以做其余。地方始安堵如常，人民至今受赐。兹闻各界闻人，如余朝绅、吕渭英、叶维周等援崇功报德之典，表景仰膜拜之忱，发起在县署前旷地建设徐公功德碑，垂之久远。即已经道尹赵曾藩、温州高等审判厅厅长祝谏等赞成。现已印簿募款，经费仅需千元。"

九月廿五日(11 月 9 日)，温州同乡会开会预志：温州旅沪同乡会前经吕文起、陈守庸等先后在沪组织，旋因各发起人事务过忙，或远赴别处，即行作罢。兹闻温州人朱寿卿、沈芷庭、曹序卿并邀同林鹤溪、林楚雄、杨笃生、包学圃及蔡士达、余韵初等多人，发起组织，暂借南市大盛号内为事务所，筹办一切，并开茶话会数次，均已就绪。定于十一月十一日(即阴历九月二十七日)下午一时假座本埠斜桥台州公所，开成立大会，选举正副会

张云雷

长暨办事会董，并商办温州公所等各事云云（《申报》1917 年 11 月 9 日第 11 版），结果张云雷当选正会长。

十月（11 月），浙江第六区（温处）警备队统带戴任（永嘉人）与温处两府军政长官及地方绅士发布通告，响应护法运动，宣告温州自主。

是年冬，郑淡如造访于园，向吕文起出示所搜罗众多古本书。

是年，杨玉生、黄群、吴璧华、潘鉴宗等发起筹办瓯海医院，于 1922 年 6 月建成开诊。

戴任

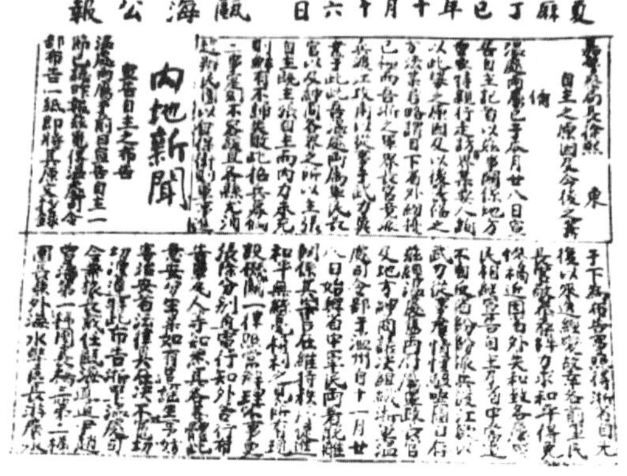
甌海公報　夏曆丁巳年十月十六日

內地新聞

1917年瓯海公报刊登的温州宣告自主布告

是年，吕渭英为家宅作《题家宅于园》联：“夜雨一灯青，分照佛光，是我少时读书处；江天尊酒绿，来寻山寺，使君权做主人翁。”“叙天伦之乐事；盼亭柯以饴颜。”

杨玉生

潘鉴宗

民国七年(1918)　岁次丁巳(六十三岁)

十一月廿二日(1月4日)晚,徐公定超偕夫人及婢仆等五人,自上海乘普济轮船返温州。5日凌晨三时半,船刚出吴淞口,即在铜沙垟三夹水被新丰轮船撞沉,徐公与夫人、玄孙、仆等五人同此遇难。同船死者多达200人。

十二月初二日(1月14日),广东地方实业银行吕文起致电吴璧华、张云雷:"上海兴业银行徐寄庼转璧华、云雷钧鉴:班老夫妇暨伯庼、梅初、穰卿诸君同遭大难。闻之痛哭欲绝。求设法捞尸,请寄兄代弟付二百元为□□,余函详。吕渭英。"

徐寄庼

民国七年(1918)　岁次戊午(六十四岁)

正月初六日(2月16日),交通部训令第三〇五号令上海招商总局:

据广东实业银行经理吕渭英等一百四十五人连名呈请准令招商总局指派新坚大轮往来温沪,一面另订行船章程,严行检查,以重生命而维航业等情,前来查普济沈溺一案。前经本部分行江海关监督、租船监督员并咨请税务处转行理船厅,会同调查应俟复到,再行核办。惟所称该局仍以老朽轮只继续行驶,请另派新坚大轮往来温沪一节,该局为营业发达计,自应设法换用坚妥船只以挽前失,而广招徕,合亟钞录,原呈命行该局查照,仰即筹拟具复此命。

中华民国七年二月十六日

交通总长曹汝霖

正月廿三日(3月5日),上海商业储蓄银行陈光甫从香港考察回来路经广东。身为广东地方实业银行行长的吕渭英为尽地主之谊,是日为陈光甫请酒。

注:陈光甫,原名辉祖,后易名辉德,江苏镇江人,银行家,以字行世。

正月(2月),吕渭英与胡调元请建功德碑呈文:

窃维户崇尸祝,以栾社为权舆;碑志去思,过襄阳而堕泪。要皆馨香食报,功德在人;古以为然,今何多让!有如永嘉故绅徐定超,曾登甲第,洊历谏垣;儒林为伟丈人,海内称真御史。故夫章疏满乎人间,著述传乎身后。居官崖略,可得而征。

陈光甫

昔岁辛亥之秋，改革国政。维时吾瓯官吏逃散无存，奸宄因而窃发，闾里为之不宁。于是瓯人集议，佥举该故绅为军政分府。爰乃强而后可，勉为其难。计视事九阅月，举凡剿匪、办赈、理财、兴学诸大政，借以维持秩序，在废皆兴。迄今瓯人真正讴思遗泽，几乎妇孺皆知君实，盗贼悉化方彦。其尤难者则在丁巳岁，吾浙更番独立，将以煽动全省。惟是甬上为两浙咽喉，瓯海乃八闽唇齿，此一动摇，必至糜烂全局。幸赖该故绅素孚乡望，仗义执言，得刘公一纸之书，贤于十部从事；掉鲁连三寸之舌，能令六国罢兵。凡此皆去今未远，知军、民两长在上，当故绅为有功焉！

是岁因聘修省志，为征书航海旋瓯，适遭普济覆舟，该故绅惨罹斯厄，届今三载，犹有余思。绅等同隶一方，追思前烈，为之发起募捐，建碑纪念。因择定旧府署照墙前隙地，以是碑安置其间，此为该故绅从前莅治之区，成绩昭然，兼资观感。爰仿乡党私谥之举，以当家国绰契之旌。例应联名具报，俾垂久远而昭业兹。为此胪列事迹，绘呈图说，请予分详。

邑人吕渭英、胡调元等同谨呈

三月初七日，吕渭英和陈子万六十自寿原韵：

苦守寒窗志引锥，文章早岁获殊知。
一门同榜难为弟，廿载重逢各有髭。
春到人间宜介寿，我归海外喜谈奇。
年来无限沧桑感，且引千杯共赋诗。

三月中旬，吕渭英画一兰石图赠予日本友人小竺原先生，以纪念在佗城交好之谊。

三月，籀园图书馆落成。

三月廿二日(5月2日)，中华民国军政府大元帅府孙中山联合吕渭英等40人发表《中国人应协助美国红十字会之理由》倡议书。原文如下：

自有历史以来，世界之变迁未有若今时之甚者。所谓变迁，非指形势上之变迁，乃指人类之思想及其关系。回溯上古，浑噩荒凉，及乎地球之热度上升，然后水陆以分，遂成人类之世界，迨经几许变迁，以至今日。盖历时愈久，进化愈增。故逆料生于将来时代，人类之道德愈逝，关系愈切，相得愈深，则对于公益之趋向愈勇，其将成为一完全之新世界，不问可知。由斯而谈，为吾族催促进化，作无限之功德者，其为红十字会乎红十字会者，无自私自利，而牺牲己身之事业，以实行施济者也。以事实为重，言论次之，然有时言论亦可产生事实，对于会务，未始无裨。举凡世界上之热心慈爱者，固咸以红十字会之名深存脑海。世人作书，对于红十字会济饥、治病、疗伤种种事举之记载，已觉连篇累牍，至继后而作者，尚不知凡几。此次欧洲发生空前之战争，其需红十字会之急，较诸曩昔，尤为重要。美国红十字会早知应肩要重之担负，毅力进行，首集捐款一百兆元，以应战期救济之需，于此人类永不遗忘之时代，建立光荣事业。美国加入战争而后，责任弥增，美国红十字会当事人等，预料更须多筹一百兆元，借资接济，爰向中国求将伯之助。所当注意者，以一共和最早向称富足之国，现为筹款济世，求助于一地大物博新创共和之友邦。想一览下开情形，中国人士当必乐为赞成者也。

孙中山

其总因则需款孔亟也，不拘其何处而来，得一元即收一元之功效。凡应为之事，则当为也，不遗余力，不弃小财，务使得达完满之目的为止。中国人士岂有不各尽其能力，以应此世界之呼吁乎？

回忆中国水灾饥馑之秋，彼时灾黎民遍野，美国红十字会尝由函电汇款数十万元，分发灾区，实行拯救。如在两广，美国红十字会捐款、济饥、治病、疗伤，多不胜纪。讵意天道循环，究区易地，待赈孔殷。今日中国人士若能乐于输将，倘他时反有所求，美国人士自可触引此次之援手，亦必踊跃资助也。

美国红十字会计有会员三千余万，阅历之深广，组织之雄伟，为世界红十字会之冠。其救济灾黎，以最直接及最廉俭之方法施行。中国人士素存当仁不让之心，然凡欲行善，谁不愿捐资于一最善办理及最堪信重之人，使灾黎得沾实惠者乎？

以两广之地大人稠，设立协会，何难一举而得十万会员。尤望指日可将此项消息电达远详，借从事实上增进两大民主国之友谊，其功效尤胜于外交家提倡联络中美谈判经年也。合友邦之力，以倡善举，而教难民，乐何如之。圣训有言：施于人者，得福尤多于受施于人。前者美国之效力于中国者，不胜枚举。今愿中国广施于其友邦之美国，更愿中国立应所求，动其广施之美德，使历史上之两国交情日益笃厚也。

吕渭英所绘兰石图

籀园图书馆

籀园正门

抑所望者，吾侪可以高声疾呼曰：美国红十字会广州协会已得华人会员十万矣！会内第二期战务慈善款已就地筹得五十万元矣！此固事属易举。诚以两广殷富之人，为数以兆计，以十万会员均计，每捐五元便可筹集所求之款。以人数而计，捐款者每三百人不过一人，况其中能力有可捐至千元及千元以上者乎。今美国已宣战矣！美人之热血横流于欧洲大陆矣！其为法国效力与为中国无以异也。中国人之血，幸未尝见于法土，然岂忍见其友邦流血而坐视不救乎？吾侨深信，若此呼吁之声一闻于中国，则中国人士无不竭诚援助也。请人人以此事转知其亲友，使各均尽力协助红十字会，以至吾侨能书成功二字为止。

发起赞成人：

孙中山、伍籍磐、吕渭英、周亮臣、黄宪昭、罗诚、钱树芬、潘元耀、陈辑甫、姚轮三、徐绍桢、李锦纶、黄壁如、李之腴、潘棣甫、伍廷芳、刘英杰、林福成、徐乐亭、朱惠章、陈廉怕、陈楚珩、胡颂棠、梁恪宸、陈勉畬、伍朝枢、郭仙舟、何夔石、潘锡藩、陆卓卿、林子峰、刘若操、陈益南、邝余初、陈俊民、萧宽、郑豪、卫祝龄、陈廉仲、姚观顺。

三月廿四日（5月4日），礼拜六，雨，下午大晴。一句钟后，张震轩赴沙帽河吕氏花园访孙公度、陈勉卿二位，盖两君为水利委员在此寓处办公故也。与锡卿、勉卿、公度闲叙并游园之名胜处，旋坐小曲槛内茗叙至四句钟，以天时渐凉，乃告别回。

广东银行群众挤兑场景

四月初四日（5月13日），因年初粤局再度动荡，各派军队纷向粤中行借款。无奈之下，粤中行再度停兑，副行长贝祖诒离职赴港。粤政府为维持纸币，遂委任吕渭英为代理行长，俞风韶、欧阳荣为正副监理，以资维持。对于中国银行兑换券，省政当局先与商会合筹款项40万元，恢复了小额兑现，规定每人不得超过100元，以避免风潮加大，并由督军莫荣新、省长李耀汉出安民告示："广东中国银行关系粤中商业金融甚重，本督军省长向来极力维持……本日该行贝副行长忽离职他去，致行中一切营业，暂行停顿，殊于粤省金融有碍。本督军省长一面派员查明，一面设法维持行务，筹款兑现，所有该行钞票，凡钱粮、关税、饷捐各收入机关及营业商场，仍旧照常一律通用，不准折扣。"

四月初五日（5月14日），市面上忽现一种恐怖景象，其情恐几与民国

李耀汉

三年(1914)粤币恐萧相同,因广东之中国银行忽然自行停止营业,其门外张贴字条,谓本行暂停营业,移港清理一俟。本省财政称群力能筹还欠款,然后复业云云,故该行在市面之纸币因之不能流通,全城人心大为震动,连日常道舆境商会七十二行、九善堂院及各方面筹议维持之法,以免全省金融蒙其影响,现已委任广东实业银行行长吕渭英为中行行长,出任主持,并委俞风韶、欧阳荣之为监理。日闻即可接续开办,惟是该行原有现款已尽行运港,非另筹大宗巨款不可,故该行之能否维持,全视兑换机关之有无停滞,又全视款项之是否充足,断非严刑峻法所能收效果,督军莫已出示布告,不许商民折低币价,遵者以军法从事,盛亦费成具文,但粤省自军兴前后,罢掘已穷,安能得此巨款,吾不禁为粤省金融之前途悲矣,至于该行忽然停业之原因,闻系莫督欲向该行借款百万,以为结束军政府之费用。(见《顺天时报》)

四月初十日(5月19日),为再度筹集开兑基金,以集思广益。广州国民政府伍廷芳总理召集官商会议于海珠,研讨进一步维持之办法。当时广东分行发出纸币不多,计大小洋券300万元上下,若是能筹200余万元,即可开兑。省政府建议:(1)变卖广海兵舰可得70万元;(2)变卖电报局可得9万元;(3)收回按押行贷款27万余两(银),相差仍为数不少,一二日内实无法解决,又拟由官厅即筹20万元,商界筹借20万元,先行小额兑换,待筹足基金,再照常营业。嗣当局复令广东分行在西关、新城各地,择设分所,小额兑现,每人限兑100元以内,后来兑换基金则拟由盐款盈余项下拨30万元,不足两由商会筹借10万元。

四月十二日(5月21日),广东地方实业银行出台维持纸币之办法。

四月十五日(5月24日),有兵士一人持纸币10元到广州清风桥脚某店硬要兑现,该店却之,彼竟气势汹汹。某银号亦受此骚扰,店东欲免滋事,以5元毫银换给之,不料,瞬息间忽有兵士数人,均持二三十元齐到索兑,银号却之,兵遂以不得同等待遇为词,大为吵闹。一时附近各银铺均恐踏其覆辙,纷纷闭门。

四月三十日(6月8日),广海兵舰开标,振华公司以120万元夺标,限两星期内交易清楚,一时中行兑换券市价遂由八成二涨至九成。咸以为开兑之期不远,岂科逾期旬日,交易消息渺然,商人失望,市价恐慌,舆论互相指责,兑换券信誉大降。

五至六月,广东省财政厅厅长杨永泰提出开办广东彩票,并拟定章程,规定发行彩票100万元,以二成之款维持纸币,后也无声无息。9月中旬,以福隆公司烟酒税为抵押,向台湾银行商借100万元(借款虽然事实,但数仍不敷)于12月2日复业,开始小额兑现。据《申报》记载:"此次采阶级兑换方法,每人限兑十元。凡持毫币十元者,得向发筹处领筹一枚,再向中行兑现十元。闻是日兑出之数约一万余元。"当局还饬令各属征收机关,一律收纳银圆券。如有银圆券尚未流通之处,并准商民购运前往发兑,以期消纳纸币。

杨永泰

五至六月,瓯海道尹黄庆澜任职半载,发表征求兴利除弊意见书,分发各县众议院议员及初选当选人(《瓯海观政录》卷一《史治》)。其商请地方士绅分别劝募育婴堂建筑费,黄君溯初、吕君文起首先赞成。吕渭英一人便慨捐巨金三百元。时适国会及省议会复选,各县人士纷纷来道,争相解囊,遂成巨款。次年育婴堂得以顺利落成。

夏,江浦陈桀园以垂暮之年避地岭表,与吕渭英和顺德的辛仿苏两君日夕为珠江之游,命酒征歌,流连侵晓。时隔一年后金城作《佗江载酒图》,画中呈现去年诸友人聚会之场景,借记当时胜游。更赋长句一截,其辞曰:"倦眼南天沸战尘,蛮花猴鸟总伤春。谁知明月清风里,犹有佗江载酒人。"

注:陈浏(1863—1929),字亮伯,一字孝威,号寂园、寂者、桀园、垂叟,又号定山、定翁,晚年署六江六山老人。江苏江浦人,生于仪征。其父陈宝善,以经商致富。他早年肄业江阴南菁书院,光绪十一年(1885)登拔萃科,官至福建盐法道。民国后,曾任交通部秘书。晚年远赴东北,卒于齐齐哈尔。生前著作颇不少,曾汇刻《寂园丛书》,其诗集有《问字楼诗》《孤圆山庄诗剩》《二山唱和集》《雄树堂诗集》等,另有关古物、鉴赏之作,如《陶雅》《陶春秋》《陶庵忆语》《寂园说印》《定山印史》《骨董经》《杯史》等。尤其《陶雅》一种,

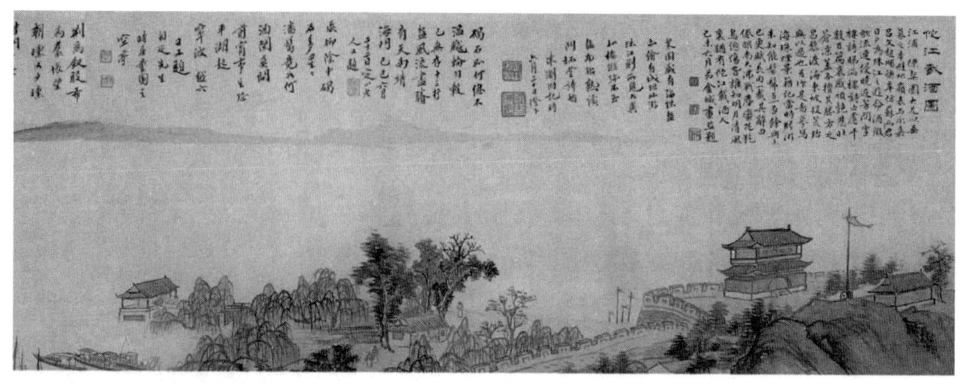

佗江载酒图

早为人所熟知，而读者往往只知其为寂园叟所作，未必知寂园为何许人。

杨青记陈浏赠吕文起诗轴：

> 昨过于园，见座张《闽南陈亮生（浏）赠主人文起诗》轴，字既道劲，诗亦清真可喜，因录之云："人海茫茫里，公真道义交。惯餐酸齿橘，粗办盖头茅。生事侔生顿，才情重岛郊。天涯能念我，无以异同胞。"

八月十五日，中秋夜，吕文起承金仲荪秘书，招饮天香楼。吕文起为作长句简之，并嘲纳宠不成：

> 人生百年如过客，那得欢游不自惜。
> 眼看异县有故知，那得相逢不悦怿。
> 化城月好秋正中，兀坐何以娱今夕。
> 故人折东来招邀，天香楼头看皓魄。
> 红灯绿酒花四围，一曲琵琶江水碧。
> 君时豪气压当筵，纵饮只须论斗石。
> 正希文笔冬心诗，早岁名场人辟易。

宦游绾篆来永嘉，惠政瑞生两歧麦。
年来橐笔天之南，当道礼罗辞不获。
将军好士爱奇才，幕府嘉宾纡筹荣。
挥毫倚马作万言，子史罗胸供指画。
牙签百轴蠹鱼多，安得佳人手亲摘。
东坡岭海有朝云，君意踌躇几今昔。
珍珠不惜买娉婷，肌骨停匀裙襞积。
恐君前车鉴季常，此意欲偿多扞格。
我谓万事皆前缘，相逢无心宁损益。
评花醉酒聊趁欢，春梦一场如世隔。
即今促膝恣歌嘲，转瞬君应笑陈迹。

注：金仲荪（1879—1945），京剧作者、教育工作者。金仲荪在青年时期就接受了民主革命思想。京师大学堂首届学员。1908年毕业后回到故乡办学。武昌起义时，金仲荪挺身而出，组织临时军警事务所维持地方治安，并在吕公望等人支持下，光复了金华。金华父老推选他为国会议员。

金仲荪

参加过护国战争，响应过孙中山先生号召，去广州参加非常国会。这个时期，金仲荪目睹了政局的混乱，政界、军界各个派系之间的摩擦、争斗，使他萌发了退志，这也为他后来写出很多反对内战的剧目奠定了基础。南北议和后，金仲荪又回到北京，继续在参议院工作。1923年，曹锟贿选总统，金仲荪退出政坛。之后，又结识程砚秋，成为京剧作者。

秋，王毓英作《游雁荡后数日即行整装重游粤东录呈文起观察》：

滥竽自昔别南天，回首于今尚记年。泥雪痕留十载后，鸿宾信到九秋前。华摇唐棣三更梦（旧约赴粤东），水转萍踪万里缘（有事赴中，即从便道转粤）。雁荡归来游兴健，珠江风月好无边。

一别三年一见亲，谈心把襟话来因。久悬蕃榻眠高谊，饱饮郇厨醉故人。冯客无能徒食肉，佗城有伴好栖身。此游莫作悲秋语，时局蜩螗怕怆神。

吕渭英作《文翁和章(故人王隽卿柬来,以诗见遗,作此答之,即步原韵二首)》:

相思最苦是秋天,容易秋风又一年。忽报客星高海外,笑携吟屐落尊前。喜谈万里家常事,来证三生石上缘。雁荡之游君乐否,此间风月亦无边。

垂老论交情更亲,佗城三人岂无因。敢忘疾病扶持日,同是艰难困苦人。金石不渝贫贱约,江湖容我等闲身。天涯头白同携手,离合中间知有神。

吕公望

十月初七日(11 月 10 日)下午,温州旅沪同乡会举行年会,到会者五百余人。首由张云雷报告一切,随即投票选定张云雷为正会长,徐寄庼、林楚雄为副会长,并招定黄敏之为基金监,而吕渭英、黄溯初、蒋叔南、姜会明等为名誉董事,文牍主任由刘冠三连任。旅沪同乡会的成员有调查员杨雨农、周仲明、张益平、潘鉴宗等。

温州同乡会年会纪事

温州旅沪同乡会于昨日下午二时开常年选举,到会者五百余人。首由张云雷报告一切,随即投票选举。选定张云雷为正会长,徐寄庼、林楚雄为副会长,并推定黄敏之为基金监,吕文起、黄溯初、蒋权南、姜会明尊为名誉董事。文牍主任由刘冠三连任。刘未到会前仍由谢侠逊继续代理。会计主任为曹序卿,并举定沈滋澄、朱斋卿、林炎夫、谢侠逊、曹序卿、陈干夫、胡屏西、白秋澄、项铭周、徐仲英、吴松龄、林达夫、孙秀峰、杨毓生、蔡士达、金萸阶、刘锦亭、林仲昭、孟筱鹤、白成道、黄叔平、王芹发、金鲁卿、张和卿为干事员。

旧任调查员为杨雨农、周仲明、张益平、潘聘如、朱敞亭、罗翰臣、金介眉、林松樵、陈白川、金克臣、杨敬之、金玉亭、王慰卿、周子亭、金昌郎、黄金池、潘梁卿,新增为马绰夫、王祝封、郑干卿、朱廉青、林捐芹、朱圣希、金廷沛、刘文波、王启文、郑鹏周、黄惠侯、徐尧卿、周子莱、宋锦楷、王锦文。旧任交际员为陈鹤九、冯月臣、陈杏人、白理甫、高步卿、朱佐庭、林书亭、奚晋卿、夏融卿、统华藏、陈启梅、叶郁章、王荟芝、曾廉卿、郑影瑞、张值三、郑正祥,新增陈子衡、朱促衡、陈益峰、林乐生、沈连元、刘庆禧。嗣由张云雷、徐寄庼、林楚雄等先后登台演说，并由全体合摄一影，散会。（《申报》1918年11月11日第11版）

冬，王毓英作《辞别文对二翁还来就菊花（梅萼冬又开）》：

中间诗酒夕，临别意徘徊。相离看白发，相赠胜黄金。白发愁易落，黄金交自深。南海多瘴疠，摄生贵自珍。加餐期努力，强健百年身。情以疏益亲，交以淡成真。岁暮难为客，春风来故人（订来春回粤）。

冬，王毓英作《吕公文起观察惠赐皮袍感成四言奉谢》：

襟上杭州，旧酒前因。今日粤东，绨袍衣新。既饱我肉，复暖我身。鼓腹挟纩，谊笃情亲。

慨彼凡今，稷铏德色。何况友朋，畴推衣食。车笠寒盟，反眼不识。贫贱忘交，前后反侧。

更有贪人，心苦不足。得玉求剑，得陇望蜀。怀利相接，寝成薄俗。岂但忘筌，噬脐肆毒。

乃有良朋，一寒我顾。谓今来思，岁聿云暮。衣不如新，人不如故。服之无数，三复其句。

十一月下旬（12月下旬），徐绍桢[①]、汪兆铭（精卫）、吕渭英等于上海发起成立世界和平共进会[②]，欲拥戴孙中山为理事长，1919年1月为孙所拒绝[③]。

徐绍桢

注：

①徐绍桢（1861—1936），字固卿，原籍浙江钱塘。中国近代民主革命家，中华民国开国元勋。辛亥革命时，曾率领江浙联军光复南京。

②世界和平共进会前因是年8月孙中山辞军政府总裁职，特公推童君杭时等赴沪挽留。童君赴沪后，一再向孙诚恳请求。孙始则辞意其决，继者则稍示转圜。近童君已返粤，该会会员及国会议员多向童君询问孙意。

③孙中山云："该组军政府采多头政治，与民国约法规定元首政治本为不合，且总裁多不到粤，虽派代表，对于办事进行诸多困难，故余原始本不赞成，即拟辞总裁职。嗣缘国会议员挽留，故不得不牺牲个人意思，勉遵国会多数意旨，表示不辞而已，至办事上仍难积极负责。今两年以来徒挂虚名，

毫无实效，自问甚觉无谓，故此种总裁辞与不辞无足轻重。现诸君恐政局上及制宪人数上或受影响，以为余似灰心护法矣。孰知余并不灰心护法，且仍积极护法，必求贯彻主张然后已，即制宪人数决不致受影响。盖余辞职有两种意思，一因国会议员前曾两推余赴欧美，余因著书未完成，旅费未筹足，故暂缓行。今著书已脱稿，一俟筹备旅费即拟起程，对于世界各国说明我国国会完全恢复之必要，祈同为公道之主张。二因沪上和会将重开，余拟以国民资格要求国会提出一个条件，即国会必须完全行使职权，不得稍加制限是也。若仍挂总裁虚名，即倚一偏，诸多勿便，不如辞去，纯以国民资格较自由也。现承诸君仍再三诚挚挽留，余当又暂不再表辞意，以尊重国会及各方挽留者意旨。但在余看来，此种总裁虽挂虚名，对于护法前途实际上毫无裨益，云云。"(《申报》1919 年 10 月 14 日）

十一月(12 月)，王毓英《舟中别作奉寄文起與卿两知己》：

一别羊城意若何，长堤十里唱骊歌。珠江问水知多少，送我情深比更多。

盘桓诗酒动欢呼，老眼看花一笑娱。此去逢人添说项，吕端难得小糊涂(项君與卿后来粤)。

他乡作客难为别，送客他乡别更难。寄到船头下万语，载将旅况报平安。

秋来冬去去依依，冬去春来愿不违。燕子泥融寻旧垒，拓开广厦住乌衣(文起行内同事多王氏人)。

十一月(12 月)，在政府多方设计积极维持纸币之际，商民陈廉伯等献议，由该商等集合资金，组织义利维持纸币资本团，保证广东分行募集大洋券存款 200 万元，由广东分行折合毫洋，填给存款单，交该团挂号盖章，保证支付，6 个月后分 3 期提取，第一期提取 4/10，第二、三期各提取 3/10；每期以两个月为限，并每月给回利息 1 分 5 厘，而支付金之准备，则由财政厅指定每日九龙、拱北关税应解税银项下 20000 元，鹩德公司应解饷银项下 250000 元，花筵公司应解饷银 50000 元，盐捐 40000 元，四项税饷为担保品。12 月 22 日，经由督军莫荣新，代省长翟汪批准立案，募集存款计划，成绩卓著，民国八年(1919)，奉财政厅照准，存款既得确实保障，存户逐渐增加，到 3 月 15 日为止，共收到存款实数 745377.62 元，到民国九年(1920)1 月 27 日呈报政府，以保证大元券存款一案，业于本月 15 日，依期清还本息。大洋券存款办法，至此遂告结束。

十一月廿五日（12 月 27 日），财政厅订立的取缔章程付诸实施，以防止各征收机关歧视纸币勒收银毫。此外，12 月 28 日，义利维持纸币资本团开始吸收存款，至第二年 3 月 15 日止，共收回大洋兑换券 745377.62 元。小洋元券则仍在市面上流通，且价值日跌。

民国七年（1918），文起函示陈子万乙酉科同年在粤者数十人，黄宣廷星使提倡同年会，每月望日聚会一次，特寄绝句索。

陈子万作《和赋此呈会中诸同年》：

风雨联床大小苏（黄星使令弟益三兄亦与会），高吟想见唾成珠（君从客邸捆酬唱）。犵鸟蛮花彩笔摹，昆季吾家忝拔尤（予与先兄以共登）。拔萃科忝在年末，当年骥尾附名流。至今惯阅沧桑变（社友如云几黑头折桂，群仙会未聊。余癸卯乡榜同年拔萃拟聚会西湖不果），西湖旧梦渺如烟（输他文字，因缘证海国诗豪尽拍肩）。瑶笺飞自海天遥，为我孤吟慰寂寥。异地故人容入社，月圆时节挂诗瓢。

是年某月十五日，吕渭英乙酉同年会，和骆文卿同年诗原韵：

同登乙榜卅三年，齿录分明手一编。
盛事已随云散尽，重逢难得月圆天。
客游幸附耆英会，后起争看子弟贤。
香火有缘来一醉，湖山襟上酒痕鲜。
同盟牛耳更谁推，叔度虚心是我师。
多谢君谟重叙谱，相逢临海共题诗。
湖流不尽沧桑感，圣代难忘雨露私。
酒绿灯红头已白，鲁灵光殿古须眉。

是年某月，吕渭英和黄君祝得月楼诗：

百尺高寒水上楼，凭阑聊得遣烦忧。
妃青俪白诗皆好，缺月疏桐景最幽。
今日诸孙看杰出，当年胜集尽名流。
鸥波浩荡前盟在，相访宜乘雪夜舟。

是年某月，吕渭英见项舆卿喜而有诗：

话别珠江曾几时，鬓边又见数茎丝。
依然一笑先呼酒，到处逢人辄说诗。
下笔千言君是独，乘风万里我非奇。
归来喜见扁舟在，愿老渔蓑会有期。

是年某月，吕渭英作《次郑淡如先生六十自述原韵四首》：

富贵自天申，熙熙不老春。
功名辜壮志，风雅属斯人。
著作万言富，笑谈一味真。
澹怀天地阔，随遇不忧贫。

古籍相参考，春风识面时。
别君曾有几，大局意如斯。
久客应怜我，忧天欲问谁。
佗城非乐土，何日可离兹。

极羡君闲散，妙说解颐诗。
高谈前古事，怡情一卷持。
琴谱翻三叠，自数数茎髭。
倦余即静坐，遐龄岂偶然。

五福先言寿，瓶花插几枝。
笑看新白发，仍守旧青毡。
堂上笙歌盛，庭前孙子贤。
为君飞一盏，正好月圆天。

注：郑淡如(1859—1946)，名鞠，字之屏、子平、苣坪、蓝萍，号淡如、澹如，今乐清县柳市镇人，光绪年间廪膳生，吴鹭山、姚琮恩师，曾任乐清县中学堂监督，著有《鞭山吟革》《海上同音录》。

十二月(1919年1月)，瓯海道署就永嘉县旧温州卫衙署创办广济院，收养老弱残废及负苦不能自养者。永、乐、瑞、平各县每年各于本县公益费内提拨300元充作该院经费。(《瓯海观政录》卷七)后来吕渭英为此机构经费维持颇费心思。

民国八年(1919)　岁次己未(六十五岁)

正月中旬，吕渭英画兰石图一幅，送予佗城旧相识。

春，王毓英作《日课后游于园》："平泉木石拥青螺，鸟语花香对酒哦。讲学余闲何处坐，春来身在朴亭多。"

二月十六日(3月17日)，吴景濂、褚辅成建议优恤刘人熙电世界和平共进会代表徐绍桢、吕渭英、汪精卫等：

虞电敬悉。刘公人熙齿德俱尊，海内共仰，且手造共和，勋绩尤著。近以奔走国事，悲愤时艰，以致鞠躬尽瘁，骤殒天年，同人闻之，莫不震悼，所有饰终典礼，自应从优议恤，并详征事实，立传国史，以重耆哲，而式来者。先此奉复，并表哀忱。

吴景濂、褚辅成。筱。（《申报》1919年3月21日《公电》）

二月十八日（3月19日），筹办温州公所近讯：

温州旅沪同乡会日前购地一方，建造温州公所，计地十余亩，坐落康衢路巳字第三百九十九号，与徽宁会馆连界。□价□已交付完讫，计经费连同建筑费约洋五万余元，现已分途筹募，第一组为吕文起；第二组张云雷、徐寄庼；第三组潘鉴宗、周季纶、姜少泉；第四组林楚雄、黄敏之、陈千夫、谢侠逊；第五组金荚阶、孙秀峰、林炎夫、白成道、沈滋澄、曹序卿、朱寿卿、林伸昭、杨敬之、朱促衡；第六组杨雨农、唐伯寅、吴松龄、王子亭、张益平、潘聘如、曹桂生、潘梁卿、金介眉、张植三、陈百川等。定阴历年内建筑完竣，其木料砖瓦均由温州内地用夹板船运出云。（《申报》1919年3月19日第11版）

二月十九日（3月20日），许宝蘅代陈其瑗看梁燕荪来函介绍，述广东情形；李耀汉之秘书吕渭英，永嘉人，广东地方实业银行行长，述广东财政状况；陆（陆荣廷）使电，经济股提议对于敌国款项用何种币。

二月（3月），广东省财政厅提出："广东地方实业银行改组，已届两周，成效渐著……亟应力事扩充。顾扩充之法，无非厚集资本，与沟通汇划二义。京沪为通都大邑，殷商富卖，荟萃其间，且系该行长旧游之地，资本如何厚集，汇划如何沟通，亲往筹度，必有效力。又查该行章程应预用中行钞票，亦须亲到京接洽。"因此，派行长吕渭英赴京沪接洽，以便扩充该行业务。

其间吕渭英作《辛园访张岱杉次长不遇》：

春水风和昼掩扉，杏花香里访旌旗。
呢喃帘外双双燕，似诉主人宵未归。

注：张弧，字岱杉，历任财政次长，民国九年（1920）梁燕荪任国务总理时被升任财政总长、盐务署督办兼币制局督办。

三月，吕渭英作《放生园歌为黄涵之道尹作》：

黄公持节来越州，饥溺惯为苍生忧。
公余坐啸南楼月，五十亦知未华发。

广东地方实业银行发行的伍角纸币

放生园辟宝山隅，孺英朱草征不虚。
从来养素始含真，行处长怀杖履春。
迎风百转投林鸟，蹴浪千头纵壑鳞。
祝嘏称觞流俗事，莩甲从今出新意。
济物长开甘露门，倾囊更布黄金地。
老圃春蔬嚼冰雪，底事鸡豚恣贪饕。
胞与儒家意自高，蛇雀珠还奚足说。
玉津金谷盛芳菲，缓舞清歌易夕晖。
何以斯园能阅世，眼前飞跃尽天机。
沧浪风月钱可买，未易收取潇湘烟。
洞庭本是张乐地，移下钧天享天帝。
鼓瑟湘灵偕二妃，更遣鳞鳞媵鱼婢。
得遭佳境未嫌迟，异日定慰长相思。
有暇更考水经注，信笔先裁七字诗。

张弧

三月（4月），上海出现了电话（英语译音“得律风”）。当时，去过上海的温州人，使用过电话，无不交口称赞，一些地方人士也希望温州有电话。温州地方士绅杨雨农赴上海归来，邀集吕文起、徐之纲（四明银行）、杨直钦（五味和）以及李志竞、林醒民、黄伯蕴等人商议，一致同意为发起人，创办东瓯电话公司。首届董事为杨雨农、徐之纲、吕渭英、杨直钦等五人，公推杨雨农任经理，徐之纲为协助，公司设在城区打锣桥边春花巷，系租用梅春成老屋办公，并择定永嘉警察局内余屋为营业所。6月30日获准设立，购进100

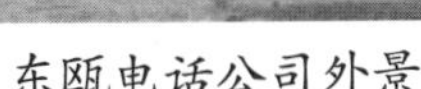
东瓯电话公司外景

东瓯电话公司内景

门磁石式市内电话交换机一台，成为温州第一台电话机。资本 1500 元，公司董事 7 人，杨任经理。从此，永嘉城厢内外消息传达灵通。杨等并一再陈请将浙江警备队第六区军用电话经费银 1147.58 元拨购东瓯电话公司股份，不必另办军用电话。10 月 15 日获省批准。（见《瓯海观政录》卷五、瓯海关《1919 年温州贸易报告》）。

注：杨雨农（1880—1951），出生于永嘉，温州著名商绅、实业家、慈善家。曾为浙江省参议会议员、温州商会会长、东瓯电话公司董事长、普华电灯公司经理、光明火柴公司、国货公司等董事长等，热心地方慈善事业。

公司起初人员不多，下设文书、会计、工程、材料、保管五科。公司一成立，即派人赴沪购办器材，向开洛、和昶两公司购来百门交换机一部，以及相当数量的铅线、皮线、话机、工具、附件等。开洛公司派专人运送来温，并负责安装技术。当时，最先报装电话的商户是五味和，嗣后大商铺、钱庄、公司、行号也相继报装。机关系道尹衙门带头报装。随着温州的经济日趋繁荣，用户也逐日增加，原先所购交换机不够用，但要添购又缺乏资金，经股东大会议决，于民国十二年（1923）增加资金三万元，再向上海和昶公司购来两百门交换机一部。最低收费标准为：机关每月五元，行号每月四元，住宅每月三元。

三月十五日，东瓯电话股份有限公司董事吴钟镕、黄群等为东瓯电话股份有限公司注册呈文永嘉县。原文如下：

永嘉县知事公署：

窃钟镕等于民国八年三月发起筹办东瓯电话股份有限公司，定资本一万五千元，分为一百五十股，以一百元为一整股，所有股款即由发起诸人认定。依照《公司条例》第一百条之规定，公司即从此成立。并依第一百一条之规定，按股各缴至四分之一以上之股银，存储温州四明分银行，所有息金暂仿银行存息计算，俟股票给发后，以八厘计息。凡有五股以上之股东，有被选举为董事之资格，业由发起人选举吴钟镕、潘国纲、黄群、杨振炘、张成谦、徐祖煜、杨敬之七人为董事，于董事七人中互推杨振炘为监查人，择定永嘉警察局内余屋为营业所。理合订立章程，呈请注册以凭准备开业。但依公司注册规则第三条之规定，股份有限公司注册费，其资本在三万元以下、一万元以上，应缴注册费银圆二十元，兹应遵章缴纳。应缴注册费银圆二十元，兹应遵章缴纳。

查永嘉为商埠之一，而商业之发达独蒙牛后之饥，董事等为便利交通、振兴实业起见，筹办此举，原期为吾瓯商业之一助。为此抄呈各项章程及营业概算书，并《公司注册规则施行细则》第十二条第二项应具各种文件，仰祈钧署准予注册，并详省、道长官咨部核给执照，以便准备开业，诚为公感！

注：当时永嘉县知事为张濂，字谨庵，云南澄江人。他收到呈文后于同月十八日呈文给瓯海道，道尹冀庆镧（宇涵之）于六月三十日转呈浙江省当局，题《呈省长齐转呈杨振炘等请设东瓯电话股份有限公司文》。同年十月将前道尹交印之军用电话经费拨购东瓯电话公司股份十五股，以示支持。

三月十七日（4月17日），礼拜四，阴。是日天气稍暖，下午，张震轩携崟儿赴沙帽河吕家花园游玩，既而于头进东书轩遇老友王君俊卿，谈片刻出。

吕渭英作《故人王俊卿来，喜而作此》：

秋风容易动归心，夜雨西窗几度吟。
摈拾陈言忘我丑，裁成后起感公深。
近观世事迷于梦，徒为浮名误到今。
握手欲言言不尽，相看双鬓雪霜侵。

春，陈子万作《吕文起自燕归招宴于园即席赋此》：

聚首乡关正回归，装万里带春来梓桑。旧雨离悰叙桃李，芳园夜宴开兄事（爱君如玉局旅怀，为我话金台）。海天争羡神龙跃，自愧空山鹤守梅。

春季，国民党要人云集上海，形成了政治领导核心，密切关注巴黎和会的动态，组织各种团体，发表爱国言论，并积极筹备召开国民大会，以应形势发展的急需。

四月初二日（5 月 1 日），温属六县联立图书馆（即籀园图书馆）建成开放。9 日，王毓英首任温属公立图书馆馆长。后吕渭英助王毓英自广东购进群籍，复为介绍尊庙藏书置诸馆库。王在职五年卒于任。

20世纪40年代籀园图书馆阅览室

四月初六日（5 月 5 日）晚九时，上海国民党人接到五四运动在北京爆发的确切消息。他们立即组织上海民众配合北京学生，力求扩大运动的声势和规模。晚九时半，由吕渭英等国民党人组织的世界和平共进会，邀集由国民党人组织的中华工业协会、国民策进永久和平会等团体，及民众组织的湘学维持会、学术研究会等共 28 个团体，在上海霞飞路 220 号召开紧急会议。与会者“以山东问题紧急，拟筹开国民大会，为我代表声援，及其他筹备事务”为职志，公推留日学生救国团团长王兆荣为主席。会上议决：（一）致电巴黎；（二）5 月 7 日开国民大会；（三）与会团体派代表连夜筹议开会事务，成立上海国民大会筹备会事务所，设址仁和里 163 号。

四月初七日，上海国民大会筹备会事务所在霞飞路 220 号和仁和里 163 号连续召开各界代表会议。国民党人分头发动上海各界民众。老同盟会员、江苏省教育会副会长黄炎培于下午召集上海各学校校长开会，讨论 7 日国民大会的程序和组织学生与会的办法。同时，国民党人再次用世界和平共进会等团体的名义，召集上海工、商、学等各界 20 多个团体开联合会议，除研究了国民大会的程序外，还议决了如下三个问题：举行有秩序的示威活动；要求外争主权，内惩国贼；目的若不达，实行国民自决。这实际是将举行罢工罢市罢课的暗示。当日晚，国民党人又邀集工、商、学各界30余团体的代表70多人开会。会上汇报了动员民众的情况，并议决：国民大会召开时，先发表演说，然后游行街市；要求释放被捕学生，抵抗强权，严惩国贼；会后致电国内外表明主张；号召抵制日货。会议具体确定了7日国民大会的议程和提案。会后，各团体积极筹备国民大会。由世界和平共进会（吕渭英参与发起之社团）负责7日大会的具体筹备，组织各地旅沪同乡会等57个团体的五六千人参加在西门外公共体育场召开的第一次上海国民大会，确保使7日国民大会获得成功，并积极落实了国民大会的决议。

四月初八日（5月7日）下午，上海第一次国民大会如期举行，到会的世界和平共进会等70多个团体共2万余人。国民党人在会上提议：抵制日货；惩办卖国贼段祺瑞等人；打消大借款，收回青岛；释放被捕学生。这些主张经与会者一致同意通过，成为上海民众的公意。在游行时，彭介石等国民党人还被选为民众代表，向有关当局阐明民意。会后，用国民大会的名义向国内外分别发出4封函电，阐明了上海民意。7日晚，国民党人再次召集各团体代表数百人开紧急会议，讨论落实国民大会决议案的具体措施。国民党人焦易堂任会议主席。到会者发表了激昂沉痛的演说，并一致议决：加紧要求释放被捕学生；速拟宣言；组织国民大会上海事务所等。国民党人不仅较早地发动上海各界响应北京五四运动，而且他们对推动上海五四运动向纵深发展也做了大量工作。这次大会推动了上海民众运动的发展，对促进五四运动在全国迅速发展有重要影响。当时报纸称此为“沪上民气发扬之第一次”。这次紧急会议，是国民党人动员、组织上海民众开展五四运动的开端，标志着上海五四运动的爆发。

四月初九日，在山东籍报关行力主下，报关业同业公会在蓬莱路会所召开会议，议决限期拒装日货，为上海抵制日货运动之先声。

四月初十日（5月9日），国民党人召集发起国民大会的世界和平共进会等团体代表开会，讨论组织国民大会事务所的具体事宜。会上议决：事务所由到会各团体各举一名代表组成。

四月十三日（5月12日），依照7日国民大会决议，国民大会上海事务所正式成立，设址霞飞路220号。至7月2日，事务所发出函电通告百余件，联络市内各界与外省市，坚持抵制日货，组织上海三罢（罢课、罢工、罢市）斗争，并与上海军阀当局、租界捕房和外国领事交涉，敦促领导拒签和约运动,起到了重要的推动、领导作用,领导了上海五四运动的进行与深入。同日,上海护军使卢永祥指控其“有越范围”,事务所遭法租界捕房封闭。但事务所干部仍以宝康里60号为秘密据点,直到7月中旬仍在部署指挥运动。其间,霞飞路上还设有一批于运动颇有影响的团体,主要有上海市学生联合会、中华工会、中华女子救国会、女界联合会、上海各界联合会。

五月初一日(5月29日),军政府特派何永贞、冷遹、吴涤宣、蒋尊簋、林虎、汤廷光、谢持、严式镠、周怡暄、杨永泰、李茂之、梁澜勋、贝祖诒、吕渭英、龚政为财政委员会委员。

注:五月二十日军政府已任命政务总裁伍廷芳为财政委员会委员长。

五月(6月),温州各中等学校响应五四运动,举行示威游行,开展报制日货,查禁粮食漏海等活动。

六月十八日(7月15日),永嘉县因利局创办。绅商张成谦(益平)、林浮沚、杨雨农等筹集1000元基金,试办因利局于协济善堂内,以备贫民借贷。借1元者,50日还,收息1分,余类推。全年出借收息约240元,出入相抵不敷之数,由董事筹抵,基金永不动用,以图久远。(《瓯海观政录》卷八)

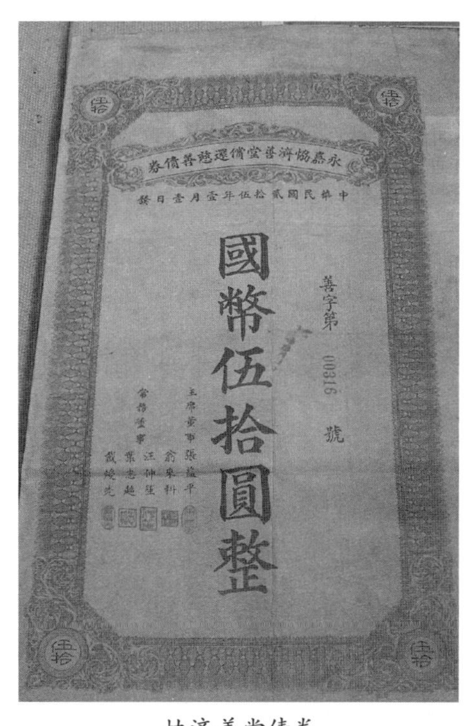
中華民國貳拾伍年壹月壹日發
國幣伍拾圓整
善字第 00316 號

协济善堂债券

夏,籀园图书馆馆长王毓英立碑,碑文略云:“夫吾瓯,在赵宋时称小邹鲁,人文蔚起,度越前代。然非九先生提倡于元丰间,何以得有乾淳之盛?昔之谈理学者,必归功于周、许诸儒,犹今之谈新学者,必原始于孙先生也。昔吾乡尝创有永嘉图书新社,先生同吕公文起各捐巨册助之;一时东山之壁,恍闻丝竹之声。今虽邺架尘封,而东洛之钟有响必应,安知他日不顿复旧观乎!此吾温属图书馆之设,中必附以籀园者,岂无意哉!”碑文又言:“吕君文起复与温属诸绅禀省请费,仍饬由中、师旧款岁拨戏捐一项千圆,充斯馆常年经费,至戊午(1918)秋而馆事落成矣。”此碑文至今仍藏于籀园。

七月(8月),义利维持纸币资本团保证毫洋券存款,大洋券既以存款办法收回,而毫洋券仍滞留市面,券价日跌。义利维持会仿照维持大洋券办法,募集毫洋券存款,以100万元为限,9月1日开始收存,到26日,收存601953元,到10月15日止,共收到1023068元,市面少此巨额纸币流通,信用才日渐巩固。此次维持纸币,除借款1000000元充兑外,其余各指定担保品,收入未落实,所持以还款应兑者,无非售券以应付,纸币的实际流通额没有减少多少,资金没有收入保证,虽然进行了多种维持办法,进展并不明显。故整顿以后,毫券价格仍在八成九上下波动,一旦银根吃紧,势必酿成绝大恐慌,有不可收拾之势。

七月十二日(8月7日),东瓯育婴堂新章程出台,明确规定“设名誉董事五人,由瓯海道尹黄庆澜推选本地名望素著之士聘任之,设办事总董一人、董事四人,均由瓯海道尹选派本地公正热心之士绅委任之”。这五名名誉董事在1919年10月7日产生,分别是吕渭英、吴璧华、黄溯初、张云雷和潘鉴宗。名誉董事不负责堂内事务,但他们的政治与社会地位足以扩大育婴堂的声势。而黄庆澜选择张益平与杨雨农作为办事董事,最重要的原因是看重了他们雄厚的财力和活动能力。张益平曾做过大清银行行长,并一直参与银行事务。杨雨农虽识字不多,却识人识事,豪华慷慨。他早年即与地方士绅徐班侯、余朝绅、吕文起有所往来,他善于交际,能看眼色,很受吕文起的赏识。随后,他又纳余朝绅家婢女为妾,从此更是青云直上,活动场面日益广阔。“他长袖善舞,与温州所有官员,文的如专员、县长、区长,武的如司令、师长、团长等常有往来。”

闰七月初八日(9月1日),广东义利团开始吸收小洋元券,至10月15日止,共收回1022306元。中国银行兑换券经过两次募集存款后,已收回170余万元,加上限制兑现收回的150万余元,市面上流通数量已大为减少,兑换券价涨至八成五。

闰七月十二日(9月5日),吕渭英作《俞怀澄闰七月十二日生辰作诗祝之》:

君生七月辰逢闰,三十九年闰月同。
寿宇新开楼左右,客星高照粤西东。
喜传天上蟠桃熟,笑指灯前樊酒红。
我是天台饶道士,掀髯一醉吸长虹。

闰七月十五日(9月8日),阴。瓯海道尹黄庆澜晋省谒见省长面陈偷米漏海案。

闰七月十七日(9月10日),阴。温州籀园图书馆正式对外开放,定名为“旧温属六县联立籀园图书馆”。

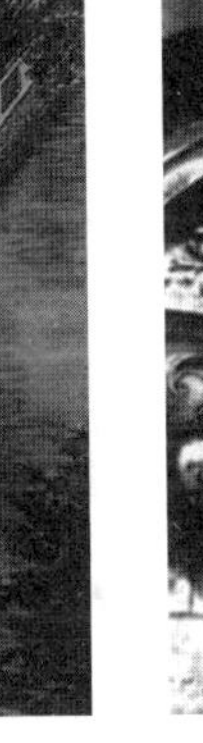

籀园全貌

籀园门台

图书馆开创之初,藏书仅205种,吕渭英将其于园藏书经史、子、集、丛词、曲部3289册寄存,后全部捐赠,图书馆才粗具规模。

据后任馆长刘绍宽回忆:“馆内自瑞安黄氏藏书外,吕文起丈寄存书亦不少,有善本,有通行本。其术数堪舆家书,亦有多种。此等书自是中国古时之一种学说,吾国通人有信之者,有斥之者,紫阳朱氏颇通其学,而术家遂挟以为重,可见学术之嗜,不可不慎也。兹亦照四库书目编入子部,惟高头讲章等,则置之备橱,不列目矣。”

闰七月廿四日(9月17日),阴。瓯海道尹黄庆澜又具呈到省,声请辞职。

闰七月廿五日(9月18日),阴。杭州快信瓯海道尹黄庆澜去志甚坚,自送杨都灵柩赴沪后尚未回署。

八月初八日(10月1日),晴。上午周仲明来见符璋,谈及吕渭英谋福建财政厅厅长(职务),为郭则沄所阻,盖挟大清银行存款之仇也。款四万余,被扣二万六千,致此结果。

八月十五日(10月8日),吕渭英为罗东皇岙乡张益高题写墓志铭。原文与谱主关系不大,故略去。

八月十七日(10月10日),广州五路告成,吕渭英特作诗一首表示祝贺：

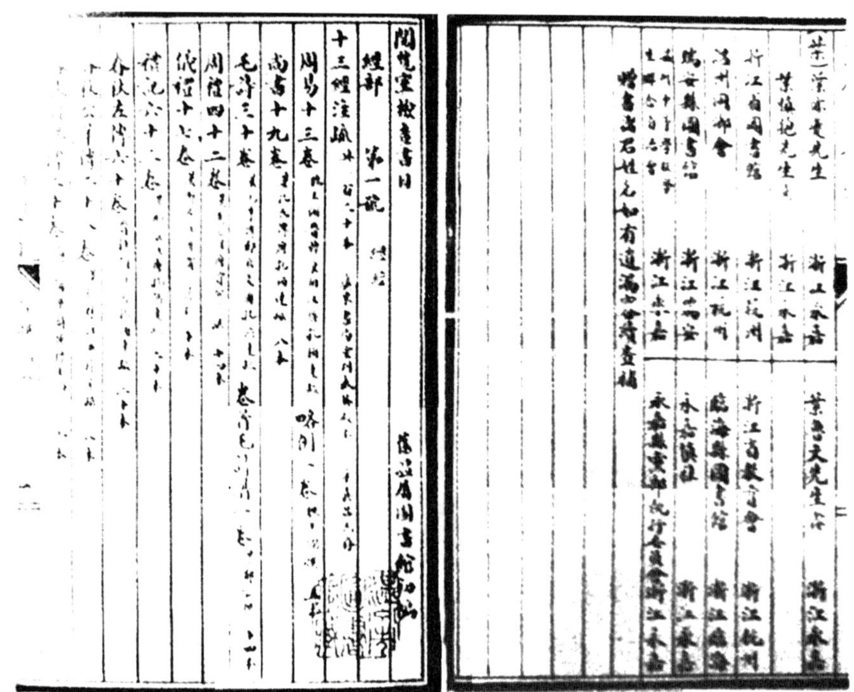
閱覽室檢查書目

經部　第一號

十三經注疏

周易十三卷

尚書十九卷

毛詩二十卷

周禮四十二卷

儀禮十七卷

禮記六十三卷

春秋左傳六十卷

吕氏于园捐赠籀园图书馆图书目录

（广州五路告成，双十节，行开车礼贺杨畅卿厅长）

前古利民利在创，近世利民利在因。

因创之间能斟酌，穗城路政为一新。

小民最难与虑始，观成聚庆如云屯。

当时测量颁文诰，万口訾毁徒断断。

铲垣拆屋若众厉，谁知公益亘千春。

吾公实司市政柄，见解独与超群伦。

须从破坏论建设，克期锐进无逡巡。

永汉南北先筹措，万福文德尤艰辛。

以次经营惠爱路，为时数月真堪珍。

告成恰逢双十节，趋跄来贺多嘉宾。

观者骈迹阒空巷，万毂族转车辚辚。

五色旗飘秋日丽，和风轻扬生微尘。

欢声雷动军乐作，吾亦对此旺心神。

伍我田畴郑国侨，后先歌诅非二人。

四通八达万世利，公德在粤难具陈。

我拜公德为公寿，愿公白玉宰官身。

注：杨永泰(1880—1936)，字畅卿，国民党高级官员，蒋介石首席智囊，政学系巨擘。杨永泰辛亥革命后追随孙中山，凭借流畅的文笔、敏捷的思维、活跃的思想成了当时名扬中国的大谋士。1918年后任广州军政府财政厅厅长，与谱主为上下级关系。蒋介石掌权后，四处搜罗为他效力的人才。经黄郛的极力推荐，杨永泰正式加入蒋介石的智囊团。与蒋介石第一次晤谈，杨永泰的智谋就使蒋介石大为叹服，他为蒋介石上演了现代版的“隆中对”。当蒋介石问及对当今天下大事有何看法之时，杨永泰胸有成竹口若悬河，贡献了匠心独具的“削藩策”和“攘外必先安内”的理论，深得蒋介石器重，逐渐成为蒋介石的首席智囊。他还提出以经济方法瓦解冯玉祥，以政治方法解决阎锡山，以军事方法解决李宗仁，以外交方法对付张学良，同时分化四川、湖南、贵州等地方势力，加强了南京政府的权力。不仅如此，杨永泰仔细研究中国共产党，提出以三分军事、七分政治解决红军中央苏区，导致红军被迫长征。杨永泰熟悉政治、经济、军事，极善谋略，在当时能与其争锋的恐怕只有周恩来，因此他也被称为“当代诸葛亮”，只不过最后因卷入国民党内部斗争，被刺杀身亡。

九月初三日，吕渭英与胡调元等续请瓯海道转省核准，仍以前定办法，在府头门建立《徐公定超功德碑》(原有具瞻楼，20世纪20年代底改建钟楼)，以其地原为徐公于辛亥革命后，自上海返温就任军政分府时接见家乡父老故旧之处。此时，上次筹建功德碑发起人余朝绅已逝世。适新任道尹林鹍翔热心公益，素重文事，所请即经本郡及省当局核准动工，其地树立青石华表(碑柱)，高近一丈，由上海著名书法家李瑞清题隶书“徐公定超功德碑”七字，旁为胡调元所撰缘起石碑。但碑树立时，本城某些迷信风水及别有用心者，却借口遇建碑妨害府头门至王木亭一带地方风水，多方阻挠。

后经各方商定，以江心屿为府城风景胜地，古迹特多，即将此碑移置孤屿西塔之南江边澄鲜阁之侧，另行修立徐公祠，供列遗像、遗物，特雇专人住于祠侧守护。祠成之初，瓯海道尹海宁张宗祥莅任，即偕家人进谒。张为徐公后学，1916年10月，徐公在北京，张曾偕教育部浙江同乡鲁迅、许寿裳等同往贺生日。此后再经20多年种种交故，碑柱及各种纪念文物统渐废毁无遗，碑文湮没已久，建碑时呈文即作为缘起勒石。1920年，著名诗人胡调元所撰《建立徐公功德碑缘起》，全文近年亦已发现。

张宗祥

九月，吕渭英作《江心寺澄鲜阁晚眺》：

把酒临高阁，江城一览中。
涵空双影碧，到底夕阳红。
归棹渔家乐，前途我道穷。
澄清更何日，夜宿梵王宫。

九月初九日（10月22日），重九，吕渭英与王仲平诸君游广州白云山，吕渭英乙卯十月生，刚逢六十四重九。

当日，吕渭英作诗：

捐来岭南又经秋，山水萦怀日已久。
罗浮耳熟雅欲游，满地干戈空翘首。
白云山近在州城，登览佳时胡可负。
群贤卓卓当代豪，浼我国游上冈阜。
摩星岭在山之巅，岭半僧寮门可扣。
诗篇疥壁看纵横，过客姓名记谁某。
王子有诗索我和，和诗宁值履酱瓿。
兴酣举盏相献酬，自晨几达日入酉。
老健尚称佩英身，豪迈敢试题糕手。
九龙泉东鹤舒台，安期仙子谈遗叟。
情知长生非可求，共醉芳醪不论斗。
年年好在山与云，古人来至今在否。
明年重九堪预期，今年重九逢非偶。
天高山旷云悠悠，难得看云四五友。
初来肤寸渐漫空，或与为霖苏枯朽。
有时风帝弄阑杰，加衡若人困奔走。
白云万古此山中，手欲招之为我有。
问我有云何所须，持赠平生所亲厚。

九月，吕渭英作《南海黄铸山老伯八十双寿，花烛重逢叠膺瑞康皇太妃、宣统皇帝赐匾荣典，赋诗纪盛》：

天恩优渥翰墨新，字大经尺骞凤麟。

帝闻南海有人瑞，御书古语酬耆臣。
臣之少壮沐恩遇，归耕今老珠江滨。
庚寅屈揆看初度，甲子尧年纪八旬。
六十岁前一回溯，结稿弱冠太平民。
先朝昔曾充侍御，振缨佩剑垂长绅。
齐目鸿案寿未艾，廿载预人期颐身。
宫闱欲绍慈禧圣，撰句嘉锡偕皇仁。
古来几杖赐灵寿，官家异数施臣邻。
华林预宴仰宿德，地仙雅度颂冠中。
国初我尝稽信史，圣祖纯庙俱南巡。
人间寿耇多旌表，福字赉予瑶璋珍。
今星翠华慵祢狩，天枢星绕觇水辰。
海疆旧将犹矍铄，兰桂佳卉森如春。
宫廷此时修故事，王言纶綍颁紫宸。
龙蛇点画多飞动，笔力腕底回万钧。
敬观额书俱典重，下阶再拜惊天神。
作歌纪盛抒所见，觚棱时梦双嶙峋。

九月廿八日，吕渭英夫人程氏称寿，王毓英作《寿文起观察德配程夫人五旬荣庆》：

园开桃李醉方筵，阿姥长斋已十年。看破红尘身富贵，修成玄室女神仙(夫人置有诵经室)。三生契结延龄菊，一卷经翻别社莲。念得弥陀绵岁月，数通大衍命知天。

吕渭英夫人和次女（左一）、外甥女（右一）合影

吕渭英夫人在于园与女儿和外甥女合影

天教夫婿谢封侯(文翁久辞政界)，远道归来一叶舟(自粤东来)。行李风尘身四载，蟠桃仙母寿千秋。还家休遗东方肉(寿母长斋)，祝嘏

应添北海筹。半百光阴重九节,萱堂戏彩草忘忧(寿母恙去阿白忘忧矣)。

九月廿九日,吕渭英夫人程氏寿后,王毓英作《次文起观察自羊城归寿其尊阃五旬原韵一则》:

富贵功名皆幻耳,家庭乐事得真传。老年兄弟相抚背,白头夫妇亦比肩。陛见旧行君臣礼,闽政争颂吕青天。北海交游遍宇内,晚近孰如我公贤。忆昔吾瓯称邹鲁,景山道学独开先。有明忠良辨大礼,相业全凭得君专。数百年来无此诣,哲学名臣俱杳然。造物秀钟山水窟,四灵崛起有诗篇。辉映后先公健者,唾成珠玉灿云笺。海外南旋祝寿母,延龄宴开菊花前。归遗勿割东方肉,阿姥斋厨净烹鲜。眼破红尘空世界,口念弥陀学参禅。二人偕老慈悲佛,圣明尖上证三椽(公昔建三楹于圣明尖上)。回首杭州襟上酒(壬午同砚西湖),沧桑世局几变迁。李杜怕谈天宝事,惊弓黄鸟唤言旋。分灌田荆扶玉树,公善兄弟及诸侄。于园五柳好同眠,吾叹世人求利达。昏夜乞哀丑可怜,虽得万钟千驷富,安知流亡愧俸钱。达哉我公知几者,宦途久已谢迍邅。而今还来花正盛,家人团聚乐无边。蟠桃开宴席未暖,南岭梅催山之巅。丰年一归归复出,试问此出归何年。矍铄翁喜自强健,据鞍一笑忘华颠。

吕渭英作《奉和严客星世兄见赠内子五十初度原韵》:

忘忧欲护北堂萱,何处灵山得本根。
世事都随人意改,遣怀座上胜琴樽。
新诗欲为拟涪皤,醉我胜如酌巨罗。
满纸琳琅迷五色,百回不厌读多多。

吕渭英作《于园感怀》:

乾嘉以来征文献,我浙代出多名贤。
仕宦退归事著作,一邱一壑乃可专。
钱塘简斋袁太史,随园六记人争传。
荫甫先生德清产,曲园自述诗百篇。
二公大年登耄耋,东南坛坫相后先。
嗟予学道常苦晚,天悭清福徒迫逗。
于园落成已八载,木石水竹空妍鲜。
时或岭南生清梦,梦见别业如洞天。

圣明尖上结茆屋，几经营度成三椽。
近来忙碌牵世故，迄未循级登其巅。
今秋许我乞休沐，得与邻里相周旋。
山妻斗酒藏已久，喜闻我至病霍然。
少留数日复东渡，凝思兀坐同枯禅。
白头兄弟聚复散，依依相对金樽前。
少儿幼稚不解事，但觅梨栗鸦涂笺。
晴轩炙背日将午，忆渠无愁只爱眠。
三孙胜衣各就傅，嬉游逐队相摩肩。
眼前歧嶷亦可喜，垂髫剪彩胡床边。
东坡老人六十二，有峰白鹤新居迁。
急闻子孙万里至，老怀惊喜真堪怜。
我以闲官来洋石，尺寸无补叨俸钱。
纪龄固与坡仙埒，回家一梦同三年。
引杯斟酒寿菜妇，作诗自笑成华颠。

九月，景知事毓华以江心寺吊文信国诗嘱吕渭英和长句答之：

我来寻秋江心寺，秋愁如发不可理。
水声弹作文山琴，苦诉兴亡怒欲指。
临江触我吊古心，丞相遗忠昭青史。
香孩传祚百余年，北狩儿孙沙漠死。
吁嗟南渡几英雄，武穆遭谗家已毁。
蕲王湖上自骑驴，忠定退休返乡里。
建炎当日号中兴，苟且偷安尚如此。
钱塘再误贾平章，日惟斗蟋闲堂里。
景炎国事犹可为，四镇之谋忽中止。
一汴二杭三古闽，播迁岭表难再起。
航海移宫力竟穷，宋祚至斯已绝祀。
此间我思驻跸时，以和自愚真可耻。
五云日下人瑞征，三百年来一国士。
千金尽散为军资，时军纵谈辄抚几。
苍苍有意不愁遗，取义成仁徒为尔。
自从白雁横江来，何复殷墟吊遗址。

吾辈酹酒钦英风，轰烈千秋谁并拟。
同时叠山可比肩，异代惟恭堪等视。
浩然正气塞两间，一歌不啻自铭诛。
古来过客凡几人，荐以香蘋与芳芷。
顽廉懦立薄夫敦，遗风犹励我桑梓。

九月初九日，吕渭英次景毓华大令登高韵：

落木萧萧九月秋，云横海阔眼中收。
想从事榭登高处，忍见江湖日下流。
携道欲谋陶令醉，问天空抱杞人忧。
惠州饱饭归来后，多谢君侯为款留。

十月初十日，吕渭英作《献王筱牧谱兄七十寿》：

七十精神矍铄夸，看空何事足咨嗟。
冲怀时有羲皇想，说理当成仙佛家。
尘世功名成泡影，沧桑时局劫龙蛇。
何如高卧东篱下，笑对凌霜傲骨花。

十月（12月），黄庆澜因处理漏海案不当，激起学生不满，是月辞职，不久改任会稽道尹。鉴于黄庆澜两度呈省恳辞，温州、丽水十六县代表联署致函黄母，祈求她早日来瓯就养，使道尹安心图治。该函由吕渭英领衔，黄群等35人列名，原文如下：

敬启者，哲嗣涵之道尹治瓯三载，深仁厚泽，有口皆碑。近以色养情殷，再三辞职。在道尹孝根天性，原自笃于承欢；而人民身被德施，若顿失其慈母。盖瓯民之依恋道尹，犹道尹之依恋太夫人。其分异，其情同也。

素仰太夫人仁爱为怀，方以锡类推恩期之膝下，用敢以未获请于道尹者，环而请之太夫人。万冀俯鉴群情，贻书劝阻，并许以鱼轩就养，早日来瓯，使道尹安心图治，而十六属之黄童白叟亦得长依萱阴，共诵棠甘，比之莱衣舞彩，其乐事仅及庭阶者，不更大乎？道尹为瓯海父母，则瓯海皆绕膝孙曾，想我太夫人必不忍拂孙曾之请，吝庭帏色笑而薄道路讴思也。专此肃恳，敬叩慈安

永嘉代表吕渭英、王家驹、张成谦、吴益生、杨振炘、林浮沚、吴钟镕、姜周辅

乐清代表钱熊埙

瑞安代表胡调元

平阳代表黄群、刘绍宽、杨畤

泰顺代表刘项萱

玉环代表郭云章

旅瓯代表唐庚

丽水代表陈昂、张凤池

青田代表杜师预、杜持、孙如怡、黄云庆

缙云代表樊光、楼之成

松阳代表叶葆彝、吴朝冕

云和代表魏兰

宣平代表周功崇

遂昌代表毛蒙正、童子贞

龙泉代表叶维周、蔡龄

庆元代表胡德明

景宁代表叶葆祺

宁波代表杨庚身、徐祖煜同谨启(《瓯海观政录》卷八赠言类附,题《瓯海各士绅原函》)

年末,广东地方实业银行营业报告如下:总行及汕头分行溢利,连上届结存余利,共收入毫洋 111050.76 元,除支出各项开销及股本利息毫洋 78123.76 元之外,对比实得纯益金 32926.95 元。照章划出 11%为预备填补损失之公积金,13%为官利不足时之预备公积金,所余净存纯益金 25495.37 元,除照章将奇零之 95.37 元作为特别公积金,遇有银洋价格变动,得以弥补外,余款 25400 元,照上年成案,以 70%为各股东红利,30%为总分行及监理处办事人员酬劳金。民国九年(1920)6 月结算,该上半年纯益,亦 15000 多元。

杨雨农

是年,巽吉山文昌阁,亭庙倾圮,古迹将湮,杨雨农商请吕渭英出资重修。吕渭英欣然应允,并于阁左添筑读书处三间,以纪念自己年轻时就学此处。

是年,瓯海医院(温州医科大学附属第一医院前身)创立,董事长吴钟镕，院长杨玉生。院址在古炉巷，于旧历七月初一日开诊。院誉远播，急待扩展。杨玉生率先捐洋1000元，黄溯初父冠圭先生独捐银4800元，续承各方赞助，共得1.9万余元，在府学巷旧城边(今中山公园西侧)兴建院舍，历时年余，1921年6月落成。黄冠圭复移捐寿仪3700元，购置医院西首楼房，添置设备，温州始有本地人自创的中型西式医院。吴璧华撰缘起，庆澜作记，马公愚书，立碑纪念。

注：马公愚，本名范，初字公驭，后改公禺、公愚，晚号冷翁，因其斋名畊石簃，故又署畊石簃主，永嘉城区(今温州鹿城区)百里坊人。永嘉马氏，自清以来，以诗文、金石、书画传家凡二百年。曾祖昱中(解元出身)、祖父兰生(名元熙)，均工诗文书画。公愚幼承家学，稍长曾师承瑞安孙诒让，究心周鼎秦权、石刻奇字。后与兄孟容就读温州府中学堂。

民国九年(1920)　岁次己未(六十五岁)

十一月十一日(1月1日)，黄庆澜母复温处十六县代表吕文起函：

文起先生史席：

昨展惠函，拜诵之余，莫名惶悚。小儿才疏学浅，滥厕贵乡两载，深恐贻羞陨越，时惕冰渊，幸承诸公指导有方，得以少减罪过，乃蒙逾量，推许小儿何以先当，即有略尽绵薄之处，亦身膺民社者，分内应尽之职，何功德之足言。氏虚度八旬，近来饮食起居，渐露衰象，加以家人生计照料乏人，瓯沪远隔重洋，不能朝发夕至，迫不得已，只好令小儿请假收养，借延垂暮之余生，否则小儿正在壮年，虽乏才能，亦应为社会服务，聊尽天职，下情迫切，诸乞谅之。专此奉复，祇请公安，诸位先生均此致意。归江夏紫阳氏谨复。

十一月(1月)，郑振铎、高觉敷、姜琦、马公愚等创办《新学报》，陆续编辑出版3期，起先在北京后来转到上海印刷，在北京、上海、南京、香港、杭州、厦门、温州等城市发行。永嘉新学会会员中，留学日本的有8人，在北京等高校读书的有21人。而温州人黄溯初、吴璧华、张云雷、吕文起、徐寄庼、潘鉴宗、杨雨农等人，则是新学会的捐助人。

郑振铎

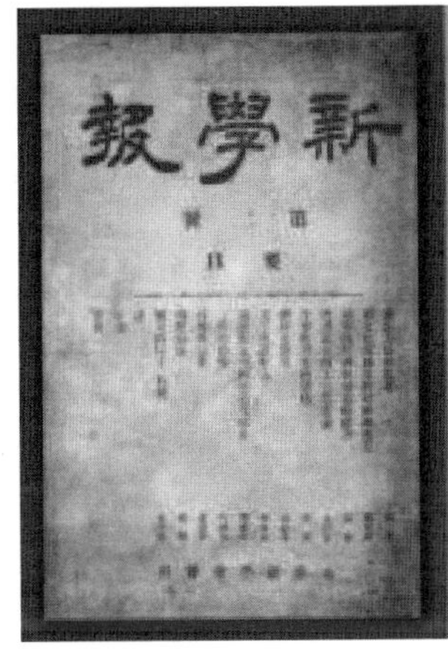

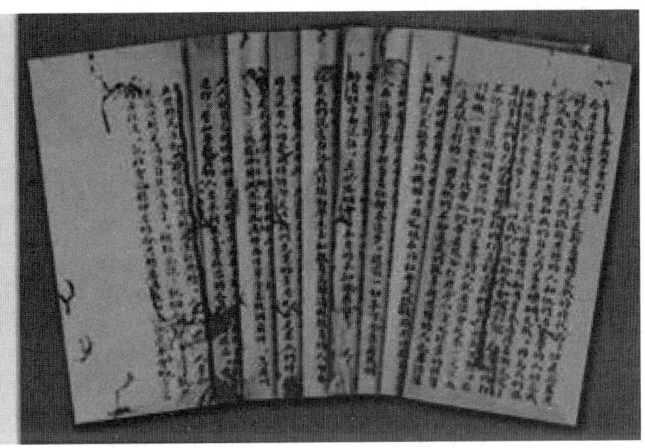

《新学报》

高觉敷

姜琦

马公愚

十一月(1月),吕渭英作《次永嘉令景毓华留别原韵》:

只余湖石厌轻装,廉介真堪作典常。
已布棠阴将万树,忽分宦辙各他方。
栎阳世胄追前史,瓯海诗篇满一囊。
送我东行才两月,离亭回首不能忘。

民国九年(1920)　岁次庚申(六十六岁)

正月十五日(3月5日),晴,上元节。符璋拜访于园,遇一山。

二月十二日(3月31日),广东财政厅杨永泰、地方实业银行吕渭英因广东地方实业银行水灾、留日学费、高师借款,以南海、番禺建筑物及全部财政厅期票担保，以年息12%，为期一年半向台湾银行借款150000日元，实收额80000港元。

二月廿三日（4月11日），阴雨。符璋又于园内取来《说文解字》四册，《段注》十六册，《六书蒙求》二册，以姬君嘱编纂字书也。

三月初四日，吕渭英于广州为沈栎叟先生作寿，并作七秩二十二韵：

岭南暄和春昼长，绮筵四座春风香。
申年辰月庚戌日，我向栎叟斟一觞。
一觞芳醪宁足醉，长歌起寿公健康。
平生宦游多阴德，忝附交谊知之详。
汝南沈国溯世系，以邑为名宜炽昌。
会稽从来富人物，栎叟当代破天荒。
经史博通若元吉，操度清约如时旸。
槃才三语初作掾，佐治绩已超龚黄。
积资洊升膺豸绣，世事变幻值仓皇。
退居闭门耽著作，何来征辟腾荐章。
臂如神物难久秘，宝剑在匣森光芒。
读公六十自寿序，以栎为号同蒙庄。
历书少小遭离乱，人间荼蘖俱备尝。
天教壮年婴瘊疾，成就晁错口智囊。
廿载两弟与一子，腾达宿愿差能偿。
中年足迹遍天下，名宦逮事岑周张。
当时德刑自兼用，郗超入幕名勋勷。
递嬗之局何所恃，恃勤与忍以为常。
我闻斯诏铭座右，两字可宝逾圭璋。
昔贤上寿操左券，为有恭敬能自强。
宜公令届古稀岁，犹健饮啖勤趋跄。
年年但愿逢此日，幅诗稠叠悬华堂。

三月十五日（5月3日），礼拜一，晴。张震轩同宗侠至伯兰院邀七妹母女及弟媳陈氏、阿兰等至吕家花园游览。

三月十八日（5月6日），礼拜四，晴。昨宵雨甚，本早忽霁，天气亦非常温暖。张震轩本日吊德昌叶仲诜亲翁丧。祭毕开宴，同席者胡蓉老、林萃庭、吕渭英三弟哑老及某某等。

三月廿六日(5 月 14 日)，鉴于兑换券价涨至八成五，粤行呈请省政府拨款开兑，但省政府当局以财政困难为由没有批准。

春，王毓英作《吕文起观察惠赠铁床一座赋此奉谢》：

宁榻栖身坐未穿，故人情重见生怜。
爰登衽席推恩厚，拟架辘轳入梦旋(梁昭明诗：床上架轱辘)。
铁轨四轮难朽脚(耶律楚材诗：绳穿休脚床)，藤床六尺得安眠。
睡余留有琴书韵，白首交深夜雨联。

吕渭英作《次王隽卿谢送床诗韵》：

管子藜床当膝穿，老犹力学合相怜。
多君清望辽东重，适我浮纵海外旋。
敢说绨袍时念旧，却宜便腹日高眠。
册年异姓为兄弟，听雨秋宵竟渺然。

春，杨雨农在旧宅东首紧靠飞霞洞处，建有新式楼房一幢，额曰“巽园”，东畔有楼，吕渭英为其命名“余绮楼”。

注：杨雨农与吕渭英游杭州城隍山时，议筑此楼。

五月初二日(6 月 17 日)，晴，阴。六钟，一山燕客于园内。夜雨。

六月初十日(7 月 25 日)，广东省政府呈请政务会议准予设立省立广东省银行，另发纸币，维持金融，安定物价，稳定人心，而中国银行广东分行兑换券正在维持之中，受此新券打击，价格狂跌，遂呈请政府维持，使兑换券与广东省银行纸币并行不悖，但是广东分行兑换券无切实可行的维持办法，各征收机关暂时停用。

六月(7 月)，广东省银行成立，8 月下旬广东地方实业银行奉命归并于广东省银行。吕渭英即办理移交，半月事竣，回乡办赈。

注：民国九年(1920)，广东地方实业银行又改组成省立广东省银行。广东地方实业银行虽是地方金融机关但有广东官银钱局应享之权利，行章订明得领用中国银行兑换券借以周转，固无发行纸币之特权，唯开业之后，为利便交收起见，曾印发拾圆、伍拾圆二种凭票，至民国八年(1919)五月，再发出伍圆凭票一种，以便流通，因章程所限，发出无多，共计仅发出四万元，至民国九年(1920)结业之时，未收回凭票约五千元。

六月(7 月)，殷济卸任瓯海道尹，吕渭英特作送殷楫臣道尹解瓯海任序：

古之言治绩者，必首推龚黄。其治民也为民除暴，因民之所利而利之。初未闻别有新奇之政，而民皆安居乐业，奉之若神明，爱之如父母，而吏治卒称第一，无他德足以化之，为政不在多言也。

楫臣先生生长大家，簪缨累世；家学渊源，一束恪正。早岁官中书，文名籍甚，著作已传诵一时，盖本道德发为文章者。秦子质军门、孙幼谷太守与先生同官，与余言之甚详，闻声相思，已二十年于兹矣。

先生篆瓯海尹，余适归自岭南，闻道旁叹息之声，咸啧啧称道尹贤。谓自民国以来，人心浇薄，恃强凌弱，鱼肉善良，伤风败俗之事日甚一日，弁髦法纪习为故常，几乎民不聊生。道尹下车伊始，即以除暴安良为地方有司之责，察吏甚严。一切伤风败俗之事皆禁绝之，而暴徒敛迹，民得义安。惟视事仅六阅月，而瓜期已至，市上惶惶如婴儿之离乳母，殆亦吾侪小人无福能长得此好宰官也。

曩者，闻声相思，以先生本道德发为文章，著作早已传诵一时。今闻我父志之言，先生之造福我邦，则又本道德见诸政事，为民除暴，因民之所利而利之，殆所谓古之龚黄治称第一者欤？抠衣晋谒，一见如故，相与谈古今治乱之原，与夫人心世道之忧，慷慨欷歔，志同道合，风雨过从，相见恨晚。然当此神州鼎沸，沧桑历劫之余，京洛旧游半即凋零。先生巍然健存，来篆我邦，余又适从海外归来，得以一亲颜色，是真天假之缘，相见仍未为晚耳！

惟是旆旗待发，琴鹤将移。昔则闻声相思，今则攀辕卧辙。括苍山高，瓯江水长，不足喻此深情也。是为序。

六月廿三日（8月7日）下午，永嘉县新学会会员在十中礼堂召开第二次常年大会，吕渭英推荐吴江冷（孝乾）任编辑。

注：吴江冷，善逢迎，常为吕渭英宴客作陪。

六月廿三日（8月7日），广州总商会函请财厅。官款收入，仍以广东分行大元纸币及毫洋纸币分别核收，17日，奉财厅饬各征收机关，照收兑挟券，以顾全信用，救济金融。中行兑换券价遂得稳定。然而，社会谣言四起，众说纷纭，11月7日，行长贝祖诒致函财厅：中行纯系营业性质，实与政治无关，创设之初，立法未暂，业务几致败坏，嗣由股东觉悟，进发起组织董事会，自此中行一切事务，皆直接受董事会之监督，而非隶于政府，此中行之组织法也，况查广行只有债务而无债权，盖债权亦为在本省政府，查前省长向总行订借三百万元，又收回滥币案，除拨大借款一百万镑外，由广行垫付一百五十余万，自后陆续挪用近百十万，皆在董事会未成立以前，至今连息计算，共在七百余万，此则广行之债权也，至于债务，查广行发行大洋券二百余万，毫券三百余万，因准备尽为本省移用，是以应由本省政府维持。故一以本省政府积欠行款甚巨，非筹款扳拨还开兑，必设法力任维持……

七月初七日(8月20日)，广东政务会议咨内政部请将广东督军据广东地方实业银行行长吕渭英请奖李硕襄等勋章一案核议见复文：

军政府咨第五百一十七号

为咨行事，现准广东莫督军歌日代电开，现据广东地方实业银行行长吕渭英呈称：窃西南护法以粤东为根据地，军政府成立以来，举凡驻粤各军饷需、两院议员薪俸以及各机关经费无不给于粤东一省，是本省在护法时代对于财政上一切擘画，异常繁重，本行隶在辖下经办各处款项或筹备或分头汇划手续亦极烦琐，本行人员对于此事皆能悉心计计划、勤慎从事。两年以来，毫无贻误，且本行系官银局改组，清理旧账，厘订新章，各行员亦多参与其间，时值军兴，风声鹤唳，省垣纷纷迁徙，各行员始终并无一人敢离职守，实属可嘉。我督军总持政纲，凡护法在事人员有功必录，本行人员似在应邀奖叙之列，行长、副行长不敢壅于上，闻兹择其最得力者尔员，一为汕头分行长李硕襄，一为本行总务科长黄颂端理合，取具履历备文呈请督军察核俯赐，咨请军政府奖给五等嘉禾勋章用酬劳勤，实为公便等情，前来相应将缴到履历转陈钧府察核奖叙，实为公便等因，并陈履历四份，前来经本会议议，次交内政部核议，除抽存履历二份，相应备文连同李硕襄等履历咨请核议见复此咨。

内政部次长代理部务林

计附履历清折二份

中华民国九年八月二十日

七月(8月)，籀园图书馆因隶属于永嘉县，日常经营多受阻碍，王毓英联同吕渭英等温属六县代表呈永嘉县汪知事将图书馆隶属瓯海道，见《案卷移缴道公署接收呈县知事文》：

呈为呈请检点旧温属图书馆一切案卷，移缴道公署接收管辖，以资扩充，仰祈核转事。

窃查旧温属如永、乐、瑞、平、泰、玉六县士绅开议建设图书馆，作为六县公共掌故藏书之处，拟就永嘉城内保安桥依绿园旧址购地建造，当于民国三年八月间由前知事刘据前经理员叶寿桐等六人禀请，径由永嘉县详省转部在案可查。延至去年七月间，始行启馆开阅，先由六邑前经理各员叶寿桐等公举毓英充任馆长，以主其事，迄今年周。一切房舍、图书、器具，并各阅书、阅报及事务诸室，俱备整齐。但所少者，在旧书籍不赀，不得不速拟推广，以为六邑善后之观。迩经召集六邑士绅开会，佥谓“旧温属六邑各境系属瓯海范围，凡关于筹款、征书各事宜，自应归道署管辖”等语，以副名实。为此，据情务请钧署迅准照议，检点旧温属图书馆一切案卷，移缴道公署收管指挥，以便六邑征书等情，除呈请道公署收管外，理合会同在议诸绅连署盖章，具文呈请知事核准检卷转移施行。

谨呈

永嘉县知事汪

王毓英

永嘉士绅吕渭贤

乐清士绅陈策

瑞安士绅池雨时

平阳士绅白文俊

泰顺士绅刘项萱

玉环士绅颜筠

七月(8月)，王毓英联合吕渭英等温属六县代表呈《为移缴案卷呈瓯海道尹文》：

呈为呈请令知永嘉县公署移缴旧温属图书馆一切案卷接收管辖，仰祈鉴核事。叙至务请钧署照议令知永嘉县知事移缴旧温属图书馆一切案卷，收管指挥，以便六邑征书等情。除呈请永嘉县知事移缴案卷外，理合会同在议诸绅连署盖章，具文呈请道尹核准，令县转移收管施行。

谨呈

瓯海道道尹段

旧温属图书馆馆长王毓英

永嘉士绅吕渭贤

乐清士绅陈策

瑞安士绅池雨时

平阳士绅白文俊

泰顺士绅刘项萱

玉环士绅颜筠

是年，吕渭英为籀园图书馆题写楹联：

多少远山近水，环绕西城，问当年别墅谁家，曾在小楼名人画；

安排净几明窗，大开东壁，幸劫后归舟海外，犹留老眼共观书。

七月下旬(9月初)，大风雨连续四昼夜。永嘉西溪下游田舍人畜损失甚大，江边一带灾黎也十室九空，多以草子拌糠作羹而食，惧便多结，死者甚多。八月，吕渭英得知灾情，先在上海四马路振华旅馆办赈，又私人慨助赈米一百袋，并办施粥厂两处，使江边一带得以渡过难关。吕渭英还请求当局发护照到芜湖购运米粮，以济灾民。然免税期限将近，米商迟疑不决，吕渭英知灾民急需，就怂恿他们去运米，他慨然自承“照失效用，余可任交涉之责”。众信之，赴芜购米，不料关税官以免税已过期限，坚持按税放行，商家群赴吕渭英处要求索还押税。1921年，吕渭英就至杭州，经林同庄、潘国纲等人活动将税款部分索回。时杭州同乡会正筹购会馆，吕渭英劝说众商将税金的八成之15000元捐给同乡会，自己又带头捐金千元，以28500元在杭州市原新市场花市路购置巨厦，作为会(馆)所，才使会馆粗具规模。

灾情概况如下：

瑞安：五月淫雨浃旬不休，旱禾淹没，八月飓风迭至，东南北各乡区悉成国泽，秋收无望……九月三日至五日又大风雨成灾。

平阳：九月二日至六日飓风大水，南港、江南、万全三区受灾最巨，岁收大歉。七月二十日至二十四日飓风大水。

八月，吕渭英为陈虬之子陈刚辑《尊生纪要》作序：

昔吾友陈蛰庐孝廉名医也，生平所著书甚多，而于医尤精。蛰庐归后，其犹子刚克绍家学，寝馈医籍，历有年矣，今春乃遴选医书中治疗卒暴之疾者，辑为四卷，颜曰《尊生纪要》。闻之华元化曰人有危病急如风雨，命医不及，须臾不救，观其横夭，实可哀怜。陈君其知此皆欤。夫生人之学不讲久矣，世方役役于名利，不固根本，忘躯狗物，往往而然，一旦婴非常卒暴之变，则彷徨莫措，不得其方，孟浪设施或致殒命。陈君此书共四卷，大纲亦四举，一切暴病卒死、产难、重伤、痼疾、疡科等病，罔不备具。末附《治生辑要》于起居饮食、服饰、器皿以及金、石、珠、玉、虫、鱼、鸟、兽、草、木、花、果之属，凡有关于治生者，择要而录，洵浅而深，微而易见者乎！是书之出，切于日用，尽可家置一编，不时翻阅，留心记忆，以应急变。其裨益实非浅鲜也，爰怂惥付梓，以公同好，故不辞而乐为之序。

民国九年庚申仲秋月，吕渭英文起谨序

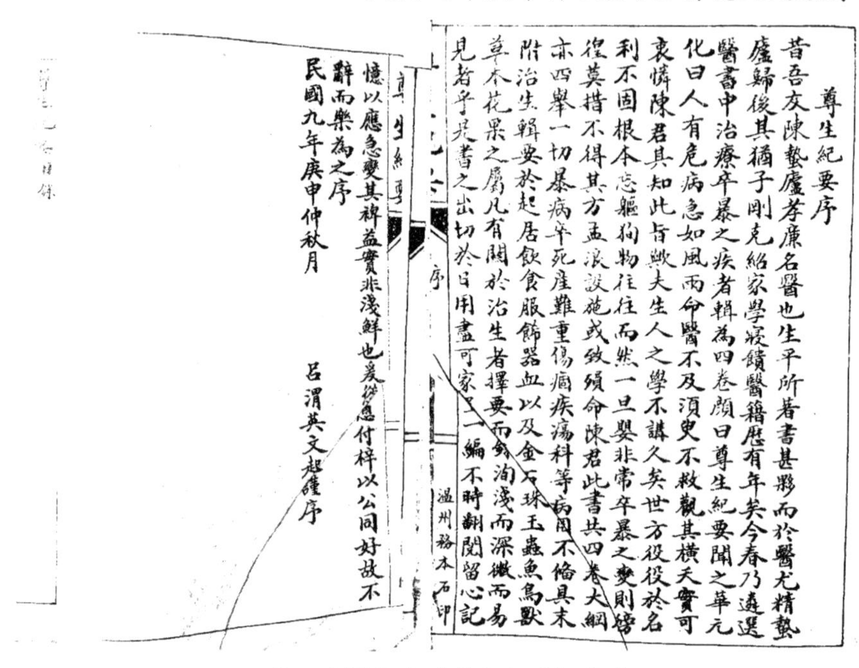
尊生紀要序

昔吾友陳蟄廬孝廉名醫也生平所著書甚夥而於醫尤精蟄廬歸後其猶子剛克紹家學寖饋醫籍歷有年矣今春乃遴選醫書中治療卒暴之疾者輯為四卷顏曰尊生紀要聞之華元化曰人有危病急如風雨命醫不及須臾不救觀其橫夭實可哀憐陳君具知此旨歟夫生人之學不講久矣世方役役於名利不固根本忘軀徇物往往而然一旦嬰非常卒暴之變則徬徨莫措不得其方孟浪設施或致殞命陳君此書共四卷大綱亦四舉一切暴病卒死產難重傷痼疾瘍科等病罔不備具末附治生輯要於起居飲食服飾器皿以及金石珠玉蟲魚鳥獸草木花果之屬凡有關於治生者擇要而錄洵淺而深微而易見者乎是書之出切於日用盡可家置一編不時翻閱留心記憶以應急變其裨益實非淺鮮也爰慫恿付梓以公同好故不辭而樂為之序

民國九年庚申仲秋月　呂渭英文起謹序

温州務本石印

1920年，吕渭英为《尊生纪要》作序

八月初一日(9月12日)，温州旅沪同乡会，在该会事务所开职员会，由正会长张云雷主席。兹将其议决各事，条列如下：(一)定阳历十一月七号(即阴历二十七日)下午一时，暂假斜桥台州公所开第三届常年大会。(二)推定黄鲁卿、杨毓生等审查本年用账，报告大会。(三)南市红木作工团捐勘该会地基数亩，由杨敬之与之接洽。(四)推定白成道、杨敬之、杨毓生、黄鲁卿、林乐生五人调查近来到沪同乡人数，并催收各会员常年会费。(五)温州会馆基地及篱笆均已完工，即拟克日建造房址，所有温州各业当年认款及各地捐款，责令各干事人分途催缴，尽早落成云云。(《申报》1920年9月13日版)

八月初七日，吕渭英致信刘项萱。原文如下：

赞文仁兄世大人阁下：

顷接手书，备悉起居佳胜为慰！承嘱一节，兹特缮就，文翁一函附奉，望为转递。吕公(吕公望)处不日亦有函去，当为之极力说项。我公材识宏通，当道素所器重，出宰百里，不久当见诸明文也。弟羁系穗垣，趋公棐禄，时事多故，措置较难。现下朱、萨两公业经抵粤，正在办理善

吕渭英致刘项萱书

后，民心为之稍安。弟拟此间部署就绪，遄返沪杭一行，大约登高节后当可把晤雅教也。

肃复只请升安。

弟渭英顿首

注：刘项萱，字赞文，号凤轩，温州泰顺人，原籍福建，清光绪年间任温处学务分处管理部主任，民国时期代理乐清县知事。

瓯海医院全景

瓯海医院病房及其门诊室

瓯海医院病舍

瓯海医院古庐巷院址

瓯海医院药局

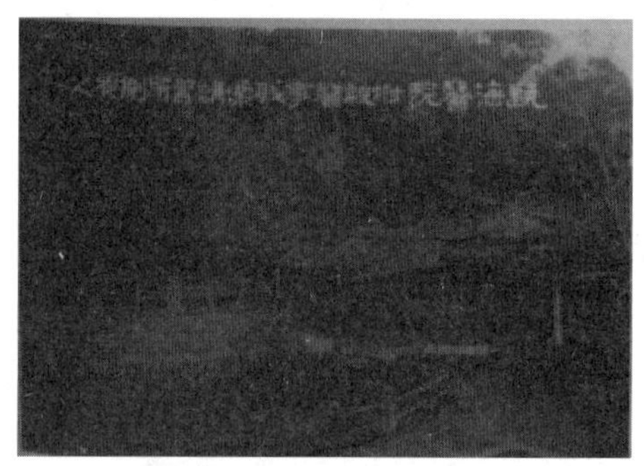
瓯海医院医事职业讲习所

八月，吕渭英当选瓯海医院董事，商请黄颂英将府学巷旧宅院让给瓯海医院用于扩建，收取薄酬，供颂英兄弟另行赁屋居住。

瓯海医院正门

注：黄颂英（1855—1964），号中允，字仲英，生于温州市区东山下潭（今积谷山旁），前清举人之家，从小喜爱武艺，习成一身武功。20岁入日本品川体操学校学习，参加光复会、同盟会。武昌起义时组织温州义勇军，曾任民团总团长。后参加北伐，并经二次革命及云南起义反袁之役。1917年在孙中山广州元帅府任练兵处主任副官，后在地方军政警界任职。新中国成立后任民革温州市委委员，撰写回忆录，追记辛亥革命光复史料。1961年全国政协授予“辛亥革命老人”

称号。

八月廿六日，阴，两日天气渐凉。符璋闻吕渭英办浙赈，已来沪，住四马路振华旅馆。

八月，江边一带灾民全赖吕渭英慨助赈米一百袋渡过难关。吕渭英还请求当局发护照到芜湖购运米粮，以济灾民。然免税期限将近，米商迟疑不决，吕渭英知灾民急需，就怂恿他们去运米，他慨然自承“照失效用，余可任交涉之责”。众信之，赴芜购米，不料关税官以免税已过期限，坚持按税放行，商家群赴吕渭英处要求索还押税。1921 年，吕渭英就至杭州，经林同庄、潘国纲等人活动将税款部分索回。时杭州同乡会正筹购会馆，吕渭英劝说众商将税金的八成之 15000 元捐给同乡会，自己又带头捐金千元，以 28500 元在杭州市原新市场花市路购置巨厦，作为会(馆)所，才使会馆粗具规模。

王毓英七十岁感怀：“灾黎十室九家空，茹草食糠腹不充(现永强沿海一带半以草子拌糠作羹而食，不敢多饱者，惧便结多死也)。赈发齐棠劳搏虎(屡禀县署请赈)，图陈郑侠泣哀鸿。(余裹草糠数包，一呈王知事，一呈冯神父。)痌瘝时抱流民憾(流民约数百余人)，饥馑难忘世路穷(沿海田园俱湮无收)。煮粥疗饥殚手足，故人慨惠米双弓(偕弟冰忱办粥厂二处，以活江边一带灾黎，全赖吕文起观察慨助赈米一百袋)。”

九月，吕渭英返里，享林下优游之适。先是，谱主季弟访溪先生于屋之西偏筑有园亭。吕渭英归，拓而颜之曰于园，取自袁枚以寓友于之爱焉。

秋，旧称膺符镇的地区[包括梧埏以东的旧永嘉县江南地区(以西则为会昌镇)，永嘉县的江南除永强镇外就只此镇]的蒲州地区八湫淤塞，自瑞安帆游至会昌的水都由这里汇集入瓯江，常常发生大水，淹没人畜田园，造成严重灾害。据统计，这一镇的水利关系农田 24 万亩之多。是时，蒲州当地的绅士叶荣[①]等呈请县转请省批准，在田粮中带征水利经费。举行蒲州卖茶庄、茅竹岭茅川埭修筑工程投标，结果是 16000 元中标。吕文起等人批绅士得知此事，认为得标人不可靠，材料不好。最后，由县参事会出面，在参事会内，成立“三镇水利会”，由吕文起任正会长，叶次萼[②]、姜桐轩任副会长，三镇士绅 24 人任评议员，招牌挂在县参事会，实际在吕文起家中办事。初由水利会请准省方同意于三镇地丁税每两(十来亩田)带征水利费鹰洋(墨西哥银圆，成色比袁大头还好)四角五分，带征三年；后又从其他方面，如柑税值百抽二，筹集到的钱有 6 万～10 万银圆。开始重新处理投标事宜。投标由仙岩的阿文老司中标，标价是 4 万元，比第一次中的标增加了 24000 银圆之多。后来，吕文起有意拟投资兴办自来水（福州清末即有自来水），特邀请德国工程师到温溪勘测，做过建厂可行性研究，后因工程浩大，利润有限遂作罢。

注：

①叶荣，号西园，清末廪生，不过为人较正直，在蒲州有一些威望。但吕文起是温州当时诸绅中地位最高的首领，清末曾做过福州知府，民国初一度曾将发表福建财政厅厅长（因北洋政府铨选局局长兼代国务院秘书长郭则沄与他有隙，未成事实）。他在温州资望最高，又有一定官场经验与政治手腕，地方官自然都买他的账。

②叶次蕚，名景辉，叶芸生之子，是浙江私立法政专科学堂毕业生，曾由北洋政府考选县长，分发安徽，因为安徽督军倪嗣冲不买账，回乡，在家做绅士。此人也颇有手腕，号称“小文起”。

九月初六日（10 月 17 日），慎社在南门外飞霞洞举行第二次雅集。吕渭英适时自广州省银行卸去行长职归来，经王毓英介绍加入慎社，此次连同吕渭英，新增社友 34 人，外加原有社友合计 73 人。嗣后吕渭英应众人之请，为此次集合之作品作叙，叙言正文如下：

> 韩文公曰：“文章之作，恒发于羁旅草野。”王荆公曰：“所谓文者务为补于世而已矣。”顾亭林先生亦云：“救民以事，此达而在上者之责也；救民以言，此穷而在下者之责也。”然则立言而负救世之责者属在下之君子乎！
>
> 吾乡古多积学能文之贤，叶水心、陈止斋、黄宗豫、张茂恭、王梅溪、项东瓯、何无咎诸先生，其少壮讲求文学，与其老年著述，而垂之奕祀者，无一非见道之言，隐有以救一时之弊。今者诸君子创立慎社，订社约，刊文录、诗录、词录，各出其所得，相与磨冶，能以举世不为之业，独身为之，且与众共为之。得勿以立言应负救世之责，为在下者所不得辞者乎！以此号召，宜其声应气求者之伙也。
>
> 社约所谓不涉政治者，则慎之至矣。牛李之倾轧，洛蜀之斗争，几社复社之党狱，举不足生于文字之中，而又不限地域，不论男女。扩其范围，不斤斤于吾乡邑间。则采取之宏，集益之广，将由第二集而达于十百千万，续出之多，汗牛充栋，此其权舆也。
>
> 渭英年力就衰，何敢侈语文字，唯私心所向往者，不在乎酬应赠答

之工速，而在乎明体达用之讲求；不在乎词语章句之雕镌，而于乎考献征文之撰著。举凡忠孝廉节其事足以表扬而为后世师法者，旁搜曲证，详为记载，托诸咏歌。异日輶轩下采，则其人之言行具在，当有补志乘之所未详，庶使吾人平生所竭虑殚精者，不贻夫玩物丧志之讥，而又可为世道人心之助。循读诸作，因抒夙臆。诸君子倘以予言为然欤？

九月廿四日（11 月 4 日），晴。吕渭英来符璋家谈，云即日赴粤。

九月廿五日（11 月 5 日），晴。符璋成五律四首，送吕渭英。

九月廿八日（11 月 8 日），温州旅沪同乡会于是日下午一时，假斜桥台州公所开第三届常年大会，到者甚多。首由徐寄庼报告一切，嗣即投票，改选正副会长。计正会长张云雷，副会长徐寄庼、林楚雄；基金监黄敏之；文牍主任谢侠逊；会计主任曹序卿；名誉会董吕文起、黄溯初、潘鉴宗、吴璧华、姜少泉、项薇臣、黄述西、林鹤溪、杨雨农、陈百川、朱寿卿等；干事沈兹澄、林炎夫、陈干夫、孙秀峰、金蓂阶、杨毓生、蔡士达、孟筱鹤、白成道、黄鲁頎、周守良、黄子瑜、李础群、杨敬之、董卧冰、谷泽夫、张桂卿、王惠川、胡岩银、林鸿泉、徐岩福、杨蕴山、郑守谦、林乐生、李蓉川等；调查及交际员吴松龄、刘敬亭、陈成坤、黄公任、陈杏人、林陈叶、林玉书、邵岩森、张宗德、王岩祥、章祥媄、余金顺、杨岩祥、陈三媄、丁益峰、郑志卿、邵淑源、冯月臣、余文初、方有仁、叶善臣、陈伯钧、李立三、林济川、陈楚玉等。随即全体摄影，摇铃散会。（《申报》1920 年 11 月 9 日第 11 版）

冬，王毓英作《于园菊迟盛开招饮因赋四绝以酬》：

春来红紫斗芳枝，富贵荣华转瞬时。独有陶公归去早，于园篱下未嫌迟。

谁家种菊后开妍（后松台各菊而开，故云），序乐园中别有天。招饮飞觞风雅集，弄花醉酒小神仙。

霜深花傲见精神，有酒无诗俗了人（成句）。满座高吟多健者，捧心似我丑添颦。

生多傲骨不投时，冷淡场中遇故知。贶我花枝成晚节，图书掩映有余姿（赠菊四樽，供在书楼）。

王毓英作《次韵访溪于园赏菊一律》：

数世交游肝胆披，投桃报李愧先施。君豪北海开樽惯，我爱东篱晚节奇。花过重阳迟有意，香催远道待来辞（时文翁客杭未归）。于园行乐宜兄弟，就菊归倾棣萼卮（翁来菊未全残）。

是年，吕渭英作《张丹庭六十寿言》：

平世尚文治，戡乱资武功。
统兵二十载，戈马占英雄。
权奇固可喜，矫健谁能同。
君为我挚友，名满浙之东。
秋来遇淞水，语笑钟声洪。
豪气如夙昔，不复却貔熊。
骑驴隐湖上，知足不辱躬。
余庆绵孙子，兰桂成芳丛。
已未建丑月，揽揆沿古风。
问年方周甲，寿算祝华嵩。
桑梓有雅谊，作诗附邮筒。
一觞为我晋，遥想酬颜红。

冬，广东省银行程天斗在清查广东地方实业银行的报告中说：

……资产金额170余万。嗣后财厅暨电话局迭次提去现金130余万。虽政府后来陆续增加资本，惟代政府负还之数，亦属匪少……所有债权，表面上约有80万元，惟内房产一项，估价虽值25万元，而其实可变卖亦不值5万余；皮革公司积欠之22万元，及各存放各银号之47000元，均有往来比对，尽属虚数，而其实可收回之款，只有抵押品之定期放款21万余元，往来透支10万元，暂记放款7万元而已，总计应有债权，约38万元。……又查该行所负之债务，计有87万余元。……除可以设收或可抵销各数不计外，总计该行应付克须偿还之债务，将达30万元。……今举其不可挽救之要点，及应收束之理由，厥有五端：如存短于欠，收支不偿，按诸商律应倒盆，一也；积习已深，信用损失，经济不能活动，营业难其振作，二也；假如政府如欲顾存该行信用，极力维持，充足资本，继续营业，原无不可，惟广东省银行正在筹划复业，资本尤赖某中，且现在国库奇绌，政府力量恐难统筹兼顾，三也；广东省银行有发行纸币特权，尚易吸收现象，周转营业，该行信用薄弱，省行亦蒙影响，四也；省行将来改为政府收入之总机关，则该行几等赘疣，若仍存在，难收实益，徒置冗员，坐糜经费，五也。基如上之理由，则非将实行收束不可。……

存款定期放款(有抵押品者)21万余元

往来透支10万余元

暂记放款(可收还者)7 万余元

现有产品估值 25 万余元

皮革公司债欠 22 万余元

存放各银号 4.7 万元

以上六柱共计约 80 万元(说明)……其实可以收还者只有 38 万余元。

二、欠款

商户定期存款 33 万余元

普遍往来存款 36 万余元

特别零星存款 15 万余元

由内外银行揭入债款 15 万余元

暂时存款 12 万余元

以上五柱共计约 87 万余元。

程天斗

程天斗的调查报告及其中的账目单,表明广东地方实业银行的业务确已濒于崩溃,难以维持。他陈列了关闭该行的 5 点理由,并指出了该行经营失败的原因,如官厅屡次提款等,应该说这还是相当客观的。可以说程天斗的报告还是较为含蓄,不敢过激地指责当时省政府的所为。12 月 11 日,政府令各征收机关自即日起,征收一切粮赋厘税,一律改收毫银或省立广东省银行兑换券,中国银行广东分行兑换券从此一蹶不振。

注:程天斗(1879—1936),广东香山人。1891 年赴檀香山半工半读,后就读于芝加哥大学,获经济学学士衔。毕业后回国,在香港筹组贸兴洋行。1912 年后,历任广东都督府工务司司长、广东省财政厅厅长和广东省银行行长等职。在任广东省银行行长期间,曾发行与广东毫银等价使用的纸币,民间称之为“天斗纸”,从而解决了军政府的财政困难。1922 年陈炯明叛变,包围财政厅,程脱险到香港,从此经营工商业,曾在中山唐家开设炼油厂。到 1936 年,因应邀筹组西南银行不果,被卷入国民党内派系斗争,在香港遇刺身亡。

十一月十五日(12 月 24 日),广东地方实业银行行长吕渭英在整理该行归并后事后,在呈报省财政厅的报告中说:“……广东地方实业银行系由官银钱局改组,渭英接管官银钱局时,库中存款只数百元,人民存款计七十多万，支撑五年。”

注：这里是指从接管官银钱局算起共5年，并不是指从创办该行算起。无米之炊，无日不仰屋兴叹；前官厅又复任意提款，各机关纷纷要筹款。……渭英年近古稀……一再电请辞职，未沐俯准；实亦无人肯接，仍电促渭英回粤维持。……嗣喜省长凯歌入粤，地方安谧，乃欣然而来，未到之先，已奉令改派程天斗查账。……嗣接程天斗公函内开，实行已奉省长命令归省银行收束。……渭英遂将契券部据等件，检齐装箱，于十二月二十三日，派员送到省银行查收。

广东地方实业银行从建立到结束，只不过短短3年时间(1917—1920)。其结束的主要原因是，省政府及各部门任意挪用公款，使该行周转困难，进而产生信用危机，再加上本身无发行纸币的特权，难以担负起作为地方金融机关的重任。

广东地方实业银行虽身为地方金融机构，继承官银钱局的权利，但它本身没有发行货币，而是领用中国银行钞票。它开业后，为了便利交收及其他业务往来，曾经发出过5元、10元、50元3种凭票，共计4万多元，但毕竟数目不多。该行结束后，典收回该凭票3.5万元，即收回了大部分。

广东地方实业银行短短的3年历史，从侧面反映了当时广东省政局之混乱和官吏腐败无能的情况。1917—1922年，正是桂系军阀岑春煊、陆荣廷统治广东的时期。他们对广东人民实行残酷的政治压迫和经济掠夺，军费比龙济光统治时期又大大增加。1916、1917年度军费支出1.371万元。1918、1919年度2.725万元。为了应付庞大的军费支出，桂系军阀千方百计搜刮广大人民的财产。

民国十年(1921)　岁次庚申(六十六岁)

十一月廿六日(1月4日)，温州旅沪同乡会定期开会。温州旅沪同乡会致各干事员云：“敬启者：兹定于一月九日午后二时，在本会事务所开第三届第一次干事会。届时务乞惠临勿迟，为荷。计会提议事件如下：(1)推荐名誉会董；(2)林炎夫、黄敏之等报告温属筹办赈务经过之事实；(3)黄子瑜等报告办理崇明同乡被蔡某枪毙之经过；(4)临时提议事件。”(《申报》1921年1月4日第11版)

十二月初一日(1月9日)下午，温州同乡会在事务所开第三届第一次职员会，由正会长张云雷主席，谢侠逊记录。议决各事如下：推定吕文起等数十人为名誉会董。(《申报》1921年1月11日第11版)

民国十年(1921)　岁次辛酉(六十七岁)

春,吕渭英作和永嘉知事汪楚生(安徽休宁人)《瓯江骊唱集》:

霖雨苍生一出山,长留功德在人间。

今朝两袖清风外,犹有轻装载石还。

春,王毓英作《辛酉春喜文起观察自粤归里》:

游宦三十年,作客发渐白。垂老叹栖栖,发白犹作客。而今羽倦飞,归来谢劳役。从此得安居,于园足自适。丝竹东山地,诗酒陶公宅。吾辈俱已老,谈心永朝夕。行乐须及时,人寿鲜满百。环顾芝兰树,孙枝蔚林隙。发育赖滋培,沛以诗书泽。燕翼大贻谋,传家此上策。

吕渭英和王俊卿(毓英)《辛酉春喜文起观察自粤归里》:

孤舟海外归,相见惊头白。浩劫几沧桑,光阴亦过客。忆昔少年时,同为智虑役。九万志扶摇,斥鷃笑奚适。牧民二十年,所愧无寸泽。八闽百粤间,踪迹无暇隙。倦鸟今知还,九曲有安宅。游泳一叶轻,登临双杖策。故人时过从,斗酒乐晨夕。

春,王毓英作《题赠潘君志雅种菊于园五古一则》:

栽竹免人俗,种菊属志雅。人俗不可医,志雅盖亦寡。名流多题咏(瑞之名儒争赠以诗),誉溢东篱下。昔充陈冈仆,今佣于园工。劬勤殚朝夕,泉引阿对僮。春花虽多丽,秋菊有佳色(成句)。色佳为谁妍,灌溉园丁力。花开晚节香,淡雅亦高沾。尔为隐逸品,俗眼焉能识?君不见三径慨荒凉,孤芳别有姿。岁寒见松柏,世乱叹陵夷。民主秋容瘦,公仆肥其私。沧桑劫何极,草木幸无知。菊似忘忧者,开落只随时。吾亦灌园人,供职籀公祠。抱瓮历三载,愿学老圃师。

吕渭英归里游雪山所作诗文:

归里游雪山

为访旧游到雪山,摩崖字认石痕斑。

回头十五年前事,出岫云随倦鸟还。

平生最羡白香山,致仕年华鬓未斑。

次韵郑坎园赏雪

披裘赏雪倚栏杆,有酒盈樽夜不寒。

玉宇琼楼真个好,卷帘并入月明看。

和林浮沚《雪山赏雪》原韵

霏霏雨雪望成堆,草草劳人海上来。

何似淡怀此浮址，相携裾屐雪山隈。

梅冷生

二月（3 月），慎社在江心屿举行第三次雅集，又增社友 14 人，合前共 87 人。14 位新社友中，有瓯海道尹林鹍翔（铁尊）。林工于填词，是词学大家朱彊村大弟子，著有《半樱词》。梅冷生等十余人欲向林学词，向林建议再创一个词社，林即同意，以当时漏海米之罚款为经费，将积谷山下东山书院重修，并在山腰添造一间楼房作为"永嘉词人祠堂"。仿照杭州西溪两浙词人祠堂形式，立有永嘉历代游宦、寓贤、方外、闺阁等词人的木主，还布置了许多对联。

此次雅集后，王毓英作《次韵录赠文起玉山两老友暨同席诸公（文翁办米请赈，活人不少）》：

海外归来话夙因，珠江游倦息征尘。阳春有脚春常在，活得枌榆亿万人（文起办米并请赈，活人不少）。

旧游如昨话来因，倚杖苍山踏软尘。霜鬓催人人自老，今年我亦古稀人。北海樽垒聚旧因，一宵诗酒话前尘。劝君努力加餐饭，同是香山白发人。

注：梅冷生（1895—1976），名雨清，字冷生，以字行，永嘉城区（今温州鹿城区）人。民国初年毕业于浙江法政专科学堂。博学，善诗文。

民国十年（1921），《慎社》第四辑出版后即停止活动。瓯社成立后曾出版《瓯社词钞》，共两辑。林鹍翔离任后，继任道尹沈志坚、张宗祥都曾举行过春秋两次祠堂公祭。1927 年废除道制，瓯社也随之告终。现仅留符璋所作《永嘉词人祠堂碑记》一方。

三月初九日（4 月 16 日），礼拜六，阴，旋雨，至午刻始靖。下午张震轩赴籀园图书馆访王君隽卿。是时在坐者，有王君戴山、徐生宏泽，相与茗谈一切。戴山言："此次吕渭英自粤回里，又无多积储，而家内兄弟如访溪等又每年挥霍不下万余金，实无暇在家安享，故近日只得又赴外谋事也。"

三月十八日（4 月 25 日），台温同乡电催速办工赈：

杭州卢督军、沈省长钧鉴："皓电计达，台温两属，哀鸿嗷嗷，有赤贫无所得食者，有全家服毒自尽者，倒悬待解，命在须臾，函电飞驰，情词迫切,察度情形,实属无可再缓,务求查明成议,从最重灾区,迅速兴工,以慰喁望,无任激切待命之至。台属章棂、林丙修、陶祝华、姚桐豫、徐乐尧、张连胜、叶颂贤,温属张烈、徐陈冕、许巢、王福巾等叩。漾。"又电杭州喻志韶、吕文起两君,代向当道催办工赈:(上文与致督军省长电略同)务乞一致主持,催促就绪,盼复。台属章程等,温属张烈等。(《申报》民国十年4月25日第11版)

四月初六日(5月13日),浙江教育厅厅长夏敬观咨瓯海道尹奉省令,永嘉吕渭英等请将温属图书馆改隶道署管辖,应准照办由浙江教育厅为咨行事案奉省长公署指令。据永嘉吕渭英等呈:

温属图书馆由县管辖诸多不便,请改隶道署,由内开呈悉,该图书馆既系旧温属各县联合设立,应准改由瓯海道署管辖,以利进行。仰教育厅查照转饬遵办可也,此令等因奉此,并据吕渭英等呈同前,由到厅除指令外,奉命前因,相应抄录,原呈备文咨请贵道尹,查照转饬遵办此咨。

瓯海道道尹

计抄件

具呈旧温属士绅吕渭英、张侯佐、池雨时、王宗尧、刘项萱、叶衡等

呈为温属图书馆由县管辖诸多不便,拟恳改隶瓯海道署,以副名实,而利推行事,窃旧温属图书馆自民国三年,就永嘉县城保安桥依绿园故址,购地建置,一切情形经由所在地地方官,据六属士绅禀陈详省达部,各在案前,以道尹公署尚未设立,故该图书馆暂归所在地地方官永嘉县知事公署管辖,本系一时权宜之计。查该图书馆当时建筑费款由六属士绅募集,常年经费系六属戏捐项下拨充一千元,完全为六属公有教育机关,民国八年夏六邑士绅集议公举永嘉明经王毓英充任该馆馆长,主持馆务,款少人勤,力尽义务,仅仅二年广置图籍,厘定规则,秩序整然,每日投阅书报人数络绎不绝,能更扩充,推广于公共教育实有莫大之裨益,属县如乐、瑞、平、泰、玉五邑藏书家甚多,月前瑞安黄故侍读家出书一万卷业经储藏该馆,供人恣览,如此进行,洵未可量。但该馆本系六属所公共,若专归永嘉一邑之管辖,有嫌其名实不称,不愿藏储该馆者亦不少,惟改隶瓯海道尹管辖,则范围较大名实相称,将来如瑞安孙氏、项氏书,平阳杨氏、宗氏书,泰玉周氏、陈氏书无不闻风偕来,数年后推行当更便

利，是主管范围之广狭，实关将来之伸缩，如蒙俞允即讲厅长咨行道署分别遵照，所有旧温属图书馆一切由县管辖事宜拟请改隶道署管辖，缘由是否有当理合六属联名呈请除具呈省长外并请厅长察核批示祇遵谨呈。浙江教育厅厅长夏。

七月，吕渭英与温州护国寺方丈万定和尚及其弟子芝峰及温州杨雨农、吴璧华、汪晨笙、吕守渔等四十八人发起，释净宽等三十七人赞成，成立山家讲舍，旨在昌明佛化，挥扬教观，培植专门弘法人才，其中专修僧人廿四人、居士十人，皆是十五岁以上，三十岁以内者，定于阴历七月廿二日开始试验，廿八日揭晓以定去取。八月初一日正式开学，学制四年八学期，毕业成绩优秀者留在寺内任教，或资送特科，或保送他处留学，或转介绍他处弘法。

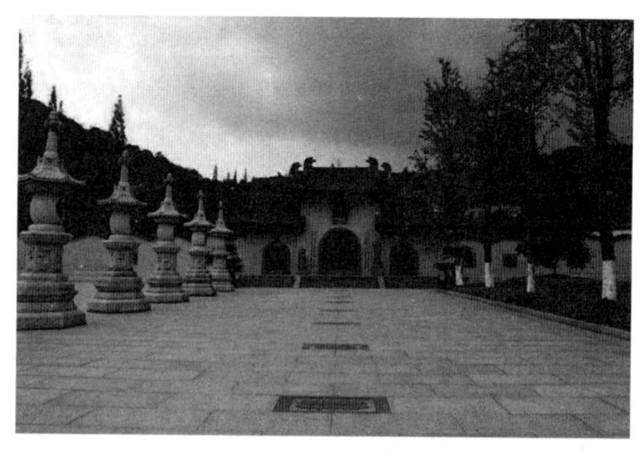

温州护国寺

山家讲舍有学僧三十余名。受太虚大师改革佛教思想的影响，该讲舍以“倡导新学，改革佛教”为办学宗旨，学员的学习和生活费用由寺庙提供。讲授《唯识法相学》《天台四教仪》《古文观止》等。办学时间历二年，培养了一批初级僧才，其中著名学僧有竺摩和尚，后任美国檀香山中华佛学会导师。

八月初九日，吕渭英读罗东愤俗子王毓英《七十寿辞叙》后，作七古一首柬之：

我读董子《繁露》篇，寿者酬也理固然。
人生修短自有数，予夺辞受非我权。
尧谢舜祝毋乃矫，武受锡龄谁信旃。
君今正届古稀年，鹤算已足逾前贤。
以文为寿本非古，跻堂晋酒风诗传。
世人好作吉祥语，冈陵松柏词骈阗。
论交屈指四十载，追忆前事如云烟。
我宁随俗作颂祷，生世定与登大年。
此身既非金石质，况有万虑来熬煎。

不立岩墙为正命，自解械缚全其天。

遂令六凿忽透通，洞彻来往无俗牵。

尽心养性有至理，儒道极处通乎禅。

读君不用知许事，相视一笑同华颠。

八月初八日（9月9日），浙江省宪法正式颁行，其目的在自治，其主张在自决。彼时吕渭英也列名浙江省议员之一席。

九月初五日（10月5日），省长沈金鉴依据中央命令，举办第三届省议会选举并常年会，选举沈钧业为议长，杜棣华、祝绍箕为副议长，会期内复议决《浙江省制宪组织法》，其草案用红、黄、白三色，总投票之票纸亦然，称"三色宪法"；并将上届议决公布之省宪法废止。至十二年任期届满，由临时会决定延长会期，历年均开常会及临时会，直至十五年底始结束。

九月十九日（10月19日），温州同乡会开会纪：

温州同乡会开会，议决事件如下：(1)曹序卿、林炎夫、谢侠逊、蔡迈冲等报告会章业已修正；(2)吕文起报告温州会馆存款，计有规银八千五百两，即经全体表决，温属会馆限阴历年内建筑完工，以便来开常年大会，不必再借别处云云。刻已克日雇工沽筑，以期早观落成云。（《申报》1921年10月20日第15版）

九月十七日，张震轩记函寄杨志林，又为塘下造桥事赴永嘉商会与吕君访溪饮酒。

注：九月十七日，礼拜一，晴。午刻张震轩出外赴仓后岑璧如家，与之同到永嘉商会访吕访溪先生。盖是日塘西旺老司为造桥事尚缺经费，特设酒一席，请张震轩等同吕君杯酒闲叙，乞其代募郡中商捐。先后到者为秦君友文、岑君晴溪、朱君竺峰、潘君志裁。席间听访溪谈上海拆白党事，颇饶趣味，席散已三句钟后，吕君允为代措，遂各告辞出。

九月，乐清冯豹作《和吕文起先生于园原韵》：

东瓯怡园半荒落，继此于园昆季贤。屋傍辟地不数亩，神其点缀季之专。昆素友爱客游至，名园以于乃可传。朝斯夕斯得真趣，对酒赋诗可连篇。客有来自中雁宕，入园季后昆导先。池水曲随山岁萃，石洞空穿路回邅。[illegible]竹交柯松排列，林鸟呼朋花争妍。屋楼高与鹿城埒，举头上窥苍苍天。横飞雁有兄弟义，排空书字笔如椽。于园昆季俄有隔，居者水湄行山巅。形骸远与山川别，精神近惟魂梦旋。推爱四海宏胞与，文王之固有同然。慨我情无兄弟爱，常自闷坐如参禅。今感于园两昆季，可否移园我屋前？宴桃夜叙天伦乐，罚酒诗写玉版笺。于园昆季教我矣，我其猛醒或酣眠。更看于园盛有后，孙儿林立肩擘肩。为之前者后有继，于园自此大无边。顾我自问颇知足，苟有卜筑莺可迁。好园林有山环绕，涧水远受大海怜。立功倘有后一日，福民仓盈囊有钱。国光虽大于园耳，与昆季登仁寿年，何吾老不用白头颠。

十月十四日(11 月 13 日)，晴。张震轩同女婿叶墨山外孙叶正宗至于园吕宅看菊花，约坐点余钟始回。

十一月十七日(12 月 15 日)，农商部训令第一二五三号令江苏实业厅厅长：

案准江苏省长咨称：

商人吕文起等招集股银一万元，在上海县地方设立建新股份有限公司，以制造手帕及各种日用品为营业，具报章程等件，恳予核转注册，据情咨请核办等因。查该公司所报各件大致尚合厅准注册，惟原章第三十六条得提出修改理由，交股东会议决修正之一语，应改为得提出修改理由，依法召集股东会议决，修改呈报农商部查核，附呈商标式样暂准备案，除咨复外，合行填发注册执照一纸，令仰该厅转给具领此令。

中华民国十年十二月十五日

农商总长王乃斌

冬，吕文起为刘溢初作六十寿：

溢初仁兄大人少年负大志，隐于市，地方公益必极力提倡，度余适自岭南归，敬献俚言，由文而武，以时局日非，遂一乡称为善士。今冬六十初以作南山之祝。

双轮乌兔行无停，君曹双鬓宁复青。
喜君强健尚如昔，寿算何止臻颐龄。
忆初年少豪进取，怀铅握椠攻群经。
以书仅记姓名耳，穷年伏案何足凭。
拊膺安用事笔砚，武功思勒燕然铭。
维时骑射冠多士，奇才欲试磨新硎。
无何朝廷废科举，韬晦且自珍霜翎。
发箧日读货殖传，深窥玄秘工平亭。
亿中虽可埒端木，精锐直从惊雷霆。
余事犹能福桑梓，镌碑戴德觇郊垧。

我愧一官勤奔走，输君宴处多康宁。
论交已逾三十载，相对颇谓能忘形。
屈指细数今几余，老友落落如晨星。
百年谈笑亦夙分，寿宇况复斟仙灵。
吉人自为天所相，纯嘏那用资参苓。
开怀莫便说世事，兵事连结难为听。
吾侪宁愿锡难老，但祝四野消特螟。
与世同登仁寿域，瑞草倘与瞻尧蓂。

是年，梅冷生等在积谷山东山书院内谢康乐祠旁添建一座楼房，作为永嘉词人祠堂，同时创立词学团体瓯社，先后刊出《瓯社词钞》两集。

是年，驻沪温属筹赈会会长吕渭英、主任黄廷英呈浙江沈省长文：

驻沪筹赈会呈浙江省长请转咨饬发苏皖各捐文

呈为押缴关银，业已领回。苏皖正附各捐，尚未发还。仰祈分咨苏皖两省转令财政厅查明，照章给发。事窃温属赈米，自本年一月以来均奉护照，前往芜湖采办，唯六月十四日"爱仁"、十八日"公平"、二十三日"惠顿"、二十七日"爱仁"，总计先运赈米六万二千七百三十石。当时因京税务处未曾电令芜关，而运米急赈，势难延缓，按照通例，先将护照送由芜关监督署签过，续向芜关税务司缴纳押税。旋奉京税务处铣电，复准。即经函请芜关税务司发还缴纳押税银两，准芜关税务司伟博德，复开完税米六万石，本税务司令准给还前缴海、常两税银。已函监督，转告来关领款手续矣。希即前往监督署，请其给函赍来领取可也等因，即行派员备函赴芜商准。胡监督给函向关查明赈米六万石，计重八百八十万五千六百三十二斤；具结领还海关押税银，计九千六百八十三两零五分正。又常关计银一千六百五十两正。惟前缴苏捐，计银六千一百六十四两五钱七厘；皖捐计银一万零三百十一两二钱五厘，尚未发还。曾给函询米捐局，去后即准复开查。此项捐款早经汇解省库，若请发还之处未敢擅专，应候财政厅训示，再行遵办。等因遵查此项先运押税赈米六万石，计重八百八十万五千六百三十二斤，所有已缴之关税银两曾奉照数发还具结祗领，而苏皖正附各捐自须查照随同发还，以符原案，而沾实惠。该米捐局复称：此项捐款早经汇解省库，或属实情。为此呈祈察核，准予分咨苏皖省长转令财政厅查照发还。实纫公谊。谨呈浙江省长沈。

是年，吕渭英联同潘君鉴宗、林君同庄、陈君鲸量、周君季纶集议将民国初年吕渭英所创之旅杭温州同乡会重立，吕渭英被推选为名誉会长。

中一花席公司界碑

北平市提倡国货运动委员会给予中一公记凉席奖状

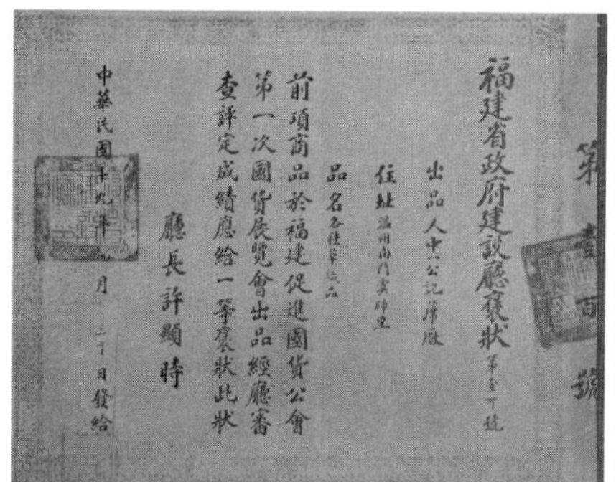

福建省建设厅给中一厂花席奖状

工商部中华国货展览会奖凭

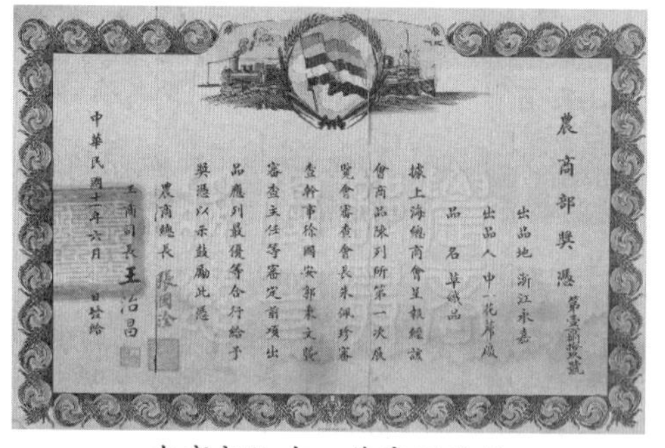

农商部给中一花席厂奖凭

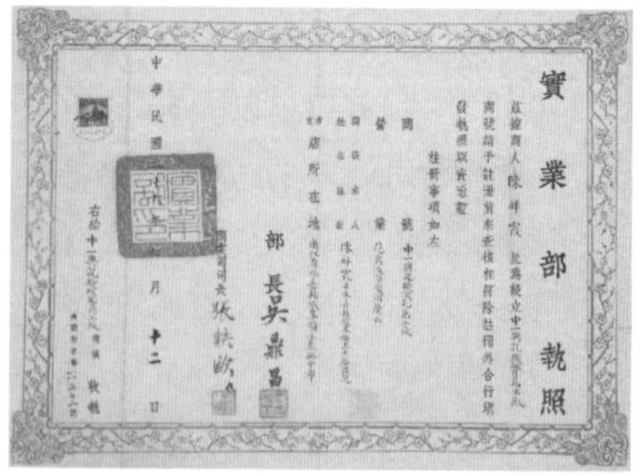

实业部颁发的中一兴记机织花席工厂执照

西湖博覧會獎狀
出品地浙江永嘉
出品人中一公
品名草蓆
前項出品業經本會出品審查委員會審定列入優等合行給予獎狀以示鼓勵此狀
會長張人傑
副會長程振鈞
主席朱家驊
中華民國十九年七月　日

西湖博览会奖状

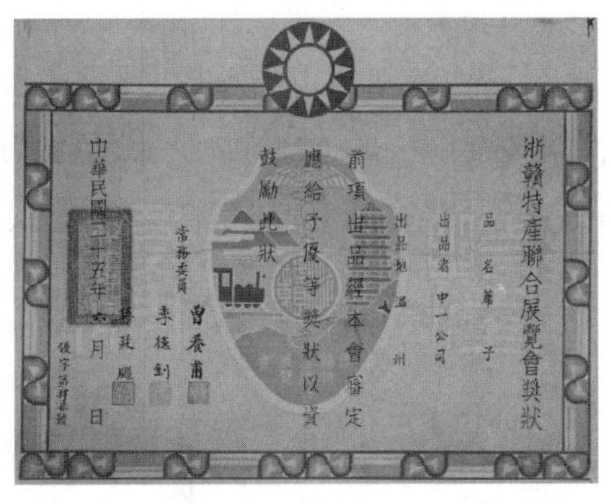
浙贛特產聯合展覽會獎狀
品名蓆子
出品者中一公司
出品地温州
前項出品經本會審定應給予優等獎狀以資鼓勵此狀
常務委員　曾養甫
中華民國二十五年六月　日

浙赣特产联合展览会给中一公司席子奖状

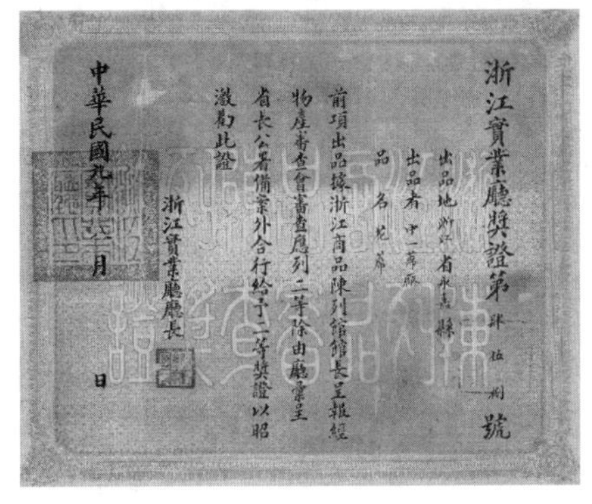
浙江實業廳獎證第　號
出品地浙江省永嘉縣
出品者中一蓆廠
品名花蓆
前項出品據浙江商品陳列館館長呈報經物產審查會審查應列二等除由廳彙呈省長公署備案外合行給予二等獎證以昭激勵此證
浙江實業廳廳長
中華民國九年　月　日

浙江实业厅给中一厂花席奖状

中華國貨維持會會員證書
本會以發揚國貨振興實業為宗旨今承汪兆麟先生介紹貴廠慨允加入本會共策進行合贈證書以資信守
右證書贈
温州中一興記機織花蓆工廠　惠存
中華國貨維持會執行委員會常務委員
介紹人汪兆麟
中華民國二十六年七月二十四日

中华国货维持会会员证书

是年，乘抵制热潮激烈之时，由沈友石、吕文起、何肖承、陈文卿、戴鹤鸣、赵廷瑞诸人发起，将沈挺杰、郑恻尘与诸同志合资所创办于民国七年(1918)的温州中一机织花席厂(席机只有数十部)改组为股份有限公司，招集股本总额，计国币五万元，由发起人如数收足，即就原厂改组，定名中一机织花席厂股份有限公司。设总厂于南门外虞师里，添设第一分厂、第二分厂、第三分厂于城内各处。公司中紧要职员，如总理沈挺杰，协理何肯承，技师郑振中，营业戴云深，董事吕文起、沈友石、陈文卿、戴鹤鸣、赵廷瑞、林湘庵、魏香谷，监察沈伸颐、沈良珪，合全体办事员共六十余人。所开织席机共有六百余部。被雇女工达二千余人。每日出品如花席、三角席、秋席、粗席等，有千余条。其销路之广，与出品及工人之多，可称吾国席业之冠，并可作吾瓯实业界先进之模范。销路则多由上海转销于各处。

民国十一年(1922)　岁次壬戌(六十八岁)

正月初十日(2月6日)，阴。吕渭英与杨雨农设宴西餐，刘绍宽、曹亦藩、蔡耐夫赴招。

正月十三日(2月9日),晴。午刘绍宽以洋一十四元邀吕渭英、吕访溪(吕渭英四弟)、唐伯寅、许乙仙、叶啸夫、张益平、林艺夫、杨志朗、叶晓泉、方鼎如诸位,共宴西餐于鹿城馆,席上议及平阳忠靖王庙募捐事。

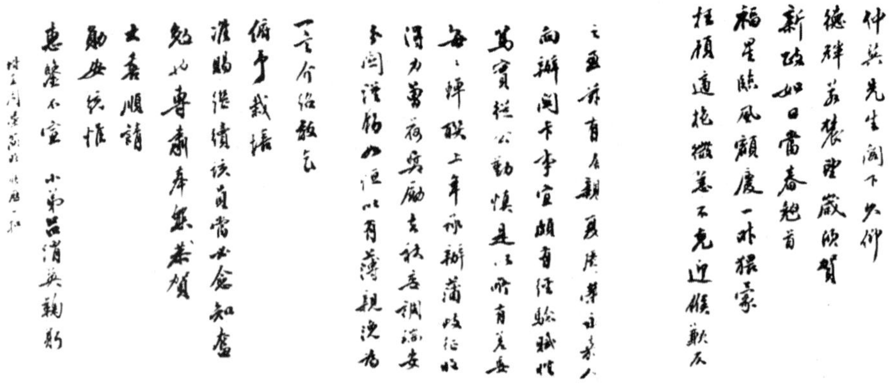

吕渭英致瓯海关监督胡惟贤信札

三月,吕渭英致信瓯海关监督胡惟贤:

仲巽先生阁下:

久仰德辉,节农望岁,欣贺新政,如日当春翘首。福星临夙额庆,一昨猥蒙,枉顾适桅,微恙不克,迎候歉疚之至,兹有□亲夏周荣,永嘉人,向办关卡事宜,颇有经验,赋性笃实,从公勤慎,是以所有差委,每每蝉联,上年承办蒲岐征收得力,曾夜荷奖励,去秋委调瑞安分关,谨饬如恒,以有薄亲,浼为一言介绍敬乞,俯予栽培,准赐继续该员,当必念知奋勉也,专肃奉恳恭贺。

大喜顺请勋安,统惟惠鉴不宣,小弟吕渭英鞠躬。

挂号周荣简明应历一和。

春,吕渭英作《飞霞洞道观联》:

往迹半荒凉,问古洞飞霞,何日仙人骑鹤去;

奇才偏抑郁,听卧树风起,满腔心事托龙吟。

春,吴璧华居士自北京归,遂与吕渭英等于城内双忠祠发起成立莲池海会,并当选理事,入会者多政学界人士,每七日一相聚念佛。吕居士信佛甚笃,起化家庭,次及亲戚眷属,而后成法侣,并常随吴璧华居士到各处演讲,对于弘法之事热心尽力帮助。时人言:"吕居士之夫人已信佛多年,其女公子亦居家念佛,又有亲眷信佛者数人寄居吕家,每日由吕夫人领众课诵,甚为精进。”

三月中下旬（4 月中旬），吕渭英简廖仲恺厅长：

吴璧华

理财大道稽周官，泉布质剂民所欢。
成周以降谁继者，有唐首数刘士安。
君之干济堪比拟，出任艰钜为其难。
伊余亲近为日久，翘首云表瞻凤鸾。
惠阳实为生长地，山川毓秀气郁蟠。
平生抱负已殊众，欲展骥足骞羽翰。
东游扶桑西纽约，故纸岂屑穷研钻。
经济学说有根据，法之利罗英亚母。
共和纪元更国体，粤事倚举宁百端。
君能筦榷有条理，民气渐复功将完。
沧桑变幻非更料，时局纠纷惟长难。
今之君来复相庆，一扫积弊回狂澜。
蠲租薄赋本夙志，施行次第谁敢干。
九十四县颂德政，铭心刻骨镌肺肝。
年逾强仕方未艾，国利民福群相欢。
我斟卮酒以为寿，为时自爱勤加餐。

春，吕渭英作永嘉卧树楼联：

树犹高卧；
我亦归来。

陈子万作《卧树和吕文起》：

薄植犹思支大厦，栋材底事伴闲云。为忧斫小遭庸匠，故作轮囷避斧斤。

飞霞洞卧树楼

五月，由芜湖关监督调任瓯海关监督的胡巽庵，得知华盖山资福寺山门前有左宜右有山房及大观亭常年失修，与吕渭英等人修理资福寺大殿大门左宜右有山房及大观亭，花费计洋六百元。

六月，吕渭英与叶鸿翰等人在华盖山资福寺聚会饮宴。饮半，吕渭英曰："昔王子安滕王阁序云：盛会不常，盛宴难再，兰亭已矣！梓泽邱墟，何其言之，沈痛耶！然此亦恒有事耳。""山林泉石之胜，必仗风雅大吏或名士为点缀亭馆"，再用诗歌进行题咏，"固极一时之乐，然事过境迁，赓续提倡者无人，则不特同志之坠欢难拾，区区亭馆将化为林莽邱墟矣"，这些建筑虽经修缮，但"安保异日之再无浩劫乎？法宜联同志十一人为一社，各出资置产，聊为修治此间常年费"，轮到谁当值就谁做事，这样亭馆就不会寂寞冷清了。

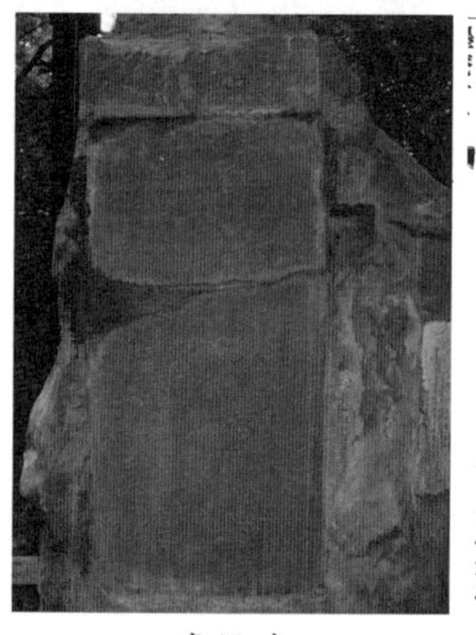

资福碑

華蓋山資福社記

永嘉以山水名而華蓋山號爲最勝容成之丹井鷄搖之清廟在其麓登山以望則紅樹林巒與海色天光相映而孤嶼塔影萬井炊煙若浮動於几席間也壬戌春胡公鼐庵自蕪湖關監督量移甌海甫數月人有以點綴名勝相告者僉稱華蓋山有左宜右有山房不修且壞公爰於[illegible]欄檻之摧折者瓦磚級砌之殘破者丹雘之漫漶者治之則已不廢舊觀不資衆助既竣事公復爲文勒諸壁而約同人賦詩焉越明年六月吾文起先生與同邑葉墨卿等宴於此間酒半慨然曰昔王子安滕王閣序云勝會不常盛筵難再蘭亭已矣梓澤邱墟何其言之沈痛耶然此亦恒有事耳山林泉石之勝必仗風雅大吏或名士爲點綴亭館鼓詩歌以互相欣賞固極一時之樂然事過境遷賡續提倡者無人不特同志之墜歡難拾區區亭館將化爲林莽村墟矣殆吾輩責也且此間去歲七月曾壞於颶風胡監督凡兩次修葺之并大觀亭及石欄楯費白金一千有奇安保異日之再無浩劫乎法宜聯同志爲一社出貲置產爲修治此間常年費輪値者各司其事庶亭館不至落寞矣善後良策無有便於此者墨卿韙其言集貲從事命名資福社以此山一名資福也同志者十一人呂葉以外吳璧華杜志遠林雲龍楊雨農張益平謝烈珊谷伯琴馬孟容馬公愚也議[illegible]既定屬余爲之記

资福碑文

叶鸿翰认可这个建议，便募集资金，由于华盖山另名"资福山"，就命名为"资福社"。社员有 11 个人，分别是吕渭英、杜志远、吴璧华、叶鸿翰、张益平、杨雨农、林云龙、谷伯琴、谢磊明、马孟容、马公愚。全文用篆字书写的碑在温州市是不多见的，此碑的发现是研究当时永嘉（温州）文人交往和谢磊明书法的一份珍贵实物资料。

马孟容

六月，华盖精舍落成，吕渭英和瓯海道尹林鹍翔之和作：

其一

星斗微茫胜境开，洒然方外出尘埃。渡江我亦乘潮到，排闼山加入定来。花雨缤纷仍幻相，楼台歌哭总伧才。九秋肺腑清凉地，自茁灵苗着意培。疏钟一杵渺无俦，萝月松风小唱酬。禅榻不妨招老衲，名山谁许属缁流。尘清别院犀香逗，云泻虚窗雨点收。赢得蟪蛄声十里，茫茫人海悟浮沤。

其二

为报仙桃好好开，华严弹指即楼台。点头石自三生悟，拄笏人从五岳来。犹有立镫分佛火，恐无仙骨负诗才。会心别有留连处，红雨霏霏点绿苔。天空隐约drr风瓯，蒲褐相逢一笑酬。失志有人依佛座，投鞭何事断江流。炎天褦襶曾如许，晚最桑榆似可收。珍重故人尊酒意，山亭常有暮云留。

题资福寺大殿匾联：

夜雨一灯青分照佛光是我少年读书处；

江天尊酒绿来寻山寺使君权作主人翁。

（资福寺左宜右有山房为前清戴涧邻太守所筑，余少时读书其间忽忽五十年矣风霜剥徒存，仲榷使莅瓯捐廉重修不两月而工竣，治酒高会，余亦躬逢其盛，即席撰联以记之。吕渭英）

注：吕渭英：《华盖精舍题襟录》，1922年铅印本。

六月下旬，女子师范毕业生亦聆等数人发起创办女子佛学校，定名崇性女学校，请吕文起夫人为名誉校长，修身科讲授佛学。

不久以后，吕文起作《寿王咏篑母徐太夫人》：

催妆仓卒因夫病，夫病已深可奈何。

刺股告天廿八日，此心如铁矢靡他。

贤劳内政赖修明，孝睦一门出至情。

午夜熊丸亲笃课，克家有子早蜚声。

永嘉女学正开科，绛帐渊源母教多。

垂髫一班新弟子，登堂齐唱九如歌。

七月十三日，大势至菩萨诞，莲池海会吴璧华居士、吕居士文起聚集会众开盛大之庆祝会。吴居士演讲菩萨之历史及《楞严经》念佛圆通章之大意听者甚众，法会教孝深入浅出，讲坛前大受感动。

七月十九日，华盖山资福寺山门前左宜右有山房及大观亭又被飓风破坏。胡巽庵便主持修缮，“桷楹棂槛之摧折者，瓦砖级砌之；残破者，丹雘之；漫漶者，治之则已。不废旧观，不资众助”。先后修葺两次，“并大观亭及石阑楯，费白金一千有奇”。完毕之后，作文刻在墙壁上，约吕渭英等人吟诗作赋，题咏唱和。

七月二十日，由地方建超荐会，请吴居士讲经，吕文起与会。吴居士痛陈杀生之害，听众近三百人，居士鉴于此次惨事，此种营业既伤仁慈，又极危险，因致两浙督军，请以后不再售火药予商民，有需用者以硝代之。大风灾临境，于一片佛号声中顷时止息。是日傍晚风雨大作，入夜更剧，飘瓦倒墙，房屋震动，阖邑之人信佛法者，辄念阿弥陀佛及观世音菩萨名号，至一点钟风雨即渐止息。

七月二十至廿一日（9月11—12日），温州遇大风雨，风灾百余年所仅见。买醋桥边大榕树一株连根拔出，桥石皆裂。府学巷瓯海医院前一株大树被大风拔倒，正压倒张氏如园之寓屋，某公之姨太太被压死。大士门一家夫妇幼子三口，屋倒顿时压死。汉阳轮船在状元桥口惨遭沉没，飞鲸轮船因风停泊江中，忽被风摧锚链断，连埠头浮桥一齐流去……此次风灾，百余年所仅见，即就温郡一隅而论，生命财产损失已不可胜数。（《张棡日记》）

七月中旬，吴居士、吕居士文起等发起灾难祈祷会，定期请阖城各大寺院一例举行，并劝告居民于是日随喜念佛。

八月初三日（9月23日），中国红十字会上海办事处携带药品乘坐招商房飞鲸轮船出发救护温处等区风灾。

唐大圆

周梦由

八月十三日，城绅林艺夫君五十生日，素筵款宾，吕渭英与湖南人唐大圆居士大师及吴璧华、周孟由居士等至其家。吴君每为人说法，必用上海新制梵呗留声机以助兴趣。是日奏留声机，唱香赞佛偈、佛名等。听众肃然，乃起向说法台作礼。

八月十四日，吴璧华、周孟由居士合请齐于周宅，唐大圆居士及卧云、钦汉两法师均在座，又有吕渭英、朱晓崖、徐谷虚诸居士等。吕前任福建道台，与吴君交厚，正信念佛，现为俭德会会长，以崇俭助扬法化。朱自幼茹素，顷从吴君起正信，善画佛像，现为洋广局局长。徐，浏阳人，任永嘉地方检察厅厅长已六年，甚有政声。闻吴君说法，尤敬信，早晚课金刚经及佛号，虽极忙无闲，尝印送安士全书及他佛经。

乐清居士林落成

八月十五日，乐清居士林行落成礼，是日各界到者，地方官方面，如李知事、沈道尹、刘管带、朱警佐等。僧界方面，为浮宽、安方、寂山、静圆、雪玉、荣棠诸法师。来宾方面，为吕文起、吴璧华、周仲诤、陈电飞、陈蔚才、包寿超、徐可楼、徐勤侯、洪淑翰、张次璆、董作如、董屏周、陈笃周、周泽民、朱桂秋诸君。统计是日到场人数，有二万余人，秩序极为整齐。是日各处送到联封极多，沈道尹送“佛光普照”横额一幅，大殿有“万德庄严”四字匾为杭县邵伯纲所书，又乐清居士林横额系武进庄思缄所书，皆笔法苍劲雄厚，极其精美，有“莲华世界”之锻幛一长幅系本邑县参二会所送，他如镜嵌丝绣之“普渡众生”“同登彼岸”小匾额颇多，均美丽耀目，至王梅伯所画之水墨画老僧图、朱晓崖所绘之彩画阿弥陀佛图、洪叔翰之瓷器弥勒像三件，尤为精致，其余上品，亦觉不少。普陀印光老法师所撰乐清净土堂序文一篇，语语真切，读之尤足令人起信。开讲礼式，秩序如下：(一)摇铃入席；(二)大众拈香礼佛；(三)报告开堂讲经大旨；(四)敬睹法师开示；(五)恭请吕文起、吴璧华两居士说法；(六)请地方官暨诸居士讲演；(七)本堂致谢；(八)大众念佛百声；(九)大众起立回向；(十)大众礼佛退席。

八月十七日上午，为莲池会友念佛期，吕渭英至双忠祠，周群铮居士、唐大圆居士、智依皆至。到时已集老幼百余，初两班立击磬香赞，指即同持弥陀经、往生咒毕，起念旋绕，复跏趺念。二时许，回向毕，请唐大圆居士讲演，恐语音隔阂，犹请会友黄性由君翻译。

八月十八日(10月8日)，晴。午后符璋拜谒吕渭英、朱晓崖、章吉士、陈子万、陈叔咸、汪香禅、梅冷生。安徽泾县人翟駷字楚材者来，据云前在外海水警，现在道尹署。夜以《雍正上谕》一册致吕渭英，因其借观也。借林浮沚《永嘉县志》廿八册。

印光法师

八月十九日(10月9日),阴。清晨吕渭英来与符璋谈,云欲推为慎社社长。

八月二十日(10月10日),阴,旋晴。符璋至东山书院,应林、吕渭英、吴、朱四官绅之招,顷之,诸公坌集,作诗钟、嵌字分咏各一次,林、吕渭英两人阅卷。有一僧松月,又号卧云,年五十余,从杭州金山寺来,体胖,口操衢州音,言直,自云有诗廿余卷,在郑苏龛处。见其新作七律一首,平平无可取,诗钟则门外汉也。即寓院,院系今岁新修,颇幽雅,楹联已满,不暇观。吕渭英云现主一俭德会,章程已成,此实对症之良方也。拟词人祠堂联二,又集句一。

八月廿四日,吕渭英复至双忠祠,听唐大圆居士讲演:"题标念佛宜先发菩提心,略说世多口念弥陀,心滋贪痴者,虽堪种远因,难得近效,若欲一生证果,应如梦东禅师所说,真为生死发菩提心,以深信愿持佛名号等,因就反复阐发,约一时许。"

庆福寺

八月廿六日(10月16日),晴,热甚。符璋致吕渭英一函,附仿单,索《俭德会章程》。

八月廿九日(10月19日),晴。符璋撰就《永嘉俭德会颂序》一篇,函致吕文起,并附入会及常年费三角。

八至九月,吴璧华居士与吕渭英等拟联合府各县僧俗同心协力建设大净土堂于温州,并分设净土堂于各县。大净土堂基址已得与建期近,大净土堂地址已定在大南门外,由庆福寺、飞霞洞及杨居士家三处合助,甚为广阔,定于是冬垫平地基。明春兴工建筑。

八至九月,吕渭英修飞霞观。

九月初二日(10月21日),阴。吕渭英回信符璋,交来收条及入会证各一纸。

九月十七日(11月5日),晴。是日为地方纪念日,又为第十师范开第三次运动会日。八点钟会场已一切装置完备,张震轩为招待员主任,因与姜琦校长及同事等坐司令台上眺望。时外校如大同女子学校、女高等学生、女中学学生及十中、师校诸生、模范小学生、龙景庆国民小学生均来参观，颇极一时之盛。来宾如吕渭英、王君鸣卿、杨君效苏、张君次镠均在座。

注：姜琦(1885—1951)，字伯韩，号柏龛，历任温州省立第十师范学校、杭州省立第一师范学校以及上海暨南大学、大夏大学、中央大学、安徽大学文学院、湖北省立教育学院、福建厦门大学、浙江大学、西北联合大学等高校校长、训导长、教授等职，出版有《中国国民道德概论》《现代西洋教育史》等著作20余种。早年还曾参加辛亥革命，是温州同盟会重要组织者。

九月十八日(11月6日)，晴。吕渭英拜访符璋，嘱拟送林道尹诗四首，云即日交接成行。

九月十九日(11月7日)，阴。符璋拟就四律，并自撰一律，分致吕渭英及林二处，吕渭英函内附潘国桢名条，嘱其位置。傍晚吕渭英再拜谒符璋赠润十六元如格，却之未允，并嘱撰沈金鉴送行诗。夜雨一阵。

送沈叔詹省长北上

棠阴难得遍枌榆，风送旃坛香满衢。
五季粗安惟两浙，三年小住占全湖。
潮迴刹岸寻弓弩，马上吴山卷画图。
节度开门居外闻，交欢平勃近来无。
茅屋绥宁杜厦欢，门庭如水剧荒寒。
湖堤名擅香山白，画锦荣逾相国韩。
却异莼鲈思故里，不妨棋局看长安。
临行料有怆惶色，一幅流民绘未完。
车尘杂沓去匆匆，无限胸怀搅辔中。
金尽尚求燕市骏，书来不断上林鸿。
群儿郭假还州望，上相孙宏入阁风。
一语为传乡父老，福星九服待耕檬。
滥竽久下南州榻，岸帻频叨北海樽。
陆贾浪游装易罄，山公添荐启犹存。
云多变幻逢时局，事太迷离断梦痕。
爪印雪泥何处认，却从天际仰龙门。

九月二十日(11月8日)，阴。符璋以沈诗四律函吕，并缴润洋。得回字，云另有办法。

九月廿三日(11 月 11 日),阴寒。吕渭英拜谒符璋,函嘱代和秦子质军门《七十自寿》诗。

九月廿四日(11 月 12 日),阴。和秦诗就,符璋函致吕渭英,并有所商。傍晚符璋得吕渭英答函,云已函致前途。

题画寿秦子质(炳直)军门七十

红梅

仙人绿萼下瑶台,也自丹砂换骨来。
珊树恍疑移海国,霞标忽讶建天台。
隐居素志山中卧,酒态酬颜雪里开。
携得闽中佳种去,知君着意为栽培。

兰

甲子空山浑穆天,水流花放自年年。
乌衣子弟盈阶秀,幽谷宾朋入室贤。
遁世孤高清圣品,托根九畹楚骚篇。
淡交惟我闻香久,每为临风意泐然。

菊花

沧桑世变宦游难,彭泽归来菊未残。
不逐时妆争妩媚,独标晚节耐清寒。
瘦来恰称秋容洁,淡处偏宜老眼看。
待到重阳邀共醉,江流浩渺酒初阑。

松

龙鳞遍体自生成,退老盘根别有情。
霜干独饶冬岭秀,月轮微露夜窗明。
仙姿长享千年寿,凡卉空争一日荣。
却喜楼居伴宏景,听风常作海涛声。

九月廿八日(11 月 16 日),晴。午后符璋拜谒吕渭英,未晤。

九月三十日(11 月 18 日),礼拜六,晴。是日下午张震轩赴吴璧华家邀陈丹赴第二桥下沙帽河吕宅于园内看菊,种类亦多,而开不及萃康鞋店之盛,游玩各风景数刻始回。

九月,籀园藏书楼被飓风拔倒河厅三间以及楼梯、游廊等处。

十月初一日,吕渭英等移莲池海会于九山寺念佛,向念佛期辄放生以为例。此有大放生池,将水族加持后,同送至池边,益洋洋绕濠梁之趣。

十月初五日(11月23日),晴。符璋为买米事致吕渭英一函。

十月初六日(11月24日),晴。符璋得吕渭英答函。夜风起。

十月初八日(11月26日),晴。风厉,寒甚。下午吕渭英处送符璋米两袋,系小南门外沙福大布店所承办者。

20世纪50年代的籀园

十月十五日晚间,吴璧华自家楼上设研究会讲堂,欲请唐大圆居士讲法,以吕渭英等为代表的绅学界集者四五十人。吴君郑重其事,因就唐大圆居士商开讲方法。唐大圆居士笑应曰此可临机随应,似毋容预定。及开讲百法论义,为就憨山提纲,引起信论分一心为生灭真如二门,剖析入微处,复表列黑板上,指画口谈,颇恢恢游刃,逾时休息,唐大圆居士问诸君了解否,皆欣然曰了解,且云黑板所书多精语,请编录讲议,唐大圆居士曰诺。

十月十七日,吕渭英与吴璧华等庆祝弥陀佛诞。夜,吕渭英至吴璧华家宅,唐大圆居士讲法,听众多多,讲室几不能容。

十月廿三日(12月11日),晴。符璋送吕宅挽联。

十月廿三日,唐大圆居士至吕渭英居士家,为其弟访溪君灵前说法,首头陀寺方丈万定和尚演讲,次唐大圆居士及吴居士,至则莲池会友等坐客衣锦相映,无虑二百许人。赵中孚君偕其友超尘师先至,及午后五时,请唐大圆居士开讲。唐大圆居士为略说吾人本未当生,以一念迷缘妄有此身,实无生也,亦未有死,以迷录偶散,妄见为死,实无灭也,然虽如此,以其在迷,如梦为死灭,亦感苦恼,惟佛大觉,能救此苦,是故今借多人念佛之力,回向江君,唤醒彼梦,令其在往生净土,即诸君亦当念念醒悟,莫被此等幻妄生杀所迷,则所谓自利利他,功德不可思议,以听者稍上机,得畅所言,亦不用翻。次吴居士说,学佛皆应发广大心,如世人有贪瞋痴,佛亦有之,其法门无量誓愿学,佛道无上誓愿成,即是其贪,烦恼无尽誓愿断,即是其瞋,又视众生皆事一去,都愿度尽,即是其痴,不过彼贪瞋痴公而广大不如世人之私且小，今诸君若能学佛之大贪大瞋大痴，是即时可转烦恼为菩提，生死为涅槃云云。次吕渭英居士亦有开示。

十月廿六日(12月14日)，晴暖。午后符璋拜谒吕渭英，未面。

十月廿七日(12月15日)，礼拜五，阴寒。清晨符璋又拜谒吕渭英，复未晤。张震轩为刘生合钦撰挽吕君访溪联："主持商会，翕然舆论称公，那堪一病弥留，念佛声声，俭约犹遵司马(吕渭英)训；点缀林园，正好天伦聚乐，讵意元方健在，思君渺渺，友于顿废鹡鸰诗。"

吕渭英联"挽弟访溪"："儿女孙，齐送汝去，汝可无恨；仲叔季，皆先我逝，我独何堪。"

刘绍宽联"挽吕访溪"："豪情丝竹，逸兴壶觞，惊座共倾杯，更难天属友于，晚岁弥敦荆树乐；示疾哦诗，阻饥在抱，感时方溅泪，忽报先生归去，遗篇空抚菊花吟。"

十月廿八日(12月16日)，阴，微雨。吕渭英拜谒符璋，云已致函新任，并云此间小组织。

十一月初一日，头陀寺起作水陆半月，邀吕渭英等城绅往寺拈香，唐大圆居士亦至。

十一月初二日(12月19日)，晴。林亮周见符璋，言及吕渭英发荐函事。

十一月初十日(12月27日)，晴，暖甚。清晨符璋拜访于园行吊。

十一月十一日(12月28日)，晴暖。钱伯吹与符璋言：吕文起谈及新任道尹荐书事。吕渭英与林均来谢步。

十一月十二日夜，吕渭英至吴璧华家宅，唐大圆居士讲百法门论毕，以方筹备弥陀佛诞庆祝停讲。原文如下：

> 金刚经云，若是经典所在之处，则为有佛，是知经典所在不可不敬。又曰，在在处处，若有此经，一切世间天人阿修罗所应供养，则知诸大之福。修罗之嗔，尚供养经，何况于人。法华经云，若人为是经故，须臾听受。缘是功德，转身得上妙象马车乘等。若复有人于讲法处坐，更有人来，劝令坐听，若分坐与坐，是人功德。转身得帝释梵王转轮王坐。若复有人语余人言，有经名法华，可共往听，即受其教，乃至须臾间，闻是人功德，转身得与陀螺尼菩萨共生一处。是知自往听经与劝人坐听及受他教，仅须臾听功德犹如是不可思议。何况端坐久听或广劝他人来听，则他人功德，皆其功德矣。法华经又云，若人闻是经随喜，从法会

出，展转传教至第五十人随喜者。其所有功德如以七宝宫殿等，施四百万亿阿僧祇世界众生。复更教化令得阿罗汉果是知世人虽曾行种种布施教化众生，尚不及听轻一念随喜功德，著一切经法为诸佛之母。凡有演讲之处，十方诸佛菩萨乃至天龙八部等尽当云集，如华严地藏等大乘经开首即述此土他方。圣众俱会，乃至地狱众生蒙光来赴，是知吾人当听法时，即身与诸佛菩萨为友。亦以胜缘能救度恶趣众生，然则今日诸君，幸光临法会，应当生希有难遭之想，发殷重心，听受经法，不疲不倦，如昔人听讲法华谓经六十小劫，如弹指顷，今虽不及昔人，若果至心信受，则罪业消除，智慧增长，转凡成圣，理有固然，大圆虽短浅，然以代佛宣扬又复恒为默祷。诸佛加被，则知此会法众。从闻思修，必能深入经藏乃至皆得阿耨多罗三藐三菩提敬为诸君祝之！

十一月十三日(12 月 30 日)，晴，极暖。午后，符璋拜谒吕渭英，云以小事赴乐清，明日始旋。留致一函，并王石谷山水一轴。

十一月十四日起至二十日，在宿觉寺庆祝弥陀佛诞，分设招待所、会计室、放生林、佛经阅览所、讲经坛、净土堂等，由外及内，备极庄严，每日听经者不下四五百人，惟十七日，吕渭英与城中官绅，自道尹以下皆与会，车马如云，仍拈香静坐。唐大圆居士与吴居士等为次第演讲，听毕从容步出门外，纷纷散去。至二十日毕会，施放斛食津济，又议以所余香金，用赈灾民，自庆祝毕。

民国十二年(1923)　岁次壬戌(六十八岁)

十一月十九日(1 月 5 日)，晴。吕渭英拜谒符璋，以王画交还。云即日登舟，下月初十外当旋。又面允符璋说项，并嘱撰督、长两人诗。

十一月廿三日(1 月 9 日)，晴。符璋又为吕渭英撰诗八律，盖上卢督、张长者也。

上张(暄初)省长

画锦堂开又见公，胪欢父老与儿童。
八驺节度当前贵，一柱昆仑异日功。
杨柳旗翻军间外，芙蓉幕启故乡中。
参筹秘幄知才短，上客犹叨礼数隆。
风水灾黎喘未舒，江东米价近何如？
流民此日难为绘，乞赈何人去上图。
元气挽回凭吏治，纤儿撞坏惜家居。

斗升不给嘘枯用，安得西江活涸鱼。
大猷第一在求才，东阁西固次第开。
纶饵娇应先鲂鲤，监车嗡每逊驽骀。
群贤月旦心悬秤，大柄冬春手转魁。
公悚候鲭良宴会，一樽交海幸叨陪。

十一月廿四日(1 月 10 日)，温州旅沪同乡会，于是日晚七时假座大东酒店大厅，欢迎新会长黄溯初、林炎夫、孟小鹤、吕文起等。首由谢侠逊代表干事会致欢迎词，次由正副会长致答谢词，吕文起、陈亦侯、周守良相继演说。公推吕文起、张云雷、徐寄庼、林楚雄四人为会董，推毕，欢宴而散。

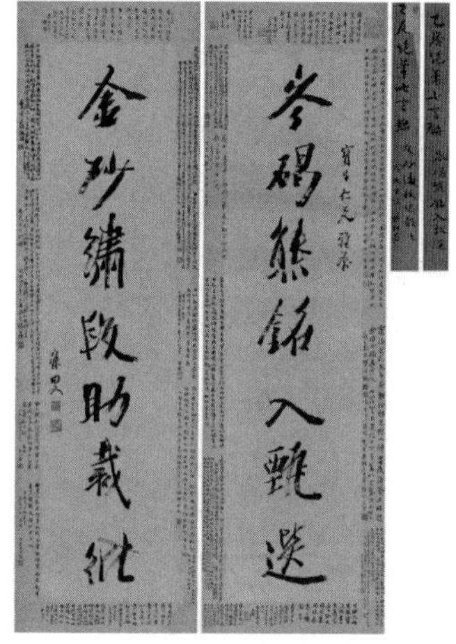

吕渭英为恩师沈曾植绝笔题跋

十一月廿五日(1 月 11 日)，晴。符璋发吕渭英函及拟稿，由上海法马路惟祥里公兴黄子瑜转交。

十一月，吕渭英为《合山诗钞》书首。

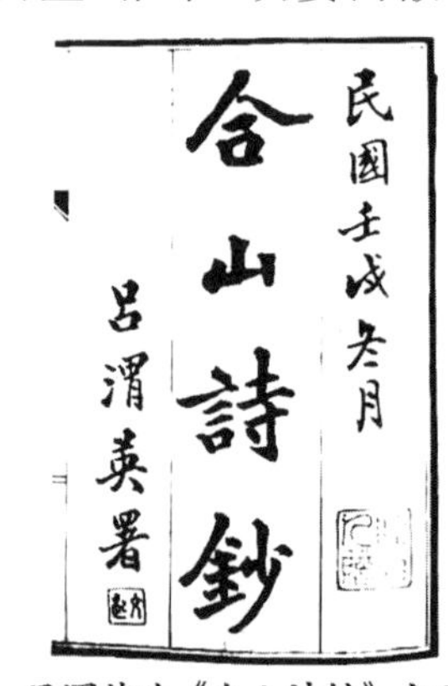

吕渭英为《合山诗钞》书首

十一月，十月吕渭英恩师沈曾植逝世，其子沈慈护不忍将先父绝笔移为他属，找到吕渭英为其父之绝笔题跋。吕渭英跋："夫子写完此联即掷笔西归，解脱三神，了无挂碍，定慧力已到上上乘矣。书法庄严美满，如睹丈六金容。七字衣钵，留付何人。慈护世哥其善宝之。受业吕渭英谨□。钤印：文起小印。"

注：沈曾植历官总理衙门京章、外务部员外郎、江西南昌知府、安徽布政使等职，书法熔汉隶、北碑、章草于一炉，成就卓著，为公举的江南文化领袖。

十二月初六日(1 月 22 日)，晴，热极，不能穿棉。符璋发吕渭英函，寄杭州三元坊糖捐总局。

十二月十八日(2 月 3 日)，晴。林亮周传话符璋，云吕渭英前夜回，明日来。

十二月二十日(2 月 5 日)，阴。午后吕渭英拜谒符璋，所说三事，姑妄听之。夜雨甚微。

十二月廿二日(2 月 7 日)，晴。晨符璋答拜谒吕渭英，未面，旋以一函致之，说慎社事。

十二月廿四日（2 月 9 日），雨，旋止。林亮周与符璋言及吕渭英足疾，云吕渭英不见客。夜吕渭英致符璋一函，附送癸亥年延办文牍关书一份，并春季份修洋八十元，戴介眉鼎元庄支票乙纸。符璋当即答以一函。慎社拟改名，于开正商办。

沈曾植

十二月廿六日（2 月 11 日），雨。符璋致吕渭英函，并附一诗。渠拟改慎社为“东瓯文献保存会”，符璋拟改为“抟社”或“铸社”。

十二月廿八日（2 月 13 日），雨。午后符璋取来吕渭英款。

十二月廿九日（2 月 14 日），阴。符璋得吕渭英函，云所事开正商办。

冬，文起吕渭英题赠马孟容：

吕渭英题赠马孟容

马君孟容，瑰伟异禀，高邈特操，箕裘克绍，先德书画，旧有家声，富储五车，精研六法，集元能季四家之成，神与古会。自南北两京归后，学共年头增，徒兹五岳烟云，奔来眼底，十洲风景，荟萃胸日中，遂令二十世纪新艺术放大光明，能读一万卷书。士夫派为世珍重，先惠润精神，不相迫促，既许成顾要约，决无差讹。

文起吕渭英民国十一年冬

是年，西泠印社为收回和保护浙江省最古老的珍贵历史文物之一——浙东第一石碑“东汉三老忌日碑”并建碑亭，吕渭英捐银 100 元，联同吴昌硕、浙江督军卢永祥、省长沈金鉴，浙军第一师长潘国纲、第二师长张载阳、第四师长陈乐山等人募额 11270 元，办成此事。

东汉三老忌日碑

马公愚、方介堪、夏承焘等于汉三老石室前合影

民国十二年(1923)　岁次癸亥(六十九岁)

正月初三日(2月18日),雨。符璋拜谒吕渭英家,与浮沚略谈。吕渭英回来,未面。

正月初四日(2月19日),阴晴不定。下午符璋拜谒吕渭英,未面。

正月初五日(2月20日),晴暖。符璋拜访纱帽河,仍不相值。杨伯畴、李庆三、严琴隐拜谒符璋,谈初三瓯社开会,吕渭英提议"文献保存会"事,道尹在坐,均赞成。刘凤轩偕隔壁沈仲辉同来,亦及是说。

严琴隐

正月初九日(2月24日),晴。吕渭英又抱脚疾。下午严琴隐见符璋以《东瓯文献保存会简章》及代拟道尹致各知事函稿,云吕渭英嘱为修正,夜符璋致严一函,另拟函稿一纸,并附还原稿及简章,电件再议。

正月初十日(2月25日),阴寒欲雪。下午永嘉人马毅字孟容者拜谒符璋,以《美术会宣言》稿见示,盖从吕渭英之命而去。马毅其人现充师范及中校图画教员,据云家世善画。

正月十一日(2月26日),晴,寒。符璋为吕渭英草一答《电督办与国民商榷国事书》书稿竟,函致之。

李庆三与符璋谈同善社事，据云全在打坐之功，有十六级，每进一级，主者宣讲一次，坐功长短各随人便。入社时须求佛允，不允过时再求，求允即列为弟子，须发咒不泄而后始授云云。与所闻有二十字之密诀者稍异，余皆同。入社男女颇多，官绅文武亦不少，如林道尹、王团长、吕渭英等均入社也。李入社两年，据云静中时有所见，坐功无一日断，深信不疑。

正月十二日(2 月 27 日)，晴。吕渭英拜谒符璋，甚满意所具稿，已付缮，会事云已通过四县。

正月十三日(2 月 28 日)，晴。符璋遇一人，为刻图章人方文渠，字溥如，又字介庵，年廿余。索来《印谱》一册，尚不劣。其父名朝雄，字冠英，亦售字者，兼为吕渭英买卖书画。午后，吕渭英送菜点予符璋。

夜，灯市颇热闹，皆兵士所扮演，闻通城文武及绅燕司令部。

正月廿二日(3 月 9 日)，阴寒。午后符璋拜谒吕渭英，未面。

正月廿三日(3 月 10 日)，阴。吕渭英来见符璋，面交前道尹林铁尊见贻一函，为荐扬州稽核分所冯骥才所长处任文牍兼教读，议定月薪八十元，嘱即赴馆，并附致冯一函嘱面交。一面之缘，而关切如此，殊不易得。吕渭英云，林意此席暂为屈就，尚可展拓；并谓此地无可为，劝驾良殷。符璋未见原函，不知尚有何语。符璋以年衰，且文献保存会可望有成，意不欲出，吕亦不听符璋出，云即日缔兰盟。

正月廿四日(3 月 11 日)，阴。吕渭英代符璋寄复林函。林现住常州唐家湾。

送林铁尊观察调省

官阁梅花怡报春，赠行折当柳条新。
汉廷公辅储廉吏，越纽山川讶替人。
郡守古惟晋王谢，词家今有宋苏辛。
此邦公亦难为别，卧辙何论部下民。
三年畏垒流光逮，六代前朝韵事余。
仕局弈棋官不久，词坛香火祖称初。
弦歌属邑循风教，牙柏高斋了薄书。
今是人文双拔俗，一时花样已全除。
衰年多病谢弹冠，愿讫茆詹一枕安。
盘错惊看迎刃解，米盐并费运筹殚。
事当极盛人谁继，碑未镌成论不刊。

商榷每从深夜散，座中剪尽烛花残。
传人不必薄功名，暂脱樊笼非矫情。
苔上可渔留隐遁，常川乞住类端明。
归舟即出投香浦，故里非无衣锦荣。
高卧谢公应再起，东山岂忍置苍生。

正月廿六日(3月13日)，阴寒，风冽。东瓯美术会发简章及宣言书予符璋，订本日二钟集东山书院瓯社商议各事，列符璋为发起人，人廿余名，蔡笑秋、张楚桐两女史在内。领袖仍列吕渭英、马孟容，以微恙，畏风，未往。

是日，沈道尹卓如偕吕渭英、张知事谨庵、收税官杨博夫、监督署科长欧阳纽之、警察局长历瀛程、酒捐局长周星若、统捐局长徐潜秋、省议员杨雨农、道尹公署谘议叶墨卿、前保定副局唐馥田，至仙岩游览。旅途中，吕渭英作《开斋和尚驻锡仙岩寺》：“名山到处携双屐，宦海归来賸一琴。”二月初，同沈道尹卓如、王君栋材、欧阳君纽芝、杨君博夫、张君雨生、张君谨庵、周君星若、厉君瀛程、徐君征秋、杨君雨农、叶君墨卿、唐君馥田观瀑仙岩。亭为去秋飓风所毁朴，佥议重修，仍名其亭曰“观瀑”。是役也，经营规画厉君独任之，醵资选材同游诸君分任之。工始于二月，落成于四月，所糜国币二百八十五元；同时重修仙岩陈止斋先生祠堂，十月祠成。与事者例得备书。

吕渭英为此次游览作《仙岩纪游》诗：

癸亥孟春二十有六日，偕沈道尹卓如、张知事谨庵、收税官杨博夫、监督署科长欧阳纽之、警察局长历瀛程、酒捐局长周星若、统捐局长徐潜秋、省议员杨雨农、道尹公署谘议叶墨卿、前保定副局唐馥田，至仙岩长歌纪游。

吾乡山水天下名，谢公去后丛榛荆。眼前邱壑失交臂，御风况作三神行。雁荡比邻二百里，瀑来自天庐岳比。蓬壶缩至几案边，东南突兀仙岩起。奔流翠壁雾山腰，漱玉寒泉冰石齿。奇观第一梅雨亭，客有足音空谷喜。山阿薜萝灵见招，朱陈邈矣躅迷轨(朱子与陈止斋讲学于此)。勒移回驾何人斯，俗子之俗鄙夫鄙。瓮鸡井蛙各戴天，抱珠睡醒骊龙渊。白也一夜梦天姥，诘朝蜡屐凌云烟。春事三分已去一，六螭掣电羲轮鞭。松阴喝道世所哂，脱屣轩冕偕群贤。不约而同不谋合，客皆不速忘周旋。江山人物两映发，四并之愿三生缘。登高大夫必能赋，题壁凿岩可无句。合尊促席须臾欢，饮兴未阑日斜驻。千古名山总如故，只有亭台阅朝暮。社祭先生俎豆亡，谁向荒祠宋南渡。俸分廉吏醵无多,犹胜博场出孤注。长官长者皆可风,此游不易邯郸步。祇园地见黄金布,佛喜儒嗔鬼神妒。不能造物能消灾,忏罪恒沙不知数。翁多足谷虏守钱,大错反教讥谶铸。向平婚嫁毕吾生,选胜终寻洞天住。西山不必避伯夷,东山不妨娱谢傅。不才拙官久归田,碌碌杨朱尚歧路,事犹侍了桑梓间,十年百年看所树。偷闲一日陪屐裙,此后再来知几度。浣我盈斛衣上尘,沧浪不抵山溜新。京洛无从辨缁素,勾吴宁独矜鲈莼。蒙蒙余润贮襟衷,柳风洒面销微赦。太平乐府此嚆矢,海角自有熙台风。

同人此次议捐葺梅雨亭,并由沈道尹函知杨知事担任,修陈止斋祠堂。

事隔不久吕渭英作《仙岩重建陈止斋先生祠有述》:

名山以人重,角立海隅东。
赵宋垂千祀,朱陈合二公。
花天乡社酒,梅雨古潭风。
八面锋教出,寒芒缩剑红。
学派衰难起,吾徒数典忘。
一镫悬漆室,片石泐黄冈。
化去丁归鹤,名存赐爱羊。
水心香瓣绝,谁问旧祠堂(沈公归时旋殁)。

陈子万《和文起仙岩纪游元韵》:

少时闻此名山名,如慕国士争识荆。两鬓至今糁秋雪,穿云未策红藤行。林泉咫尺若千里,自笑疏懒嵇康比。壁上悬图供卧游,梦凌千仞振衣起。梅雨如烟寒拂襟,玉泉若雪清漱齿。吾家止斋倘相连,醒时追忆犹深喜。读君之歌胜丹青,柳子纪游可方轨。烟霞生色资唾珠,非谈天姥语同鄙。灵岩尺五上去天,悬瀑犹龙下深渊。泥雪无限飞鸿印,几人下笔扫云烟。联袂翩翩来仙吏(谓同游沈卓如观察张谨庵大令),垂杨深处费停鞭。晦翁道学师儒祖,谢客风流太守贤。断碣摩挲莓苔剔,跨马欲行仍盘旋。诸公访古穷岩壑,石上三生留宿缘。山川人物皆天赋,搜尽名区出奇句。啼鸟喜将骚客迎,斜阳遇为游人驻。莺花二月美如故,游赏及时春未暮。簪裾几辈解参禅,隔水能教折芦渡。山泉如许涓滴分,归为鲋鱼供挹注。危亭润色岂等闲,前踪留与后尘步。槛外闲云分罗布,山下人忙遥相妒。天留净土自古今,不随桑海劫无数。面目昔昧庐山真，敲句我忧铁错铸。写景多君善研摩，一览胜于十年住。邱壑早自储胸中，为霖故似傅岩傅。作歌胜作桃源行，春水扁舟导前路。我与山水订神交，依稀旧雨望云树。君歌我梦欣相符，扪葛攀藤抵几度。自惭襟上余京麈，浣衣恐浼山渌新。胜迹虽闻砚喷玉，潜踪惟爱羹调莼。闭门索句吟髭断，映烛衔杯苍颜赪。安得移山凡席侧，幽赏与君同千春。

正月廿七日(3月14日)，雨。吕渭英请符璋拟《仙岩纪游》诗。

正月廿八日(3月15日)，阴。符璋代吕渭英撰七古三十二韵。

二月初四日(3月20日)，晴。吕渭英送兰谱与符璋订盟，当以帖子面交之，以免往返难值："渠生乙卯年十月二十二日。"

二月十三日(3月29日)，晴。吕渭英遣仆通知符璋，云有人约同来作诗钟，订明日十一点钟到。

二月十四日(3月30日)，晴。十一钟时吕渭英来见符璋，带来酒菜，为符璋祝寿，谊无可却。少顷，陈仲陶、严琴隐、宋墨庵、黄岱三来。林浮沚、翟楚材来作诗钟，三唱，燕毕而去。未到者龚雪澄。吕渭英意殊殷，菜亦佳，自备素面款之。夜，符璋为吕渭英代草僧卧云《东游诗钞》序一篇。原文如下：

僧诗每以蔬笋气为病，谓寒俭也。成家如岛佛为李洞所铸金事者，所得不外一瘦字。寒郊瘦岛，逑偶天生。东坡论郊，有"只堪斗僧清"句，则又以"清"之一字目岛矣。清也，瘦也，寒俭也。岂释子本色然耶？自唐之贯休、齐己，宋之道潜、惠洪，以及自立宗派之九僧，凡以诗鸣者，所诣虽不尽同，所病大抵近是。盖其话迹方外，游心冥窦，顿尘网于形骸之中，不知休天钧于曼衍之外。所谓木食草衣，山泽之癯；而非骑麟翳凤，天仙之比，故其见于诗非枯则涩，否则机锋语偈唱语耳！间有佳者亦公弦孤韵耳！能备众体，如皎然灵澈，为刘宾客所称述者，曾无几人。矧求卓金刚杵，与赤手拔鲸牙。雷电撑扶之，杜韩角者，岂易得哉！乃独不能以概。

今之卧云法师，博极群书，酷好吟咏，捷才天授，傲李白而睨枚皋，三藏澜翻不轻滥入韵语，信乎！法之不能缚者，境所不能拘也。闻稿本积十许册，英皆未见。所见之《东游诗钞》四册，如今所示者十九皆纪雁荡之游者，奋厉瑰奇，堪与三雁并峙天壤间，多而且工，无所不有，一洗昔人寒俭清疲之陋。诗事至此，皎然灵澈其奈之何？法师来瓯，仅及半载，其至雁荡亦不过数月，乃是之所至，诗亦随之。于百二峰之谲诡恣意镌劖，所谓奇极怪诞者，已无遁形，难乎其为造化矣！以佛法论，则龙象力也，狮子吼也。不仅迦陵频伽之妙音也，阿育王八万四千塔也，王夫人五百道乳向千小儿也。不仅一钵一瓶也，使以此法编施赡部，则山神、山鬼何以堪其刻划，而稍秘灵奇于一方哉！世之以五岳游草自矜者，未有不望洋如河伯之旋其面目者矣。英也未及为雁荡之游，将以此册为图经，尤望吾师之导我于萨海也。

癸亥二月永嘉吕渭英拜撰

二月十五日(3月31日)，晴。午后符璋拜访吕宅，未面。以诗序并原诗四册交还之。

二月十六日(4月1日)，晴。吕渭英派人给符璋送来桑葚酒六瓶，杭州所制。三钟至东山书院与美术会开会，会中止廿余人，有女员二，甚草草。

二月十七日(4月2日)，晴。林浮沚招吕渭英等人宴饮鼓楼之乐园。吕渭英未至，在座为池仲霖、陈、严、周、马及园东吕、王等。是日符璋妻子拜谒吕渭英之妻吕太太。

陈仲陶

二月廿二日(4月7日)，晴。符璋次和吕诗一首交去。

二月廿四日(4月9日)，晴。下午林君与符璋谈，并及前永嘉知事王琦吞赈洋万六千元，地方有知者，将举发之，为吕渭英力阻，捐出六千元充公用而事已，其洋亦经用罄。吕渭英致符璋一函，嘱撰永嘉知事之封翁八十八寿文，符璋答函询以何人具名，或散或骈。抵制日货自昨日起；是日刘绍宽续和吕渭英《仙岩纪游》诗。

注：王琦当作“王家琦”，民国九年(1920)八月至次年八月署理永嘉县知事。

二月廿五日(4月10日)，晴。吕渭英函云，寿文用骈，道尹出名，下月初三称祝。期已迫，即为具稿。

二月廿六日(4月11日)，微雨，风继起。符璋得刘次饶函，以次和吕诗之稿见商，随答一函。寿序二千言已竟，加以修饰，尚惬意。

二月廿七日(4月12日)，晴，风厉。符璋以寿文稿并事略函缴吕渭英。是日，符璋(笑拈)复信刘绍宽，谓和吕渭英所作不仅押韵工稳，而且叙述淹雅，态度蹁跹，不觉其为次韵云云。

二月廿九日(4月14日)，阴寒，旋雨。吕渭英来与符璋谈，复去。以文献保存会事嘱严、陈二君，议先将书籍移储。司令部调防江山及处之龙泉，开拔费已商送。

是日，全国道路协会浙江省分会开成立会，沈致坚被聘为岁华队队长、全国道路协会浙江省分会会员。

沈致坚

二月三十日(4月15日)，晴。胡监督以"和吕渭英诗"函符璋嘱商改。

三月初四日(4月19日)，阴。吕渭英面交符璋寿文润洋五十元，云须再撰散行一篇，又云会事不日可送关。司令部兵将均已行。

三月十一日(4月26日)，雨，阴。符璋又和吕渭英诗一篇，函致之。

三月十三日(4月28日)，晴。吕渭英来信一函予符璋，附黄仲荃《五十自寿》诗十二首，符璋觉得佳者寥寥，所谓"押韵供词"也。

三月十四日(4月29日)，晴。俭德会开大会，吕渭英主持。

是日，全国道路协会浙江省分会宴会，沈致坚与会。

三月十五日(4月30日)，阴，旋晴。吕渭英与符璋夜拜翰墨香与方冠英饮，林、汪、戴、马、谢诸人同座，月色殊佳。

三月十八日(5月3日)，晴。午刻吕渭英以《为友人驱鬼戏作》七古一篇嘱符璋为之点定，符璋随即评识送还。傍晚吕渭英宴宾客于乐园，刘绍宽、黄仲荃、符笑拈、严琴隐、梅冷生、王对山、陈仲陶、严筱如均在座。

为友人驱鬼戏作

平生素持无鬼论，洞冥有记置不观。
啸梁瞰室均杜撰，幽明异路宁相干。
无何徐子居山麓，寒宵鬼怪来更阑。
图书器皿遭播弄，合家寝食为不安。
甚者白昼幻百态，或为跛躄或蹒跚。
我闻愤恚不可抑，思破鬼胆至忘餐。
闲轩虚枕夜将午，梦叩天阙骖飞鸾。

于时玉皇受朝贺，仙仗侍立排千官。
瑶阶再拜昧死罪，愿借帝力诛暴残。
山阴徐子臣之友，读书谈道非儒酸。
余事犹能作章句，诗学李杜文如韩。
端人正士神所福，何来百鬼相欺谩。
欲借霜锋伏魔剑，扫除净尽无藏奸。
屏息静聪神语我，罗缕称说如翻澜。
为言群邪方固结，自古作剧非一端。
沈履灶髻与罔象，厥状欲述难具殚。
终南道士善啖鬼，鬼雄鬼伯愁肺肝。
屈指迨今千余载，魍魉依旧来作团。
前者虽往后者继，安得轩刘无留存。
两峰昔曾图鬼趣，人间题咏空词坛。
穷形尽相求酷肖，转使群丑增欣观。
君不见，世上鬼鬼祟祟者，闭口结舌谁讥弹。
一家哭较一路哭，责鬼何严人何宽。
送穷驱虐君有笔，兹事何用多研钻。
聱牙诘屈渐莫办，谑虐顾我颜不观。
乃知大数垂除不能强，觉来兀坐惟长叹。

方冠英与方介堪父子

三月十九日(5月4日)，晴。符璋以李龙眠人物立轴一幅交吕渭英觅售。是日刘绍宽访晤吕渭英与符璋两先生。

三月二十日(5月5日)，晴。梅冷生、严琴隐、陈仲陶合招夜饮乐园，有吕渭英、沈道尹、符璋在，同座为胡监督、王、刘、黄各人。归时大雨。

三月廿一日(5月6日)，晴。吕渭英赴祭词人祠，主者沈道尹(致坚)，与者胡监督(维贤)、刘绍宽、王俊卿、梅冷生、陈仲陶、严琴隐、黄仲荃诸君。

前冒鹤亭监督尝于监督署作诗人祠堂，林铁尊道尹工为词，乃于东山书院辟一词人祠堂，梅冷生、陈仲陶、夏瞿禅等从之学词。林道尹去后，此祠堂尚不废，故沈道尹继主之。按：祠今无主祭者矣。午酌于乐园，沈道尹、胡监督、吕渭英去后，遂在乐园为诗钟小集，“东、语”第一字，刘绍宽有句云：“语孟文章关国粹，东西学说信潮流。”

永嘉诗人祠堂图(瓯隐园局部)

三月廿二日(5月7日),晴。夜燕道尹署,同席八人,吕渭英亦在。是日迎神,极热闹。归时大雨,雷电。吕渭英以画轴还符璋。

三月廿八日(5月13日),晴。美术会开会于慎社,午后吕渭英到会,助赈会亦从公园移彼,观者二三十人。吕渭英家所来字画颇多,内有文湖州竹一幅。会员助赈之件亦多。

三月,杨青次韵于园主人吕文起《仙岩纪游》:

眼前培嵝浪得名,纷纷涂抹劳关荆。永嘉山水甲宇内,一生好作看山行。蓬莱昆仑三万里,道途不与寻常比。天台雁荡在户庭,飘飘每欲振衣起。咫尺仙岩几案边,少时常常趴屐齿。戊子之夏壬辰秋,游事尤为平生喜。八厨八俊罗杖笠(戊子夏,偕钱伯吹、戴立夫、天民大兄暨姚泽夫、徐郁哉诸君一游仙岩),南徐北李聊芳轨(壬辰秋,与苏徐耀庭二尹、皖李希程协戎重游)。林岚岩翠泼衣裾,涤尽尘胸鄙夫鄙。仙岩之胜宝岩高,插天龙须玉涵龙(龙须,瀑布;玉涵,潭)。灵潭梅雨夏生寒(梅雨,潭),忽洒珠玉忽云烟(喷玉矶)。雷潭鞭石更深窔,百万巨霆走雷鞭(雷潭投以巨石,如百万惊雷奔走潭底)。摩岩题壁富奇句(姚揆铭),搜剔往往来高贤。止斋读书积翠楼(宋乡先哲陈止斋先生读书山中),紫阳访道相周旋。溪山第一标名胜,瑰宝百代文字缘(晦翁先生访止斋,书赠"溪山第一"四字,今寺前绰楔即遗笔也)。我闻兴公天台赋,此间天目亦题句。江山榛莽幻黄冠,飞锡常于山中驻(天目和尚圆,明逋臣也,卓锡圣寿寺,著《仙岩志》)。狮岩高拥狮子座(狮子岩),暮鼓晨钟无朝暮。禅余送客茶尚温,三笑更从虎溪渡(虎溪桥)。胜国巨儒潘次耕,邮诗暮尤倦注[潘次耕(耒)鸿博有《寄天目》诗甚佳]。吁嗟佛火续慧光(塔名寺赖天目中兴),劫尘不扬付天步。异道同心息息通,鸽王一任乖龙妒。竭来佛学又中衰,米岩不流关定数(流米岩)。□继开斋转法轮,一载洪钟才鼓铸(光绪中叶,开斋,主圣寿一年)。雪苑刺史前内史,五马又向空桑住(王雪庐太守)。长沙仙李江都郭,缚屋通元怀谢傅(李幼梅观察、郭外峰司马从太守筑亭通元洞背)。后其健者广风骚,谁最骧腾青云路。中更清社强十年,莓苔锁断龙象树。翩来轺车备采风(今道尹沈卓如先生),山灵拍手相臣度。潭雷潭扑去万斛尘,狮岩宝岩洗尽新雨新。行歌磅礴解萝带,荒祠怀古荐溪莼(拟修止斋祠)。游归于园黝我诗(手读酒面发娇回首上方何日到,上方庵在宝岩),中有先生杖履风。

三月,吕渭英作题徐澄秋大令《天目山观瀑图》:

抉目看天顶上开,骇闻吼瀑起风雷。
龙飞劈峡声何壮,马勒奔川势可迴。
振锡志公稀法侣,贩盐尚父想雄才。
卷中爪印留残墨,便当篮舆一度陪。

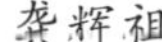
龚辉祖

李钟岳

李藩

三月下旬(5 月上旬),吕渭英被沈致坚推举为浙江省道路局岁华队参谋,同时报送龚辉祖、李钟岳、李藩、刘绍宽、杨直钦等 30 人为队员。不久,吕渭英即作《青田陈益轩君令阮润廷就瓯江分队长职,君以诗最之,邮寄索和因本其诗旨次韵答之》:

松柏挺秀梅桂香,藤根萝蔓徒引长。

君看草木有本性，男儿对此当自强。

国事为重身为轻，解隙攻心许谈兵。

武侯韬略岳侯志，自负方不虚此生。

莫言羞与樊哙伍，滔滔难于更仆数。

居安固贵不忘危，处困尤宜能茹苦。

四月初六日(5月21日)，雨，旋晴。吕渭英与符璋应胡使之招，晡饮华盖山，同座为道尹及陈、严、梅及关掾宋、沈、欧、叶诸君，吕渭英未到。

四月初八日(5月23日)，晴。吕渭英送符璋夏季修支票，并嘱撰浴佛日诗。是日，杭垣官绅延僧诵经，通省禁屠一日。符璋为吕渭英拟七古三十韵。

四月初九日(5月24日)，晴。清晨符璋拜谒吕渭英家，谈垦放局事，渠云此事易成，在杭经三元坊德康钱庄即糖捐总局，十一日登舟。

四月初十日(5月25日)，吕渭英拜会符璋，云登舟尚需二三日，当以京电告之，渠亦云省门有电致王渡，谓已连。

四月十一日(5月26日)夜，吕渭英登舟赴杭。

四月十二日(5月27日)，阴，风。符璋为吕渭英代拟一诗，并手卷送还。

四月十九日(6月3日)，晴。清晨，吕渭英去见符璋，云昨日自杭归，欲组织商会选举事，上海数人已同意，嘱符璋为之具稿，只谈此事，余皆未及。符璋阅十五日《申报》，则上海总会已于十三日下午议有八条矣，夜以函告吕渭英。

四月廿日(6月4日)，吕渭英以温州俭德会会长身份致电北京政府黎元洪：

北京大总统、国务院、外交、部财政部、农商部钧鉴：

军政时代，人民担负饷需暴征苛敛，均在难免，我浙军民相安，未闻少有勒派情事，卷烟为害太深，利权外溢款逾千万，吸受烟毒肺病日多，人民痛恨无法消减。当轴俯顺舆情，寓禁于征，设立特税，非但挽回利权，亦并顾及卫生，且收入之款专作道路经费，是于吾浙富教有关，人民鼓舞欢欣，一致赞同。今有一二外商为公司权利向政府交涉，岂知奢侈征收，各国通例，公司照约纳税，并未增加特税，征之市上出自吸烟华人，于公司无涉于条约，不背主权，所在应请力争，我浙幸甚，大局幸甚！

温州俭德会长吕渭英叩

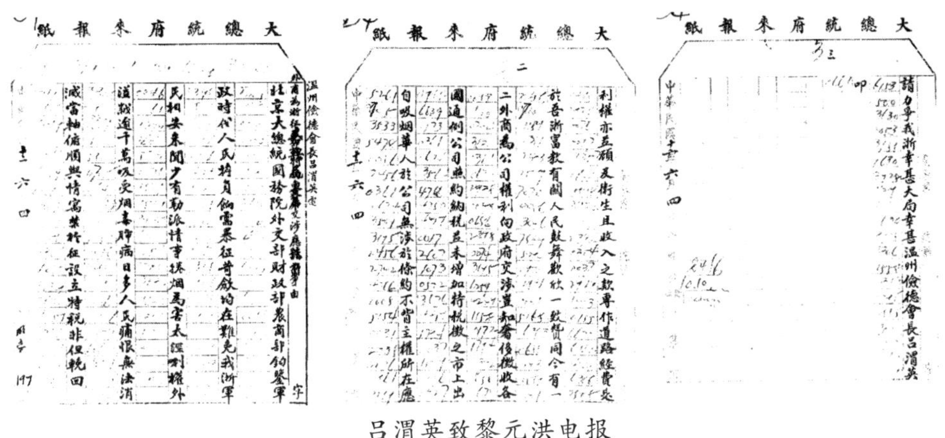

吕渭英致黎元洪电报

四月廿一日(6月5日)，浙江省长公署敬复者本年五月二十八日准函开五月十九日收上海华侨联合会呈：

大总统啸电称：据南洋兄弟烟草公司函称，宁波分公司报称，浙省纸烟特税與中外协定二五捐成案不符，迭经华洋烟商抗议，浙省当道西复各团体，一再宣言取之吸户非自烟务商担负，乃该暂行章程第四条甲乙丙等项于取领印花单一切仍责之烟商，又具宣言抵触开办以来洋商提起交涉，未照该章办理在捐局新法，应华洋一律，若专责之华商是置华商死地，故华商由沪运甬之货，取华洋一律办法当然，本能照该章第四条办理，盖既云取之吸户，应由贩家粘领印花，公司当然不负责任，乃特税局指照漏税傅甬局主任发封局仓又阅。五月十二日四明日报登载纸烟特税办法之歧异一则有洋商货立即放行，华南货非常严厉等语，似此华洋待遇不能平等，使华商无地自容，丛雀渊鱼不啻自杀，实业乞予维持等情查该公司为华侨创办，政府日言招徕华侨兴办实业，今未加扶植，遂受摧残，哀哉！商胞虽具爱国热心亦恐闻风裹足，一南洋公司何足惜，如华侨内向何如？实业前途何？乞电浙省军民长官饬特税局迅将发封宁波该公司局仓之案撤销，并即取消暂行章程第四条各项，务使华洋待遇平等，为首案留一线生机，即为国家留一分元气，不胜迫切，侍命之至等语。经呈呈奉。大总统谕华侨实业应予保护，着转浙江省长查明维持等，因相应函达查照办理等因，准此，查此案前，据上海总商会等各法团暨准。

全国烟酒事务署先后来电即经行，据征收卷烟特税局查复，南洋兄弟烟草公司因宁波分销机关经理陈才宝不分界限承设华记印花，分售处匿报卷烟抗传不到，故将该商店暂行发封，嗣据该公司以已将宁波分销机关划清权限，关于营业上手续一切办法概照外商公司制度另行组织，业将该店启封等情。是此案先因该分销机关权限不清，未照公司制度办理，该经理陈才宝匿报卷烟抗传不到，有发封之事，现在业据呈明另行组织，一店亦启封，自可照常安业吾国与办实业正在萌芽，南洋烟草公司为华侨所创办，自当饬属随时保护，力予维持，准函前，因相应沥函奉复，即希察照，并转陈大总统为荷此致大总统府秘书厅。

浙江省长公署启

六月五日

四月廿三日(6月7日)午，浙江鄞县各公团麻电：

浙征卷烟特税取之吸户，外使节次抗议干涉内政，请依法严词驳拒由

北京大总统国务院外交部钧鉴：

浙省征收卷烟烟特税系入市之后直接征诸消费者，即各国通行之入市消费税并不抵触，全国纸烟捐章程况是项特税系属取之吸户，绝非对货收捐，当然不受条约章程之拘束，外使节次抗议显系干我内政，诚如省教育会等世雷，浙民自担纳税义务与外商何涉敝会等方议征收自治费，捐借谋地方事业发展，若推行伊始，民乐输将而遽徇外使之请，率予作罢。试问将来何种捐税方，许我国征收，作茧自缚，空穴来风，窃为不取，欲杜外交干涉之渐，在保内政自主之权务乞院部依据公法严词驳拒，万勿因循坐误自损主权，全国幸甚！浙江幸甚！浙江鄞县议会县参事会县教育会、县农会同叩麻。

四月廿四日(6月8日)，晴。关署咨议叶鸿翰(墨卿)见符璋，为华盖山工程事嘱为胡监督撰文，符璋告以与吕渭英商量。是日，吕渭英从杭致电刘绍宽，郭知事调省，新任熊钧，江西人。

四月廿六日(6月9日)，晴。清晨叶墨卿驱往符璋处，云华盖山碑吕渭英建，而请符璋撰文。符璋为草一篇送交叶墨卿，此记虽不过四百字，颇惬符璋心意。原文如下：

重修华盖山诸工程记

华盖山号太玉洞天，据永嘉一城之胜；有寺曰资福，又据一山之胜。容成遗迹，归于梵王。邑乘所侈陈，游屐所香集，有不待尔见缕者，寺山门内正殿外，两翼各辟一轩，为觞咏地，曰：左宜，曰：右有。建自前郡守

戴公檠，万井人。烟浮动几席，地为之缩，怀为之开。岁久就倾，过者熟视无睹。

壬戌之岁，监督瓯关吴兴胡公巽庵，毅然以兴复为己任，捐俸创导，余与同人和之。首葺两轩，继及大观一亭。亭据峰颠，登降崅巃，虑行人沿崖之危也，屈曲护以石栏。功甫完，而风灾作，石栏幸无恙，亭与右轩则毁于飓。佥谓未能再举，而公绸缪拮据，不两月已还旧观。计公之来，甫数月耳，而所造已如此。上年七月十九日之灾，百岁翁所未见，时至今日，天变不测，安保风灾之不复至，所恃者，风雨虽暴，广厦自开，人定胜天，天亦其如人何？吾甚痛乎？有国有家者，无以御在天之风雨，而又以人为之风雨助之。然则如公此举，岂不反为多事乎哉！

此一举也，役兴三月，款几二千。由后视前，不徒辉映方欲；庄严此土，岂肯传舍其官。知公抱负之宏，初不仅此，然则此已足解嘲俗吏，润色名山，留歌颂于此邦而有余矣！

余与公志同而力稍异，愧不如公之踊跃，盛衰兴废，见闻不一（不止一事），宴赏所及，不禁欣然吮笔记之，出赀各人，附列如左。癸亥夏五邑人吕渭英立石，西江符璋撰，永嘉叶鸿翰书。

以下录自碑文：

修理资福寺大殿大门左宜右有山房及大观亭，计洋六百元。

民国十一年十月，因风灾重建右有山房及大观亭，计洋三百五十元。以上胡巽庵监督捐助。

大观亭山下建筑石阑及修路，共洋三百十元。

华盖山东山脚建筑石阑及修路，共洋二百四十一元。

胡巽庵监督又捐洋一百二十元，林铁尊道尹捐洋三十元，王栋材司令捐洋三十元，张谨庵知事捐洋二十元，吕文起捐洋二十元，杜志远师长捐洋二十元，周星若局长捐洋二十元，吕玉麟局长捐洋二十元。

朱赞廷先生捐洋一百元，王永山先生捐洋二十元，杨雨农先生捐洋二十元，居静安行长捐洋十五元，林浮沚先生捐洋十五元，厉瀛程局长捐洋十元，徐致江行长捐洋十元，徐云卿先生捐洋十元。

杨博甫局长捐洋十元，林竺僧先生捐洋十元，吴壁华先生捐洋十元，张益平先生捐洋十元，赵聘儒先生捐洋十元，吕清白先生捐洋十元，金克臣先生捐洋十元，马耀夫先生捐洋五元。

四月，吕渭英和胡惟贤《华盖精舍落成》：

一幅天然图画开，相传古洞有丹台。
凌虚宫阙真人去，润色江山仙吏来。
斗酒纵谈当世事，众宾孰负不羁才。
白云深处松千树，拾级登临上翠苔。
笑把乾坤付一瓯，转旋愿力几时酬。
振衣共上千峰顶，濯足谁回万里流。
难得相逢长剑在，今将好句锦囊收。
琉璃世界华严座，容我吟身物外留。

五月二十日(7 月 3 日)，阴雨。傍晚吕渭英致信符璋，云月初赴沪，明日下午来。

五月廿一日(7 月 4 日)，阴雨，蒸闷。傍晚吕渭英来见符璋，云已发函致上海商会虞洽卿力荐，今晚或明朝发电赞成。又云胡监督濒行再三托其转致，谓秋节回时定当延订，并有华盖山碑嘱撰，已命署中详开事略。符璋据此推断，则延订成预约，兼有中人，似非空谈。

是日，浙江省长公署为南洋兄弟烟草公司事复总统府秘书厅函。

五月廿二日(7 月 5 日)，晴，日光如灼。符璋见上海商会选出自治委员名单三十五人。符认为不值一噱，甚矣，吕渭英之易欺也。

四至六月，籀园藏书楼恢复为平屋，修理费支出 790 多元。吕出资 450 元，时首任馆长王毓英为吕渭英好友。嗣后，馆长王毓英联同六属士绅吕渭英、吴钟镕、张侯佐、王毓、苏宗韩、刘项萱呈瓯海道尹《核销籀馆河厅建筑费文》。

六月初六日(7 月 19 日)，晴。午后符璋答拜吕渭英。

六月初八日(7 月 21 日)，晴。吕渭英见符璋。

六月初十日(7 月 23 日)，晴。吕渭英与杨淡峰、吴璧华、林亮周聚于符璋家。

六月十二日(7 月 25 日)，阴晴不定，飞雨时至。下午符璋答拜谒吕渭英，未面。

六月廿四日(8 月 6 日)，吕渭英去看符璋病情，略坐即去。

六至七月，吕渭英与江浙两省巨绅盛竹书(炳纬)等促成两省督军齐燮元、卢永祥签订《江浙和平公约》。

七月初二日(8 月 13 日)，阴。符璋邮致一函问吕渭英病，并告以仆妪俱病，无人供役。傍晚得回信，派一轿夫来差遣，并送秋季修洋。因天气似放晴，遣其人回。

七月初四日(8月15日)，晴。符璋邮一函致吕渭英，说水陆道场事。

七月初五日(8月16日)，阴晴不定。符璋得吕渭英答函，云九山已建道场。

七月初七日(8月18日)，阴。符璋拜谒吕渭英略谈，吕言病后，以吃蝤蛑复发，尚未大愈。

七月十四日(8月25日)，晴，热。吕渭英与符璋略谈道尹事。

七月十六日(8月27日)，晴。吕渭英致函符璋嘱撰某公寿诗：

三等嘉禾勋章

沈卓如道尹六十寿

家世风高沈隐侯，天教棨戟到吾州。

山从宇下收三雁，人过花间想八驺。

出水芙蓉尘不染，思乡莼菜味先秋。(春间一再辞职未遂)

跻民仁寿方开宇，莲叶中流太乙舟。

未经赤壁况黄岗，饱累微官荔子乡。

老我江湖归越纽，对公耆旧仰褒阳。

围中久听贤声播，林下能令治状详。

挹取衔尊童叟外，兕觥此日饮鹅行。

是日，北洋政府大总统黎元洪签署命令，晋给吕渭英三等嘉禾勋章。

七月十七日(8月28日)，晴。符璋答吕渭英函，附长古一篇。

七月十八日(8月29日)，晴。符璋又发一函致吕渭英，为艺文学校事。

七月十九日(8月30日)，微雨。符璋得吕渭英复函。

七月廿五日(9月5日)，晴。符璋拜谒吕渭英一谈，据吕渭英云，顾问修金不丰，关署必有正当局面。又云前所撰钱总理(能训)太夫人挽联已得谢函，有“友函称最”为冠冕，吕渭英极高兴。林亮周来见符璋，代检察厅曹某乞书直条。发廿七号京信。吕渭英又来符璋家谈。

是日，吕渭英与温州瓯海道尹沈致坚，在当地官绅商学界发起瓯海道署为关东大地震发起日灾救济会，发动各界人士募集款物，赈济日本灾民和温州籍旅日侨胞。

七月廿六日(9月6日),晴。符璋成《戒杀放生说》一篇,函致吕渭英。

七月,身为瓯海医院董事的吕渭英与董事长吴璧华,董事潘鉴宗、杨玉生、徐寄庼、张云雷、杨雨农、王鸣卿、吴易新、张玉书、项荫轩、刘赞文、黄溯初发起瓯海医院募捐。

八月初七日(9月17日),吕渭英拜谒符璋,嘱符璋撰对联两副,旋即拟就,函致。

八月十五日(9月25日),晴。吕渭英拜谒符璋,不谈胡事,详言梅泠生所出《瓯潮》第一条,即讥侮文献保存会事。据云此事破坏在伊一人,又及郑姜门事。

钱能训

八月廿三日(10月3日),红十字会电云:因日内由日本归国之难侨(学生、商人、工人),到沪者有多数浙江温州人,温州会馆中不能尽数安插,假寓四明公所,其人数亦非少,中有十四人患病,红十字会接得电话,即嘱其送至南市医院治疗,院中病房住满,又以数人移住北市医院,而时疫医院虽已关幕。现仍留往返沪之难侨,为之诊治,住院中之林石麟、林岩敬、林友卿皆温州人。又有温州人严阿玉、叶平贵、陈阿三,在院中开刀云云。

八月廿四日(10月4日),中国红十字会总办事处电:"温州道尹公署并吕文起先生同鉴:六日晨有温州难民千余人乘飞鲸回温,本会已派医生又看护人等护送到温,原船回沪,特闻。中国红十字会总办事处,支。"

八月廿七日(10月7日),晴。慎社秋集,应严琴隐之招,吕渭英至彼午饭,胡监督、符璋二人均到,到者约廿人,欲作诗钟未果,胡监督出示和马诗。

八月,王毓英作《吕师文起六十晋九预寿》:

永嘉多山水,环绕秀且奇。
孕毓五百年,名世属吾师。
观书长安肆,少壮挟大志。
秋风战棘闱,东箭乃利器。
捧檄赴南闽,将军早慕名。
礼隆下阶揖,幕府位上宾。
才非百里侯,一麾便出守。
折狱只片言,万姓呼父母。

外交折诸戎，舌辩座生风。
民教俱摄眼，碑口颂至公。
我从豫章来，相见恨太晚。
瞻拜许升堂，端执弟子简。
甲帐次华林，不才忝治兵。
苍云殊变幻，解组滞榕城。
依依不忍别，赠金壮行色。
翘首三山云，涓埃未报答。
羊石赞戎机，江山风景非。
师门在咫尺，夜谈每不归。
广罗海内才，相逢尽举杯。
解囊慨持赠，散金可筑台。
鲈绘秋风起，扁舟收故里。
含饴日异孙，青灯夜课子。
灵光独岿然，耆旧冠群仙。
黄花见晚节，大开东阁筵。
风月惯平章，笑作于园主。
弹指十一年，蒲轮访渭水。

九月，工商界蔡冠夫、陈子明、陶履臣、陈庆新、王文卿等5人，各自捐资640元（银圆）筹款创办“普安施医施药局”，为贫民诊病施药，概不收费。局址初借民房，次年筹划资金1万余元，在扬名坊购地建房。经费赖常年捐与临时捐收入。吕渭英分别于1924年捐100元，1925年捐24元，1926年捐14元；瓯海实业银行1925年捐24元，1926年捐24元；普华公司1925年捐14元，1926年捐16元。这些都是在吕渭英在世时，一直按例进行的慈善。

普安施医施药局

注：1923年前后宁波帮、兰溪帮、本地帮成立同益会，聘吕文起担任名誉董事长。

九月初一日至十月初三日(10 月 10 日至 11 月 10 日)之间,吕渭英照肖像一枚寄送浙江道路局,为出刊用。

九月,瓯海道尹沈致坚率僚属致祭永嘉诗人祠堂,邀吕渭英参与致祭,其他与祭者均温郡名人学者,如王俊卿、梅冷生、陈仲陶、严琴隐、黄仲荃、宋默庵等。

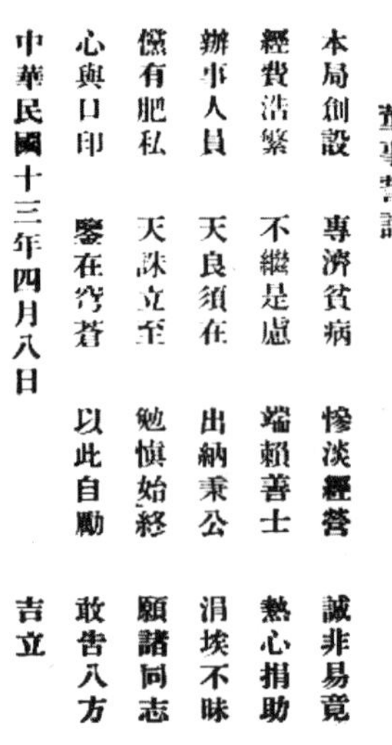

董事誓詞

本局創設 專濟貧病 慘淡經營 誠非易竟
經費浩繁 不繼是慮 端賴善士 熱心捐助
辦事人員 天良須在 出納秉公 涓埃不昧
儻有肥私 天誅立至 勉慎始終 願諸同志
心與口印 鑒在穹蒼 以此自勵 敢告八方

中華民國十三年四月八日 吉立

普安施医施药局董事誓词

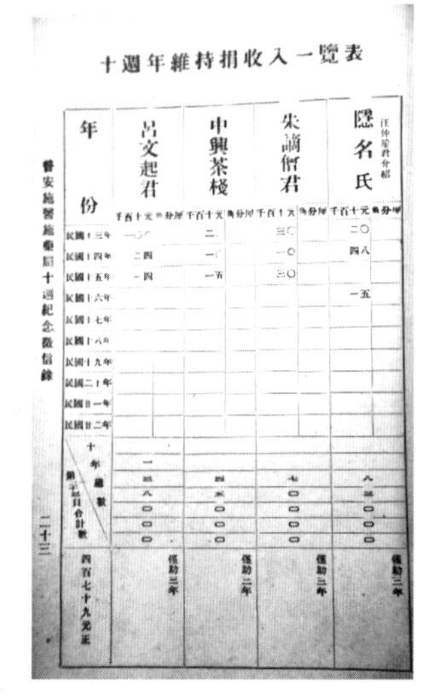

十週年維持捐收入一覽表

普安施醫施藥局十週紀念徵信錄

年份	吕文起君	中興茶棧	朱謫僊君	隱名氏(汪仲堂君介紹)
民國十三年	一〇〇	二[illegible]	三〇	二〇
民國十四年	二四	一〇	一〇	四八
民國十五年	一四	一五	三〇	
民國十六年				一五
民國十七年				
民國十八年				
民國十九年				
民國二十年				
民國廿一年				
民國廿二年				
十年總數	一三八〇〇〇	四五〇〇〇	七〇〇〇〇	八三〇〇〇
第二十三頁合計數 四百七十九元正	僅助三年	僅助三年	僅助三年	僅助三年

二十三

吕渭英生前为普安施医施药局捐维持款之记录

十週年維持捐收入一覽表

普安施醫施藥局十週紀念徵信錄

年份	普華公司	張惠卿君	鼎泰莊	錦泰莊
民國十三年				
民國十四年	一四	二二	一二	一二
民國十五年	一[illegible]八	二二	一二	一二
民國十六年	一六二	二二	一二	一二
民國十七年	二四三	二[illegible]	一三	一三
民國十八年	二四三	二二	一一	一二
民國十九年	二四三	二二	一三	一三
民國二十年	二四三	一二	一一	一二
民國廿一年	二四三	一〇	一二	一二
民國廿二年	二八五六	一四	一〇	一二
十年總數	一九七〇六〇	一五九〇〇〇	一〇六〇〇〇	一一〇〇〇〇
第二十五頁合計數 一千五百七十二元〇六[illegible]	[illegible]年助入	十四年認月捐每月一元 又加認常年捐十元 民十六年常年捐未收 二十年常年捐停止	十四年認月捐每月一元 十八年十二月份未收 廿二年丙兩月未收	十四年認月捐每月一元

二十五

普安施医施药局捐款记录

秋,为振兴家乡实业,吕渭英与上海通易信托公司总经理黄群(溯初)倡议创办瓯海实业银行,后黄溯初力劝汪惺时与其父汪晨笙(原上海华商证券所原会计主任)回温集资筹办,金融界徐寄庼、周守良等人均表赞同。遂由温州厚康钱庄经理汪晨笙及其子汪惺时出面牵头,邀集殷实绅商林俊卿、张子乐、吕渭英、王鸣卿等人,在第一桥下协济善堂,召集发起人会议。会议议决先定股金为 10 万元,筹备处设在第一桥下钱业公所楼上,由之江大学毕业生何励生长驻办公。吕渭英率先认股 5000 元,并允诺另募集 5000 元。会议决定黄群为行长,吕渭英等为董监,行址暂租小高桥下原霞浦会馆旧址,先经营存款、汇兑、信托等业务,后又代收盐税。

秋,吕渭英开始主持协济善堂及因利局,其间又在近郊山地建筑义冢“百框坟”一片,专做无主死者埋葬场所;同时设立“瘗埋局”,雇用人员,专为无主死者料理掩埋。董事会出于悯怜,后对这些无主孤魂特为关注,每年清明及冬至节日,许多董事及工作人员,如陈玉岐、严某、赵某等人,同去看望“百框坟”,如有破坏,便及时修理。协济善堂为一般民众着想,还在三角门

汪惺时

汪晨笙

周守良

外松台山南麓建造“厝舍”一座，名为“同仁集”。面积颇广，对外接受棺木安放，收取很低的厝费，一次收取押金法币50元，迁出时如数发还。有的贫困人家，很久还买不起坟地，或因后嗣不在本地，所以棺木停厝时间也很长。协济善堂办理这件事，造福面更广。施棺木和办“厝舍集”，都由董事陈玉岐和李志竞负责。同时设立防疫事务所。

后来吕渭英又举办施粥、施粮。施粥在每年冬令，晚稻既已登场，又当天寒，年关临近，地点在府城隍殿门口，每天早晨给贫苦者每人一勺。民间指为“府城隍殿施白粥”。当时有浪费，改为施米。登记的贫户每户发一卡片，按家庭人数，卡片上以12个地支做记号，两人的给“丑”字卡，三人的给“寅”字卡，五人的给“辰”字卡，凭卡领粮。10月开始至12月止，每月分几次照发。施粥、施粮，申请者众多，办理颇多烦难，创办者中也有人有“善门难开”之感，但并不畏难而退。

九月初九日，吕渭英作《和许乙仙登大观亭长古》：

大观亭笄华盖巅，迎送日月凌云烟。
开眸所向无空阔，城市浩浩周四边。
我来登高尚能赋，东嘉志乘稽遗编。
当时衔花有白鹿，城名以鹿欣安全。
景纯卜嘉发神谶，云此气旺当千年。
至今为数固已过，代产贤哲相后先。
山中幽胜曰太玉，乃为第十八洞天。
紫清明道白真人，炼金是处成飞仙。

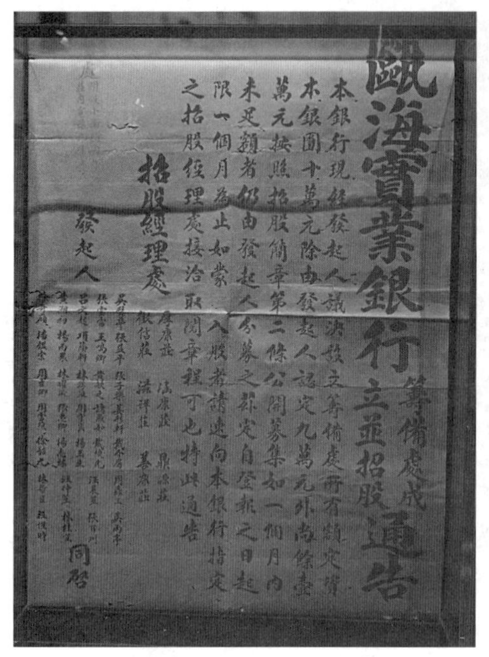

甌海實業銀行籌備處成立並招股通告

本銀行現經發起人議決設立籌備處所有額定資本銀圓十萬元除由發起人認定九萬元外尚餘壹萬元按照招股簡章第二條公開募集如一個月內未足額者仍由發起人分募之截定自登報之日起限一個月為止如蒙入股者請逕向本銀行指定之招股經理處接洽取閱章程可也特此通告

招股經理處

發起人

同啓

瓯海实业银行招股通告

府前街瓯海实业银行

瓯海实业银行贰元券

坠压谁为换凡骨，身地绝迹能蹁跹。
遂令吾神游八极，欲与羽客相周旋。
兹山一亭屹然立，气象雄杰万方圆。
水光万顷浮檐际，吸江之号宜不愆。
何年倾圮余遗址，重建乃至烦时贤。
吾师方戴真风雅，相与营构书楹联。
规模广峻仍其旧，丹青美奂光于前。
过客登临即吟咏，栏柱楣石纷诗篇。
乾坤灵秀钟山外，必逢人杰名姓传。

谢公楼头西堂上，访古到此坐流连。
四时万象与日月，两两遗迹犹存焉。
师门若不倡盛举，此亭安见留三椽。
凭高望远多旷爽，一人感事相熬煎。
何时宽闲据邱壑，趋趋物外空外缘。

九月十三日（10 月 22 日），之前吕渭英禀请道尹将地处闹市区谯楼的西面两间划作分馆，后来吕渭英重建谯楼，王毓英得以创办图书馆谯楼分馆，以便市民就近借阅书刊。只是当时有王文中独家开办乐园酒馆亦设在谯楼之内，喧闹影响读者阅览，中秋间，吕渭英屡次出面劝阻，使之停办。11 月，籀园分馆迁入不久，讵料该酒馆又死灰复燃。吕渭英认为这非独与自己作对，而是公然对抗民意，不久王毓英勉力以垂老之躯与之纠缠，未能看到结果即撒手尘寰，仅留下中华民国十三年（1924）一月《为乐园酒馆迁离分馆呈瓯海道尹文》一纸。于是在 1924 年，吕渭英又联合众绅要求道尹，派警员勒令该园限阴历十二月底前迁移，归还公地。由于吕的出面，终于还分馆一个安静的读书环境。1925 年吕渭英重新倡议并资助，1929 年 1 月，因将该址兴办民众教育馆，分馆遂停办。

谯楼（一）

谯楼（二）

九月十九日（10 月 28 日），晴。凌晨，符璋拜谒吕渭英一谈。下午雨。

九月廿四日（11 月 2 日），晴。吕渭英来见符璋，说烟酒公卖局将更动事，又云胡监督事，并以和粤东黄君九日诗嘱为代撰，符璋即为撰就函致。

九至十月，吕渭英请瓯海道尹沈致坚（卓如）为自己作寿域联，为三弟吕渭璜、四弟吕渭贤书写寿藏墓碑。

吕渭英寿域联："山明钟瑞气，华亭邻咫尺；彭奥毓灵音，水秀毓人文。"墓碑："清封光禄大夫福建后补道福州府知府吕公，现居县城西南二堡纱帽河。"

吕文起寿域联及寿域碑

吕渭璜寿域碑

吕渭贤寿域碑

三弟吕渭璜联："阡表著泷冈，福山龙云气；寿域凤皇基，荣封崇马鬣。"其他联语从略。墓碑："清封奉政大夫直隶州知州讱芗。"

十月初五日（11 月 12 日），晴。上午，吕渭英见符璋，面交冬季修。

十月初六日（11 月 13 日），晴。符璋以函致吕渭英。

十月十五日（11 月 22 日），阴。胡监督见符璋，出《寿吕文老》七律一首见示，极浑成。嘱和其韵，云祝期定下月初一，并演剧，公份分三级。午后晴，沈培皋来见符璋，云道尹与监督商定须作寿文，特以见委，写廿元，作卅元，嘱一手任之。辞以目昏，不能书，作则如命，旋函索吕公事略。继闻新任永邑知事已到，又函吕渭英为彭儿荐一馆。傍晚吕渭英来和符璋谈寿文事，极喜，并嘱代撰自寿诗五六首综叙平生，唯不欲演剧，尚须商量。馆事许为说项，并拟拉沈、胡二人帮忙。

吕渭勋寿域

十月十六日（11 月 23 日），晴。清晨符璋又函催索事略，再托馆事，吕渭英已外出。

十月十九日（11 月 26 日），晴。吕渭英赴符璋家亲交事略，并谈县署馆事未谐，将如沈、胡两处办法。并以张省长堂庆嘱撰一诗，又代道尹一诗：

祝张暄初（载扬）省长堂双寿

黻佩长承色笑温，木公金母在昆仑。
双修佛共瞻平等，具庆天教集德门。
鼎雉千眷厨供养，珥貂八座杖晨昏。
郡民争献南山颂，挹取西湖作寿尊。

注：张载扬（1873—1945），字春曦，号暄初，新昌诚爱乡张家店村人。出身农家，幼年随父业农。清光绪二十四年（1898）考入浙江武备学堂。宣统二年（1910）毕业，历任浙江常备军步队哨官、旗官、队官，浙江新军第三营管带，八十四标标统等职，辛亥革命光复杭州时，驻守镇海，率军响应，不久被提升为四十二协协统。中华民国成立后，任旅长兼杭州警备司令，浙江禁烟局长，台州、嘉兴、湖州镇守使，浙江陆军暂编第二师师长，浙江陆军第一师师长，浙江省省长兼第二师师长等职。1924 年辞职隐居，1945 年病逝。

白雲過庭青山當户
載揚四兄大人正
春風坐我秋月照人
文溪呂渭英

吕渭英为张载扬题联

十月二十日（11 月 27 日），晴。吕渭英寿序脱稿，午刻符璋送阅。是日夜，符璋为吕渭英作《自寿感怀》七律四首。徐知事接篆。清晨为吕渭英、沈各撰寿诗七律各一。吕渭英交符璋序稿，符璋殊惬意，商添一段，删去一段。

午后符璋备幛、联等六色送吕渭英，并缴去各件。只收联对，余未收。

符璋致沈培皋函，交去吕渭英寿文稿，并附仿单两纸。马耀夫、林亮周先后来。得黄枚生函并洋十元，误以符璋今年七十寿而致过也。附来五古一首，颇类选体。

符璋代吕渭英作：

岁在癸亥行年六十九矣，承知交诸公称觞相庆，却之不可，爰成四律志谢，并以抒怀。

蘧瑗知非又廿年，梦痕回首总茫然。
望秋蒲柳偏长日，不食匏瓜敢怨天。
洛社衣冠无画史，设家宫阙有铜仙。
婆娑杖艘林泉外，且博酡醺醉此筵。

西京牧守吏称循，靴版书生宦八闽。
如仰斗山尊节镇，虚教姓氏达枫宸。[①]
珠遗东海鲛辞客，羽报西雍鹭接宾。[②]
旧领棠封多草莽，故候无计撤斯民。

蜃雾南溟为我开，佗城啸傲五层台。
葛仙勾漏丹千灶，吴隐贪泉露一杯。
未佐将军铭柱绩，原非幕府运筹才。
研桑心计曾何补，只是髯翁啖荔来。

抱石云痴出复归，遂初制就芰荷衣。
木人已倦牵丝戏，瓜叟浑忘抱瓮机。
老境兴酣三爵任，名场事变寸心违。
赠言重过千金贶，彩笔叨君愿一挥。

注：

①蒙诸大吏陈政绩，传旨加奖。

②在县府日每兼税厘，暨盐务、财政、警察、武备学堂诸提调。过班后，总办盐务、财务、商务、电报、樟脑各局及商部议员。

十月廿一日(11月28日)，阴。沈培皋来见符璋，交来阳历十一月份关署夫马费廿元，又以吕渭英删改寿文稿见示。二更后吕渭英曾任职的温州商会失火。

十月廿二日（11 月 29 日），晴。符璋至吕渭英处拜寿，已出避，寂无举动。

十月廿四日（12 月 1 日），阴寒。清晨吕渭英拜谒符璋，云不演戏，月内赴杭，下月半后即回。

十月廿七日（12 月 4 日），晴。吕宅以是日称寿。清晨符璋即至吕宅，已避出，少坐。午后五点钟，符璋赴吕宅宴，客极多。由王统带介绍与郝司令晤谈，又与审判厅曹明甫厅长及关署沈、欧两科长谈数语，就席，始见吕渭英。胡监督送来序寿润洋卅元。陈益轩出符璋诗示众，殊高兴。前直隶总督兼北洋大臣尚书衔陈夔龙亦作《寿吕文起太守七十即寄温州》："灵贶集嘉辰身，世凡三隐，人为物望，归家与天台近。少年隐于士逊志务时，敏于将举孝廉，月旦评。惟允中年隐于官，闽海作大。尹黄堂即绿野，五马绝尘。矧晚年隐于商，逐末寓，孤愤班书。读食货迁，史注平准，厄运逢阳。九楼市嗟海蜃，鲁连善解纷众，怒归一晒闻名廿载，前识颜汉腊尽浦江沸。管弦西湖共樱笋，春来预有约雁宕。凌秋隼，可惜大龙湫，阻兵负导引古稀。值阳月，谊接朱周轸（晓南稚香本年均七十）遥知绮窗下梅花，开笑齇祝君松不老。一霎薄朝，槿善葆后凋身。肯受雪霜，陨有妇光，俪鸿有子，衰启盾临，风道阻修飞觞醉喉吻。"

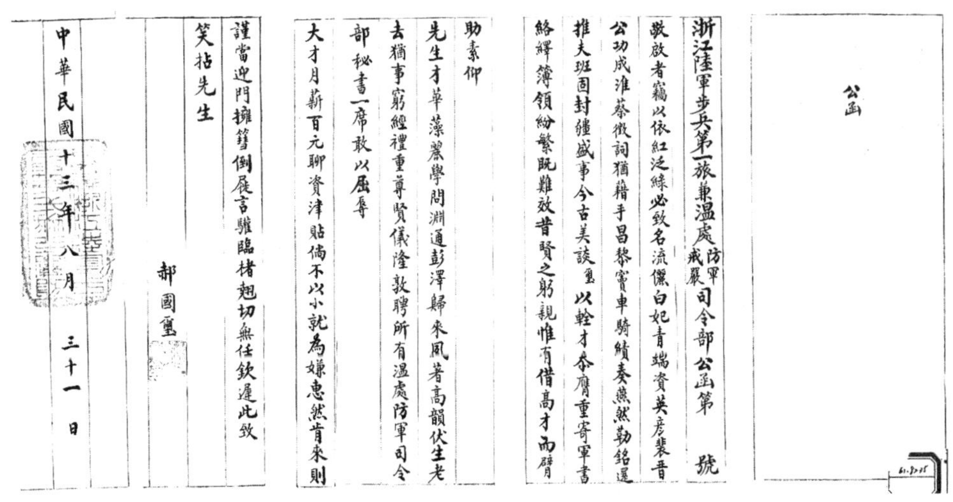
公函

浙江陸軍步兵第一旅兼温處防軍戒嚴司令部公函第　號

敬啟者竊以依紅泛綠必致名流儷白妃青端資英彥裴晋
公功成淮蔡徵詞猶籍手昌黎賓軍騎績奏燕然勒銘還
推夫班固封疆盛事今古美談玺以輇才忝膺重寄軍書
絡繹簿領紛繁既難效昔賢之躬親惟有借高才而臂
助素仰
先生才華藻聚學問淵通彭澤歸來風著高韻伏生老
去猶事窮經禮重尊賢儀隆敦聘所有温處防軍司令
部秘書一席敢以屈辱
大才月薪百元聊資津貼倘不以小就為嫌惠然肯來則
謹當迎門擁篲倒屣言驩臨楮翹切無任欽遲此致
笑拈先生

郝國玺

中華民國十三年八月三十一日

温处防军司令部郝国玺旅长聘符璋任秘书函

十月廿八日（12 月 5 日），阴。符璋以函致吕渭英，托买书，付洋五元，另彭儿名条二纸。

十月廿九日(12月6日),微雨。吕渭英附飞鲸赴杭。

十月,因风灾重建右有山房及大观亭,胡巽庵监督捐洋三百五十元。大观亭山下建筑石阑及修路,共洋三百十元。华盖山东山脚建筑石阑及修路,共洋二百四十一元,吕文起捐洋二十元。

郝国玺

十一月初四日(12月11日)上午,杭州人动物学专家王希成来永嘉采集动物标本,由女中博物教员刘某带至飞霞洞,略作休息后见飞霞洞有对联"树犹高卧,我亦归来",为吕渭英题写,读来感觉到吕渭英胸中颇多抑凿。还有一联"往迹半荒凉,问古洞霞飞,何日仙人骑鹤去;奇材偏抑郁,听卧楼风起,满腔心事托龙吟",也为吕渭英题写。

十一月上旬,吕文起居士会同吴璧华、普觉寺林修师、朱晓崖、江蓬仙、周群静、张绍晋、吴易新、叶同华等居士筹备弥陀佛诞庆祝会,以为佛化进步之纪验,定以城内九山宿觉寺为会场,预于各处遍发通告,从古历十一月十四日起至二十日止为庆祝期。寺之头门外,书"诸恶莫作,众善奉行"八大字,又竖国旗四大竿,门内天井广张万国旗式,两旁设招待所、会计室、佛经阅览所、放生林等。大雄殿高悬灯彩,陈列种种香华果品,当中立讲经坛。其内进方大厅,安置镜屏极乐世界庄严图等,其左厅为会食处,右厅为净土堂,皆极严丽精洁。会中之行持放生林每日将生物持至经坛前,依云栖放生仪轨加持后,再送往放生池放之。讲经坛每日由主讲人率领士女绕殿念毕,即登台说法。其说法时间为上午九时至十一时,下午二时至四时。每听众多时,或至大殿拥挤,遂站于门外阶傍听之。净土堂别请头陀寺及本寺高德沙门率领多数居士专修念佛七。既进堂已,即闭关专持洪名,行住坐卧,无少间断。其内尤以周群铮居士及师范学生林赞华等四五人最专切,大得利益。来宾之盛况,每日上午九时至下午午时来往参观及念佛听经者不下四五百人。惟十七日为弥陀诞期,因吴居士之柬约,则军政各界长官俱到,门外车马如云。来者各助香金一元,复至大殿拈香,端坐听经毕,更从容步出门外,分途散去,可谓极一时之盛云。讲经之略记:十四日上午,唐大圆居士开讲,略说阿弥陀佛因地在世自在王佛时出家,名法藏比丘,对佛发四十八愿,愿成佛于极乐世界,接引十方念众生。每愿皆云若不遂愿,不取正觉。今彼佛已成正觉十劫,知共愿皆遂,故我辈能念佛者,决定往生无疑云云。下午吴璧华居士,就无量寿经详说阿弥陀佛历史,听者无不兴高采烈,额手称庆。十五日上午,吴居士续讲无量寿经五恶等义,讲解精详,能起一般人之正信。下午唐居士续说四十八愿,就各愿分配为念佛功德,念佛国土庄严,念佛名号等说之。结云弥陀发愿时,亦是众生,与我等今日无殊。我等今日在坐者,皆当效弥陀发愿往生,则将来同生净土,皆成正觉,决然无疑。听者欢声雷动。十六日以后,尚有张绍晋江蓬仙王云龙诸君演讲,皆能令听众信受奉行。惟语长不及不备从略。

十一月十一日(12 月 18 日),晴。符璋发吕渭英快信,寄杭。

十一月十三日(12 月 20 日),王毓英与温属六县代表江步瀛、刘项萱等 12 人呈《为黄吕二家捐助图书拟照章酬报呈瓯海道尹文》,"黄吕二家"即黄绍箕、吕渭英两家,略称:"迩瑞安前翰林院编修钦加侍讲黄绍箕太史,旧助书大小一千另九十部,计一万三千数十本,估值英洋四千元上下;前福建即用道吕公渭英为籀馆助书大小二百七十部,共计五千二百四十本,约值英洋六百数十元,又助建河厅四百五十元,助购《藏经》五十圆;又前提请省款戏捐每年一千元,请省款戏捐每年一千元以作常费。请瓯海道核转省、部援例褒扬,以资鼓励而开风气事。将吕渭英在籀公祠中立长生禄位以为之酬。"

籀园图书馆及其河厅

20世纪30年代籀公祠

民国十三年(1924)　岁次癸亥(六十九岁)

十一月廿五日(1 月 1 日),晴。吕渭英交符璋代买书三部及余洋,昨由飞鲸归。

十一月廿六日,晴。符璋拜谒吕渭英,未晤。

十一月廿八日，晴。符璋拜谒吕渭英，未面。

十一月，吕渭英以私财收回江心寺久租洋人之浩然楼。

是年，因杨雨农关系，吕渭英捐助城南小学。

十一月廿九日(1月5日)，浙江新军今日开一连到平阳，连长孙星寰，字浩如，奉化人，孙玉仙(锵)之侄也。

十一月，吕文起鉴于乐园酒馆复业，呈请瓯海道尹沈致坚令其迁出，以杜后患。呈文略称："按谯楼系属公共之地，并在鹿城适中之处，分设书报，以供众览，名正情合，人人称善。乃其中有商民王文中独家之酒馆，前中秋间屡经吕绅劝阻停办有日，自分馆迁入草草布置，后不意该酒馆死灰复燃，非独与吕绅作反对，且并背六邑之公议。恳祈钧署令县派警勒令该园，限定阴历十二月腊底为止，即行设备迁移别处营业，以还公地而维文化。"

十二月初二日(1月7日)，阴，午刻微雨。符璋看吕渭英病，谈片刻，吕渭英赠以万应膏两张。张仲川及卧云法师同来，遇于路，旋以一函致卧云，说浩然楼事。发四十二号京函。

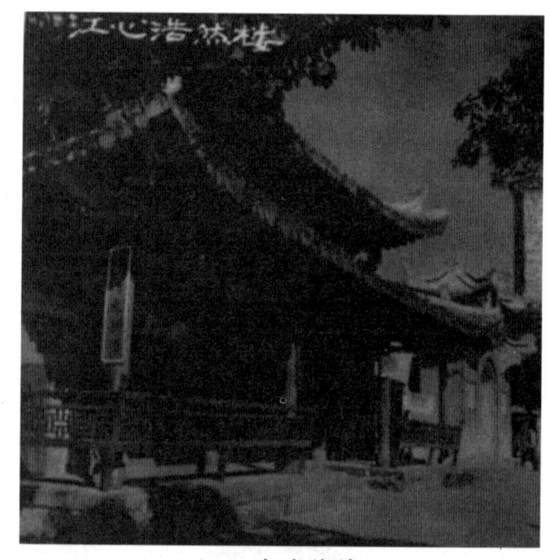

江心屿浩然楼

十二月初六日(1月11日)，晴，骤暖不可当。符璋送吕渭英第九女添箱十色，收五色。

十二月初八日(1月13日)，晴。吕渭英闻昨夜一钟东门外钱店及山货行被劫，盗皆打脸，掳去五人。吕渭英来见符璋，云盗有一机关在某寺。严琴隐来见符璋，云钱庄所失仅数百元，山货行劫去现洋三千余。并云东门外有青红帮匪千余人，殊可虑。

十二月初十日(1月15日)，阴。符璋晡饮吕渭英处，其第九女赘婿吉期也。

十二月十一日(1月16日)，阴。吕渭英来符璋家谢步，略谈。

十二月十四日(1月19日)，案准浙江教育厅咨开瓯海道公署训令第四五号，黄(绍箕)、吕(渭英)二绅请奖一节，应请贵道尹令饬该馆将所有书目及卷数开单过厅，另案核办可也，等因准此，合行令仰该馆长知照，迅将黄、吕二绅所助书目及卷数开单呈道，以便核转。此令。

十二月十九日(1月24日)，阴。时逗日光。符璋函致吕渭英，托觅长沙刻本书六册，并告以索润事。

十二月廿二日(1月27日)，阴。清晨符璋得吕渭英回函。

十二月廿七日(2月1日)，吕渭英一生挚友王毓英于十二月廿七日因微恙卒于家，莫名伤心。此后不久作《清廪贡生王隽卿先生行述》，全文一千七百余字，将王毓英一生的情况用传记形式记录下来。

十二月廿九日(2月3日)，晴。吕渭英见符璋，面交甲子年关书并春季份修洋，嘱撰陈少石(夔龙)方伯寿诗。云卧云和尚已迁至浩然楼，每月八元供其费，另六元用一役，皆官绅捐给。旋为拟七律两首交去。

十二月三十日(2月4日)，阴。清晨符璋为吕渭英拟一函稿，并改定诗稿数句函去。夜得吕渭英函，又改诗稿两句。

民国十三年(1924)　岁次甲子(七十岁)

正月初一日(2月5日)，晴，吕渭英谒见符璋，请明晚燕集。夜微雨。

正月初二日(2月6日)，晴暖。下午符璋拜访吕宅饮，并作诗钟，客三十余人。

正月初五日(2月9日)，雨止。符璋拜谒吕渭英，未晤。

吕宅八角亭

正月初六日(2月10日)，阴。符璋函吕渭英，补录《寿朱晓崖方伯七十诗》去，并缴回《飞霞洞卧树楼歌》原稿。

飞霞洞卧树楼歌

老夫垂兴城南游，直上飞霞古洞百尺之高楼。
楼前卧树盘涧穿石出，回旋起伏仿佛如蛟虬。
长髯巨鳞森欲动，天矫奇崛谁匹俦。
枝柯互交叶各态，气压柏桧凌梧楸。
只疑是为刘仙谢客亲手种，霜皮斑驳奚止逾千秋。
明堂昔需梁栋选，大匠亦纵斧斤求。
居然数年卧空谷，材大自古难客收。

沧桑历万劫，岁月长悠悠。

遂令过客无今古，相与题咏工雕锼。

前贤长歌镌石已绝唱，况复我师黄张（黄恕皆宗师、张春陔太守）二公之诗在上头。

词源奋迅倒三峡，笔刀雄健回万牛。

嗟予才薄窘趋步，坐对老干供冥搜。

造物宁有意，欲问终无由。

根株历久不剥蚀，神呵鬼护非人谋。

山灵有知，便合矫渠成直干。

庶与扶摇而上，一扫云雾天四周。

胡为乎，轮囷几欲佐社栎，至今偃蹇岩壑风飕飕。

正月初八日（2月12日），阴雨，微雪。符璋为吕渭英撰就《寿朱晓崖方伯七十诗》五古四十韵，改定缮清：

神龙尾匿云，隐豹斑隔雾。

不测期名贤，称杰在职务。

纷登傀儡场，易失邯郸步。

况逢桑海交，且向枫江住。

黔中挺异人，风尘倾盖故。

刹那十余载，未改寸心素。

汪汪千顷波，玉壶水自护。

当其热在肠，肝胆悉披露。

宦游始吾浙，牧守困驰骛。

未开旌节花，棠阴留爱树。

表率资百城，茂绩协荣誉。

奉檄蜀中行，监司储一路。

时难运自钟，才大天所赋。

开藩桂管间，疆圻看旦暮。

平生抱忠犹，谋国先富庶。

使其综度支，计相优借箸。

乃运粤海筹，泉流大盈库。

遂令五羊城，般入赈他处。

我勉逐后尘，驽足谢飞兔。

兢惕累年中，差幸克贻误。
先后去蛮陬，衣无一尘污。
改制禅诏颁，鼎革倾帝祚。
仕隐各分途，貂珥傲韦布。
我材本樗栎，建厦匠不愿。
如公万里鹍，鹏抟非辙鲋。
廿挂神武冠，烟霞疾弥痼。
春江花月场，寓公不知数。
优游绿野堂，重见晋公度。
三株树自佳，万石风可慕。
金非市骏物，饵岂钓鳌具。
游戏活人术，刀圭及芪附。
自有不老丹，镜中好颜驻。
今年甫七十，扶桑日初曙。
眉案闺有人，双修见翁妪。
人皆羡嵩龄，彭聃始婴孺。
和神恰春半，喜气验温煦。
地近瞻昆邱，一水航可溯。
思捧介寿觞，敢后桃筵赴。
仙不侍丹成，佛不须金铸。
一篇诗五言，制曲等韵濩。

正月初九日(2月13日)，雨止。符璋函致吕渭英。

正月十一日(2月15日)，晴，下午阴，风峭。吕渭英登门拜谒符璋，与之商谈彭儿姻事，渠欲执柯。

正月十五日(2月19日)，阴，上元节。符璋函吕渭英，为达官考艺文校事。

正月十六日(2月20日)，晴。符璋夜得吕渭英函，云又抱恙。

正月十七日(2月21日)，阴。符璋函问吕渭英病。

正月十八日(2月22日)，阴雨，冷甚。吕渭英致函符璋，说恙稍愈。

正月廿五日(2月29日)，雨，阴。符璋晨拜谒吕渭英，病卧未兴。

正月廿六日(3月1日)，阴。符璋连日偏头风痛，牙痛，殊闷。夜得吕渭英函，嘱撰联、诗，云卧疾初起。

谛闲大师

正月廿七日(3月2日),阴。符璋答吕渭英函,为撰挽张封翁挽联。

正月廿九日(3月4日),雨。符璋为吕渭英撰诗两首。傍晚,吕渭英登符璋门,云在周祠听谛闲和尚讲经。

二月初五日(3月9日),阴。清晨符璋等过江拜访卧云,楼上下各三房,颇洁净,一览江天。稍顷客集,所识者曹、徐、吕渭英三人,余皆不知谁何。曹出近作,均见工力,符璋亦写示二纸。三钟时归,恰遇雨。刘次饶来函,赠锡火锅一个。答函,附一诗去。夜灯无事,雨声在檐,又迭前五古韵。

二月初十日(3月14日),阴。午后,符璋至吕文起处,未晤。下午微雪,寒甚。

二月十三日(3月17日),雨。吕渭英谒见符璋,说即日赴杭,送寿幛多物。符璋力却之,受糕、面三色。

二月十四日(3月18日),晴。吕渭英谒见符璋。

二月十六日(3月20日),阴。清晨符璋拜谒吕渭英,未遇。

二月十八日(3月22日),晴。符璋用曹君七绝、七律韵作三首送吕渭英,盖欲赴杭一行。午刻吕渭英应冷曹之招,座客符璋多不相识,识者只吕渭英、徐、陈三人而已。

是日夜,吕渭英登舟赴杭。

二月廿五日(3月29日),阴。符璋发吕渭英函递杭,为调动道尹事。

二月三十日(4月3日),晴。符璋得吕渭英杭州快信,嘱撰潘鉴宗师长新居诗。符璋为吕渭英撰五古三十韵,函寄杭垣三元坊德康钱庄。

鉴宗将军云居山新第落成五古一首

神州干净土,只有西湖地。
东海几栽桑,堤柳绿犹口。
错杂石尉园,百十不胜记。
垒环犹燕营,户启非蚌闭。
借问金窝中,谁及玉津丽。
秋壑半间堂,斗蟀围妙技。

潘鉴宗旧宅

凤山帝王宫，袈裟挂僧树。
刹那朝市改，莫认鸿爪志。
锦绣好河山，一过一嘘唏。
湖山不累人，人为湖山累。
将军独不然，创辟与俗异。
不筑近水楼，不构连云第。
枕戈未櫜弓，时有驴背意。
五亩南山南，管榛手锄刈。
全湖让人占，一壑任我置。
身在百尺楼，峦翠挹尘袂。
膏沐烟与波，西子充近侍。
公才资建厦，竹木见经济。
谢傅称架架，弹指杜陵庇。
何必千万间，在吐胸腑气。
盍簪裙屐流，倒屣门外避。
酒酣横槊舞，叱咤兼睥睨。
种菜驱丁男，町畦抱瓮至。
英雄退老娱，非属目前事。
方今蛮触争，大局如攲器。
缺瓯谋补葺，倾柱思倚畀。
不仗磐石才，漂摇将曷似。
瓜田放候隐，桃源仙子避。
千载仰高风，难为今日例。
一角云居山，九州岛皆俯视。

注：潘国纲(1882—1938)，字鉴宗，号鉴园，浙江永嘉(今温州市瓯海区北林垟乡庙后村)人。清光绪二十九年(1903)考入福建武备学堂，毕业后任江北督练公所委员等职。宣统元年(1909)进保定军官学校。三年八月武昌起义后，杭州新军成立军政府，国纲回浙任都督府参谋部科员，续任革命军司令部第一参谋。

1913 年底毕业，授陆军中校参谋，南旋后任浙江督署上校参谋，不久调任第六师上校团长。其后六师和二十五师合编为第五军，任军部上校参谋，续升第六师参谋长。1916 年升任浙江第二师四旅少将旅长。1918 年，广东军政府陈炯明、许崇智率护法军进攻闽南，段祺瑞电浙督就近增援，杨善德令一师援闽。次年为一师师长，晋升中将。1921 年，汇巨款委托巨溪表叔郑佩焕代购良田 800 亩，并在温州瓯海巨溪建筑宅第，占地 17 亩，历时 4 年建成，其豪华为温州私宅之最。二月，吕渭英回忆：叶君墨卿髫龄时同受业于黄乔卿夫子之门，其时同学记不下百人。60 年后，存者晨星数点；今冬为墨卿七十大庆，余适远客钱塘，写寄南极老人图一幅以为之寿，亦见总角交游，白头到老，非易事也。回首胜农就傅日，同学于今有几人。况历沧桑几百劫，健存犹共古稀春。华堂戏彩乐陶陶（我醉湖搂兴正豪写寄老人图一幅），客垦远照寿星高。

二月，吕渭英《谢锡周七十寿序》有言："锡周谢先生七十揽揆之辰，戚友称觞上寿，乞序言于序。余与先生交久而知之尤深。不敢以不文辞。……先生与余年皆七十，先生长余六月。"

二至三月，温州普华电灯公司因购机资金困难，经理李湄川认为自己力不从心。吕渭英有主持福建新政的经历，认为办好电灯公司，既是营利企业，又是公益事业，鼓励杨雨农大可一显身手。于是年初冬，杨挺身予以接办，公司改组为普华兴记电汽有限公司。成立新的董事会，吕渭英任董事长，徐致江为办事董事，杨雨农任经理，原公司正副经理李湄川、何丽川以协理名义支原薪退职。新董事会承担欠缺款项，资本增至 15 万银圆。从德国蔼依吉厂购置 400 千瓦汽轮发电机组投产，其电气方式为交流三相六十周波，电压 2400 伏，其输送线路改为两路三相三线高压馈电，用电电压改为单相及三相 220 伏，并供给全夜用电，即发电时间由原来每天 8 小时延长到 12 小时。是年 11 月 27 日放光。以前之汽轮机暂时停用，从事修理。此新机开机后，至 1925 年终之最高发电量为 255 千瓦，由是灯光异常充足，用电者与日俱增。因为电灯公司在大南门，所以吕渭英募建广利桥，寓意财源广进。

注：改组之后，董事会即着手扩建厂房、建造烟囱、安装汽轮机和变压器、扩充输电线路，以扩大发电量。原来采取包灯制，每日供电时间自傍晚至午夜，改为电表制。公司内部管理制度也进行了整顿，还吸收了寿林文工程师及狄霈荪、何纪英、林醒民、翁传葆等得力的办事人员。当改组后开幕时，全公司装置了千余盏五颜六色的灯泡，灯光闪耀，光彩夺目，官商各界前来送礼致贺。杨雨农早期事业主要是借重吕渭英的社会声望。特别是杨雨农在东门上岸街南北货业公会得以承包糖捐，人们都称杨为"糖捐局长"，就是因为吕渭英的支持。公司具体运作由吕文起之侄吕维周代表吕渭英出面代表。

普华电厂第四变压所

普华电厂锅炉

普华电厂沥油器

普华电厂凝气机

普华电厂悬柱变压箱

普华兴记电汽有限公司股票

普华电厂二百匹马力柴油机

普华电厂七百匹马力蒸汽机

普华电厂外景

普华电厂五百匹马力柴油机

普华电厂总配电板

三月，瓯海实业银行股款五万元到位，嗣即组织董事会，选出黄群、徐寄庼、张云雷、周守良、吕渭英、王家驹、汪晨笙、张子乐、林俊卿等为董事，戴绶先等为监事，公推黄群为董事长，吕（渭英）、汪、王、张（子乐）为常董，聘钱业公会会长张成谦（益平）任经理，汪惺时、张惠卿为副经理。行址暂租小高桥下原霞浦会馆旧址，后来在府前街义仓前租地造新楼。嗣因业务顺利，又由吕渭英召集董监事会，扩充资金为20万元，一部分由通易投资，其余在沪温两地招募新股。随着业务的扩大，原址不敷应用，遂在府前义仓前租地建新式楼房3间，后又扩充资金为20万元。最后资金增至25万银圆，并在海门设立分行，在雁荡山开设雁荡旅行社。1924年3月上旬，瓯海实业银行呈部给照，聘请张益平为经理，资本虽少，但经营颇为得法。4月瓯海实业银行正式营业，于1928年初收足定资10万元。1936年，温州人士上海大华公司总经理叶风虎投资，资本增至法币5亿元，叶任总经理，于上海设分行。1934年，复在府前街钟楼下建三层大楼。1937年冬，受政局及市场影响，业务陷入困境，维持到1950年歇业。

三月，吕渭英欲出私财独办《永嘉县志》，方筹划间，病忽作，事辍。

三月十一日（4月14日），晴，阴。符璋得吕渭英初一杭信。

三月十九日（4月22日）下午7时，大风、雷雨，并下冰雹大如拳，约历一刻许始止。鹿城至乐清管头航船遭沉没，淹死20多人。

四月初八日（5月11日），晴。符璋闻吕渭英昨夜到，午后送来食品二、印泥一。旋得吕函，嘱撰高白叔重燕鹿鸣诗，并来夏季束脩羊。

四月初十日(5 月 13 日),阴。清晨符璋拜谒吕渭英,尚未起。

四月十一日(5 月 14 日),阴。八闽会馆忽来一请柬,以十六日天后开光也。同乡会长:正,刘项萱,字赞文,惠安籍;副,洪士雍,字莲舫,闽侯籍,现充第一旅司令部校官。

四月十三日(5 月 16 日),阴,微雨。吕渭英谒见符璋,谈今岁做寿办法,现已筹备及草事略,大旨以寿礼之款办善举,据云约可得数千元。又谈及修志事,当以筹款一说进,屡欲言而无由,今不能不乘机言之矣。渠在杭发痢疾颇剧,以服单方得瘥。方用凤尾草煎汤,以蜜一小杯冲服,立止。据云收效已非一次,此草到处有之,别名鸡脚草。又云有电气治牙痛术,亦可立效。

四月十六日(5 月 19 日),晴,日光甚烈。是日天后开光,八闽会馆董事柬请赴燕。到客甚多。吕渭英谈青年会欲聘符璋为主讲事。是年,《新瓯潮日报》社内部成立青年协进会,类似新闻工作者俱乐部。

四月廿三日(5 月 26 日),温州旅沪同乡电浙省长请维持瓯海育婴堂经费:

> 浙省瓯海育婴堂为地方慈善事业之一,该堂专恃公涂租息,拨充婴粮,历有年所。前闻温州垦涂局局长欲将该项公涂变卖,曾经地绅吕文起、吴壁华等抗争未决。兹本埠温州同乡会接到温州普安专施医药局等团体电话,转恳省长免予处分等情,当由该会于敬日电呈浙省长,加以维持矣云云。(《申报》1924 年 5 月 26 日第 14 版)

四月廿五日(5 月 28 日),晴。吕渭英谒见符璋,谈青年会及县志事,欲出私财独办,而专嘱符璋一人,方筹划间,病忽作,事辍。

四月廿九日(6 月 1 日),雨。上午,符璋拜谒吕渭英家晤谈。

五月初一日(6 月 2 日),晴。下午四钟,符璋至吕渭英处作诗钟,归已二更。闻本班船吕渭英有事入杭。

五月初四日(6 月 5 日),晴。吕渭英之青年进德会来符璋一函,并聘书一通,约于初七八钟至资福寺。

五月初六日,吕渭英回函朱镜宙。原文如下:

吕渭英于资福寺

铎民仁兄大鉴：

湖滨盘桓，得倾积愫，欣慰无似！接教知南旋在迩，良晤非遥。嘱觅永嘉丛刻以及志书等，知敝箧现无存储，俟搜到照寄，否则当由印刷处代印数部以报。世界翻新，学说好奇，故乡文献，渐归凌替，阁下犹注及此，洵堪钦佩。手复，即请旅安。

弟渭英顿首

五月六日

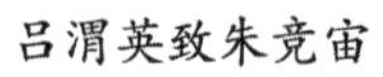

吕渭英致朱竞宙

朱竞宙

五月初七日（6 月 8 日），晴。早八钟吕渭英至资福寺宣讲，到者只卅余人。

五月二十日（6 月 21 日），雨止。刘次饶来见符璋，云将偕吕渭英赴大荆。

五月廿一日（6 月 22 日），雨止。吕渭英谒见符璋，云前日回瓯，即同赴资福山。是日又值进德会讲演期也，付以演说稿一篇。

五月，吕渭英撰旅杭温州同乡会成立史，将旅杭温州同乡会的溯源经过写成文字。原文如下：

东瓯为吾浙僻郡，去省会八百余里，山海远隔，交通艰阻。往者四民安习故土，惮于远出。虽清光绪之季，乡人孙君籀庼、薛君星五、曹君志丹、陈君介石、项君申甫、徐君班侯、王君志澄、许君养颐先后倡议集款设立，遂于葵巷赁屋一区为会议之所。温州之有会馆，盖自此始。其间艰苦经营，竭力支持，排万难以赴之，不少退却者，尤以薛、曹二君为最。未及数载，终以款绌而止。

民国初元，予来杭州经理浙江实业银行，与诸君子审议规复。复租羊市街伍姓屋为事务所，凡八阅月，垫用经费颇钜，事未毕集，予忽有珠江之行，又以中辍十年。吕渭英自粤归，复游杭州，潘君鉴宗、林君同庄、陈君鲸量、周君季纶复有筹办会馆之议。而适新市场花市路有西式楼屋三幢出售，吕渭英偕诸君往相之。规模宏伟，建筑精固，索价二万七千八百金。群议设法购之，以款钜，踌躇未决也。方是时瓯水灾之后，饥民乏食，郡中商人吁于部准渭英免税赴苏皖采办赈米，最后已逾期矣。关吏勒缴押税银两，为数甚钜，潘、林二君恳请当道电部力争，复由同乡公电，请部发还，久乃得请。由是商人失而复得，乃劝令捐助以为会馆购屋之资，而诸商皆明大义，慨然无难色。除发还二成外，共计银币一万五千余元。群复议商之潘君，潘君允为暂任垫款，事乃定。吕渭英与黄君溯初倡捐各千元，复由同乡捐集五千余元，潘君慨捐四千元。不足则暂以余屋一幢押抵，自是吾瓯会馆规模盖粗具矣。

省外同乡闻风兴起，逐队来观，咸为咨叹不已。且复踊跃分任劝捐，集成巨数偿还垫款。直指顾间事昔也，竭十数君子二十载之劳。艰难缔造，仅乃粗立基础，且不旋踵而又仆。宁知旬日之间，以之数人之力而成天下事。苟时会之未至，虽有圣贤豪杰亦不能为力，及其既集如运之于掌。呜呼！何事之难易，一如是耶！

会馆成立之后，同乡开大会，公推潘君为会长，而林、陈二君副之，于旅杭同人中推举王君侃等二十八人为评议员，复于省外同乡中推举黄康侯、郭雨青、何步皋等若干人为赞助员，而予亦忝承推为名誉会长。今日者与诸君聚首一堂，雍客酬酢，且使省外同乡亦皆得所依庇，言笑歌舞，其乐何极。而予得以垂暮三年聿观厥成，不可谓非厚幸矣！故不辞，濡笔而为之记。

甲子夏五于园老人吕渭英

五月，吕渭英作《忆京师旧游并追悼王啸牧大令、洪海筹司马》：

软红宦海趋王城，造门踯躅公相卿。
槐黄踏花举场外，亦有吾曹称弟兄。
琅琊王与鄱阳洪，旧家门第飘华缨。
故乡朋好异乡聚，上国车盖欢交倾。
水萍风絮不长合，都门骊唱催耽征。
泉必出山云出岫，各分鞭策奔前程。

王子春闱庆上第，宦辙乃作江南行。
靴版屈为百里宰，皖公山色迎猿旌。
洪君甘作郡司马，西江水洗肠胃清。
浔阳琵琶商妇曲，不同谪宦香山情。
二人既去我欲住，岂必恋恋神霄京。
一檄身坠闽海峤，应官衙鼓朝昏听。
东西劳燕不自立，左右蛮触方互争。
俄顷廿年如一日，每思往事必怦怦。
客斋口遽归山早，所长未展虚浮生。
丰城剑气匣中郁，伤哉忽化长虹轻。
義之亦抱誓墓痛，投劾归去菟裘营。
未蒙山公列启事，尚容洛社陪耆英。
岁寒三友仅在我，风雨梦寐难坛盟。
在官伴晋二千石，监司未领叨虚荣。
绾符每每属繁剧，卧治安得淮阳城。
神州大局一朝变，鹿见衔芝驼在荆。
一廛为氓伏田里，苦吟伐木求嘤鸣。
黄粱已熟黑甜娱，邯郸任人纵复横。
只此聊足告泉下，屋梁月色宵添明。
胸中芥蒂一扫尽，诗成掷地金口声。

六月初四日（7月5日），晴。吕渭英偕沈培皋谒见符璋，为胡监督及吕渭英撰沈道尹寿诗。

六月初五日（7月6日），晴，连日炎热。吕渭英谒见符璋，以胡榕村所撰道尹寿文商请改正，符璋却之，亦未展观。据吕渭英所指数处，符璋则诚有非改不可者，无暇及之。

是日，张震轩早饭后遇大荆仇君允清，久阔快叙，询悉因寻常田界筑路事，被蒋叔南捣毁房屋，致成讼事。既叔南默知礼亏，挽吕渭英、刘次公两位调停，乃不复争，和平解决。然据仇生声言，叔南近日为人蛮横霸踞，悍无人道，与昔日判有两人。噫！民国之陷溺人心，竟至此哉！

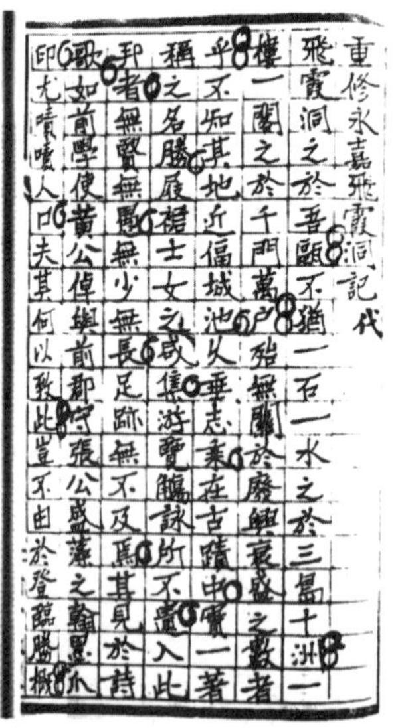
重修永嘉飛霞洞記 代
飛霞洞之於吾甌，不猶一石一水之於三島十洲，一樓一閣之於千門萬户，殆無關於廢興衰盛之數者乎？不知其地近偏城池，久垂志乘，在古蹟中實一著稱之名勝，屐裙士女之盛集，游覽觴詠所不遺。入此邦者，無賢無愚，無少無長，足跡無不及焉。其見於詩歌，如前學使黃公倬與前郡守張公盛藻之翰墨，亦印尤嘖嘖人口。夫其何以致此？豈不由於登臨勝概

《重修永嘉飞霞洞记》手稿

六月初六日(7 月 7 日),晴。吕渭英谒见符璋,谈改削寿文事。

六月初七日(7 月 8 日),雨。吕渭英谒见符璋,云寿文由渠酌改。询李委鹤南飞事。夜大雷雨一阵。

六月十六日(7 月 17 日),天气反复。林亮周与符璋谈卧云和尚与议员梅、王等四人言语冲突,徐知事为庇卧云,派警拘查,风潮大起。《大公报》所登颇详,梅冷生等四人公电省长,请撤徐任矣。

六月十七日(7 月 18 日),晴雨不定。吕渭英谒见符璋,云卧云事无法调解,明日去温,沈、徐、曹各赠以赀,徐亦晋省,议员电讦是实。吕渭英又嘱符璋撰《重修永嘉飞霞洞记》及乐清陈电飞《潜龙读书表序》各一,陈电飞印书事,吕渭英云可略赠印赀,并转言之沈志坚道尹助资刊行。

潜龙读书表序

符璋

古今载籍汗牛充栋,昔人所以有老死读不可尽之,嗟也!在昔已然,何况今日?前有千古,后有万年老蠹。长生祖龙不作,既不能不读,又多不胜读。不有最简括易读之书,使一书足抵千百书,且易解,易记,易贯串,则际此丧文天祸,悦学风微,势必阁束,群书孰犹矻矻。孳孳埋头于此,此等书策,昔人未尝不先我为之。如宋王深甯之《小学绀珠》、明张九韶之《群书拾唾》、国朝宫梦仁之《读书纪数略》皆是也。第不能多耳,三书详略不同同乎!以数为纲,系以细目,分门隶事在类书中,别创一格。提要谓其仿自陶征士之四八目,不其然欤此径,既开所趋诚捷。虽类书也不容,仅作类书观顾其条,举件系尚本原文字句,所重未加,芟薙不免多占篇幅。今得陈君雷飞所编《潜龙读书表》读之,则踵事为功,变之善者矣!陈君乐清宿学,伏案下惟中外各书,多所戢孴,积稿至十六册,阅时至二十年,可不谓勤,且专乎各门,纲举目张,绘式列表,句刖字核,无一赘辞。近时译本类新编,多此制求之国中旧籍,除释氏之教乘法数外,殆宋唐仲友氏《帝王经世图谱之支流者》乎使尽。以此法读诸于百家,则虽汗牛充栋之故纸,又奚烦难,不可尽之。有黔西李石虎孝廉伟最工编书,尝告我以捷法编改内经,其子某又编《周官》,惜未一翻其书,以手稿丛琐,未遽写定。故据云移易排比,便于诵习于原文,仍不减损一字,然则便则便矣,犹未悉臻易简,如吴县冯校邠先生之于《山海经》也。兹编虽未云赅,备门目次第,亦有参差。而王氏《绀珠》已然不为病矣,付刊时略事审，易固无所难，鄙人耄荒，以得观成书，窃比于方回七十四岁，而见《绀珠》为幸，不辞诿諈，挂名卷端。

时中元甲子年六月，西江七十二叟符璋(笑拈)甫序于永嘉之寓庐。

潜龙读书表序

吕渭英

青年进德会为吾瓯近日新发现之讲学会也，主张王氏意由心性，而趋事功，由姚江而追永嘉，甚为应时，而生之学会也。创办者为瑞安金君荣仙，又延寓公西江符先生笑拈主讲中多少年英俊，而不意更有宿学闇修之陈君电飞者。在陈君居乐清之乡，素未识面。今忽以所编《潜龙读书表》手稿见示披览，一过心目，为开满屋散钱。一一穿起，其排比之简括，积久之工夫，笑拈先生序已详之弁冕，三都此其元晏无论新学、旧学咸宜。手各一编，提倡斯文，虽非所任，惟是有才，如项能不慕说士之甘，至于给札助班，则自在当官之济耳。

甲子长夏，永嘉吕渭英序。

六月十八日(7月19日)，天气如昨。符璋为吕渭英撰《重修永嘉飞霞洞记》一篇交去。

重修永嘉飞霞洞记

飞霞洞之于吾瓯，不犹一石一水之于三岛十洲，一楼一阁之于千门万户，殆无关于废兴衰盛之数者乎？不知其他近逼城池，久垂志乘。在古迹中，实一著称之名胜。屐裙士女之咸集，游览觞咏所不遗。入此邦者，无贤无愚，无少无长，足迹无不及焉。其见于诗歌，如前学使黄公倬与前郡守张公盛藻之翰墨爪印，尤啧啧人口。夫其何以致此？岂不由于登临胜概，有足使人流连赏玩而不能释者然哉！然则此地为一方之重，亦可见矣！

考飞霞洞以仅刘根得名，其实根为京兆长安人，少学道于嵩高山，中得诀于华阳，晚成仙于鸡鸣。见于《后汉书》及《神仙传》者，详略不同，未尝一字及于越瓯灵迹。神仙不测，载籍难稽，父老既已相传，此固无庸深究。

岁月绵邈，废兴更迭，远者自见于邑志外，计有清末造以来，迄今凡四修。其在光绪十五年也，鄙人未入仕籍，实始经营。至廿一年，则署温处道宗公源瀚继之，任其事者，委员顾鸿。廿七年风灾殿圮，募捐建复，则住持遐箭及邑人叶君鑫、张君九亭首其事。而商家史春芳、史鼎甫二君，及关员金君国栋与有劳焉，而三层楼因之以成。宣统元年，新造洋式楼房一座于东，则鄙人方解福州府篆，假旋日所规划者也。役经四次，时阅卅年，世局沧桑，云烟变幻。近复渐就荒坏，有心人岂忍漠然视之。顾物力维艰，仔肩难任。

今岁初夏，官绅因事宴华盖山，有语及此者，驻温第一师司令官湖南郝旭东旅长，即座倡捐百番；而瓯海道尹沈卓如、瓯关监督胡巽庵二公和之；在列诸君，亦多乐助，集款至千五百余元。即日以某君董其役，众擎易举，不三阅月，而功告成。回忆当年在事诸人大半凋谢。白头一老，犹复盛事重逢，其私幸为何如耶！

此次工程，或革或沿，或分或合，恢拓基址，营构馆宇，各就山川形势，而相与磅礴蜿蜒。气象为之聿新，人地由之克协，岂非吾瓯之应大书特书之一盛事乎！

夫事无钜细，不外破坏建设两端相遁环乎！有建设无破坏，万万不能；有破坏无建设，断断不可。顾建设难，破坏易。破坏之事，有天有人，以云建设，则唯人是赖，人力可以补天，人定可以胜天。此固理势所必然，吾人应负之责任。若夫破坏建设，举皆作壁上观、局外观，而不一动于木石之胸。此等日走肉、日行尸，在新名词，谓之凉血动物，为世之所诟病。转不如一味主张破坏者，尚足激起建设者之热心毅力智名勇功。国家社会此辈最多，幸而尚不见于吾瓯，何以征，亦征之此一役而已矣！

继而今，吾瓯所应修废举坠，以修举为建设，亟于此役者，不一而足，皆将以此役为嚆矢。然则此役所关，不其钜大矣乎！盖不容不大书特书。出赀诸公，名悉列后。中华民国十三年七月，永嘉吕渭英记。

六月廿二日（7月23日），晴雨不定。吕渭英致符璋函，云卧云已去。

初秋，吕渭英与刘君次饶等共十人因公同赴乐清大荆，为蒋叔南与仇允清纠纷事而调停，调处而息，后同游北雁荡。

蒋叔南

蒋叔南作《大风雨宿北斗洞和刘次饶先生韵即呈吕文起先生暨同行诸公时为蒋叔南

（希召）解纷也》：

洞天常抱白云眠，忍渴不甘饮盗泉。
行到高山知平地，曾经沧海阅桑田。
狂歌浊酒聊终日，苦雨凄风又一年。
恩怨亲仇春夜梦，大都注定在生前。

吕渭英作《登石梁洞次蒋叔南韵》：

转过前湾又一村，层云百级叩山门。
中生奇石成梁洞，远见群峰起地根。
约会十人齐叫绝，涵空万象欲无言。
商量去乞龙湫水，洗眼归来老不昏。

刘绍宽作《游北雁石梁洞和吕文起韵》：

群峰攒处见山村，峭壁居然辟洞门。
梁架半空天补罅，岩支斗室石根生。
偶随胜友人来高会，闻有幽人独寤言（有升半道人隐此，时不晤）。
何日得能抛世虑，相从谷汲共朝昏。

六月，吕渭英作《哭胡稚芗明府绝句六章》：

儿童罗拜使君前，辕辙当年共卧攀。
栽遍甘棠千万树，长留功德在三山。
战云惨淡汉皋秋，仓卒同归万里舟。
难得佗城重握手，沧桑时局话从头。
去岁相从堤岸东，连宵酒绿复镫红。
而今韵事多陈迹，泡影浮生一觉空。
幽明异路哭君哀，蔓草荒烟土一坯。
苦我不堪风雨夜，梦魂犹是故人来。
劳劳又复事征尘，云树苍茫二月春。
送我情深千尺水，满天风雨过江滨。
正在苔岑结契时，何堪南北忽分离。
多承离别一言赠，说到归期寄莫迟。

六月，吕渭英作《大龙湫观瀑偕沈道尹卓如、徐知事澄湫》：

暮年如惬平生愿，五岳归来才识面。
危峰飞瀑抱龙湫，为洗寰区龌龊徧。
穿云谢屐来今朝，山灵拱揖将无嘲。

衣冠不是汉家旧，芒鞋竹杖肩吟飘。
七十七峰在何处，但见岩峦辄留步。
云霄得路看飞仙，邱壑娱情归退傅。
我抗尘俗二无一，林下孤踪亦难及。
入山偶随采药翁，洞府何曾为我阙。
瀑飞天半倾银河，云中出现龙首多。
岱云霄寸雨天下，不知此瀑将如何。
匡庐武夷伯仲耳，溅溅自鸣羞涧阿。
开山祖师姓氏杳，僧家所尊惟巨那。
山中境界到眼异，果有好诗胜游记。
诗多集亦不胜收，过眼云烟荡空际。
我来不复携图经，兔毫茧纸祛零星。
胸中空洞无一物，洗以潭水双眸青。
三雁从兹多喜色，留迹千秋南海客。
官能到此吏亦仙，落笔兴酣案叫拍。
摩崖大字剜斑苔，陡惊瀑响轰怒雷。
入山几日出山去，待寻泥爪他年来。

六月，沈道尹卓如偕吕渭英与徐知事澄湫大龙湫观瀑，卓如道尹、澄湫知事、叔南及吕渭英同刻石其上。

六月，吕渭英鉴于温州、丽水地区连年水患，地方大受损害，皆由滥伐材木所致，代表各属绅民呈请浙江张省长《令瓯海道饬属县禁止柴炭烧运》。

七月初三日（8月3日），晴。符璋又致函吕渭英。下午吕渭英谒见符璋，云为电省，示以电稿。夜符璋为吕渭英撰《征文启》。

七月初四日（8月4日），晴。吕宅为符璋送来杭州复电，符璋以《征文启》稿函吕渭英，又以《后江东生传》两篇示之。下午雨一阵。《后江东生传》原文如下：

永嘉有寓公焉，曰后江东生，世所称符笑拈先生者也。先生名璋，字聘之，一字笑拈，号蜕庵。先世江西宜黄人，考讳兆纶，清咸丰间宰闽之福清，先生以生；同治甲子，福清公捐馆，先生年十二，偕姊妹幼弟奉母居闽不得归。福清公宦闽久，尝以诗文造就多士，士有劝入闽籍者。时冒考之禁极严，先生以姓僻易触耳目，且性好博览，不专举业，遂绝意不应童试。以贫故，亲旧劝纳赀谋升斗以养，始勉从之。胞叔某先宦闽

符璋《后江东生传》书影

又八律 丙午

漫畫新蛾覆舊圖　麝熏繡帳博山鑪　千金禁體濤妃
條　百琲輕軀石氏珠　歌倦凝雲頽象板　酒闌笑電起
驍壺　王昌近在牆東住　可待銀河駕鵲無
十二層城處處春　藍橋隔斷襪羅塵　未勞青鳥啣瑤
札　只許烏龍卧錦裀　見慣司空渾不訝　近前丞相怕
逢嗔　折腰孫壽饒姿媚　忙煞東家枉效顰
箱留黄竹嫁衣空　重繡妃央爪未工　斫樹人依羿妻

月姊花天送醋姨　風乞方獺髓瘢容補　隔座牽心語
乍通　買賦阿嬌曾不悟　長門何異未央宮
迴腸百結解綢繆　綰就同心合子　不掌露侍臣
易渴　臂砂女伴驗痕羞　分無玉杵聯雙璧　願有黄衫借
寸籌　一角屏山天様遠　傾城叙到隔簾鈎
盛時勑使選良家　膝上君王擁麗華　入道宮娥撤環
瑱　嫁胡公主抱琵琶　句心雙陸籌孤注　殿脚三千語
玉花　越女采薪羞並輦　江頭日浣苧羅紗

無題用十三覃韻 光緒丙申

髻鬟塗抹事初諳　螺黛朝朝撫鏡函　醃面妝新嗤鋭
國　折腰步軟怯邯鄲　半天女伴鞦韆戲　二月春風荳
蔻含　記得湖西踏青路　拾鈿有客駐遊驂

又 甲辰

入手眉圖變黛蛾　鏡匳狼籍幾煙螺　髩鬟慣吝嬋娟
老　謠詠風行嫉妒多　君夢巫山臺有雨　妾心穎石井
無波　秦簫湘瑟凝塵滿　子夜清歌只奈何

后江东生诗集手稿

中，例应回避，遂于同治庚午，全家徙浙，以府税课大使分发焉。壬申，丁前母洪太夫人忧。时长乐梁敬叔观察，以官书局总办升任杭嘉湖道，延馆于家。观察为芷林中丞三子，家富书籍字画，因得纵观，并及闻乾嘉以来诸老言行。光绪壬午、癸未间，台盗黄金满肆扰，就抚后风益炽。巡抚刘公秉璋创设温台统领任防勤事，奏调北洋记名提督杨岐珍来浙，督淮军及他军数营驻于台，先是统台防者，为已革福建陆路提督罗大春，先生被巡抚陈公士杰檄委充台防文案。比杨提督到，延留在军，以委员充幕宾，盖如古之掾焉。甲申，法人攻闽，随营调防镇海。乙酉正月，法舰犯镇口，为招宝山台炮击退，由是停战议和。事解，文武得奖，先生亦保归军功班先补，旋随大队回原防。杨以功实授江苏狼山总兵，调镇浙江定海，再调黄岩，驻海门，仍综两府防务。先生居幕阅十载，治事之暇，发箧陈书，益肆博览，渟泓无涯涘，且得尽识发捻终始，及湘楚淮淝将士风气。以赞画巅捕积劳，得保以府经历用。癸巳，杨擢福建水师提督，以母老留防，未与偕行。自是统将累易，掾职如旧。有李凤来者，楚人，颇骄倨。淮楚积嫌，以先生在淮军久见外，先生遂就海门镇赵永铭幕。逾月，而有水陆会剿一役。李部所派潘、李两将，违期竟不至；赵部黄某，孤军陷险，陆战被创，尚擒获枭渠数名。李遂捏报胜仗，诿咎水师败退。台州知府兼台防营务处徐承礼，慑于李焰，莫敢异同。时藩司恽公祖翼，新升巡抚，有严厉名，赵以势孤，忧懑无措。先生漏夜为具禀牍，自承战败之由为舍舟登陆，代陆师以战，中叙失陷绝援情事，历历无一字虚设。因募急足投抚署，文到而抚委周道某方启行，恽抚立将此禀发交彻查。旬日具复，而李、潘、徐同日撤差，于是先生复归台防，虽补处州经历，仍留办防务，并保以知县原省补用。光绪癸卯，学宪侯官张公试竣台州太平，何童二学官以送考行为盗所据。时桧承礼已夤缘回任，与台州协海门镇各派队分路援救，时统台防者为记名总兵王立堂，亲帅队赴桐树山。桐树山者，台州著名匪渊也。相持旬日，匪受困粮缺，先释童姓为解围之请，其何姓者于次日函告前锋哨弁花占魁，谓兵退即可出巢。王如约先后受之，并遣弁护送回署，自留区处匪党，三日始回防，而镇协府已纷纷具报，攘为己功，且以二人同日救出为词，不知其分先后也。王愤甚欲辞职，先生乃为具禀，中叙防缘各营分路围搜，部署甚晰，且言匪自畏罪，先后纵回二学官，即呈何手书为证。因自陈办理无功，请予惩治。巡抚任公道镕于先到各禀，悉置不理，独详批此禀，褒奖有加，行府录批，知照镇协，并六百里排递，饬王查取镇协疏防职名，不久即授王为海门镇矣。先生以是两役，见忌于诸文武，徐守卫之尤深。处州知府赵公亮熙，颇虑中伤，促令赴任，于是辞差赴官，计在军二十二年矣。先生在台久，先后守台者郭公式昌、陈公琼，皆以文字见知，时时委代笔札。又从陈公得观书画碑帖，翰法益进。张公琳初入蜚语，相遇颇疏，继见先生题临海毕令诒策菊花画屏诗，大称赏，礼遇转加。赵公前守台时，先生当为治牍，大蒙器许，壬寅冬到处，明年夏摄松阳县篆。县有会曰双龙，屡与天主教民龃龉，教民憾之，罗织列控，以邑绅黄炎、何龙云为魁，二人固富豪，向任邑董以公事故，不能禁其往来。主教法人赵保禄，在浙势张甚，所至文武迎送，缘舆呵殿，一如大吏，惟处州独否，所指索一不之应。因是衔府县甚，遂以仇教庇匪告法领事，以胁巡抚聂缉椝。聂与赵守夙有积嫌，而赵又适以先生名通荐督抚藩臬，益中其忌，遂同案去官矣。自是接府县篆者，即名捕黄何诸人，倾其财之半而事始已，盖已名实兼收矣。乙巳客广东，入水师提督李准幕，以救护外洋难民案开复原官，即委总办请武学堂，且荐入督幕。时督署规制初改，分股治事，总督周公馥欲任先生为总稽核，以权重谢之。继是督两广者，胡湘林、张人骏三公，皆容容厚福，在幕三年，无以自见。惟时与两广方言学堂监督瑞安陈黻宸、师范学堂监督黄岩王舟瑶，及江宁邓嘉缉、贵州李伟相见讲学，感喟时事而已。既丁母林太夫人忧，服葵，宣统己酉，引见回浙，充温处道署交案及统计科科长。辛亥春，瑞安知县金汉章以禁烟激变，省委汪锡祺被戕，地方汹汹，道府会请，以先生往抚定之。九月而革命军起，国体变矣。先生再四求退不允，壬子二月，始获卸职，别委太平知事，不赴。嗣以江西父老见招，是冬至南昌，充九江交涉署秘书。癸丑委署宣春，改广昌，值二次革命，溃兵四扰，各属糜烂。广昌无城无兵，无可守御，请兵请示，皆不见答。酋帅黄九言来广，士民敛兵费四千为赆，不受，馆谷七日，不动秋毫。先生徇士民意，为上书声叙其功，语触巡按使戚扬之怒。都督李纯，有委员裘某，过境肆扰，踞见长官，先生方欲收之，遽狼狈逃。遂上揭其状，李亦不快。会戚劾先生，付惩戒委员会，以无事实，仅议停职二年。有劝上状政府自辩者，先生笑谓：今世欲伸公道，毋乃太愚耶！遂拂衣归永嘉，不复出矣。先生为学，不名一家。其通经致用，主周官左氏，谓辅以梅书，戴记研贯而变通之，富强之道，何能外是。而致功尤在于吏，谓六经皆史也，读史所重在识，古今中外治乱及兵农礼乐之大，考订校勘，非所屑屑。又谓治史须参各家纪事，纪事之文，务求文与事肖，若拘拘史载，专趋简严，则事实必多刊落，转不如说部家言之能穷形尽相也。野史一门，万古不废，勿为自命古文家及桐城派文家所误。又谓史家传信之道，凡述其事之曲折利害，其人之巧拙贤愚，欲毫发之毕肖，不可有一字之粉饰，此非散行之文不可。若骈文则专以粉饰为能，浮词既多，本真反掩，读者见其比附点缀之工，转疑为虚诞。不全疑亦不全信，故欲为骈散之争者，以此质之可矣。其论诗：五古，唐以前取陶、鲍、谢三家，唐取变不取复，杜之外，取韩、孟，间及乐天。七古为唐之创，应取创中之创，杜之外必及昌谷、昌黎，前乎杜则参太白、王、高、岑，如王杨四子及元白温李，别为其类，亦属创格。七言、七律、七绝，必兼及宋元，五律专宗三唐。

其自述学诗如此。又云：诗必句句字字研练而出，篇无论大小长短，必有山环水绕，径绝云通之势，不可直泻无余；一篇之成，固当如武夷清溪之九曲，即一句之中，亦有曲折回沓之致，令人探索不厌。又云：声色韵味四者各，而后一诗成，而味字尤贵；卷轴满纸，略无余味，非诗也。生平持八字诀，曰：择言尤雅，掇皮皆真。所著古近体诗多至四五千首，甲寅印成蜕庵誊稿六卷，甲子又删存续稿十卷。自述要删宗旨，谓不外乎昔贤诗中有人，诗外有事两句而已，又谓诗文无关系，即人品亦不能定。故读先生诗，立身本末，所学深浅，皆可具见。平生所治檄牍，累箧充箱，皆不留稿。戊申为议立宪事，撰嫠纬篇，庚申为感国民大会事，撰商榷书，各有文数十篇，又有古文及骈文数十首。书法主沉劲，谓学书数十年，老始得诀。尝与宁海章梫论书累千言，多中肯綮。少喜填词，后悔弃不复作。所辑有范子两卷。自称蠡储，室曰铸蠡庵，旋改蜕庵，或又署真叟。辛亥以后，自称后江东生，以身世颇似罗隐，而诗多主讽刺，故以为比云。先生性淡寡嗜，晚世士夫喜博，嗜烟酒，先生一之不染。中年溺于壬遁堪舆及修养丹术，尝以参同解老，特契修身乃真之旨，继知其无益无用，悉屏勿道。间窥内典，亦未深究，独持因果之说，谓足补王法之穷。妻魏氏，继娶陆氏，妾陈氏。子庆钧，内务部秘书，兼礼俗司办事。孙三，志高、志成、志坚。

刘绍宽《后江东生传》手稿

刘绍宽曰："昔人有自为生传者，亦有为人作生传者，初非汲汲为后世名也，迹晦而志隐，时易而情迁，寥寥孤寄，千载谁语，后遂无有喻之者矣。先生身世之不与科第，与江东同；浮湛僚幕，与江东同。然江东晚佐吴越，朱梁之篡，首请讨贼，志事大白天下；而先生棲迟江海，赋诗著书，夫谁有识其志者乎？此余后江东生传所以不。”

七月初七日(8 月 7 日),晴。早十钟,至华盖山胡监督追悼会。符璋以吕渭英未到,便去拜访,已出门,未获谈。夜无月。

七月初八日(8 月 8 日),晴。清晨符璋拜谒吕渭英,病卧未起。

七月初十日(8 月 10 日),晴。吕渭英致符璋函,云病痢,倦怠,交还符璋起草稿三件及秋季份修。答以一缄。

七月十六日(8 月 16 日),晴。吕渭英致函符璋,云所谋未成,别有借重。大抵不外旧贯也。得初七京信,云去函收到两封。夜雨一阵。郭小麓住京师东四牌楼二条胡同。张远伯住京师东安门骑河楼。

七月十七日(8 月 17 日),晴。清晨符璋拜谒吕渭英,座客甚多,略谈关署事,云必有一局面,但未定名称。夜雨一阵。

七月十九日(8 月 19 日),晴。吕渭英谒见符璋,云关署仍定顾问。又以《协济善堂碑记》嘱改。夜送符璋《重修永嘉飞霞洞记》文润笔廿元。

协济善堂碑记

任恤之典,载之于《周官·大司徒》,以六行教万民而又参之以保息,曰慈幼,曰养老,曰振穷,曰恤贫,皆善举也。后世政教失修,《周官》之典废,盖有官司之责,吾民乃群起而为之,此吾邑协济善堂之所由设也。堂之建,始于民国元年秋。其时飓风肆虐,洪水告灾,瓯括两属,遍成泽国,青田被灾更重,人畜庐舍,漂没于惊涛骇浪之中,日无虑以千百计。我邑诸大义士,群倡议出资以救之:生者给以衣食,死者为之棺殓,盖所以补官司之所未备也。初名愿善福,后改今名。然犹虑其未也,于是集同志捐巨资,为之制衣服以恤婴孩,为之设粥厂以救穷饿,又为之设因利局以畅遂贫民之生计。盖即《大司徒》慈幼、养老、振穷、恤贫之大典,变通而扩充之,协济之名于是乎庶几大备。古者《周礼》设官任恤一事,不独见之于大司徒之职。周公虑民之有饥饿也,而又为之设廪人;虑民之有艰厄也,而又为之设遗人;虑民之有死于道路也,而又为之设蜡氏;故其时人皆饱暖,国无弃胔,虽天有风寒、水火燥湿之不时,无虑也。斯堂之设,本《周官》之遗意,成地方之善举。其事皆官司之事,其人皆慈善之人。同人又虑其无以垂久远也,因购地建堂,勒石铭功,借官为之保护,雇人以专责成。道尹黄庆澜于是拨助以重金,民妇林陆氏于是特捐以巨款,宏模宏备,措置裕如。董其事者,以其文属予,予方在籍办赈,对于斯举,耳熟能详,故乐为之记。堂中凡若干人,曰张君荩平、子乐、惠卿，汪君晨笙、仲笙，戴君介眉、钦先，谢君烈珊，陶君履臣，赵君公铭，周君雪樵，林君桂生，朱君松生，赵君华亭，皆当时所谓发起募捐之仁人义士也，例当备书。永嘉吕渭英撰文，瑞安杨绍廉书丹，永嘉谢光篆额，永嘉黄鹤年镌。农历九月立碑。

是月，吕渭英捐资于协济善堂。

七月二十日(8月20日)，晴。午刻蒋监督致符璋一函，聘任顾问，未标月修数目。当函告吕渭英，并缴回改定碑文。下午得北京十三日信。又得郭小麓复函及蒋处荐函。当以荐函托吕渭英代为交去。闻咨议、调查各十余人，顾问只两人。

七月廿一日(8月21日)，晴。符璋拜谒吕渭英，已出门。下午雨一阵，不大，雷隐隐。

七月廿二日(8月22日)，晴。清晨符璋拜谒吕渭英。大雷而雨不大。

七月廿四日(8月24日)，晴。符璋为吕渭英撰《疗姑图》五古一长篇。

七月廿六日(8月26日)，晴。吕渭英函嘱符璋撰《王门双烈妇》诗，并以《且园》诗嘱改，盖陈仲陶稿也。

七月廿七日(8月27日)，晴。符璋以《王门二烈》诗稿函吕渭英，并说警察事。旬日天气热极。五六日来，下午雷作，或雨或不雨，而雨总不大。

吕宅楼梯

七月廿九日(8月29日)，晴。夜符璋至吕宅，云已出。符璋归，则吕渭英候于寓，亦谈司令官相约事，谓战端恐不免开，而不妨偕之一到处州，此间必为照料云。

是月，吕渭英亲为飞霞洞《题温州飞霞洞驻鹤亭》，原文如下：“往迹半荒凉，问古洞霞飞，何日仙人骑鹤去；奇材偏抑郁，听卧楼风起，满腔心事托龙吟。”

七月，吕渭英书雁荡大龙湫“独(矫)若游龙”，落款“民国十三年甲子秋孟吉旦，永嘉吕渭英谨书”。后人评述：翻覆盘旋，如游龙舞凤，锐而不峭，厚而不滞，新意十足，奇趣横生，得缤纷离披之美，得沈寐叟章草神髓。

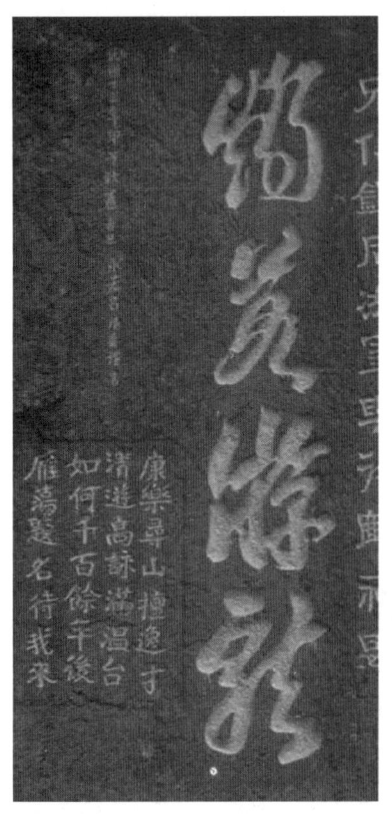

1924年吕渭英为雁荡山大龙湫所题摩崖

七月上旬，旅宁浙绅召集各团体拍电专致杭州各界，采取一致行动电文致函齐督燮元：

省议会、省教育会、总商会、省农会、律师公会、各报馆钧鉴：

江浙战谣，日趋严重，万一爆发，浙省人民生命财产，掷于孤注。查《江浙公约》第三条载明，如有客军侵入或通过等情，应由当事之省负防止之责。前臧杨来归（臧杨事变），嘉帅（卢永祥）不允公团之请，遽予收容，不畏违反公约，养疵贻患，举全浙以殉臧杨，可为痛哭。各法团处于危难，何以噤若寒蝉，含默不语，漠视乡邦，尤所不解。务请仗义执言，速图自救，要求卢督克日遣散臧杨，以弭兵祸，而保和平。浙江旅宁学会、宁垣浙江协会、南京浙商公会，马。

注：直皖军阀为争夺福建长期兵戎不息。1924 年 3 月，直系军阀、督理福建军务的孙传芳联合福建北军周荫人进攻闽省军务帮办、皖系王永泉部。王被逐出福州，将所部交旅长杨化昭节制。杨与占据厦门的皖系军人臧致平商定合兵驱逐孙、周出闽南，并与浙、奉、国民党反直三角同盟合作，推倒曹锟政权。臧、杨联军遂克漳州。曹锟下令讨伐，孙、周及闽省海军司令杨树庄联合围攻臧、杨。4 月，臧、杨军队相继世出同安、厦门，困守漳州。5 月，被迫放弃闽南，经龙岩、上杭入赣，应浙江卢永祥招，向北撤退，沿途与孙传芳部及赣军几经恶战，于 6 月初旬入浙境，为卢永祥收编。9 月 3 日，曹锟以卢招纳叛逆令江督齐燮元及孙传芳进攻浙沪，江新战争遂起。

齐督说：可见天下事公道自在人心，浙都督卢永祥收容闽军臧杨部队，显见违背《江浙和平公约》，我可乘此再致一电与浙省军民，说明并无图浙之心，万一发难，正好委过浙方，借以自解于时。

督军齐燮元原文云：

高白叔、朱古微、喻志韶、吴桐斋诸先生并转金蓉镜、吴士镭、盛炳纬、程长驭、沈铭昌、王廷扬、徐宗诗、杜师预、吕渭英诸先生均鉴：马电诵悉，诸公爱护乡邦，至深钦佩，四省谋浙，说从何来，希望和平，同此心理，破坏公约，咎有攸归，浙不谋人，人孰犯浙，诸公爱浙，燮元爱苏，保境安民，责无旁贷。敬掬鄙诚，尚祈亮察为幸。齐燮元养印。

七月上旬，浙绅耆呼吁和平电：

江苏、安徽、江西、福建四省父老钧鉴：上年江浙谣言，经两省士民奔走呼吁当局俯祭舆情，签定和平公约。皖赣亦先后签定，谣言顿息，商民相安，乃者报纸纷傳。又有四省同谋攻浙之举，人民又复惶惧。数日之间商业金融，已首蒙其患。倘竟酿成事实，则祸变蔓延。不知何所底，止夫四省人民之无怨于浙与浙民之无憾于四省也，不待蓍蔡而尽人皆知。民既无怨，则保民者奚必冒此无相怨尤之民心而合四省之力，以此相依若唇齿之浙，使以此而谓为保民。恐愈保而民愈然噍类矣，云麟等不自揆度，辄以人民之心理，呼吁于当局诸帅之前，昨以分电陈，肯矣天心厌乱，或能鉴及下忱，弭此钜患，用再沥情电请四省父老各以本省民意为从违。如果群愿安居乐业，则请各本其民意，忠告于当局之前，庶几保民者能真得民心。果能真得民心，将为全国依恃，其令誉岂仅布此一二省区已哉。祸福转移，常在俄顷；燎原之始，不过星星。惟四省父老速起图之。高云麟、金蓉镜、朱祖谋、陈邦瑞、喻长霖、吴品珩、盛炳纬、程良鉴、杜师预、吕渭英叩。

齐督据各方报告，知卢督不肯遣散臧杨部队，反而到处增防，急于备战，已派定所部王宾防守嘉湖，夏兆麟防守严衢等处，郝国玺防守温州，胡大猷防守金华，张伯岐防守宁波海口，其他皆悉开前线。上海归何丰林主守。浙省边境运兵输械，忙碌异常。齐督亦不甘示弱，立即分电皖赣闽三省速做准备。立主孙传芳直捣杭州，入其腹背，使卢督仓皇失措，己便可以唾手而得上海。一面飞调徐州镇守使陈调元、海州镇守使白宝山，限三日内齐赴宁垣，面决要事，大有风雨即来之势。

注：1923年11月14日，淞沪警察厅厅长徐国梁被刺的消息轰动了朝野。淞沪警察厅厅长一职被一名倾向皖系的科长接替，卢永祥联络奉系张作霖，举起了讨曹大旗直捣北京。刚刚上任的贿选总统曹锟知道刺杀徐国梁系王亚樵所为，且背后支持者是卢永祥，大为震怒，下令全国通缉王亚樵，并下令福建孙传芳、江西鲁涤平、安徽马联甲配合江苏齐燮元，四路进兵浙江，消灭卢永祥。这就是齐卢大战的导火索，实际则是盘踞江苏

的直系军阀齐燮元与盘踞浙江的皖系卢永祥为争夺上海而发生争端。

七月十八日(8月18日),齐燮元在南京召开军事会议,部署对浙用兵计划。孙传芳组建闽赣联军,自任总司令,以浙江一、二两师的主力,集结于温州附近,归师长潘国纲指挥。

七月廿四日(8月24日),卢永祥在杭州又召开军事会议,继续议论研究与苏军作战问题。从兵力上看,江苏本地总兵力计4万多人,皖、闽、赣等地的军阀也派出一定数目的援兵加入江苏方面对浙作战。浙江方面总兵力计6万多人。

卢永祥

八月初四日(9月2日),阴。清晨符璋拜谒吕渭英,已出。

八月初五日(9月3日),晴。江浙军阀战争爆发,盘踞在江苏的直系军阀齐燮元和浙江皖系军阀卢永祥为争夺上海而开战。直系军阀福建督军孙传芳决定让出福建给帮办周荫人,周表示愿以福建为后盾支持孙传芳攻占浙江。于是孙命谢鸿勋为前敌总司令,卢香亭副之,孟昭月为总预备队总司令大举入浙,主力直指仙霞岭,偏师从福鼎入境。浙军与闽军双方完成军力部署后不久,于是日上午10时许,两军前哨相遇于黄渡、安亭间,“各故排枪,正式接触”。浙军为杨化昭部约一营一连。第一次江浙战争正式爆发。是日,吕渭英谒见符璋。夜微雨。

八月初七日(9月5日),晴。吕渭英家送符璋路菜四色,符璋收梨、酒。

八月初九日(9月7日),雨。清晨符璋拜谒吕渭英家,未面。午后大风雨。司令部通告,准十一日行。

八月初十日(9月8日),雨。吕渭英谒见符璋,云改期启行。

八月十六日(9月14日),阴。符璋拜谒吕渭英处,吕渭英以病未晤。

八月十八日,浙军一连自平阳县城开驻冬瓜山。

八月十九日,闽军四十余名自福鼎县桐山镇开入平阳分水关至桥墩门。

八月廿日,闽军增至五百人,开至灵溪。浙军增至三百人,驻守冬瓜山。

八月廿一日(9月19日),闽军增至一千人,由灵溪入萧家渡,占据凰浦山及萧家渡山,架炮扎营。同日,浙军增至五百人,仍守冬瓜山及钱仓。闽浙开战在即,为处置战祸虑,吕渭英组织中国红十字会永嘉分会,并任会长,并准备投入江浙战争人道救援之中。

注：1924 年江浙齐卢大战，叶圣陶的《潘先生在难中》和包天笑的《甲子絮谭》都有详细描写。这次战争波及江南大部，甚至牵动东北王张作霖和中央政府，背后隐藏的是各全国各大军阀实力的较量。此次战争对江南各地影响巨大，仅南京钱庄受其影响而闭歇者达半数以上。到 1926 年，全市钱庄仅存 39 家，其营业之衰落可见一斑。同时上海龙华一地开杀人之风，许多无辜人民被杀于此。

是日夜，浙军卫生队开往十八都溪头，副官王皞南宿陶宅，兵驻溪头宫。

八月廿二日，晴。午后一点钟，浙江省电云："旧金、衢、温、处各道尹、各县知事、各警备司令览：现卢督办已于本月十八日申刻离浙。嗣后各该地方如有正式军队经过浙境，各地方官警应即以优礼待遇。本省溃军，即行设法收容，一切用费应准作正式开支。倘有溃散游勇以及冒充军人，希图扰乱地方者，应即严拿究办，以维治安。其地方事务，仍由各该官警照常办理，勿使停顿。倘敢擅离职守，定即严惩不贷！省长张、警务处夏代行。"夜，闽军集萧江渡山下，浙军开火，炮声隆隆，达旦不止。闽军不回击，尚在相持间。闽军借山屏蔽，浙军之炮万不能及。按：是早，团长、团附到溪头，转往凰岙。

八月廿三日（9 月 21 日），晴。吕渭英谒见符璋，出示代省长夏超等电，云"卢督已于阳历十八号离浙，凡有正式军队过境，务即以礼相待"等语，不啻令人投降矣，署名者夏超、周凤岐、周承菼。杭事一变至此，殊不及料。是日，浙军增至七百人，守原战地。午后两军开火，时战时止，夜间遂静。按：凰岙卫生队拔往曹堡，王副官驻乐溪，团长转到桥头潘家祠，一连在陈家祠，一连在娘娘宫，卫生队亦转来，皆在桥头附近。（浙军自平阳县城开至钱仓驻冬瓜山。）

听闻福建军阀孙传芳举兵讨伐浙江的消息，温州百姓顿时恐慌不安，因温州乃浙闽之交通要道。

八月廿四日，停战一天。是日夜闽军所遣百人从渔塘渡江者入北港，过渔塘，赴白岩山，向冬瓜山。

八月廿五日（9 月 23 日），晴。清晨符璋拜谒吕渭英，谈及昨夜九钟偕徐知事、杨议员苦留郝司令暂勿去温事，至于长跪哀求，如不见许，请将渠先行枪毙再行，始允暂留等情。盖平阳败信又至，泰顺亦尔，郝自度不能不行也。符璋言吕渭英此来，殊不可及。城内迁徙者纷纷，土匪及青红帮皆跃跃欲动。沈已赴沪，刘、严慌甚，同居韦尉官之眷乘轮回杭。

是日下午，浙军开枪，萧家渡闽军亦来助战，浙军逃避一空，退守县城，闽军进占冬瓜山。夜半，以二百人进至鳌江，警佐走避，警局被毁，地民四出奔避，嗣后以二百人仍回冬瓜山。

是日，符璋拜访天主堂，晤冯神甫，商借房屋为暂避计，已邀许可，看定女医院第二等第三间屋一间。盖昨日有函与冯相商，未得复，不能不面商也。检点物件，忙碌异常，并拜访张冷僧一坐。

八月廿六日(9 月 24 日)，阴。清晨十钟，符璋全眷入女医院，陈副官全眷同入，并另觅男院屋半间。是日入院男女老幼如蚁，几无隙地，稍迟则房为他人占居矣。夜有法兵巡守甚周，架机关炮于大门，事势之危可见。

是日午后二时许，闽军齐到平阳，分三队走。汤君容夫随第三队行，见黄光，即握手立谈，言："近日为闽军画策，绘一军事地图，作张松之献。闽军获胜，我之力也。我意本不出此，缘有人向浙军徐康坚团长告密，谓我有私通闽军嫌疑，欲密捕我。幸先得信，急行出城，始免于难。吾辈仇怨，于笔墨上攻击，原无不可，岂忍如此坏心，必欲置之死地。我实含冤，故一意襄助闽军。况彭司令蔼然可亲，见我大加赏识，相见恨晚，非如徐之目中无人，为之帮忙，实出至诚。我曾献一策，即由鳌江冲锋入城，使浙军首尾不能相顾，较为直捷痛快。此种浙军实不足惜也，彭公恐正锋文章难作，改用第二策，所以稍迟。"言时路人甚多，皆侧耳静听。黄光恐宣传而生误会，即为解释，力白决无其事，幸勿错怪。汤言："此语出自鳌江，我故信之。昨宵志澄家被闽军围搜，且欲拿获王志澄。时无一人肯为解厄。亦是我不念旧恶，为司令说好话，不致吃大苦。"

谈次，闽军已尽入城。遂同到县，先与知事座谈数分钟。知事问容夫前日承允雇用挑夫五十名，何以迄无应响。容夫即作色曰："夫已雇齐。缘有人密告浙军，说我私通闽军，使我不能出面。而所雇之夫，亦遂解散，免受嫌疑，所以不能应命。"时达甫亦一路同来，询以此等谎话何来。汤又说来自鳌江。黄光以时间已迟，即邀容夫作熟，偕往考棚见彭司令，较好进言，容夫允诺。名片送入，司令即传见。行至花厅，容夫猝言："你先入，我向陶参谋长处一转便来。"黄光遂入见，谈炊许出。转访崔团长等，归已薄暮矣。

八月廿六日夜间，闽军增兵五百余名，运到子弹粮饷甚夥，司令部移设钱仓城内。按：闽军 9 月 24 日夜，遣百余人从江上游探至后林，于田中获一人，胁令引路，至塔下、麻步、高沙三渡，皆有守兵。乃至渔塘，寓一小店，办船二十艘过渡上蝉口岭，至自岩，又雇人领路。25 日开火攻击何家蝉，以该处有浙军从冬瓜山来守毛家处者。浙军退回冬瓜山，闽军至大岭背，又过小岭，即扬旗吹号冲撞而来。冬瓜山浙军遂溃，萧家渡闽军亦猝至矣。

八月廿七日(9月25日)，阴。早晨，浙军开往瑞安城，闽军千五百余人整队入邑城，熊知事开城迎接，犒赏闽军。

是日，陈副官去女医院言吕文起、林二绅偕冯神甫赴平阳接洽，迁入者益多。道尹入简巷医院。下午张震轩赴浣垞，闻孙公直说，瑞城现在有吕渭英及法国教士出为议和，郝国玺定要瑞安给他三万元兵饷方肯撤兵，现已议妥，杨君述知事允为挪措发付，郝兵遂陆续撤防回郡。瑞城即高悬白旗投顺闽军，另派人赴平邑迎之入瑞。如果闽军过境秋毫无犯，则吾乡一带可以贴然安枕矣。吕文起暂时抵住了历史的车轮。

是日，平阳黄光闻有人报告彭德铨(纯一)司令，谓刘次饶之子刘云五私藏敌方军医官并军用药品，立欲传询检查，聆之骇然。知有作用，急嘱瞍、荃两儿快觅云五隐白之。云五以绝无其事，愤甚，径去见司令。名片入，副官王国栋询来意，云五不言明究竟，但云司令传黄光。副官迟疑，嘱暂坐门房。时黄光与达夫送牛酒犒军，瞥见云五自庭下来，欲劝勿入，然已不及矣。只得二人同坐晏公殿前石狮旁守待。约一点钟尚未见出，心甚摇摇。会有一兵问黄光此地医院在何处，营本部有伤兵待医。黄光急以云五应，冀借此出脱。再一点钟，才见云五自内出，惊心为之一放。询悉情形，始知有人挑剔。王副官以司令并未知情，允为销灭，劝其不必见司令，免得愈弄愈僵。俄而营本部请云五去医伤兵，遂各别回。当黄光将出司令部时，为云五事徘徊不即行。有一兵揩枪不慎，一弹飞出，擦黄光肩而过，幸未受伤，危乎险哉！然生死数定，黄光亦不惧也。该兵即时拘入严办，军纪亦云肃矣。归路口占：犒劳三军剑佩摩，忽然聒耳一声过。急行出部惊心定，询悉揩抢误手搓。重责方知军纪肃，既归反觉乱愁多。半生不信逢斯厄，满眼虫沙欲奈何?

是日，午后三时许，瑞安警察来平阳，入东城，遇黄光于当店前。黄光急向询瑞安情形，则云浙军已退永嘉，冯神父、吕大人均在瑞安，有函致熊知事。黄光即偕人署，知事看毕吕函，知冯、吕及瑞之官绅明早准来欢迎，先函请示。即欣欣然舆往司令部报告。彭司令亦喜甚，谓："渠如明早来接，我后日即动身也。"知事以闽军不耽搁平阳，可减轻应酬之负担。归署，急招黄光等人，嘱预备欢迎送物几件，并嘱速作联对十对、匾字一个。黄光与诸同事分头筹办。黄光作联，即在参事会率笔应之：

儒将著勋名，已庆沿途驰露布；海邦蒙福庇，还看匝地展风旗。

太乙启生门，秋毫无犯；元戎出小队，冬日可亲。

其余如“万家生佛，一路福星”“出奇制胜，布德归仁”“龙骧望重，骠骑功高”“心慈同象教，机捷拟龙韬”等短联。大匾一方，大红缎套于架外，金纸制成“欢声载道”四字，入夜已交割完妥矣。

八月廿八日（9月26日），礼拜五，晴。黄光早起即赴署。俄而吕文老、冯神父、林立夫、瑞安杨知事君述（承孝）、胡蓉村、陈亦典诸公到署。谈炊许，吃过点心，即同去谒彭司令，致欢迎意。回署午饭毕，匆匆分返瑞、永，先锋队即随之去，大军明日八点钟准开。先锋队开时，各军官将冯神父、吕文老等轿一齐扣住。众皆彷徨不敢言。幸吕公跟人手足灵敏，急向马弁说好话，稍用幻术，竟将冯、吕两轿抬回，安然坐去。而杨知事一班无法可设，只好说一句：“不必客气，我等还是走走畅快些。”遂联二接三，安步当车，迤逦出东门，到八角桥买舟而去。黄光返舍，彭司令适来辞行。午后，军中稽查官手捧令箭，行至北门外吉祥院尼庵，见一兵自院中苍黄出，手带三金戒，认为掳品，即命缚之树下，举枪毙之，不中。左右环求开恩，不可。补一枪，中肩而扑，幸不死，而血如注矣。此非不中，以罪尚不重，未忍至之死地也。夜饭后，有人来说青字当日买边[鞭]炮、洋油箱，在同源栈人皆见之。探其用意，以浙兵溃退，只愁追至，欲将鞭炮装入箱中，当夜运至小南燃放。溃兵误为追者之机关枪，必弃械脱衣而走。彼时拾此遗物，作为劫掠之护身符，当能得手。噫，计亦毒矣！

嗣后闽军司令彭德铨移驻永嘉，浙军司令郝国玺经吕文起先生等劝令回浙，免致地方糜烂。方闽军来平阳时，县议会副议长汤执中颇有引导之力。自闽军驻永，汤向之活动，为同党黄某所忌拘杀之。事在今历十月间。当时孙传芳给官兵发了《入浙手册》，强调纪律严明，才能进入杭州，所部头戴斗笠，衣着破烂，尽管在平阳打了仗，对民间骚扰不大，但是风声鹤唳，温州早已乱成一片，居民一夕数惊，恐慌万状。

是日，永嘉阴。张震轩闻时事渐有平和之望，而郝司令敲去巨款，恐此后人民又多一重负担，冬底生计益形困迫矣。奈何！奈何！枕上默思再拈此纪事：“同治初逢甲子年，横阳钱匪扫烽烟（平邑赵起之乱，起于咸丰辛酉至同治甲子年始平）。不图六十星周纪，又值三山兵扰边（闽军孙传芳两路发兵，一由衢括，一由福鼎进攻，于是平、瑞、永三邑，首当其冲）。斗士望风戈尽倒（驻平阳徐团长兵闻炮即溃，致损失甚多），将军贪贿壑难填（浙军司令郝国玺索饷数万，始肯停战）。凄凉令尹空城守，搜括脂膏剧可怜（瑞城逃空，知事杨承孝与郡绅吕文起、林立夫等力劝富绅捐输并凑集陈粮款一万五千元付郝，始拔队离温）。”

是日，符璋闻司令部人已尽去。按：闽军至萧家渡，陈次玉（钧）闻之将逃。有名阿瑞者，前在福建工作，习知闽军情势，教以制欢迎旗，大书“欢迎大军”四字，导以往，彭司令德铨以礼延之。次玉复函招汤雄夫（执中）来，雄夫教令一面与冬瓜山浙军战，一面假营过江南，分两路，一过江口，一过小山阳。彭司令以江南地系平原，且人烟稠密，不便行军，不如由上游江狭处过渡，遂不用其策。

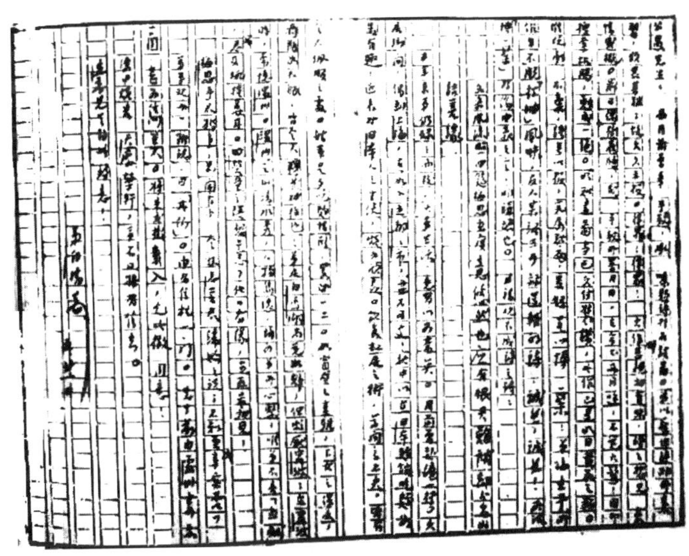

朱自清致马公愚信

其间，十中教师马公愚邀朱自清家属同到楠溪枫林避难。9 月 30 日朱自清从宁波回抵温州，给马公愚写信说：“此间闻兵已到，绅耆辈郊迎十里，羊酒犒师，幸能博得无恙。然此辈服装、纪律实是惊人……入市先闻鸦片烟，盖军中瘾君子甚多也。地方本已平靖，而近日乃有拉夫之事，于是又大骚乱。”

八月，事后法国传教士冯烈鸿在《传教生涯》中记述：“闽浙军阀混战，温州被军阀郝国玺占据，福建军阀彭德铨进占平阳、瑞安，两军对垒，本城人心恐慌。著名绅士吕文起受道尹及地方委托，由天主堂法国神甫冯烈鸿陪同前往平阳与两军调停。郝军撤退，彭军和平过境，地方得免糜烂。”

八月廿九日（9 月 27 日），微雨即止。黄光起至署，闻大军四点钟即开。

冯烈鸿

此刻八点钟才走毕，直至观音亭不断。知事送至瑞安，瑞安各家门首均张贴“欢迎国军”，黄光亦匆匆一面即返。张震轩记录：闽兵初到，知事特赏酒饭数百桌，又因索饷甚巨，催征城乡陈粮数年，于是士民无不室如悬磬；瑞安城隍街某家少妇、郡城半间殿巷某家姑嫂均遭强暴，向司令部喊屈，均置不理；路上贩夫为闽军拉去担运者尽多，担到仍拘系不释，日给薄粥两顿，苦不胜言，沪上西人亦有叹其善战者。黄光言吾平阳此次幸遇到彭司令，否则糜烂矣！黄光三见司令，皆以兵士在外是否规矩为问，犹觉难得。

齐卢战争旧照

张棡

是日，张棡闻福建兵已由平阳拔队来瑞。午刻到瑞城，计备饭菜四百余桌款待，每店口各插白旗，上书“欢迎大军”字样。

是日，永嘉晴，时阴。冯神父等已返，事已商妥，闽兵明日及初一日进永嘉，已预备酒席、灯彩欢迎，所有传言，疑信参半。符璋以一函致吕渭英，未得复。

八月三十(9月28日)，阴，小雨。本早闽兵又自瑞拔队赴郡，均步行从河塘过，络绎如云，至午刻始过完。下午城中人来乡避难者又纷纷雇舟回城。

是日，女医院迁出者不少，法兵仅留两名，余皆回船。定明晨回寓，符璋以洋廿四元送嬷嬷为谢，别给厨房、茶房老妈二元余，嬷嬷甚觉满意。相待既优，不能过于俭率也。另以衣箱等四件寄存女院楼上，由嬷嬷给收条，以后凭条往取，此亦特别也。闽兵陆续入城，尚安堵。

是日，闽军有伊姓名明善者，福建人，温温可亲。访友与平阳黄光闲谈，言此军多赣人，初到我地，非常腐败。近一年来，司令极力整顿，军纪肃然，所以在贵地无轨外动作也。

闻此次浙军之败，在于疏忽。当两军相持时，一在萧江渡，一在董家[冬瓜]山。浙军得郝司令停战命令，以闽军必有同样之表示，即买猪二头，分赏军士。正在宰割时，谍报闽军以二百人抬渡船预备过江，浙军官即下令动作。全神贯注于江面，不知江南人已将地图向[献]与闽军，谓浙军溯流而上，每渡头有兵把守。唯极上两处，以较远忽之，可从此偷渡。遂抄出北港渔塘山路，暗过小渡，由上而下，从浙军背后高山出其不意，突然攻下。时正微雨，仅七八人穿蓑衣、戴箬笠，挟持机关枪。后随数人，执浙军旗号。浙军正向江面开炮，而后面兵来。浙军见是本军旗号，不知其诈，认为共营，即不预防。及枪声大作，一时手足无措，溃散一空。打死只二三人，受伤十余人，被掳约一连，周小泉亦在焉。

传闻闽军之谍某，由平释放后，顺道过瑞安。浙军识其人，即枪毙之。阎参谋在平得信，怒极，欲尽杀掳兵以析[释]愤，经众人力劝乃已。

闻浙军初到时，有一连驻汇头殿，睡即梦魔[魇]，惧不敢居，改作养马之所。又有四兵习水技于十亩田头，溺毙二人。

知事初次犒军，每兵三馒头。仙坛寺请客，亦大风雨不成礼，此皆败兆也。有人言董家[冬瓜]山大炮欲开时，运到子弹颇多。及开用，则子大于口，不能人，皆失色。只得以炮坏为名，运还瑞安兵站，可笑之至！

溃兵过城之夜，闻有穿长衫或白短衫者七八十人，驰至鸣山陈宅叩门。叔棠、绣臣、弗民尚在家，不敢出。独绣臣潜行及门，询以何事。外答："刘次饶老爷片来，请绣臣老爷议事。"绣思次老无必要事，何遽相召？以不在家却之。俄复喊云："知事有事，请绣臣老爷速去。"绣知其诳，不应。忽称连长来求见，迄[乞]速开门。绣思必孙君星环败回，求设法。拟纳之，因问何姓，答姓高。绣大惊，以乍[昨]在城深悉高之历史，急抵住大门门牡，静候变化。时门外汉用刀力撬，内则唯绣臣一人，抵死不去。相持许久，乃言借枪，以鸣山曾办团练也。绣急命工人将红皮枪四支投入水坑，一面答以并无枪支。

突一人云:“门如不开,我便开枪!”绣惊避墙下。移时不闻枪声,知是恐吓,遂复前抵住。叔棠惧,早已偕弗民缘墙出,窜入田禾中,匍匐行里余,各投戚串去。慌忙中,遗梯在墙,有人从此入探,视之本街人,曾充保卫团团丁者。绣知是彼党人,即安慰之,托其防守。此人见面不好意思,故无越轨之举动。使绣亦走,开门揖盗矣。再愈数分钟不得入,始各鸟兽散。而对岸叶宅(即赤文阿姊家)以无人在家,被其蹂躏,抢掠一空。噫!绣臣可谓善于保家者矣!弗民年轻不足怪,如叔者,殆所谓王济之叔欤!

后来时人评价此次战役:“甲子八月,闽浙构兵,驻温浙军旅长郝国玺主战,地方惶恐纷纷逃避,吕文起入见郝曰:省电欲和平解决,公何以必战。郝曰:彼军进逼,何如?吕文起遂涕泣告曰:地方生灵所关,公第能退兵,闽军缓冲由某任之,郝始勉诺,吕文起乃来瑞,连夜渡飞云江,赴平入告闽军旅长彭德铨。彭善吕为,甚以为然,即次兵。我瑞以待君归,浙军退,闽军遂安然由瑞晋永。两邑幸皆无扰,此皆吕文起之德也。设非吕文起不避难险,视地方事如己事,则永嘉未有不夷为战垒者也,永嘉若危,则我瑞安未有不先受其灾也。而其捐赀助成,义举惠及里闬,尤人所不能斯须忘者也。”

当时形势,军阀混战,福建省由军阀彭德铨占据,温州由军阀郝司令占据。当时,彭军进攻浙江,一举破浙闽交界的要隘——分水关,占领平阳,进至瑞安,两军对峙于飞云江两岸,枪声不绝。温外城百姓人心恐慌,吕渭英和瓯海道尹等出面召集社会名流及天主教神父冯烈鸿商议地方治安。他们商定一方面由工商联合会负责筹款,暗中送给郝军请其撤退,另一方面请天主教冯烈鸿神父与彭军谈判。于是冯神父在吕渭英和另一位士绅及永嘉县知事的陪同下前往谈判。与彭德铨进行了一番紧张的谈判、协商后,双方终于达成了协议。郝军乘船向台州、海门方向退去,彭军未发一颗子弹,于28日下午开进温州城,于是一场混战避免过去了。事后,吕渭英等士绅联名制“一视同仁”匾一方,赠予天主教会留念。

后来又有传言,江浙战争,闽军入境,胡调元与吕渭英、李漱梅(炳光)等谋划调停,使境内相安无事。

还有人言,闽浙军阀混战,福建军阀彭德铨欲攻打温州,杨雨农和吕文起受道尹及地方委托与两军调停,使温州避免一场战乱。

嗣后,陈子万作《和吕文起感事》:

心兵杆园抵金汤,伴食盈庭孰智囊。人有聂荆教势抑,国无颇牧觉邻强。时穷民瘁逾城旦,地僻官豪胜夜郎。世外桃源津莫问,忍将冷眼看沧桑。

豪贵争如赴烛蛾，名场旧梦恋春婆。平津拜爵江都徙，飞将归田醉尉诃。盐铁持筹心似壑，申韩借着口悬河。生灵请命闻呼吁，杜老忧时鬓欲皤。

时人用日记记录下浙闽军开战的情景，反映了军阀混战时的温州社会状况，如实笔录温州人对闽军的态度："永嘉吕文起先生，瑞安杨群述知事，均来平阳欢迎闽军。"

九月初二日(9月30日)，晴。张棡闻人说，本日瑞城又有福建兵千余过境，毫无纪律，一味蛮横，小家妇女有姿色者无不望风而逃，甚矣夏定侯之引狼入室，贻害地方无穷也。

是日，清晨符璋拜谒吕渭英家略坐，人多事烦，不能久谈。郝司令廿七夜登舟由乐清去，廿八开行，由吕渭英筹洋两万元赠之。

此次闽军入城，供张费由四明银行借两万元，分九处办理。入城时市上悬白旗，书"欢迎胜军"四字。步兵第一师一旅旅长彭德铨，字纯一，京兆人，日本士官学校毕业生；一旅一团团长崔龙淮。

九月初三日(10月1日)，晴。是日有兵开赴乐清，到处拉夫，行人悉避。

九月初四日(10月2日)，晴。吕渭英谒见符璋，谈湖州事。

是日，张棡闻近日瑞城闽兵毫无纪律。有城隍庙街道士吉之媳，饶有几分姿色，时兵寓城隍庙者见而涎之，托借扫帚为名即闯入吉家，有四五人强扭其媳，于灶柴仓内按之行淫，经其媳大喊叫天，始行释放，然已花容憔悴不堪矣。道士吉虽赴知事署喊冤，仍置不理。又土娼孟浩之妻，初接一兵，得夜合资四金，次日则群队闻腥蚁集，孟浩夫妇乘隙远避，而房内器物被兵捣毁一空。于是小家碧玉无不闻风胆寒，纷纷闭门不出。噫！引狼入室，荼毒生灵谋偷安者，罪岂不容于诛矣。本日有城之少妇人亦来予乡避难。

九月初五日(10月3日)，雨。符璋以七律一首致吕渭英。赖可恒来，云统捐局由司令官委朱姓军法官接办。

是日午，公燕军官于布业公所。闻平阳统捐局员潘某被捕是实，平阳汤执中亦遭捕禁。

是日八句钟，有瑞安小沙巷卖小货人自郡逃回，言初一日被闽兵拉去挑担。不肯，则以枪尖刺臂，无奈为之挑至郡城，即被其锁禁府城隍庙后宫柴间内。其中约六七十人，每人均一日只付薄粥二顿充饥，苦不可言。无奈于昨宵越墙而逃，逃至予地已饥不可耐，因乞饭一瓯果腹。张震轩询其郡城情形，此人言街内行人恐拉夫，群远避不至，唯大家佣工赴街买办者均遭拉去。又小南门外半间殿巷某家姑嫂两人，被闽兵将其姑拉去留一宿送还，渠家虽喊诉司令部，亦置不理。此真黑无天日之世界。又闻本日台州交界已开火，郡兵纷纷拔队赴援。闻郡小南门登选坊口，有某钱庄之子，身穿竹布花衫，腕带金表，指套金环，见闽兵走过，偶记立观之，即拉去代挑，某子称以文弱不便粗作，闽兵即拔刀割其衫一半，云今已短衣可以代挑。某又不肯，即硬将手表、指环取去，以当雇挑之费。行人观之，无不为之扼腕云。

九月初六日（10 月 4 日），晴，暖甚。汤执中以招兵有据枪毙，人为之快。闻此次闽兵入平阳、永嘉，皆汤向导，以功补充军官，并给千金，欲望未满，且出怨言，以蹈此祸。

九月初七日（10 月 5 日），礼拜日。晨，张棡又拈纪事诗："郊劳赠贿弭兵端，欢送欢迎说瑞安（郝兵甫去，而吕、林与知事城绅，即往迎闽军入城，各家门首均张贴'欢迎国军'四字）。烂额焦头皆上客，伤心挖肉补疮瘢（闽兵初到，知事特赏酒饭数百桌，又因索饷甚巨，催征城乡陈粮数年，于是士民无不室如悬磬）。红闺遇暴冤胡酷（瑞安城隍街某家少妇、郡城半间殿巷某家姑嫂均遭强暴，向司令部喊屈，均置不理），黑狱拘人鼻也酸（路上贩夫为闽军拉去担运者尽多，担到仍拘系不释，日给薄粥两顿，苦不胜言）。指顾登高重九节，避灾无路莫希桓。""将军潘鬓未蹉跎，却拥斑骓唤奈何。呼吸烟霞藏秘策，迷离风雨洗雕戈。未能一战南阳捷，空说同心北伐多。辜负江东诸父老，坐看袍泽困天罗。""横海风云莽战尘，英谋锐气仗卢循。阵摇地轴排蛇鸟，威詟天骄识凤麟（沪上西人亦有叹其善战者）。万劫肯教污国体，寸心何以慰斯民。忙忙南北群争鹿，笑倒中朝食肉人。"

是日，九句钟张震轩同类生弟醒同侄王叔微乘舟赴瑞。十一句钟抵城，先至赵宅午饭与羽仪二姨坐谈近事，饭后即赴孙甥公达家，时类生在伊处尚未开饭，又与七妹、公达闲叙。公达言伊家陈粮亦须三百余元完纳，而目下苦无现款，且亦无从挪措。俄而醒同自林龙孙家来访。坐片时，遂与公达、类生、醒同同赴监狱陈雅堂处少坐，即请雅堂雇童到内库唤蔡君莼钱来谈陈粮求宽事。蔡君言："陈项合邑尚该五万，而东区独有二万之多，杨知事因近有升瓯海交涉员消息，故急于数日内催征两三万元以便交卸缴饷。"张震轩谓地方贫苦决非数日内可罗巨款，请其姑缓一星期为是。醒同言"九、十一两年均风水为灾，已报缓征，而八年之粮，财政厅曾有'七年豁免，八年移抵'

之案，可否先将十年完纳，余俟陆续筹缴"云云。予亦如此要求，蔡君均首肯。醒同乃付现五十元，即告辞出。仍到公达家，并闻公直甥新娶续弦阮氏。因共至洞房看新人且晤及陈亦点君浚昆仲、孙次镠少坐出，即回赵宅吃过小点，乃赴吊桥边与醒同、类生、王叔微三人同舟归。是日付买山药小洋三角。

九月初八日(10月6日)，礼拜一，晴。晨张震轩写信托戴婿张罗银款为纳粮之需。其函即付三儿送去。类生来与鉴儿围棋两局，又与张震轩弈三局乃去。昨在瑞闻陈亦点说，平阳汤生执中，数日前在郡宾乐旅馆与潘鉴宗之弟鉴宾同被彭司令遣兵缚去，已于昨早将汤生绑赴资福山上枪毙，鉴宾由吕文老、沈剑豪力保，现交司法处讯问矣。闻汤生在平时与闽兵交通，代排战阵，以致郝兵溃败损失生命数百，近又向彭司令要求参谋，彭不之允，又欲转机通郝，事经彭觉，故捕去坐以招摇撞骗之罪，遂得此祸。噫！汤生为张震轩十余年前中校老门生，其人才颇不羁，但好谈革命，冒险侥幸。民国初年几以革命被戮，幸证据为其妾藏匿，得以漏网，今竟以通敌获祸，亦可谓咎由自取矣。其乃翁献廷，闻尚在京谋事未回云。

午后张震轩赴浣垞阅《时报》，见江浙战事犹剧，而奉直开衅亦损失不少。于是天下真无一片干净土矣。灯下读姚复庄诗，其咏镇海英夷之乱避难情形，亦与今时相仿佛也。

九月初十日(10月8日)，晴。吕渭英谒见符璋，云监督已保瑞安杨知事接充缉私第十一营班。营长撤差，委永人陈祥接，酬其向导之劳，盖与汤执中一流人也。嘱代撰登高一诗、词人祠堂一记。午后先以诗去，旋又作文。由吕渭英处送符璋县志廿八册。原文如下：

永嘉东山词人祠堂记

事无大小，必有废兴。废兴以时，久则百数年，或十数年；暂者数年，甚或一二年间一变革焉。天欤？人欤？耳目其闻，有不胜其感慨，不胜其记述者。如吾瓯之东山书院，亦其一也。院据永城东南角积谷山麓，本北宋王儒志先生东山讲舍之旧址，创于清雍正间，巡道芮公复传，拨给沙涂以资经费，自是迭加葺治，沿革具于志乘。阅时既久，廨宇就荒。光绪口年，邑令宁公本渝，举而新之，由鹾商沈□□岁捐四百元充膏火，延学官郑一夔为掌教，以款绌，掌教并不支修。自是又经三次葺缮，皆鄙人一手任之，规画甫完，未几，变法事起，科举废而学校兴矣。改办学校以来，名存实亡。旋并学校亦废，其所兼办之通俗图书馆，亦如虚设。时艰孔亟，官绅士庶，计不及此。此吾瓯之不幸也。

瓯为浙东大都会，商埠辟，市廛旺，气象迥非昔比，独文事无以逾前。学校既兴，师生聿集，方谓人文蔚起，从此抗东西洋，追南北宋，复永嘉学派不难也。乃尔杰出者罕，新学未盛，旧学已衰，且不但衰而几至于亡，岂非吾瓯之大不幸。有心世道者，所彷徨愤慨者哉！前道尹吴兴林铁尊观察忧之，慨然引为己任，综考该院事实，厘剔款项，助以官俸绅捐，储洋□□，改弦更张，而瓯社出焉，而永嘉词人祠堂出焉。词人祠堂，盖祀宋卢祖皋以来填词家若干人于一龛，香火之，俎豆之，而欲嗣其衣钵焉。先是如皋鹤亭冒公，于癸丑、甲寅间，榷关瓯东，曾建永嘉诗人祠堂于署内，裒遗诗若干卷，人为一传，自唐以来，凡能诗者悉具，固诗家一大公案也。

林公则因此而及于词，并集英隽之可与言词者，亲指授之，购置书籍，谓之瓯社，社与祠二而一，一而二，各自澳其心香焉。夫求诗于瓯，如四灵辈师法固在，益以冒刻林霁山、李五峰之专集，宜乎后起诗人之辈出。非比续断绝之词种于久亡，故求词于瓯，无师无书，难且十倍，林公知其然也。谓不及令讲此，则亘千百载，更不知天壤间有此一物。语及引商刻羽，减字偷声，红声铁板之风流，不几如俗谚所云对牛弹琴也乎？林公学人也，词其余技，顾生长蓑洲，夙谙笛谱，又师疆村，而友夔笙，其所作已兼南北宋之长，资其所长，勉其所短，实诸英隽之幸，自经指授，各有所成，花间草堂，渐窥门径，深造深入，孰可限量。诸英隽亦何幸而遇林公哉！不遇林公，不但花间草堂，门庭无分，即求其能举卢祖皋之名字，亦难乎其人矣。

冒公诱以诗而诗学昌，林公诱以词而词学辟，岂非一时盛事乎？或谓词人佻达，贤者不为。如其说，是词家皆周美成、秦小游、柳耆卿之流，则尔何以有欧范、司马、坡公、信国哉！昔人品词，谓北宋有匪风下泉之思，南宋有麦秀黍离之感，是词之关系家国甚大，无异于诗，岂易言哉！自张皋文《词选》一编出，而周保绪《词辨》踵之，体大思精，俨然制作；而后纡儿猧子，不敢以词为戏。惜林公在此不久，弗克终底于成也。且冒公、林公何尝不知永嘉学派之当复；叶水心、陈止斋文章之当嗣。而徒汲汲于诗词为，盖亦因时因人而有志未逮，且有所谓慎社者在，固欲望其名实相符也。即鄙人前此文献保存会之谋，亦具此心，无知愿弗克偿。然则永嘉学派之复于吾瓯，未知何日，兴难废易，能保兹祠与社不至书院之变革纷纭，斯亦吾瓯之大幸也。

林公名鹍翔，民国十一年口月抵任，十二年口月去职。在官政绩，父老歌咏无日忘，今日备举，特举其辟草昧而跻文明，能为人所不为，以为留意人文者告，若谓林公之后，必无为林公之继，是薄视来者，非吾之所敢云。

共和十三年甲子九月里人吕渭英记

九月十一日(10月9日)，阴。符璋撰就祠记一篇。

九月十三日(10月11日)，雨。吕渭英谒见符璋，商改祠记两三处。以兰石画册十二幅嘱序，并代撰司令官内艰挽联。

九月十四日(10月12日)，雨。符璋以画册题词及联语函吕渭英。

九月十五日(10月13日)，雨。符璋得吕渭英函，即为题册送吕渭英家。符璋闻有调兵赴沪说。

九月十六日(10月14日)，雨止，阴晴不定。符璋闻司令又枪毙一招兵人。

九月十七日(10月15日)，晴。刘、沈二人谒见符璋，云卢、何已遁，盖英舰昨得无线电也。闽兵自平、泰来者闻有四营之多，将赴海门。兵队由乐清大荆开台者已不少，闻一连扎县内，一连分扎大荆、虹桥。

九月十九日(10月17日)，晴。符璋闻孙传芳于十二日入松江城。卢永祥、何丰林以第四师师长陈乐山不欲再战，即于十五日电告下野，所有护军使及第二混成旅之关防交留守司令刘永胜暂管，第十师步队交朱声广，第四师归夏兆麟。卢、何即于是日乘日本轮出口，或云赴东洋，或云赴奉天。潘国纲将第一师交予第二旅，旅长伍文渊于初十日接事。

是日，符璋为彭司令撰《祭宁太夫人文》一篇，交吕渭英转交。盖系参谋陶振祖托监督杨承孝代作，杨又嘱人托符璋，转辗再三，可云迂曲。不得已，为草二三百言，司令于廿一日开吊也。杨于昨午接关务，陶即委充第八区烟酒公卖局长者，统捐局局长为军法官朱秉钧。彭本旗人，家北京宣武门内西拴马桩十九号，兄弟三，司令居次。陶，黄冈人，与道尹姻戚。杨字君述，亦湖北人。

九月二十日(10月18日)，平阳黄光闻孙馨帅援浙，军分三路，唯平最佳。衢、处及泰顺各地，欢迎人士均吃大亏。吾辈得彭公如此色相，实出意外。事后追维，不觉心颤。按：这次战争破坏相当严重，浙江、上海多地受累，造成大规模难民无家可归，唯有温州地区幸免于此次兵灾，可以说完全是吕渭英从中斡旋的结果。

是日，永嘉阴，符璋言报馆来十一至十七报七纸，其十六、十七两日记松江失守，卢、何下野及甬江自治政府甫宣言即变局各情颇悉。孙入松系阳历十日，卢、何去沪系十三日，由日轮上海丸赴长崎，有赴日本与奉天二说。甬江变局则由杭以王桂林为宁台镇守使兼司令，一师师长伍文渊、二旅旅长郝国玺为宁台副司令饵之，盖三人皆与蒋、吕等为自治之人，用术以离之，所以自治不成。又传闻郝、伍不和激斗事，亦一疑点。得陈胜帷初九函，内附家信，所言极略。

九月廿四日(10 月 22 日)，阴。清晨符璋拜谒吕渭英家，入吕渭英病室略谈，疾属肝风头重，不便坐起，无他恙也。

九月廿六日(10 月 24 日)，晴。吕渭英《七十寿征启》本日发出。

九月廿八日(10 月 26 日)，阴。吕渭英夫人是日寿，吕渭英出门应酬。

是日，刘项萱谒见符璋，云第二营营长任君志程托其转商代撰吕渭英寿诗，符璋言："大约其人必尚通文，所以未谋面而有此举也。"

十月初一日(10 月 28 日)，阴。符璋草创吕渭英寿文两篇。

十月初二日(10 月 29 日)，晴。杨伯畴以寿吕渭英诗和符璋就商。

十月初三日(10 月 30 日)，阴。符璋为吕渭英撰寿序一篇交去。

十月初四日(10 月 31 日)，晴。吕渭英谒见符璋，云寿文即付缮，又为其写诗轴及贺联。

十月初六日(11 月 2 日)，晴。符璋代沈仲纬撰寿吕渭英诗二首，并拜访彼一谈。送吕渭英宅寿礼、贺礼八色，全收。符璋又撰吕公寿文一篇。

十月初八日(11 月 4 日)，晴。午刻吕宅设宴，除杨监督、符璋外皆本地人。

十月初十日(11 月 6 日)，阴。清晨符璋拜谒吕渭英，闻道尹已委一陈姓青田人，吕渭英嘱符璋拟《上孙巡使书》，交符璋冬季修。

十月十一日(11 月 7 日)，阴。符璋为吕渭英拟函交去。

十月十三日(11 月 9 日)，晴。吕渭英长孙吕人龙完姻，午后符璋往贺。刘缙字云五携乃翁次饶函来永嘉，云乃翁尚在金乡小隐轩，派伊代贺吕渭英。席间与符璋谈邑令为杨姓排长掴掌一事，实从来未有之辱也。

十月十四日(11 月 10 日)，晴。符璋旋至吕宅拜寿，中午吕宅燕客。

十月十六日(11 月 12 日)，晴。吕渭英及夫人、新娘均来符璋家谢步，未之见。

吕渭英长孙吕灵士（人龙）

吕渭英长孙媳曹泽如

1929年，曹泽如与长女吕仙瑶、长子吕祖辉在吕宅于园合影

十月十九日(11月15日),晴。清晨符璋拜谒吕渭英,已出。

十月廿二日(11月18日),晴。清晨符璋至吕宅,吕渭英正诵经。当晚关署演剧为寿,并燕司令。

黄式苏送吕文起年丈七十赋呈

永嘉之学本有用,流风衍自南渡后。
迄宋元明清四代,此邦历为文物薮。
百年耆旧惜渐稀,继起犹有于园叟。
巍然一老独称尊,太邱道广何不有。
叟昔游宦渡左海,才大累累印系肘。
所治剧县历有声,政绩今犹挂人口。
折冲樽俎岂寻常,谈笑能却彼虏丑。
天衢腾踔看直上,胡为急解腰间绶。
世事沧桑真不料,兵起王纲遂解纽。
挂冠叟已早归来,平泉花木自娱守。
忽忽干戈跨十载,父老太息苦兵久。
吴越自来本一家,岂意遍地惊刁斗。
故园烽火倍愁人,叟也弭兵独奔走。
传闻请命为苍生,涕泣军门长稽首。
即此活人已多多,天之报叟应更厚。
叟今七十不须杖,谈论风生犹座右。

老来艰巨力能肩，万事未肯一袖手。
平生所学在济世，同知贤者必有受。
贱子瓣香慕往哲，况叟本是父执友。
黄花满座晚香多，再拜樽前劝晋酒。

注：吕文起系黄式苏叔父黄鼎瑞同科举人，因此被称为“年丈”。后黄氏遗著《天一笑庐诗集》于1926年付梓，内载吕之题词，其两家交谊甚深。

宋慈抱送吕文起观察七十寿序

士大夫学而仕，岂徒以事父母、畜妻子已哉！上焉者，德被生民，功施社稷，累千百世而竹帛钟鼎存其姓氏于不朽；次焉者，为公忘私，为国忘家，必毋玷勤与清慎之官箴。然求其解组以后，林泉之乐，枌榆之欢。莘莘学子，借为问字之津梁，官斯土者，礼其庐而咨诹一邑之民情风俗，则举世不得一人焉。盖晚节实难保全，而求耆宿于今日，则难而又难也。

慈抱酋垂髫，留意当世贤豪长者，辄知同州有吕文起先生，以名孝廉官闽之惠安、闽县，擢福防同知，晋福州首府，所治皆当冠盖喧阗之处，船舶往复之区，他人所傍徨失措，而先生措署裕如，督抚大吏知其才，则于任郡守县宰时，使兼洋务，兼榷务，兼教务。先生且语人曰：“古人日接宾客，夜省文书，为贤劳，仆值此，殊心自以为劳耳。”国变以后，先生年已五旬有奇矣，浊世功名，非所乐就，仅就粤东总银行及本省当轴顾问之职，偶出辄归，为桑梓谋善举。盖温郡虽风气闭塞，实则因势而趋时，治佛学有莲池会，敦士品有俭德会，谈文讲议有瓯社、慎社。创始非一人，而先生实有领袖也。

自壬戌至今岁甲子，灾异屡见，水旱之不时，非先生捐囷募金，则闾阎枵腹；干戈之相寻，非先生牵羊畜酒，则郊野卧尸。此其热心毅力，岂一举手一投足之劳哉！

夫寿人之道，寿常人与寿伟人不同。寿常人不过其亲戚子侄，及与有一日之雅；寿伟人则必视其所益之大小多寡以为量，黄童白叟，无不共祝罔陵也。若先生有官时所设施，为公忘私，为国忘家，固不待慈抱一度所得。德被生民，功施社稷，有彼都之倍史在焉，而其解组以后，后起问学，官斯土者之咨询民俗，则慈抱所目睹者也！其称寿因宜，辄述此以质登堂诸君子。

郑汝璋寿吕文起丈七十

东瓯山水钟灵秀，代有贤哲乘运生。

永嘉诸子尤杰出，别开学派先后鸣。
先生为学志经制，少膺鹗荐挺才名。
致君泽民本夙抱，学术治术俱通明。
中岁便现宰官身，甘棠善政宣八闽。
三仕一麾皆奏最，九征廊庙识经纶。
召杜政声今再见，岂唯一隅守郡县。
利器从来必投时，莫邪干将经百炼。
冠盖联翩争倒屣，入幕尽是青云彦。
陈臬开藩可坐致，盘才自是当方面。
吁嗟改变沧桑换，旧日衣冠今星散。
名场稍倦赋抽簪，鸿鹄暂戢没风翰。
元龙豪气老不除，扁舟南溟游汗漫。
佗城歌啸五层台，大府礼延资翊赞。
管到计学素擅长，忧时绝类髯翁叹。
抒轴东南物力艰，调剂盈虚精握算。
栖栖终步车尘间，暖席未遑忘昏旦。
犹云归岫故飞飞，遂初始制芰荷衣。
大隐徜徉专丘壑，松颜鹤发古来稀。
桑梓即今资利济，荀陈名德是吾师。
南山在望一翘首，为公敬诵台莱诗。

沈凤锵亦送《吕文起七十寿诗》两稿（七律）：

能将轩冕等锱尘，海内如公有几人。
宦绩昔曾留闽粤，乡评今复比荀陈。

家传吕览千秋业，座列秦陶万古春。
一会敦槃将玉帛，寿身兼善寿斯民。

沈凤锵言：吕公藏古陶甚富。万古春，秦陶器名，见《杨铁崖集》。此后，吕渭英赠沈“古陶五种，完好无缺，皆汉时物”。

注：沈凤锵（1851—1932），字桐轩，又字仲威，自小聪颖好学，光绪八年（1882）壬午科，阚翊靖榜，乡试举人。曾任湖北宜昌通判、郧西县知县。

王毓英祝吕师文起七十寿

过眼烟云几变迁，鲁灵光殿独岿然。

口碑载道应成佛，心事焚香可告天。
劫后河山新气象，闲巾诗酒老神仙。
海滨莫漫思高蹈，稀水投纶更十年。
有明忠良辨大礼，相业全凭得君专。
数百年来无此诣，哲学名臣俱杳然。
造物秀钟山水窟，四灵崛起有诗篇。
辉映后先公健者，唾成珠玉灿云笺。
海外南游祝寿母，延龄宴开菊花前。
归遗勿割东方肉，阿姥斋厨净烹鲜。
眼破红尘空世界，口念弥陀学参禅。
二人偕老慈悲佛，圣明尖上证三椽。
回首杭州襟上酒，沧桑世局几变迁。
李杜怕谈天宝事，惊弓黄鸟唤言旋。
分灌田荆扶玉树，于园五柳好同眠。
吾叹世人求利达，昏夜气哀丑可怜。
虽得万钟千驷富，安知流亡愧俸钱。
达哉我公知几百，宦途久已谢迍邅。
而今还来花正盛，家人团聚乐无边。
蟠桃开宴席未暖，南岭梅催山之巅。
三年一归归复出，试问此出归何年。
矍铄翁喜自强健，据鞍一笑忘华颠。

黄光祝吕文起先生七十寿甲子

高门启华旦，衣马集名流。
为奉上寿觞，鞠跽希金耩。
慬然摘吉语，敬谨祝千秋。
惟我磺溪老，声价荆山踢。
故家溯东海，硕望仰太丘。
忆昔学优仕，崇名召杜侔。
榕城驱五马，政成民不偷。
群芳悦吹万，不其狱无囚。
盛名行蛮貊，顺外建嘉猷。
时局易桑海，归心动白鸥。

买屋安山脚，筑园避市头。
亭榭结迢滞，泉石竞清幽。
居乡持古道，茹吐忘州柔。
纷杂资排解，方驾鲁连涛。
晏子三百家，惠泽无弗周。
爱才频汲引，佳士喜倾投。
自顷遘戎马，烽燧达闽瓯。
丹浦岂乐战，虞玉遍有求。
斡旋假大力，信宿瑞平留。
十乘师弦高，释图民以鸠。
危城歌载色，旗焰息蚩尤。
有此高阳美，允添海屋筹。
古稀益种德，期颐想有由。
接羽飞丹凤，继是腾金聊。
于园长桐孙，天星通女牛。
喜气宣堂室，爱日照河洲。
岗陵虽拜庆，恫瘝未忘忧。
还将仁寿宇，化为般若舟。
协律逢阳春，笑语陶献酬。
矢诗萃群彦，章句侈冥搜。
贱子信顽卤，嵇懒缺笺修。
叙意勉濡翰，燕翼颂贻谋。

徐世勋祝吕文起先生七十寿诗

报到梅开岭上先，称觞晋祝古稀年。
康衢击坯歌唐瑞，大事经心继宋贤。
甲子循环新岁月，沧桑阅历老神仙。
跻堂介寿冈陵颂，春满于园画阁前。
东瓯江上绮筵开，彩献斑衣舞老莱。
闽侨颂声留棠树，羊城余庆萌庭槐。
坡公三绝诗书画，陶令一官归去来。
矍铄精神添鹤算，优游长醉酒花杯。
寻得桃源岂避秦，故乡倚重老成人。

万家生佛消尘劫，百岁勋名待蒲轮。
到处桑麻歌乐土，满城桃李结前因。
布衣蔬食近唐俗，俭德高风率里民。
问安点颌倖汾阳，庭有尧兰浇膝香。
曲谱霓裳新乐府，诗歌天保大文章。
高瞻南极星辰远，雅集东山日月长。
绛县老人今尚在，华封三祝寿无疆。

周鉴庵寿吕文起观察七秩

名山秀水绕瓯东，间气于今属老翁。
近已无人穷奥妙，昔曾史籍号神童。
鹏搏异奋南池志，豹变远追北海风。
名列贤书登凤阁，苍生霖雨万方同。
碚溪垂钓旧遗风，当代争推命世雄。
闽峤群儿迎竹马，渭滨北梦溯飞熊。
福星不让鲜于子，生佛直同司马公。
解组言旋犹不懈，福田广种万千功。
觅得青山好挂冠，清风两栖梦魂安。
有闲诗画饶新兴，无事琴书若旧欢。
混迹红尘培善果，潜心白业坐蒲团。
行年七十童颜驻，为眼长生不老舟。
华堂设锦敞琼筵，庆祝先生仗国年。
蛇武奇功当世罕，鲁连伟绩独公传。
筹添海屋椿萱茂，洞入桃源瓜瓞绵。
耆友会电应愧我，跻堂捧蕻谢群仙。

佚名人士祝瓯江吕文起夫妇七旬双寿联移宴资助赈：“先生世居东海滨，东莱望族扬清芬。诗书执礼绵世泽，居官有道爱斯民。理财无令本实拨，爱民喜与斯民亲。自逢贞下易正朔，浩然归卧东山麓。苍生徒切云霓望，岫云依旧栖林薄。举修废坠策公安，犹为闾阎谋幸福。阴德不求人表彰，德流已共瓯江长。今年甲子日辰良，古稀夫妇庞眉庞。斑衣华烛辉莱堂，寿宴移佐仙民粮。哀鸿中泽齐引吭，永言祝颂寿且康。”

徐石麟诗集中也有向吕文起贺寿的诗作《吕文起先生七秩重寿》：

乃翁鹤寿古稀高，犹见殷殷务事劳。

应世咸言麒骥美，居家细数凤凰毛。

堪为伯仲唯伊吕，却惜寸分拟禹陶。

得整华丰重庆祝，须知闾里尽恩膏。

十月廿七日(11月23日)，晴。吕渭英至杨园午燕，同座九人，符璋出示《和彭司令》诗，云原唱甚工，才胜监督。

十月廿八日(11月24日)，晴。符璋得陈副官廿一来函。函吕渭英，以《和彭司令》二诗质之，并去续撰寿序一篇及《哈同夫妇寿言》印本八册。

十月廿九日(11月25日)，晴。吕渭英致符璋函，云彭司令急欲一见，嘱将诗写去。因往谒之，谈颇洽，旋以和章一首书呈。夜饮杨园。

秋，吕渭英修西溪十二峰造路筑亭，修筑韩埠底石路，建造善同桥，炸平雁荡马鞍岭极险峻处岩石，凿平险路，以利游客通行，并出经费以维持西溪接婴处(专接弃婴之场所)。

十一月初四日(11月30日)，晴。符璋拜谒吕渭英，闻赴仙岩。

十一月初五日(12月1日)，晴。符璋至文老吕文起略谈。

十一月初六日(12月2日)，晴。符璋至沈宅一谈。谈朱镜宙私通章炳麟女，即婿之。其人现充厦门银行副经理，乐清人。革命初年与汤执中在杭办报，汤借洋于吕渭英未遂，在报纸丑诋不堪，朱稍得佽助则不然。戴立夫在温独立初尚犹豫，汤手洋枪逼成之。戴原名学礼，后改名任，本广西后补府，甫引见而国变。

十一月初七日(12月3日)，晴。吕渭英致电中国红十字会总办事处“温州灾民施衣之复函”：“径复者：顷接台函，敬悉一是。际此隆冬，灾黎号寒，无以卒岁。蒙发给棉衣裤百套，功德无量。当为敝邑灾黎叩谢，顺颂中国红十字会诸位先生善安。弟吕渭英顿首，夏正。”

是日，午后符璋致吕渭英一函，附画一幅。

十一月十二日(12月8日)，中国红十字会总办事处致温州慈善急赈会函：“径启者：时届隆寒，浙东灾黎，良可悯念，兹送上棉衣裤一百件，望即查收，带至灾区散给为荷。此致慈善急赈会吕文起先生。”

是日，中国红十字会总办事处致致谢仲笙函：“径启者：兹有寄往温州发给灾民棉衣裤一百件，并信一函，乞即交轮船带去，送至吕文起先生查收散放。事关慈善，重费清神，尚乞免收水脚为荷。此致谢仲笙先生，庄策拜启。”

十一月十七日(12月13日)，晴。符璋大女儿去世，符璋内子哭晕，连哭不已。仍唤潘房东来办理一切，符璋函向吕渭英借五十元，吕渭英许明早送来。夜一钟就殓，即出厝。

十一月十八日(12 月 14 日)，晴。吕渭英交符璋洋五十元。

十一月廿四日(12 月 20 日)，晴。符璋为亡女召僧诵经、礼忏、放焰口。吕渭英登门。

十一月廿五日(12 月 21 日)，晴。符璋向青田人徐某借来百元，并前为百五十元，以五十元还吕渭英。

十一月廿七日(12 月 23 日)，晴。符璋函致吕渭英，即得复，云杭行尚未定。

十二月初一日(12 月 26 日)，晴。徐云龙来见符璋，并偕一西溪人，云吕渭英于昨夜登舟。

民国十四年(1925)　岁次甲子(七十岁)

十二月十七日(1 月 11 日)，晴。晨符璋谒张道尹，略谈片刻，云上海有独立说，并云吕渭英到杭曾谈及。

十二月廿五日(1 月 19 日)，阴。刘冠三云与吕渭英同船归。

十二月廿六日(1 月 20 日)，阴。吕渭英谒见符璋，云道尹议续修《永嘉县志》，又嘱代作二诗。

十二月廿七日(1 月 21 日)，阴。午刻符璋饮吕渭英宅，同坐为道尹、知事、王、王、张、刘及省议员数人。闻彭司令调防平湖，以第一师一旅石铎由甬驻温，官绅筹办送迎事交替即在日内也。

十二月廿九日(1 月 23 日)，阴，午后见日光。吕渭英函送符璋乙丑年春季修八十元，又两次润笔四十元，符璋随手答函璧还，旋经吕渭英亲送前来，不得已符璋领之。并为吕渭英代撰送彭司令诗，用张道尹韵，而将稿件交付。符璋又自作一首，亦用张韵送彭。彭旋来拜。各店账均开发讫，胸次为之一爽。

符璋言：控吕渭英办兵差虚冒者为永嘉人陈祖范，字叔平，系中校毕业生，现充某小学校长。该校即张书元焕绅所办者，张、陈一气，其平日无恶不作亦同，乡里周知。且屡受吕渭英厚惠而反噬如此，尤为公论所不容。

民国十三年(1924)，永嘉普安施医施药局正式开诊。蔡冠夫任董事长，并主持局务，该局注重医风医德，受到病家的信赖和赞扬。到 1952 年由人民政府接办，共历 28 年，施诊 120 万病员。(《温州文史资料》第六辑)

普安施医施药局全体医士合影

普安施医施药局全体同人合影

普安施医施药局医务研究室医务会议

普安施医施药局医生看病问诊

是年，符璋代吕渭英撰《永嘉东山词人祠堂记》。

是年，吕渭英题陈仲陶《剑庐诗钞》：

盛唐陈拾遗，风雅继苏李。
积健以为诗，诗笔空余了。
君今许英年，诸体俱可喜。
尤乃其裔孙，语句多酷似。
淡远却有神，潇洒寄微旨。
不肯落言诠，占此意在彼。
司空诗品中，超诣差可拟。
清奇与缜密，两两增绝伎。
咏古能浑雄，尺幅欲千里。
咏物乃细贴，浅语会妙理。
旁读卧树歌，为之披剑起。

如挟八月涛，奔凑赴笔底。
我亦赋兹篇，冒昧不抟持。
持以较君诗，俯首难仰视。
他时有续编，定卜配诗史。

是年，沈凤锵作《老友永嘉吕文起观察寄惠黎二樵青绿山水罗浮铁桥图为寿，赋绝句四首谢之》：

二樵妙迹擅云峦，卷赠茅斋共岁寒。
割取罗浮峰一角，铁桥石柱画中看。
群仙自将住罗浮，朔斗遗坛今尚留。
坐对画图师抱扑，天人始信本同沤。
东老回仙有旧缘，熙宁一会已千年。
分明记得前生事，次律原来是夙禅。
缥缈云山映薜萝，晴窗一日百摩挲。
银盘铁杖寻常事国，不及先生拜赐多。

冬，吕文起作：

叶君墨卿髫龄时同受业于黄蠡卿夫子之门，其时同学记不下百人。六十年后，存者晨星数点；今冬为墨卿七十大庆，余适远客钱塘，写寄南极老人图一幅以为之寿，亦见总角交游、白头到老，非易事也。

回首胜衣就傅日，同学于今有几人。
况历沧桑几百劫，健存犹共古稀春。
华堂戏彩乐陶陶，我醉湖楼兴正豪。
写寄老人图一幅，客星远照寿星高。

是年，吕渭英作：

梦游罗浮

世界何境非梦境，华胥国土今神州。
梅花仙子藐姑射，招手示我罗与浮。
罗浮崛起五岳外，匡庐武夷乃流辈。
当年风雨藉合离，此日嶙峋睨嵩岱。
客星躔舍占羊城，鞅尘碌碌愁余生。
南行非仁亦非隐，游戏客子称客卿。
啖荔最爱风味好，重瀛遵舶来遄征。
槟榔芭蕉下陈列，副兹月旦肥环名。

朝汉台荒尉佗香，鹧鸪啼咽翡翠惊。
贪泉只合吴隐酌，何处可濯沧浪缨。
古今霸业一弹指，马牛风过徒关情。
梦婆有苏人罕识，仙翁如葛谁相迎。
大药丹砂亦易得，乞令肯从勾漏获。
忽然身在名山中，一枕昏酣入甜黑。
琪花瑶草洞中天，岩瀑曳绡千仞白。
凡躯竟能不翼飞，委蜕厌留魂返宅。
尻轮神马庄寓言，证以吾身始祛惑。
鲍姑得诀早飞升，翠羽缟衣方侍侧。
卢纶曾入桃源中，天姥李白堪追风。
名山缘必名贤结，形之篇什言非空。
我非其伦事则类，贤愚岂必判异同。
邯郸炊粱自有店，掷枕不问侯与公。
相较只在些子耳，梅花纸帐梨云漾。
梦回未闻痕久在，夜漏已毕惊晨钟。
台宕故乡我所有，何事栖栖旅中久。
泻来十斛鲛人珠，换得梦游诗一首。

注：罗浮山风景区，是国家 AAAAA 级景区。位于广东东江之滨，离惠州市博罗县城 35 公里，与增城、龙门两县接壤。方圆 260 平方公里，共有大小山峰 432 座、飞瀑名泉 980 处、洞天奇景 18 处、石室幽岩 72 个，山势雄伟壮丽，自然风光旖旎。罗浮山，素有岭南第一山之称，秦汉以来号称仙山，史学家司马迁把罗浮山比作“粤岳”，是中国十大名山之一。它又是中国道教名山，道教称它为第七洞天、第三十四福地。与南海县境内的西樵山并称南粤二樵，故它又有东樵山之称，是中国的国家重点风景名胜区和避暑胜地，被誉为岭南第一山。北宋苏东坡曾在这里作下“罗浮山下四时春，卢橘杨梅次第新。日啖荔枝三百颗，不辞长作岭南人”的名句，而使罗浮山闻名于世。

民国十四年(1925)　岁次乙丑(七十一岁)

正月初一日(1 月 24 日)，阴，下午梅雨。清与龚雪澄赴吕文老处贺新年，不值，留片而回。

正月初三日(1 月 26 日)，晴。吕渭英谒见符璋。午后，符璋出门拜客，晤者吕渭英、张道尹、刘、沈等。是日，闽军一团乘超武船去。

正月初四日(1月27日),雨。吕渭英嘱符璋代撰《江心寺听潮次张冷僧韵》,符璋即拟就函致。

江心寺听潮次张冷僧韵

赤手狂澜挽自东,唾成珠玉九天风。
文章韩愈潮驱堡,书法羲之海戏鸿。
强弩势回罗刹岸,大雷声振梵王宫。
江山一览如明镜,涌现楼台蜃气中。

正月十二日(2月4日),彭司令由永嘉移军嘉兴。

注:彭在永嘉,与吕渭英官绅结一社,每礼拜饮酒赋诗。

正月十三日(2月5日),晴。刘绍宽夜过吕渭英、王梅伯家。

正月廿三日(2月15日)午,劲风阁作诗钟会,到者十余人,冷僧道尹、文起均冒雨至。题为“渔火”二字,晦明格,冷公、文老吕文起取。(《梅冷生集》第232~233页)

正月廿六日(2月18日),雨。吕渭英约符璋作诗钟,因成绝句八首,另七律一首予道尹。

正月廿九日(2月21日),阴。吕渭英致函符璋,嘱代作一诗:

(林浮沚以枕上偶成诗见示,次韵步之)
八百声闻上界钟,横空无际上胧胧。
披衣起舞中庭月,万丈光芒剑影红。
蹉跎到底百无成,何复难辞息息争。
天地宽闲容我老,笑将肝胆话平生。
余事披寻古代碑,风流儒雅亦吾师。
埋头终日池俱黑,得失寸心只自知。

二月初一日(2月23日),阴。符璋致吕渭英一函。

二月初五日(2月27日),晴。吕渭英致函符璋,云乐清刘之屏浼其转乞为《盗天庐集》作序。符璋以素未谋面,不免鹘突。集凡四册,略翻一过,文乏精语,诗多失粘。吕渭英并以所撰序稿来,符璋不得已,姑作一篇。吕渭英原稿如下:

士有负瑰奇玮异之才,不得志于时,荒江老屋,寂处无聊,岁月急景,旁皇瞻顾,不得已托于诗以自见,其诗诚工,其志亦可悲矣!

乐成刘君之屏,自少辄有声庠序。沉酣典籍,留意经世之学。与章安陈蛰庐先生为莫逆交。尝悯时局阽危,风俗偷惰,发扬蹈厉,思有以匡救而矫正之者。方赘庐之创《利济学堂报》也，尝引君白助。宏议名论，震骇聋俗。名流猬集，相与上下今古，酒酣耳热，脱帻投地，狂呼而歌乌乌。见者咸惊为陈同甫一流人物，意气何其盛也。曾无几何，蛰庐负奇不遇，赍志以殁，而君亦屈伏闾里，垂垂老矣！君既不获一吐胸中之奇，晤言一室，惟以吟咏自遣。出语雄奇，而泽以华藻；树骨秀劲，而节以声律。林霁山所谓"破砚寒灯，萧然四壁。人不堪之，而能发天葩于枯槁；振古响于寂寥"者，君之谓矣。尝谓："论诗于今日，诚芜杂难言。席妄之子，初未尝学问，竞病初语，即自矜诩，剽窃声誉，竟喧矧穷。不知诗本于学，离学而言诗，其诗宜无足道。"君华实并茂，充乎中而弸乎外，工诗宜矣。独怪君负用世之志，不自命以诗人，而卒以诗人终老，夫岂君始愿之所存哉？然亦唯君之不自命为诗人也。而其诗始沉浸醴郁，根底深厚，且言外有意，使人咀味无穷欤。用表而山之，以为爱读君诗者告，使知求诗之好，为尤急矣。

乙丑仲冬，东嘉吕渭英序

符璋序文如下：

《盗天庐集》者，刘久安先生之诗与文也。鬃耳其名，未曾识面，忽介永嘉吕文起以集丐序于余，余于诗文一知半解耳，近尤荒落，何足以副诿諈之殷殷哉！且序人诗文者，必其言足为世重，庶几施者受者咸慊。余既无片长取重于世，而废弃日久，朋旧轻之。以积轻之人，当借重之任，先生之计左矣。然能排世俗之见，独借重于积轻中，竟为未谋面之知己，则新意良厚，又焉可负。既卒读，而不能不赘一词焉。

尝谓："天之生人，邪正、智愚、贵贱、贫富，万有不齐，而成就一才士文儒，要非无意。"文儒才士能以著述自见，足与科第、职官、功名、富贵相抗衡者，为数至鲜。自开辟迄今五千余年，生人之多，虽恒沙不胜量。即隶首不能算，求其若存若亡，如有如无之著述，目录能幸挂名于简册者，上而国史，下而方志，殆百万十万人中尚不得其一焉！挂名简册，求其流布寰区，不至助秦坑之灰；叛扬瓿之酱，俾世知某省、某邑、某人、某集尚能举其名者，尤亿万千百中而不得一焉！使有其人，训天之无意陌生可乎？然天慨生之，且成就之，独不予以科第、职官、功名、富贵，而反厄以贫且贱，抑郁结轖，不使有一日之遭逢；视唾手而得科第、职官、功名、富贵者无以比肩；甚或一榜一衿，且不能冀若非分焉，则义何欤？历代未暇稽，即我清三百年，士之不遇，而为人人所习知而不平者，若胡天游、刘海峰、刘孟涂、管异之面之于文;侯夷门、黄仲则、郭频迦、朱小岑之于诗;以及同治间,贵邑长林鹾尹之江弢叔,曾有一人一日稍稍得志者乎?然则,谓天之生之为有意,又可信乎?在宙合升平,朝野熙和,天道未变之当日尚如此;况梦梦愦愦,变至今日而不知所届者,而号为文儒才士,犹抱其区区诗集、文集以骄人而傲天,玩世不恭;致为科第、职官、功名、富贵之流所嫉,不亦大惑大愚矣乎!

先生见道已深,或有取于鄙说,故于大集一发之。集中各文,实能本贵师陈秋樵先生之说。如所谓"文之立意为主,谋篇次之,琢句又次之。俗所谓'桐城派''阳湖派'者,皆自立门户,非古文之正轨也"云云,衣钵已得。其于诗,则集末《纵笔》五古一首尽之。如所谓"诗是有韵文,文是无韵诗。读破书万卷,意到笔自随。不为格律缚,不为句法拘"云云。自评已审,不能再置一词。至于偶及地方利弊兴革事宜,皆治乱安危所系,又何让贵友陈蛰庐之慷慨负才。如此仅仅以诗文见,在先生吲义命自蜜,不少怨尤。然吾诚不能为彼苍解矣。

乙丑仲春,西江符璋序于温州寓庐,时年七十有三

二月初七日(3 月 1 日),晴。符璋以刘集序文一篇并原稿四册函送吕宅。午后吕渭英谒见符璋,谈杨监督被攻撤委事。

二月初八日(3 月 2 日),阴。吕渭英送到符璋处蟠桃画屏四大张,嘱为题跋备作寿礼。

二月初九日(3 月 3 日),阴。符璋为吕渭英代题画幅款交去。符璋夜饮方介庵处,分两席。听吕渭英谈杨监督被攻撤差各情,洵属咎由自取,所有言动,无一不可入笑林与骂书。不谓荒谬胡涂,竟至于此,又一《官场现形记》中角色也。

二月十一日(3 月 5 日),晴。吕渭英谒见符璋,谓道尹欲以孙督办寿序见委,符璋以时迫,又无事实,辞之。

二月十四日(3 月 8 日),雨。符璋抄《且园记》稿送交吕渭英。

二月十五日(3 月 9 日),浙江省省长夏超关于伐木烧炭易致水患查禁柴炭出口禁令未便取消咨:

浙江省长公署为咨复事:

案准大部咨开,据浙江永嘉县炭业公会呈称,浙省旧属十一府以山深林密著名,沮处亦在其例。设窑烧炭,吸收外埠金融,以救山僻贫民。讵温处士绅吕渭英、前警务处长夏意谓森林砍伐与水利有关,于去年六

月间呈准浙江前张省长，令瓯海道饬属县禁止柴炭烧运。同年十二月间，旅杭温州同乡会复呈准夏省长，令道饬县重申禁令。查柴炭之材，天然燃料，枝叶稀疏，根茎短小，对于水灾上毫无关系。温处两属柴炭进款年约二百万金，贫民视为恒业，俯仰无忧。一旦严加禁令，则柴炭囤积，等于废物，贫民失业或有异心。为此呈请俯赐核准，令饬取销禁止柴炭之案。舒商困以重实业，等情到部。

查浙省禁止柴炭出口有无他种用意，原呈所请取销繁止出口原案应如何办理之处，相应抄录原呈咨清查核办理见复，等因。并附抄件。准此，查浙省温台处旧府属，近因轮舶交违，内外商民争往采办柴炭、板料等项，不但供不应求，价值飞涨，抑且砍伐将尽，濯濯童山，遍地皆是，偶遇霪雨，则山洪大发，致农田水利，尤受其害。上年迭据该各属绅民呈请，以连年水患，地方大受损害，皆由滥伐材木所致，请求饬禁等情，始经本公署分令会稽、瓯海两道尹转令各该县查禁柴炭出口，但准内地流通，妥订取缔办法，以资救济，而防影射。事关地方大局，未便辄行取消出口禁令。准咨前因，相应备文咨请大部查照。此咨农商总长。（北洋政府农商部档案）

二月十六日（3 月 10 日），晴。吕渭英赴省。

二月廿五日（3 月 19 日），雨。符璋发吕渭英函，为陈季孚托荐新任平阳，寄杭垣新市场惠兴路西四弄一号温州会馆。

三月十二日（4 月 4 日），雨。符璋得吕文老杭州书，云为陈季孚荐新任平阳沈知事，嘱于到日代作一函为介。即以原函示陈。

三月十四日（4 月 6 日），晴，阴。吕渭英邀午酌，符璋、刘绍宽、陈小垞、黄梅生在座。

是日，陈季孚拜谒符璋，符璋以吕渭英函交其面投。

三月上旬，太子少师、前直隶总督兼北洋大臣陈夔龙至杭州，与吕渭英聚于江干酒家。陈夔龙作《春暮作客杭州文起观察招集江干酒家小饮感赋》。吕渭英作《曲江春宴，敬次前北洋大臣陈筱帅韵（夔龙）》：

谁识尊前客，风流旧使君。
共怜春易暮，不觉酒微醺。
华发忘年老，清谈到夜分。
追欢兼惜别，渭唱妨重闻。

吕渭英作《刘景清观察招饮寄尘家，庸庵尚书即席赋诗，次韵和之》：

晚霞天半绮筵晴，尘接襟痕听履声。
不信冰心因酒劲，且惊雾眼对光明。
寄尘海上三神涌，吟垒尊前六合横。
四顾无弦琴在壁，含毫谁喻此深情。

吕渭英作《上陈云庵尚书》：

犹有先朝一介臣，沧桑劫后剩吟身。
唐家节度思前制，鲁殿灵光重旧人。
大陆风云挥手谢，西湖山水结庐新。
坠驴他日华阴道，留见希夷笑态真。

三月十七日(4月9日)，阴。夜马孟容来见符璋，言吕渭英已回永嘉。

三月十九日(4月11日)，阴。清晨符璋拜谒吕渭英，座客已满，略谈数语即归。

是日夜，吕渭英谒见符璋，略及志事与子桓事，因力言之，并将《台州府志刍议》一册携去。

三月廿一日(4月13日)，晴。符璋为吕渭英代作《上孙督办》诗，仿柏梁体五十韵。

三月廿三日(4月15日)，雨止。符璋以七绝函吕渭英。

三月廿四日(4月16日)，雨。夜吕渭英谒见符璋，嘱拟函稿，面交夏季份修。

三月廿五日(4月17日)，晴。符璋为吕渭英拟稿交去，闻其宴归小病。

三月廿七日(4月19日)，雨，日寒甚。符璋以《食谱大全》《烹饪一斑》两册送吕渭英。

三月廿八日(4月20日)，晴。符璋致一函予吕渭英，为陈季孚说项。

是日，符璋得卧云法师三月廿五日自镇江金山寺放生社来函并《和于园诗钟》八绝，所云有绝不可解者。此君多疑无识，实罕其俦。

三月，吕渭英作《金山寺放生社歌并寄卧云和尚》：

庐山莲社祖师出，未开放生只念佛。
念佛功德原无量，何以放生兼戒杀。
金山不比庐山深，屹然卷石江之心。
琳宫梵宇弹指现，亦有社事依丛林。
大江水来东到海，万里风帆舳衔尾。
几闻七尺网珊红，剖蚌索珠泣鱼蟹。

妙高台上天眼观，血染中泠泉欲浼。
阿谁发起心菩提，力为众生谋解脱。
慈悲本是佛家常，一方既行风十方。
屠门能口刀俎业，梵天可佛亦可王。
入社缁黄遵戒律，事不涉虚福皆实。
布地累累长者金，粥饭斋僧免行乞。
此山名重赡部州，岂独砥柱居中流。
梦婆学士玉带解，胜事坡能从即游。
名僧名贤两作合，三生有石留千秋。
亦如远公在庐岳，与陶密过宗雷周。
我师卧云今挂锡，讲经高踞社中席。
散花天内住诗僧，六代汤休此其嫡。
鲁公喜筑放生池，梁帝先泐放生碑。
儒门尚知此事亟，况称自足天人师。
师于浙东曾稍驻，三雁胸中自吞吐。
诗以贯休《禅月集》，板本人间早流布。
打包倏去浩然楼，桑下信无三宿处。
何事重续香火缘，吟钵饭钟共朝暮。（卧云和尚寄诗，次韵答之）
上界钟声下界闻，飞鸿戏海忽成群。
舍身佛寺惟禅悦，望气江心有楚氛。
一领袈裟天地阔，万重烟树越吴分。
尺书来自金山寺，相忆应停日暮云。
想见攒看若耐思，白莲吟社远公诗。
江山雄独推吴郡，风月清应胜谢池。
四海云游君老健，十年家食我委蛇。
为留佳处茆庵在，一叩禅扉会有时。

四月，张宗祥与吕文起联名代订《永嘉马孟容画例》《永嘉马公愚书例》，交上海有美堂印行。

闰四月初二日（5 月 23 日），晴。符璋得陈季孚函，即转致吕渭英，旋得复，知甫由寂光寺回。

闰四月初八日（5 月 29 日），晴。清晨符璋拜谒吕渭英，已出门。下午瞿来见符璋，谈周仲明控吕渭英事。

闰四月初九日(5月30日),晴。午刻吕渭英赴东门外高殿下闽人陈宅燕,符璋在座,谈警察敲诈婪赃及县知事行为颇详。

闰四月十三日(6月3日),晴。吕渭英谒见符璋,云警察事已解,略及志事。符璋为吕渭英拟沈卓如挽诗两首交去,自作四律及联一副送追悼会。

闰四月十四日(6月4日),晴。报登上海学生因演说、游行之初十日事,与英捕冲突,致被枪毙及伤多至数十人,有罢市之议。奉张初九日已至津。初十日又出共和路奉军第一军司令部军官格斗案,死一伤二。

闰四月十七日(6月7日)夜,艺文学校学生聚集于天宁寺开会,决定连夜整理行李。

闰四月十八日(6月8日)上午8时,各校学生生源"五卅"惨案反帝斗争。艺文学校学生宣布脱离教会学校。学生们于10日发表了《温州艺文中学学生脱离教会学校声明》。声明内容:"全国各报馆转全国各公团及海内外同胞钧鉴:五卅惨变,凡有血气之人,莫不呼声急烈,共起反抗强权。同人等系英人所办之艺文教会学校学生,饱受其专制教育,夙怀怒愤。自沪案发难后,更深恨外人之蔑视我同胞,亦愿牺牲一切,即日永远脱离该校,自行组织救国团,望我同胞共伸义愤,致力援助。伏希垂鉴。脱离温州艺文中学校学生救国团三百人同叩。"

瓯海公学

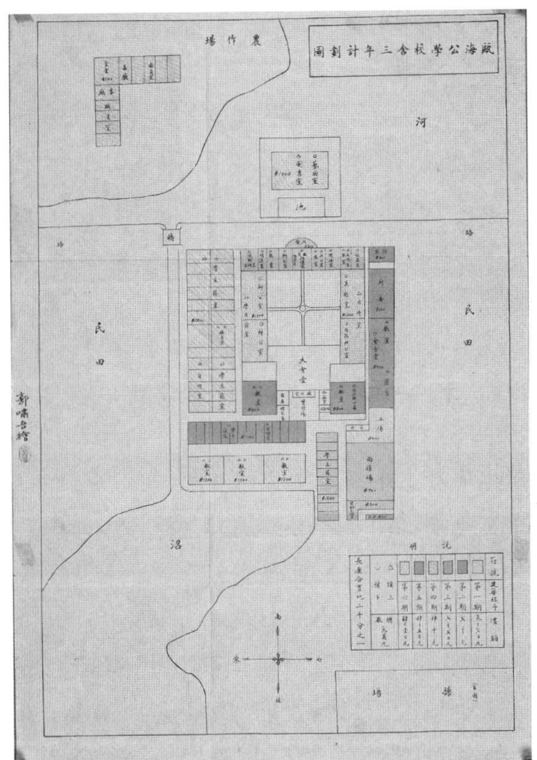

瓯海公学校舍三年计划图

落日映照下的瓯海公学校园

瓯海公学早期校门

注：全文刊于 6 月 10 日《瓯海公报》，学生离校后，暂时驻脚于玉堂里四明银行，原住校外县学生则安排在四明银行内暂住。随后，艺文学生与学联会（学联会由城区的十中、十师、女中、女师、商校、蚕桑学校和艺文中学等组

成)取得联系,并得到热情支持。11日,各校学生成立救国联合会,发动罢课,举行万人示威游行,商界及各小学也积极参加。300余名学生集体脱离艺文之后,总得有个就学之所。6月下旬在县学文庙开会决定创办"瓯海公学",由吕渭英邀集潘鉴宗等名流成立校董事会,并公推吕渭英担任校董事长。

9月,艺文学校离校学生,以蛟翔巷平水王庙为校舍,创办瓯海公学。乡贤吕文起先生当时正告老还乡,目睹学生反帝的热情以及谷旸先生毁家兴学的精神,深表同情,并慷慨解囊,援助添办全部课桌椅及其他校具,并将蛟翔巷平水王殿重新检修,辟为校舍。同时,改建蛟翔里之御书亭。

吕文起作《平水王》一首:

横阳气节重千秋,入洛羞从二陆游。
生不异朝臣北面,死甘蹈海障东流。
一方水忠资功德,历代王封锡冕旒。
咫尺西城宇祠在,至今血食合椎牛。

闰四月廿三日(6月13日),雨。吕渭英谒见符璋,谈且园碑记事。

闰四月廿八日(6月18日),晴。府城隍庙平粜每升十四铜圆,街上贴告白,百姓呼为"漏海道",指道尹为包办漏海之魁,余为吴钟镕等三绅。店仍未开。

五月初五日(6月25日),晴。符璋至吕宅。夜吕渭英回访符璋。

五月十五日(7月5日),阴晴不定。午刻燕松台别墅,主为曹、朱、朱,客为道尹、酒捐局局长朱、吴、王、陈、蔡诸君,吕渭英未到。

五月廿二日(7月12日),晴。吕宅特为符璋家分来米一袋,取回《嫠纬篇》。

五月廿六日(7月16日),风雨稍杀。符璋以米价十元及袋一口还吕宅,旋得吕渭英回信。

五月廿八日(7月18日),阴。清晨符璋拜谒吕渭英略坐。午后三钟许,大风雨雷电,霹雳大作,如斗于空,约半时许始定。

六月初四日(7月24日),晴。吕渭英处交符璋新刻《重修且园碑记》拓本两纸。傍晚大雷不雨。

六月十五日(8月4日),晴。申刻刘绍宽至道署,言馆内月支之款,乞饬县按月垫付,并及他事,且晤吕渭英于坐上。

六月十九日(8月8日),晴。立秋,吕渭英赴华盖山冷僧所招,到者张、符璋、陈、朱、张及审判署某公。

六月廿一日(8月10日),礼拜一,晴。晨八句钟张震轩乘阿良船赴瑞。九、十两句钟始抵小东大沙堤项家门首停泊,遂同登岸入内晤项君旭初畅谈一切。时董田林正祥亦在座,此人年约二十四五,近亦遭沈状师牵控,不肯求和,愿掷巨资抵抗,以保名誉,足见此君有志。继李君铭之来谈,因与商本案进行方法。李君言"瑞城著名讼师大半与沈圣达勾通,万难倚靠,惟旭翁则具有肝胆,林老总亦义愤填胸,可以担当艰巨"云云。张震轩乃托以本案大局,嘱与旭初专掌,而地民经济则由予地绅担认。旭初言:"素关戚谊,义不坐视,惟地民须坚团体,被控者一致进行,不惜钱财,自然可操左券。且原告呈词罅隙甚多,大可指摘,当命李君用心下笔,再与诸公妥酌完美,方可进呈。旭初前日在郡与吕文老谈下林案,并言贵地案又发生,赖真翁毅力维持,未受恫喝,文老吕文起素重真翁,特为嘉许。旭初近因真翁过访,故昨拨冗,先自郡遄归,与足下面谈。现新知事黄逢年,在福省为海防同知时,文老吕文起正为分府,黄君正是属员,且待一二日后,张震轩偕足下两叔侄赴郡面谒文老吕文起,细谈本案真相,乞文老吕文起一纸手书嘱托黄君,则此案不患不胜诉也。"张震轩因旭初言甚中肯,遂留伊处午馔,后里李君志谦亦陪饮。下午与诸君谈至二句钟后,又召祥其、茂法、崔弟等晓以大义,旭初嘱其齐心勿懈,预备讼资,否则旭初与张公亦不屑结此空怨也。言毕,张震轩乃告辞出,即下舟赴学蟾河林家访林君总仙,适伤暑不见客,乃赴访蔡孟聪,又值酣睡,不得面谈,遂赴林龙孙家与谈点余钟始归。舟便过莘塍戴琴溪店现购龙牌油一瓶,付大洋二元铜圆十一片。晚饭后付阿良船力小洋三角,遂赴浣垞与醒同、类生等细谈本日情形,二更后始归寝。

六月廿七日(8月16日),晴。连日天热甚。大雷雨。傍晚符璋与吕渭英一函,随得复。

六月廿八日(8月17日),晴,阴,夜雷雨。下午,刘绍宽过吕渭英公寓。

七月初一日(8月19日),阴。符璋拜谒吕渭英,仍未见客,闻恙已愈矣。

七月初三日(8月21日),礼拜五,晴。方君苑香谒见符璋,云吕渭英嘱撰张道尹太夫人七十寿文。

是日,林正祥来访张震轩,言昨已赴郡,探得吕文老近患暑养疴在家,所传赴湖州之信不确也。林正祥代交李铭之差费大洋五元,又付买条虾小洋二角正。八句钟三儿自家赴瑞,十句钟孔申寿来谈,言海安丐班中言"前日放药之丐乃乐清大荆人，名童光会，家中并无别人，因心病出外求食，仅携一女八岁，亦只二元卖与海安某家为养媳"云云。信如此言，则原告瞿姓必是冒认，乃付申寿工资大洋一元，再遣之赴瑞探查真假，以备对付方法。付者生鱼钱小洋二角。收有利等众资大洋二十元作赴郡之用。下午看《所见集》。赴浣垞少坐。大儿同戴婿自莘塍来家。胡秀春来言：自胡雪汀处来，闻此案新知事批极不佳，并有罗织之意。劝胡秀春勿为经手，亦见关切。是晚夜一更时，亹儿始自瑞回，带到批示，果言："此事本知事在省已有所闻，迨莅任检档案参舆论确凿，毫无疑义等语。"阅之令人气闷。于是腾秋、醒同、类生诸人均来商酌，咸谓此种无理批语，必须提起抗告，计议至三更后始散。

七月初四日（8月22日），阴晴不定。符璋为吕渭英撰骈体一篇，约千二百字，致一函告之。

七月初五日（8月23日），阴，微雨。吕渭英谒见符璋，以黄菊襟《天一笑庐诗集》嘱题，符璋为之代作。

是日，严琴隐谒见符璋谈梅冷生、陈翰香、王永山诸议员包办香烟公栈事。该栈缴款本只五万，吕渭英与他人所办，梅等以认缴七万夺之，献地图者，张益平也，吕渭英因此颇衔之。张因此去了岁入三四千金之烟捐局局长而充公栈岁入数百元之小股东，殊不合算。

七月初六日（8月24日），礼拜一，晴。下午三句钟，张震轩与戴婿赴县后巷余律师子侠家，时礼和亦同去。子侠将呈词阅过，谓："此案误于乡警初禀且受伤登时致死，即犯杀人罪之律，而学界被其拖累，亦犯共同之罪，非预寻反证，证明身不在场，必难幸脱法网，且既犯事故，亦不宜粗心暴气，须以忍耐为主，细心斟酌行之，方能渐有生机。"张震轩聆其言，深悔年届古稀，未谙世故，未明法律，累及儿曹，真不值余君一噱也。乃郑重托其照应而出，张震轩与戴婿、旭翁同坐人力车去访吕文老。到时适吕渭英与夏道子女士坐谈，又有王君冰臣、吴君友龙在座，先与二君交叙契阔，俟女士去，乃与吕渭英面谈一切。吕渭英言："平日对于狱讼之件并未代人说项，既承谆托，只得写一通常之函转交旭初，面致黄知事陈说可也。"张震轩与戴婿、旭初得信后即告辞回栈。晚饭后戴婿先买舟赴自家速亹儿来郡与叶礼和、余子侠接头，免致在家被恶警拘致之阨。

七月初七日（8月25日），晴。符璋拜谒吕渭英，由吕渭英处取来道署事略，并取回寿文原稿，加入几层，另誊一稿，函交吕渭英。秋季份修亦来。

七月初八日（8月26日），礼拜三，晴。符璋增补寿文，另誊交吕渭英；

张震轩晤项旭初付还吕文老信一封。

七月廿四日晨四句钟，犹子醒同张震轩言，昨晚自郡回，已经同钱君子卿去见道尹张冷僧，当蒙延入内书室谈事。醒同与言自治委员之事，道尹云："闻已委于张某，不知果否？"醒同言："委任之事，无论是张非张，总以合于法律为前提，今黄知事被瑞安势绅勒委，是直违法举动，于议会前途大有关碍，且本日敝乡士绅已有公函，想道尹当能洞悉其弊。"道尹云："此事当然依法办理，但瑞安士风甚坏，而黄令亦太懦，且俟本道发一快信，自然黄令不能违法也。"醒同二人自道署出，贾啸梧又晋署面言瑞安势绅之横，诉讼之黑幕，此种有法令可遵之件尚且如此，其他可知。于是道尹遂写函交贾君携出，由醒同、钱君阅过，然后发邮快递到瑞。又闻沈、鲍两恶又代张翀向吕文起讨信，幸醒同过而谈及，文老吕文起遂将信毁去不递。想有此一番手续，自治委员事恐蠹绅不能再施鬼蜮之技。付者生鱼钱小洋二角。

七月廿九日(9月16日)，雨。吕渭英送符璋节四色，符璋收月饼。

八月初五日(9月22日)，吕渭英送符璋寿序润笔五十元。

八月初六日(9月23日)，晴。吕渭英函嘱符璋撰吴方伯寿诗，符璋为之成五古五十韵。

八月十一日(9月28日)，晴。符璋至沈宅一谈，闻梅佐羹控吕渭英事。

八月十五日，潘志雅将孙冶让复陈栗庵(葆善)《庚子筹防刍议书》持赠吕渭英(文起)。

八月二十日(10月7日)，晴。清晨，符璋拜谒吕渭英，高卧未起。闻其夫人明日送女至沪出阁，渠于下月初二亦去，盖吉期乃九月初八日也。

八月廿一日(10月8日)，晴。吕渭英致函符璋，嘱跋孙仲容手卷及书屏扇。符璋送吕宅添妆八色，收四色。

陈葆善

八月廿二日(10月9日)，晴。符璋为吕渭英书就各件送还。吕渭英用符璋跋言跋孙诒让《复陈葆善书》尾：

> 此孙征君复陈栗庵筹防刍议书，洋洋千言，人争传诵，栗庵奉为至宝。栗庵归道山，乃入潘志雅手。志雅为征君、栗庵二家司花者，深恐主人遗墨或付沉沦，遂持以赠予，曰：此册今归之公，收藏有主，志雅可卸仔肩矣。其言甚雅，其志可嘉，遂受之，并付装池，他日必为刊布，公

诸同好，并以完栗庵始愿。乙丑中秋，吕渭英注。时年七十一。

是月，吕渭英将《孙诒让复陈栗庵（葆善）庚子筹防刍议书》出示予张宗祥。张宗祥展阅之际，感慨系之，不禁“忆二十年前西子湖边共话时丰采也”。据《孙仲容先生年谱简编》，1907年12月孙赴杭出席浙江省教育总会成立大会，当选副会长。同年张任浙江高等学堂兼两级师范学堂教员，于是时与孙晤面，引为章事。

是月，张宗祥跋《孙诒让复陈栗庵（葆善）庚子筹防刍议书》：

> 白莲变八卦，八卦变“拳匪”，道为清末亡国张本。其时浙省受祸较深者为衢州，贤令吴公殉焉。今读籀庼先生此书，乃知温州之不蹈覆辙，赖地方有贤士大夫耳。书法蔼然穆然，对之令人忆二十年前西子湖边共话时丰采也。乙丑（1925）八月，冷僧张宗祥敬拔。

吕渭英手迹（温州博物馆藏）

跋孙诒让《复陈葆善书》尾

八月廿九日（10月16日），晴。吕渭英谒见符璋，云江浙战事发生，沪杭车停。病后神气殊衰。又云道尹激赏寿文及次饶文。

九月初二日（10月19日），晴。吕渭英已赴沪。

九月十二日（10月29日），晴。方某拜谒符璋，出示吕渭英函，嘱撰叶某寿诗。为拟两律，即刻交去，以原船寄沪也。

九月十五日，吕渭英于家中画兰石图一幅，后有张宗祥于1944年为之题字。张宗祥《题吕文起先生画兰花》：

> 文起先生年七十，兴酣落笔风飒飒。查出离披九畹兰，墨痕犹带湘烟湿。陶公爱菊周公莲，名花昔共名贤传。霞均投江不复返，幽兰千古啼寒烟。南宋逍民郑思肖，为花写生独神妙。孤根无土不能栽，中原芜秽沉残照。自兹画兰代有人，一竹一石恒相亲。先生归隐瓯江畔，自言画此三十春。忘笔忘墨兼忘纸，信手拈来皆可喜。披图习习香风来，此身疑在湘江址。近闻许负曾邂逅，百三十年评君寿。速贮麻笺十万番，

六十年中供驰骤。

又二幅：

应自潇湘九畹来，露花凰叶一堆堆。愿锄数尺西山土，移向桃源深处栽。

小玲珑馆屡谈诗，一石当阶峰最奇。却被如椽雕入画，纫兰佩蕙更相宜。

《题文老吕文起所藏画竹》：

昔时种竹绕阑干，苦笋存来满地攒。今日欲归归未得，却从画里觅渔竿。

张宗祥言，老友吕文起渭英尝官粤中，曾语其曰："粤中讼事，甲贿万，乙亦贿万，或过之。若拒不受，必按律例审定屈直，人未必颂神明；倘全受之，而能设法使结案时甲、乙皆有体面，则交诵好官矣。"

十月初六日(11月21日)，晴。符璋得吕渭英初二沪上函，云当夜赴杭，月底回寓。答寄杭州三元坊德康钱庄。

十一月初五日(12月20日)，晴。方莞香谒见符璋，传吕渭英语，嘱撰书新建祠堂楹联，作三副，于下午交去。句尚好，字则劣，以黄纸滞笔也。据云糖捐加二万。月半后可旋。

十一月十六日(12月31日)，晴。符璋闻吕渭英回。

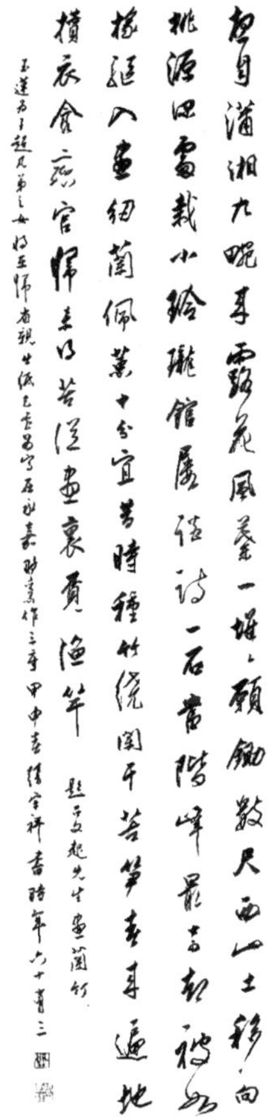

张宗祥题兰石图

民国十五年(1926)　岁次乙丑(七十一岁)

十一月十七日(1月1日)，《温州报》出版。该报系孔梦韬、林醒民等退出《新瓯潮日报》后，另约李兰生等在铁井栏街创办。经理李兰生，协理吕渭英之侄吕维周，编辑主任孔梦韬、林醒民、李伯雄、黄寄宙等，六月和原《温州大公报》人员，改出《温州民报》。馆址铁井栏街，经理王超凡，协理林醒民，次年二月停刊。

十一月十八日(1月2日)，晴。符璋早间拜谒吕渭英略坐。

十一月十九日(1月3日)，阴。吕渭英宅送符璋宅食物三种，收腌鸭两对。

十一月廿四日(1月8日)，晴。吕渭英谒见符璋，面交冬季修。

十一月廿七日(1月11日),晴。下午,符璋拜谒吕渭英,已他出。

十二月初三日(1月16日),晴。倪友琴(国宾)邀刘绍宽往道署,询永、乐山场事,刘绍宽遂过谒吕渭英。

十二月初四日(1月17日),晴。晨刘绍宽往东山看梅,过王梅伯渡寓,恰吕渭英与曹明父厅长亦到。

十二月初五日(1月18日),晴。吕渭英交符璋吴云笙观察明年正月七十双寿征启,嘱代拟诗。

莆田吴云笙观察丙寅正月七日双寿

海内齐年剩几人,七旬双寿八千椿。
算稽绛县初占亥,斗转瑶枢恰降寅。
棠覆道碑公冶越,荔充诗料我思闽。
沧桑三见身犹健,幸甚田间两子民。
海天风雨尉佗台,君去羊城我始来。
葛令仙踪随地扫,苏公婆梦各心灰。
乡循汉腊枌榆社,劫酿恒沙草莽才。
道阻几时缘作合,南山遥对一倾杯。

十二月初六日(1月19日),阴雨。符璋为吕渭英撰七律二,自撰五古一。夜微雪。

十二月初七日(1月20日),阴。符璋写就吴函及诗,送交吕渭英转寄莆田旧西门街寄园吴宅。

十二月初十日(1月23日),晴。吕渭英邀刘绍宽等午酌,与席者有符璋、刘绍宽等二十人。

十二月十四日(1月27日),星期三,晴。下午,符璋至沈宅一谈,遇郑坎园,谈为张益平作征启索谢口舌,经吕文老、林调停,尚未解决事。吕文老于德昌饭店宴客,上坐者则黄君式苏、高君性朴两位。

十二月廿八日(2月10日),晴。吕渭英谒见符璋,送明年春季份修,却之未许。嘱拟新任浙总司令卢永祥寿诗及和金陵军阀所作绝句十首。

十二月三十日(2月12日),阴。符璋为吕渭英撰就卢氏寿诗五古三十六韵,《金陵铙歌》七绝十章,函致之。又成《除夕杂诗》七绝四,七律一。

是年,吕渭英赠送瑞安名士沈凤锵古陶,后沈作《答谢永嘉吕文起观察赠古陶》七古一首。

是年,原府城隍庙会舍遭火焚后,永嘉县商会会长叶维周会同吕渭英向

各业筹款重建会舍于仓后街(今总商会大厦)。(见《永嘉县政府公报》1929—1930 年)

温州府商业分会旧址

是年,吴品珩与夫人作寿,吕渭英作《吴佩璁方伯七十双寿诗》:

邯郸店梦粱,蓬莱海生桑。昆仑八柱倾,鲁殿余灵光。

视天今何处,廛纬殊茫茫。极星联宝婺,独丽东越疆。
有仙在陆地,寿域开八荒。舐丹看走犬,叱石来奔羊。
中条王官谷,绿野裴公堂。筮仕三十载,宦绩人具详。
摛文五色笔,烂若云锦裳。我托缟纻末,能无辞侑觞。
记当觅举日,讲舍陪紫阳。伏案研旧学,邃密相对商。
君擢甲科去,释褐应宿郎。扬历中外遍,岳牧跻藩方。
讴颂溢鄂渚,倚畀资岩廊。贤豪为时出,谢傅霖黔苍。
阃猷薄韩范,吏治卑龚黄。运值鼎俄沦,孰效才一匡。
试问督八州,伎乃刀善藏。斧柯不在手,愤慨空拳张。
新室欲代汉,事由颂莽扬。隐雾侍豹变,择木称禽良。
肯如栈驽恋,逐队冥鸿翔。鄙人自愿惭,上第悭文昌。
一叶孝廉船,闽海凌鲸洋。束缚守令内,衙鼓靴版忙。
技非干吏薤,种乏风人棠。甫厕监司列,旋逢恶剧场。
步趋尘瞠后,寸心虔瓣香。百无一可比,所同者阮囊。
偶逢旧部民,故候札末亡。以此附骥尾,胜缀鸩鹭行。
铃辕昨同幕,幸联蕃榻床。弹指三岁别,千里逾河梁。
不见叔度久,鄙吝盈衷肠。所可为公告,荆布偕糟糠。
溯从挂冠后,逆旅频栖遑。既悟潘拙政,闲居公所当。
车尘辇下拜,得失殊不偿。迩来桑榆迫,药炉茶灶旁。
何论天下事,一身难自强。奚敢望推毂,亦不思钓璜。
庶几荀卿风,祭酒尊一乡。徒恨燕羽短,空叨马齿长。
瀛壶在入境,九酝迟擎浆。倘教奉余沥,延龄增寿康。
孙曾慢亭宴,骴佩锵云房。木公与金母,佛寿知无量。

贱子无所献，愿借毛诗章。偕老如山河，福禄双鸳鸯。

注：吴品珩(1856—1921)，字佩璁，号逸园。白坦人，后迁居吴宁镇。清光绪十二年(1886)进士，历任刑部主事，总理各国事务衙门章京，外务部员外郎、郎中、左参议，江西司主事，安徽按察使、布政使，浙江政务厅长等职。为政清廉，判案严明。辛亥革命后曾任浙江政务厅。回乡后关心公益事业。

是年，吕渭英作《忆旧游次冷僧道尹原韵》：

阅历沧桑七十年，壮游曾上九华巅。

归来踪迹江南地，诗敌逢君不敢前。

民国十五年(1926) 岁次丙寅(七十二岁)

正月初一日(2月13日)，晴暖，天色颇佳。冷僧、吕渭英、陈、夏、方及马氏昆仲谒见符璋。

正月初五日(2月17日)，符璋为吕渭英成七律两首。

正月初十日(2月22日)，阴。符璋拜谒吕渭英一谈。

正月十六日(2月28日)，阴。符璋送吕宅贺礼。

正月二十日(3月4日)，阴。符璋拜谒吕渭英家道贺，便向鞋店买羽绫鞋一双，送吕渭英贺礼。

正月廿二日(3月6日)，阴。纱帽河失火，即在吕渭英宅之右，幸即扑灭。符璋探望，未晤。

是日，午赴东山瓯社张冷僧道尹招饮，陈仲陶与夏承焘一道与会的，陈仲陶留下记录：晤吕文老、符笑老、曹明甫厅长及冷生、仲訇、公侠、浮沚、姜门、瀞尘等二十余人。山梅百余本，前由各社友醵金购种，已花数十本，风日暄和，香气欲动，明年当成盛观。饮散击钵，题为井通七唱，姜门以"寂寞宫花悲辱井，芊绵春草赋文通"得元，予成三联云"《心史》秘书沉古井，目耕散帖陋横通""侠客声名传轵井，儒门将相陋王通""忤俗书成须錮井，惊人诗通好不关"，一联得胪，三联得殿。三时散。

吕渭英作《东山种梅，张冷僧道尹招宴，各赋诗纪事，余亦续之》：

东山围住花神国，绯衣朱错缟衣白。

朽骨词人暗返魂，并活花梢冻蝉魄。

广平赋才何处得，为花作主花改色。

阳春所至冰雪销，酒酣能回肠铁石。

官阁掾僚领群彦，折柬题襟骚雅客。

绮筵甫合众篇腾，梅骨因之耸高格。

花神徘徊山鬼藏，薜带萝衣影羞涩。
茶山亦号小罗浮，不免荒寒怨村陌。
野梅品自逊官梅，玉笛金樽陪月仄。
横叙蓓蕾密虬枝，忽地香霏沈麝蓦。
问谁蜡屐时时来，倚阁巡檐窥石泐。
诗体高浑始相称，巧制微嫌工刻划。
宋人恶例必垂戒，篇翰贪多动盈百。
名家纵有刘后村，不中逋仙作臧获。
工部集只一二律，惜金不如其惜墨。
含毫欲腐我无言，息国桃花长脉脉。

正月廿三日（3 月 7 日），阴雨。刘绍宽与黄仲荃、玉衡同往谒吕渭英。吕渭英燕客诸位，符璋未赴。

正月廿五日（3 月 9 日），星期二，阴。晨有雨一阵。叶婿赴沙帽河吕渭英家。

二月初一日（3 月 14 日），微雨。是日因米价陡涨罢市，势甚汹汹，车不能行。

是日晚，符璋赴杨园饮，闻周仲明谈本日官绅会议事及日前县署开会，刘、王冲突事。符璋为周麟书事函吕渭英。

二月十一日（3 月 24 日），晴。吕渭英谒见符璋，云不日赴杭及南京。谈王启文即永山事颇悉。谓王与张书元、梅雨清三人久为夏超所欲捕办各情。

二月十二日（3 月 25 日），晴。黎明火警，为公界陈季孚寓被焚，携出衣箱尽遭劫夺。符璋立助十元，并为函致吕渭英、曹二公代向司法界湖南诸公乞拯，如此惨状，不忍旁观。沈仲纬、刘次饶各来两元，刘并许转告其邑人，亦尚热心。自恨身在窘乡，无力助臂，而寡交落落，又乏将伯之可呼。

二月十三日（3 月 26 日），晴。吕渭英招吴璧华诸人同晚斋。

二月十四日（3 月 27 日），晴。陈季孚来见符璋，曹五元、吕文老十元、刘沈各二元，均赠陈者，为分交讫。是日，方介庵来函予符璋，云随吕文老赴沪觅事，将寄售各件交还，只留绿端石砚一方带去觅售。不久此砚赠予好友王毓英。

端砚铭

王毓英

文翁赠一端砚并亲沏铭于砚之阴，予虑吾后人易忘，因镌匣面一十六字以作传家世守云尔。赠砚一方，守墨务光。有田无税，勿旱勿荒。

附文翁铭词：能宁其黑，谁比我坚。道全一已，交可百年。

二月十五日(3月28日)，晴。冷僧道尹为吕渭英、吴璧华、黄仲荃饯行，因邀刘绍宽同席，用素菜。

二月十七日(3月30日)，晴。海晏开，吕渭英赴杭，方介堪同往。

方介堪

注：方介堪(1901—1987)，原名文渠，字溥如，后字介堪。永嘉城区(今温州鹿城区)人。26岁的方介堪随邑绅吕文起经杭赴沪，吕文起将他介绍给福建名士易熹及自己同科举人鄞县赵叔孺。赵氏当时在上海很负盛名，一见叹绝，奖掖备至，就将方介堪列为弟子，并将他推荐给上海西泠印社，任该社木版部主任。并获交经亨颐、柳亚子、何香凝、高野侯、黄宾虹、丁辅之等名流，篆法益精，赵叔孺谓让之以后无北面者。然介堪不以让之为已足，更肆意秦汉古铜印章，渐移其兴味于古玉印，得其椎凿划切之法。故所作金玉玛瑙诸印，虽其师友，亦不辨其为时人作也。特别与张大千称莫逆。以刻玉印、鸟虫篆驰名上海，开鸟虫印风气，为张大千刻印最多。上海美专校长刘海粟聘其任教篆刻，续在文艺学院(艺专)兼课，广结墨缘。晚年任西泠印社副社长。编纂《玺印文蛾》。先后制印2万余方，郭沫若称其印章“炉火纯青”，堪称一代篆刻大师。

经亨颐

柳亚子

何香凝

丁辅之

高野侯

吕渭英作《夜宿雷峰次刘次饶韵》：

有客桃灯夜不眠，疾风骤雨挟飞泉。
山中危坐悬崖洞，门外愁看没水田。
泽国哀声闻处处，杞人心事苦年年。
晓行忽见晴光放，生意葱茏喜满前。

二月廿九日（4月11日），星期日上午，张震轩言瓯海公学创于旧岁下学期，因艺文教会学堂散学，有数百名学生邀梧埏谷君寅侯及林君醒中倡议组织公学，乃择地点于蛟翔巷尾平水王庙中。该庙规模阔大，四面风景又佳，其正殿经邑绅吕文老等发起捐款重修，而左右廊及前进尚破坏未整，谷、林二位独毅然有志兴学，措垫巨金，一律改造校舍、讲堂、自修室、会客室、仪器室、寄宿舍，庙前之文阁则改为西式藏书楼，尚有未造之处，林君则预为计划绘图说明，定五年陆续筹资建筑完竣，并导予四处游览一番。未逾半载而如此伟大工程均已粗见落成，较之十中、十师几有骎骎抗衡之势，殊令人叹赏钦佩之至。惜醒中所居新建楼房工料太简，恐难耐久耳。时李君达夫、牟君子强亦来同观，适值天雨遂三人各坐人力车归，当付来往车力铜圆二十三枚。

三月初七日，吕渭英等为永嘉陈子万先生七十征文启：

为永嘉陈子万先生七十揽揆之辰戚友谋，所以寿先生者。盖先生声气应求交游，满海内则平昔结契，苔岑者乐为之寿，先生著作满家，有功艺苑则握椠，怀铅之士乐为之寿，先生频年讲学，教泽远被，则及门弟子乐为之寿。渭英等交先生久稔知其行事用敢介于大雅之前备甄采焉先生。

刘绍宽、郭云观、杨联芳、李炳光、刘项萱、陶毅、吕渭英、王朝瑞、陈国俊、胡调元、沈守经、梅雨清、章献猷、金嵘、叶杂周、黄式苏、谢德铭、章文谦启

吕渭英祝陈子万七十：

无求到处是神仙，阅历沧桑七十年。

劫后健存能有几，老来同病更相怜。

祝君寿日宜沽酒，笑我诗成不值钱。

当与小苏先约会，春三再醉彩堂前。

三月廿五日（5月6日），晴。符璋得吕渭英上海函，附来《陈小石尚书七十寿征启》，嘱代拟五言长篇。

陈方伯少石七十双寿

喜送湖山子舍春，弧南史并测量辰。

大年囿绮做人瑞，往事开天付海尘。

蛮府讴歌持节地，贞元朝士健吟身。

劫余婆梦叨闲话，私第兴居见角巾。

元李家风踵昔贤，绮才红杏箩当年。

名经千佛科名记，眉案双修陆地仙。

兰玉盈阶成国器，女牛分野耀星躔。

及时行乐扶鸠杖，春满花间月满天。

三月廿七日（5月8日），晴。符璋以诗稿两纸并征启及答吕渭英之函统交方苑香。

四月初一日（5月12日），雨。朱晓崖见符璋，以吕渭英撰寿文商请润色，出吕渭英意也。

陈庸庵尚书七十寿

何物寿南极，北斗挹酒浆。柱维赖重正，先事旗翼祥。

溯徒此垣翳，将相韬文昌。彗旖扫纮綖，羲轮升扶桑。

象纬征转变，巨测惟彼苍。神州陆沈始，贤哲胥遁荒。

不罹弋人缴，冥鸿栖且翔。有田胡不归，万里黔西乡。

何土号干净，命驾燮四方。岂无田横岛，亦有徐福航。

故乡恋乔木，肯效禽择良。五国隐豹雾，万里通鲸洋。

春江花月艳，秋雨宫阙凉。其中有铜仙，铅泪纷成行。

敝屣天下贱，让德崇吾皇。开口六千年，再见今虞唐。

方幸世界新，蓬莱海不扬。事有不易料，谋有不尽藏。
所分乃禹鼎，所垂非轩裳。尧舜出陶铸，尘垢挽秕糠。
东西倏与忽，混沌居中央。实录非寓言，敢讥假诡庄。
握玺踞莽室，倒戈阋萧墙。刀俎尽无辜，列肆屠豕羊。
禹功久不泯，旧物归少康。汉祚衍更盛，真人超南阳。
雨云有翻覆，日月能重光。此殆意中事，未必言风狂。
记我识荆初，角巾方徜徉。雀罗翟公门，不比绿野堂。
冠履倒置后，贵贱皆流氓。一瞬逾十载，接席欣趋跄。
桅貌桃花颜，谁喻荼心伤。江南哀赋庾，泽畔坐吟湘。
传颂遍寰区，辘轳九回肠。兹届七十寿，乃开五月觞。
鹑火当年运，辉以赤帝芒。榴红杂葵丹，娱此壶日长。
废典宜嗣兴，枭獍陈祀黄。辟兵符剪钗，续命丝探囊。
传熏调琴弦，浴兰婵香汤。如是庶尽欢，风来披襟当。
南山子称君，西池母尊王。斟雉殿中侍，犹龙柱下藏。
摘词岂不美，纪事岂不详。竞献绣肇悦，等诸筐篚将。
今我无此笔，生花付江郎。周诗风复雅，借颂拈断章。
博公齿一粲，吟髯为戟张。知不奉诸佛，我寿自无量。
知不慕群仙，我龄自无疆。香山洛社俦，睥睨自颉颃。
有国名华胥，异乎人梦粱。记公宿约在，游岳陪裹粮。
浙东台岩间，云梯倚虹梁。双屐办已久，一筇携未遑。
生面开名山，点缀螺髻妆。桃源洞府人，延伫窥幽篁。
呼嵩礼预修，俟河愿终偿。请赐流霞杯，援我昆仑岗。

四月初五日(5月16日)，晴。吕渭英宅阿四谒见符璋，云吕渭英已旋，小恙，未能出门。吕渭英派人送茶叶、火腿予符璋，却而复送。

四月初八日(5月19日)，阴。符璋拜谒吕渭英，未晤。

四月初十日(5月21日)，晴。符璋拜谒吕渭英，未面。

四月十三日(5月24日)，晴。吕渭英派人送符璋夏季修洋。

四月十五日(5月26日)，阴。刘绍宽谒张泠僧道尹，闻吕渭英病。后吕渭英在卧病期间，叩门来问状者踵相至。

四月十九日(5月30日)，阴晴不定。符璋拜谒吕渭英，未晤。吕渭英旋遣人来，订明日在吕渭英家谈。

四月二十日(5月31日)，晴。下午，符璋拜谒吕渭英，得以一谈。

五月初七日(6月16日),阴。下午,符璋拜谒吕渭英,未面。

五月初九日(6月18日),晴。符璋拜谒吕渭英,又未晤。

五月十五日(6月24日),星期四,晴。傍晚,张震轩同侯宗谷、李骏飞两位赴九山寺西畔湖桥上纳凉。此桥横跨长堤,两面湖光,西望则百雉回环,东眺则瓯校图书楼及吕文老新建家庙、孙公籀园,亭台布置错落,缥缈玲珑,洵东瓯之绝大胜景也。坐眺片时,以暮霭风凉,乃相将归校。

五月十九日(6月28日),晴。符璋以函致吕渭英。

五月廿七日(7月6日),晴。符璋拜谒吕渭英,谈稍久,移榻园中,尚静谧也。在沈宅见伊侄孙名鍊之者,由北京大学毕业归,即日赴法国。甫廿三岁,而器宇尚佳,不似此地学堂生也。岁费共须千元,三年毕业,川赀四百元,四十余天船始到。

六月初六日(7月15日),晴。杨淡风、潘松衡拜谒符璋。潘云:吕渭英宅门口现辟屋二间,陈列书画古董为游赏处,颜曰"亦一适轩",延伊任之。伊撰骈文一篇序其事,以稿见示,云半月后可开幕也。名葆琳,永嘉廪生,与樊氏文笔相似。

六月初八日(7月17日),晴。得《亦一适斋纪事》五古一首,符璋函致吕渭英。

六月十四日(7月23日),晴。吕渭英谒见符璋,嘱代作七古十题,并赠润资,符璋姑漫应之。吕渭英取去文稿两篇。

(其一)垓下歌

汉军十万多且精,重围垓下如重城。
是何众咻变一傅,夜深偏地皆楚声。
楚王起饮惨不乐,悄听歌声四郊作。
开营出望天无光,悲风萧飒满林壑。
厩中有马马蹄伏,手中有剑剑锋缩。
拔山盖世枉自雄,无可奈何仰天哭。
哭声未已娇声来,帐中美入睡眼开。
云鬟不整下阶走,抱头窜伏同悲哀。
此时楚声声幽咽,娇声哭声相应答。
嘈嘈切切错杂间,汉王闻之喜动色。
我笑汉王空复尔,英雄失势皆如此。
楚王虽死尚千秋,幸有虞姬同日死。

君不见，定陶宫中起悲歌，辟阳帐下恩宠多。
如今汉王生气尽，持较楚王当若何。

（其二）长平坑

四十万人大陷阱，一日之间齐殒命。
可怜弱赵蝼蚁躯，焉敌强秦虎狼性。
秦将白起初无闻，冯亭受邑平原君。
廉颇虽老竟不用，乃以赵括领其军。
括一孺子读父书，其母自谓让勿如。
驱羊成群入虎口，身且不保况其余。
积骸成河血流赤，撑骨如山尽化石。
虫沙浩劫一无存，四千年来此大厄。
吁嗟两国举烽火，诱杀降人必贻祸。
不观引颈自刎时，白起亦无好结果。

（其三）阿房火

语语出出声之中，成阳火光三月红。
回禄为灾世恒有，大劫无过阿房宫。
阿房建自始皇帝，复道重门崇规制。
里有三百长，丈以五十计。
骊山高，屏帏蔽；渭水深，潆洄势。
妃嫔三十六宫斗美丽，刑徒七十万人司启闭。
自谓金城汤池无比坚，可以传之子孙二世至万世。
奈何大数操自天，在位三十有六年。
沙邱一晏驾，辒车空播迁。
赵高乘机窃国柄，矫诏扶桑丧其命。
子婴降伏轵道旁，犹以待罪备异姓。
戍卒叫，函谷举。楚人一炬，可怜焦土。
国既险阻山河失所据，又将珍宝货财掳之去。
重瞳横暴千古无，岂若收藏图籍仁且恕。
噫吁嘻！楚先国开祝融氏，汉初应谶赤帝子。
烧秦宫室楚既亡，谁知火德兴隆基于此。

（其四）荆轲剑

匕首须求徐夫人，头颅须借樊将军。

荆轲得此谓可恃，翩然命车西入秦。
入秦王既与之见，陛戟森严开宫殿。
小儿秦舞阳，手捧督亢图匣色然变。
荆轲顾笑左右前致词，谓此北番鄙人初见天子恒如之。
王命进图轲为代，图穷忽见纸上有物，跃而驰。
轲持匕首方在手，秦王离次避而走。
把袖不放行，揕胸互相殴。
秦王奔于前，荆轲逐而后。
是时观者惶急不知何所为，但见绕柱未得逋逃薮。
秦法操兵军士，非召不敢前。
故惟大声疾呼，有剑王负负。
王知有剑负在身，拔剑断臂，赖有殿上臣，
轲惟一击误铜柱，箕踞怒骂，气可凌千人。
呜呼卫国一义士，捐躯誓报燕太子。
天命未绝秦始皇，虽以力士之椎，渐离之筑，交击终不死。
世有勾践，谓其剑术疏，大抵古今成败论人类如此。

(其五)力士椎

五世相韩耻失国，誓与强秦不两立。
留侯以此倾家财，阴求刺客为物色。
东行往见沧海君，得一力士抵万军。
手持铁椎勇无匹，椎之一百二十斤。
秦皇巡幸博浪沙，力士如虎奋爪牙。
道旁狙伏跃然起，一击不中误副车。
大索十日成阳市，求之不得事遂止。
留侯因是匿下邳，掀天事业从兹始。
圮桥进履何雍容，兵书授自黄石公。
建储定荣为吕氏，何来四皓商山翁。
晚拜列侯分已足，愿弃人事从赤松。
要其微时奋兴有大志，每多怪诞不经事。
即如与客谋刺万乘尊，未免匹夫冒险轻一试。
秦初销铁大收天下兵，何以人间尚有此椎得铸成。
朱亥袖椎卅斤显于世，何以力士终古无姓名。

东坡生平诋马迁，好奇议论往往托之于神仙。
乌有先生夫已氏，征诸此一力士然不然。

（其六）鸿门宴

天生刘季与项羽，同时并起比龙虎。
龙潜其海尚如鳅，虎失其威卒如鼠。
怀王之孙牧竖儿，刘项扶立起义师。
先入关者得为主，人民天下无异词。
如何同盟违夙愿，羽但拥兵四十万。
楚宫既卒无不为，未闻左右一言劝。
两军相见会鸿门，欲假杯酒雌雄分。
羽虽逞强绌于理，季先屈体称为臣。
当筵拔剑交起舞，幸有项伯能庇身。
事急证词起如厕，便置车骑弃而奔。
从来应运兴王作，立谈意气尤落落。
樊哙出身一狗屠，智识较衡反不若。
范增老矣徒好奇，首在安良与除恶。
三提玉玦仍无功，撞坏玉斗记已穷。
道死彭城悔应晚，天命早归隆准公。

夏，籀园图书馆馆长刘绍宽编辑书目间，言馆内吕文起丈寄存书亦不少。有善本，有通行本。其术数堪舆家书，亦有多种。此等书自是中国古时之一种学说，吾国通人有信之者，有斥之者，紫阳朱氏颇通其学，而术家遂挟以为重，可见学术之嗜，不可不慎也。兹亦照四库书目编入子部。唯高头讲章等，则置之备橱，不列目矣。

籀园图书馆工作人员宿舍

籀园图书馆藏书室

六月十九日(7月28日),晴。符璋查点吕渭英所来鼎元庄十三日廿九号百元支票不见,立至晏公殿巷该号一查,已于昨日付讫,事属达官证实。

六月廿一日(7月30日),晴。符璋为达官事函告吕渭英,请其发书转托广东军界中知好留意招呼,拟就函稿大略送去,并附名条四纸。此外无他法也。夜得吕渭英函。

六月廿二日(7月31日),吕渭英致函符璋,附四槭:一为广东全省军械局处长兼军官学校戴立夫任,内附姚味辛一槭;一为广东司令部副官长钱子芳,住广州濠畔街金陵会馆,内附郑佐平一槭,呼为仁弟。共四槭,即为付邮。

吕渭英作一槭《次戴立夫春日感怀原韵》:

闷人只是春多雨,一夜潇潇听到楼。
伏枥不鸣成老骥,随波共逐笑浮鸥。
忧时奚事双眉皱,乐意应为一醉谋。
我谓乾坤本宽大,心能容物即休休。

吕渭英作《秦淮》:

又逐扁舟此地游,白苹红蓼作新秋。
分明今夜秦淮月,照出离人晚妆研。
水厄王漾可扫除,朝哺相率上茶居。
雪糕橙露都尝过,汤饼磁盘叫卖初。
羊城古有五仙人,谷穗传来万户春。
今日闹荒随处是,谁将六出与州民。

是日,广州国民政府发表《北伐宣言》。

七月初六日(8月13日),晴。符璋得吕渭英函。

七月初七日(8月14日),晴。符璋答吕渭英函。向吕渭英宅索来丸药十余包。夜二更复大雨两阵。

七月初九日(8月16日),晴。夜符璋得吕渭英函,嘱代拟寿人诗,可云不情之甚矣。

七月初十日(8月17日),雨不大,屡有风意。符璋为吕渭英撰二律函去,旋又来函,嘱撰某中丞挽诗。

同年余寿平中丞殁于上海寄挽

海上群贤聚客星,不为豹隐即鸿冥。
清谈入座心先醉,折节论交眼独青。

阃外范韩忘旧事，垆边嵇阮示真形。
乙科叨预齐年分，未荐生刍已泪零。
戟门湘桂后先崇，裘带当年叔子风。
沧鼎一朝苌楚痛，盖棺万古藿葵忠。
怕闻月旦称遗老，甘向江湖作寓公。
未信巫阳犹帝召，九霄阊阖闭天宫。

七月十一日(8月18日)，晴。《民报》登单平通电揭发漏海黑幕，所云商漏、绅漏，言颇中窍。乃据沈仲纬、刘赞文言，此人即绅漏之渠魁，伊充水警队时，事皆亲历，故言之详切。机器碾米厂，旧者只四家，前年获利甚丰，新者三家则否。单所办新厂失败，故任意攻讦。然绅士朦、官包庇事亦是实，前年为吕渭英，今年则张也。今日不仅漏海，而多漏山，自省长流通处州一令来后，乃由处属畅运闽境，明目张胆。事出于公，添一漏卮，更无从究诘矣。

七月十五日(8月22日)，晴。符璋为吕渭英撰各题诗。

七月十九日(8月26日)，阴。符璋以诗稿函吕渭英，此还债也。

八月初六日(9月12日)，晴。晨符璋探吕渭英病，适能起坐，略谈各事，神明不乱。符璋为之狂喜。回寓，得七律一首。

八月初七日(9月13日)，晴。符璋馈吕渭英宅节，并写诗去。

八月廿四日(9月30日)，晴。吕渭英致符璋函，云又转机，嘱拟对联，符璋随答一函。吕渭英嘱符璋撰寿诗，并示粤东钱子芳回信。钱名针，系八月十八所发。

八月廿八日(10月4日)，晴。陈叔咸谒见符璋，以所图属函吕渭英，为发一扎。

八月廿九日(10月5日)，晴。秋热不可当。符璋得吕渭英回音，即送予陈。

九月初三日(10月9日)，阴。符璋得吕渭英函，云可为达官续托事，又赠墨二笏。

九月初四日(10月10日)，阴。符璋答吕渭英函。

九月初七日(10月13日)，晴，天热。午后符璋拜谒吕渭英，未晤。

九月初八日(10月14日)，晴。符璋得吕渭英函，旋去一函代面。

九月初十日，吕渭英次刘次饶六十：

儒宗一发系千钧，劫后稀逢伏与申。

蕊榜遗珠闱唱第，藜宵吹杖阁传薪。
子元史学渊源远，明复经师矩蔑遵。
瓯海灵光留鲁殿，纪年甲历乍周旬。
绛纱弟子及门多，合簇群仙咏大罗。
餐玉方教供笋馔，布金愿共发檀波。
三乘贝叶迷津出，十月梅花寿宇和。
驿使匪遥诗易到，南飞鹤去祝东坡。

九月十六日，瑞安得吕渭英作《林若川七十双寿》：

先生七十早悬车，偕老莱妻健起居。
后嗣高翔丹穴凤，前尘厌食武昌鱼。
遭时薄海无安土，寿世名山合著书。
风月婆娑秋正好，南楼老子同何如。

九月十九日（10 月 25 日），晴。符璋至吕宅，与方苑香略谈。

九月廿六日（11 月 1 日），晴。下午符璋拜谒吕渭英，仍未晤，与方苑香、陈仲陶略谈。

十月初二日（11 月 6 日），晴。以符璋函致文老吕文起。

十月初三日（11 月 7 日），晴。符璋得吕渭英回函。闻道尹附轮晋省。

十月初四日（11 月 8 日），晴。午后，符璋得吕渭英函。

十月初五日（11 月 9 日），晴。符璋拜谒吕渭英一谈，亦一适轩开幕。

十月初六日（11 月 10 日），晴。符璋为吕渭英撰沈前省长金鉴挽诗二律，又为书横批一纸。

追悼沈叔詹省长

大云归岫福星沉，马鬣封崇鹤柱森。
高义负公吴季剑，伤心碎我伯牙琴。
瓣香俎豆留遗爱，尺素江湖滞讣音。
送别几时成永诀，挥残老泪旧题襟。
节堂画锦故乡开，八咏楼高与不才。
盛会耆英竽滥厕，荐贤月旦剡虚裁。
南州榻冷惊残梦，北海尊空剩劫灰。
过墓他年知腹痛，巨卿车马未曾来。

十月初八日（11 月 12 日），晴。符璋送吕渭英《台州志议》一册。

十月初十日（11 月 14 日），阴。晨，符璋至亦一适轩与吕渭英一谈，来客已不少。以宋李龙眠人物、元赵仲穆山水、明仇十洲仕女、王石谷麓台山水、朱子八言大对六件，青端石砚、祭红水池、田黄、水晶印章四件，共十件交方苑卿代为觅售，即存亦一适轩。符璋为吕渭英撰七律两首。

十月十七日（11 月 21 日），符笑拈先生前寄刘绍宽诗，已为刘绍宽裱就，作函复之。按笑拈先生前已作一序文，曹明父、吕渭英皆有贺诗，裱就寄刘绍宽。

十月二十日（11 月 24 日），晴。吕渭英函符璋嘱撰桥工碑记。

十月廿一日（11 月 25 日），晴。符璋送吕渭英宅寿礼，未收。

十月，吕渭英病少闲，乡人士亦色然喜。乃摭拾吕渭英生平行事，著其大者，后有任宏中为要删焉。

十月廿二日（11 月 26 日），晴。此日为永嘉耆宿吕文起先生七十又二之诞辰，晨，符璋拜访吕宅，与吕渭英略谈，在吕渭英家吃寿面。当道官绅及吕君亲故，以先生宿疾甫瘳，精神康复，纷集于园，争效荀眉黎之祝。昌君宴款客，宾主酬作极欢。时董声泉、吴乐卿、王对山、阮华卿、郭次干、王鸣卿、黄式巨、吕亦溪、孙演祥、徐筱韵及吕君十一人适同席。问其年龄，恰得八百岁，王鸣卿君即席出一联云："一席座客八百寿。"方君苑香对云："九大桃实三千春。"符君笑拈云："五省联军廿万人。"杨君淡风云："满腹经纶十万兵。"文老吕文起自对云："全部道经五千言。"缦龄白发，掩映四筵，座客闻之，莫不叹其巧合。信可为吕君期颐得寿之征也。

是日，吕渭英七十二诞辰，宴席上王鸣卿出联"一席座客八百寿"。吕渭英对以"满腹经纶十万兵"；吕渭英又作"全部道经五千言"。（《瓯海公报》1926 年 11 月 27 日）

十月廿五日（11 月 29 日），阴。符璋为吕渭英撰《善同桥碑记》。

十月廿六日（11 月 30 日），晴。符璋以《善同桥碑记》函吕渭英，得回讯及冬季份修，又为撰《止斋祠堂诗》二首。

十一月初二日（12 月 6 日），晴。符璋偕樊、陈、沈三人至张府基及吕氏祠（吕渭英家祠）一看。

十一月初六日（12 月 10 日），晴。符璋拜谒吕渭英，而刘冠三亦至，谈良久。

十一月初十日（12 月 14 日），晴，昨夕大雨，雷作二三次。吕渭英担任经济，详言办法。闽兵系过境赴沪，或可无虞。午后谣言又甚，倍难揣测。符璋至统领及吕渭英处一谈。

十一月十二日，吴璧华逝世，吕渭英作《哭吴璧华居士》：

巾瓶丈室意倏然，撒手婆娑悟夙缘。
闻道肯居秦景后，生天端在谢公先。
禅心清净蒲牢吼，法相圆明舍利坚。
安稳灵山归净土，可知尘世又桑田。

十一月十四日（12月18日），阴。吕渭英送符璋润笔廿元，符璋却之复送，姑暂留用。

十一月十五日（12月19日），雨。闽兵清晨到数百人，亦有携女眷者，未肯登轮，分驻城内外，其旅部在瓯海关署。琴隐、叔咸来见符璋，云得季孚信，平阳亦到二千人，为何部之兵未悉。夜符璋至冷巢处一谈，所闻异同不一。永川船去，皆官眷，未装兵。

是日，革命军北伐，孙传芳部福建督军周荫人退兵，由青田一路自早晨进温州城，至二十九日（1927年1月2日）退净，中间十五日，居民逃散，恐慌万分，吕渭英立即维持地方秩序。

十一月十六日（12月20日）下午三时，吕渭英至杭州省教育会宴会室开第五次委员会首先推举沈钧业为主席，先讨论通电孙传芳、蒋介石浙省自治，保境安民二电；次议《浙江省政府监察会条例草案》，主席即递交各席传观，经过讨论，将草案十一条修正为九条通过，时已晚，暂行休息，至晚间七时半，开始选举监察员廿九人，候补监察员廿九人，在席委员廿二人，分发选票，吕渭英与沈定一等当选为候补监察员。夜，下榻杭州会馆。

是日，阴。永宁船到，得初六日达官信，云与土匪打仗两次，初次营中死廿余人，二次五六十人，战事极险。闽军出布告，孙、陈亦有联衔布告。夜间全城移徙几空。

十一月十七日（12月21日），星期二，晴。冷巢谒见符璋，谈酒捐局事，与所闻同。大小店铺均闭，知事偕绅步行出劝。闽兵又来数百。福裕轮船早十钟开，未装一兵去。刘、沈二人来，旅长董胜标由平、瑞来，又吴德威及副官长刘肃自处州来。闻商会长叶小浦给其亲家青田人张新约洋二千元，张系革党，向在闽省，犯有案者，外议其用意与给吕同。付抄书人四角。是日，张震轩晨赴浣垞晤吴云仙，谈及郡城兵事调停均系吕文老之力。午刻郡戚叶在东偕其诸弟妹自家买舟来避难，言："郡城昨日惊慌之极，各店关闭，各机关官长遁逃，缘朔门超武兵轮到，所载者是革命兵，定与郡之闽兵冲突，而日本亦有大兵轮到，不知有多少兵，故郡中如此慌张也。"

十一月十八日(12月22日),晴,冬至。温州又到闽兵多人,各官皆赴西门迎接。闻酒捐局长在青田为革党所捕是实,现由吕渭英函吕和音请释放,似可邀允,搜去道尹及刘统带函件,未知所云若何。发次饶函,附诗一纸。

十一月,军阀孙传芳残部周荫人师溃退,从闽入浙路过乐清县城。周勒令国民党乐清知事陈景元筹款助饷,声言如若不允,将在县城自由行动三天。所谓自由行动,意即纵容士兵胡作非为,其后果将不堪设想。知事陈景元被逼无奈,跟县商会及地方殷户富商共议对策。吕渭英女婿徐堇侯与王础如等先生为救民于水火,勇挑大梁,将自家的田契作为抵押,向吴家借得大洋三万元,以劳军为名,按时缴交周荫人,终于使城镇人民免于遭殃。孙部北撤,该项借款才由殷户分别摊派归还。

十二月十九日,温州同乡会电苏浙当局,请派轮赴温调开入温闽军。本埠温州同乡会得温州绅耆林卓、白文俊、朱鼎新、张成谦、唐庚、曾广汉等联名皓日急电,称"闽军已有千余到温,续有五千亦将开到,急待轮运离境,乞速设法,并吁请当局迅派专轮来温备运"云云。该会接电报,当即致电孙联帅及浙江陈省长,吁请急派轮只前往调开闽军。原电录下:"南京孙联帅,杭州陈省长钧鉴:闽军六千余人,已陆续退往温州,恳即令派专轮装运离境,以轻供给而安闾阎,不胜盼祷。温州旅沪同乡会叩。皓。"又,向日往来沪瓯各轮,均恐被兵扣留,留沪不敢开驶,且值招商局停航期间,故该会虽欲自行租轮,放温运兵,接洽数家,亦均无效云。(《申报》1926年12月20日第9版)

民国十六年(1927) 岁次丙寅(七十二岁)

十二月初二日(1月5日),晴。符璋拜谒吕渭英略谈,云警备队之随吕和音赴乐清者因缺饷哗变,势绅蒋叔南家及吕渭英亲戚富户徐姓均被掠,吕和音逃,现由道尹委张姓营长暂代,请省另委。闻福建党军由轮船至甬。闻黄仲荃已回温。十钟时,司令部照墙后玉丰和店失火,旋扑灭。夜雨。

十二月初十日(1月13日),阴。警备队兵强当行凶,质铺罢市。在处州之闽兵又开一团来温,闻属江运球旅。吕渭英送年物四色予符璋,收二色。

十二月十一日(1月14日),晴。方苑香谒见符璋,以宣纸中堂属书,吕渭英命也,午后写就交去。

十二月十三日(1月16日),阴。镇海炮台要塞司令陈其蔚、宁波水上警察来伟良率败兵七船清晨抵埠,出示布告,署衔为"浙江省防海陆军司令部”，主张彻底革命，官皆上船迎谒。随即缴缉私两营械，管带闻风先逃。

十二月十五日（1 月 18 日），阴寒。甬兵勒取林祥记二房洋一万五千元，派兵数十围其住宅前后门，情同绑票，主其事者闻为前永嘉知事刘强夫，先入门者为林立夫。本日，钱业开会，闻甬兵尚索二万元，即日开拔。以联军将至，议由平阳迎党军避免战事，又可沿途索款。张兆辰到城，设司令部于瓯海公学，部下无一兵，虽愚人亦知其万万无成。其所出布告“建国浙军第一路”，署衔为总指挥，告语极无理由，不足动人，与甬军文告大异。又闻浙一师一旅败至奉化，不日将来温州。陈胜帷有家书言及，亦事势所必尔也。南门叶太元颜料店又被甬兵勒去五千元。

陈其蔚

十二月十七日（1 月 20 日），阴。清晨吕渭英着人来邀符璋，符璋立往吕渭英处。至则男女盈室，盖病势已危，唯神识尚清。谈十数语，握手作永诀状，泪为之下。又谆谆以《于园诗稿》校刻为托，当反复劝譬安慰经数分钟退出。又出一函，嘱回寓时再开。出去，符璋与方、王、王诸君略谈，云昨有浙江省防海陆军司令部陈其蔚部下一张姓军官到宅，索款两万，限五分钟缴齐。吕渭英答以“如此，即枪毙亦办不到”，两相冲突，因而病势陡危，医者云脉已空，症在不治，为之焦灼。符璋回寓展函，则来岁春季修洋庄票两张。临危尚有此举，世间能复几人！倍感寸心。夜二更火起，由四顾桥烧至登选坊八九十家，时微雨。

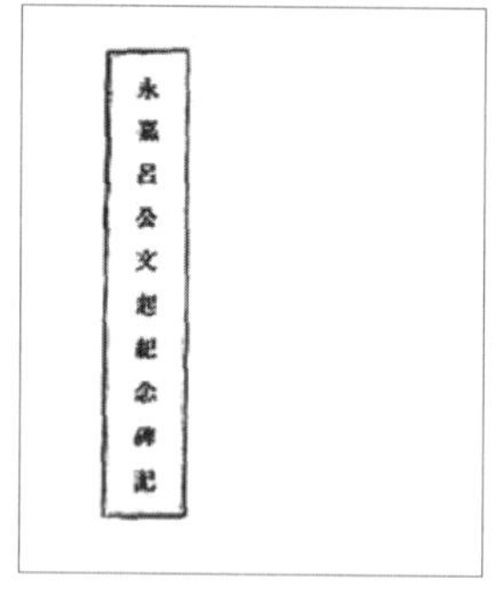
永嘉呂公文起紀念碑記

1928年，上海远东书局曾出版《于园诗集》，图为手抄稿

注：陈其蔚（1884—1939），又名文明，字熙甫，东阳后律村（今盘安深泽

乡后力村)人。清光绪二十八年(1902)春考入武备学堂。三十年,选送北京练兵处,成绩优良,选派留学日本振武学堂,继入士官学校,参加同盟会。宣统元年(1909)学成归国,应陆军部考试,授陆军校官衔。9月,充浙江陆军步兵第八十一标帮教练官。次年,调任广西陆军测绘学堂督,兼广西测量局局长、广西陆军干部学堂工兵科科长及教官。三年夏,调北京军官学校任科长。辛亥武昌起义后,南下任第二师一等参谋。1912年,先后任沪军九十一团、六十一团团长,次年授陆军少将衔。其后历任陆军部咨议、浙江嘉湖镇守使署、宁台镇守使署参谋长、浙江第四戒严副司令、镇海炮台司令,晋升中将。1927年,任浙江省防军总指挥。次年,任浙江省内河水上警察局局长。后因与当局意见不合,离开军政界,与永康吕公望、金华黄人望一等,筹股兴建金华—武义—永康公路,任董事长。抗日战争期间,曾出任中国汽车制造厂厂长。1939年病故于香港。

十二月十八日(1月21日),晴。符璋探吕渭英病,闻昨服西洋参,汗出,稍愈。闻张兆辰、刘强夫冲突事。又闻包某亦招匪二三千人欲来,徐某、梅某均已到,逃去警局长马某又来。潘某招数百人在东门外,浙一师逃来之兵与官亦不少。闻张氏所招之人今晚解散。中国银行纸币数十万元一概截角,行长已逃,市面恐慌异常。入夜符璋遣人探吕渭英病,知已食粥两次,似可无虞。

十二月廿二日(1月25日),晴。吕渭英遣其婿文隐龙名祖福者来符璋家,年廿余,湖南沅陵人。

十二月廿三日(1月26日),阴。吕渭英函符璋告病状,并嘱代撰一诗。

十二月廿四日(1月27日),晴。符璋为吕渭英撰七古一篇。方苑香谒见符璋,以去诗有误请更正,旋为增删一段交去。各机关多所更易。

十二月廿五日(1月28日),晴。符璋得吕渭英函,于诗极满意。

十二月廿九日(2月1日),晴。符璋拜谒吕渭英,以头晕偃卧未入晤。符璋与方苑香略谈。各店账勉为开销以渡年关。

是年,吕渭英女婿徐堇侯举家搬进于园。

是年,吕渭英为同科举人黄鼎瑞题《天一笑庐诗集》:

如尘如梦事,廿载犹一瞥。
钓龙台下江,一夕怒呜咽。
厌世准似君,遽返玉京阙。
成就完璧野,早化三阅月。

吕渭英五位女婿，从左至右，大女婿徐谨侯、二女婿叶可厚、四女婿刘瑞伯、六女婿文祖福、五女婿朱世模在吕宅于园合影，摄于1929年

霄年数百篇，足傲卿相列。

我虽挂冠归，缰锁尚羁绁。

病躯牛健存，首髪鬓尽雪。

此桶儿牛修，饱看沧海劫。

回顾平生交，几辈全晚节。

囊有金可麾，趋时肝胆热。

无穷鬼蜮情，难未泉下说。

此篇付麻沙，墨黯字明灭。

瀑雷起纸闻，一笑天为裂。

是年，吕渭英作《寿喻子韶同年七十》：

五色云开上第胪，金鳌瑞事状头无。

魏公晚节人中表，台学传心海内儒。

长乐五朝青史鉴，就荒三径自衣锄。

即今杖国方强健，灵寿真如罢锡扶。

神武挂冠如敝屣，承欢彩服付儿郎。

异时论定遗民录，此日丹成却老方。

绿野壶樽生佛现，赤城霓羽仙众忙。

山栖独隔金华远，未共开尊醉一堂。

是年，吕渭英送周守良姻夫人方家兰石图。

吕渭英为周守良姻夫人绘兰石图

民国十六年(1927)　岁次丁卯(七十三岁终)

正月初一日(2月2日),晴。吕渭英遣十四岁少子吕弼周至符璋处代贺新年。去后,符璋成诗一首,函柬之以当面谈,旋得吕渭英回字。

吕弼周

正月初九日(2月10日),晴。清晨符璋拜谒吕渭英,谈片刻,气虽弱而神志尚清。商会会长自称永嘉人民公团联合会会长,张贴广告,收取房租一月,竟如汉口举动,可云离奇。

正月初十日(2月11日),晴。符璋拜访吕宅,与方苑香略谈。方苑香持吕渭英函来予符璋看。

正月十一日(2月12日),阴。清晨方苑香谒见符璋,谈某事,并出吕渭英旧句一联,嘱为足成一律赠冒鹤亭。即为构就,午后袖去,与方略谈。

柬冒鹤亭

牙琴一去海东船,小别匆匆近十年。
天许人间穷著作,我言官冷即神仙。
雨云变局今尤甚,花石新居福已全。
水绘石园劳梦毂,渴思记载示平泉。

正月十二日(2月13日),阴,微雨。方苑香谒见符璋,云秘书文件已送吕渭英处,当详告一切。嘱勿交来。

正月十三日(2月14日),晴。符璋发达官信,发上海函,托方介安带交。

正月廿七日(2月28日),雪,寒甚。吕渭英赠酥糖一盒予符璋。

正月廿八日(3月1日),雨中夹雪。符璋以二绝句函谢吕渭英,颇工丽。

二月初一日(3月4日),晴。吕渭英致符璋函,嘱撰管氏寿诗,即交去。

二月初三日(3月6日),晴。符璋拜谒吕渭英,就病榻略谈。

二月十四日(3月17日),晴。吕渭英致符璋一函,云病状如旧。

二月十六日(3月19日),晴。下午符璋至吕宅,与其孙吕人龙(灵士)略谈。

二月十八日(3月21日),晴。吕渭英令其孙送洋七十元予符璋,不知为何,当函璧缴。旋又送到,谓即夏季修脯,遂留之。

二月二十日(3月23日),阴,旋雨。符璋拜谒吕渭英,略谈片刻。

是日,池志澂特从瑞安上郡看望吕渭英,此时谱主正偃卧在床,一见池志澂辄执池手曰:"我望君久矣,我与君此次作最后之相见也,我濒死累矣,而仍不得死,奈何!"池志澂:"呜呼! 君言何若是之悲也。"池遂为吕渭英诊脉,脉相虽弱而有神,望吕渭英之神虽疲而犹全。

三月,吕渭英为杨雨农在家宅新建的松筠亭作诗:"华衮褒扬片石寿,纲常撑住一事尊。"

三月廿六日(4月27日),星期三,晴。冷巢云东门内资本家徐克臣喜买书画,尝代吕渭英买了多件,有山货行在东门外。夜雷雨。

是日,张震轩在虞池里池鹤樵家与老友池小槎、李漱梅各位茗叙。后开宴,张震轩占居首席首座,执注者池鹤樵、小槎两昆仲。本日不见池云老,云赴郡勾留吕文起观察家。

三月廿九日夜,吕文起方进食,忽云"待我食毕而行",又云"有舆马迎往青田治事"。语毕遂不复言。

四月初二日(5月2日),阴,午后雨。符璋闻吕渭英病危,昨夜四钟后不能言,呼之不应。亟往探问,见偃卧闭目,呼吸尚如常,身温,脉尚有根,面色未变。闻四钟时自言"轿已来,我将去",并云"初二日子好"等语。

是日,浙籍工业资本家三友实业社的沈九成、五洲药房的项松茂、家庭工业社的陈蝶仙与胜德织造厂的顾兆桢等20家公司在永安公司三楼大东酒楼宴请上海47位国货工厂企业主,发起组织上海机制国货工厂联合会,当即推定15家企业为筹备委员,又推定其中以"中国建新公司"实际控制人吕文起与黄荣鉴等7家为筹备常委(第一届常务委员),浙江帮的三友实业社、五洲大药房和家庭工业社、中国建新公司都是最主要的筹备工厂。经过筹委会一个多月的筹备,1927年6月15日,上海72家机制国货工厂举行大会,选举21家工厂代表为执行委员,正式宣告机联会成立。可见,机联会主要是由浙江商帮发起创立的。

四月初四日(5月4日),晴。清晨符璋探望吕渭英宅,知吕渭英于昨夜亥时去世,初六卯时大敛。老成凋谢,伤感莫名。符璋归寓成挽诗二章、挽联一副。发次饶函,告以吕殁曹去,并附诗两纸。相识无多,从此更无谈处矣。

身后事：

黄式苏(仲荃)挽吕文起年丈：

一梦觉春婆，记寝门问疾，有待饰巾，猥以敬礼相期，诗草堆床嘱删定；

齐年怀臣叔，俏泉路重逢，不忘把襟，为道阿咸无状，干戈满地未归来。

黄式苏代王玉候挽吕文起年丈：

与先予如昆季亲，当幞被京华，计车偕上，角巾里第，樽酒频过，贞元朝士已无多，岂期捐弃人间，公去定知重聚首；

唯老成系桑梓望，记灾逢水旱，幸免流亡，劫历干戈，得安闾井，瓯骆苍生方永赖，忽痛讣闻湖上，我来何处共招魂。

注：王玉侯之父小牧，为清光绪进士，与挽主为谱兄弟，先吕氏三年殁。

黄式苏又代吴万里挽：

飞舄度仙霞，只合左海春源，犹有棠明留护惜；

骑箕先佛日，纵此西湖月冷，不教莲社共追陪。

郑廉挽吕文溪联：

治绩比龚黄，南史当书循吏传；

贤良同苏白，东瓯顿陨老人星。

金炳南挽吕文起夫子联：

接先生讣，不胜于邑。噫！先生其果死乎？前传先生死，我未能信。夫先生体素硕，予向羸弱，自问必先先生而入土矣！今先生亡，而予尚恋恋不能去，意者天悯我穷，而偏予我硕健乎？或者膏粱足以戕生，而菜根不致酿病乎？此中妙理甚难索解，回溯前尘不禁凄然。

治平政绩在八闽，虽世易代更，尚有庞麋谈遗爱；

追随杖履垂廿载，痛风流云散，可怜寒雀竟无温。

四月初五日(5月5日)，晴。刘绍宽接符笑拈先生函，吕渭英已于初三夜物故，曹明父厅长亦已去瓯。

四月初六日(5月6日)，阴。清晨符璋拜访吕宅哭吊，时甫大殓毕。

四月初十日，温属各县连日大雨。田禾尽没，灾象已成，温州旅杭同乡请省府急赈。

四月十四日(5月14日)，晴。符璋送吕宅联、幛。

符璋挽吕文起：

肯薄迂疏老秃翁，岁寒结社励浇风。
不因贤者居林下，谁问流人在海东。
帝伏履箕传敕遽，乡评月旦盖棺公。
焉知非福君先生，殄瘁何能恝寸衷。
遗言病榻倍绸缪，烛在风中几日留。
骥枥慨慷诗略见，虎贲仿佛酒安酬。
判冥有籍迎阴吏，沈陆何人挽横流。
表墓吾文后我赍，好磨片石待铭幽。

注：吕文起以诗集嘱为勘定，并嘱撰捌堂碑记，言之七八次，未半，符璋亦多病。

符璋挽吕文起联：

无胡竞夺斯人，官场尊召杜，乡里颂荀陈。物论异同，国史纵遗私史在；

我独预期来世，朋好续芝兰，弟兄联棣萼。神光离合，后生重补此生缘。

陈庸庵居士挽《吕文起观察六叠前韵》：

卯年厄甚巳兼辰，抛却龙湫雁荡春(曾有春游雁荡之约)。郑驿通宾忘作客，黄垆赌酒更何人。轻财屡掷千金蓄，茹古时亲六籍醇。地下冥冥负良友，素车白马萝魂遵。

洪邦泰《感旧怀人录吕文起》：

相见江楼大笑呵，容斋闻道擅诗歌。从今更与谈经济(谓筹办商廒)，厚托其如负负何？

好友谛闲大师挽吕文溪：

经世雄才宦游闽海，谁不闻政界内宏名，忽觉万树花开尽似黄粱梦境，精参妙谛存想莲池，我失却花城中良友，偶见千江月，现皆成白色银台。

四月十八日(5月18日)，星期三，晴。晨起张震轩代叶婿撰挽吕文起先生联。盖婿之自治委员乃文老吕文起从旁助力，故联语及之：“高名硕德，与公实世代通家，况近承推许片言，珂瑞安乎，自愧菲材虚厚望；往岁兵灾，得翁立危疑镇定，奈天不憖遗一老，仙山归矣，从今乱局孰支撑。”

四月二十日，晴。午后，平阳黄光过姜啸樵，出示挽吕文老联。

四月廿二日(5月22日)，晴。吕讣今日始来。

五月初六日，阴。黄浦族内三兄弟来望黄光，吃过中饭去。作挽吕文老联：

忆槁师辱过，密坐香熏。风雨几经秋，花事阑珊，忽报道先生归去；

当梦枕惊回，小园矢集。仙凡同历劫（兵匪开火在余屋后仙坛山寺），妖氛泱漭，更谁怜后死流离。

五月十三日（6 月 12 日），晴。刘绍宽往永嘉，为吕渭英明日开奠，即出殡也。到永嘉寓图书馆。

五月十四日（6 月 13 日），晴。刘绍宽往吕宅吊奠，行三鞠躬礼。午后与往送殡，出大南门。

是日，阴晴不定，日光甚烈。九钟，符璋拜访吕宅行吊，至午后二钟始出殡，送者塞途，行里余即归。

鲍震送吕文老殡感赋：

华屋山邱转眼间，更何留恋此人寰。

世情尚讶于公厚，天步知过昔日艰。

万户枌榆乡社祭，一棺旗施殡官关。

黄泉有待青乌卜，勒岘无碑泪独潸。

六月初五日（7 月 3 日），晴。符璋向吕灵士（人龙）借来大洋五十元。

六月十六日（7 月 14 日），晴。符璋拜访吕宅，未见一人，留片而归。

六月十七日（7 月 15 日），晴，初伏。吕灵士、方苑香同谒见符璋，以抄就于园诗稿两册嘱校。夜大雨。

六月十八日（7 月 16 日），晴。符璋校于园诗册。夜月色颇佳。

六月十九日（7 月 17 日），晴雨间作，有风痴意。符璋撰《于园诗稿跋》，颇自喜。夜雨。

六月廿一日（7 月 19 日），晴雨不定。符璋以于园诗册并各抄件交还吕灵士，其中含有《于园诗稿拔》一篇。

六月廿八日（7 月 26 日），晴。吕灵士以谢函稿乞符璋改，措辞尚妥，即交还之。

七月初四日（8 月 1 日），晴。吕灵士与刘绍宽晤，云《于园诗稿》已送刘绍宽寓次。

七月十九日（8 月 16 日），晴。清晨方苑香以重抄《于园诗稿》来符璋家，为勘一过，并为吕灵士拟陈太傅乞序函稿。

七月二十日（8 月 17 日），晴。符璋以《于园诗稿》等函缴吕宅。

八月初四日(8月30日),晴,热。符璋以刘绍宽作跋文函致吕宅,并答刘函。原文如下:

绍宽于永嘉前辈,所敬事者四公焉:余筱泉太史、徐班侯侍御、陈墨农大令,其一则文起观察吕公也。四公出处不同,而道德文章并重一时。顾太史、侍御,文字散落,世未有收拾之者;墨农大令,尝手定其《墨宦诗稿》,如皋冒疚斋先生为之序,所谓雄直之气,磅礴积郁如干镇者之不可逼视者。今公亦以其诗,属宜黄符笑拈先生,铨次而刊行之,其去取之精,评论之确,具详于符先生跋语中。余尝叹公天挺伟才,未尽见用于世。其仕隐本末,与吾邑前明吕大正侍御,差相伯仲。惟大正际明初盛时,尚得立朝建白,有所献替,名迹散见于《明史》,诸若公则未晋柏徽,遽赋归隐。此盖时势使然,非人力之所能强矣。然公宦闽中,由县令擢升司道,屡治剧邑,政声卓著;理财外交,尤尽能事。此或大正之所未逮,且大正著有《晋斋集》,世不得传。而公之集,固自有耿耿不可磨灭者,存其必传于后无疑。是又未尝不以此而易彼也。公于绍宽,尝谬许为粗解文字,往尝以拙集求正,公手书奖劝甚至,且为题辞褒宠,病间又贻书属序其大集,绍宽以未窥全貌,未遽应命,迨集写成,谨受而读之,而公已下世矣。呜呼!绍宽自束发以来,瓯中诸老,如孙太仆、黄通政之父子、兄弟、叔侄,以及一时硕彦景从而起者,莫不捧手其间,与闻绪论,数十年来,诸老后先物化,沧桑既易,四公又相继谢,我公最老寿,而今亦往矣!世衰道微,风雅坠地,后之人虽欲聆其謦亥欠,亲其典型,而已渺不可复得。则夫文字之所流传,安可不为之尽心乎哉!符先生之评定公诗,至精且确,绍宽不能赞一辞。惟念公为平生所敬事之人,且山颓木坏,无所仰放;独于文字之传,有以志平昔追随之雅,不揣固陋,为书数语篇末。俯仰身世,不禁有慨乎言之也。

民国十有六年八月后学刘绍宽谨跋

黄式苏《于园诗稿》题词

吕公海鹤姿,一郡尊祭酒。宦成早归田,筑园寄啸久。方公宰闽中,惠政传人口。及其擢监司,公才宜大受。岂期济世志,十未偿八九。国变万事非,吾道寄畎亩。郡国有大虑,公老勤奔走。弭兵与救荒,乡间拜赐厚(乙丑闽兵入浙及己巳大歉,公为惠吾乡尤大)。声名溢瓯骆,何必诗传后。公诗自浑脱,清俊兼而有。作序惭未能,题诗附不朽。

注:黄式苏叔父黄鼎瑞与吕文起乃同科举人,其致执世侄,礼甚笃。后

吕氏病危，作者亲趋探候，以积稿点定相嘱，爰以此题辞一报青眼。

是年，林大同(同庄)挽温州旅杭同乡会名誉会长吕渭英联(由黄仲荃捉刀代笔)，联云:“公负匡时济世才，经纶小试，未尽所怀，以遗老终，何遇之厄;我有倾江倒海泪，时会两艰，后来谁赖，为桑梓恸，亦哭其私。”乃时会艰难，林氏古道自持，却为丛垢之端。更世守儒素，视囊中空空，凭谁古谊分金，债台高筑，含恨而逝。黄氏闻讯泪涔涔下，故交又凋一人，爰挽一联:“君往哉！一贫彻骨，百愤填胸，时事更惊人，而今不见不闻，挥手料应归兜率;我老矣！湖上巢痕，江南春梦，暮年谁知己，此后独来独往，伤心何忍话杭州。”

林大同

此札未标书写日期，应寓杭州所书。

吕文起先生之于温州会馆

林同庄

会馆之有今日，固知借米款以资成立。米商能慷慨乐输，而无难色者，实赖先生斡旋之力，此则人所未知也。岁庚申，吾乡灾歉，先生请于当道，颁发护照，招商赴芜，购运米粮，协济民食，承办者颇获羡余。他商歆其利，亦思沾润，而免税之期限已迫，迟疑审顾未决也。先生知灾区广存，米寡，深望有大宗之接济，思怂恿以成之。慨然自承，曰:“照失效用，余可任交涉之责。”众信之，始醵赀，行至，则采办方竟，关吏以免税逾期，坚不放行。争持无效，商家之运米也赁船以往，按日计，值昂甚，不能久待，乃忍痛缴纳押税而归。时主持驻沪筹赈会者为黄敏之君(延英)，与余稔。谈及前事，余以可设法取还，为倡办旅杭同乡会馆之资。敏之曰:“倘能取还，则既失复得，出诸意外。以办公益事业，商家量岂有异词!”其意以索回不易，故作此慷慨语。且不知先生之于米商有成言在也。归而商诸潘师长鉴宗，深然之，偕谒沈省长叔詹，请与税务处交涉。遽允所请，函电交驰，历时数月，始得如愿。然仅领得关税全部，其厘捐之在内地征收者固未得具领也。此款交涉之经过，商家未悉其底蕴，即旅省同乡亦鲜有知者。逮后事白，商家群赴先生许索还押税。先生知商人重利，所贩之米以到迟价跌，颇有折阅，不能视其复受损失，况息壤具在，亦不便自食前言，乃偕米商十数家至杭。而杭之同乡以款固属商家，所缴然非借官绅之力，安有发还之望。群起诸难，商家无词以应。先生夙以地方公益自任。旅杭会馆昔所规划而未底于成者，得此而兴起之，亦平生之愿也。于是左右为难苦无解决之法，乃偕余至沪，邀同敏之兄弟共晓商家，以大义议的所得关税之八成为建置会馆之用，以二成还之商家。商家虽心不愿，知事已至此，争之无效，勉强依议。此为辛酉九十月间事，当是乡人中昧于事情，颇有责备先生处置之不当者，先生亦缄默而不与较。今先生与敏之先后逝世，阐幽扬善，后死之责。故不惮词烦，表而出之，知前辈惨淡经营不知费几许心力，岂可任意摧残，使前功尽在弃乎？呜呼！余欲无言。

旅杭温州同乡会名誉会长吕文起先生追悼会记事

九月廿一日，吾乡吕文起先生年登耄耋，神明湛然，去冬来杭小住，下榻会馆。见其道貌清癯，丰采依旧，方谓天锡遐龄，期颐可卜。讵料归里以后卧病数月，遂以谢宾客闻。横流何世，耆旧凋零，诚乡邦之不幸也。

本会得赴，即发电奉唁，复于九月廿一日在馆开会追悼。是日来吊者，自朝至暮，约二百余人。先生之文孙人龙，亲来与会，答礼如仪；哀词挽章，琳琅满目；宾朋杂沓，军乐悠扬。可称生荣死哀足资矜式者矣！本会祭文、挽联录后。

祭文：

呜呼！雁荡之间，华盖之巅，公其往而仙耶？太玉洞天，霞飞翩翩，其流连耶？海天遥奠，陈豆笾耶？来歆来格，鉴裎虔耶？

溯公少年，踔厉无前。永嘉经制，覃思精研。学优则仕，观政闽边。三载考绩，帝日汝贤。何以宠之？五马载迁。龚黄治行，前史所传。公能继轨，兆庶翕然。洊擢监司，入观幽燕。会逢鼎革，寰宇沸煎。急流勇退，公曰舍旃。一叶扁舟，林下退休。湖山啸傲，诗酒倡酬。白头兄弟，情意绸缪。于园春永，岁月优游。世与我而相遗，我于世其焉求？特公敬恭之谊，老而弥笃。方其辞簪绂，谢尘俗，民胞物与，在我心曲。尽瘁梓桑，惟日不足。

往者瓯括被水，天菑奇酷，荡析离居，载道啼哭。公起奋呼，请振发粟。劳来安集，流亡以复。甲子军兴，师旅如云，边鄙告急，风鹤频惊，虫沙浩劫，忧心如焚。间关跋涉，犒师劳军，膺折冲之任，释主客之纷。

周旋进退，销弭兵氛。六邑生灵，食德至今。他如兴教育、树农桑、慈幼安老，恤邻救荒。人在政举，得公益张。瓯海人士，轻去其乡。萍踪所萃，或沪或杭，宏是馆舍，行旅称良。惟公之力，长毋相忘。

呜呼！鼓钟未考，耆老先亡，鉴止水斋，肃共坦场。寒泉谈菊，和泪倾觞。千秋方祀，永荐蒸尝。

挽联：

干戈扰扰，宦梦早觉八闽，就里居以来，数弭巨菑，所冀灵光独存，瓯路春深，回首家园长托庇。

夏屋渠渠，乡馆抽冠两浙，赖先生之力，得有今日。岂料老成甫逝，泉唐湖急，惊心砥柱更无人。

九月廿四日(10 月 19 日)，一场大火将飞云观及卧树楼全部烧毁。此两处为吕渭英钟爱之所。起火原因据说是永乐师管区师长余宪文之弟在此养病，身边带有数百元现钞，为小偷侦悉，黄夜来此放火，以图趁火打劫。不料钱未偷到，而大火竟成燎原之势。张棡《杜隐园日记》对此有较详细记载。

十一月初四日(11 月 27 日)，晴，连日暖甚。方苑香谒见符璋。符璋发刘次饶函，重索《于园诗跋》。

民国十七年(1928)　岁次丁卯

十二月十一日(1 月 3 日)，雪，冷甚。符璋送吕宅洋二元。拟访求原刻《风水》一书。

十二月十二日(1 月 4 日)，晴。刘绍宽往永嘉，为明日吕渭英安厝回虞入祠，过夜寓大新街杨顺发栈。

积谷山卧树楼

十二月十三日(1 月 5 日)，晴。刘绍宽晤符笑拈先生，奉赠梅生、志澄送洋各二十圆。下午申时，刘绍宽、符璋、沈仲纬等迎吕渭英神主于府前街，随送至吕祠，人山人海。燕未及半，符璋先归。

十二月十四日(1 月 6 日)，晴。午后符璋至吕祠一看。

谱 后

民国十七年(1928) 岁次戊辰

正月廿三日(2月14日),晴。杨伯畴谒见符璋,谈及吕渭英事,如尼阿花、赵道舒翘[1]奉文拘捕、裕通号经理施鼎甫借洋数千报捐、李希程赠洋赴闽各节,乃近年代许云章[2]买入宗祠。祠堂留作自用,种种丑诋,符璋不欲闻也。

赵舒翘

许云章

注:

①赵舒翘(1847—1901),字展如,号琴舫,晚年号慎斋。陕西长安(今西安市)人。清穆宗同治九年(1870)科试一等补廪生,十二年中举,翌年又中进士,授刑部主事。此后十年间,先后在刑部任提牢厅主事、直隶司主事,光绪十八年(1892)任温处兵备道,官至刑部尚书。1899年,为总理各国事务衙门大臣,继任军机大臣,兼管顺天府(今北京市)府尹。他刚直不阿,不畏权贵,多次平反冤案,"直声震天下"。义和团运动兴起时,奉慈禧太后命至涿州试探义和团虚实,附和慈禧太后利用义和团政策。八国联军攻陷北京时,随慈禧太后西逃至西安。清政府与八国联军议和时,被指为"祸首"之一。次年清廷命其自尽,由大臣岑春煊监视执行。

岑春煊为吕渭英好友，而赵舒翘又任过温处道，国人都为赵喊冤，而吕渭英赞成赐死赵，杨伯畴对此愤愤！

②许云章(1880—1967)，字漱玉，瑞安人，1967 年病逝温州。商界公认漱玉毕生守商家本分，乐赞公益，支持抗战，故一直称道不衰。

八月廿六日(10 月 9 日)，晴。二刘与符璋邀沈同至乐园午餐，又往图书馆、吕公祠一转。

九月初九日(10 月 21 日)，重九节，晴。周孟由谒见符璋，云某处新印吕坤《闺范》一元。夜康乐火作，良久始息。

十一月初四日，阴。吕惠周娶媳，燕客。

民国十八年(1929)　岁次己巳

十月廿四日，游止水致信夏承焘，言符璋已作古。符璋自吕文起先生既逝，遂无人存问先生者。晚境益窘，年逾八十，须发皓然，犹日不离笔砚。

注：夏承焘，字瞿禅，别号瞿髯，温州市区人。著名的词学家，现代词学宗师。毕业于温州师范学校，曾历任浙江大学、浙江师范学院、杭州大学教授，中国社科院特约研究员。在近半个世纪里，他一直主持东南词学讲席，与词家学者们治词授业，成为蜚声海内外的一代词学宗师。

游止水

民国十九年(1930)　岁次庚午

九月初四日(10 月 25 日)，晴。梅冷生招刘绍宽等晚酌，首座刘冠三，同席唐伯寅、曾丹轩、王咏山、赵柏庼、谢磊明、吕惠周、徐勤侯、杨雨农。

九月廿七日(11 月 18 日)晚，李澂川招吕灵士等酌，同座刘冠三、刘小白、叶志超、李小波、杨联芳、刘绍宽、梅冷生。

九月廿八日(11 月 19 日)，晴。午后徐堇侯、吕灵士访刘绍宽处。

民国二十二年(1933)　岁次癸酉

四月十三日(5 月 7 日)，晴。午后刘绍宽至东山书院旧址，孙孟晋、梅冷生、柯怡斋、严琴隐、吕维周、周驹材、王则时等十余人开会，议东山图书馆事。查书院本有藏书，皆孙仲容师、张文伯、周仲明，朱眉山、郑一夔两学师，严筱如、吕文起先生等所捐集，后加入报章等，为书报公会。上年永嘉教育局局长王人驹欲将该书移入通俗图书馆，而仲明不予。王遂呈准教育厅来接收，仲明等又与力争。本年琴隐再开会集议，刘绍宽谓此等书入通俗馆，实无人肯看，如管理不善反致失去，不若捐书之后人自行经管为妙。唯王前局长既经呈准移并，未便与抗，只好将详情向教厅疏通转圜之。目前佥议由琴隐保管。是晚童局长拜会刘绍宽，适琴隐亦来，因为言暂缓接收，由琴隐辈向上游疏通之。

民国廿三年(1934)　岁次甲戌

五月初七日(6月18日)，星期一，阴。午刻林同庄邀张震轩、崟儿父子坐车赴湖滨大西菜馆吃西餐一顿，又同赴温州同乡会游览。时住会管理员为胡蓉村之子稚蓉。会中四壁悬吾乡耆献影片，如黄通政漱兰、徐御史班侯及孙籀庼、陈介石、曹志旦、项申甫、吕渭英诸遗像。

九月廿一日(10月28日)，晴。午，吕维周邀刘绍宽酌，刘绍宽以病未愈，往辞之。梅冷生、严琴隐邀刘绍宽同至东山书院，会议修理院屋等处。缘林道尹改设词人祠堂，立瓯社于内，集捐余有七百余元，存永嘉县署为基金，以后领息修理。改款前经领过，有住院台州人，每月薪水四元，由县支领，每年四十八元，计已十三年，耗洋六百二十四元，现和本息仅有四百五十余元。此次修理限定百元，俟明年公债期满，发给本息后将余存一并领出另存，再作商议云。

民国廿四年(1935)　岁次甲戌

十二月初九日(1月13日)，雨。许蟠云邀温州文艺家连各机关二十余人，在江心寺浩然楼开学艺研究会，推选孙孟晋、叶蕴辉、陈仲陶、刘贞晦、吕灵士为会章起草员，通过文艺工作流动展览会、征集乡哲遗著筹备会。

民国廿四年(1935)　岁次乙亥

正月十七日(2月20日)，阴。晚，吕维周招刘绍宽、刘贞晦、叶适庵、杨雨苏、梅冷生、孙孟晋、郑姜门酌，议东山书院址保管事。

正月十九日(2月22日)，晴。晚，刘绍宽与孙孟晋同请许专员于意大利菜馆，同席徐用县长、刘先沛(子余)秘书、范翰芬秘书、吴朝冕秘书、陈守镛、高性朴、吕维周、梅冷生、谢磊明、杨雨苏，共十一人。

是年，郭粥将他50岁和60岁时，亲朋戚友酬和的寿诗寿词汇编成《大衍周甲赠言合录》一书，由上海大东书局出版，其中就有吕渭英等社会名士的诗词收入其中。

其中吕渭英文起所作：

吕维周

朝如棋局转眼非，多君招隐继前征。观鱼濠临秋水，策杖林闲看夕晖。

高格已教人尽慕，幽居自与世相违。流传更有《松陵集》，笔下铿金妙欲飞。

平子研京近十年，纷披老笔自苍然。名山早定千秋业，福地宜居十种仙。

雌蜺蜺郊居曾有赋，冥鸿隐德况燕无愆。研朱点《易》知非久，律己何须佩弦。

诗禅妙悟鄙声闻，古籍能探典与喷。校叔赋矜博奥，戴凭经说析纷纭。

缀囊静本珍元刻，茧纸晴窗写篆文。闻说巾箱多著录，玄亭铅椠不辞勤。

水碧金膏曲米春，醉来诗骨嶙峋峋。连番赌韵浑忘倦，厚价收书未见贫。

有子多文似廷硕，是公好客比陈遵。齐眉德曜能偕隐，一室欢然太古民。

是年，刘景晨文章记，杨雨农言昔在杭州与于园老人（谱主）游城隍山时议筑此楼，余绮楼楼名即老人所拟。

民国廿五年（1936）　岁次丙子

正月初九日（2 月 1 日）晴，吕维周为饯刘贞晦，邀刘绍宽、马祝眉、叶适庵、杨雨苏、孙孟晋、梅冷生、谢磊明等共十人。晚梅冷生邀酌，首席许专员，同席刘绍宽、刘贞晦、杨雨苏、孙孟晋、项铭周（鼎）、谢磊明、马祝眉、叶适庵、吕维周。察侄以鲍拙中谢赠梅诗见示，颇寓勉励意。

民国廿六年（1937）　岁次丁丑

四月初二日（5 月 11 日）晴，刘绍宽访徐勤侯、吕灵士。

是年，永嘉乡著会分上下两册，重抄吕渭英、符璋撰之《于园诗集》。

民国廿七年（1938）　岁次戊寅

十月，刘景晨作《水调歌头·题吕文起丈于园剩稿》：

俯仰几桑海，寂寞老菟裘。平生出处踪迹，诗墨与终留。梦里燕筝吴笛，身外闽烟粤雾，了不系欢忧。自是射雕手，天遣狎归鸥。　病中语，长记省，雪窗头。大难来日，堪虑风雨底绸缪(丙寅冬，闽督周荫人师溃过郡，丈力疾维持地方秩序，丁卯春归道山)。三径遮人草棘，十载迷人花絮，谁共赋新愁。剩我孤吟者，短鬓亦成秋。

民国卅二年(1943)　岁次癸未

七月廿日，刘景晨、杨雨农来见夏承焘，谓永嘉修志，留夏承焘，嘱下期勿出门。谓县志失修已六十余年，吕文老在时，已倡议重修，因循廿年矣。

民国卅四年(1945)　岁次甲申

十二月初六(1月19日)，星期五，雨。晨，木干斋赴张震轩家谈，欲与岑晴溪、周志侨等创一"文起学社"，招生研究文学，而邀张震轩入社为领袖，其社址即择吕老祠堂办事。岂知张震轩久谢教育，无意登台，况年迫桑榆，焉能再为柘枝之舞，故张震轩力辞之。

民国卅六年(1947)　岁次丁亥

叶慎抱与梅冷生书

冷生馆长吾兄撰席：

衡门咫尺，晤教缘稀。日前故姻伯籀公百年祭盛会中得挹芝辉，因而有感触，此退而致书左右之动机也。昔者籀公每自瑞来郡，必寓于舍下，盖以姻戚之故，而与先大父戟士公交颇挚也。先大父精数学，而又旁通医卜诸书，孙太仆琴西公尝掇李北海《叶有道公神道碑》语"通理博艺"四字题赠匾额，以为元成述祖之勖者也。

先大父藏书之富甲永嘉，对于《梅氏丛书》及《数理精蕴》殊有心得，其算日月交食之期，不爽累黍。尝云："战国孟轲口娴历算。"押此诚前人未发之论，亦系读书独到之处。盖以孟子所云"千岁之日至可坐而知"一语证而之也。民国十年之秋，先大父所设之益美南货号，所托匪人，致遭折兑。先大父不欲以债务累人，乃将手建之七间楼房让抵债款，而僦居右侧旧房焉。以舍下人口众多，藏书无处可放，而乡先达吕公文起与先大父交莫逆，乃商之文老，而将藏书权寄于吕家之余屋焉。既而曰："子孙而贤，固能借他人之书而读之；倘若不贤，即藏书于家不能读也。孰若藏之于地方，使地方人皆得而阅读之为愈乎！"遂请之文老，转藏于贵馆。

是时弟适服务于上海华洋证券物品交易所，而贵馆主政者为王公隽废。王公当时以为文老送来之书，不假思索，均误盖以吕义起先生藏书戳子字样。嗣弟以供职京沪，凡十余年，及归里后，方悉其详，又以十载烽烟，无暇及此。兹恐年代久远，则大父藏书于地方之志不为邦人所知，而非为子孙者表彰先德之意。以吾兄深知此事底蕴，用特函授恳予名义上之更正，并附上《叶留朴堂藏书目录》一册，乞察阅！并乞将贵馆收到之书列单示及为祷。手此，顺颂撰安。

弟叶慎抱顿首

梅雨清复叶慎抱书

慎抱先生执事：

捐书敬承，德门在望。述祖纪闻，益深故家乔木之思。弟供事籀馆，每见前人榘矱，则殷向往。郭嘏斋先生经营版筑，仅费三千余金，今日堂庑俨然。黄厚卿先生慨然首倡，以蔘绥阁藏书见赠，渐滥觞而为江河。吕文起先生则助王隽卿先生计划，自广东购进群籍，复为介绍尊庙藏书置诸馆库。当日地方人士，于公益事皆引为己任。诚以私诸一姓，不如公诸地方。令先祖莪士先生之盛德，亦与诸先生同之也。当待钤盏藏印，以免误会。籀馆书目，今犹限于经费，未有完全编印。弟之心愿，必欲了此一事。将来出版，于尊府赠书目下，当一一更改，以正视听。惟赠书在馆尚有小损失，即孙孟晋馆长辞职时，有馆员叶君，为执事之族人，取去《温州府志》普本书等十余种。幸在《阅览室检查书目》册上，每书皆亲笔注明，手迹具在，执事公暇，可来一阅。如须返还，即请执事往与商榷。为德不卒，此君尤有掠美之嫌，甚无谓也。

近日阅书者踵接，不似十余年前之门可罗雀。然管理亦增困难，往往因善本旧本之靳于出借，使人不欢而去。弟以职掌所在，不得不慎重将事，否则大失捐书人之盛意，何以树信于方来？且使故步自封者有所借口，以为捐书于图书馆，易遭损失，不若尘箧长埋之为愈也！人皆留心中国事，故忙于植党，行于竞选。图书馆亦中国事之一，人又视为渺小而不之及，奈之何哉！奉读来札，诚庄生所谓闻足音而喜，愿常承教！《留朴堂书目》一册未有附至，无从检对，并以附告。

弟梅雨清拜复

注：叶慎抱，叶峩士孙，浙江制革厂业务主任，温州百货商人。

新中国成立后

1956年10月11日，星期四，梅冷生、方介堪约夏鼐同赴江心屿，时阴雨未霁。浙江文管会周中夏同志来访夏鼐，苏醒石及梅冷生先生亦同至。

下午闻有六级风，但仍决定前往。经西门，吕灵士同志加入一起渡江，方介堪及吴兆英同志在江北迎接，至江心寺小坐，新收得晋成宁朱景妻买地券。参观陈列室，以新石器时代物及六朝瓷器为最出名，三代铜器无精品；六朝造像乃戴夷乘所捐赠，乃是赝物；宋瓷龙泉窑亦为平常品；平阳钱仓塔中所出之五代天福写经，为敦煌写本之外所罕见之物。名人字画、乡贤真迹颇可贵，外地名家除近人外，多不可靠。温州市文物处郁宗鉴处长亦到，并约来《温州日报》摄影记者拍照。午间设宴招待。饭后游文天祥祠、浩然楼及兴庆寺，最后参观烈士纪念祠。以恐风浪午后加猛，提前渡江返城。

1958 年 10 月 17 日，星期五，夏鼐阅毕乐清叶蓁的《小小十年》后，写下日记：叶蓁是 1923 年考进温州省立十中，所以一年以后，恰碰到齐卢战争，温州驻军是卢永祥部下的郝国玺旅。1924 年 9 月卢永祥失败后，孙传芳的部下彭德铨部队便由平阳分水岭北上到温州。由于温州士绅吕文起等出面，由商会出钱，买通郝旅撤出温州，所以并没有作战（夏鼐这一年暑假正考上十中，曾逃难在慈湖东庄外婆家住一个多月）。并不是像叶蓁所说“某方的军阀，抛下自己的主见，将他已经剥削过的城池让给他的敌人了”。张刚毅光荣是张老喜的孙，是叶吕荫的安弟，后来在教会学校艺文中学读书，又到上海读大学，新中国成立后听说在上海一个经济单位做干部。夏鼐在清华读书时，黄云畴（万杰）曾提及元白的棺木仍停放在宣外教场胡同的温州会馆，他还提起叶蓁的下堂妻淑兰女士“也住在温州会馆，正在寻救自己的爱人”，对人家说，虽然被接到叶的家里去，名义上算是结婚，但还没有和他“同铺”，仍是处女身。

1962 年，20 岁的林剑丹迷上了篆刻。通过同学林秉达的关系，找到了篆刻名家吕文起的长孙吕灵士先生。据林剑丹回忆，吕先生颇有名士脾气，看不上的印稿当面就丢开，但他对他这个年轻人却鼓励有加，并指点说“学印必跟介堪”，吕灵士先生成为他的第一位恩师。

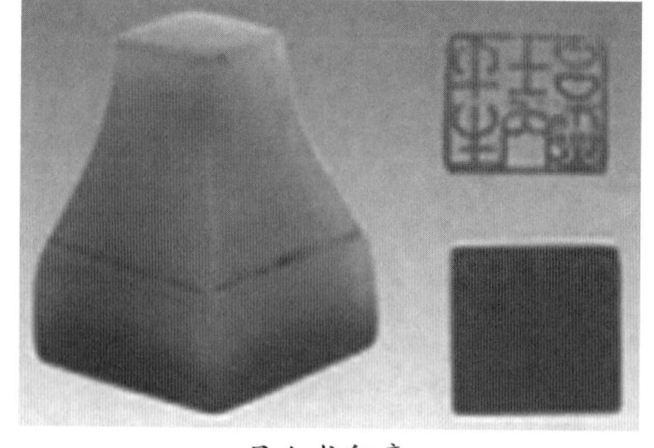

吕人龙印章

就因吕先生的这句话，林剑丹鼓足勇气怀揣印稿，乘船渡江来到位于江心屿的温州博物馆。当时已年过花甲的方介堪先生是温州文管会的负责人，并兼任博物馆馆长。

吕灵士(1904—1966)，字人龙。性颖悟，淡泊名利，高傲耿直，诗文书法篆刻俱精。篆刻专攻秦汉，法厚重，高古秀妍，楷书宗钟王，草书得《十七帖》《书谱》神韵，笔法清逸流畅。因其出身名门，修养识见俱高。新中国成立后应聘为温州文物管理委员会委员，曾参与文物鉴定。晚年十分注意奖掖后进。吕灵士先生为林先生一邻居亲房。第一次林先生拿着印章前去求教，因未得法，吕先生但翻阅印稿，一言不发，仅说“学印必跟介堪，才能得正法。先学篆书再摹古印”，说毕，即匆匆离去。后来，林先生去的次数多了，态度才渐趋和缓，以为孺子可教。然每次求教，所答皆言简意赅，切中要害，绝不拖泥带水。原来，这位老先生的性情十分古怪，倘若遇到笨拙人或劣作，聊一过目而不表示任何态度，更无一句鼓励或客套应酬。后来，吕先生常教导林先生应多读书多读帖，并劝他学欧字，且谓写字不必多，每天坚持认真写十来个字就够了。开始林先生无法理解此中道理，其后才逐渐心领意会“多”和“精”之关系的高明见识，当时，在温服役的韩天衡先生也因林先生介绍而得吕先生指授。韩离温后，老先生每称其印章有大气，他日定能成功。

吕先生晚年体质羸弱，1966 年作古，他对林先生的艺术走上正道起了相当的作用。

吕灵士子女 8 人皆杰出有成，其妻享年 87 岁，临终遗嘱将自存黄金打成十余个戒指分给子女和贴身诸孙，并有林剑丹一份。其情其义，重于千金。

1966 年，吕灵士先生临终之际，乃将所藏《古玉印汇》相赠，成全林剑丹志。

2002 年 4 月，吕渭英主修之《续修浦城县志》四十二卷，还有《台江骊唱集》中诗句被《续修四库全书》收录，其书目介绍将吕渭英当年修志情况加以简单介绍。

附　录

吕渭英传

吕渭英(1855—1927),字永年,号文起,又作“文溪”,晚号“文老”,温州市鹿城区晏公殿通道桥人。

吕渭英光绪十一年(1885)中举人,曾于光绪十九年(1893)以候补知县衔指分福建,先后出任惠安、闽县、浦城等县知县,并经办过洋务案、劝募海防报捐案,由于成绩卓著,而受叙同知衔、保知府署理福州府;因善交涉,后被保以候补道员,赏加二品顶戴,还曾兼掌财政、洋务、商务、邮政、警察等局事务。福建省变法之初,先后新政多由他所规划,在任因清正刚直,故有吕青天之美誉。

光绪三十四年(1908)因受选班之限,加之任期届满,吕渭英遂告归。又于宣统二年(1910)十月和民国四年(1915年)两度出任广东官银钱局总办。民国五年(1916年)十月改任广东实业银行行长。其间又于民国四年(1915)出任过浙江地方实业银行总理。

光绪三十四年(1908)冬,吕渭英回到温州。由于具有主持福建新政的经历,次年即开始投身实业,担任温州府商会最后一任总理。面对贫穷落后、闭塞破败的温州,他认为商业发展要以交通便利为第一要义,非自办轮船温州商业难以自立,于是他开办“东益”公司,购置“鸿发”小火轮,开辟了温州最早的内港客货轮航线。复营嘉宁商轮,往来沪甬。后又于民国三年(1914)闰五月,购一船,名宝铭。从广东回温后,还参与瓯海实业银行、普华兴记电汽有限公司、东瓯电话公司的创办。

民国元年(1912)秋,吕渭英加入中国国民党。民国六年(1917)后,吕渭英在广东任职期间,敢担重任,擘画周详,数载于兹,与廖仲恺一起完成孙中山革命和广东军政府与军队开支及护法运动的艰巨筹款任务。

民国七年(1918)十一月,吕渭英和徐绍桢、汪精卫等三人在上海一起筹办世界和平共进会。该社团后来在历次反帝反封建运动中成为急先锋和统帅。

宣统三年(1911年)七月,民国元年(1912年)七月至八月,温处两地先后同时遭到两次百年未遇的强台风袭击,洪水成灾,哀鸿遍野。吕渭英由杭州携带银米,航海直抵温州,筹办急赈事宜,几次急电省民政司,汇报灾情,并在城区设立瓯括筹赈事务所,分别担任十六属水灾筹赈总理和温处13县筹赈会办,分发赈款,又派人去芜湖购米救灾,自己又赶赴上海接应,前后奔走。

民国十三年(1924)八月,闽浙军阀大战,温州是战场之一,吕渭英凭借自己的威望斡旋两方。浙军退,闽军由是安然抵城,他地生灵涂炭,唯温州无丝毫损失,时人莫不铭记他保护乡邦的恩泽。

吕渭英是一位业绩显赫的名士和开拓先河的实业家。他所处的时代,正值我国由封建闭关自守向近代民族资本发展的萌芽时期。清时在福建为官,后投身实业,涉足金融、新闻、文化、教育、卫生、交通运输、慈善等。许多方面,不仅在温州开拓先河,在广东乃至全国也属首创。

[原文录于《温州市志(1991—2012)》]

温州近代实业的重要奠基人——吕渭英

在五马街区的纱帽河44号,有座著名的古宅第“吕宅屋”。这座三进古建筑群中曾拥有近代温州十大私家花园之一、“寓友于之爱”的“于园”。花园原主人是晚清至民国期间温州显赫人物吕渭英。

近日,在历史文化街区文化组人员的陪同下,吕渭英后人,同为75岁的吕人坝、吕茜茜,在五马街大众电影院后的小广场上,一边向这里的住户打听,一边努力从记忆中搜索于园的位置。“是的,这个小广场一带应该就是于园后花园。”吕茜茜是吕渭英的孙女,吕人坝则是吕渭英五房的侄孙。对于两位老人来说,花园里曾有的八角亭、遍植的兰花绣球花、假山太湖石,仍然是记忆深处的一道道风景。

目前,我市正在进行五马街历史文化街区保护建设工程,于园的旧址——纱帽河44号及五马街大众电影院后的小广场,都将被纳入此次整治提升的范围。

业绩显赫的名士、实业家

吕渭英(1855—1927),字永年,号文起,又作“文溪”,晚号“文老”,鹿城区晏公殿通道桥人，是清末民初时一位业绩显赫的名士、实业家。

光绪十一年(1885)吕渭英中举人后，先后在福建、广东等地任职。特别是在福建，他在洋务方面显示出游刃有余的才能，曾任福州知府，后官至道台，福建省变法之初的新政多由他所规划，有维新派实干家之称。

直到1908年，因受选班之限，加之任期届满，吕渭英才告归还乡。

吕渭英热爱乡邦，一方面利用自己的洋务经验，积极投身实业，引领近代温州实业发展；另一方面，为家乡温州乃至浙江做过大量公益，在民生、文化和教育方面尤为卓著。晚清以降，因德高望重，家乡凡举善业，大多由吕渭英出面主持。近代著名教育家、政治家，被誉为"浙江大儒"的温州同乡陈黻宸曾言："温州之事非吕公不可。"

引领近代温州实业发展

1909年，吕渭英告归家乡温州次年，由于具有主持福建新政的经历，他开始积极投身实业。吕渭英担任温州府商会最后一任总理(相当于今温州商会会长)，在任期间成功处置茂生钱庄拖欠案，又为温州商会向有司提请免缴并获准。

在温州近代资本主义发展的浪潮中，吕渭英可谓是业界奇才、工商巨擘。他认为，商业发展要以交通便利为第一要义，非自办轮船温州商业难以自立，于是开办"东益"公司，购置"鸿发"小火轮，开辟了温州最早的内港客货轮航线。复营嘉宁商轮，往来沪甬。

1921年，吕渭英等人创办中一机织花席厂股份有限公司，有织席机约六百部，被雇女工达二千余人，每日出品花席、三角席、秋席、粗席等，有千余条，多由上海转销于各处。此可做吾瓯实业界先进之模范。

1924年温州普华电灯股份有限公司改组，更名为温州普华兴记电汽股份有限公司，杨雨农接任经理，吕渭英担任董事长。吕渭英还参与瓯海实业银行、东瓯电话公司等实业的创办。从那时起温州开始有了自己的航运、银行、电灯、电话等实业。

民国四年(1915)，因兴办实业，颇有效绩，为振兴实业，鼓励人才起见，北洋政府授予吕渭英五等嘉禾勋章，1922年又授予他三等嘉禾勋章。可以说吕渭英是温州近现代化事业的奠基人之一。

振兴文教，启发民智

除了兴办实业、热心慈善，吕渭英对家乡的文教卫事业也甚为关心。

1912年，吕渭英创办《东瓯日报》，这是目前温州发现的最早的一份报纸。1920年,他资助郑振铎、高觉敷、姜琦、马公愚等人创办《新学报》。

温籍著名篆刻家方介堪就曾受到吕渭英的提携。1926年,吕渭英去上海时带方介堪同行,将其介绍给自己的同科举人——著名的金石书画家赵叔孺。赵叔孺将方介堪列为弟子,并将他推荐给西泠印社,为方介堪开启了人生重要的一页。

20世纪20年代,为弘扬地方文化,吕渭英募建仙岩陈止斋祠、东瓯王庙、八仙楼、东岳庙、蛟翔里仁济庙、温州府城隍庙。三次修葺飞霞观、飞霞洞、梅雨亭,重建温州谯楼、巽吉山文昌阁,并于阁左添筑读书处三间、华盖山资福寺之左宜右有山房及容成庵。收回江心寺久租洋人之浩然楼,建蛟翔里之御书亭,捐建江头宗祠。

此外,他还参与筹复永嘉东山书院,开办永嘉图书新社,参与温州中等医学堂、温郡自治研究所、温州政治研究所、罗溪学堂、瓯海公学(温州四中)、公益学堂的创办,还捐助温州府中学堂(今温州中学)、温州府官立中等农业学堂(今温州二中)、楠溪学堂、城南小学、明德小学、永嘉第二高等小学校(今永兴小学)等,参与请款创设籀园图书馆(今温州图书馆),并捐助书籍及建筑东畔轩房三楹。

1920年,吕渭英辞去广东地方实业银行行长职务,回到温州,一心服务桑梓。

吕渭英所处的时代正值我国由封建闭关自守向近代民族资本发展的萌芽时期。他所做的许多方面举措,不仅在温州开先河,在广东乃至中国也应属创举。一百多年后,从改革开放大潮至今,温州涌现出无数"敢为人先"的成功探路者,他们的精神和先辈一脉相承。

规划福建变法初期新政

吕渭英早年的大部分时间,是在温州之外的福建任职。

光绪十九年(1893),吕渭英以候补知县衔指分福建,先后出任惠安、闽县、浦城等县知县,并经办过洋务案、劝募海防报捐案。因成绩卓著受叙同知衔、保知府署理福州府;又因善交涉,被保以候补道员,赏加二品顶戴。

他还曾兼掌福建省的财政、洋务、商务、邮政、金融等局事务。福建省变法之初,先后新政多由他规划,在任因清正刚直,故有"吕青天"之美誉。

1908年吕渭英告归后,又于1910年、1915年两度出任广东官银钱局总办。1915年,吕渭英出任浙江地方实业银行总理,1916年11月改任广东地方实业银行行长。

除了这些任职外，吕渭英还在福州、广州、上海、北京等地兴办银号钱庄、制革厂、电车有限公司等。

广东实业银行壹圆票，钱币右边印文为“吕印渭英”

作为爱国实业家，吕渭英在发展实业、热心公益和文教事业的同时，也积极参加爱国政治活动。1913 年，袁世凯图谋称帝，陈其美以倒袁为名，向时任浙江银行协理的吕渭英贷款四万元。吕渭英等人义无反顾，悉数拨付，反袁运动结束后，此款始终未予归还，即由吕渭英等人应得之红利中拨还。

1917 年，吕渭英在广东任职期间，敢担重任，擘画周详，与廖仲恺一起完成孙中山革命和广东军政府与军队开支及护法运动的艰巨筹款任务，并于 1920 年被广东军政府授予五等嘉禾勋章。

（原文登在“中国非遗新闻社”，2020 年 4 月 24 日）

吕渭英助力永嘉教育

吕渭英（1855—1927），字永年，号文起，又作文溪，祖籍永嘉罗溪人，后迁居永嘉城区晏公殿巷。光绪十一年（1885）中举后，先后在福建、广东等地任职，曾任福州知府，官至道台。1908 年卸任后，两度出任广东官银钱局总办、广东地方实业银行行长。其间于民国四年（1915）短暂出任过浙江地方实业银行总理，至民国九年（1920）返瓯。

吕渭英是一位业绩显赫的实业家。他利用自己的洋务经验，积极投身实业，曾在温州开办“东益公司”，开辟内港客轮及沪甬商轮航运；创办机织花席厂，参与创办瓯海实业银行、东瓯电话公司等，引领近代永嘉实业发展。民国九年（1920）与民国十一年（1922），北洋政府先后两次授予吕渭英五等嘉禾勋章和三等嘉禾勋章，以表彰其为区域经济发展所做的贡献。

吕渭英又是一位声名卓著的慈善家，对教育尤为关心。

吕渭英重视教育的事迹，贯穿从求学至为官为商，再到最后告老还乡之始终。据永嘉县罗溪村地方老人盛传，吕渭英中举后的第三年(1887)，即在老家罗溪兴办“罗溪塾”，还为学塾置办德式手风琴。光绪二十五年(1899)，吕渭英署理福建浦城县知县，即筹款购书，并带头倡捐书籍，置于浦城县学。光绪卅三年(1907)二月，身为南台海防同知的吕渭英于福州吉祥山顶，创办南台洋头口公立学堂——铺前学堂，并自兼总理，以办学为掩护，秘密宣传革命，进行革命启蒙教育。

童芙初（左）和王雪庐（右）

吕渭英热爱乡邦，还在福建为官期间，即关注家乡的教育发展。光绪二十八年(1902)七月中旬，吕渭英配合温州政界和学界人士徐定超、孙诒让、童芙初、王雪庐、程子良、朱眉山等人筹备恢复永嘉东山书院，开办永嘉图书新社。孙诒让同吕渭英各捐大量书籍助建。光绪二十九年(1903)二月，吕渭英捐巨资兴办公益学校，聘请陈黻宸、姚广福、宋恕等名儒任教。学校租曾氏怡院为校舍，还配备寄宿生宿舍。但开办不久，因筹资收入不敷支出，学校债台高筑，遂停办。

光绪三十四年(1908)底，吕渭英告归乡里。宣统元年(1909)10月，吕渭英兴私资与余朝绅共同发起开办永嘉自治研究所，培养执法人才。址设周宅祠堂，首期学员84名，学习期限6个月。自治所开始为私立，次年(1910)正月改为官办。民国元年(1912)九月廿八日改办法政学堂。

晚清末期至民国初期，吕渭英捐资助建的还有温州府中学堂(今温州中学)、温州府官立中等农业学堂(今温州二中前身)、楠溪学堂(今枫林小学)、城南小学、明德小学、永嘉第二高等小学校(今永兴小学)等，为兴办教育，可谓不遗余力。

当其时的永嘉，凡举文教事业，大多由吕渭英出面主持。1912年，吕渭英创办《东瓯日报》，这是目前温州发现的最早的一份报纸。1920年，他资助郑振铎、高觉敷、姜琦、马公愚等人创办《新学报》。《新学报》是国内最早直接介绍马克思、列宁和俄国十月革命的进步刊物之一。

20世纪20年代，为弘扬地方文化，吕渭英募建仙岩陈傅良祠、东瓯王庙、八仙楼、东岳庙、蛟翔巷仁济庙、温州府城隍庙。三次修葺飞霞观、飞霞洞、梅雨亭，重建温州谯楼、巽吉山文昌阁等。收回江心寺久租洋人之浩然楼，建蛟翔巷三御书亭，捐建江头宗祠。近代著名教育家，被誉为“海内师表”的温州同乡陈黻宸曾言：“温州之事非吕公不可。”

吕渭英对教育的热心支持还表现在瓯海公学（今温州四中）的创办上。

谷寅侯

1925 年 5 月 30 日，上海爆发了五卅惨案。永嘉学生闻讯后，群起声援。6 月 8 日，永嘉城区的艺文学堂学生因集会声援而受到该校校长、英国牧师蔡博敏的持枪威胁，愤怒的学生在进步教师谷寅侯、陈竺国等的支持下，公开宣布脱离教会学校。学生们于 10 日发表了《艺文中学学生脱离教会学校声明》。声明写道：“全国各报馆转全国各公团及海内外同胞钧鉴：五卅惨变，凡有血气之人，莫不呼声急烈，共起反抗强权。同人等系英人所办之艺文教会学校学生，饱受其专制教育，夙怀怒愤。自沪案发难后，更深恨外人之蔑视我同胞，亦愿牺牲一切，即日永远脱离该校，自行组织救国团，望我同胞共伸义愤，致力援助。”吕渭英目睹学生反帝的热情以及谷寅侯先生毁家兴学之壮举，深表同情。当时，艺文中学计有 300 余名师生集体脱离该校。为使师生有就学之所，吕渭英遂凭借自己在温州商会和金融业多年的威望，联系玉堂里四明银行经理，暂时安排学生驻足，原外县寄宿生则安排在四明银行内暂住，并在永嘉城区府学巷县学文庙开会决定创办“瓯海公学”，邀请社会名流成立校董事会。会议公推吕渭英担任校董事长，谷寅侯任校长。9 月，吕渭英慷慨解囊，雇工修葺蛟翔巷平水王庙为校舍，并添办全部课桌椅及其他校具，使学校于 9 月 21 日准时开学。从此，永嘉城区又增添了一所永嘉人自办的中学。

作为爱国实业家，吕渭英在发展实业、热心公益和文教事业的同时，也积极参与爱国政治运动。1913 年，袁世凯图谋称帝，陈其美以倒袁为名，向时任浙江银行协理的吕渭英贷款四万元。吕渭英等人义无反顾，悉数拨付，反袁运动结束后，此款始终未予归还，即由吕渭英等人从应得之红利中拨还。1917 年，吕渭英在广东任职期间，敢担重任，擘画周详，与廖仲恺一起完成孙中山领导的革命和广东军政府及军队开支等的艰巨筹款任务。1920

年，广东军政府授予他五等嘉禾勋章。

（原文录于《永嘉教育史话》）

他推动了地方文教现代化——先贤吕渭英续记

位于纱帽河的吕渭英私家花园“于园”日前被重新改造（南航摄）

19世纪末，清王朝国运渐次衰败，遭列强环伺，并致入侵，有识之士促洋务，立维新，倡“师夷长技以制夷”，寄希望于教育救国，科技强族，以图民族复兴。偏处于东南一隅的温州，同样也不例外。当其时，以吕渭英等为代表的温州先贤竭力振兴教育，以开启民智，兴学强国。今年2月25日，本报文化周刊风土版曾刊登《惠泽桑梓的近现代实业家——吕渭英功业纪实》，现就他的地方文教事业进行介绍。

——编者

吕渭英祖籍永嘉县罗溪（今瓯北），光绪十一年（1885）中举后，先后在北京、福建、广东等地任职，曾任福州知府，官至候补道台。1908年卸任后，出任过广东官银钱局总办、广东地方实业银行行长、浙江地方实业银行总理，直至民国九年（1920）返温州。吕渭英是一位业绩显赫的实业家。为谋实业救国，先后与虞恰卿、蒋百器等众多实业家经营合作办厂。同时，吕渭英又是一位声名卓著的慈善家，对教育尤为关心。

到处办学：从罗东小学到瓯海公学

罗溪塾旧貌（铅笔画）

吕渭英重视教育的事迹，贯穿从求学至为官为商，再到最后告老还乡之始终。据永嘉县瓯北罗东小学（原罗溪塾）校史，吕渭英中举后的第三年，即在老家罗溪兴办“罗溪塾”，还为学塾置办德式风琴，这是温州最早创建的现代教育模式的雏形，现罗东小学的前身。为了纪念创校的先贤，罗东小学如今特在大门口设立一座吕渭英塑像，在纪念墙上写着1887年吕渭英中举后第三年即为故里创办罗东小学。

永嘉县瓯北罗东小学里的吕渭英塑像

光绪二十五年(1899)，吕渭英署理福建浦城县知县，即筹款购书，并带头倡捐书籍，置于浦城县学。光绪三十三年(1907)2月，身为南台海防同知的吕渭英于福州吉祥山顶，创办南台洋头口公立学堂——铺前学堂，并自兼总理，以办学为掩护，秘密宣传革命，进行革命启蒙教育。光绪二十九年(1903)2月，吕渭英捐巨资兴办公益学校，聘请陈黻宸、姚广福、宋恕等名儒任教。学校租曾氏怡院为校舍，还配备寄宿生宿舍。但开办不久，因筹资收入不敷支出，学校债台高筑，遂停办。

宣统元年(1909)10月，吕渭英兴私资与余朝绅共同发起开办永嘉自治研究所，培养执法人才。址设周宅祠堂，首期学员84名，学习期限6个月。自治所开始为私立，次年正月改为官办。1912年改办法政学堂，同年他又创办温州政治研究所，并自任监督，以培养研究政治体制之良才。晚清末期至民国初期，吕渭英捐资助建的还有温州府中学堂(今温州中学)、温州府官立中等农业学堂(今温州二中前身)、楠溪学堂(今枫林小学)、城南小学、明德小学、永嘉第二高等小学校(今永兴小学)等，为兴办教育，可谓不遗余力。

吕渭英对教育的热心支持还表现在瓯海公学(今温州四中)的创办上。1925年，上海爆发了五卅惨案。永嘉学生闻讯后，群起声援。6月8日，永嘉城区的艺文学堂学生因集会声援而受到该校校长、英国牧师蔡博敏的威胁，愤怒的学生在进步教师谷寅侯、陈竺国等的支持下，公开声明，宣布脱离教会学校。学生们于10日发表了《艺文中学学生脱离教会学校声明》。声明写道："全国各报馆转全国各公团及海内外同胞钧鉴：五卅惨变，凡有血气之人，莫不呼声急烈，共起反抗强权。同人等系英人所办之艺文教会学校学生，饱受其专制教育，夙怀怒愤。自沪案发难后，更深恨外人之蔑视我同胞，亦愿牺牲一切，即日永远脱离该校，自行组织救国团，望我同胞共伸义愤，致力援助。"

吕渭英目睹学生反帝的热情以及谷寅侯毁家兴学之壮举，深表同情。

当时，艺文中学计有300余名师生集体脱离该校。为使师生有就学之所，吕渭英遂凭借自己在温州商会和金融业多年的威望，联系玉堂里四明银行经理，暂时安排学生驻足，原外县寄宿生则安排在四明银行内暂住，并在永嘉城区府学巷县学文庙开会决定创办"瓯海公学"，邀请社会名流成立校董事会。会议公推吕渭英担任校董事长，谷寅侯任校长，9月，吕渭英慷慨解囊，雇工修葺蛟翔巷平水王庙为校舍，并添办全部课桌椅及其他校具，从此，永嘉城区又增添了一所永嘉人自办的中学。

大兴文教：从籀园图书馆到《东瓯日报》

吕渭英热爱乡邦，还在福建为官期间，即关注家乡的教育发展。光绪二十八年(1902)七月中旬，吕渭英配合温州政界和学界人士徐定超、孙诒让、童芙初、王雪庐、程子良、朱眉山等人筹备恢复永嘉东山书院，开办永嘉图书新社。孙诒让同吕渭英各捐大量书籍助建。民国四年(1915)三月，吕渭英请款创设籀园图书馆(今温州市图书馆)，至民国七年(1918)秋，馆事稍成。民国八年(1919)，温属六县联立图书馆(即籀园图书馆)建成开放，藏书仅205种，吕渭英将其于园藏书的经史、子、集、丛词、曲部3289册寄存，后全部捐赠，图书馆才粗具规模。民国十二年(1923)夏，因飓风，籀园图书馆藏书楼被毁，吕渭英又在馆东畔筑轩房三楹，同时禀请道尹将地处闹市区谯楼的西面两间划作分馆。

当其时的永嘉，凡举文教事业，大多由吕渭英出面主持。1912年，吕渭英与陈介石聘陈怀创办《东瓯日报》，这是目前温州发现的最早的一份报纸。1920年，他资助郑振铎、高觉敷、姜琦、马公愚等人创办《新学报》。《新学报》是国内最早直接介绍马克思、列宁和俄国十月革命的进步刊物之一。

20世纪20年代，为弘扬地方文化，吕渭英募建仙岩陈傅良祠、东瓯王庙、八仙楼、东岳庙、蛟翔巷仁济庙、温州府城隍庙。三次修葺飞霞观、飞霞洞、梅雨亭，重建温州谯楼、巽吉山文昌阁等。收回江心寺久租洋人之浩然楼，建蛟翔巷二御书亭，捐建江头宗祠。近代著名教育家，被誉为"海内师表"的温州同乡陈黻宸曾言："温州之事非吕公不可。"

吕渭英一生叱咤于政界、金融界、实业界，其始终注重所治之地和家乡的教育事业发展，而其所得之财富，绝大部分又回馈于社会，在其促进下，福州、温州两地的基础教育、中等教育和职业教育乃至于文化事业取得较大发展，为推动两地现代化起了巨大作用，同时也为福温两地的发展造就了大量人才。

(原文录于《温州日报》2018年10月14日)

吕渭英与籀园图书馆

今年是温州图书馆百年华诞，其前身系设在市区九山湖畔籀园内的旧温属公立图书馆，诞生于1919年5月9日。

1913年旧温属六县知识界为纪念晚清经学宗师、温处学务分处总理孙诒让（籀庼）而集资于九山湖畔依绿园故址筹建藏书楼，命名籀园，后建成籀园图书馆，被视为近代温州的学术圣地和精神家园，也是当时温州最重要的公共文化设施。而在籀园图书馆的筹建、开馆运营过程中，近代温州乡贤、社会活动家、实业家、教育家、慈善家吕渭英曾倾注了大量心血，正因为有了他的慷慨捐助，悉心辅佐，籀园图书馆才安然度过最为艰难的一段初创历程。

清光绪十五年（1889）吕渭英中举，后于光绪十九年（1893）赴任福建，历任惠安、闽县、浦城等地知县，由于政绩卓著，升任福州知府，后官至道台，曾兼掌财政、洋务、商务、邮政、警察等事务，福建省变法之初的新政多由他所规划，有维新派实干家之称，为官因清正刚直，任内有"吕青天"之美誉。

旧籀园图书馆阅览室

宣统元年，吕渭英告归还乡，回温投身实业，任温州府商会最后一位总理。次年二月，购置"鸿发"小火轮在城区至乐清的内港营运，开辟了温州最早的内港客货轮航线。宣统二年（1910）和1915年，吕渭英应邀两度出任广东官银钱局总办，1915年出任浙江地方实业银行总理，1916年赴任广东地方实业银行行长。

在广东任职期间，吕渭英与国民党左派廖仲恺交往颇多，协助完成辛亥革命、广东军政府与军队开支、护法运动的艰巨筹款等任务。因绩业彪炳，1920年被广东军政府授予五等嘉禾勋章；1922年，北洋政府大总统黎元洪签署命令授予三等嘉禾勋章。同时，吕渭英还在福州、广州、上海、北京等地兴办银号、钱庄，创办制革厂、电车有限公司、建新股份有限公司等实业。

1920年，吕渭英回到温州，在市区纱帽河44号吕宅扩建于园，于园取自清代大诗人袁枚“诗人重友于”之意（园址在今大众电影院南面，近代温州十大名园之一）。吕渭英在此安度晚年，平日吟诗作画，聚朋会友于其间，并将几千册藏书存于于园。

吕渭英回温州后，他一方面将自己在福建、广东、上海等地从政从商的经验带回温州，支持地方各项实业发展，成为温州实业重要的奠基人；另一方面，积极推动温州文化、教育、公共事业的发展，在很多方面都留下了彪炳青史的功绩。近代著名教育家、政治家，被誉为“浙江大儒”的温州同乡陈黻宸曾言：“温州之事非吕公不可。”

吕渭英一生中对文化教育事业尤为关心。他担任福州浦城知县时，曾在当地创办过一所图书馆，亲自筹款购书、带头倡捐书籍。他担任福州同知时，利用回乡之际，会同童兆蓉、徐定超、孙诒让、王雪庐、程子良、朱眉山等温州政界和学界人士，在积谷山麓的东山书院创办了永嘉图书新社，在筹建过程中，吕渭英与孙诒让都曾捐助大量书籍。后该社又经三次葺缮，都是吕渭英一手操办，时人称“一时东山之壁，恍闻丝竹之声”。

1913年，温州学界为纪念晚清经学宗师孙诒让，筹资在九山湖畔“依绿园”故址建立籀公祠，同时决定于祠旁筹建藏书楼，命名籀园，首任馆长王毓英。根据王毓英记载，籀园图书馆在筹建过程中困难重重，多蒙吕渭英热忱帮助，才使图书馆顺利运行，并粗具规模。

1915年3月，吕渭英担任广东官银钱局总办时，获悉籀园图书馆缺乏筹建资金，就牵头和温州一批名绅联名呈请省政府，要求从拨给温州师范学校与温州中学两校戏捐、统捐经费中拨出1000圆，作为籀园图书馆的常年经费。在吕渭英等人的努力下，浙江巡按使屈映光批准，使籀园图书馆得以顺利建设。

1919年5月9日，籀园图书馆建成开放，正式改称“温属六县联立籀园图书馆”，当时馆藏书籍仅205种，根本不能满足百姓的阅读需求。吕渭英获悉后，主动将他在温州纱帽河于园藏书中270部5240册，包括经、史、子、集、丛词、曲部书籍寄存到籀园图书馆，供百姓阅读。后来，他又将这部分书籍全部捐赠给籀园图书馆，其捐赠的图书数量居当时前列。目前很多书籍都已成为温州图书馆古籍珍贵藏书。吕渭英在担任广东地方实业银行行长期间，还千方百计帮助馆长王毓英从广东购进大量图书，并介绍温州地方文化人的藏书置于馆库，从而极大地丰富了籀园图书馆的藏书。

籀园图书馆建成后一直隶属于永嘉县，经费得不到有效保障。1921年4月至7月，已告老还乡的吕渭英，三次牵头出面，力请将籀园图书馆改为隶属瓯海道署管辖，终于获浙江教育厅厅长夏敬观批示，由瓯海道尹段毋恴遵办。

1923年夏天，籀园图书馆藏书楼遭台风毁坏，吕渭英出资在图书馆东畔建了三间房子，解决了图书馆的燃眉之急。

为方便百姓借阅图书，吕渭英还亲自禀请瓯海道尹沈致坚，将地处闹市区谯楼西面两间房子，划作籀园图书馆的分馆。当时，谯楼里开设了一家名为乐园的酒馆，客人就餐时非常喧闹，严重影响了在分馆内阅览的读者。吕渭英见状，屡次出面劝阻，但该酒馆屡停屡办，直接影响了图书馆分馆的正常运行。1924年，吕渭英出面联合众乡绅，要求道尹派警员勒令酒馆在农历年底前迁移。由于吕渭英的斡旋，终于还分馆一个安静的读书环境。

1923年，鉴于吕渭英在籀园图书馆筹建、运行以及图书筹集等方面所做出的大量贡献，首任馆长王毓英与温属六县代表江步瀛、刘项萱等12人，提请瓯海道尹沈致坚将吕渭英在籀公祠中立长生禄位，以资鼓励，后因故未成。

吕渭英作为温州清末民初时的一位先贤，一生叱咤政界、金融界、实业界，为家乡诸多事务不遗余力奔走呼号，倾力协助筹建籀园图书馆就是一个例证。令人遗憾的是，由于吕渭英长年在外做官，其热心公益善举鲜有记载，后世知之不多。

（原文登在《温州日报》2019年1月20日）

百年前大战在温州一触即发！是谁力挽狂澜，让乡人幸免于难？陈黻宸曾说，“温州之事非吕公不可”

百年前的中国社会，正值军阀割据、战乱频繁，直皖战争、直奉大战、齐卢大战等军阀混战，曾给中国人民带来了无尽的灾难。这其中，温州也曾是一场军阀混战的中心。

20世纪20年代的齐卢大战，涉及苏、浙、沪、闽、皖、赣数省人民。这次战争破坏相当严重，浙江、上海、江苏多地受累，造成大量难民无家可归。上海龙华一地甚至大开杀人之风，许多无辜百姓被杀。可是唯有战场之一的温州地区，却幸免于此次战乱。这其中，温州乡贤吕渭英从中斡旋当居首功。时人言："当时形势，军阀混战，温州无扰，此皆吕文起之德也。"

朱自清、夏鼐、叶圣陶笔下的齐卢大战

现代杰出的散文家、诗人朱自清，一生铭记温州人马公愚一家的情谊，特别是在 1924 年 9 月的军阀混战过后，他曾写信说："大德不敢言谢"，并称"先生于慌乱之际，肯兼顾舍间老幼，为之擘画不遗余力！真为今日不可多得之友！"原来，当时齐卢大战逼近温州时，全城人心惶惶，百姓纷纷逃难，朱自清的 5 位家眷仍住在温州城，老弱妇孺、举目无亲，马公愚带着朱家一同到楠溪枫林避难，朱自清对于老友的患难真情十分感动。

叶圣陶的《潘先生在难中》和包天笑的《甲子絮谭》对此次齐卢大战也都有详细描写。这次战争波及江南大部，甚至牵动东北王张作霖和北洋政府，背后隐藏的是各全国各大军阀实力的较量。

我国著名考古学家夏鼐在他的日记中，提到他人生第一次尝到避难的滋味，就是这场齐卢战争："是年(1924)甲子齐卢之战，孙传芳军队入浙，卢永祥部下第一师郝国玺旅驻在温州，防守平阳分水岭。阴历八月间，全家避难至慈湖东庄外婆家，第一次尝到避难的滋味，仅居七日即返城。"在 1958 年，夏鼐又回忆："由于温州士绅吕文起等出面，由商会出钱，买通郝旅撤出温州，所以并没有作战……"

大战一触即发，吕渭英与众士绅呼吁和平

《夏鼐日记》文中写的齐卢战争，提到吕文起起到很关键的作用。这究竟是怎么回事呢？

吕渭英(1855—1927)，字永年，号文起，又作"文溪"，鹿城区晏公殿通道桥人。吕渭英是光绪十一年(1885)举人，曾任福州知府，后官至福建候补道。入民国后，吕文起任过广东官银钱局总办、广东地方实业银行行长、浙江地方实业银行总理等职，曾负责过孙中山革命及广东军政府、浙江军政府的开资筹款任务。民国十三年，即 1924 年，年近七旬的吕渭英这时已从广东归来，居住在市区纱帽河于园，致力于发展温州实业及慈善事业。

吕渭英告归家乡温州期间，开辟了温州最早的内港客货轮航线，担任温州普华兴记电汽股份有限公司董事长，还参与瓯海实业银行、东瓯电话公司等实业的创办。他还曾担任温州府商会最后一任总理(相当于今温州商会会长)，为温州乃至浙江做过大量公益，因德高望重，家乡凡举善业，大多由吕渭英出面主持。近代著名教育家、政治家，被誉为"浙江大儒"的同乡陈黻宸曾言:“温州之事非吕公不可。”

这一年8月,正值齐卢大战一触即发之际。战争的主角是江苏督军齐燮元和浙江都督卢永祥,齐燮元的背后支持者是刚刚上任的贿选总统曹锟,卢永祥则联络奉系张作霖,举起了讨曹锟大旗意欲直捣北京。

战争即将爆发的危急时刻,吕渭英联合多位浙江士绅代表,多次向卢永祥、齐燮元发表通电,呼吁和平。江苏督军齐燮元看到通电后,曾电告浙江吕渭英、盛炳纬等有威望的士绅:“诸公爱护乡邦,至深钦佩……希望和平,同此心理……诸公爱浙,燮元爱苏,保境安民,责无旁贷……”

在向军阀呼吁和平的同时,吕渭英也做好人道救援的准备,牵头成立中国红十字会永嘉分会,并任会长。

然而,在当时的形势下,战争还是不可避免。浙军卢永祥总兵力有6万多人,派郝国玺防守温州,并以浙江一、二两师的主力集结于温州附近,归师长潘国纲(鉴宗)指挥。

江苏方面,齐燮元的本地总兵力有4万多人,加上皖、闽、赣等地的军阀援兵加入,双方也是旗鼓相当。直系军阀、福建督军孙传芳组建闽赣联军,自任总司令,准备大举入浙,主力直指仙霞岭,偏师从福鼎入境。

前排左一为齐燮元

位于浙闽边境的温州自然成了大战的中心

1924年9月3日上午10时许,浙军和闽军前哨相遇于黄渡、安亭间,“各放排枪,正式接触”。9月19日,闽军增至一千人,由灵溪入萧家渡,占据凰浦山及萧家渡山,架炮扎营。同日,浙军增至五百人,防守冬瓜山及钱仓。

9月23日，温州城内百姓纷纷迁徙，土匪及青洪帮也跃跃欲动。

万余浙闽军队对峙温州

9月23日下午，浙军与闽军正式开战，浙军退守平阳县城。当天深夜，200名闽军进入鳌江，鳌江警局被毁，当地居民四出奔避。

不久，闽军一举破浙闽交界的要隘——分水关，占领平阳，浙军则开往瑞安城。

两军开战的消息传来，温州城区百姓也是人心惶惶，纷纷逃难。老百姓有亲的靠亲，无亲的逃到外地。瓯海道尹沈致坚在简巷医院躲避；曾当过瑞安知县的符璋一家则躲进了法国方面的天主教医院，当时在医院里躲避的男女老幼众多，内部十分拥挤；前文说到的马公愚一家，邀请朱自清家属一同到楠溪枫林避难。

浙闽双方集聚万余兵力对峙温州。此时，浙军主将郝国玺准备与闽军主将彭德铨在温州决战。

正当此时，瓯海道尹沈致坚想到了吕渭英。吕渭英有长期在福建任职的经历，曾官福州知府、福建洋务局总办等职，在任清正廉明，为福建人所信任，再加他还曾任过浙江地方银行总理，在闽浙双方有较高的声望。

因此，道尹力请仍在病中的吕渭英出面调停。吕渭英毫不推辞，立即请法国神甫冯烈鸿和乡绅林立夫等，陪同他赶往瑞安和平阳调停战事。当时很多知情的乡人都翘首以盼，既希望吕渭英能够解决战患，同时也为他捏了一把汗。

吕渭英奔走三地斡旋

吕渭英先是赶到瑞安，见到浙军郝国玺司令。一番寒暄过后，吕渭英劝说郝国玺道：既然上头提到要和平解决，你又何必在这里开战呢？郝国玺说：不是我要打，而是福建方面步步紧逼。吕渭英于是劝说他：为保地方不至于生灵涂炭，如果您这边能够退兵，闽军那边由我来负责缓冲。

在吕渭英苦口婆心的劝说下，郝国玺同意了撤兵的要求，但提出条件，要瑞安给他三万元兵饷。吕渭英与地方官员和绅商各界代表商议后，答应了下来。

说服了浙军方面，吕渭英连夜渡过飞云江，赶赴平阳和闽军旅长彭德铨会面。彭德铨亲自出来迎接吕渭英等人，并把他带到司令部会面。因为彭德铨向来仰慕吕渭英的为人，一口答应了他的要求——浙军郝部安然撤退，闽军才可进军瑞安。

两边谈妥后，吕渭英顾不上喘一口气，一边嘱咐负责在平阳方面联络对接的黄光，准备“万家生佛，一路福星”“出奇制胜，布德归仁”“龙骧望重，骠骑功高”“心慈同象教，机捷拟龙韬”等短联，另外做一方大匾，架子外套上大红缎，贴上金纸，制成“欢声载道”四字，以示诚意。一边感谢写信，告诉瑞安、温州方面，做好送郝迎彭的准备。

9 月 26 日，闽军先锋队先行，大队准备次日开拔。谁知道“阎王好请，小鬼难缠”，先锋队下面的军官不知道吕渭英等人的身份，竟把吕渭英一行的轿子一齐扣住。正当下面的人惊慌失措之际，吕渭英等人手足灵敏，急忙说好话，竟然说动对方，最终安然离去。

浙军退去，闽军一路过境温州，秋毫无犯

闽军安然进入瑞安城。瑞安知事杨君述(承孝)前往平阳欢迎闽军，胡蓉村、陈亦典则负责准备欢迎闽军事宜。当天中午时分，闽军到达瑞安城关，当地准备了四百多桌酒席饭菜款待，每家店口还插上白旗，上书“欢迎大军”字样。浙军郝司令方面，则在 9 月 25 日夜登船，由乐清去向台州、海门，次日开行时，吕渭英又筹集了两万元银圆，赠送给浙军。

9 月 29 日，闽军进入温州城区，一路过境温州各地，秋毫无犯。

闽军入温州城之日，卢永祥部将潘鉴宗的弟弟潘鉴宾被彭德铨派兵捉去，本欲枪毙。吕渭英和沈剑豪又出面力保潘鉴宾，最终潘交司法处讯问。至此，温州的这场战乱终于消迩于无形。

彭德铨方面直到 1925 年正月十二日(2 月 4 日)，才由永嘉(温州城)移军嘉兴。彭德铨在永嘉期间，与吕渭英等官绅还结社，经常在一起赋诗。

1924 年农历九月十六、十七日，孙传芳攻浙，军分三路，衢州、处州大部损失严重，唯温州最佳。这场战争的结果是卢永祥战败下野，最后远遁日本。

齐卢战争的破坏相当严重，浙江、上海、江苏多地受累，造成大规模难民无家可归。经济方面也是影响巨大，仅江苏南京一半以上的钱庄关门歇业，市面萧条可见一斑。更让人惊惧的是，上海龙华一地，竟开杀人之风，许多无辜百姓被杀。唯有温州地区幸免于此次兵灾，可以说是吕渭英从中斡旋的结果，背后也有很多乡人的共同努力。

时人言：“当时形势，军阀混战，温州无扰，此皆吕文起之德也。若非吕文起不避难险，视地方事如己事，则永嘉未有不夷为战垒者也，永嘉若危，则瑞安未有不先受其灾也。而其捐赀助成，义举惠及里闬，尤人所不能斯须忘者也。”

晚清举人、曾任多家书院山长的陈子万，作《和吕文起感事》：

心兵杆园抵金汤，伴食盈庭孰智囊。人有聂荆教势抑，国无颇牧觉邻强。时穷民痒逾城旦，地僻官豪胜夜郎。世外桃源津莫问，忍将冷眼看沧桑。

豪贵争如赴烛蛾，名场旧梦恋春婆。平津拜爵江都徙，飞将归田醉尉诃。盐铁持筹心似壑，申韩借着口悬河。生灵请命闻呼吁，杜老忧时鬓欲皤。

九十五年前的这场军阀混战，温州是战场之一，吕渭英凭借自己的威望，斡旋两方。浙军退而闽军安然抵城，浙江江苏多地生灵涂炭，唯温州无丝毫损失，后人应该铭记他和当时一批乡贤保护乡邦的恩泽。

（原文登在“温州三十六坊”，2018 年 10 月 30 日）

五马街区的于园这么漂亮，你去过吗？带你走访近代温州十大私家花园之一

这几天，当你路过五马街东边的大众电影院廊道，会发现这里悄然出现了一个漂亮的民国风小广场，往纱帽河走，位于纱帽河 44 号的于园也经过重新整饰，露出了它“近代温州十大私家花园之一”的真容。

于园小广场

其实，清末民初的温州古城，虽然不大，却精致玲珑，山水环绕，很有特色。温州之有花园，始于宋元，盛于明清。尤其是清乾嘉年间，名园几遍郡城。历代著名的花园有 18 处，其中附属于官衙的 3 处，私家的 15 处。特别是在近代，一度有“近代温州十大私家花园之一”的美称。

其中，位于今五马历史文化街区的就有五处，它们是于园、如园、周宅花园、巽园、春草庐。其余几座主要集中在松台山麓、九山河畔，以及怡园、陈宅花园、杨园等。

如今，这些花园，有些仍然在城区各自精彩，有些悄然消失于历史的长

河中,我们只能从一些老照片中找寻它们曾经的绰约风姿。

于园,俗称“吕宅”,位于纱帽河 44 号、原大众电影院后门。它曾是晚清至民国期间温州显赫人物吕渭英的私家花园。于园建于民国初年,坐北朝南,为三进两天井合院式建筑群,亭阁花墙,尚依稀可辨。西北角原建有“花园”。于园的名字,来源于清代著名诗人袁枚《过谢客岩有怀康乐公》的“诗人重友于”之句。原主人吕渭英也是能诗好联,著有《于园诗集》。

纱帽河44号于园(郑鹏摄)

吕渭英(1855—1927),字永年,号文起,又作“文溪”,晚号“文老”,鹿城区晏公殿通道桥人。吕渭英光绪十一年(1885)中举人,曾任福州知府,后官至福建候补道,福建省变法之初的新政,多由他所规划。入民国后,吕渭英投身实业,兴办广东地方实业银行和浙江地方实业银行,担负孙中山革命、蔡锷护法运动及陈其美倒袁运动之筹款任务。1909 年,吕渭英回到温州后开始投身实业,曾担任温州府商会最后一任总理。他大力推动近代温州实业发展,在民生、文教方面做过大量公益事业,温州进士、近代著名教育家和政治家陈黻宸曾言:“温州之事非吕公不可。”

在此次历史文化街区改造中,于园的旧址——纱帽河 44 号及五马街大众电影院后的小广场,都被纳入整治提升的范围。

吕宅原为三进飞檐斗拱的古屋,青石板铺就的路,水磨砖用糯米汁兑水砌成的门台,彰显大家风范。

于园(郑鹏摄)

据吕氏后人回忆,祖屋共三进,天井中有小假山、果树和盆景。于园即为其后花园,面积不大,仅占地三亩许,但小巧玲珑。

园内最独特的是两层建筑的八角亭，为会客休闲、吟诗作赋的佳处，顶部的八角形和特有的瓦片彰显了八角亭的风韵。亭子一边的墙壁上贴满了书法、碑文，内有吕渭英自己撰的亭联。亭的西侧有几棵芭蕉树，周边摆满了松柏等各式盆景，出了亭子可通过园中水塘上的九曲桥直达藏书楼。每当春季园中鲜花盛开的时候，后花园免费向老百姓开放赏花。于园藏有大量的古籍，后悉数捐给籀园图书馆。

（原文登在“温州三十六坊”，2019年10月21日）

“温州旧影”吕渭英

吕渭英，字永年，号文起，又作文溪。咸丰乙卯年（1855）十月二十二出生于温州，祖籍安徽寿州，其始祖于南宋初迁入温州，其父吕振镛是清朝的下级军官，世居温州城区通道桥（今晏公殿巷），他十五岁中秀才，光绪乙酉年（1885）中举人，后二试进士不第，留北京师从瑞安黄体芳。

甲午年（1894），他以候选知县身份委派福建，先后任惠安、闽县、浦城等县知县，因政声卓著，又以候补知县破格提升为福防同知。他为官正直，不畏权贵，光绪辛丑年（1901）发生商人张礼记冤案，他据理辩争，以伸其冤，故有青天之名，特别是他在洋务方面，显示出游刃有余的才能，得到上级赞赏，升为福州知府，后官至道台。

宣统元年（1909），吕渭英感到清廷日渐腐败，萌生退意，辞官回温投身实业，任温州商会总理。次年二月，购置“鸿发”小火轮，在城区至乐清的内港营运，开辟了温州最早的内港客货轮航线。他提倡温州应办银行、电灯、电话等实业，十年后，他也成为温州新办的银行、电灯、电话等公司的股东。

吕渭英晚年十分热衷地方公益事业，曾资助永嘉育婴堂，维持广济院经费，主持协济善堂，捐助普安施医施药局、施粥厂、掩埋所、防疫事务所等；对文教卫事业甚为关心，参与倡办温州中学与瓯海医院，为籀园图书馆捐书三千余册，筹办城区公益学堂，创办显臣社夜课学堂、崇性女子小学、永嘉工艺传习所；捐助省立中学、瓯海中学、蚕桑学堂、城南小学、明德小学等，并著有《于园诗集》，平时还修桥筑路，修复古迹，乐善好施，毫不吝啬，华盖山《资福社记》碑文就记有他的善举，他于民国丁卯（1927）四月初三夜在温州逝世，享年七十三岁。

（原文录于《温州风情》）

吕渭英:创办广东地方实业银行

温州近代实业的重要奠基人之一,曾任福州知府的吕渭英,也曾有突出的金融从业经历。他曾任广东银钱局总理,创办广东地方实业银行等。

吕渭英(1855—1927),字永年,号文起,又作“文溪”,晚号“文老”,鹿城区晏公殿通道桥人,是清末民初时一位业绩显赫的名士、实业家。

光绪十一年(1885)吕渭英中举人后,先后在福建、广东等地任职。特别是在福建,他在洋务方面显示出游刃有余的才能,曾任福州知府,后官至道台,福建省变法之初的新政多由他所规划,有维新派实干家之称。曾历充官运榷厘局、银圆局、警察局、洋务局等机构提调,商政局会办、财政局、洋务局、电报局总办。

直到1908年,因受选班之限,加之任期届满,吕渭英才告归还乡。吕渭英热爱乡邦,一方面利用自己的洋务经验,积极投身实业,引领近代温州实业发展;另一方面,为家乡温州乃至浙江做过大量公益,在民生、文化和教育方面尤为卓著。晚清以降,因德高望重,家乡凡举善业,大多由吕渭英出面主持。近代著名教育家、政治家,被誉为“浙江大儒”的温州同乡陈黻宸曾言:“温州之事非吕公不可。”

后来,张鸣岐任两广总督,吕渭英出任广东官银钱局总办。1916农历十月,身为广东官银钱局总办的吕渭英陈述:“官银钱局名义早经部令取消,地方实业银行叠奉部咨催办。查地方实业银行各省均已次第成立,而广东尚付缺如。”吕渭英建议:“即以官银钱局多余之财产约一百五十万元,拨充实业银行资本,作为官股,先行开办,一面再招集商股。”接着,吕渭英开始起草实业银行章程及储蓄简章,并呈请财政部转广东省长核批,次年5月,广东省财厅转发省长批文:“奉广东省长公署指令……该局改组地方银行。与广东中国分行(注:这里指的是中国银行广东分行)收回纸币垫款无关,业经电达财政部,准予设立,规定本月八日开幕,应即照办。”于是,广东地方实业银行正式成立。

1915年,吕渭英出任浙江地方实业银行总理,1916年11月改任广东地方实业银行行长。除了这些任职外,吕渭英还在福州、广州、上海、北京等地兴办银号钱庄、制革厂、电车有限公司等。

1917年7月到1918年5月,西南护法以粤东为根据地,广东地方实业银行隶属于广东军政府,负责驻粤各军饷需、两院议员薪俸和各机关经费;

经办各处款项或筹备或分头汇划手续亦极烦琐。各项工作异常繁重，广东地方实业银行工作人员在吕渭英的带领下，对于诸事皆能悉心计计划、勤慎从事，两年以来，毫无贻误，信誉卓著，后凡筹饷集债诸事悉用银行名义。

（原文登在“温州人物”）

于园“重焕新生”讲述纱帽河旧事

作为五马历史文化街区改造延伸的一部分，位于市区纱帽河44号的于园，在经历了近两个月的修补改造后，近日也重新焕发出新生与活力。

若要挖掘纱帽河一带的历史印迹，则不能不提于园。于园俗称“吕宅”，建于民国初年，坐北朝南，为三进两天井合院式建筑群，西北角原建有“花园”。于园以清代著名诗人袁枚的“诗人重友于”之句而得名，为近代温州十大私家园林之一，而花园原主人则是晚清至民国期间温州显赫人物吕渭英。

吕渭英（1857—1927），字永年，号文起。曾任福州知府，后官至福建候补道，福建省变法之初的新政多由他所规划。入民国后，吕渭英投身实业，兴办广东地方实业银行和浙江地方实业银行，担负孙中山革命、蔡锷护法运动及陈其美倒袁运动之筹款任务。同时大力推动近代温州实业发展，在民生、文教方面做过大量公益。

如今，于园原址仍在，从纱帽河原大众电影院入口处，可看到三进飞檐斗拱古屋。从左边一屋拐进，只见一座三间两层楼房，原有亭台楼阁、回廊假山，雕琢甚为古雅精致。然而几经变迁，这些旧居丧失了不少原来的风貌，只有从那些精致的檐角、迂回婉转的窗棂中，才依稀可辨纱帽河当年文脉书香的遗韵。在此次改造中，于园的旧址——纱帽河44号及五马街大众电影院后的小广场，都被纳入整治提升的范围。

据鹿城区历史文化街区建设管理办公室相关负责人介绍，在于园改造之初，通过对当地文化的深入挖掘，在材料选用和细节设计上突出历史感，墙体主要选材为老砖饰面和木质饰面，使之更好地与原有木质结构屋顶融于一体。广场西侧通道部分墙体主要选用老砖饰面，原本残缺的墙面用筒瓦的材质补齐，融于整个街区的文化特色，展现历史文化气息的同时也增添了一丝现代感。地面改造方面则选用老砖铺地搭配镀铜做旧铺地，保证了整个街区的氛围和谐统一。

（原文登在“鹿城发布”）

后记

吕渭英年谱业已告竣！七年来吕渭英生平整理成为压在我心底里的一块石头。今天终于如释重负！翻看过去积累的资料，时间跨度从清道光至20世纪40年代，其中可以辨识、释读的日记文献全部搜罗，包括《厚庄日记》《杜隐园日记》《符笑拈日记》等数十本稿本，及相关人士的著述，还有许多官方留下的档案，大部分资料是吕渭英同时代人留下来的，而且多数是手写而成，绝大多数潦草，但史料价值颇为珍贵。

《吕渭英年谱》一书的编写缘起于吕氏族人对吕渭英业绩的敬仰和家族情怀，是以吕人坝、吕茜茜、胡理明、吕仙挺等为代表发起的，由吕人坝先生一人出资支持的《吕渭英年谱》一书的编写工作，于二〇一五年仲春之季正式开始。

其间多蒙温州市图书馆古籍部、温州市博物馆、福州市图书馆、中国第一历史档案馆、中国第二历史档案馆、中国国家图书馆资料和照片的支持，以及潘猛补、王妍等地方文史专家提供的诸多宝贵线索，由于涉及的机构和人员众多，不能一一提及，这里一并表示感谢！

我怀着无比崇敬的心情，研究吕渭英这样一个重量级人物，搜集、考证、整理、校对和他有关的资料，发现了很多发生在他身上的故事。

以此为基础，不断充实完善，尽量做到完整地呈现吕渭英的一生。从谱主的科举至为官，再到致仕一生的各个阶段，加以考证，将交织在一起的史料加以区分，除不能考证具体年份的关于谱主的记录，共整理出四千余条关于谱主的记录，正因此也反映了修谱的困难与重要性。

吕渭英是光绪年间以举人的身份出来做官的，入民国后又一度任行长，经历丰富，交游广泛，振臂一呼，自然颇有应者，其间多涉及实业。赋闲回乡后，凡地方事务无不热心投入和参与，得到乡人的敬仰和爱戴，对温州地方现代化事业发展起到了极大作用。

通过研究，陆续在《温州日报》《温州都市报》等各种媒体刊发了若干篇关于吕渭英的文章，将吕渭英为人慷慨，热心地方公益事业的事迹一一呈现在大家面前，引起很大反响。有学者认为吕渭英是我市乃至我国清末民初历史上有重大贡献的金融家、社会活动家、实业家和公益慈善家，为闽粤浙三地的经济社会发展做出了重要贡献。

吕渭英的一生，是非常值得我们后来人学习和借鉴的，特别是他做人、做事、做学问，乃至于领导艺术，都非常值得后人细细揣摩和学习。历史行过，这些距离我们既遥远而又近在咫尺。

吕渭英的一生，是光辉的一生，是勤勉的一生。他见识弘通，处事精细，积极稳健，待人真诚宽厚，理财之能，功在社稷，同时也对家乡发展做出巨大贡献，他的功业将永远为全世界的温州人铭记！

郑　全

二〇二一年辛丑季秋

跋

时下正当海清河晏的太平盛世，人们在享受富足安定生活之时，怀念为中华民族兴旺发达，为家乡人民幸福安康而奋斗的先贤，温州近代实业家吕渭英就是其中杰出的一员。

吕渭英生于咸丰乙卯年(1855)。其远祖为北宋宰相吕夷简，其家族于南宋初迁入温州。吕渭英的一生，是丰富而传奇的一生，不仅为温州的经济发展奠定基础，对整个中华民族的发展也有不可磨灭的影响。我们追溯吕渭英从政、创办实业、热心公益、兴办教育等方面的实践，探求他爱国爱乡爱民的道路和高尚品德。

吕渭英一生经历清末和民初两个时期，虽然身处朝代更替的乱世，但他怀抱爱国爱民的理念，为国家兴旺和人民安乐而贡献全部才智。吕渭英少年聪颖，头角峥嵘，15岁便中秀才，30岁中举人，在科举考试废除之前，他一直刻苦读书，企图走科举道路，实现“致君尧舜泽吾民”的抱负。甲午年(1894)，39岁的吕渭英以候选知县身份被委派福建，开始从政的生涯。他先后任惠安、闽县、浦城等县知县，因办案清正，不畏强权，为民作主而政声卓著，有“吕青天”之名。在洋务方面，吕渭英要做到保境安民，维护国权，也要做到公平合理地处理外商事务，可谓竭尽心力，十分辛苦。他办事果断又老成稳重，贤明练达，得到上峰赞赏，升为福州知府，领道台衔(正五品)。吕渭英于光绪十九年(1893)至宣统元年(1909)一直在福建为官，前后十六年，处理的大小案件有数千件，既清廉正直又精明干练，确属德才兼备，在当时是难得的清官兼能员。宣统二年(1910)，吕渭英任广东官银钱局总办，辛亥革命爆发后，九月廿四日，温州军政分府贴出布告，任吕渭英为财政部部长。十一月，吕渭英结识广东军政府财政部部长廖仲恺，此后吕渭英为改革、稳定广东财政做出了巨大的贡献。民国元年(1912)，浙江银行召开股东临时会，吕渭英当选为协理。民国四年(1915)，吕渭英再任广东官银钱局总办，同年出任浙江地方实业银行总理。民国五年(1916)，改任广东地方实业银行行长。民国六年(1917)，吕渭英与廖仲恺一起筹措广东军政府与军队开